이상헌
경찰행정법
기출 700제
V2.0 [판례포함]

PREFACE

경찰공무원 채용에 있어서 경찰학 시험과목에 행정법총론과 관련하여 매년 많은 문제가 출제되고 있으며, 이전에 누적된 문제의 양도 적지 않습니다.

따라서 경찰행정법과 관련하여 가장 효율적으로 대비할 수 있는 학습은 전통적인 주요쟁점과 최근 출제경향을 바탕으로 앞으로의 시험에 대비할 수 있는 적절한 분량의 기출문제의 분석과 정리일 것입니다.

이에 대하여 너무 오래된 문제는 배제를 하고, 최근 시험에서 다루었던 문제를 최대한 반영한 이상헌 경찰행정법 기출문제집 2.0을 새로이 출간하였습니다.

본 교재의 특징

1 본 교재는 행정법에 관한 개념을 바탕으로 행정법총론에 관하여 출제한 기출문제의 전 영역의 법령과 판례 그리고 이론을 반영함으로써 앞으로의 시험에 대비할 수 있도록 만든 기출문제집입니다.

2 본 교재는 지금까지 출제된 기출문제를 각각의 주제별로 정리하여 공부하는 수험생들이 손쉽게 각 주제별 분야와 쟁점을 구분하여 공부할 수 있도록 만들었습니다. 더불어 행정법이라는 과목은 모든 시험분야에 걸쳐서 출제되는 과목으로서 국가직, 지방직, 군무원, 경찰공무원, 해양경찰공무원, 소방공무원, 행정사 등 각 시험에 출제되었던 문제를 반영하고 있습니다.

PREFACE

본 교재를 가지고 처음 공부할 때에는 기본 내용의 점검과 실제 출제 패턴을 문항별, 주제별로 익히는 것으로 시작하여, 마지막에는 해당 지문이 '왜 맞고', '왜 틀리는지'를 꼭 다시금 정리하기를 바랍니다.

마지막으로 이상헌 경찰행정법 기출문제집 2.0을 출간함에 있어서 함께 해주신 김진연 대표님과 검토를 함께 해주신 류운영님에게 감사의 인사를 드립니다.

편저자 이상헌

CONTENTS

제1편 권력분립과 통치행위

CHAPTER 01 권력분립과 통치행위 ··· 8

제2편 행정법의 법원 등

CHAPTER 01 행정기본법 등 ·· 16
CHAPTER 02 법치행정의 원리 ··· 27
CHAPTER 03 행정법의 법원 ·· 34
CHAPTER 04 행정상 법률관계 ·· 126
CHAPTER 05 행정법관계 및 공권과 공의무 ··························· 139

제3편 행정작용

CHAPTER 01 행정작용(행정행위) ·· 154
CHAPTER 02 행정의 실효성 확보수단 ··································· 229
CHAPTER 03 행정조사기본법 ··· 280
CHAPTER 04 새로운 실효성 확보수단 ··································· 288
CHAPTER 05 행정행위의 효력 ·· 295
CHAPTER 06 행정절차법 ·· 342

제4편 행정구제

CHAPTER 01 손실보상 ·· 380
CHAPTER 02 손해배상(국가배상) ·· 395
CHAPTER 03 행정심판 ·· 433
CHAPTER 04 행정소송 ·· 458

PART 01

권력분립과 통치행위

CHAPTER 01 권력분립과 통치행위

CHAPTER 01 권력분립과 통치행위

01 다음 중 통치행위에 대한 설명으로 가장 옳지 않은 것은? (단, 다툼이 있는 경우 판례에 의함)

22 군무원 7급

① 국군을 외국에 파견하는 결정은 통치행위로서 고도의 정치적 결단이 요구되는 사안에 대한 대통령과 국회의 판단은 존중되어야 하고 헌법재판소가 사법적 기준만으로 이를 심판하는 것은 자제되어야 한다.
② 남북정상회담의 개최과정에서 재정경제부장관에게 신고하지 아니하고 북한 측에 사업권의 대가명목으로 송금한 행위는 남북정상회담에 도움을 주기 위한 통치행위로서 사법심사의 대상이 되지 아니한다.
③ 대통령의 사면권행사는 형의 선고의 효력 또는 공소권을 상실시키거나 형의 집행을 면제시키는 국가원수의 고유한 권한을 의미하며, 사법부의 판단을 변경하는 제도로서 권력분립의 원리에 대한 예외이다.
④ 대통령의 긴급재정경제명령은 국가긴급권의 일종으로서 고도의 정치적 결단이나, 그것이 국민의 기본권 침해와 직접 관련되는 경우에는 당연히 헌법재판소의 심판대상이 된다.

② (✕) 남북정상회담 개최는 고도의 정치적 성격을 지니고 있는 행위라 할 것이므로 특별한 사정이 없는 한 그 당부를 심사하는 것은 사법권의 내재적·본질적 한계를 넘어서는 것이 되어 적절하지 못하지만, 남북정상회담의 개최과정에서 재정경제부장관에게 신고하지 아니하거나 통일부장관의 협력사업 승인을 얻지 아니한 채 북한 측에 사업권의 대가 명목으로 송금한 행위 자체는 헌법상 법치국가의 원리와 법 앞의 평등원칙 등에 비추어 볼 때 사법심사의 대상이 된다. (대판2003도7878)
① (○) 헌재2003헌마255·256병합
③ (○) 헌재97헌바74
④ (○) 헌재93헌마186

정답 ②

02 다음 [보기] 중 통치행위에 관한 설명으로 옳은 것(○)과 옳지 않은 것(X)을 바르게 조합한 것은?

22 해경승진

> ㉠ 한미연합 군사훈련의 일종인 2007년 전시증원연습을 하기로 한 대통령의 결정은 사법심사를 자제해야 하는 통치행위가 아니다.
> ㉡ 외국에의 국군의 파견결정은 고도의 정치적 판단이 요구되는 사안이므로 원칙적으로 사법심사는 자제되어야 한다.
> ㉢ 남북정상회담 개최와 대북송금 행위는 고도의 정치적 행위이므로 사법심사의 대상은 아니다.
> ㉣ 서훈취소는 법원이 사법심사를 자제해야 하는 고도의 정치성을 띤 행위가 아니다.
> ㉤ 통치행위로 인정되면 그에 관한 사법심사는 불가능하다.

① ㉠(X) ㉡(○) ㉢(○) ㉣(○) ㉤(○)
② ㉠(○) ㉡(○) ㉢(X) ㉣(○) ㉤(○)
③ ㉠(○) ㉡(○) ㉢(X) ㉣(○) ㉤(X)
④ ㉠(○) ㉡(○) ㉢(○) ㉣(○) ㉤(X)

해설

㉠ (○) 헌재2007헌마369
㉡ (○) 헌재2003헌마814
㉢ (X) 남북정상회담 개최는 고도의 정치적 성격을 지니고 있는 행위라 할 것이므로 특별한 사정이 없는 한 그 당부를 심사하는 것은 사법권의 내재적·본질적 한계를 넘어서는 것이 되어 적절하지 못하지만, 남북정상회담의 개최과정에서 재정경제부장관에게 신고하지 아니하거나 통일부장관의 협력사업 승인을 얻지 아니한 해 북한 측에 사업권의 대가 명목으로 송금한 행위 자체는 헌법상 법치국가의 원리와 법 앞의 평등원칙에 비추어 볼 때 사법심사의 대상이 된다. (대판2003도7878)
㉣ (○) 대판2012두26920
㉤ (X) 통치행위의 성질을 가진 것으로 인정되더라도 사법심사가 불가능한 것은 아니고, 사법심사의 대상이 되는 경우가 있다. 대법원은 통치행위를 인정하면서도 사법심사가 제한적으로 가능하다고 보며, 헌법재판소 역시 통치행위의 개념은 인정하면서도, 국민의 기본권 침해와 직접 관련되는 경우에는 당연히 사법심사가 가능하다는 입장이다. [제한적 긍정설]

정답 ③

03 통치행위에 관한 판례의 내용으로 가장 옳지 않은 것은? `22 군무원 9급`

① 외국에의 국군의 파견결정과 같이 성격상 외교 및 국방에 관련된 고도의 정치적 결단이 요구되는 사안에 대한 국민의 대의기관의 결정이 사법심사의 대상이 되지 아니한다.
② 선고된 형의 전부를 사면할 것인지 또는 일부만을 사면할 것인지를 결정하는 것은 사면권자의 전권사항에 속하는 것이고, 징역형의 집행유예에 대한 사면이 병과된 벌금형에도 미치는 것으로 볼 것인지 여부는 사면의 내용에 대한 해석문제에 불과하다.
③ 남북정상회담의 개최과정에서 재정경제부 장관에게 신고하지 아니하거나 통일부장관의 협력사업 승인을 얻지 아니한 채 북한 측에 사업권의 대가 명목으로 송금한 행위는 사법심사의 대상이 되지 아니한다.
④ 비록 서훈취소가 대통령이 국가원수로서 행하는 행위라고 하더라도 법원이 사법심사를 자제하여야 할 고도의 정치성을 띤 행위라고 볼 수는 없다.

③ (✕) 남북정상회담 개최는 고도의 정치적 성격을 지니고 있는 행위라 할 것이므로 특별한 사정이 없는 한 그 당부를 심사하는 것은 사법권의 내재적·본질적 한계를 넘어서는 것이 되어 적절하지 못하지만, 남북정상회담의 개최과정에서 재정경제부장관에게 신고하지 아니하거나 통일부장관의 협력사업 승인을 얻지 아니한 해 북한 측에 사업권의 대가 명목으로 송금한 행위 자체는 헌법상 법치국가의 원리와 법 앞의 평등원칙에 비추어 볼 때 사법심사의 대상이 된다.
(대판2003도7878)
① (O) 헌재2007헌마369
② (O) 헌재97헌바74
④ (O) 대판2012두26920

정답 ③

04 다음 [보기] 중 통치행위에 대하여 사법심사를 부정하는 판례로만 이루어진 것은? `23 해경승진`

㉠ 남북정상회담 개최과정에서 대북자금 송금행위
㉡ 대통령의 사면결정
㉢ 대통령의 비상계엄 선포행위
㉣ 대통령의 서훈취소
㉤ 대통령의 긴급재정경제명령
㉥ 이라크 파병 결정

① ㉠, ㉡, ㉢
② ㉠, ㉣, ㉤
③ ㉡, ㉢, ㉥
④ ㉡, ㉢, ㉣

ⓒ (사법심사 부정). 사면은 형의 선고의 효력 또는 공소권을 상실시키거나 형의 집행을 면제시키는 국가원수의 고유한 권한을 의미하며, 사법부의 판단을 변경하는 제도로서 권력분립의 원리에 대한 예외가 된다. (헌재97헌바74)

ⓒ (사법심사 부정). 1979년 10·26사태를 수습하기 위하여 선포한 대통령의 계엄선포행위는 고도의 정치적, 군사적 성격을 띠는 행위라고 할 것이어서, 그 선포의 당·부당을 판단할 권한은 헌법상 계엄의 해제요구권이 있는 국회만이 가지고 있다 할 것이고 그 선포가 당연무효의 경우라면 모르되, 사법기관인 법원이 계엄선포의 요건 구비여부나, 선포의 당·부당을 심사하는 것은 사법권의 내재적인 본질적 한계를 넘어서는 것이 되어 적절한 바가 못 된다. (대판79초70)

ⓑ (사법심사 부정). 외국에의 국군의 파견결정은 파견군인의 생명과 신체의 안전뿐만 아니라 국제사회에서의 우리나라의 지위와 역할, 동맹국과의 관계, 국가안보문제 등 궁극적으로 국민 내지 국익에 영향을 미치는 복잡하고도 중요한 문제로서 국내 및 국제정치관계 등 제반상황을 고려하여 미래를 예측하고 목표를 설정하는 등 고도의 정치적 결단이 요구되는 사안이다. 따라서 그와 같은 결정은 그 문제에 대해 정치적 책임을 질 수 있는 국민의 대의기관이 관계분야의 전문가들과 광범위하고 심도 있는 논의를 거쳐 신중히 결정하는 것이 바람직하며 우리 헌법도 그 권한을 국민으로부터 직접 선출되고 국민에게 직접 책임을 지는 대통령에게 부여하고 그 권한 행사에 신중을 기하도록 하기 위해 국회로 하여금 파병에 대한 동의여부를 결정할 수 있도록 하고 있는바, 현행 헌법이 채택하고 있는 대의민주제 통치구조 하에서 대의기관인 대통령과 국회의 그와 같은 고도의 정치적 결단은 가급적 존중되어야 한다. (헌재2003헌마814)

ⓙ (사법심사 인정). 남북정상회담 개최는 고도의 정치적 성격을 지니고 있는 행위라 할 것이므로 특별한 사정이 없는 한 그 당부를 심사하는 것은 사법권의 내재적·본질적 한계를 넘어서는 것이 되어 적절하지 못하지만, 남북정상회담의 개최과정에서 재정경제부장관에게 신고하지 아니하거나 통일부장관의 협력사업 승인을 얻지 아니한 해 북한 측에 사업권의 대가 명목으로 송금한 행위 자체는 헌법상 법치국가의 원리와 법 앞의 평등원칙에 비추어 볼 때 사법심사의 대상이 된다. (대판2003도7878)

ⓔ (사법심사 인정). 구「상훈법(2011. 8. 4. 법률 제10985호로 개정되기 전의 것)」제8조는 서훈취소의 요건을 구체적으로 명시하고 있고 절차에 관하여 상세하게 규정하고 있다. 그리고 서훈취소는 서훈수여의 경우와는 달리 이미 발생된 서훈대상자 등의 권리 등에 영향을 미치는 행위로서 관련 당사자에게 미치는 불이익의 내용과 정도 등을 고려하면 사법심사의 필요성이 크다. 따라서 기본권의 보장 및 법치주의의 이념에 비추어 보면, 비록 서훈취소가 대통령이 국가원수로서 행하는 행위라고 하더라도 법원이 사법심사를 자제하여야 할 고도의 정치성을 띤 행위라고 볼 수는 없다. (대판2012두26920)

ⓜ (사법심사 인정). 대통령의 긴급재정경제명령은 국가긴급권의 일종으로서 고도의 정치적 결단에 의하여 발동되는 행위이고 그 결단을 존중하여야 할 필요성이 있는 행위라는 의미에서 이른바 통치행위에 속한다고 할 수 있으나, 통치행위를 포함하여 모든 국가작용은 국민의 기본권적 가치를 실현하기 위한 수단이라는 한계를 반드시 지켜야 하는 것이고, 헌법재판소는 헌법의 수호와 국민의 기본권 보장을 사명으로 하는 국가기관이므로 비록 고도의 정치적 결단에 의하여 행해지는 국가작용이라고 할지라도 그것이 국민의 기본권 침해와 직접 관련되는 경우에는 당연히 헌법재판소의 심판대상이 된다. (헌재93헌마186)

정답 ③

05 통치행위에 대한 설명으로 가장 적절하지 않은 것은? (다툼이 있는 경우 판례에 의함)
20 경찰행정

① 대통령의 긴급재정경제명령은 국가긴급권의 일종으로서 고도의 정치적 결단에 의하여 발동되는 행위이고 그 결단을 존중하여야 할 필요성이 있는 행위라는 의미에서 이른바 통치행위에 속한다고 할 수 있으나, 그것이 국민의 기본권 침해와 직접 관련되는 경우에는 당연히 헌법재판소의 심판대상이 된다.
② 남북정상회담의 개최과정에서 재정경제부장관에게 신고하지 아니하거나 통일부장관의 협력사업 승인을 얻지 아니한 채 북한측에 사업권의 대가 명목으로 송금한 행위 자체는 헌법상 법치국가의 원리와 법 앞에 평등원칙 등에 비추어 볼 때 사법심사의 대상이 된다.
③ 대법원은 대통령의 서훈 취소행위를 통치행위로 보고 있다.
④ 일반사병 이라크파병에 대한 헌법소원사건에서 외국에의 국군의 파견결정은 파견군인의 생명과 신체의 안전뿐만 아니라 국제사회에서의 우리나라의 지위와 역할, 동맹국과의 관계, 국가안보 문제 등 궁극적으로 국민 내지 국익에 영향을 미치는 복잡하고도 중요한 문제로서의 통치행위로 보고 있다.

③ (×) 구「상훈법(2011. 8. 4. 법률 제10985호로 개정되기 전의 것)」제8조는 서훈취소의 요건을 구체적으로 명시하고 있고 절차에 관하여 상세하게 규정하고 있다. 그리고 서훈취소는 서훈수여의 경우와는 달리 이미 발생된 서훈대상자 등의 권리 등에 영향을 미치는 행위로서 관련 당사자에게 미치는 불이익의 내용과 정도 등을 고려하면 사법심사의 필요성이 크다. 따라서 기본권의 보장 및 법치주의의 이념에 비추어 보면, 비록 서훈취소가 대통령이 국가원수로서 행하는 행위라고 하더라도 법원이 사법심사를 자제하여야 할 고도의 정치성을 띤 행위라고 볼 수는 없다. (대판2012두26920)
① (○) 헌재93헌마186
② (○) 대판2003도7878
④ (○) 헌재2003헌마814

정답 ③

06 다음은 1993년 8월 12일에 발하여진 대통령의 금융실명거래 및 비밀보장에 관한 긴급재정경제명령(이하 '긴급재정경제명령'이라 칭함)에 관한 위헌확인소원에서 헌법재판소가 내린 결정 내용이다. 옳지 않은 것은? (다툼이 있는 경우 판례에 의함)
20 군무원 9급

① 대통령의 긴급재정경제명령은 국가긴급권의 일종으로서 고도의 정치적 결단에 의하여 발동되는 행위이다.
② 대통령의 긴급재정경제명령은 이른바 통치행위에 속한다고 할 수 있다.
③ 통치행위를 포함하여 모든 국가작용은 국민의 기본권적 가치를 실현하기 위한 수단이라는 한계를 반드시 지켜야 한다.
④ 국민의 기본권 침해와 직접 관련되는 경우라도 그 국가작용이 고도의 정치적 결단에 의하여 행해진다면 당연히 헌법재판소의 심판대상이 되지 않는다.

> **해설**
>
> 대통령의 긴급재정경제명령은 국가긴급권의 일종으로서 고도의 정치적 결단에 의하여 발동되는 행위이고 그 결단을 존중하여야 할 필요성이 있는 행위라는 의미에서 이른바 통치행위에 속한다고 할 수 있으나, 통치행위를 포함하여 모든 국가작용은 국민의 기본권적 가치를 실현하기 위한 수단이라는 한계를 반드시 지켜야 하는 것이고, 헌법재판소는 헌법의 수호와 국민의 기본권 보장을 사명으로 하는 국가기관이므로 비록 고도의 정치적 결단에 의하여 행해지는 국가작용이라고 할지라도 그것이 국민의 기본권 침해와 직접 관련되는 경우에는 당연히 헌법재판소의 심판대상이 된다. (헌재93헌마186)
>
> **정답** ④

07 통치행위에 대한 설명으로 가장 적절하지 않은 것은? (다툼이 있는 경우 판례에 의함)

 18 경찰행정

① 비상계엄의 선포나 확대가 국헌문란의 목적으로 행하여진 경우에 법원은 그 자체가 범죄행위에 해당하는지의 여부에 관하여 심사할 수 있다.
② 외국에의 국군의 파견결정은 현행 헌법이 채택하고 있는 대의민주제 통치구조 하에서 대의기관인 대통령과 국회의 고도의 정치적 결단이므로 가급적 존중되어야 한다.
③ 남북정상회담의 개최과정에서 재정경제부장관에게 신고하지 아니하거나 통일부장관의 협력사업 승인을 얻지 아니한 채 북한 측에 사업권의 대가 명목으로 송금한 행위는 사법심사의 대상이 된다.
④ 사면은 형의 선고의 효력 또는 공소권을 상실시키거나 형의 집행을 면제시키는 것으로 사법부의 판단을 변경하는 제도이므로 권력분립의 원리에 반한다.

> **해설**
>
> ④ (X) 사면은 형의 선고의 효력 또는 공소권을 상실시키거나, 형의 집행을 면제시키는 국가원수의 고유한 권한을 의미하며, 사법부의 판단을 변경하는 제도로서 권력분립의 원리에 대한 예외가 된다. (헌재97헌바74)
> ① (O) 대판96도3376
> ② (O) 헌재2003헌마814
> ③ (O) 대판2003도7878
>
> **정답** ④

PART 02

행정법의 법원 등

CHAPTER 01 행정기본법 등
CHAPTER 02 법치행정의 원리
CHAPTER 03 행정법의 법원
CHAPTER 04 행정상 법률관계
CHAPTER 05 행정법 관계 및 공권과 공의무

CHAPTER 01 | 행정기본법 등

01 「행정기본법」상 이의신청에 관한 설명으로 가장 적절하지 않은 것은?   24 경찰채용

① 행정청의 처분에 이의가 있는 당사자는 처분을 받은 날부터 30일 이내에 해당 행정청에 이의신청을 할 수 있다.
② 행정청은 이의신청을 받으면 부득이한 사유가 있는 경우를 제외하고는 그 이의신청을 받은 날부터 14일 이내에 그 이의신청에 대한 결과를 신청인에게 통지하여야 한다.
③ 이의신청을 한 경우에도 그 이의신청과 관계없이 「행정심판법」에 따른 행정심판 또는 「행정소송법」에 따른 행정소송을 제기할 수 있다.
④ 이의신청에 대한 결과를 통지받은 후 행정심판 또는 행정소송을 제기하려는 자는 그 결과를 통지받은 날부터 60일 이내에 행정심판 또는 행정소송을 제기하여야 한다.

「행정기본법」 제36조 제4항. 이의신청에 대한 결과를 통지받은 후 행정심판 또는 행정소송을 제기하려는 자는 그 결과를 통지받은 날(제2항에 따른 통지기간 내에 결과를 통지받지 못한 경우에는 같은 항에 따른 통지기간이 만료되는 날의 다음 날을 말한다)부터 90일 이내에 행정심판 또는 행정소송을 제기할 수 있다.

정답 ④

02 「행정기본법」에 관한 설명으로 가장 적절한 것은?   23 경찰채용

① 행정에 관한 나이는 다른 법령등에 특별한 규정이 있는 경우에도 출생일을 산입하지 않고 만(滿) 나이로 계산하고, 연수(年數)로 표시하되, 1세에 이르지 아니한 경우에는 월수(月數)로 표시할 수 있다.
② 행정작용은 그 행정작용이 의도하는 공익이 행정작용으로 인한 국민의 이익 침해보다 크지 않아야 한다.
③ 행정청은 법률로 정하는 바에 따라 완전히 자동화된 시스템(인공지능 기술을 적용한 시스템을 포함)으로 처분을 할 수 있으나, 처분에 재량이 있는 경우는 그러하지 아니하다.
④ 공익 또는 제3자의 이익을 현저히 해칠 우려가 있는 경우에도 행정청은 권한 행사의 기회가 있음에도 불구하고 장기간 권한을 행사하지 아니하여 국민이 그 권한이 행사되지 아니할 것으로 믿을 만한 정당한 사유가 있는 경우에는 그 권한을 행사해서는 아니 된다.

① (✗) 제7조의2(행정에 관한 나이의 계산 및 표시) 행정에 관한 나이는 다른 법령등에 특별한 규정이 있는 경우를 제외하고는 출생일을 산입하여 만(滿) 나이로 계산하고, 연수(年數)로 표시한다. 다만, 1세에 이르지 아니한 경우에는 월수(月數)로 표시할 수 있다.
② (✗) 제10조(비례의 원칙) 행정작용으로 인한 국민의 이익 침해가 그 행정작용이 의도하는 공익보다 크지 아니할 것
④ (✗) 제12조(신뢰보호의 원칙) 행정청은 권한 행사의 기회가 있음에도 불구하고 장기간 권한을 행사하지 아니하여 국민이 그 권한이 행사되지 아니할 것으로 믿을 만한 정당한 사유가 있는 경우에는 그 권한을 행사해서는 아니 된다. 다만, 공익 또는 제3자의 이익을 현저히 해칠 우려가 있는 경우는 예외로 한다.

정답 ③

03 「행정기본법」에 대한 설명으로 옳은 것만을 모두 고른 것은? `21 군무원 9급`

㉠ 행정은 공공의 이익을 위하여 적극적으로 추진되어야 한다.
㉡ 행정작용은 법률에 위반되어서는 아니 되며, 국민의 권리를 제한하거나 의무를 부과하는 경우와 그 밖에 국민생활에 중요한 영향을 미치는 경우에는 법률에 근거하여야 한다.
㉢ 행정청은 합리적 이유 없이 국민을 차별하여서는 아니 된다.
㉣ 행정청은 행정작용을 할 때 상대방에게 해당 행정작용과 실질적인 관련이 없는 의무를 부과해서는 아니 된다.
㉤ 행정청은 처분에 재량이 있는 경우에는 부관(조건, 기한, 부담, 철회권의 유보 등을 말한다)을 붙일 수 있다.

① ㉠, ㉡, ㉢
② ㉠, ㉡, ㉢, ㉣
③ ㉠, ㉡, ㉢, ㉣, ㉤
④ ㉡, ㉢, ㉣, ㉤

㉠ (○) 제4조(행정의 적극적 추진) 제1항. 행정은 공공의 이익을 위하여 적극적으로 추진되어야 한다.
㉡ (○) 제8조(법치행정의 원칙) 행정작용은 법률에 위반되어서는 아니 되며, 국민의 권리를 제한하거나 의무를 부과하는 경우와 그 밖에 국민생활에 중요한 영향을 미치는 경우에는 법률에 근거하여야 한다.
㉢ (○) 제9조(평등의 원칙) 행정청은 합리적 이유 없이 국민을 차별하여서는 아니 된다.
㉣ (○) 제13조(부당결부금지의 원칙) 행정청은 행정작용을 할 때 상대방에게 해당 행정작용과 실질적인 관련이 없는 의무를 부과해서는 아니 된다.
㉤ (○) 제17조(부관) 제1항. 행정청은 처분에 재량이 있는 경우에는 부관(조건, 기한, 부담, 철회권의 유보 등을 말한다)을 붙일 수 있다.

정답 ③

04 「행정기본법」의 내용으로 옳지 않은 것은?

23 소방공채

① 행정에 대한 기간의 계산에 관하여는 「민법」 또는 다른 법령등에 특별한 규정이 있는 경우를 제외하고는 「행정기본법」에 따른다.
② 당사자의 신청에 따른 처분은 법령등에 특별한 규정이 있거나 처분 당시의 법령등을 적용하기 곤란한 특별한 사정이 있는 경우를 제외하고는 처분 당시의 법령등에 따른다.
③ 국가와 지방자치단체는 소속 공무원이 공공의 이익을 위하여 적극적으로 직무를 수행할 수 있도록 제반 여건을 조성하고, 이와 관련된 시책 및 조치를 추진하여야 한다.
④ 행정청은 공법상 계약의 상대방을 선정하고 계약 내용을 정할 때 공법상 계약의 공공성과 제3자의 이해관계를 고려하여야 한다.

① (×) 제6조(행정에 관한 기간의 계산) 제1항. 행정에 관한 기간의 계산에 관하여는 이 법 또는 다른 법령등에 특별한 규정이 있는 경우를 제외하고는 「민법」을 준용한다.
② (O) 제14조(법 적용의 기준) 제2항. 당사자의 신청에 따른 처분은 법령등에 특별한 규정이 있거나 처분 당시의 법령등을 적용하기 곤란한 특별한 사정이 있는 경우를 제외하고는 처분 당시의 법령등에 따른다.
③ (O) 제4조(행정의 적극적 추진) 제2항. 국가와 지방자치단체는 소속 공무원이 공공의 이익을 위하여 적극적으로 직무를 수행할 수 있도록 제반 여건을 조성하고, 이와 관련된 시책 및 조치를 추진하여야 한다.
④ (O) 제27조(공법상 계약의 체결) 제2항. 행정청은 공법상 계약의 상대방을 선정하고 계약 내용을 정할 때 공법상 계약의 공공성과 제3자의 이해관계를 고려하여야 한다.

정답 ①

05 「행정기본법」상 제재처분의 제척기간인 5년이 지나면 제재처분을 할 수 없는 경우는?

23 국가직 9급

① 제재처분을 하지 아니하면 국민의 안전·생명 또는 환경을 심각하게 해치거나 해칠 우려가 있는 경우
② 거짓이나 그 밖의 부정한 방법으로 인허가를 받거나 신고를 한 경우
③ 정당한 사유 없이 행정청의 조사·출입·검사를 기피·방해·거부하여 제척기간이 지난 경우
④ 당사자가 인허가나 신고의 위법성을 과실로 알지 못한 경우

④ (✕) 제23조(제재처분의 제척기간) 제1항. 행정청은 법령등의 위반행위가 종료된 날부터 5년이 지나면 해당 위반행위에 대하여 제재처분(인허가의 정지·취소·철회, 등록 말소, 영업소 폐쇄와 정지를 갈음하는 과징금 부과를 말한다)을 할 수 없다.
제2항. 다음 각 호의 어느 하나에 해당하는 경우에는 제1항을 적용하지 아니한다.
1. 거짓이나 그 밖의 부정한 방법으로 인허가를 받거나 신고를 한 경우
2. 당사자가 인허가나 신고의 위법성을 알고 있었거나 중대한 과실로 알지 못한 경우
3. 정당한 사유 없이 행정청의 조사·출입·검사를 기피·방해·거부하여 제척기간이 지난 경우
4. 제재처분을 하지 아니하면 국민의 안전·생명 또는 환경을 심각하게 해치거나 해칠 우려가 있는 경우
① (○) 행정기본법 제23조 제2항 제4호
② (○) 행정기본법 제23조 제2항 제1호
③ (○) 행정기본법 제23조 제2항 제3호

정답 ④

06 「행정기본법」의 내용과 다른 것은?

22 소방승진

① 법령등을 공포한 날부터 일정 기간이 경과한 날부터 시행하는 경우 법령등을 공포한 날을 첫날에 산입하지 아니한다.
② 행정청은 재량행위라 하더라도 법률로 정하는 바에 따라 완전히 자동화된 시스템으로 처분을 할 수 있다.
③ 제재처분의 근거가 되는 법률에는 제재처분의 주체, 사유, 유형 및 상한을 명확하게 규정하여야 한다.
④ 행정청은 처분에 재량이 없는 경우 법률에 근거가 있으면 부관을 붙일 수 있다.

제20조(자동적 처분) 행정청은 법률로 정하는 바에 따라 완전히 자동화된 시스템(인공지능 기술을 적용한 시스템을 포함한다)으로 처분을 할 수 있다. 다만, 처분에 재량이 있는 경우는 그러하지 아니하다.

정답 ②

07 「행정기본법」상 처분에 대한 설명으로 옳은 것은?   21 지방직 7급

① 행정청은 적법한 처분의 경우, 당사자의 신청이 있는 경우에만 철회가 가능하다.
② 행정청은 처분에 재량이 있는 경우 법령이나 행정규칙이 정하는 바에 따라 완전히 자동화된 시스템으로 처분할 수 있다.
③ 당사자의 신청에 따른 처분은 다른 법령에 특별한 규정이 있는 경우를 제외하고는 신청 당시의 법령 등에 따른다.
④ 새로운 법령등은 법령등에 특별한 규정이 있는 경우를 제외하고는 그 법령등의 효력 발생 전에 완성되거나 종결된 사실관계 또는 법률관계에 대해서는 적용되지 아니한다.

> **해설**
> ④ (O) 제14조(법 적용의 기준) 제1항
> ① (X) 철회나 직권취소의 경우 행정청의 재량이므로 당사자의 신청을 요하지 않음이 원칙이다.
> ② (X) 제20조(자동적 처분) 행정청은 법률로 정하는 바에 따라 완전히 자동화된 시스템(인공지능 기술을 적용한 시스템을 포함한다)으로 처분을 할 수 있다. 다만, 처분에 재량이 있는 경우는 그러하지 아니하다.
> ③ (X) 제14조(법 적용의 기준) 제2항. 당사자의 신청에 따른 처분은 법령등에 특별한 규정이 있거나 처분 당시의 법령등을 적용하기 곤란한 특별한 사정이 있는 경우를 제외하고는 처분 당시의 법령등에 따른다.
>
> 정답 ④

08 「행정기본법」에 대한 설명으로 옳지 않은 것은?   23 소방공채

① 행정작용은 법률에 위반되어서는 아니 되며, 국민의 권리를 제한하거나 의무를 부과하는 경우와 그 밖에 국민생활에 중요한 영향을 미치는 경우에는 법률에 근거하여야 한다.
② 행정청은 권한 행사의 기회가 있음에도 불구하고 장기간 권한을 행사하지 아니하여 국민이 그 권한이 행사되지 아니할 것으로 믿을 만한 정당한 사유가 있는 경우에는 그 권한을 행사해서는 아니 된다. 다만, 공익 또는 제3자의 이익을 현저히 해칠 우려가 있는 경우는 예외로 한다.
③ 즉시강제는 다른 수단으로는 행정목적을 달성할 수 없는 경우에만 허용되며, 이 경우에도 최소한으로만 실시하여야 한다.
④ 행정청은 법률로 정하는 바에 따라 처분에 재량이 있는 경우에도 완전히 자동화된 시스템으로 처분을 할 수 있다.

④ (×) 제20조(자동적 처분) 행정청은 법률로 정하는 바에 따라 완전히 자동화된 시스템(인공지능 기술을 적용한 시스템을 포함한다)으로 처분을 할 수 있다. 다만, 처분에 재량이 있는 경우는 그러하지 아니하다.
① (O) 제8조(법치행정의 원칙) 행정작용은 법률에 위반되어서는 아니 되며, 국민의 권리를 제한하거나 의무를 부과하는 경우와 그 밖에 국민생활에 중요한 영향을 미치는 경우에는 법률에 근거하여야 한다.
② (O) 제12조(신뢰보호의 원칙) 제2항. 행정청은 권한 행사의 기회가 있음에도 불구하고 장기간 권한을 행사하지 아니하여 국민이 그 권한이 행사되지 아니할 것으로 믿을 만한 정당한 사유가 있는 경우에는 그 권한을 행사해서는 아니 된다. 다만, 공익 또는 제3자의 이익을 현저히 해칠 우려가 있는 경우는 예외로 한다.
③ (O) 제33조(즉시강제) 제1항. 즉시강제는 다른 수단으로는 행정목적을 달성할 수 없는 경우에만 허용되며, 이 경우에도 최소한으로만 실시하여야 한다.
행정법의 효력(행정법령의 적용시점)

정답 ④

09 「행정기본법」상 법 적용의 기준에 관한 내용이다. ( )에 들어갈 것으로 옳은 것은?

23 행정사

- 당사자의 신청에 따른 처분은 법령등에 특별한 규정이 있거나 (㉠) 당시의 법령등을 적용하기 곤란한 특별한 사정이 있는 경우를 제외하고는 (㉠) 당시의 법령등에 따른다.
- 법령등을 위반한 행위의 성립과 이에 대한 제재처분은 법령등에 특별한 규정이 있는 경우를 제외하고는 (㉡) 당시의 법령등에 따른다. 다만, 법령등을 위반한 행위 후 법령등의 변경에 의하여 그 행위가 법령등을 위반한 행위에 해당하지 아니하거나 제재처분 기준이 가벼워진 경우로서 해당 법령등에 특별한 규정이 없는 경우에는 변경된 법령등을 적용한다.

① ㉠ : 신청, ㉡ : 제재처분
② ㉠ : 신청, ㉡ : 법령등을 위반한 행위
③ ㉠ : 처분, ㉡ : 판결
④ ㉠ : 처분, ㉡ : 법령등을 위반한 행위
⑤ ㉠ : 판결, ㉡ : 제재처분

제14조(법 적용의 기준)
제1항. 새로운 법령등은 법령등에 특별한 규정이 있는 경우를 제외하고는 그 법령등의 효력 발생 전에 완성되거나 종결된 사실관계 또는 법률관계에 대해서는 적용되지 아니한다.
제2항. 당사자의 신청에 따른 처분은 법령등에 특별한 규정이 있거나 ㉠ (처분) 당시의 법령등을 적용하기 곤란한 특별한 사정이 있는 경우를 제외하고는 ㉠ (처분) 당시의 법령등에 따른다.
제3항. 법령등을 위반한 행위의 성립과 이에 대한 제재처분은 법령등에 특별한 규정이 있는 경우를 제외하고는 ㉡ (법령등을 위반한 행위) 당시의 법령등에 따른다. 다만, 법령등을 위반한 행위 후 법령등의 변경에 의하여 그 행위가 법령등을 위반한 행위에 해당하지 아니하거나 제재처분 기준이 가벼워진 경우로서 해당 법령등에 특별한 규정이 없는 경우에는 변경된 법령등을 적용한다.

정답 ④

10. 「행정기본법」상 기간의 계산에 대한 설명으로 가장 옳지 않은 것은?   `21 서울시 7급`

① 법령 등을 공포한 날부터 일정 기간이 경과한 날부터 시행하는 경우 법령 등을 공포한 날을 첫날에 산입하지 아니한다.
② 법령 등을 공포한 날부터 일정 기간이 경과한 날부터 시행하는 경우 그 기간의 말일이 토요일 또는 공휴일인 때에는 그 말일로 기간이 만료한다.
③ 법령 등 또는 처분에서 국민의 권익을 제한하거나 의무를 부과하는 경우 권익이 제한되거나 의무가 지속되는 기간의 계산에 있어서 기간을 일, 주, 월 또는 연으로 정한 경우에는 원칙적으로 기간의 첫날은 산입하지 아니한다.
④ 행정에 관한 기간의 계산에 관하여는 이 법 또는 다른 법령 등에 특별한 규정이 있는 경우를 제외하고는 「민법」을 준용한다.

③ (✕) 침익적 행정의 기간을 계산하는 경우 원칙적으로 그 기간의 첫날을 산입한다. (행정기본법 제6조 제2항 제1호)
①·② (○) 행정기본법 제7조 제2호 및 제3호
④ (○) 행정기본법 제6조 제1항.

정답 ③

11. 「행정기본법」상 법적용의 기준에 대한 설명으로 옳지 않은 것은?   `21 군무원 7급`

① 새로운 법령은 법령에 특별한 규정이 있는 경우를 제외하고는 그 법령의 효력 발생 전에 완성되거나 종결된 사실관계 또는 법률관계에 대해서는 적용되지 아니한다.
② 당사자의 신청에 따른 처분은 법령에 특별한 규정이 있거나 처분 당시의 법령을 적용하기 곤란한 특별한 사정이 있는 경우를 제외하고는 처분 당시의 법령에 따른다.
③ 법령을 위반한 행위의 성립과 이에 대한 제재처분은 법령에 특별한 규정이 있는 경우를 제외하고는 법령을 위반한 행위 당시의 법령에 따른다.
④ 법령을 위반한 행위 후 법령의 변경에 의하여 그 행위가 법령을 위반한 행위에 해당하지 아니하는 경우에도 해당 법령에 특별한 규정이 없는 경우 변경 이전의 법령을 적용한다.

법령등을 위반한 행위의 성립과 이에 대한 제재처분은 법령등에 특별한 규정이 있는 경우를 제외하고는 법령등을 위반한 행위 당시의 법령등에 따른다. 다만, 법령등을 위반한 행위 후 법령등의 변경에 의하여 그 행위가 법령등을 위반한 행위에 해당하지 아니하거나 제재처분 기준이 가벼워진 경우로서 해당 법령등에 특별한 규정이 없는 경우에는 변경된 법령등을 적용한다. (제14조 제3항)

정답 ④

12. 행정법의 시간적 효력에 대한 설명으로 가장 옳지 않은 것은? `22 서울시 7급`

① 조례와 규칙의 공포는 해당 지방자치단체의 공보에 게재하는 방법으로 한다. 다만, 「지방자치법」 제32조 제6항 후단에 따라 지방의회의 의장이 조례를 공포하는 경우에는 공보나 일간신문에 게재하거나 게시판에 게시한다.
② 법령과 조례·규칙은 그 시행일에 관하여 특별한 규정이 없으면, 공포한 날로부터 30일을 경과함으로써 효력을 발생한다.
③ 새로운 법령등은 법령등에 특별한 규정이 있는 경우를 제외하고는 그 법령등의 효력 발생 전에 완성되거나 종결된 사실관계 또는 법률관계에 대해서는 적용되지 아니한다.
④ 당사자의 신청에 따른 처분은 법령에 특별한 규정이 있거나 처분 당시의 법령 등을 적용하기 곤란한 특별한 사정이 있는 경우를 제외하고는 처분 당시의 법령등에 따른다.

대통령령, 총리령 부령 및 조례·규칙은 특별한 규정이 없으면 공포한 날부터 20일이 경과함으로써 효력을 발생한다. 다만, 국민의 권리제한 또는 의무부과와 직접 관련되는 법령 등은 긴급히 시행되어야 할 특별한 사유가 있는 경우를 제외하고는 공포일로부터 적어도 30일이 경과한 날로부터 시행되도록 하여야 한다. (행정기본법 제13조, 제13조의2)

정답 ②

13. 법령 등 시행일의 기간 계산에 관한 설명으로 옳은 것을 모두 고른 것은? `21 행정사`

㉠ 법령등을 공포한 날부터 시행하는 경우에는 공포한 날을 시행일로 한다.
㉡ 법령등을 공포한 날부터 일정 기간이 경과한 날부터 시행하는 경우 법령을 공포한 날을 첫날에 산입하지 아니한다.
㉢ 법령등을 공포한 날부터 일정 기간이 경과한 날부터 시행하는 경우 그 기간의 말일이 토요일 또는 공휴일인 때에는 그 말일로 기간이 만료한다.
㉣ 대통령령은 특별한 규정이 없으면 공포한 날부터 10일이 경과함으로서 효력을 발생한다.

① ㉠, ㉡
② ㉠, ㉣
③ ㉢, ㉣
④ ㉠, ㉡, ㉢
⑤ ㉡, ㉢, ㉣

㉣ (×) 「행정기본법」 제13조, 제13조의2대통령령, 총리령 부령 및 조례·규칙은 특별한 규정이 없으면 공포한 날부터 20일이 경과함으로써 효력을 발생한다. 다만, 국민의 권리제한 또는 의무부과와 직접 관련되는 법령 등은 긴급히 시행되어야 할 특별한 사유가 있는 경우를 제외하고는 공포일로부터 적어도 30일이 경과한 날로부터 시행되도록 하여야 한다.

정답 ④

14 행정에 관한 기간의 계산에 관한 설명 중 가장 적절하지 않은 것은? `21 경찰행정`

① 행정에 관한 기간의 계산에 관하여는 행정기본법 또는 다른 법령등에 특별한 규정이 있는 경우를 제외하고는 「민법」을 준용한다.
② 민원의 처리기간을 5일 이하로 정한 경우에는 민원의 접수시각부터 "시간"단위로 계산하되, 공휴일과 토요일은 산입하지 아니한다.
③ 100일간 운전면허정지처분을 받은 사람의 경우, 100일째 되는 날이 공휴일인 경우에도 면허정지 기간은 그 날(공휴일 당일)로 만료한다.
④ 법령등(훈령·예규·고시·지침등을 포함한다.)의 시행일을 정하거나 계산할 때 법령등을 공포한 날부터 일정 기간이 경과한 날부터 시행하는 경우 법령등을 공포한 날을 첫날에 산입한다.

④ (×) 법령등을 공포한 날부터 일정 기간이 경과한 날부터 시행하는 경우 법령등을 공포한 날을 첫날에 산입하지 아니한다. (행정기본법 제7조 제2호)
① (○) 행정기본법 제6조 제1항
② (○) 민원처리에 관한 법률 제19조 제1항
③ (○) 행정기본법 제6조 제2항

정답 ④

15 「법령 등 공포에 관한 법률」에 대한 설명으로 가장 적절하지 않은 것은? `20 경찰행정`

① 헌법개정·법률·조약·대통령령·총리령 및 부령의 공포와 헌법개정안·예산 및 예산 외 국고부담계약의 공고는 관보에 게재함으로써 한다.
② 「국회법」 제98조 제3항 전단에 따라 하는 국회의장의 법률 공포는 수도권에서 발행되는 둘 이상의 일간신문에 게재함으로써 한다.
③ 국민의 권리제한 또는 의무부과와 직접 관련되는 법률, 대통령령, 총리령 및 부령은 긴급히 시행하여야 할 특별한 사유가 있는 경우를 제외하고는 공포일로부터 적어도 30일이 경과한 날부터 시행되도록 하여야 한다.
④ 헌법개정 공포문의 전문에는 헌법개정안이 대통령 또는 국회재적의원 과반수의 발의로 제안되어 국회에서 재적의원 3분의 2이상이 찬성하고 국민투표에서 국회의원 선거권자 과반수가 투표하여 투표자 과반수가 찬성한 사실을 적고, 대통령이 서명한 후 국새와 대통령인을 찍고 그 공포일을 명기하여 국무총리와 각 국무위원이 부서한다.

법령등 공포에 관한 법률 제11조 제2항. 「국회법」 제98조 제3항 전단에 따라 하는 국회의장의 법률공포는 서울특별시에서 발행되는 둘 이상의 일간신문에 게재함으로써 한다.

정답 ②

16 「법령 등 공포에 관한 법률」에 대한 설명 중 옳지 않은 것을 모두 고른 것은? (다툼이 있으면 판례에 의함)

[18 경찰행정]

> ㉠ 헌법개정·법률·조약·대통령령·총리령 및 부령의 공포와 헌법개정안·예산 및 예산외 국고부담계약의 공고는 관보(官報)에 게재함으로써 한다.
> ㉡ 관보의 내용 해석 및 적용 시기는 전자관보를 우선으로 하며, 종이관보는 부차적인 효력을 가진다.
> ㉢ 법률의 공포일은 해당 법률을 게재한 관보 또는 신문이 발행된 날로 한다.
> ㉣ 대통령령, 총리령 및 부령은 특별한 규정이 없으면 공포한 날부터 20일이 경과함으로써 효력을 발생한다.
> ㉤ 국민의 권리 제한 또는 의무 부과와 직접 관련되는 법률, 대통령령, 총리령 및 부령은 긴급히 시행하여야 할 특별한 사유가 있는 경우를 제외하고는 공포일부터 적어도 90일이 경과한 날부터 시행되도록 하여야 한다.

① ㉠, ㉣ ② ㉠, ㉢
③ ㉡, ㉤ ④ ㉡, ㉣

해설

㉡ (×) 제11조 제4항. 관보의 내용 해석 및 적용 시기 등에 대하여 종이관보와 전자관보는 동일한 효력을 가진다.
㉤ (×) 제13조의2. 국민의 권리 제한 또는 의무 부과와 직접 관련되는 법률, 대통령령, 총리령 및 부령은 긴급히 시행하여야 할 특별한 사유가 있는 경우를 제외하고는 공포일부터 적어도 30일이 경과한 날부터 시행되도록 하여야 한다.

정답 ③

17 법률과 법규명령의 공포 및 효력발생시기에 관한 설명으로 가장 적절하지 않은 것은?

[23 경찰승진]

① 국회에서 의결된 법률안은 정부에 이송되어 15일 이내에 대통령이 공포한다.
② 법률은 특별한 규정이 없는 한 공포한 날로부터 20일을 경과함으로써 효력을 발생한다.
③ 대통령령, 총리령 및 부령은 특별한 규정이 없으면 공포한 날부터 20일이 경과함으로써 효력을 발생한다.
④ 국민의 권리 제한 또는 의무 부과와 직접 관련되는 법률, 대통령령, 총리령 및 부령은 긴급히 시행하여야 할 특별한 사유가 있는 경우를 제외하고는 공포일로부터 적어도 20일이 경과한 날부터 시행되도록 하여야 한다.

「법령 등 공포에 관한 법률」 제13조의2(법령의 시행유예기간) 국민의 권리 제한 또는 의무 부과와 직접 관련되는 법률, 대통령령, 총리령 및 부령은 긴급히 시행하여야 할 특별한 사유가 있는 경우를 제외하고는 공포일로부터 적어도 30일이 경과한 날부터 시행되도록 하여야 한다.

정답 ④

18 「법령 등 공포에 관한 법률」에 대한 설명으로 가장 적절하지 않은 것은? 24 경찰채용

① 「법령 등 공포에 관한 법률」상 법률, 대통령령, 총리령 및 부령은 특별한 규정이 없으면 공포한 날부터 20일이 경과함으로써 효력을 발생한다.
② 「국회법」 제98조 제3항 전단에 따라 하는 국회의장의 법률 공포는 서울특별시에서 발행되는 둘 이상의 일간신문에 게재함으로써 한다.
③ 법령 등의 공포일 또는 공고일은 해당 법령 등을 게재한 관보 또는 신문이 발행된 날로 한다.
④ 헌법개정·법률·조약·대통령령·총리령 및 부령의 공포와 헌법 개정안·예산 및 예산 외 국고부담계약의 공고는 관보에 게재함으로써 한다.

「법령 등 공포에 관한 법률」 제13조. 대통령령, 총리령 및 부령은 특별한 규정이 없으면 공포한 날부터 20일이 경과함으로써 효력을 발생한다. 「헌법」 제53조 제7항. 법률은 그 법률 부칙에서 정하고 있는 시행일에 효력을 발생한다. 그러나 법률에 특별한 규정이 없는 한 공포한 날부터 20일을 경과함으로써 효력을 발생한다.

정답 ①

CHAPTER 02 법치행정의 원리

01 다음 중 법치행정의 원리에 대한 설명으로 가장 옳은 것은? (다툼이 있는 경우 통설과 · 판례에 의함)
21 해경승진

① 법률우위의 원칙에서 법은 형식적 법률뿐 아니라 법규명령과 관습법 등을 포함하는 넓은 의미의 법이다.
② 법치행정원리의 현대적 의미는 실질적 법치주의에서 형식적 법치주의로의 전환이다.
③ 법령의 규정보다 더 침익적인 조례는 법률유보원칙에 위반되어 무효이다.
④ 법률유보의 원칙은 행정권 발동에 있어서 조직규범 근거가 필요하다는 것을 말한다.

① (○) 법률우위의 원칙에서 말하는 법률에는 성문법과 행정법의 일반원칙과 같은 불문법의 원리도 포함되므로 법률유보의 원칙에서 말하는 법률보다 넓은 의미이다. ※ 하지만, 행정규칙은 포함되지 않는다.
② (✕) 법치행정원리의 현대적 의미는 형식적 법치주의에서 실질적 법치주의로의 전환으로 보는 것이 대부분의 견해이다.
③ (✕) 법령의 규정보다 더 침익적인 조례는 상위법령에 위반되는 조례로서, 법률우위원칙에 위반되어 무효라고 볼 것이다.
④ (✕) 법률유보의 원칙은 행정권 개별적인 발동에 있어서 작용법적 근거가 필요하다는 것을 말한다.

정답 ①

02 다음 법치행정의 원칙에 대한 설명으로 옳지 않은 것은?
23 지방직 9급

① 규율대상이 국민의 기본권 및 기본적 의무와 관련한 중요성을 가질수록 그리고 그에 관한 공개적 토론의 필요성 또는 상충하는 이익 사이의 조정 필요성이 클수록, 그것이 국회의 법률에 의해 직접 규율될 필요성은 더 증대된다고 보아야 한다.
② 법률의 시행령은 법률에 의한 위임 없이도 법률이 규정한 개인의 권리 · 의무에 관한 내용을 변경 · 보충하거나 법률에 규정되지 아니한 새로운 내용을 규정할 수 있다.
③ 법률유보의 원칙은 '법률에 의한 규율'만을 요청하는 것이 아니라 '법률에 근거한 규율'을 요청하는 것이기 때문에 기본권의 제한에는 법률의 근거가 필요할 뿐이고 기본권제한의 형식이 반드시 법률의 형식일 필요는 없다.
④ 행정작용은 법률에 위반되어서는 아니 되며, 국민의 권리를 제한하거나 의무를 부과하는 경우와 그 밖에 국민생활에 중요한 영향을 미치는 경우에는 법률에 근거해야 한다.

② (×) 헌법 제75조는 "대통령은 법률에서 구체적으로 범위를 정하여 위임받은 사항과 법률을 집행하기 위하여 필요한 사항에 관하여 대통령령을 발할 수 있다."라고 규정하고 있다. 따라서 대통령은 법률에서 구체적으로 범위를 정하여 위임받은 사항과 법률을 집행하기 위하여 필요한 사항에 관하여만 대통령령을 발할 수 있으므로, 법률의 시행령은 모법인 법률에 의하여 위임받은 사항이나 법률이 규정한 범위 내에서 법률을 현실적으로 집행하는 데 필요한 세부적인 사항만을 규정할 수 있을 뿐, 법률에 의한 위임이 없는 한 법률이 규정한 개인의 권리·의무에 관한 내용을 변경·보충하거나 법률에 규정되지 아니한 새로운 내용을 규정할 수는 없다. (대판2016두32992)

① (O) 대판2012두23808
③ (O) 헌재2003헌마289
④ (O) 행정기본법 제8조(법치행정의 원칙)

정답 ②

03 법치행정의 원리에 대한 설명으로 옳지 않은 것은? (다툼이 있는 경우 판례에 의함)

22 소방공채

① 국회가 형식적 법률로 직접 규율해야 할 필요성은 규율대상이 기본권 및 기본적 의무와 관련된 중요성을 가질수록, 그에 관한 공개적 토론의 필요성 또는 상충하는 이익 사이의 조정 필요성이 클수록 더 증대된다.
② 국가계약의 본질적인 내용은 사인 간의 계약과 다를 바가 없어 법령에 특별한 규정이 있는 경우를 제외하고는 사법의 규정 내지 법원리가 그대로 적용되므로, 국가와 사인 간의 계약은 국가계약법령에 따른 요건과 절차를 거치지 않더라도 유효하다.
③ 지방의회의원에 대하여 유급보좌인력을 두기 위해서는 법률의 근거가 필요하다.
④ 납세의무자에게 조세의 납부의무뿐만 아니라 스스로 과세표준과 세액을 계산하여 신고하여야 하는 의무까지 부과하는 경우에는 신고의무불이행에 따른 불이익의 내용을 법률로 정하여야 한다.

② (×) 국가계약의 그 본질적인 내용은 사인간의 계약과 다를 바가 없어 그 법령에 특별한 규정이 있는 경우를 제외하고는 사법의 규정 내지 법원리가 그대로 적용된다. (대판95다11436) 따라서 구 「국가를 당사자로 하는 계약에 관한 법률(2012. 12. 18. 법률 제11547호로 개정되기 전의 것, 이하 '국가계약법'이라 한다)」 제11조 규정 내용과 국가가 일방당사자가 되어 체결하는 계약의 내용을 명확히 하고 국가가 사인과 계약을 체결할 때 적법한 절차에 따를 것을 담보하려는 규정의 취지 등에 비추어 보면, 국가가 사인과 계약을 체결할 때에는 국가계약법령에 따른 계약서를 따로 작성하는 등 요건과 절차를 이행하여야 할 것이고, 설령 국가와 사인 사이에 계약이 체결되었더라도 이러한 법령상 요건과 절차를 거치지 아니한 계약은 효력이 없다. (대판2013다215133)

① (O) 대판2012두23808(전합)
③ (O) 대판96추121
④ (O) 대판2012두23808(전합)

정답 ②

04 법치행위에 대한 설명으로 가장 적절하지 않은 것은? (다툼이 있는 경우 판례에 의함)

18 경찰행정

① 기본권 제한에 관한 법률유보원칙은 '법률에 근거한 규율'을 요청하는 것이 아니라 '법률에 의한 규율'을 요청하는 것이다.
② 「지방자치법」에 의하면 지방자치단체가 조례로 주민의 권리 제한 또는 의무 부과에 관한 사항이나 벌칙을 정할 때에는 법률의 위임이 있어야 한다.
③ 오늘날 법률유보원칙은 국민의 기본권실현과 관련된 영역에 있어서 국민의 대표자인 입법자가 그 본질적 사항에 대해서 스스로 결정하여야 한다는 요구까지 내포하고 있다.
④ 집회나 시위 해산을 위한 살수차 사용은 집회의 자유 및 신체의 자유에 대한 중대한 제한을 초래하므로 살수차 사용요건이나 기준은 법률에 근거를 두어야 한다.

① (×) 법률유보원칙은 일정한 작용에 대한 법률의 근거를 의미하므로, '법률에 근거한 규율'을 요청하는 것이라고 보아야 한다.
② (○) 옳은 설명이다.
③ (○) 헌재98헌바70
④ (○) 옳은 설명이다.

정답 ①

05 법치행정의 원칙에 대한 설명으로 가장 적절하지 않은 것은? (다툼이 있는 경우 판례에 의함)

19 경찰행정

① 텔레비전방송수신료의 금액은 한국방송공사 이사회가 심의·의결한 후 방송통신위원회를 거쳐 국회의 승인을 얻어 확정된다.
② 텔레비전방송수신료의 금액은 납부의무자의 범위 등과 함께 수신료에 관한 본질적인 중요한 사항이므로 국회가 스스로 결정·관여하여야 한다.
③ 텔레비전방송수신료의 징수업무를 한국방송공사가 직접 수행할 것인지, 제3자에게 위탁할 것인지, 위탁한다면 누구에게 위탁하도록 할 것인지, 위탁받은 자가 자신의 고유업무와 결합하여 징수업무를 할 수 있는지는 국민의 기본권제한에 관한 본질적인 사항이다.
④ 지방자치단체는 법령의 범위 안에서 그 사무에 관하여 조례를 제정할 수 있으나, 주민의 권리 제한 또는 의무부과에 관한 사항이나 벌칙을 정할 때에는 법률의 위임이 있어야 한다.

③ (✕) 수신료 징수업무를 한국방송공사가 직접 수행할 것인지 제3자에게 위탁할 것인지, 위탁한다면 누구에게 위탁하도록 할 것인지, 위탁받은 자가 자신의 고유업무와 결합하여 징수업무를 할 수 있는지는 징수업무처리의 효율성 등을 감안하여 결정할 수 있는 사항으로서 국민의 기본권제한에 관한 본질적인 사항이 아니라 할 것이다. 따라서 「방송법」 제67조 제2항은 법률유보의 원칙에 위반되지 아니한다. (헌재2006헌바70)
① (○) 방송법 제65조
② (○) 헌재98헌마70
④ (○) 지방자치법 제22조

정답 ③

06 다음 중 실질적 법치주의를 구현하기 위한 방법으로 가장 옳지 않은 것은? `21 해경승진`

① 법률의 위임에 의한 법규명령의 제정에 있어서 포괄적 위임 금지
② 행정의 내부조직이나 특별행정법관계 내부에까지 법률 유보 적용확대
③ 헌법재판소에 의한 위헌법률 심사제
④ 행정의 탄력성과 합목적성을 달성하기 위한 행정입법권의 강화

법치주의란 국민의 자유와 권리를 보장하기 위해 입법부가 만든 법률에 의하여 국가권력을 제한하는 원리로서, 행정입법권의 강화는 법률의 근거 없이는 가능한 행정의 범위를 확장시켜 법치주의를 궁극적으로 약화시킨다고 할 것이므로, 이는 행정권의 통제를 통한 국민의 권리구제를 보장하고자 하는 현대 행정법의 실질적 법치주의 경향과는 어울리지 않는다. 따라서 행정입법의 필요성이 늘어나는 현실에 비추어 행정입법권에 대한 통제 또한 강하게 요청된다.

정답 ④

07 다음 중 법률유보원칙에 대한 설명으로 가장 옳지 않은 것은? (다툼이 있는 경우 판례에 의함) `23 해경승진`

① 전부유보설은 모든 행정작용이 법률에 근거해야 한다는 입장이다.
② 법률유보원칙에서 말하는 법률에는 예산도 포함된다.
③ 법률유보원칙에서 요구되는 법적 근거는 작용법적 근거를 의미한다.
④ 헌법재판소 결정에 따를 때 기본권 제한에 관한 법률유보원칙은 법률에 근거한 규율을 요청하는 것이므로 그 형식이 반드시 법률일 필요는 없더라도 법률상 근거는 있어야 한다.

② (✗) 예산은 일종의 법규범이고 법률과 마찬가지로 국회의 의결을 거쳐 제정되지만 법률과 달리 국가기관만을 구속할 뿐 일반국민을 구속하지 않는다. 국회가 의결한 예산 또는 국회의 예산안 의결은 헌법재판소법 제68조 제1항 소정의 '공권력의 행사'에 해당하지 않고 따라서 헌법소원의 대상이 되지 아니한다. (헌재2006헌마409)
① (○) 전부유보설은 모든 행정작용이 법률에 근거해야 한다는 입장으로, 행정의 자유영역을 부정하는 견해이다.
③ (○) 법률유보의 원칙에서 요구되는 행정권 행사의 법적 근거는 조직법적 근거가 아니라 '작용법적' 근거를 말하며 원칙적으로 개별적 근거를 의미한다.
④ (○) 법률유보의 원칙은 '법률에 의한' 규율만을 뜻하는 것이 아니라 '법률에 근거한' 규율을 요청하는 것이므로 기본권 제한의 형식이 반드시 법률의 형식일 필요는 없고 법률에 근거를 두면서 헌법 제75조가 요구하는 위임의 구체성과 명확성을 구비하기만 하면 위임입법에 의하여도 기본권 제한을 할 수 있다 할 것이다. (헌재2003헌마289)

정답 ②

08 법률유보의 원칙에 대한 설명으로 옳지 않은 것은? (다툼이 있는 경우 판례에 의함)

19 국가직 9급

① 법률유보의 원칙에서 요구되는 법적 근거는 작용법적 근거를 의미한다.
② 개인택시운송사업자의 운전면허가 아직 취소되지 않았더라도 운전면허 취소사유가 있다면 행정청은 명문 규정이 없더라도 개인택시운송사업면허를 취소할 수 있다.
③ 법률유보의 원칙은 국민의 기본권실현과 관련된 영역에 있어서는 입법자가 그 본질적 사항에 대해서 스스로 결정하여야 한다는 요구까지 내포하고 있다.
④ 국회가 형식적 법률로 직접 규율하여야 하는 필요성은 규율대상이 기본권 및 기본적 의무와 관련된 중요성을 가질수록, 그에 관한 공개적 토론의 필요성 또는 상충하는 이익 사이의 조정 필요성이 클수록 더 증대된다.

② (✗) 구「여객자동차운수사업법(2007. 7. 13. 법률 제8511호로 개정되기 전의 것)」제76조 제1항 제15호, 같은 법 시행령 제29조에는 관할관청은 개인택시운송사업자의 운전면허가 취소된 때에 그의 개인택시운송사업면허를 취소할 수 있도록 규정되어 있을 뿐 그에게 운전면허 취소사유가 있다는 사유만으로 개인택시운송사업면허를 취소할 수 있도록 하는 규정은 없으므로, 관할관청으로서는 비록 개인택시운송사업자에게 운전면허 취소사유가 있다 하더라도 그로 인하여 운전면허 취소처분이 이루어지지 않은 이상 개인택시운송사업면허를 취소할 수는 없다. (대판2007두26001)
① (○) 옳은 설명이다.
③ (○) 옳은 설명이다.
④ (○) 헌재2001헌마682

정답 ②

09 행정의 법률적합성의 원칙에 대한 설명으로 옳지 않은 것은? (다툼이 있는 경우 판례에 의함)

17 국가직 7급

① 법률유보의 원칙에서 요구되는 행정권 행사의 법적 근거는 작용법적 근거를 말하며 원칙적으로 개별적 근거를 의미한다.
② 법규에 명문의 근거가 없음에도 환경보전이라는 중대한 공익상의 이유로 산림훼손허가를 거부하는 것은 법률유보의 원칙에 비추어 허용되지 않는다.
③ 행정청이 행정처분의 단계에서 당해 처분의 근거가 되는 법률이 위헌이라 판단하여 그 적용을 거부하는 것은 권력분립의 원칙상 허용될 수 없다.
④ 납세의무자에게 조세의 납부의무뿐만 아니라 스스로 과세표준과 세액을 계산하여 신고하여야 하는 의무까지 부과하는 경우에 신고의무불이행에 따른 납세의무자가 입게 될 불이익은 법률로 정하여야 한다.

② (✗) 산림훼손은 국토 및 자연의 유지와 수질 등 환경의 보전에 직접적으로 영향을 미치는 행위이므로, 법령이 규정하는 산림훼손 금지 또는 제한 지역에 해당하는 경우는 물론 금지 또는 제한 지역에 해당하지 않더라도 허가관청은 산림훼손허가신청 대상토지의 현상과 위치 및 주위의 상황 등을 고려하여 국토 및 자연의 유지와 환경의 보전 등 중대한 공익상 필요가 있다고 인정될 때에는 허가를 거부할 수 있고, 그 경우 법규에 명문의 근거가 없더라도 거부처분을 할 수 있다. (대판2002두12113)
① (〇) 옳은 설명이다.
③ (〇) 헌재2004헌바44
④ (〇) 대판2012두23808

정답 ②

10 행정청이 법률의 근거 규정 없이도 할 수 있는 조치로 옳은 것만을 모두 고른 것은? (다툼이 있는 경우 판례에 의함)

18 국가직 9급

㉠ 하자 있는 처분을 직권으로 취소하는 것
㉡ 재량권이 인정되는 영역에서 재량권 행사의 기준이 되는 지침을 제정하는 것
㉢ 중대한 공익상의 필요가 발생하여 처분을 철회하는 것
㉣ 사정변경으로 인하여 처분에 부가되어 있는 부담의 목적을 달성할 수 없게 되어 부담의 내용을 변경하는 것

① ㉠, ㉡
② ㉢, ㉣
③ ㉠, ㉢, ㉣
④ ㉠, ㉡, ㉢, ㉣

㉠ (O) 직권취소는 별도의 법적근거를 요하지 아니하다는 것이 판례의 입장이다.
㉡ (O) 행정규칙의 제정은 법률유보가 적용되지 아니한다.
㉢ (O) 행정행위의 철회를 함에 있어 법률유보가 적용되지 아니한다.
㉣ (O) 사정변경으로 인하여 부담을 변경하고자 하는 경우 별도의 근거가 필요 없이도 변경이 가능하다는 것이 판례의 입장이다.

정답 ④

11 법치행정의 원칙에 관한 설명으로 가장 적절하지 않은 것은? (다툼이 있는 경우 판례에 의함)

24 경찰채용

① 법률우위원칙은 행정의 종류를 불문하고 모든 행정 영역에 적용된다.
② 법률유보원칙은 법률에 의한 규율을 뜻하므로 위임입법에 의해 기본권 제한을 할 수 없다.
③ 헌법상 보장된 국민의 자유나 권리를 제한할 때에는 적어도 그 제한의 본질적인 사항에 관하여 국회가 법률로써 스스로 규율하여야 한다.
④ 집회나 시위 해산을 위한 살수차 사용은 기본권에 대한 중대한 제한이므로, 살수차 사용 요건이나 기준은 법률에 근거를 두어야 한다.

법률유보원칙은 일정한 작용에 대한 법률의 근거를 의미하므로, '법률에 의한 규율'을 요청하는 것이 아니라 '법률에 근거한 규율'을 요청하는 것이라고 보아야 한다. 따라서 기본권의 제한에는 법률의 근거가 필요할 뿐이고 기본권 제한의 형식이 반드시 법률의 형식일 필요는 없다

정답 ②

CHAPTER 03 | 행정법의 법원

01 행정법의 법원(法源)에 해당하지 않는 것은?   22 행정사

① 대한민국 헌법
② 건축법 시행규칙
③ 서울특별시 성동구 조례
④ 헌법재판소규칙
⑤ 사실인 관습

⑤ (✕) 관습법의 성립요건으로는 ㉠ 일정한 사실이 행정관행에 의해 장기적, 동일한 정도로 되풀이되는 객관적 요건 이외에 ㉡ 이러한 장기적 관행이 당사자들에 의해 법적 확신을 얻어야 한다는 주관적 요건까지 요구하는 법적 확신설이 통설 및 판례이다. 따라서 사회의 거듭된 관행으로 생성된 사회생활규범에 대해 사회 구성원들이 법적 구속력에 대하여 확신을 갖지 않는다면 사실인 관습에 불과하여 법적 규범으로서의 효력이 부정되므로 행정법의 법원에 해당하지 않는다.
① (○) 헌법은 최상위의 성문법원이다.
② (○) 시행령, 시행규칙 및 헌법재판소규칙 등은 법규명령으로서 성문법원이다.
③ (○) 조례는 규칙과 더불어 자치법규로서 성문법원이다.
④ (○) 시행령, 시행규칙 및 헌법재판소규칙 등은 법규명령으로서 성문법원이다.

정답 ⑤

02 행정법의 법원(法源)으로서 헌법이 직접 규정하고 있지 않은 것은?   21 해경승진

① 감사원규칙
② 중앙선거관리위원회규칙
③ 지방자치단체의 자치에 관한 규정
④ 대통령령, 총리령, 부령

「감사원법」제52조에 기하여 제정되는 감사원규칙에 법규적 성질을 인정할 것인가와 관련하여서는 견해의 대립이 있으나, 법규명령의 효력을 인정하는 견해가 통설이다. 따라서 '감사원규칙'역시 행정법의 성문법원에 해당하나, ②, ③, ④의 다른 법규들과 달리「헌법」에 근거규정을 두지 않고 법률에 근거를 두고 있다는 점이 특징이다.

정답 ①

03 다음 중 행정법의 법원에 대한 설명으로 가장 옳은 것은? (다툼이 있는 경우 판례에 의함)

23 행경승진

① 신뢰보호 원칙이 적용되기 위한 요건의 하나인 행정청의 공적 견해표명이 있었는지 여부를 판단함에 있어서는 반드시 행정조직 상의 형식적인 권한분장에 따라야 한다.
② 판례는 국세행정 상 비과세의 관행을 일종의 행정선례법으로 인정하지 아니한다.
③ 「수산업법」은 민중적 관습법인 입어권의 존재를 명문으로 인정하고 있다.
④ 처분이 위법하더라도 그 처분이 수 차례 반복적으로 행하여졌다면 그러한 처분은 행정청에 대하여 자기구속력을 갖게 된다.

③ (O) 관행어업권인 입어권은 관습법상 인정되는 권리이지만 「수산업법」에서 민중적 관습법인 입어권의 존재를 명문으로 규정하고 있으며, 어업권은 행정행위(특허)에 의하여 인정되는 성문법상의 권리이다.
① (×) 지방세에 대한 권한이 없는 보건사회부(현 보건복지부)장관이 병원운영자 신청공고를 하면서 국세 및 지방세에 대해 비과세하겠다고 발표한 경우에도 신뢰보호원칙은 적용된다고 판시하면서] 과세관청의 공적 견해표명이 있었는지의 여부를 판단하는 데 있어 반드시 행정조직 상의 형식적인 권한분장에 구애될 것은 아니고 담당자의 조직상의 지위와 임무, 당해 언동을 하게 된 구체적인 경위 및 그에 대한 납세자의 신뢰가능성에 비추어 실질에 의하여 판단하여야 한다. (대판95누13746)
② (×) 비과세의 사실상태가 장기간에 걸쳐 계속된 경우에 그것이 그 사항에 대하여 과세의 대상으로 삼지 아니한다는 뜻의 과세관청의 묵시적인 의사표시로 볼 수 있는 경우에는 이를 국세행정의 관행이라고 인정할 수 있다. (대판86누57)
④ (×) 위법한 행정처분이 수차례에 걸쳐 반복적으로 행하여졌다 하더라도 그러한 처분이 위법한 것인 때에는 행정청에 대하여 자기구속력을 갖게 된다고 할 수 없다. (대판2008두13132).

정답 ③

04 경찰행정법의 법원(法源)에 대한 설명으로 가장 적절하지 않은 것은?

23 경찰간부

① 헌법에 의하여 체결·공포된 조약과 일반적으로 승인된 국제법규도 경찰행정법의 법원으로 볼 수 있다.
② 헌법재판소의 위헌결정은 국가경찰 및 자치경찰을 기속하므로 법원성이 인정된다.
③ 경찰행정법의 일반원칙인 평등의 원칙, 비례의 원칙, 권한남용 금지의 원칙, 신뢰보호의 원칙은 「행정기본법」에는 규정되어 있지 않다.
④ 신의성실의 원칙은 「민법」뿐만 아니라 경찰행정법을 포함한 모든 법의 일반원칙이며 법원으로 인정된다.

경찰행정법의 일반원칙인 평등의 원칙(제9조), 비례의 원칙(제10조), 권한남용금지의 원칙(제11조), 신뢰보호의 원칙(제12조)은 「행정기본법」에 규정되어 있다.

정답 ③

05 경찰행정법의 법원(法源)에 관한 설명으로 가장 적절하지 않은 것은? (다툼이 있는 경우 판례에 의함) 『23 경찰채용』

① 경찰행정법의 법원(法源)은 일반적으로 성문법원과 불문법원으로 나눌 수 있으며 헌법, 법률, 조례와 규칙은 성문법원에 해당한다.
② 대통령령, 총리령 및 부령은 특별한 규정이 없으면 공포한 날부터 20일이 경과함으로써 효력을 발생한다.
③ 지방자치단체의 장은 법령의 범위에서 그 사무에 관하여 조리(條理)를 제정할 수 있다.
④ 사회의 거듭된 관행으로 생성한 사회생활규범이 사회의 법적확신과 인식에 의하여 법적 규범으로 승인·강행되기에 이른 것을 관습법이라 한다.

「지방자치법」 제29조(규칙) 지방자치단체의 장은 법령 또는 조례의 범위에서 그 권한에 속하는 사무에 관하여 규칙을 제정할 수 있다.

정답 ③

06 행정법의 법원에 대한 설명으로 가장 옳지 않은 것은? 『21 서울시 7급』

① 「폐기물관리법령」상 폐기물처리업 사업계획에 대한 적정통보를 한 것만으로도 그 사업부지 토지에 대한 국토이용계획변경신청을 승인하여 주겠다는 공적인 견해 표명을 한 것이므로 사업계획에 대한 적정통보에 반하는 국토이용계획변경신청 승인거부는 신뢰보호원칙에 반한다.
② 국가가 국민의 생명·신체의 안전에 대한 보호의무를 다하지 않았는지 여부를 헌법재판소가 심사할 때에는 국가가 이를 보호하기 위하여 적어도 적절하고 효율적인 최소한의 보호조치를 취하였는가 여부를 기준으로 삼아 판단한다.
③ 지방자치단체장이 사업자에게 주택사업계획승인을 하면서 그 주택사업과는 아무런 관련이 없는 토지를 기부채납하도록 하는 부관을 주택사업계획승인에 붙인 경우, 그 부관은 부당결부금지의 원칙에 위반되어 위법하다.
④ 법률의 개정이 있는 경우, 신법이 현재 진행 중인 사실관계에 적용되는 것은 원칙적으로 허용되지만 소급효를 요구하는 공익상의 사유와 신뢰보호의 요청 사이의 교량과정에서 신뢰보호의 관점이 입법자의 형성권에 제한을 가하게 된다.

① (✕) 「폐기물관리법령」에 의한 폐기물처리업 사업계획에 대한 적정통보와 국토이용관리법령에 의한 국토이용계획변경은 각기 그 제도적 취지와 결정단계에서 고려해야 할 사항들이 다르다는 이유로 폐기물처리업 사업계획에 대하여 적정통보를 한 것만으로 그 사업부지 토지에 대한 국토이용계획변경신청을 승인하여 주겠다는 취지의 공적인 견해표명을 한 것으로 볼 수 없다. (대판20048828)
② (○) 헌재 2008헌마419·423·436
③ (○) 대판 96다49650
④ (○) 헌재 97헌바58

정답 ①

07 행정법의 법원(法源)에 관한 설명이다. 다음 중 가장 적절하지 않은 것은? (다툼이 있는 경우 판례에 의함)
15 경찰행정

① 관습법은 성문법의 결여시에 성문법을 보충하는 범위에서 효력을 갖는다.
② 「헌법재판소」 제47조 제1항은 '법률의 위헌결정은 법원과 그 밖의 국가기관 및 지방자치단체를 기속한다.'라고 규정되었다.
③ 「1994년 관세 및 무역에 관한 일반협정(GATT)」이나 「정부조달에 관한 협정(AGP)」에 위반되는 조례는 그 효력이 없다.
④ 일반적으로 승인된 국제법규라도 의회에 의한 입법절차를 거쳐야 행정법의 법원(法源)이 된다.

국제법은 국내법에 적용할 때 별도의 입법절차를 거칠 필요가 없다.

정답 ④

08 대법원 판례의 입장으로 옳은 것은?

17 국가직 9급

① 행정청이 「도시 및 주거환경정비법」등 관련법령에 근거하여 행하는 조합설립인가처분은 강학상 인가처분으로서 그 조합설립결의에 하자가 있다면 조합설립결의에 대한 무효확인을 구하여야 한다.
② 지적공부 소관청의 지목변경신청 반려행위는 행정사무의 편의와 사실증명의 자료로 삼기 위한 것이지 그 대장에 등재여부는 어떠한 권리의 변동이나 상실효력이 생기지 않으므로 이를 항고소송의 대상으로 할 수 없다.
③ 지방자치단체가 제정한 조례가 1994년 관세 및 무역에 관한일반협정(General Agreement on Tariffs and Trade 1994)이나 정부조달에 관한 협정(Agreement on Government Procurement)에 위반되는 경우, 그 조례는 무효이다.
④ 어떠한 행정처분이 후에 항고소송에서 취소되었다면 그 기판력에 의하여 당해 행정처분은 곧바로 「국가배상법」 제2조의 공무원의 고의 또는 과실로 인한 불법행위를 구성한다.

③ (○) 대판92004추10
① (×) 조합설립인가처분은 강학상 특허에 해당한다. (대판2011두11570)
② (×) 지목은 토지에 대한 공법상의 규제, 개발부담금의 부과대상, 지방세의 과세대상, 공시지가의 산정, 손실보상가액의 산정등 토지행정의 기초로서 공법상의 법률관계에 영향을 미치고, 토지소유자는 지목을 토대로 토지의 사용·수익·처분에 일정한 제한을 받게 되는 점 등을 고려하면, 지목은 토지소유권을 제대로 행사하기 위한 전제요건으로서 토지소유자의 실체적 권리관계에 밀접하게 관련되어 있으므로 지적공부소관청의 지목변경신청반려행위는 국민의 권리관계에 영향을 미치는 것으로서 항고소송의 대상이 되는 행정처분에 해당한다. (대판2003두9015)
④ (×) 어떠한 행정처분이 후에 항고소송에서 취소되었다고 할지라도 그 기판력에 의하여 당해 행정처분이 곧바로 공무원의 고의 또는 과실로 인한 것으로서 불법행위를 구성한다고 단정할 수는 없는 것이고, 그 행정처분의 담당공무원이 보통 일반의 공무원을 표준으로 하여 볼 때 객관적 주의의무를 결하여 그 행정처분이 객관적 정당성을 상실하였다고 인정될 정도에 이른 경우에 국가배상법 제2조 소정의 국가배상책임의 요건을 충족하였다고 봄이 상당할 것이며, 이 때에 객관적 정당성을 상실하였는지 여부는 피침해이익의 종류 및 성질, 침해행위가 되는 행정처분의 태양 및 그 원인, 행정처분의 발동에 대한 피해자측의 관여의 유무, 정도 및 손해의 정도 등 제반 사정을 종합하여 손해의 전보책임을 국가 또는 지방자치단체에게 부담시켜야 할 실질적인 이유가 있는지 여부에 의하여 판단하여야 한다. (대판99다70600)

정답 ③

09 다음 행정법의 법원(法源)에 대한 설명 중 가장 적절하지 않은 것은? (다툼이 있는 경우 판례에 의함)   15 경찰행정

① 대법원의 판례는 사안이 서로 다른 사건을 재판하는 하급심 법원을 직접 기속하는 효력이 있다.
② 「남북 사이의 화해와 불가침 및 교류협력에 관한 합의서」는 국가 간의 조약이 아니므로 국내법과 동일한 효력이 인정되는 것은 아니다.
③ 관습법이란 사회의 거듭된 관행으로 생성한 사회생활규범이 사회의 법적 확신과 인식에 의하여 법적 규범으로 승인 강행되기에 이른 것을 말한다.
④ 헌법에 의하여 체결·공포된 조약과 일반적으로 승인된 국제법규는 국내법과 같은 효력을 가진다.

① (×) 판례가 서로 다른 사건을 재판하는 하급심법원을 직접 기속하는 효력이 있는 것은 아니다.
② (○) 대판98두14525
③ (○) 옳은 설명이다
④ (○) 헌법 제6조 제1항

정답 ①

10 다음 행정법의 법원(法源)에 대한 설명 중 가장 적절하지 않은 것은? (다툼이 있는 경우 판례에 의함)   17 경찰행정

① 평등의 원칙은 본질적으로 같은 것을 자의적으로 다르게 취급함을 금지하는 것이고, 위법한 행정처분이 수차례에 걸쳐 반복적으로 행하여졌다 하더라도 그러한 처분이 위법한 것인 때에는 행정청에 대하여 자기구속력을 갖게 된다고 할 수 없다.
② 대법원의 판례가 법률해석의 일반적인 기준을 제시한 경우에 유사한 사건을 재판하는 하급심법원의 법관은 판례의 견해를 존중하여 재판하여야 하는 것이나, 판례가 사안이 서로 다른 사건을 재판하는 하급심법원을 직접 기속하는 효력이 있는 것은 아니다.
③ 「헌법재판소법」 제67조에 의하면 헌법재판소의 권한쟁의심판의 결정은 모든 국가기관과 지방자치단체를 기속하므로, 국가기관 또는 지방자치단체의 처분을 취소하는 결정은 그 처분의 상대방에 대하여 이미 생긴 효력에 영향을 미친다.
④ 「행정절차법」 제4조에 의하면 행정청은 법령등의 해석 또는 행정청의 관행이 일반적으로 국민들에게 받아들여졌을 때에는 공익 또는 제3자의 정당한 이익을 현저히 해칠 우려가 있는 경우를 제외하고는 새로운 해석 또는 관행에 따라 소급하여 불리하게 처리하여서는 아니 된다.

③ (✕) 헌법재판소의 권한쟁의심판의 결정은 모든 국가기관과 지방자치단체를 기속하므로, 국가기관 또는 지방자치단체의 처분을 취소하는 결정은 그 처분의 상대방에 대하여 이미 생긴 효력에 영향을 미치지 아니한다.
① (O) 대판 2008두13132
② (O) 대판 2006두66272
④ (O) 옳은 설명이다.

정답 ③

11 다음 중 행정법의 법원에 대한 설명으로 가장 옳은 것은? 22 군무원 9급

① 행정청 내부의 사무처리준칙이 제정·공표되었다면 이 자체만으로도 행정청은 자기구속을 받게 되므로 이 준칙에 위배되는 처분은 위법하게 된다.
② 헌법재판소의 위헌결정이 있다면 행정청이 개인에 대하여 공적인 견해를 표명한 것으로 볼 수 있으므로 위헌결정과 다른 행정청의 결정은 신뢰보호 원칙에 반한다.
③ 부당결부금지의 원칙은 판례에 의해 확립된 행정의 법원칙으로 실정법상 명문의 규정은 없다.
④ 법령의 규정만으로 처분 요건의 의미가 분명하지 아니한 경우에 법원이나 헌법재판소의 분명한 판단이 있음에도 합리적 근거가 없이 사법적 판단과 어긋나게 행정처분을 한 경우에 명백한 하자가 있다고 봄이 타당하다.

④ (O) 법원이나 헌법재판소의 분명한 판단이 있음에도 합리적 근거가 없이 사법적 판단과 어긋나게 행정처분을 한 경우 중대하고 명백한 하자에 해당하여 당연 무효이다.
① (✕) 재량준칙의 공표만으로는 아직 재량준칙이 되풀이 시행되어 행정관행이 이루어졌다고 볼 수 없으므로 자기구속원칙을 위반한 것이 아니다. (대판2009두7967)
② (✕) 헌법재판소의 위헌결정은 행정청이 개인에 대하여 신뢰의 대상이 되는 공적인 견해를 표명한 것이라고 할 수 없으므로 그 결정에 관련한 개인의 행위에 대하여는 신뢰보호의 원칙이 적용되지 아니한다. (대판2002두6965)
③ (✕) 「행정기본법」 제13조(부당결부금지의 원칙) 행정청은 행정작용을 할 때 상대방에게 해당 행정작용과 실질적인 관련이 없는 의무를 부과해서는 아니 된다.

정답 ④

12 행정법의 법원(法源)에 대한 설명으로 옳지 않은 것은? (다툼이 있는 경우 판례에 의함)

21 국가직 9급

① 지방자치단체가 제정한 조례가 헌법에 의하여 체결·공포된 조약에 위반되는 경우 그 조례는 효력이 없다.
② 행정소송에 관하여 「행정소송법」에 특별한 규정이 없는 사항에 대하여는 「법원조직법」과 「민사소송법」 및 「민사집행법」의 규정을 준용한다.
③ 평등원칙은 일체의 차별적 대우를 부정하는 절대적 평등을 의미하는 것이 아니라 입법과 법의 적용에 있어서 합리적인 근거가 없는 차별을 배제하는 상대적 평등을 뜻한다.
④ 개정 법령이 기존의 사실 또는 법률관계를 적용대상으로 하면서 국민의 재산권과 관련하여 종전보다 불리한 법률효과를 규정하고 있는 경우, 그러한 사실 또는 법률관계가 개정 법률이 시행되기 이전에 이미 완성 또는 종결된 것이 아니라면 소급입법금지원칙에 위반된다.

해설

④ (✕) 행정처분은 그 근거 법령이 개정된 경우에도 경과 규정에서 달리 정함이 없는 한 처분 당시 시행되는 개정 법령과 그에서 정한 기준에 의하는 것이 원칙이고, 개정 법령이 기존의 사실 또는 법률관계를 적용대상으로 하면서 국민의 재산권과 관련하여 종전보다 불리한 법률효과를 규정하고 있는 경우에도 그러한 사실 또는 법률관계가 개정 법률이 시행되기 이전에 이미 완성 또는 종결된 것이 아니라면 이를 헌법상 금지되는 소급입법에 의한 재산권 침해라고 할 수는 없다. (대판2019두31839)

① (○) 특정 지방자치단체의 초·중·고등학교에서 실시하는 학교급식을 위해 위 지방자치단체에서 생산되는 우수 농수축산물과 이를 재료로 사용하는 가공식품(이하 '우수농산물'이라 한다)을 우선적으로 사용하도록 하고 그러한 우수농산물을 사용하는 자를 선별하여 식재료나 식재료 구입비의 일부를 지원하며 지원을 받은 학교는 지원금을 반드시 우수농산물을 구입하는 데 사용하도록 하는 것을 내용으로 하는 위 지방자치단체의 조례안이 내국민대우원칙을 규정한 「1994년 관세 및 무역에 관한 일반협정(General Agreement on Tariffs and Trade 1994)」에 위반되어 그 효력이 없다. (대판2004추10)

② (○) 「행정소송법」 제8조 제2항. 행정소송에 관하여 이 법에 특별한 규정이 없는 사항에 대하여는 「법원조직법」과 「민사소송법」 및 「민사집행법」의 규정을 준용한다.

③ (○) 헌법상 평등원칙은 본질적으로 같은 것을 자의적으로 다르게 취급함을 금지하는 것으로서, 일체의 차별적 대우를 부정하는 절대적 평등을 뜻한 것이 아니라 입법을 하고 법을 적용할 때에 합리적인 근거가 없는 차별을 하여서는 아니된다는 상대적 평등을 뜻하므로, 합리적 근거가 있는 차별 또는 불평등은 평등의 원칙에 반하지 아니한다. (대판2018두44302)

정답 ④

13 경찰법의 법원(法源)에 관한 설명으로 가장 적절하지 않은 것은?

19 경찰채용

① 행정입법이란 행정부가 제정하는 법을 의미하며, 행정조직 내부의 사무처리기준에 관한 법규명령과 국민을 구속하는 효력이 있는 행정규칙으로 구분된다.
② 법규명령은 특별한 규정이 없는 한 공포일로부터 20일 경과 후 효력이 발생하나, 행정규칙은 공포를 요하지 않는다.
③ 최후의 보충적 법원으로서 조리는 일반적·보편적 정의를 의미하는 바, 경찰관청의 행위가 형식상 적법하더라도 조리에 위반할 경우 위법이 될 수 있다.
④ 판례에 의할 때 운전면허 취소사유에 해당하는 음주운전을 적발한 경찰관의 소속 경찰서장이 사무착오로 위반자에게 운전면허정지처분을 한 상태에서 위반자의 주소지 관할 시·도경찰청장이 위반자에게 운전면허취소처분을 한 경우 이는 법의 일반원칙인 조리에 반하여 허용될 수 없다.

행정입법이란 행정부가 제정하는 법을 의미하며, 행정조직 내부의 사무처리기준에 관한 행정규칙과 국민을 구속하는 효력이 있는 법규명령으로 구분된다.

정답 ①

14 행정법의 법원(法源)에 대한 설명으로 옳은 것은? (다툼이 있는 경우 판례에 의함)

17 국가직 9급

① 회원국 정부의 반덤핑부과처분이 WTO협정 위반이라는 이유만으로 사인이 직접 국내 법원에 회원국 정부를 상대로 그 처분의 취소를 구하는 소를 제기할 수 있다.
② 재량준칙이 공표된 것만으로도 자기구속의 원칙이 적용될 수 있으며, 재량준칙이 되풀이 시행되어 행정관행이 성립될 필요는 없다.
③ 사회의 거듭된 관행으로 생성된 사회생활규범이 관습법으로 승인되었다고 하더라도 사회 구성원들이 그러한 관행의 법적구속력에 대하여 확신을 갖지 않게 되었다면 그러한 관습법은 법적 규범으로서의 효력이 부정될 수밖에 없다.
④ 신뢰보호의 원칙이 적용되기 위한 요건의 하나인 행정청의 공적 견해표명이 있었는지의 여부를 판단함에 있어서는 반드시 행정조직상의 형식적인 권한분장에 따라야 한다.

③ (○) 옳은 설명이다.
① (✕) 위 협정은 국가와 국가 사이의 권리·의무관계를 설정하는 국제협정으로, 그 내용 및 성질에 비추어 이와 관련한 법적 분쟁은 위 WTO 분쟁해결기구에서 해결하는 것이 원칙이고, 사인(사인)에 대하여는 위 협정의 직접 효력이 미치지 아니한다고 보아야 할 것이므로, 위 협정에 따른 회원국 정부의 반덤핑부과처분이 WTO 협정위반이라는 이유만으로 사인이 직접 국내 법원에 회원국 정부를 상대로 그 처분의 취소를 구하는 소를 제기하거나 위 협정위반을 처분의 독립된 취소사유로 주장할 수는 없다 할 것이어서, 이 점에 관한 상고이유의 주장도 부적법하여 이유 없다. (대판2008두17936)
② (✕) 자기구속의 법리가 성립되기 위하여 관행이 필요하다.
④ (✕) 행정청의 공적 견해표명이 있었는지의 여부를 판단하는 데 있어 반드시 행정조직상의 형식적인 권한분장에 구애될 것은 아니고 담당자의 조직상의 지위와 임무, 당해 언동을 하게 된 구체적인 경위 및 그에 대한 상대방의 신뢰가능성에 비추어 실질에 의하여 판단하여야 한다고 할 것이다. (대판96누18380)

정답 ③

15 행정법의 법원(法源)에 관한 설명으로 옳지 않은 것은?   18 교육행정

① 처분적 법률은 형식적 의미의 법률에 해당한다.
② 일반적으로 관습법은 성문법에 대하여 개폐적 효력을 가진다.
③ 행정규칙이 법규성을 가지는 경우에는 법원성을 인정할 수 있다.
④ 법원(法院)은 보충적 법원으로서의 조리에 따라 재판할 수 있다.

관습법은 성문법에 대하여 개폐적 효력이 아닌 성문법이 미비한 부분에 대하여 보충적 효력을 가지는 것에 불과하다.

정답 ②

16 경찰법의 법원에 대한 설명으로 가장 적절하지 않은 것은? `17 경찰승진`

① 법규명령의 특징은 국민과 행정청을 동시에 구속하는 양면적 구속력을 가짐으로써 재판규범이 된다.
② 대통령령, 총리령 및 부령은 특별한 규정이 없으면 공포한 날부터 14일이 경과함으로써 효력을 발생한다.
③ 국민의 권리 제한 또는 의무 부과와 직접 관련되는 법률, 대통령령, 총리령 및 부령은 긴급히 시행하여야 할 특별한 사유가 있는 경우를 제외하고는 공포일로부터 적어도 30일이 경과한 날부터 시행되도록 하여야 한다.
④ 법규명령의 한계로 행정권에 대한 입법권의 일반적·포괄적 위임은 인정될 수 없고, 국회 전속적 법률사항의 위임은 원칙적으로 금지되며, 법률에 의하여 위임된 사항을 전부 하위명령에 재위임하는 것은 금지된다.

> **해설**
> 대통령령, 총리령 부령 및 조례·규칙은 특별한 규정이 없으면 공포한 날부터 20일이 경과함으로써 효력을 발생한다. 다만, 국민의 권리제한 또는 의무부과와 직접 관련되는 법령 등은 긴급히 시행되어야 할 특별한 사유가 있는 경우를 제외하고는 공포일로부터 적어도 30일이 경과한 날로부터 시행되도록 하여야 한다. (행정기본법 제13조, 제13조의2)
>
> **정답** ②

17 경찰법의 법원에 대한 설명 중 옳지 않은 것을 모두 고른 것은? `20 경찰승진`

> ㉠ 경찰법의 법원은 일반적으로 성문법과 불문법원으로 나눌 수 있으며, 헌법, 법률, 조약과 국제법규, 조리와 규칙은 성문법원이다.
> ㉡ 국회의 의결을 거치지 않고 행정기관에 의하여 제정된 성문법규를 법규명령이라고 한다.
> ㉢ 국무총리는 직권으로 총리령을 발할 수 있으나, 행정각부의 장은 직권으로 부령을 발할 수 없다.
> ㉣ 지방의회가 법령의 범위 안에서 제정하는 자치법규를 규칙이라고 한다.

① ㉠, ㉡
② ㉠, ㉢
③ ㉠, ㉡, ㉣
④ ㉠, ㉢, ㉣

해설

- ㉠ (✕) 경찰법의 법원은 일반적으로 성문법과 불문법원으로 나눌 수 있으며, 헌법, 법률, 조약과 국제법규, 규칙은 성문법원이다. 조리는 불문법원이다.
- ㉢ (✕) 국무총리는 직권으로 총리령을 발할 수 있으며, 행정각부의 장도 직권으로 부령을 발할 수 있다.
- ㉣ (✕) 지방의회가 법령의 범위 안에서 자치권에 의거하여 제정하는 자치법규를 조례라고 한다.

정답 ④

18. 경찰법의 법원(法源)에 대한 설명이다. 옳은 것은 모두 몇 개인가? [21 경찰간부]

- ㉠ 경찰법의 법원은 일반적으로 성문법과 불문법원으로 나눌 수 있으며, 헌법, 법률, 조약과 국제법규, 조리와 규칙은 성문법원이다.
- ㉡ 국회의 의결을 거치지 않고 행정기관에 의하여 제정된 법규를 법규명령이라고 한다.
- ㉢ 조례와 규칙은 지방의회가 정한다.
- ㉣ 헌법은 국가의 기본적인 통치구조를 정한 기본법으로 행정의 조직이나 작용의 기본원칙을 정한 부분은 그 한도 내에서 경찰법의 법원이 된다.
- ㉤ 위임명령은 법규명령이고 집행명령은 행정규칙이다.
- ㉥ 헌법재판소의 위헌결정은 법원이나 기타 국가기관 및 지방자치단체를 기속(羈束)하므로 법원성이 인정된다.
- ㉦ 조리는 평등의 원칙, 비례의 원칙, 금반언의 원칙, 신의성실의 원칙, 신뢰보호의 원칙 등으로 구성되어 있으며 오늘날 법의 일반원칙은 성문화되어 가는 추세에 있다.

① 1개 ② 2개
③ 3개 ④ 4개

해설

- ㉠ (✕) 경찰법의 법원은 일반적으로 성문법과 불문법원으로 나눌 수 있으며, 헌법, 법률, 조약과 국제법규, 조례와 규칙은 성문법원이다.
- ㉢ (✕) 조례는 지방자치단체의 의회가 법령의 범위 안에서 지방자치권에 의거하여 제정하는 법규규칙은 지방자치단체의 장이 법령 또는 조례가 위임한 범위 안에서 그 권한에 속하는 사무에 관하여 제정하는 법규.
- ㉤ (✕) 법규명령을 내용(성질)에 따라 구분하면 위임명령과 집행명령이 있다.

정답 ④

19 행정입법에 대한 설명으로 가장 적절하지 않은 것은? (다툼이 있으면 판례에 의함)

18 경찰행정

① 헌법에 의하면 대통령은 법률에서 구체적으로 범위를 정하여 위임받은 사항과 법률을 집행하기 위하여 필요한 사항에 관하여 대통령령을 발할 수 있다.
② 헌법에 의하면 국무총리 또는 행정각부의 장은 소관사무에 관하여 법률이나 대통령령의 위임의 경우에만 총리령 또는 부령을 발할 수 있다.
③ 「국회법」에 의하면 중앙행정기관의 장은 법률에서 위임한 사항이나 법률을 집행하기 위하여 필요한 사항을 규정한 대통령령·총리령·부령·훈령·예규·고시 등이 제정·개정 또는 폐지되었을 때에는 10일 이내에 이를 국회 소관 상임위원회에 제출하여야 한다.
④ 「국회법」에 의하면 대통령령의 경우에는 입법예고를 할 때(입법예고를 생략하는 경우에는 법제처장에게 심사를 요청할 때를 말한다)에도 그 입법예고안을 10일 이내에 이를 국회 소관 상임위원회에 제출하여야 한다.

해설
국무총리 또는 행정각부의 장은 소관사무에 관하여 법률이나 대통령령의 위임 또는 직권으로 총리령 또는 부령을 발할 수 있다.

 정답 ②

20 행정입법에 관한 설명 중 가장 적절하지 않은 것은? (다툼이 있는 경우 판례에 의함)

21 경찰행정

① 지방자치단체의 조례가 규정하고 있는 사항이 근거 법령등에 비추어 볼 때 자치사무나 단체위임사무에 관한 것이라면 위임조례와 같이 국가법에 적용되는 일반적인 위임입법의 한계가 적용될 여지는 없다.
② 일반적으로 법률의 위임에 따라 효력을 갖는 법규명령의 경우, 위임의 근거가 없어 무효였다고 하더라도 나중에 법률개정을 통해 위임의 근거가 부여되었다면 그때부터는 유효한 법규명령으로 볼 수 있다.
③ 전결과 같은 행정권한의 내부위임은 법령상 처분권자인 행정관청이 내부적인 사무처리의 편의를 도모하기 위하여 그의 보조기관 또는 하급 행정관청으로 하여금 그의 권한을 사실상 행사하게 하는 것으로서 법률의 위임이 있어야 허용된다.
④ 헌법이 인정하고 있는 위임입법의 형식은 예시적인 것으로 보아야 할 것이고, 법률이 행정규칙에 위임하더라도 그 행정규칙은 위임된 사항만을 규율할 수 있으므로 국회입법의 원칙과 상치되지 않는다.

③ (✗) 전결과 같은 행정권한의 내부위임은 법률상 처분권자인 행정관청이 내부적인 사무처리의 편의를 도모하기 위하여 그의 보조기관 또는 하급 행정관청으로 하여금 그의 권한을 사실상 행사하게 하는 것으로서 법률의 위임 없이도 할 수 있다.
① (○) 대판2000추29
② (○) 대판93추83
④ (○) 헌재99헌바91

정답 ③

21 다음 중 행정입법에 대한 설명으로 가장 옳지 않은 것은? (다툼이 있는 경우 판례에 의함)

22 해경승진

① 집행명령은 상위법령의 집행에 필요한 세칙을 정하는 범위 내에서만 가능하고 새로운 국민의 권리 의무를 정할 수 없다.
② 구「청소년보호법 시행령」제40 별표(6)의 위반행위의 종별에 따른 과징금처분기준에서 정한 과징금 수액은 정액이 아니고 최소한도액이다.
③ 집행명령은 상위법령이 개정되더라도 개정법령과 성질상 모순·저촉되지 아니하고 개정된 상위법령의 시행에 필요한 사항을 규정하고 있는 이상 개정 법령의 시행을 위한 집행명령이 제정·발효될 때까지는 여전히 그 효력을 유지한다.
④ 상위법령에서 세부사항 등을 시행규칙으로 정하도록 위임하였으나 이를 고시 등 행정규칙으로 정하였다면 대외적 구속력을 가지는 법규명령으로서 효력이 인정되지 않는다.

② (✗) 구「청소년보호법」시행령 제40조 [별표 6]의 위반행위의 종별에 따른 과징금처분기준에서 정한 과징금 수액은 정액이 아니고, 최소가 아니라 최고한도액이다. (대판99두5207)
① (○) 집행명령은 상위법령의 시행에 관한 세부적·기술적 소관사항을 규율하기 위하여 직권으로 발하는 명령이다. 집행명령도 법규명령이지만 반드시 상위법령의 개별적·구체적 위임을 근거로 하는 것이 아니어서, 기술적인 사항만을 규율할 뿐 새로이 국민의 권리·의무에 관한 사항을 정하지 못한다는 점에서 위임명령과 구별된다.
③ (○) 상위법령의 시행에 필요한 세부적 사항을 정한, 이른바 집행명령은 근거법령인 상위법령이 폐지되면 특별한 규정이 없는 한 실효된다. 그러나 상위법령이 개정됨에 그친 경우에는 성질상 이와 모순·저촉되지 아니하는 한 개정된 상위법령의 시행을 위한 집행명령이 새로 제정·발효될 때까지는 여전히 그 효력을 유지한다고 할 것이다. (대판88누6962)
④ (○) 행정규칙이나 규정이 상위법령의 위임범위를 벗어난 경우에는 법규명령으로서 대외적 구속력을 인정할 여지는 없다. 이는 행정규칙이나 규정 '내용'이 위임범위를 벗어난 경우뿐 아니라 상위법령의 위임규정에서 특정하여 정한 권한행사의 '절차'나 '방식'에 위배되는 경우도 마찬가지이므로, 상위법령에서 세부사항 등을 시행규칙으로 정하도록 위임하였음에도 이를 고시 등 행정규칙으로 정하였다면 그 역시 대외적 구속력을 가지는 법규명령으로서 효력이 인정될 수 없다. (대판2010다72076)

정답 ②

22. 다음 〈보기〉 중 행정입법에 대한 설명으로 가장 옳은 내용만을 모두 고른 것은? (다툼이 있는 경우 판례에 의함)

22 해경승진

> ㉠ 집행명령은 상위법령의 집행을 위해 필요한 사항을 규정한 것으로 법규명령에 해당하지만 법률의 수권 없이 제정할 수 있다.
> ㉡ 법률이 공법적 단체 등의 정관에 자치법적인 사항을 위임한 경우, 포괄적 위임입법 금지가 원칙적으로 적용된다.
> ㉢ 상급행정기관이 하급행정기관에 대하여 업무처리지침이나 법령의 해석적용에 관한 기준을 정하여 발하는 이른바 행정규칙은 일반적으로 대외적 구속력을 갖는다.

① 없음   ② ㉠
③ ㉠, ㉡   ④ ㉡

> ㉠ (O) 집행명령은 상위법령의 집행에 필요한 절차나 형식을 정하는 데 그쳐야 하며 새로운 법규사항을 정하여서는 안 된다. 집행명령은 새로운 법규사항을 규정하지 않으므로 법령의 수권없이 제정될 수 있다.
> ㉡ (×) 법률이 공법적 단체 등의 정관에 자치법적 사항을 위임한 경우에는「헌법」제75조가 정하는 포괄적인 위임입법의 금지는 원칙적으로 적용되지 않는다고 봄이 상당하고, 한편 법률이 자치적인 사항을 정관에 위임한 경우 원칙적으로 헌법상의 포괄위임입법금지 원칙이 적용되지 않는다 하더라도 그 사항이 국민의 권리·의무에 관련되는 것일 경우에는 적어도 국민의 권리·의무에 관한 기본적이고 본질적인 사항은 국회가 정하여야 할 것이다. (헌재2005헌바31) 따라서 법률이 공법적 단체 등의 정관에 자치법적인 사항을 위임한 경우,「헌법」제75조가 정한 포괄적 위임입법 금지가 원칙적으로 적용되지 않고, 포괄적 위임으로 족하다고 본다.
> ㉢ (×) 상급행정기관이 하급행정기관에 대하여 업무처리지침이나 법령의 해석적용에 관한 기준을 정하여 발하는 이른바 행정규칙은 행정권 내부의 사무처리준칙에 불과하여 일반적으로 대외적 구속력을 갖지 않는다. 따라서 상급행정기관이 하급행정기관에 대하여 업무처리지침이나 법령의 해석적용에 관한 기준을 정하여 발하는 이른바 '행정규칙이나 내부지침'은 일반적으로 행정조직 내부에서만 효력을 가질 뿐 대외적인 구속력을 갖는 것은 아니므로 행정처분이 그에 위반하였다고 하여 그러한 사정만으로 곧바로 위법하게 되는 것은 아니다. (대판2009두7967)

정답 ②

23. 다음 중 행정입법에 대한 설명으로 가장 옳지 않은 것은? (다툼이 있는 경우 판례에 의함)

21 해경승진

① 행정청은 대통령령을 입법예고할 경우에는 국회 소관 상임위원회에 이를 제출하여야 한다.
② 상위법령에서 세부사항 등을 시행규칙으로 정하도록 위임하였는데, 이를 고시로 정한 경우에 대외적 구속력을 가지는 법규명령으로서의 효력이 인정될 수 있다.
③ 대통령령을 제정하려면 국무회의 심의와 법제처의 심사를 거쳐야 한다.
④ 행정규칙이 대외적인 구속력을 가지는 경우에는 헌법소원의 대상이 된다.

행정규칙이나 규정이 상위법령의 위임범위를 벗어난 경우에는 법규명령으로서 대외적 구속력을 인정할 여지는 없다. 이는 행정규칙이나 규정 '내용'이 위임범위를 벗어난 경우 뿐 아니라 상위법령의 위임규정에서 특정하여 정한 권한행사의 '절차'나 '방식'에 위배되는 경우도 마찬가지이므로, 상위법령에서 세부사항 등을 시행규칙으로 정하도록 위임하였음에도 이를 고시 등 행정규칙으로 정하였다면 그 역시 대외적 구속력을 가지는 법규명령으로서 효력이 인정될 수 없다. (대판2010다72076) 즉, 법령보충규칙의 [절차]나 [방식]이 상위법령의 위임규정에 위배되는 경우에도 위임의 한계를 벗어난 것이므로 대외적 구속력을 가지는 법규명령으로서의 효력이 인정될 수 없다.

정답 ②

24 행정입법에 대한 설명으로 옳은 내용만을 모두 고른 것은? (다툼이 있는 경우 판례에 의함)
20 소방직 9급

㉠ 위임명령이 위임내용을 구체화하는 단계를 벗어나 새로운 입법을 한 것으로 평가할 수 있다면, 위임의 한계를 벗어난 것으로서 허용되지 않는다.
㉡ 법률이 공법적 단체 등의 정관에 자치법적인 사항을 위임한 경우, 포괄적 위임입법금지가 원칙적으로 적용된다.
㉢ 상급행정기관이 하급행정기관에 대하여 업무처리지침이나 법령의 해석적용에 관한 기준을 정하여 발하는 이른바 행정규칙은 일반적으로 대외적 구속력을 갖는다.

① ㉠
② ㉠, ㉡
③ ㉠, ㉢
④ ㉡, ㉢

㉡ (×) 법률이 공법적 단체 등의 정관에 자치법적 사항을 위임한 경우에는 헌법 제75조가 정하는 포괄적인 위임입법의 금지는 원칙적으로 적용되지 않는다고 봄이 상당하고, 그렇다 하더라도 그 사항이 국민의 권리·의무에 관련되는 것일 경우에는 적어도 국민의 권리·의무에 관한 기본적이고 본질적인 사항은 국회가 정하여야 한다. (대판2006두14476)
㉢ (×) 하급행정기관에 대하여 업무처리지침이나 법령의 해석적용에 관한 기준을 정하여 발하는 이른바 행정규칙은 대외적 구속력이 부정된다.

정답 ①

25 행정입법에 대한 설명으로 옳지 않은 것은? (다툼이 있는 경우 판례에 의함) 〔18 국가직 9급〕

① 국민의 구체적인 권리의무에 직접적으로 변동을 초래하지 않는 추상적인 법령의 제정 여부 등은 부작위위법확인소송의 대상이 될 수 없다.
② 보건복지부 고시인 구 약제급여·비급여목록 및 급여상한금액표 는 그 자체로서 국민건강보험가입자, 국민건강보험공단, 요양기관 등의 법률관계를 직접 규율하는 성격을 가지므로 항고소송의 대상이 되는 행정처분에 해당한다.
③ 행정규칙의 공표는 행정규칙의 성립요건이나 효력요건은 아니나, 행정절차법 에서는 행정청은 필요한 처분기준을 당해 처분의 성질에 비추어 될 수 있는 한 구체적으로 공표하도록 하고 있다.
④ 일반적으로 시행령이 헌법이나 법률에 위반된다는 사정은 그 시행령의 규정을 위헌 또는 위법하여 무효라고 선언한 대법원의 판결이 선고되지 않은 상태에서도 그 시행령 규정의 위헌 내지 위법 여부가 객관적으로 명백하다고 할 수 있으므로, 이러한 시행령에 근거한 행정처분의 하자는 무효사유에 해당한다.

④ (✕) 하자 있는 행정처분이 당연무효로 되려면 그 하자가 법규의 중요한 부분을 위반한 중대한 것이어야 할 뿐 아니라 객관적으로 명백한 것이어야 한다. 행정청이 위헌이거나 위법하여 무효인 시행령을 적용한 행정처분이 당연무효로 되려면 그 규정이 행정처분의 중요한 부분에 관한 것이어서 결과적으로 그에 따른 행정처분의 중요한 부분에 하자가 있는 것으로 귀착되고, 또한 그 규정의 위헌성 또는 위법성이 객관적으로 명백하여 그에 따른 행정처분의 하자도 객관적으로 명백하여야 한다. 그런데 일반적으로 시행령이 헌법이나 법률에 위반된다는 사정은 그 시행령의 규정을 위헌 또는 위법하여 무효라고 선언한 대법원의 판결이 선고되지 아니한 상태에서는 그 시행령 규정의 위헌 내지 위법 여부가 해석상 다툼의 여지가 없을 정도로 명백하였다고 인정되지 아니하는 이상 객관적으로 명백한 것이라 할 수 없으므로, 이러한 시행령에 근거한 행정처분의 하자는 취소사유에 해당할 뿐 무효사유가 된다고 볼 수는 없다. (대판2015두38856)
① (○) 대판91누11261
② (○) 대판2005두2506
③ (○) 옳은 설명이다.

정답 ④

26 행정입법에 대한 설명으로 가장 적절하지 않은 것은? (다툼이 있으면 판례에 의함)

17 경찰행정

① 법률에서 위임받은 사항을 전혀 규정하지 않고 재위임하는 것은 허용되지 않는다.
② 일반적으로 법률의 위임에 의하여 효력을 갖는 법규명령의 경우, 구법에 위임의 근거가 없어 무효였더라도 사후에 법 개정으로 위임의 근거가 부여되면 그 때부터는 유효한 법규명령이 된다.
③ 조례에 대한 법률의 위임은 법규명령에 대한 법률의 위임과 같이 반드시 구체적으로 범위를 정하여야 할 필요가 없으며, 포괄적인 것으로 족하다.
④ 「행정소송법」 제6조에 의하면 행정소송에 대한 대법원판결에 의하여 명령·규칙이 헌법 또는 법률에 위반된다는 것이 확정된 경우에는 대법원은 지체없이 그 사유를 법무부장관에게 통보하여야 한다.

「행정소송법」 제6조에 의하면 행정소송에 대한 대법원판결에 의하여 명령·규칙이 헌법 또는 법률에 위반된다는 것이 확정된 경우에는 대법원은 지체 없이 그 사유를 행정안전부장관에게 통보하여야 한다.

정답 ④

27 행정입법에 대한 설명으로 가장 적절하지 않은 것은? (다툼이 있으면 판례에 의함)

19 경찰행정

① 「헌법」 제107조는 '명령·규칙 또는 처분이 헌법이나 법률에 위반되는 여부가 재판의 전제가 된 경우에는 대법원은 이를 최종적으로 심사할 권한을 가진다.'고 규정하고 있는데, 이 때 규칙에는 지방자치단체의 조례와 규칙도 포함된다.
② 법령보충적 행정규칙은 「헌법」 제107조의 구체적 규범통제 대상이 되지만, 법규성이 없는 행정규칙은 「헌법」 제107조의 통제 대상이 되지 않는다.
③ 「헌법」 제107조에 따른 구체적 규범통제의 결과 처분의 근거가 된 명령이 위법하다는 대법원의 판결이 난 경우, 그 명령은 당해 사건에 한하여 적용되지 않는 것이 아니라 일반적으로 효력이 상실된다.
④ 「헌법」 제107조에 따른 구체적 규범통제의 결과 처분의 근거가 된 명령이 위법하다는 대법원의 판결이 난 경우, 일반적으로 당해 처분의 하자는 중대명백설에 따라 취소사유에 해당한다고 보아야 한다.

③ (✕) 법원에 의하여 위헌위법으로 판단된 법규명령은 당해사건에서만 적용거부될 뿐 일반적으로 소멸되는 것은 아니어서, 공식절차에 의하여 폐지되지 않는 한 이 규정은 여전히 유효한 것으로 남아있게 된다.
① (O) 대판94누5694
② (O) 옳은 설명이다.
④ (O) 대판94누5694

정답 ③

28 행정입법에 대한 판례의 입장으로 옳지 않은 것은?   17 국가직 9급

① 헌법재판소는 대법원규칙인 구 「법무사법 시행규칙」에 대해, 법규명령이 별도의 집행행위를 기다리지 않고 직접 기본권을 침해하는 것일 때에는 헌법 제107조 제2항의 명령·규칙에 대한 대법원의 최종심사권에도 불구하고 헌법소원심판의 대상이 된다고 한다.
② 대법원은 구 「여객자동차 운수사업법 시행규칙」 제31조 제2항 제1호, 제2호, 제6호는 구 「여객자동차 운수사업법」 제11조 제4항의 위임에 따라 시외버스운송사업의 사업계획변경에 관한 절차, 인가기준 등을 구체적으로 규정한 것으로서 행정청 내부의 사무처리준칙을 규정한 행정규칙에 불과하다고 할 수는 없다고 한다.
③ 대법원은 재량준칙이 되풀이 시행되어 행정관행이 성립된 경우에는 당해 재량준칙에 자기구속력을 인정한다. 따라서 당해 재량준칙에 반하는 처분은 법규범인 당해 재량준칙을 직접 위반한 것으로서 위법한 처분이 된다고 한다.
④ 헌법재판소는 법률이 일정한 사항을 행정규칙에 위임하더라도 그 위임은 전문적·기술적 사항이나 경미한 사항으로서 업무의 성질상 위임이 불가피한 사항에 한정된다고 한다.

③ (✕) 이러한 재량준칙은 일반적으로 행정조직 내부에서만 효력을 가질 뿐 대외적인 구속력을 갖는 것은 아니므로 행정처분이 이를 위반하였다고 하여 그러한 사정만으로 곧바로 위법하게 되는 것은 아니고, 다만 그 재량준칙이 정한 바에 따라 되풀이 시행되어 행정관행이 이루어지게 되면 평등의 원칙이나 신뢰보호의 원칙에 따라 행정기관은 상대방에 대한 관계에서 그 규칙에 따라야 할 자기구속을 받게 되므로, 이러한 경우에는 특별한 사정이 없는 한 그에 반하는 처분은 평등의 원칙이나 신뢰보호의 원칙에 어긋나 재량권을 일탈·남용한 위법한 처분이 된다. (대판2011두28783)
① (O) 헌재89헌마178
② (O) 대판2011다104253
④ (O) 헌재99헌바91

정답 ③

29 행정입법에 대한 판례의 입장으로 옳지 않은 것은? 〔21 국가직 7급〕

① 고시가 비록 법령에 근거를 둔 것이더라도 규정 내용이 법령의 위임 범위를 벗어난 것일 경우에는 법규명령으로서의 대외적 구속력을 인정할 여지는 없다.
② 법률의 위임에 따라 효력을 갖는 법규명령의 경우에 위임의 근거가 없어 무효였더라도 나중에 법 개정으로 위임의 근거가 다시 부여된 경우에는 이전부터 소급하여 유효한 법규명령이 있었던 것으로 본다.
③ 어떠한 고시가 다른 집행행위의 매개 없이 그 자체로서 직접 국민의 구체적인 권리·의무나 법률관계를 규율하는 성격을 가질 때에는 행정처분에 해당한다.
④ 법률의 시행령이나 시행규칙의 내용이 모법의 입법 취지와 관련 조항 전체를 유기적·체계적으로 살펴보아 모법의 해석상 가능한 것을 명시한 것에 지나지 아니하는 때에는 모법에 이에 관하여 직접 위임하는 규정을 두지 아니하였다고 하더라도 이를 무효라고 볼 수는 없다.

일반적으로 법률의 위임에 따라 효력을 갖는 법규명령의 경우에 위임의 근거가 없어 무효였더라도 나중에 법 개정으로 위임의 근거가 부여되면 그때부터는 유효한 법규명령으로 볼 수 있다. 그러나 법규명령이 개정된 법률에 규정된 내용을 함부로 유추·확장하는 내용의 해석규정이어서 위임의 한계를 벗어난 것으로 인정될 경우에는 법규명령은 여전히 무효이다. (대판2015두45700)

정답 ②

30 행정입법에 대한 설명으로 옳은 것은? (다툼이 있는 경우 판례에 의함) 〔21 지방직 9급〕

① 법규명령이 위임의 근거가 없어 무효였더라도 나중에 법 개정으로 위임의 근거가 부여되면, 법규명령 제정 당시로 소급하여 유효한 법규명령이 된다.
② 법률의 시행령 내용이 모법 조항의 취지에 근거하여 이를 구체화하기 위한 것인 때에는 모법에 직접 위임하는 규정을 두지 않았더라도 이를 무효라고 볼 수 없다.
③ 대통령령의 입법부작위에 대한 국가배상책임은 인정되지 않는다.
④ 법규명령의 위임근거가 되는 법률에 대하여 위헌결정이 선고되더라도 그 위임에 근거하여 제정된 법규명령은 별도의 폐지행위가 있어야 효력을 상실한다.

② (O) 대판2008두13637
① (×) 일반적으로 법률의 위임에 의하여 효력을 갖는 법규명령의 경우, 구법에 위임의 근거가 없어 무효였더라도 사후에 법 개정으로 위임의 근거가 부여되면 그 때부터는 유효한 법규명령이 되나, 반대로 구법의 위임에 의한 유효한 법규명령이 법 개정으로 위임의 근거가 없어지게 되면 그 때부터 무효인 법규명령이 되므로, 어떤 법령의 위임 근거 유무에 따른 유효 여부를 심사하려면 법 개정의 전·후에 걸쳐 모두 심사하여야만 그 법규명령의 시기에 따른 유효·무효를 판단할 수 있다. (대판93추83) 따라서 법규명령이 위임의 근거가 없어 무효였더라도 나중에 법 개정으로 위임의 근거가 부여되면, 그때부터 유효한 법규명령이 되는 것이지, 법규명령 제정 당시로 소급하여 유효하게 되는 것은 아니다.
③ (×) 행정입법부작위에 대한 권리구제는 부작위법확인소송은 허용되지 않지만, 헌법소원 및 국가배상이 가능하다. 행정부가 정당한 이유 없이 시행령을 제정하지 않은 행정입법부작위가 군법무관의 보수청구권을 침해하는 불법행위에 해당하여 국가배상책임이 인정된 사안이 대표적이다. (대판2006다3561)
④ (×) 법규명령의 위임근거가 되는 법률에 대하여 위헌결정이 선고되면 그 위임에 근거하여 제정된 법규명령도 원칙적으로 효력을 상실한다. (대판2000다18547))

정답 ②

31 행정입법에 대한 설명으로 옳지 않은 것은? (다툼이 있는 경우 판례에 의함) 21 지방직 7급

① 어느 시행령의 규정이 모법에 저촉되는지가 명백하지 않은 경우에는 모법과 시행령의 다른 규정들과 그 입법 취지, 연혁 등을 종합적으로 살펴 모법에 합치된다는 해석도 가능한 경우라면 그 규정을 모법위반으로 무효라고 선언해서는 안 된다.
② 법령의 위임이 없음에도 법령에 규정된 처분 요건에 해당하는 사항을 부령에서 변경하여 규정한 경우에 처분의 적법 여부는 그러한 부령에서 정한 요건을 기준으로 판단하여야 한다.
③ 제재적 행정처분의 기준이 부령의 형식으로 규정되어 있는 경우 그러한 처분기준에 적합하다 하여 곧바로 당해 처분이 적법한 것이라고 할 수는 없다.
④ 행정규칙이 이를 정한 행정기관의 재량에 속하는 사항에 관한 것인 때에는 그 규정 내용이 객관적 합리성을 결여하였다는 등의 특별한 사정이 없는 한 법원은 이를 존중하는 것이 바람직하다.

법령의 위임이 없음에도 법령에 규정된 처분 요건에 해당하는 사항을 부령에서 변경하여 규정한 경우에는 그 부령의 규정은 행정청 내부의 사무처리 기준 등을 정한 것으로서 행정조직 내에서 적용되는 행정명령의 성격을 지닐 뿐 국민에 대한 대외적 구속력은 없다고 보아야 한다. 이 경우 처분의 적법 여부는 그러한 규칙 등에서 정한 요건에 합치하는지 여부가 아니라 일반 국민에 대하여 구속력을 가지는 법률 등 법규성이 있는 관계 법령의 규정을 기준으로 판단하여야 한다. (대판2011두10584)

정답 ②

32 행정입법에 관한 설명 중 가장 적절하지 않은 것은? (다툼이 있는 경우 판례에 의함)

21 경찰행정

① 지방자치단체의 조례가 규정하고 있는 사항이 근거 법령 등에 비추어 볼 때 자치사무나 단체위임사무에 관한 것이라면 위임조례와 같이 국가법에 적용되는 일반적인 위임입법의 한계가 적용될 여지는 없다.
② 일반적으로 법률의 위임에 따라 효력을 갖는 법규명령의 경우, 위임의 근거가 없어 무효였다고 하더라도 나중에 법률 개정을 통해 위임의 근거가 부여되었다면 그때부터는 유효한 법규명령으로 볼 수 있다.
③ 전결(專決)과 같은 행정권한의 내부위임은 법령상 처분권자인 행정관청이 내부적인 사무처리의 편의를 도모하기 위하여 그의 보조기관 또는 하급 행정관청으로 하여금 그의 권한을 사실상 행사하게 하는 것으로서 법률의 위임이 있어야 허용된다.
④ 헌법이 인정하고 있는 위임입법의 형식은 예시적인 것으로 보아야 할 것이고, 법률이 행정규칙에 위임하더라도 그 행정규칙은 위임된 사항만을 규율할 수 있으므로 국회입법의 원칙과 상치되지 않는다.

행정권한의 위임은 행정관청이 법률에 따라 특정한 권한을 다른 행정관청에 이전하여 수임관청의 권한으로 행사하도록 하는 것이어서 권한의 법적인 귀속을 변경하는 것이므로 법률이 위임을 허용하고 있는 경우에 한하여 인정된다 할 것이고, 이에 반하여 행정권한의 내부위임은 법률이 위임을 허용하고 있지 아니한 경우에도 행정관청의 내부적인 사무처리의 편의를 도모하기 위하여 그의 보조기관 또는 하급행정관청으로 하여금 그의 권한을 사실상 행사하게 하는 것이므로, 권한위임의 경우에는 수임관청이 자기의 이름으로 그 권한행사를 할 수 있지만 내부위임의 경우에는 수임관점은 위임관청의 이름으로만 그 권한을 행사할 수 있을 뿐 자기의 이름으로는 그 권한을 행사할 수 없다. (대판94누6475)) 따라서 행정권한의 내부위임은 권한의 위임과 달리 법률의 위임이 없어도 가능하다.

정답 ③

33 행정입법에 대한 설명으로 옳지 않은 것은? (다툼이 있는 경우 판례에 의함)

22 소방공채

① 법률의 시행령이나 시행규칙은 법률의 위임이 없으면 개인의 권리·의무에 관한 내용을 변경·보충하거나 법률이 규정하지 아니한 새로운 내용을 정할 수는 없으므로, 모법에 이에 관하여 직접 위임하는 규정을 두지 아니하였다면 당연히 이를 무효라고 보아야 한다.
② 법률에서 군법무관의 보수의 구체적 내용을 시행령에 위임했음에도 불구하고 행정부가 정당한 이유 없이 시행령을 제정하지 않은 것은 불법행위이므로 이에 대하여 국가배상청구를 할 수 있다.
③ 일반적으로 법률의 위임에 따라 효력을 갖는 법규명령의 경우에 위임의 근거가 없어 무효였더라도 나중에 법 개정으로 위임의 근거가 부여되면 그때부터는 유효한 법규명령으로 볼 수 있다.

④ 행정처분이 법규성이 없는 내부지침 등의 규정에 위배된다고 하더라도 그 이유만으로 처분이 위법하게 되는 것은 아니며, 내부지침 등에서 정한 요건에 부합한다고 하여 반드시 그 처분이 적법한 것이라고 할 수도 없다.

> **해설**
>
> ① (✗) 법률의 시행령이나 시행규칙은 그 법률에 의한 위임이 없으면 개인의 권리·의무에 관한 내용을 변경·보충하거나 법률에 규정되지 아니한 새로운 내용을 정할 수는 없지만, 법률의 시행령이나 시행규칙의 내용이 모법의 입법취지 및 관련 조항 전체를 유기적·체계적으로 살펴보아 모법의 해석상 가능한 것을 명시한 것에 지나지 아니하거나 모법 조항의 취지에 근거하여 이를 구체화하기 위한 것인 때에는 모법의 규율 범위를 벗어난 것으로 볼 수 없으므로, 모법에 이에 관하여 직접 위임하는 규정을 두지 않았다고 하더라도 이를 무효라고 볼 수는 없다. (대판2008두13637)
> ② (O) 대판2006다3561
> ③ (O) 대판93추83
> ④ (O) 대판2011두10584
>
> **정답** ①

34. 행정입법에 대한 설명으로 옳지 않은 것은? (다툼이 있는 경우 판례에 의함)

① 부령의 형식으로 정해진 제재적 행정처분의 기준은 그 규정의 성질과 내용이 행정청 내부의 사무처리준칙을 정한 것에 불과하므로 대외적으로 국민이나 법원을 구속하는 것은 아니다.
② 항정신병 치료제의 요양급여 인정기준에 관한 보건복지부 고시가 다른 집행행위의 매개 없이 그 자체로서 직접 국민의 구체적인 권리의무와 법률관계를 규율하는 성격을 가질 때에는 항고소송의 대상이 되는 행정처분에 해당한다.
③ 법률의 위임에 의하여 효력을 갖는 법규명령이 법 개정으로 위임의 근거가 없어지게 되더라도 효력을 상실하지 않는다.
④ 한국수력원자력 주식회사가 조달하는 기자재, 용역 및 정비공사, 기기수리의 공급자에 대한 관리업무 절차를 규정함을 목적으로 제정·운용하고 있는 '공급자관리지침'중 등록취소 및 그에 따른 일정 기간의 거래제한조치에 관한 규정들은 상위 법령의 구체적 위임 없이 정한 것이어서 대외적 구속력이 없는 행정규칙이다.

③ (×) 일반적으로 법률의 위임에 의하여 효력을 갖는 법규명령의 경우, 구법에 위임의 근거가 없어 무효였더라도 사후에 법개정으로 위임의 근거가 부여되면 그 때부터는 유효한 법규명령이 되나, 반대로 구법의 위임에 의한 유효한 법규명령이 법개정으로 위임의 근거가 없어지게 되면 그 때부터 무효인 법규명령이 되므로, 어떤 법령의 위임 근거 유무에 따른 유효 여부를 심사하려면 법 개정의 전·후에 걸쳐 모두 심사하여야만 그 법규명령의 시기에 따른 유효·무효를 판단할 수 있다. (대판93추83)
① (○) 시행규칙상 (제재적) 처분기준은 대외적으로 국민이나 법원을 기속하는 것은 아니므로, 자동차운전면허취소처분의 적법 여부는 위 운전면허 행정처분기준이 상위 법령에 근거가 있는지 여부 등에 의하여 판단할 것이 아니라 도로교통법의 규정 내용과 취지에 따라 판단하여야 한다. (대판95누10396)
② (○) 항정신병 치료제 요양급여 인정기준에 관한 복지부 고시는 집행행위의 매개없이 제약회사, 요양기관, 환자, 건강보험공단의 법률관계를 직접 규율하므로 행정처분에 해당한다. (대판2003무23)
④ (○) 대판2017두66541

정답 ③

35 행정입법에 대한 설명으로 옳지 않은 것은? (다툼이 있으면 판례에 따름) 21 행정사

① 재량준칙은 일반적으로 행정조직 내부에서만 효력을 가질 뿐 대외적인 구속력을 갖는 것은 아니다.
② 재량권 행사의 준칙은 행정규칙이 정한 바에 따라 되풀이 시행되어 행정관행이 형성되어 행정기관이 그 상대방에 대한 관계에서 그 규칙에 따라야 할 자기구속을 당하게 되는 경우에는 헌법소원의 대상이 될 수 있다.
③ 법원이 구체적 규범통제를 통해 위헌·위법으로 선언할 심판대상은 원칙적으로 해당 규정 전체이고, 재판의 전제성이 인정되는 조항에 한정되지 않는다.
④ 헌법이 인정하고 있는 위임입법의 형식은 예시적인 것으로 보아야 한다.
⑤ 보건복지부 고시인 약제급여·비급여목록 및 급여상한금액표에 대해서는 취소소송으로 다툴 수 있다.

법원이 법률 하위의 법규명령, 규칙, 조례, 행정규칙 등(이하 '규정'이라 한다)이 위헌·위법인지를 심사하려면 그것이 '재판의 전제'가 되어야 한다. 여기에서 '재판의 전제'란 구체적 사건이 법원에 계속 중이어야 하고, 위헌·위법인지가 문제 된 경우에는 규정의 특정 조항이 해당 소송사건의 재판에 적용되는 것이어야 하며, 그 조항이 위헌·위법인지에 따라 그 사건을 담당하는 법원이 다른 판단을 하게 되는 경우를 말한다. 따라서 법원이 구체적 규범통제를 통해 위헌·위법으로 선언할 심판대상은, 해당 규정의 전부가 불가분적으로 결합되어 있어 일부를 무효로 하는 경우 나머지 부분이 유지될 수 없는 결과를 가져오는 특별한 사정이 없는 한, 원칙적으로 해당 규정 중 재판의 전제성이 인정되는 조항에 한정된다. (대판2017두33985)

정답 ③

36 행정입법에 대한 설명으로 가장 옳은 것은? 〔21 서울시 7급〕

① 법률의 시행령 내용이 모법의 해석상 가능한 것을 명시한 것에 지나지 아니하더라도, 모법에 직접 위임하는 규정을 두지 않았다면 무효이다.
② 추상적인 법령에 관하여 제정의 여부 등은 그 자체로서 국민의 구체적인 권리·의무에 변동을 초래하는 것이어서 행정소송의 대상이 될 수 있다.
③ 국토의 계획 및 이용에 관한 법령이 정한 이행강제금의 부과기준은 단지 상한을 정한 것에 불과하여 행정청에 이와 다른 이행강제금액을 결정할 재량권이 있다고 보아야 한다.
④ 행정관청 내부의 사무처리규정에 불과한 전결규정에 위반하여 원래의 전결권자 아닌 보조기관 등이 처분권자인 행정관청의 이름으로 행정처분을 하였다고 하더라도 그 처분이 권한 없는 자에 의하여 행하여진 무효의 처분이라고는 할 수 없다.

④ (○) 대판97누1105
① (×) 법률의 시행령이나 시행규칙은 그 법률에 의한 위임이 없으면 개인의 권리·의무에 관한 내용을 변경·보충하거나 법률에 규정되지 아니한 새로운 내용을 정할 수는 없지만, 법률의 시행령이나 시행규칙의 내용이 모법의 입법 취지 및 관련 조항 전체를 유기적 체계적으로 살펴보아 모법의 해석상 가능한 것을 명시한 것에 지나지 아니하거나 모법 조항의 취지에 근거하여 이를 구체화하기 위한 것인 때에는 모법의 규율 범위를 벗어난 것으로 볼 수 없으므로 모법에 이에 관하여 직접 위임하는 규정을 두지 않았다고 하더라도 이를 무효라고 볼 수는 없다. (대판2008두13637)
② (×) 부작위위법확인소송의 대상이 될 수 있는 것은 구체적 권리·의무에 관한 분쟁이어야 하고 추상적인 법령에 관하여 제정의 여부 등은 그 자체로서 국민의 구체적인 권리·의무에 직접적 변동을 초래하는 것이 아니어서 행정소송의 대상이 될 수 없다. (대판91누11261) 따라서 추상적인 법령의 제정 여부 등은 부작위위법확인소송의 대상이 될 수 없다.
③ (×) 「국토의 계획 및 이용에 관한 법률」및 「국토의 계획 및 이용에 관한 법률 시행령」이 토지이용에 관한 이행명령의 불이행에 대하여 법령 자체에서 토지이용의무 위반을 유형별로 구분하여 이행강제금을 차별하여 규정하고 있는 등 이행강제금 부과기준은 단지 상한을 정한 것에 불과한 것이 아니라 위반행위 유형별로 계산된 특정 금액을 규정한 것이므로 행정청에 이와 다른 이행강제금액을 결정할 재량권이 없다고 보아야 한다. (대판2013두8653)

정답 ④

37 행정입법에 관한 설명으로 옳지 않은 것은? (다툼이 있으면 판례에 따름) 22 행정사

① 법령의 위임이 없음에도 법령에 규정된 처분 요건 사항을 부령에서 변경하여 규정한 경우, 이 부령의 규정은 대외적 구속력이 없다.
② 행정입법의 부작위는 항고소송으로 다툴 수 없다.
③ 재량준칙은 행정의 자기구속법리나 평등원칙 등에 의해 대외적 구속력을 가질 수 있다.
④ 「장기요양급여 제공기준 및 급여비용 산정방법 등에 관한 고시」에 대해 외부적 구속효를 인정한다.
⑤ 대법원판결에 의해 명령·규칙이 헌법 또는 법률에 위반된다는 것이 확정된 경우에는 대법원은 지체 없이 그 사유를 법무부장관에게 통보하여야 한다.

「행정소송법」제6조 제1항. 대법원판결에 의해 명령·규칙이 헌법 또는 법률에 위반된다는 것이 확정된 경우에는 대법원은 지체 없이 그 사유를 행정안전부장관에게 통보하여야 한다.

정답 ⑤

38 행정입법에 대한 설명으로 옳지 않은 것은? 23 국가직 9급

① 총리령·부령의 제정절차는 대통령령의 경우와는 달리 국무회의 심의는 거치지 않아도 된다.
② 법령보충적 행정규칙은 물론이고 재량권 행사의 준칙이 되는 행정규칙이 행정의 자기구속원리에 따라 대외적 구속력을 가지는 경우에는 헌법소원의 대상이 될 수 있다.
③ 상위법령의 위임이 없음에도 상위법령에 규정된 처분 요건에 해당하는 사항을 부령에서 변경하여 규정한 경우 그 부령의 규정은 국민에 대한 대외적 구속력이 있다.
④ 「특정다목적댐법」에서 댐 건설로 손실을 입으면 국가가 보상해야 하고 그 절차와 방법은 대통령령으로 제정토록 명시되어 있음에도 미제정된 경우, 법령제정의 여부는 「행정소송법」상 부작위위법확인소송의 대상이 될 수 없다.

> 해설

③ (×) 법령에서 행정처분의 요건 중 일부 사항을 부령으로 정할 것을 위임한 데 따라 시행규칙 등 부령에서 이를 정한 경우에 그 부령의 규정은 국민에 대해서도 구속력이 있는 법규명령에 해당한다고 할 것이지만, 법령의 위임이 없음에도 법령에 규정된 처분 요건에 해당하는 사항을 부령에서 변경하여 규정한 경우에는 그 부령의 규정은 행정청 내부의 사무처리 기준 등을 정한 것으로서 행정조직 내에서 적용되는 행정명령의 성격을 지닐 뿐 국민에 대한 대외적 구속력은 없다고 보아야 한다. (대판2011두10584) 따라서 위임명령은 법률이나 상위법령에서 구체적으로 범위를 정한 개별적 수권이 있는 경우에만 발할 수 있다. 따라서 상위법령의 위임이 없음에도 상위법령에 규정된 처분 요건에 해당하는 사항을 부령에서 변경하여 규정한 경우 그 부령의 규정은 국민에 대한 대외적 구속력이 없다.

① (○) 「헌법」 제89조 제3호. 대통령령은 필수적으로 국무회의 심의를 거쳐야 하나, 총리령·부령은 국무회의 심의절차가 필수는 아니다. (※ 헌법 제89조 제17호. 총리령·부령도 국무회의에 제출되어 국무회의를 거칠 수는 있다. 그리고 정부조직법 제23조 제1항. 총리령·부령 역시 법제처 심사는 거쳐야 한다.)

② (○) 행정규칙이 법령의 규정에 의하여 행정관청에 법령의 구체적 내용을 보충할 권한을 부여한 경우나 재량권행사의 준칙인 규칙이 그 정한 바에 따라 되풀이 시행되어 행정관행이 이룩되게 되면 평등의 원칙이나 신뢰보호의 원칙에 따라 행정기관은 그 상대방에 대한 관계에서 그 규칙에 따라야 할 자기구속을 당하게 되는 경우에는 대외적인 구속력을 가지게 되는바 이러한 경우에는 헌법소원의 대상이 될 수도 있다. (헌재99헌마413 전원)

④ (○) 「특정다목적댐법」에 의하면 다목적댐 건설로 인한 손실보상 의무가 국가에게 있고, 손실보상 절차와 그 방법 등 필요한 사항은 대통령령으로 규정하도록 되어 있음에도 피고가 이를 제정하지 아니한 것은 행정입법부작위에 해당하는 것이어서 그 부작위위법확인을 구한다고 주장하나, 행정소송은 구체적 사건에 대한 법률상 분쟁을 법에 의하여 해결함으로써 법적 안정을 기하자는 것이므로 부작위위법확인소송의 대상이 될 수 있는 것은 구체적 권리·의무에 관한 분쟁이어야 하고 추상적인 법령에 관하여 제정의 여부 등은 그 자체로서 국민의 구체적인 권리·의무에 직접 변동을 초래하는 것이 아니어서 행정소송의 대상이 될 수 없으므로 이 사건 소는 부적법하다. (대판91누11261)

정답 ③

39 행정입법에 대한 설명으로 옳지 않은 것은? (다툼이 있는 경우 판례에 의함) 22 지방직 7급

① 행정기관 내부의 사무처리준칙에 불과한 행정규칙은 공포되어야 하는 것은 아니므로 특별한 규정이 없는 한, 수명기관에 도달된 때부터 효력이 발생한다.

② 부작위위법확인소송의 대상이 될 수 있는 것은 구체적 권리의무에 관한 분쟁이어야 하고 추상적인 법령에 관하여 제정의 여부 등은 그 자체로서 국민의 구체적인 권리의무에 직접적 변동을 초래하는 것이 아니어서 그 소송의 대상이 될 수 없다.

③ 부령에서 제재적 행정처분의 기준을 정하였다고 하더라도 이에 관한 처분의 적법 여부는 부령에 적합한 것인가의 여부에 따라 판단할 것이 아니라 처분의 근거 법률의 규정 및 그 취지에 적합한 것인가의 여부에 따라 판단하여야 한다.

④ 법률이 공법적 단체 등의 정관에 자치법적 사항을 위임한 경우에도 원칙적으로 「헌법」 제75조가 정하는 포괄적인 위임입법 금지 원칙이 적용되므로 이와 별도로 법률유보 내지 의회유보의 원칙을 적용할 필요는 없다.

④ (✗) 법률이 공법적 단체 등의 정관에 자치법적 사항을 위임한 경우에는 원칙적으로 「헌법」 제75조가 정하는 포괄적인 위임입법 금지 원칙이 적용되지 않는다. 하지만 이와 별도로 국민의 권리·의무에 관한 기본적이고 본질적인 사항은 국회가 정하여야 하므로 법률유보 내지 의회유보의 원칙을 적용할 필요가 있다.

① (O) 법규명령과 달리 행정규칙은 공포를 요하지 않으므로, 관보게재, 게시 등 어떠한 방법으로든지 수명기관에 도달함으로써 효력이 발생한다.

② (O) 행정소송은 구체적 사건에 대한 법률상 분쟁을 법에 의하여 해결함으로써 법적 안정을 기하자는 것이므로 부작위위법확인소송의 대상이 될 수 있는 것은 구체적 권리의무에 관한 분쟁이어야 하고 추상적인 법령에 관하여 제정의 여부 등은 그 자체로서 국민의 구체적인 권리의무에 직접적 변동을 초래하는 것이 아니어서 그 소송의 대상이 될 수 없다. (대판 91누11261)

③ (O) 부령 형식의 '운전면허 취소·정지처분 기준'의 법적 성격에 관하여 대법원은, 행정청 내부의 사무처리준칙을 규정한 것에 불과하므로 대외적으로 국민이나 법원을 구속하는 힘이 없는 것으로 보고 있다. 따라서 제재적 행정처분의 기준이 부령으로 정해진 경우 해당 처분의 적법 여부는 부령에 정해진 기준에의 적합 여부에 따라 판단하는 것이 아니라 관계 법령의 규정 및 그 취지에 적합한 것인지 여부에 따라 개별적·구체적으로 판단하여야 한다. (헌재2018헌바4)

정답 ④

40 다음 중 행정입법에 대한 판례의 입장으로 가장 옳지 않은 것은? (다툼이 있는 경우 판례에 의함)

`23 해경승진`

① 산업부장관이 「공업배치 및 공장설립에 관한 법률」 제8조의 위임에 따라 공장입지 기준을 구체적으로 정한 고시는 법규명령으로서 효력을 가진다.
② 법률이 공법적 단체 등의 정관에 자치법적 사항을 위임한 경우에는 포괄적인 위임입법의 금지는 원칙적으로 적용되지 않는다.
③ 처벌법규나 조세법규는 다른 법규보다 구체성과 명확성의 요구가 강화되어야 한다.
④ 구 「청소년보호법 시행령」 제40조 [별표 6]의 위반행위의 종별에 따른 과징금 처분기준은 법규명령에 해당하지만 그 과징금의 액수는 최고한도액이 아니라 정액이다.

구 「청소년보호법」 제49조 제1·2항의 위임에 따른 같은 법 시행령 제40조 [별표6]의 위반행위의 종별에 따른 과징금처분기준은 법규명령이나, 처분기준에 규정된 금액은 정액이 아닌 최고한도액이라고 할 것이다. (대판99두5207)

정답 ④

41 다음 중 행정입법에 대한 설명으로 가장 옳은 것은? (다툼이 있는 경우 판례에 의함)

23 해경승진

① 행정입법부작위에 대해서는 당사자의 신청이 있는 경우에 한하여 부작위위법확인소송의 대상이 된다.
② 법령의 위임 없이 제정한 2006년 「교육공무원 보수업무 등 편람」은 법규명령의 성질을 가진 것이라고 볼 수 없다.
③ 재량준칙은 제정됨으로써 일반적으로 행정조직 내부뿐만 아니라 대외적인 구속력을 갖는다.
④ 일반적으로 법률의 위임에 의하여 효력을 갖는 법규명령의 경우, 구법에 위임의 근거가 없어 무효인 경우 사후에 법 개정으로 위임의 근거가 부여되더라도 그때부터 유효한 법규명령이 되는 것은 아니다.

② (O) 2006년 교육공무원 보수업무 등 편람은 행정규칙에 불과하고 법규명령의 성질을 가진 것이라고 볼 수 없다. (대판2010두16349)
① (×) 행정입법부작위는 입법의 부작위이지 처분의 부작위가 아니므로 '성질상' 부작위위법확인소송의 대상이 되지 않는다. (대판91누11261)
③ (×) 재량준칙이나 규범해석규칙 등 행정규칙은 일반적으로 행정조직 내부에서의 효력만을 가질 뿐 대외적 구속력 내지 법규성을 가질 수 없다. 다만, 재량준칙은 예외적으로 행정의 자기구속의 원칙에 근거하여 간접적으로 대외적 구속력을 갖는 경우가 있다.
④ (×) 일반적으로 법률의 위임에 의하여 효력을 갖는 법규명령의 경우, 구법에 위임의 근거가 없어 무효였더라도 사후에 법 개정으로 위임의 근거가 부여되면 그 때부터는 유효한 법규명령이 된다. 구법의 위임에 의한 유효한 법규명령이 법 개정으로 위임의 근거가 없어지게 되면 그 때부터 무효인 법규명령이 된다. (대판93추83)

정답 ②

42 행정입법에 관한 설명으로 옳지 않은 것은? (다툼이 있으면 판례에 따름)

23 행정사

① 입법 실제에 있어서 통상 대통령령에는 시행령이라는 이름을 붙이고 총리령과 부령에는 시행규칙이라는 이름을 붙인다.
② 헌법이 인정하고 있는 위임입법의 형식은 예시적인 것이다.
③ 상위 법령의 집행을 위하여 필요한 경우에는 상위 법령의 위임이 없더라도 집행명령으로 새로운 국민의 의무를 정할 수 있다.
④ 법원이 구체적 규범통제를 통해 위헌·위법으로 선언할 심판대상은 원칙적으로 재판의 전제성이 인정되는 조항에 한정된다.
⑤ 고시가 다른 집행행위의 매개 없이 그 자체로서 직접 국민의 구체적인 권리·의무나 법률관계를 규율하는 성격을 가질 때에는 항고소송의 대상이 되는 행정처분에 해당한다.

집행명령은 위임없이 직권으로도 가능하나, 단지 기술적인 사항만을 규율할 뿐 새로이 국민의 권리·의무에 관한 사항을 정하지 못한다는 점에서 위임명령과 구별된다.

정답 ③

43 다음 중 행정입법에 대한 설명으로 가장 옳지 않은 것은? (다툼이 있는 경우 판례에 의함)

22 해경승진

① 집행명령은 상위법령의 집행에 필요한 세칙을 정하는 범위 내에서만 가능하고 새로운 국민의 권리 의무를 정할 수 없다.
② 구「청소년보호법 시행령」제40 별표(6)의 위반행위의 종별에 따른 과징금처분기준에서 정한 과징금 수액은 정액이 아니고 최소한도액이다.
③ 집행명령은 상위법령이 개정되더라도 개정법령과 성질상 모순·저촉되지 아니하고 개정된 상위법령의 시행에 필요한 사항을 규정하고 있는 이상 개정 법령의 시행을 위한 집행명령이 제정·발효될 때까지는 여전히 그 효력을 유지한다.
④ 상위법령에서 세부사항 등을 시행규칙으로 정하도록 위임하였으나 이를 고시 등 행정규칙으로 정하였다면 대외적 구속력을 가지는 법규명령으로서 효력이 인정되지 않는다.

② (×) 구「청소년보호법 시행령」제40조 [별표 6]의 위반행위의 종별에 따른 과징금처분기준에서 정한 과징금 수액은 정액이 아니고, 최소가 아니라 최고한도액이다. (대판99두5207)
① (○) 집행명령은 상위법령의 시행에 관한 세부적·기술적 소관사항을 규율하기 위하여 직권으로 발하는 명령이다. 집행명령도 법규명령이지만 반드시 상위법령의 개별적·구체적 위임을 근거로 하는 것이 아니어서, 기술적인 사항만을 규율할 뿐 새로이 국민의 권리·의무에 관한 사항을 정하지 못한다는 점에서 위임명령과 구별된다.
③ (○) 상위법령의 시행에 필요한 세부적 사항을 정한, 이른바 집행명령은 근거법령인 상위법령이 폐지되면 특별한 규정이 없는 한 실효된다. 그러나 상위법령이 개정됨에 그친 경우에는 성질상 이와 모순·저촉되지 아니하는 한 개정된 상위법령의 시행을 위한 집행명령이 새로 제정·발효될 때까지는 여전히 그 효력을 유지한다고 할 것이다. (대판88누6962)
④ (○) 행정규칙이나 규정이 상위법령의 위임범위를 벗어난 경우에는 법규명령으로서 대외적 구속력을 인정할 여지는 없다. 이는 행정규칙이나 규정 '내용'이 위임범위를 벗어난 경우뿐 아니라 상위법령의 위임규정에서 특정하여 정한 권한행사의 '절차'나 '방식'에 위배되는 경우도 마찬가지이므로, 상위법령에서 세부사항 등을 시행규칙으로 정하도록 위임하였음에도 이를 고시 등 행정규칙으로 정하였다면 그 역시 대외적 구속력을 가지는 법규명령으로서 효력이 인정될 수 없다. (대판2010다72076)

정답 ②

44 다음 〈보기〉 중 행정입법에 대한 설명으로 가장 옳은 내용만을 모두 고른 것은? (다툼이 있는 경우 판례에 의함)

23 해경승진

> ㉠ 집행명령은 상위법령의 집행을 위해 필요한 사항을 규정한 것으로 법규명령에 해당하지만 법률의 수권 없이 제정할 수 있다.
> ㉡ 법률이 공법적 단체 등의 정관에 자치법적인 사항을 위임한 경우, 포괄적 위임입법 금지가 원칙적으로 적용된다.
> ㉢ 상급행정기관이 하급행정기관에 대하여 업무처리지침이나 법령의 해석적용에 관한 기준을 정하여 발하는 이른바 행정규칙은 일반적으로 대외적 구속력을 갖는다.

① 없음
② ㉠
③ ㉠, ㉡
④ ㉡

㉠ (O) 집행명령은 상위법령의 집행에 필요한 절차나 형식을 정하는 데 그쳐야 하며 새로운 법규사항을 정하여서는 안 된다. 집행명령은 새로운 법규사항을 규정하지 않으므로 법령의 수권없이 제정될 수 있다.

㉡ (×) 자치법적 사항을 규정한 조례에 대한 법률의 위임은 법령의 범위 안이라는 사항적 한계가 적용될 뿐 법규명령에 대한 법률의 위임과 같이 반드시 구체적으로 범위를 정하여 할 필요가 없으며 포괄적인 것으로 족하다. (대판2000추29) 따라서 법률이 공법적 단체 등의 정관에 자치법적인 사항을 위임한 경우, 「헌법」 제75조가 정한 포괄적 위임입법 금지가 원칙적으로 적용되지 않고, 포괄적 위임으로 족하다고 본다.

㉢ (×) 상급행정기관이 하급행정기관에 대하여 업무처리지침이나 법령의 해석적용에 관한 기준을 정하여 발하는 이른바 '행정규칙이나 내부지침'은 일반적으로 행정조직 내부에서만 효력을 가질 뿐 대외적인 구속력을 갖는 것은 아니므로 행정처분이 그에 위반하였다고 하여 그러한 사정만으로 곧바로 위법하게 되는 것은 아니다. (대판2009두7967) 따라서 상급행정기관이 하급행정기관에 대하여 업무처리지침이나 법령의 해석적용에 관한 기준을 정하여 발하는 이른바 행정규칙은 행정권 내부의 사무처리준칙에 불과하여 일반적으로 대외적 구속력을 갖지 않는다.

정답 ②

45 행정입법에 관한 설명으로 옳지 않은 것은? (다툼이 있는 경우 판례에 의함) [23 소방공채]

① 일반적으로 법률의 위임에 의하여 효력을 갖는 법규명령의 경우, 구법에 위임의 근거가 없어 무효였더라도 사후에 법 개정으로 위임의 근거가 부여되면 그때부터는 유효한 법규명령이 된다.

② 법령에서 행정처분의 요건 중 일부 사항을 부령으로 정할 것을 위임한 데 따라 시행규칙 등 부령에서 이를 정한 경우에 그 부령의 규정은 국민에 대해서도 구속력이 있는 법규명령에 해당한다.

③ 상급행정기관이 소속 공무원이나 하급행정기관에 대하여 세부적인 업무처리절차나 법령의 해석·적용 기준을 정해 주는 행정규칙은 상위법령에 반하지 않는다고 하더라도 상위법령의 구체적 위임이 있지 않는 한, 행정조직 내부적으로도 효력을 가지지 못하고 대외적으로도 국민이나 법원을 구속하는 효력이 없다.

④ 법령보충적 행정규칙은 물론이고, 재량권 행사의 준칙이 되는 행정규칙이 그 정한 바에 따라 되풀이 시행되어 행정관행이 이루어지고 행정의 자기구속원리에 따라 대외적 구속력을 가지는 경우에는 헌법소원의 대상이 될 수 있다.

③ (×) 행정규칙은 원칙적으로 내부적 효력에 불과하고 대외적 구속력이 없는 행정입법활동이므로 상위법령의 위임 없이 제정할 수 있다. 따라서 상위법령의 상위법령에 반하지 않는다면 상위법령의 구체적 위임이 있지 않는 한, 대외적으로 국민이나 법원을 구속하는 효력이 없지만, 상급 행정청의 감독권에 의하여 행정조직 내부적으로는 효력을 가지므로 공무원은 이를 준수하여야 한다.
① (○) 대판93주83
② (○) 위임의 방식을 준수하여 위임의 한계를 일탈한 것이 아니므로, 그 부령의 규정은 대외적 구속력을 가지는 법규명령에 해당한다.
④ (○) 헌재2004헌마49

정답 ③

46 법규명령에 관한 판례의 입장과 다른 것은? [22 소방승진]

① 법률 시행령의 내용이 모법의 입법 취지와 관련 조항 전체를 유기적·체계적으로 살펴보아 모법의 해석상 가능한 것을 명시한 것에 지나지 아니하거나 모법 조항의 취지에 근거하여 이를 구체화하기 위한 것인 때에는 모법의 규율 범위를 벗어난 것으로 볼 수 없으므로, 모법에 이에 관하여 직접 위임하는 규정을 두지 않았다고 하더라도 이를 무효라고 볼 수 없다.

② 법률의 위임에 의하여 효력을 갖는 법규명령의 경우, 구법에 위임의 근거가 없어 무효였더라도 사후에 법개정으로 위임의 근거가 부여되면 그때부터는 유효한 법규명령이 된다.

③ 헌법 제75조에서 말하는 위임의 구체성·명확성의 요구 정도는 각종 법률이 규제하고자 하는 대상의 종류와 성질에 따라 달라지는데, 특히 규율대상이 지극히 다양하거나 수시로 변화하는 성질의 것일 때에는 위임의 구체성·명확성의 요건이 완화된다.
④ 법률이 공법적 단체 등의 정관에 자치법적 사항을 위임한 경우에도「헌법」제75조가 정하는 포괄적인 위임입법의 금지는 원칙적으로 적용된다고 보아야 한다.

> 법률이 공법적 단체 등의 정관에 자치법적 사항을 위임한 경우 포괄위임으로 충분하므로,「헌법」제75조가 정하는 포괄적인 위임입법의 금지는 원칙적으로 적용되지 않는다고 보아야 한다.
>
> 정답 ④

47 법규명령에 대한 설명으로 가장 옳지 않은 것은? (다툼이 있는 경우 판례에 의함)

`18 서울시 7급`

① 법률이 대통령령으로 정하도록 규정한 사항을 부령으로 정했다면 그 부령은 무효이다.
② 조례에 대한 법률의 위임은 반드시 구체적으로 범위를 정하여 해야 한다.
③ 위임의 근거가 없어 무효인 법규명령도 나중에 법 개정으로 위임의 근거가 부여되면 그 때부터 유효한 법규명령으로 볼 수 있다.
④ 조례가 집행행위의 개입 없이 직접 국민의 구체적 권리·의무에 영향을 미치는 등의 효과를 발생하면 그 조례는 항고소송의 대상이 된다.

> ② (×)「헌법」제117조 제1항은 지방자치단체에 포괄적인 자치권을 보장하고 있으므로, 자치사무와 관련한 조례에 대한 법률의 위임은 법규명령에 대한 법률의 위임과 같이 구체적으로 범위를 정하여서 할 엄격성이 반드시 요구되지는 않는다. 법률이 주민의 권리의무에 관한 사항에 관하여 구체적으로 범위를 정하지 않은 채 조례로 정하도록 포괄적으로 위임한 경우에도 지방자치단체는 법령에 위반되지 않는 범위 내에서 각 지역의 실정에 맞게 주민의 권리의무에 관한 사항을 조례로 제정할 수 있다. (대판2018두40744)
> ① (○) 옳은 설명이다.
> ③ (○) 대판2015두45700
> ④ (○) 대판95누8003
>
> 정답 ②

48 법규명령에 대한 설명으로 옳지 않은 것은? (다툼이 있는 경우 판례에 의함) `18 국가직 9급`

① 법규명령이 구체적인 집행행위 없이 직접 개인의 권리의무에 영향을 주는 경우 처분성이 인정된다.
② 법규명령이 법률상 위임의 근거가 없어 무효이더라도 나중에 법률의 개정으로 위임의 근거가 부여되면 그때부터는 유효한 법규명령으로서 구속력을 갖는다.
③ 행정 각부의 장이 정하는 고시(告示)는 법령의 규정으로부터 구체적 사항을 정할 수 있는 권한을 위임받아 그 법령 내용을 보충하는 기능을 가진 경우라도 그 형식상 대외적으로 구속력을 갖지 않는다.
④ 법규명령이 법률에서 위임받은 사항에 관하여 대강을 정하고 그 중의 특정사항에 대하여 범위를 정하여 하위법령에 다시 위임하는 경우에는 재위임이 허용된다.

> **해설**
>
> ③ (✗) 상급행정기관이 하급행정기관에 대하여 업무처리지침이나 법령의 해석적용에 관한 기준을 정하여 발하는 이른바 행정규칙은 일반적으로 행정조직 내부에서만 효력을 가질 뿐 대외적인 구속력을 갖지 않지만, 법령의 규정이 특정 행정기관에게 그 법령 내용의 구체적 사항을 정할 수 있는 권한을 부여하면서 그 권한 행사의 절차나 방법을 특정하고 있지 않아 수임행정기관이 행정규칙의 형식으로 그 법령의 내용이 될 사항을 구체적으로 정하고 있다면, 그와 같은 행정규칙은 위에서 본 행정규칙이 갖는 일반적 효력으로서가 아니라 행정기관에 법령의 구체적 내용을 보충할 권한을 부여한 법령 규정의 효력에 의하여 그 내용을 보충하는 기능을 갖게 되고, 따라서 이와 같은 행정규칙은 당해 법령의 위임 한계를 벗어나지 않는 한 그것들과 결합하여 대외적인 구속력이 있는 법규명령으로서의 효력을 가진다. (대판 2006두3742)
> ① (○) 대판95누8003
> ② (○) 대판93추83
> ④ (○) 헌재94헌마213
>
> 정답 ③

49 다음 중 법규명령에 관한 설명으로 가장 옳지 않은 것은? (다툼이 있는 경우 판례에 의함) `21 해경승진`

① 「헌법」이 인정하고 있는 위임입법의 형식은 예시적인 것으로 보아야 한다.
② 행정 각 부의 장이 정하는 고시는 법령의 규정으로부터 구체적 사항을 정할 수 있는 권한을 위임받아 그 법령내용을 보충하는 기능을 가진 경우라도 그 형식상 대외적으로 구속력을 갖지 않는다.
③ 법규명령의 위임의 근거가 없어 무효였더라도 나중에 법개정으로 위임의 근거가 부여되면 그때부터는 유효한 법규명령으로 볼 수 있다.
④ 법규명령이 구체적인 집행행위 없이 직접 개인의 권리·의무에 영향을 주는 경우 처분성이 인정된다.

법령의 규정이 행정기관에 그 내용의 구체화 권한을 부여하면서 그 권한 행사의 절차나 방법을 특정하지 않아서 수임행정기관이 행정규칙의 형식으로 그 법령의 내용이 될 사항을 구체적으로 정한 경우, 그 행정규칙은 당해 법령의 위임한계를 벗어나지 아니하는 한 법령과 결합하여 대외적으로 구속력이 있는 법규명령으로서 효력을 가진다. (대판97누6261) 따라서 법령보충적 행정규칙에 대하여 예외적으로 법규성을 긍정하여 대외적 구속력을 인정한다.

정답 ②

50 위임입법의 한계에 대한 설명으로 가장 적절하지 않은 것은? (다툼이 있는 경우 판례에 의함)

18 경찰행정

① 구「교통안전공단법(1990. 8. 1. 법률 제4254호로 개정된 것)」제17조는 국민의 재산권과 관련된 중요한 사항 내지 본질적인 요소인 분담금의 분담방법 및 분담비율에 관한 기본사항을 구체적이고 명확하게 규정하지 아니한 채 시행령에 포괄적으로 위임한 것으로 「헌법」제75조에 위반된다.

② 구「소득세법(1978. 12. 5. 법률 제3098호로 개정된 후 1994. 12. 22. 법률 제4803호로 개정되기 전의 것)」제60조는 기준시가의 내용 자체에 관한 기준이나 한계는 물론 내용결정을 위한 절차조차도 규정함이 없이 기준시가의 내용 및 그 결정절차를 전적으로 대통령령이 정하는 바에 의하도록 하고 있어 위임입법의 한계를 규정한 헌법의 취지에 반한다.

③ 구「질서위반행위규제법(2011. 7. 6. 법률 제105644호로 개정된 것)」제17조 제2항은 과태료를 부과하는 서면에 명시하여야 할 사항으로 '질서위반행위', '과태료 금액'을 규정하고, 그 밖에 명시하여야 할 사항을 대통령령으로 정하도록 위임하였는바, 누구라도 위 법률조항의 위임을 받은 대통령령에서는 과태료의 부과주체, 부과대상자, 과태료 납부에 관한 사항, 불복절차 및 방법 등을 규정할 것이라고 예측할 수 없으므로 위임입법의 한계를 벗어나 위헌이라고 할 것이다.

④ 보건사회부장관이 정한 1994년도「노인복지사업지침」은 노령수당의 지급대상자를 '70세 이상'의 생활보호대상자로 규정함으로써 구「노인복지법(1994. 6. 28. 법률 제4633호로 개정된 것)」제13조 제2항과 구「노인복지법시행령(1994. 12. 23. 대통령령 제14447호로 개정된 것)」제20조 제1항에서 '65세 이상'의 자로 규정한 노령수단의 지급대상자를 부당하게 축소·조정하였으므로 그 부분은 법령의 위임한계를 벗어난 것이다.

구「질서위반행위규제법(2011. 7. 6. 법률 제105644호로 개정된 것)」제17조 제2항은 … (중략) … 대통령령에서는 과태료의 부과주체, 부과대상자, 과태료 납부에 관한 사항, 불복절차 및 방법 등을 규정할 것이라고 예측할 수 없다고 볼 수 없으며, 위임입법의 한계를 벗어났다고 볼 수 없다.

정답 ③

51. 위임명령의 한계에 대한 설명으로 옳지 않은 것은? (다툼이 있는 경우 판례에 의함)

21 국가직 9급

① 법률이 공법적 단체 등의 정관에 자치법적 사항을 위임한 경우에는 「헌법」 제75조가 정하는 포괄적인 위임입법의 금지는 원칙적으로 적용되지 않지만, 그 사항이 국민의 권리·의무에 관련되는 것일 경우에는 적어도 국민의 권리·의무에 관한 기본적이고 본질적인 사항은 국회가 정하여야 한다.
② 헌법에서 채택하고 있는 조세법률주의의 원칙상 과세요건과 징수절차에 관한 사항을 명령·규칙 등 하위법령에 구체적·개별적으로 위임하여 규정할 수 없다.
③ 법률에서 위임받은 사항에 관하여 대강을 정하고 그 중의 특정사항을 범위를 정하여 하위법령에 다시 위임하는 경우에는 재위임이 허용된다. 이러한 법리는 조례가 「지방자치법」에 따라 주민의 권리제한 또는 의무부과에 관한 사항을 법률로부터 위임받은 후, 이를 다시 지방자치단체장이 정하는 '규칙'이나 '고시' 등에 재위임하는 경우에도 마찬가지이다.
④ 법률의 시행령이나 시행규칙의 내용이 모법 조항의 취지에 근거하여 이를 구체화하기 위한 것인 때에는 모법의 규율 범위를 벗어난 것으로 볼 수 없다. 이러한 경우에는 모법에 이에 관하여 직접 위임하는 규정을 두지 않았다고 하여도 이를 무효라고 볼 수 없다.

해설

조세법률주의의 원칙상 조세의 종목과 세율은 법률로 정하는 것이 원칙이지만, 구체적으로 범위를 정하여 위임하는 것은 가능하다. (대판2008두11372)

정답 ②

52. 법규명령과 행정규칙에 대한 설명 중 가장 적절하지 않은 것은?

21 경찰승진

① 행정규칙에 따른 종래의 행정관행이 위법한 경우에는 행정청은 자기구속을 당하지 않는다.
② 법규명령이란 국회의 의결을 거치지 않고 행정기관에 의하여 제정된 성문법규를 말하며, 그 종류에는 위임명령과 집행명령이 있다.
③ 국민의 권리 제한 또는 의무 부과와 직접 관련되는 법률, 대통령령, 총리령 및 부령은 긴급히 시행하여야 할 특별한 사유가 있는 경우를 제외하고는 공포일로부터 적어도 30일이 경과한 날부터 시행되도록 하여야 한다.
④ 위임명령은 상위법령의 집행 시 필요한 절차나 형식을 정하는 데 그쳐야 하며 새로운 법규사항을 정하여서는 안 된다.

집행명령은 상위법령의 집행 시 필요한 절차나 형식을 정하는 데 그쳐야 하며 새로운 법규사항을 정하여서는 안 된다.

정답 ④

53 법규명령과 행정규칙에 대한 설명으로 가장 적절하지 않은 것은? 19 경찰승진

① 법규명령은 국민과 행정청을 동시에 구속하는 양면적 구속력을 가짐으로써 재판규범이 된다.
② 법규명령의 한계로 행정권에 대한 입법권의 일반적·포괄적 위임은 인정될 수 없으며, 국회 전속적 법률사항의 위임은 원칙적으로 금지된다.
③ 행정규칙의 종류로는 고시·훈령·예규·일일명령 등이 있다.
④ 행정규칙은 행정기관이 법률의 수권 없이 권한 범위 내에서 만든 일반적·추상적 명령을 말하며 대내적 구속력을 갖고 있으므로 경찰관이 이를 위반하면 반드시 위법이 된다.

행정규칙은 행정기관이 법률의 수권 없이 권한 범위 내에서 만든 일반적·추상적 명령을 말하며, 대내적 구속력만 가지고 있는 행정입법으로서 법규성의 성질을 가지고 있지 아니한다. 따라서 행정규칙을 위반하더라도 반드시 위법은 아니다.

정답 ④

54 행정규칙과 법규명령에 대한 설명으로 가장 옳은 것은? 16 경찰간부

① 법규명령은 국민과 행정청을 동시에 구속하는 양면적 구속력을 가짐으로써 재판규범이 된다.
② 행정규칙은 대외적 구속력을 갖고 있으므로 위반하면 반드시 위법이 된다.
③ 위임명령은 법규명령이고 집행명령은 행정규칙이다.
④ 법규명령은 공포를 요하지 않으나, 행정규칙은 공포를 요한다.

① (O) 옳은 설명이다.
② (×) 행정규칙은 대내적 구속력만 가지고 있는 행정입법으로서 법규성의 성질을 가지고 있지 아니한다. 따라서 행정규칙을 위반하더라도 반드시 위법은 아니다.
③ (×) 법규명령을 내용(성질)에 따라 구분하면 위임명령과 집행명령이 있다.
④ (×) 법규명령은 대내적 구속력과 대외적 구속력을 모두 가지고 있는 재판규범으로서 공포를 요하나, 행정규칙은 대내적 구속력만 가지고 있는 명령으로서 공포를 요하지 않는다.

정답 ①

55 다음 법규명령과 행정규칙에 관한 설명 중 가장 옳지 않은 것은?   　19 경찰간부

① 법규명령은 공포를 요하나 행정규칙은 공포를 요하지 않는다.
② 법규명령의 형식(부령)을 취하고 있지만, 그 내용이 행정규칙의 실질을 가지는 경우 판례는 당해 규범을 행정규칙으로 보고 있다.
③ 재량준칙의 제정은 행정청에게 재량권이 인정되는 경우에만 가능하며 행정청이 기속권만을 갖는 경우에는 인정되지 않는다.
④ 위임명령은 법규명령이고 집행명령은 행정규칙이다.

법규명령을 내용(성질)에 따라 구분하면 위임명령과 집행명령이 있다.

정답 ④

56 행정규칙과 법규명령에 대한 설명으로 가장 적절하지 않은 것은?   　19 경찰승진

① 법규명령은 대외적 구속력을 갖기 때문에 그에 반하는 행정권 행사는 위법하다.
② 법규명령은 특별한 규정이 없는 한 공포한 날로부터 20일을 경과함으로써 효력을 발생한다.
③ 위임명령은 법규명령이고, 집행명령은 행정규칙이다.
④ 법규명령의 형식(부령)을 취하고 있지만 그 내용이 행정규칙의 실질을 가지는 경우 판례는 당해 규범을 행정규칙으로 보고 있다.

법규명령을 내용(성질)에 따라 구분하면 위임명령과 집행명령이 있다.

정답 ③

57 법규명령과 행정규칙에 대한 설명으로 가장 옳은 것은? (다툼이 있으면 판례에 의함)

21 경찰간부

① 법령 규정이 행정기관에 그 법령 내용의 구체적 사항을 정할 수 있을 권한을 부여하면서 그 권한 행사의 절차나 방법을 특정하고 있지 않아 수임행정기관이 행정규칙의 형식으로 그 내용을 구체적으로 정하고 있다면 그 행정규칙은 대외적 구속력이 있는 법규명령으로서의 효력을 가진다.
② 행정입법이란 행정부가 제정하는 법을 의미하며, 행정조직 내부의 사무처리기준에 관한 법규명령과 국민을 구속하는 효력이 있는 행정규칙으로 구분된다.
③ 법규명령의 제정에는 헌법, 법률 또는 상위명령의 근거가 필요하지 않아 독자적인 행정입법 작용이 허용된다.
④ 법규명령은 특별한 규정이 없는 한 공포일로부터 30일이 경과해야 효력이 발생하나 행정규칙은 공포를 요하지 않는다.

① (○) 옳은 설명이다.
② (×) 행정입법이란 행정부가 제정하는 법을 의미하며, 행정조직 내부의 사무처리기준에 관한 행정규칙과 국민을 구속하는 효력이 있는 법규명령으로 구분된다.
③ (×) 행정규칙의 제정에는 헌법, 법률 또는 상위명령의 근거가 필요하지 않아 독자적인 행정입법 작용이 허용된다.
④ (×) 「행정기본법」 제13조. 대통령령, 총리령 부령 및 조례·규칙은 특별한 규정이 없으면 공포한 날부터 20일이 경과함으로써 효력을 발생한다. 다만, 행정규칙은 공포를 요하지 않는다.

정답 ①

58 행정규칙에 대한 설명으로 가장 옳지 않은 것은? (다툼이 있는 경우 판례에 의함)

18 서울시 7급

① 행정규칙이 법령의 규정에 의하여 행정관청에 법령의 구체적 내용을 보충할 권한을 부여한 경우, 평등의 원칙이나 신뢰보호의 원칙에 따라 행정기관은 그 상대방에 대한 관계에서 그 규칙에 따라야 할 자기구속을 당하게 된다.
② 상급행정기관이 하급행정기관에 대하여 업무처리지침이나 법령의 해석·적용에 관한 기준을 정하여 말하는 행정규칙은 일반적으로 행정조직 내부에서만 효력을 가질 뿐 대외적인 구속력을 갖는 것은 아니다.
③ 행정규칙도 행정작용의 하나이므로 하자가 있으면 하자의 정도에 따라 무효 또는 취소할 수 있는 행정규칙이 된다.
④ 어떠한 처분의 근거나 법적인 효과가 행정규칙에 규정되어 있다고 하더라도, 그 처분이 행정규칙의 내부적 구속력에 의하여 상대방에게 권리의 설정 또는 의무의 부담을 명하거나 기타 법적인 효과를 발생하게 하는 등 그 상대방의 권리·의무에 직접 영향을 미치는 행위라면, 이는 항고소송의 대상이 되는 행정처분에 해당한다.

③ (✕) 하자있는 행정규칙은 법규명령과 마찬가지로 무효가 된다.
① (○) 헌재90헌마13
② (○) 대판2009두7967
④ (○) 대판2003두10251

정답 ③

59 행정규칙 형식의 법규명령에 대한 설명으로 옳지 않은 것은? (다툼이 있는 경우 판례에 의함)

20 군무원

① 헌법이 인정하고 있는 위임입법의 형식은 예시적인 것으로 보아야 할 것이고, 그것은 법률이 행정규칙에 위임하더라도 그 행정규칙은 위임된 사항만을 규율할 수 있으므로, 국회입법의 원칙과 상치되지도 않는다.
② 재산권 등과 같은 기본권을 제한하는 작용을 하는 법률이 입법위임을 할 때에는 법규명령에 위임함이 바람직하고, 금융감독위원회의 고시와 같은 행정규칙 형식으로 입법위임을 할 때에는 적어도 「행정규제기본법」 제4조 제2항 단서에서 정한 바와 같이 법령이 전문적·기술적 사항이나 경미한 사항으로서 업무의 성질상 위임이 불가피한 사항에 한정된다.
③ 법률이 행정규칙 형식으로 입법위임을 하는 경우에는 행정규칙의 특성상 포괄위임금지의 원칙은 인정되지 않는다.
④ 상위법령의 위임에 의하여 정하여진 행정규칙은 위임한계를 벗어나지 아니하는 한 그 상위법령의 규정과 결합하여 대외적인 구속력이 있는 법규명령으로서의 효력을 갖게 된다.

③ (✕) 법령보충적 행정규칙도 법규성을 가지므로 포괄위임금지의 원칙은 당연히 적용되는 것이 판례의 입장이다.
① (○) 헌재99헌바91
② (○) 행정규제기본법 제4조
④ (○) 대판97누19915

정답 ③

60. 행정규칙에 대한 판례의 입장으로 옳지 않은 것은?

19 국가직 7급

① 행정규칙인 고시가 법령의 수권에 의해 법령을 보충하는 사항을 정하는 경우에는 법령보충적 고시로서 근거법령규정과 결합하여 대외적으로 구속력을 가진다.
② 법령보충적 행정규칙은 법령의 수권에 의하여 인정되고, 그 수권은 포괄위임금지의 원칙상 구체적·개별적으로 한정된 사항에 대하여 행해져야 한다.
③ 고시에 담긴 내용이 구체적 규율의 성격을 갖는다고 하더라도, 해당 고시를 행정처분으로 볼 수는 없으며 법령의 수권 여부에 따라 법규명령 또는 행정규칙으로 볼 수 있을 뿐이다.
④ 재산권 등의 기본권을 제한하는 작용을 하는 법률이 구체적으로 범위를 정하여 고시와 같은 형식으로 입법위임을 할 수 있는 사항은 전문적·기술적 사항이나 경미한 사항으로서 업무의 성질상 위임이 불가피한 사항에 한정된다.

해설

① (✗) 상급행정기관이 하급행정기관에 대하여 업무처리지침이나 법령의 해석적용에 관한 기준을 정하여 발하는 이른바 행정규칙은 일반적으로 행정조직 내부에서만 효력을 가질 뿐 대외적인 구속력을 갖지 않지만, 법령의 규정이 특정 행정기관에게 그 법령 내용의 구체적 사항을 정할 수 있는 권한을 부여하면서 그 권한 행사의 절차나 방법을 특정하고 있지 않아 수임행정기관이 행정규칙의 형식으로 그 법령의 내용이 될 사항을 구체적으로 정하고 있다면, 그와 같은 행정규칙은 위에서 본 행정규칙이 갖는 일반적 효력으로서가 아니라 행정기관에 법령의 구체적 내용을 보충할 권한을 부여한 법령 규정의 효력에 의하여 그 내용을 보충하는 기능을 갖게 되고, 따라서 이와 같은 행정규칙은 당해 법령의 위임 한계를 벗어나지 않는 한 그것들과 결합하여 대외적인 구속력이 있는 법규명령으로서의 효력을 가진다. (대판2006두3742·3759)
② (○) 대판2008두21669
③ (○) 옳은 설명이다.
④ (○) 대판95누10396

정답 ①

61. 행정규칙을 설명한 것이다. 다음 중 적절하지 않은 것은? (다툼이 있으면 판례에 의함)

16 경찰행정

① 재량권 행사의 준칙인 행정규칙이 그 정한 바에 따라 되풀이 시행되어 행정관행이 이루어지게 되면 평등의 원칙이나 신뢰보호의 원칙에 따라 행정기관은 그 상대방에 대한 관계에서 그 규칙에 따라야 할 자기구속을 받게 되므로, 이러한 경우에는 특별한 사정이 없는 한 그를 위반하는 처분은 평등의 원칙이나 신뢰보호의 원칙에 위배되어 재량권을 일탈·남용한 위법한 처분이 된다.
② 교육부장관이 내신성적 산정기준에 관한 시행지침을 마련하여 시·도교육감에게 통보한 것은 항고소송의 대상이 되는 행정처분으로 볼 수 없다.
③ 구 「국립묘지안장대상심의위원회 운영규정」은 국가보훈처장이 심의위원회의 운영에 관하여 구 「국립묘지의 설치 및 운영에 관한 법률 및 시행령」에서 위임된 사항과 그 시행에 필요한 사항을 규정함을 목적으로 하여 국가보훈처 훈령으로 제정된 것으로서, 영예성 훼손 여부 등에 관한 판단의 기준을 정한 행정처 내부의 사무처리 준칙이다.
④ 구 「여객자동차 운수사업법 시행규칙」 제31조 제2항 제1호, 제2호, 제6호는 구 「여객자동차 운수사업법」 제11조 제4항의 위임에 따라 시외버스운송사업의 사업계획변경에 관한 절차, 인가기준 등을 구체적으로 규정한 것으로서, 이는 행정청 내부의 사무처리 준칙을 규정한 행정규칙에 불과하여 대외적 구속력이 없다.

④ (✗) 구 「여객자동차 운수사업법 시행규칙」(2000. 8. 23. 건설교통부령 제259호로 개정되기 전의 것) 제31조 제2항 제1호, 제2호, 제6호는 구 여객자동차 운수사업법(2000. 1. 28. 법률 제6240호로 개정되기 전의 것) 제11조 제4항의 위임에 따라 시외버스운송사업의 사업계획변경에 관한 절차, 인가기준 등을 구체적으로 규정한 것으로서, 대외적인 구속력이 있는 법규명령이라고 할 것이고, 그것을 행정청 내부의 사무처리준칙을 규정한 행정규칙에 불과하다고 할 수는 없다. (대판2003두4355)
① (O) 대판2009두7967
② (O) 대판94두33
③ (O) 대판2015두52692

정답 ④

62. 행정규칙에 대한 설명으로 가장 적절하지 않은 것은? (다툼이 있으면 판례에 의함)

18 경찰행정

① 행정규칙은 원칙적으로 그 성격상 대외적 효력을 갖는 것은 아니나, 예외적인 경우에 대외적으로 효력을 가질 수 있다.
② 이른바 법령보충적 행정규칙은 그 자체로서 직접적으로 대외적인 구속력을 갖는다.
③ 법령의 규정이 특정 행정기관에게 법령 내용의 구체적 사항을 정할 수 있는 권한을 부여하면서 권한행사의 절차나 방법을 특정하지 아니한 경우에는 수임 행정기관은 행정규칙이나 규정 형식으로 법령 내용이 될 사항을 구체적으로 정할 수 있다.

④ 고시가 일반·추상적 성격을 가질 때는 법규명령 또는 행정규칙에 해당하지만, 고시가 구체적인 규율의 성격을 갖는다면 행정처분에 해당한다.

② (✕) 법령보충적 행정규칙 그 자체가 직접적으로 대외적으로 구속력을 가지는 것이 아니라, 상위법령과 결합하여 법규성을 가진다. (헌재 99헌바91)
① (O) 옳은 설명이다.
③ (O) 대판2010다72076
④ (O) 대판2005두2506

정답 ②

63 행정규칙에 대한 설명으로 옳지 않은 것은? (다툼이 있는 경우판례에 의함) 20 국가직 9급

① 법령의 위임이 없음에도 법령에 규정된 처분 요건에 해당하는 사항을 부령에서 변경하여 규정한 경우에는 그 부령의 규정은 행정명령의 성격을 지닐 뿐 국민에 대한 대외적 구속력은 없다.
② 행정관청 내부의 사무처리규정에 불과한 전결규정에 위반하여 원래의 전결권자 아닌 보조기관 등이 처분권자인 행정관청의 이름으로 행정처분을 한 경우, 그 처분은 권한 없는 자에 의하여 행하여진 것으로 무효이다.
③ 법령의 규정이 특정 행정기관에게 법령 내용의 구체적 사항을 정할 수 있는 권한을 부여하면서 권한행사의 절차나 방법을 특정하지 아니한 경우에는 수임 행정기관은 행정규칙으로 법령내용이 될 사항을 구체적으로 정할 수 있다.
④ 재량권행사의 준칙인 행정규칙이 그 정한 바에 따라 되풀이 시행되어 행정관행이 형성되어 행정기관이 그 상대방에 대한 관계에서 그 행정규칙에 따라야 할 자기구속을 당하게 되는 경우에는 그 행정규칙은 헌법소원의 심판대상이 될 수도 있다.

② (✕) 전결과 같은 행정권한의 내부위임은 법령상 처분권자인 행정관청이 내부적인 사무처리의 편의를 도모하기 위하여 그의 보조기관 또는 하급 행정관청으로 하여금 그의 권한을 사실상 행사하게 하는 것으로서 법률이 위임을 허용하지 않는 경우에도 인정되는 것이므로, 설사 행정관청 내부의 사무처리규정에 불과한 전결규정에 위반하여 원래의 전결권자 아닌 보조기관등이 처분권자인 행정관청의 이름으로 행정처분을 하였다고 하더라도 그 처분이 권한 없는 자에 의하여 행하여진 무효의 처분이라고는 할 수 없다. (대판 97누1105)
① (O) 옳은 설명이다. 판례에 의하면 처분요건을 법률의 위임없이 시행규칙으로 정할 경우 통상 행정규칙에 불과하다는 입장이다.
③ (O) 대판2006두3742
④ (O) 헌재90헌마13

정답 ②

64 행정규칙에 대한 설명으로 가장 옳은 것은? (다툼이 있는 경우 판례에 따름) 18 서울시 9급

① 행정각부의 장이 정하는 고시라도 법령내용을 보충하는 기능을 가지는 경우에는 형식과 상관없이 근거법령규정과 결합하여 법규명령의 효력을 가진다.
② 구 지방공무원보수업무 등 처리지침은 행정안전부 예규로서 행정규칙의 성질을 가진다.
③ 법령에 근거를 둔 고시는 상위법령의 위임범위를 벗어난 경우에도 법규명령으로서 기능한다.
④ 2014년도 건물 및 기타 물건 시가표준액 조정기준은 건축법 및 지방세법령의 위임에 따른 것이지만 행정규칙의 성격을 가진다.

① (○) 대판92누1728
② (×) 구 지방공무원보수업무 등 처리지침(2014. 8. 8. 안전행정부 예규 제104호로 개정되기 전의 것, 이하 '지침'이라 한다) [별표 1] '직종별 경력환산율표 해설'이 정한 민간근무경력의 호봉 산정에 관한 부분은 지방공무원법 제45조 제1항과 구 지방공무원 보수규정(2014. 11. 19. 대통령령 제25751호로 개정되기 전의 것) 제8조 제2항, 제9조의2 제2항, [별표 3]의 단계적 위임에 따라 행정자치부장관이 행정규칙의 형식으로 법령의 내용이 될 사항을 구체적으로 정한 것이고, 달리 지침이 위 법령의 내용 및 취지에 저촉된다거나 위임 한계를 벗어났다고 보기 어려우므로, 지침은 상위법령과 결합하여 대외적인 구속력이 있는 법규명령으로서의 효력을 갖게 된다. (대판2015두53121)
③ (×) 행정 각부의 장이 정하는 고시가 비록 법령에 근거를 둔 것이라고 하더라도 그 규정 내용이 법령의 위임 범위를 벗어난 것일 경우에는 법규명령으로서의 대외적 구속력을 인정할 여지는 없다. (대판2003마715)
④ (×) 「건축법」 제80조 제1항 제2호, 「지방세법」 제4조 제2항, 「지방세법 시행령」 제4조 제1항 제1호의 내용, 형식 및 취지 등을 종합하면, '2014년도 건물 및 기타물건 시가표준액 조정기준'의 각 규정들은 일정한 유형의 위반 건축물에 대한 이행강제금의 산정기준이 되는 시가표준액에 관하여 행정자치부장관으로 하여금 정하도록 한 위 「건축법 및 지방세법령」의 위임에 따른 것으로서 그 법령 규정의 내용을 보충하고 있으므로, 그 법령 규정과 결합하여 대외적인 구속력이 있는 법규명령으로서의 효력을 가지고, 그중 증·개축 건물과 대수선 건물에 관한 특례를 정한 '증·개축 건물 등에 대한 시가표준액 산출요령'의 규정들도 마찬가지라고 보아야 한다. 이처럼 「헌법」상 요구되는 명확성의 원칙에 따라 엄격하게 해석·적용하여야 할 뿐만 아니라 법령 규정과 결합하여 대외적인 구속력을 가지는 '2014년도 건물 및 기타물건 시가표준액 조정기준' 및 '증·개축 건물 등에 대한 시가표준액 산출요령'은 대수선건물에 대한 시가표준액을 정하면서 대수선 행위가 적법한지 여부에 따라 대수선 산출비율의 적용 여부를 구별하고 있지 아니하다. 따라서 무단 대수선 건물에 대하여 부과하는 이행강제금의 액수를 산정할 때에도 그 기준이 되는 시가표준액은 위 조정기준 및 산출요령 규정의 문언대로 대수선 산출비율을 적용하여야 하고, 합리적 이유 없이 그 적용을 배제하는 것은 허용되지 아니한다. (대판2017두30764)

정답 ①

65 다음 중 행정규칙에 관한 설명으로 가장 옳지 않은 것은? (다툼이 있는 경우 판례에 의함) [21 해경승진]

① 행정규칙을 위반하는 행위는 직무상의 의무 위반으로 징계사유에 해당한다.
② 대법원은 행정적 편의를 도모하기 위해 법령의 위임을 받아 제정된 절차적 규정을 법령보충적 행정규칙으로 본다.
③ 「공공기관의 운영에 관한 법률」의 위임에 따라 입찰자격제한기준을 정하는 부령은 행정내부의 재량준칙에 불과하다.
④ 훈령, 지시, 예규, 일일명령 등 행정기관이 그 하급기관이나 소속 공무원에 대하여 일정한 사항을 지시하는 문서는 지시문서이다.

「법인세법 시행규칙」 제45조 제3항 제6호에 따른 소득금액조정합계표 작성요령은 법률의 위임을 받은 것이기는 하나 법인세의 부과·징수라는 행정적 편의를 도모하기 위한 절차적 규정으로서 단순히 행정규칙의 성질을 가지는데 불과하다. (대판2001두403)

정답 ②

66 행정규칙에 대한 설명으로 옳지 않은 것은? (다툼이 있는 경우 판례에 의함) [22 국가직 7급]

① 중앙행정기관의 장이 정한 훈령·예규 및 고시 등 행정규칙은 상위법령의 위임이 있다고 하더라도 「행정기본법」상의 '법령'에 해당하지 않는다.
② 처분이 행정규칙을 위반하였다고 해서 그러한 사정만으로 곧바로 위법하게 되는 것은 아니다.
③ 처분의 근거나 법적인 효과가 행정규칙에 규정되어 있더라도 그 상대방의 권리·의무에 직접 영향을 미치는 행위라면, 항고소송의 대상이 되는 행정처분에 해당한다.
④ 행정규칙의 내용이 상위법령이나 법의 일반원칙에 반하는 것이라면 행정내부적 효력도 인정될 수 없다.

① (×) 「행정기본법」 제2조 제1호. 상위법령의 위임을 받아 중앙행정기관의 장이 정한 훈령·예규 및 고시 등 법령보충적 행정규칙 역시 「행정기본법」상 '법령'의 하나로 규정되어 있다.
② (○) 대판2009두7967
③ (○) 대판2001두3532
④ (○) 행정규칙의 내용이 상위법령이나 법의 일반원칙에 반하는 것이라면 법치국가원리에서 파생되는 법질서의 통일성과 모순금지 원칙에 따라 그것은 법질서상 당연무효이고, 행정내부적 효력도 인정될 수 없다. (대판2017두66541)

정답 ①

67. 다음 중 행정규칙에 대한 설명으로 가장 옳지 않은 것은? (다툼이 있는 경우 판례에 의함)

① 대법원은 행정적 편의를 도모하기 위해 법령의 위임을 받아 제정된 절차적 규정을 법령보충적 행정규칙으로 본다.
② 대법원은 교육부장관이 내신성적산정지침을 시·도교육감에게 통보한 것은 행정조직 내부에서 내신성적평가에 관한 심사기준을 시달한 것에 불과하다고 보아 위 지침을 행정처분으로 볼 수 없다고 판단하였다.
③ 행정규칙 제정에는 법적 근거가 반드시 필요한 것은 아니다.
④ 공무원이 행정규칙을 위반하는 행위는 직무상의 의무위반으로 징계사유에 해당한다.

「법인세법 시행규칙」제45조 제3항 제6호에 따른 소득금액조정합계표 작성요령은 법률의 위임을 받은 것이기는 하나 법인세의 부과·징수라는 행정적 편의를 도모하기 위한 절차적 규정으로서 단순히 행정규칙의 성질을 가지는데 불과하다. (대판2001두403)

정답 ①

68. 행정규칙에 관한 설명으로 옳지 않은 것은? (다툼이 있으면 판례에 따름)

① 고시가 일반적·추상적 성질을 가질 때에는 법규명령에 해당하지만, 고시가 구체적인 규율의 성격을 가진다면 행정규칙에 해당한다.
② 고시 또는 공고의 법적 성질은 일률적으로 판단될 것이 아니라 고시에 담겨 있는 내용에 따라 구체적인 경우 마다 달리 결정되는 것이다.
③ 행정기관 내부의 업무처리지침이나 법령의 해석·적용 기준을 정한 행정규칙은 특별한 사정이 없는 한 대외적으로 국민이나 법원을 구속하는 효력이 없다.
④ 행정청이 면허발급 여부를 심사함에 있어서 이미 설정된 면허기준의 해석상 당해 신청이 면허발급의 우선순위에 해당함이 명백함에도 이를 제외시켜 면허거부처분을 하였다면 특별한 사정이 없는 한 그 거부처분은 재량권을 남용한 위법한 처분이 된다.

고시가 일반적·추상적 성질을 가질 때에는 법규명령 또는 행정규칙에 해당하지만, 고시가 구체적인 규율의 성격을 가진다면 행정처분에 해당한다.

정답 ①

69. 행정규칙에 대한 설명으로 옳지 않은 것은? (단, 다툼이 있는 경우 판례에 의함) 〔21 군무원 9급〕

① 행정규칙인 고시가 법령의 수권에 의해 법령을 보충하는 사항을 정하는 경우에는 법령보충적 고시로서 근거법령규정과 결합하여 대외적으로 구속력 있는 법규명령의 효력을 갖는다.
② 행정규칙은 행정규칙을 제정한 행정기관에 대하여는 대내적으로 법적 구속력을 갖지 않는다.
③ 사실상의 준비행위 또는 사전안내로 볼 수 있는 국립대학의 대학입학고사 주요요강은 공권력 행사이므로 항고소송의 대상이 되는 처분이다.
④ 일반적인 행정처분절차를 정하는 행정규칙은 대외적 구속력이 없다.

③ (✗) 국립대학인 서울대학교의 "94학년도 대학입학고사주요요강"은 사실상의 준비행위 내지 사전안내로서 행정쟁송의 대상이 될 수 있는 행정처분이나 공권력의 행사는 될 수 없지만 그 내용이 국민의 기본권에 직접 영향을 끼치는 내용이고 앞으로 법령의 뒷받침에 의하여 그대로 실시될 것이 틀림없을 것으로 예상되어 그로 인하여 직접적으로 기본권 침해를 받게 되는 사람에게는 사실상의 규범작용으로 인한 위험성이 이미 현실적으로 발생하였다고 보아야 할 것이므로 이는 헌법소원의 대상이 되는「헌법재판소법」제68조 제1항 소정의 공권력의 행사에 해당된다고 할 것이며, 이 경우 헌법소원 외에 달리 구제방법이 없다. (헌재92헌마68 등 따라서 국립대학의 대학입학고사 주요요강은 '헌법소원의 대상인 공권력 행사'로 인정된 사안으로서, 항고소송의 대상인 처분이라고 할 수 없다.
① (O) 대판97누13474
② (O) 행정규칙은 동 행정규칙을 제정한 행정기관에 대하여는 법적 구속력을 갖지 않는다. (※ 행정규칙은 상대방만을 구속하는 일방적 구속력을 가지므로, 발령기관은 이에 구속되지 않는다. 단, 행정규칙은 상급행정기관의 지휘·감독권에 근거하여 하급행정기관에 대하여 발해지는 것이므로 하급행정기관은 공무원법상의 복종의무에 따라 행정규칙을 준수할 법적 의무를 진다.)
④ (O) 국민의 권익보호를 위한 행정절차에 관한 훈령에 따라 1990. 1. 1. 부터 시행된 행정절차 운영지침에 의하면, 행정청이 공권력을 행사하여 국민의 구체적인 권리 또는 의무에 직접적인 변동을 초래하게 하는 행정처분을 하고자 할 때에는 미리 당사자에게 행정처분을 하고자 하는 원인이 되는 사실을 통지하여 그에 대한 의견을 청취한 다음, 이유를 명시하여 행정처분을 하여야 한다고 규정되어 있으나, 위 훈령은 상급행정기관이 하급행정기관에 대하여 발하는 일반적인 행정명령으로서 행정기관 내부에서만 구속력이 있을 뿐 대외적인 구속력을 가지는 것이 아니라고 보아야 할 것이다. (대판94누3414) 따라서 일반적인 행정처분절차를 정하는 행정규칙은 대외적 구속력이 없다.

정답 ③

70. 행정규칙에 대한 설명으로 옳지 않은 것은? (단, 다툼이 있는 경우 판례에 의함) `21 군무원 7급`

① 경찰청예규로 정해진 구 「채증규칙」은 행정규칙이지만 이에 의하여 집회·시위 참가자들은 구체적인 촬영행위에 의해 비로소 기본권을 제한받게 되는 것뿐만 아니라 이 채증규칙으로 인하여 직접 기본권을 침해받게 된다.
② 행정규칙은 적당한 방법으로 통보되고 도달하면 효력을 가지며, 반드시 국민에게 공포되어야만 하는 것은 아니다.
③ 행정규칙의 내용이 상위법령이나 법의 일반원칙에 반하는 것이라면 그것은 법질서상 당연무효이고 취소의 대상이 될 수 없다.
④ 어떠한 처분의 근거나 법적인 효과가 행정규칙에 규정되어 있다고 하더라도, 그 처분이 행정규칙의 내부적 구속력에 의하여 상대방에게 권리의 설정 또는 의무의 부담을 명하거나 기타 법적인 효과를 발생하게 하는 등으로 그 상대방의 권리 의무에 직접 영향을 미치는 행위라면, 이 경우에도 항고소송의 대상이 되는 행정처분에 해당한다.

경찰청예규로 정해진 채증규칙은 법률의 구체적인 위임 없이 제정된 경찰청 내부의 행정규칙에 불과하고, 청구인들은 구체적인 촬영행위에 의해 비로소 기본권을 제한받게 되므로, 이 사건 채증규칙이 직접 기본권을 침해한다고 볼 수 없다. (헌재2014헌마843) 따라서 채증규칙에 대한 헌법소원 심판청구는 기본권 침해의 직접성 요건을 충족하지 못하였으므로 이에 대한 헌법소원 청구는 부적법하다.

정답 ①

71. 행정입법에 대한 설명으로 옳지 않은 것은? (다툼이 있는 경우 판례에 의함) `22 지방직 9급`

① 자치조례에 대한 법률의 위임은 반드시 구체적으로 범위를 정하여 할 필요가 없으며 포괄적인 것으로 족하다.
② 부령 형식으로 정해진 제재적 행정처분의 기준은 법규성이 있어서 대외적으로 국민이나 법원을 기속하는 효력이 있다.
③ 고시가 법령의 수권에 의하여 법령을 보충하는 사항을 정하는 경우 위임의 한계를 벗어나지 않는 한 그 근거 법령과 결합하여 대외적으로 구속력이 있는 법규명령으로서의 효력을 가진다.
④ 법률의 시행령이 형사처벌에 관한 사항을 규정하면서 법률의 명시적인 위임 범위를 벗어나 처벌의 대상을 확장하는 것은 위임입법의 한계를 벗어난 것으로 그 시행령은 무효이다.

제재적 행정처분의 기준이 부령의 형식으로 규정되어 있더라도 그것은 행정청 내부의 사무처리준칙을 정한 것에 지나지 아니하여 대외적으로 국민이나 법원을 기속하는 효력이 없다. (대판2007두6946)

정답 ②

72 다음 중 행정규칙에 대한 설명으로 가장 옳지 않은 것은? (다툼이 있는 경우 판례에 의함)

23 해경승진

① 행정관청 내부의 사무처리규정에 불과한 전결규정에 위반하여 원래의 전결권자 아닌 보조기관등이 처분권자인 행정관청의 이름으로 행정처분을 하였다고 하더라도 그 처분은 무효처분이라 할 수 없다.
② 법령의 규정이 특정 행정기관에게 법령내용의 구체적 사항을 정할 수 있는 권한을 부여하면서 권한행사의 절차나 방법을 특정하지 아니한 경우에는 수임 행정기관은 행정규칙으로 법령 내용이 될 사항을 구체적으로 정할 수 있다.
③ 국세청훈령인 재산제세사무처리규정은 「소득세법 시행령」과 결합하더라도 대외적 효력이 발생하지 않는다.
④ 상급기관이 하급 행정기관에 대하여 업무처리지침이나 법령에 해석적용에 관한 기준을 정하여 발하는 행정규칙은 일반적으로 행정조직 내부에서만 효력을 가질 뿐이며 대외적인 구속력을 갖지 않는다.

> **해설**
> 국세청장의 훈령형식으로 되어 있는 「재산제세사무처리규정」은 「소득세법시행령」의 위임에 따라 「소득세법시행령」의 내용을 보충하는 기능을 가지므로 「소득세법시행령」과 결합하여 대외적 효력을 갖는다. (대판86누484)
>
> **정답** ③

73 대외적 구속력을 인정할 수 없는 경우만을 모두 고르면? (다툼이 있는 경우 판례에 의함)

20 지방직 9급, 22 해경승진

㉠ 운전면허에 관한 제재적 행정처분의 기준이 도로교통법 시행규칙 [별표]에 규정되어 있는 경우
㉡ 행정 각부의 장이 정하는 특정 고시가 비록 법령에 근거를 둔 것이더라도 규정 내용이 법령의 위임 범위를 벗어난 것일 경우
㉢ 상위법령에서 세부사항 등을 시행규칙으로 정하도록 위임하였음에도 이를 고시 등 행정규칙으로 정한 경우
㉣ 상위 법령의 위임이 없음에도 상위 법령에 규정된 처분 요건에 해당하는 사항을 하위부령에서 변경하여 규정한 경우

① ㉠, ㉡
② ㉡, ㉢
③ ㉠, ㉡, ㉢
④ ㉠, ㉡, ㉢, ㉣

㉠ (O) 「도로교통법 시행규칙」 제53조 제1항이 정하고 있는 [별표 16] 운전면허행정처분기준은 관할행정청이 운전면허의 취소 및 운전면허의 효력정지 등의 사무처리를 함에 있어서 처리기준과 방법 등의 세부사항을 규정한 행정기관 내부의 처리지침에 불과한 것으로서 대외적으로 국민이나 법원을 기속하는 것은 아니므로, 자동차운전면허취소처분의 적법 여부는 위 운전면허 행정처분기준이 상위 법령에 근거가 있는지 여부 등에 의하여 판단할 것이 아니라 도로교통법의 규정 내용과 취지에 따라 판단하여야 한다. (대판95누10396)

㉡ (O) 행정 각부의 장이 정하는 고시의 규정 내용이 근거 법령의 위임 범위를 벗어난 경우, 법규명령으로서 대외적 구속력은 없다. (대판2003마715)

㉢ (O) 행정규칙이나 규정이 상위법령의 위임범위를 벗어난 경우에는 법규명령으로서 대외적 구속력을 인정할 여지는 없다. 이는 행정규칙이나 규정 '내용'이 위임범위를 벗어난 경우뿐 아니라 상위법령의 위임규정에서 특정하여 정한 권한행사의 '절차'나 '방식'에 위배되는 경우도 마찬가지이므로, 상위법령에서 세부사항 등을 시행규칙으로 정하도록 위임하였음에도 이를 고시 등 행정규칙으로 정하였다면 그 역시 대외적 구속력을 가지는 법규명령으로서 효력이 인정될 수 없다. (대판2010다72076)

㉣ (O) 법령에서 행정처분의 요건 중 일부 사항을 부령으로 정할 것을 위임한 데 따라 시행규칙 등 부령에서 이를 정한 경우에 그 부령의 규정은 국민에 대해서도 구속력이 있는 법규명령에 해당한다고 할 것이지만, 법령의 위임이 없음에도 법령에 규정된 처분 요건에 해당하는 사항을 부령에서 변경하여 규정한 경우에는 그 부령의 규정은 행정청 내부의 사무처리 기준 등을 정한 것으로서 행정조직 내에서 적용되는 행정명령의 성격을 지닐 뿐 국민에 대한 대외적 구속력은 없다고 보아야 한다. 따라서 어떤 행정처분이 그와 같이 법규성이 없는 시행규칙 등의 규정에 위배된다고 하더라도 그 이유만으로 처분이 위법하게 되는 것은 아니라 할 것이고, 또 그 규칙 등에서 정한 요건에 부합한다고 하여 반드시 그 처분이 적법한 것이라고 할 수도 없다. 이 경우 처분의 적법 여부는 그러한 규칙 등에서 정한 요건에 합치하는지 여부가 아니라 일반 국민에 대하여 구속력을 가지는 법률 등 법규성이 있는 관계 법령의 규정을 기준으로 판단하여야 한다. (대판2011두10584)

정답 ④

74

甲은 청소년에게 주류를 제공하였다는 이유로 A구청장으로부터 6개월 이내에서 영업정지처분을 할 수 있다고 규정하는 「식품위생법」 제75조, 총리령인 「식품위생법 시행규칙」 제89조 및 별표23[행정처분의 기준]에 근거하여 영업정지 2개월처분을 받았다. 甲은 처음으로 단속된 사람이었다. 이에 대한 다음의 설명 중 가장 옳은 것은? (단, 다툼이 있는 경우 판례에 의함)

21 군무원 7급

① 위 영업정지처분은 기속행위이다.
② 위 별표는 법규명령이다.
③ A구청장은 2개월의 영업정지처분을 함에 있어서 가중 감경의 여지는 없다.
④ A구청장이 유사 사례와의 형평성을 고려하지 않고 3개월의 영업정지처분을 하였다면 甲은 행정의 자기구속원칙의 위반으로 위법함을 주장할 수 있다.

> 해설

④ (O) 행정의 자기구속의 원칙이란 행정청은 동일한 사안에 대하여 이전에 제3자에게 한 것과 동일한 결정을 상대방에게도 하도록 스스로 구속을 받는다는 원칙을 의미한다. A구청장이 유사 사례와의 형평성을 고려하지 않고 3개월의 영업정지처분을 하였다면 甲은 행정의 자기구속원칙의 위반으로 위법함을 주장할 수 있다. [※관련판례. 재량권 행사의 준칙인 행정규칙이 그 정한 바에 따라 되풀이 시행되어 행정관행이 이루어지게 되면 평등의 원칙이나 신뢰보호의 원칙에 따라 행정기관은 그 상대방에 대한 관계에서 그 규칙에 따라야 할 자기구속을 받게 되므로, 이러한 경우에는 특별한 사정이 없는 한 그를 위반하는 처분은 평등의 원칙이나 신뢰보호의 원칙에 위배되어 재량권을 일탈·남용한 위법한 처분이 된다. (대판2009두7967)]

① (✕) 「식품위생법」 제75조는 "6개월 이내에 영업정지처분을 할 수 있다"고 규정하고 있고, 행정상 제재처분이므로 원칙적으로 재량행위에 해당한다.

② (✕) 구 「식품위생법 시행규칙」 제53조에서 [별표 15]로 「식품위생법」 제58조에 따른 행정처분의 기준을 정하였다고 하더라도 이는 형식만 부령으로 되어 있을 뿐, 그 성질은 행정기관 내부의 사무처리준칙을 정한 것으로서 행정명령의 성질을 가지는 것이고, 대외적으로 국민이나 법원을 기속하는 힘이 있는 것은 아니므로 같은 법 제58조 제1항에 의한 처분의 적법 여부는 같은 법 시행규칙에 적합한 것인가의 여부에 따라 판단할 것이 아니라 같은 법의 규정 및 그 취지에 적합한 것인가의 여부에 따라 판단하여야 한다. (대판94누6925) 따라서 부령(시행규칙)의 형식으로 정해진 제재적 처분기준은 그 규정의 성질과 내용이 행정청 내의 사무처리기준을 정한 것에 불과하므로 행정규칙(재량준칙)의 성질을 가지며 대외적으로 국민이나 법원을 구속하는 것은 아니라고 본다.

③ (✕) 「식품위생법 시행규칙」 제89조 및 별표 23의 행정처분의 기준은 부령의 형식으로 되어 있으나, 그 규정의 성질과 내용이 행정청 내부의 사무처리준칙을 규정한 것에 지나지 아니하므로 대외적으로 국민이나 법원을 기속하는 효력이 없다. 따라서 2개월의 영업정지처분을 함에 있어서 가중 감경할 수 있는 재량권 행사가 가능하다. ※ 시행령에 규정된 제재적 처분기준으로 대외적으로 국민이나 법원을 기속하는 효력이 있더라도 대부분의 판례는 이 기준을 상대적 구속력, 즉 상한선 내지 최고한도액으로 해석하여 역시 그 처분기준을 넘지 않는 선에서 가중·감경할 수 있는 재량권 행사를 긍정하는 입장이다.

정답 ④

75 행정입법의 사법적 통제에 대한 설명으로 옳지 않은 것은? (다툼이 있는 경우 판례에 의함)

22 소방공채

① 조례가 집행행위의 개입 없이도 그 자체로서 직접 국민의 권리의무나 법적 이익에 영향을 미치는 등의 법률상 효과를 발생하는 경우 그 조례는 항고소송의 대상이 되는 행정처분에 해당한다.
② 행정청이 행정입법 등 추상적인 법령을 제정하지 아니하는 행위는 법률이 시행되지 못하게 됨으로써 행정입법을 통해 구체화되는 개인의 권리를 침해하는 것으로, 항고소송의 대상이 된다.
③ 어떠한 처분의 근거나 법적인 효과가 행정규칙에 규정되어 있다고 하더라도, 그 처분이 상대방의 권리·의무에 직접 영향을 미치는 행위라면 항고소송의 대상이 되는 행정처분에 해당한다.
④ 법령의 규정이 특정 행정기관에게 법령 내용의 구체적 사항을 정하도록 권한을 부여하여 특정 행정기관이 행정규칙을 정하였으나 그 행정규칙이 상위 법령의 위임 범위를 벗어났다면, 그러한 행정규칙은 대외적 구속력을 가지는 법규명령으로서의 효력이 인정되지 않는다.

② (✕) 행정입법부작위는 (일반적·추상적) 입법의 부작위이지 (구체적)처분의 부작위가 아니므로 '성질상'부작위위법확인소송의 대상이 되지 않는다. [※관련판례. 부작위위법확인소송의 대상이 될 수 있는 것은 구체적 권리의무에 관한 분쟁이어야 하고 추상적인 법령에 관하여 제정의 여부 등은 그 자체로서 국민의 구체적인 권리의무에 직접 변동을 초래하는 것이 아니어서 그 소송의 대상이 될 수 없는 바, 대통령이 대통령령을 제정하지 아니한 행정입법부작위의 위법확인을 구하는 이 사건 소는 부적법하다. (대판91누11261)]
① (○) 대판95누8003
③ (○) 대판2001두3532
④ (○) 행정 각부의 장이 정하는 고시가 비록 법령에 근거를 둔 것이라고 하더라도 그 규정 내용이 법령의 위임 범위를 벗어난 것일 경우에는 법규명령으로서의 대외적 구속력을 인정할 여지는 없다. (대판2003마715)

정답 ②

76 행정입법의 사법적 통제에 대한 설명으로 옳지 않은 것은?

23 지방직 9급

① 중앙선거관리위원회규칙은 법규명령이므로 구체적 규범통제의 대상이 될 수 있다.
② 처분적 법규명령은 무효등확인소송 또는 취소소송의 대상이 된다.
③ 대법원 이외의 각급 법원도 구체적 규범통제의 방법으로 법규명령 조항에 대한 위헌·위법 판단을 할 수 있다.
④ 행정입법부작위는 부작위위법확인소송의 대상이 된다.

④ (✗) 행정입법부작위는 처분의 부작위가 아니므로 항고소송인 부작위위법확인소송의 대상이 되지 않는다. [※관련판례. 부작위위법확인소송의 대상이 될 수 있는 것은 구체적 권리의무에 관한 분쟁이어야 하고 추상적인 법령에 관하여 제정의 여부 등은 그 자체로서 국민의 구체적인 권리의무에 직접적 변동을 초래하는 것이 아니어서 그 소송의 대상이 될 수 없는 바, 대통령이 대통령령을 제정하지 아니한 행정입법부작위의 위법확인을 구하는 이 사건 소는 부적법하다. (대판91누11261)]
①, ② (○) 법규명령은 행정입법이므로 직접 항고소송의 대상이 되는 것이 아니라 구체적·간접적 규범통제가 원칙이다. 단, 예외적으로 처분적 법령의 경우 직접 항고소송의 대상이 된다.
③ (○) 행정소송법 제6조. 명령·규칙 또는 처분이 헌법이나 법률에 위반되는 여부가 재판의 전제(선결문제)가 된 경우에는 각급 법원의 통제대상이 된다. 최종적으로 대법원에 의해 확정된 경우 대법원이 그 사유를 행정안전부장관에게 통보한다. (※ 법률이 헌법에 위반되는 여부가 재판의 전제가 된 경우에는 헌법재판소가 전속적으로 심사하게 된다.)

정답 ④

77 행정입법부작위에 대한 설명으로 가장 적절하지 않은 것은? (다툼이 있는 경우 판례에 의함)
20 경찰행정

① 행정입법의 부작위는 그 자체로서 국민의 구체적인 권리의무에 직접적인 변동을 초래하는 것이어서 행정소송의 대상이 된다.
② 하위 행정입법의 제정없이 상위 법령의 규정만으로도 집행이 이루어질 수 있는 경우라면 하위 행정입법을 하여야 할 헌법적 작위의무는 인정되지 않는다.
③ 행정입법의 지체가 위법으로 되어 그에 대한 법적통제가 가능하기 위하여는, 우선 행정청에게 시행명령을 제정(개정)할 법적 의무가 있어야 하고, 상당한 기간이 지났음에도 불구하고, 명령제정(개정)권이 행사되지 않아야 한다.
④ 입법부가 법률로써 행정부에게 특정한 사항을 위임했음에도 불구하고, 행정부가 정당한 이유없이 법률에서 위임한 시행령을 제정하지 않은 것은 그 법률에서 인정된 권리를 침해하는 불법행위가 될 수 있다.

① (✗) 행정소송은 구체적 사건에 대한 법률상 분쟁을 법에 의하여 해결함으로써 법적 안정을 기하자는 것이므로 부작위위법확인소송의 대상이 될 수 있는 것은 구체적 권리의무에 관한 분쟁이어야 하고 추상적인 법령에 관하여 제정의 여부 등은 그 자체로서 국민의 구체적인 권리의무에 직접적 변동을 초래하는 것이 아니어서 그 소송의 대상이 될 수 없다. (대판91누11261)
② (○) 헌재2004헌마66
③ (○) 옳은 설명이다.
④ (○) 대판2006다3561

정답 ①

78. 행정입법부작위에 대한 설명으로 가장 옳지 않은 것은? (단, 다툼이 있는 경우 판례에 의함)

22 군무원 9급

① 현행법상 행정권의 시행명령제정의무를 규정하는 명시적인 법률규정은 없다.
② 삼권분립의 원칙, 법치행정의 원칙을 당연한 전제로 하고 있는 우리 헌법하에서 행정권의 행정입법 등 법집행의무는 헌법적 의무라고 보아야 한다.
③ 행정입법의 부작위가 위헌·위법이라고 하기 위하여는 행정청에게 행정입법을 하여야 할 작위의무를 전제로 하는 것이나, 그 작위의무가 인정되기 위하여는 행정입법의 제정이 법률의 집행에 필수불가결한 것일 필요는 없다.
④ 부작위위법확인소송의 대상이 될 수 있는 것은 구체적 권리의무에 관한 분쟁이어야 하고, 추상적인 법령에 관하여 제정의 여부 등은 그 자체로서 국민의 구체적인 권리의무에 직접적 변동을 초래하는 것이 아니어서 행정소송의 대상이 될 수 없다.

③ (✕) 행정입법의 지체가 위법으로 되어 그에 대한 법적 통제가 가능하기 위하여는, 우선 행정청에게 시행명령을 제정(개정)할 법적 의무가 있어야 하고, 상당한 기간이 지났음에도 불구하고, 명령제정(개정)권이 행사되지 않아야 한다. 삼권분립의 원칙, 법치행정의 원칙을 당연한 전제로 하고 있는 우리 헌법 하에서 행정권의 행정입법 등 법집행의무는 헌법적 의무라고 보아야 할 것이다. 그런데 이는 행정입법의 제정이 법률의 집행에 필수불가결한 경우로서 행정입법을 제정하지 아니하는 것이 곧 행정권에 의한 입법권 침해의 결과를 초래하는 경우를 말하는 것이므로, 만일 하위 행정입법의 제정 없이 상위 법령의 규정만으로도 집행이 이루어질 수 있는 경우라면 하위 행정입법을 하여야 할 헌법적 작위의무는 인정되지 아니한다고 할 것이다. (헌재2004헌마66)
① (O) 행정권의 행정입법 등 법집행의무는 헌법적 의무이나 이는 각 개별 법률의 구체적인 위임을 전제로 하는 내용이다. 아직 행정권의 일반적인 시행명령 제정의무를 규정한 법률규정은 없다.
② (O) 헌재96헌마246
④ (O) 대판91누11261

정답 ③

79. 조례제정권의 범위와 한계에 대한 설명으로 옳지 않은 것은? (다툼이 있는 경우 판례에 의함)

20 지방직 9급

① 지방자치단체는 법령에 위반되지 않는 범위 내에서 자치사무에 관하여 주민의 권리를 제한하거나 의무를 부과하는 사항이 아닌 한 법률의 위임 없이 조례를 제정할 수 있다.
② 담배자동판매기의 설치를 금지하고 설치된 판매기를 철거하도록 하는 조례는 기존 담배자동판매기업자의 직업의 자유와 재산권을 제한하는 조례이므로 법률의 위임이 필요하다.
③ 영유아 보육시설 종사자의 정년을 조례로 규정하고자 하는 경우에는 법률의 위임이 필요 없다.
④ 군민의 출산을 장려하기 위하여 세 자녀 이상 세대 중 세 번째 이후 자녀에게 양육비 등을 지원할 수 있도록 하는 조례의 제정에는 법률의 위임이 필요 없다.

이 사건 조례안 중 제17조 제3항은 "보육시설종사자의정년은 시설장은 62세, 보육교사는 57세로 한다."고 규정하여 서울특별시 중구가 설립한 구립보육시설에서 시설장은 62세, 보육교사는 57세를 초과해서는 근무할 수 없도록 함으로써 이 조례안의 적용을 받는 서울특별시 중구의 구립보육시설종사자에 대하여 헌법 제15조가 보장하는 직업의 자유를 제한하는, 즉 직업을 선택하여 수행할 권리의 제한에 관한 사항을 정하고 있다. 따라서 이에 대해서는 법률의 위임이 있어야 그 효력이 있다. (대판2007추134)

정답 ③

80 다음 설명 중 옳지 않은 것은? (다툼이 있는 경우 판례에 의함)   21 소방공채

① 원고가 단지 1회 훈령에 위반하여 요정출입을 하다가 적발된 정도라면, 면직처분보다 가벼운 징계처분으로서도 능히 위 훈령의 목적을 달성할 수 있다고 볼 수 있는 점에서 이 사건 파면처분은 이른바 비례의 원칙에 어긋난 것으로 위법하다고 판시하였다.
② 수입 녹용 중 일정성분이 기준치를 0.5% 초과하였다는 이유로 수입 녹용 전부에 대하여 전량 폐기 또는 반송처리를 지시한 처분은 재량권을 일탈·남용한 경우에 해당한다고 판시하였다.
③ 청소년유해매체물로 결정·고시된 만화인 사실을 모르고 있던 도서대여업자가 그 고시일로부터 8일 후에 청소년에게 그 만화를 대여한 것을 사유로 그 도서대여업자에게 금 700만원의 과징금이 부과된 경우, 그 과징금 부과처분은 재량권을 일탈·남용한 것으로서 위법하다고 판시하였다.
④ 사법시험 제2차 시험에 과락제도를 적용하고 있는 (구)사법시험령 제15조 제2항은 비례의 원칙, 과잉금지의 원칙, 평등의 원칙에 위반되지 않는다고 판시하였다.

② (✗) 수입녹용 중 일정성분이 기준치를 0.5% 초과하였다는 이유로 수입녹용 전부에 대해 전량 폐기 또는 반송처리를 지시한 경우, 녹용 수입업자가 입게 될 불이익이 의약품의 안전성과 유효성을 확보함으로써 국민보건의 향상을 기하고 고가의 한약재인 녹용에 대하여 부적합한 수입품의 무분별한 유통을 방지하려는 공익상 필요보다 크다고는 할 수 없으므로 위 폐기 등 지시처분이 재량권을 일탈·남용한 경우에 해당하지 않는다. (대판2004두3854)
① (○) 대판67누24
③ (○) 대판99두9490
④ (○) 대판2004두10432

정답 ②

81. 행정의 법원칙에 관한 판례의 내용이다. ( )에 들어갈 것은?   23 행정사

> 텔레비전방송수신료 금액의 결정은 수신료에 관한 본질적인 중요한 사항이므로 국회가 스스로 행하여야 하는 사항에 속하는 것임에도 불구하고 한국방송공사법에서 국회의 결정이나 관여를 배제한 채 한국방송공사로 하여금 수신료금액을 결정해서 문화관광부장관의 승인을 얻도록 한 것은 ( )원칙에 위반된다.

① 비례
② 평등
③ 신뢰보호
④ 법률유보
⑤ 부당결부금지

오늘날 법률유보원칙은 단순히 행정작용이 법률에 근거를 두기만 하면 충분한 것이 아니라, 국가공동체와 그 구성원에게 기본적이고도 중요한 의미를 갖는 영역, 특히 국민의 기본권실현과 관련된 영역에 있어서는 국민의 대표자인 입법자가 그 본질적 사항에 대해서 스스로 결정하여야 한다는 요구까지 내포하고 있다(의회유보원칙). 그런데 텔레비전방송수신료는 대다수 국민의 재산권 보장의 측면이나 한국방송공사에게 보장된 방송자유의 측면에서 국민의 기본권실현에 관련된 영역에 속하고, 수신료금액의 결정은 납부의무자의 범위 등과 함께 수신료에 관한 본질적인 중요한 사항이므로 국회가 스스로 행하여야 하는 사항에 속하는 것임에도 불구하고 「한국방송공사법」 제36조 제1항에서 국회의 결정이나 관여를 배제한 채 한국방송공사로 하여금 수신료금액을 결정해서 문화관광부장관의 승인을 얻도록 한 것은 법률유보원칙에 위반된다. (헌재98헌바70)

정답 ④

82. 다음 행정법의 일반원칙에 대한 설명 중 가장 적절하지 않은 것은? (다툼이 있으면 판례에 의함)   15 경찰행정

① 징계사유로 삼은 비행의 정도에 비하여 균형을 잃은 과중한 징계처분을 하는 것은 재량권의 한계를 벗어나 위법하다.
② 운전면허 취소사유가 그 사람이 가진 여러 면허에 공통된 것이라면 그 면허 전부를 취소할 수 있다.
③ 반복적으로 행하여진 행정처분이 위법한 것인 때에는 행정청은 그에 구속되지 않는다.
④ 재량권행사의 기준인 행정규칙이 반복적으로 시행되어 행정관행이 성립된 경우라도 그 행정규칙은 내부적 기준에 불과하므로, 이를 위반시 재량권의 일탈·남용에 해당되지 않는다.

재량권행사의 기준인 행정규칙이 반복적으로 시행되어 행정관행이 성립된 경우라도 그 행정규칙은 외부적 구속력을 가지게 되며, 이를 위반시 재량권의 일탈·남용에 해당하게 된다.

정답 ④

83 행정의 법원칙에 관한 설명 중 가장 적절하지 않은 것은 ? (다툼이 있는 경우 판례에 의함)

20 경찰행정

① 행정작용은 법률에 위반되어서는 아니되며, 국민의 권리를 제한하거나 의무를 부과하는 경우와 그 밖에 국민생활에 중요한 영향을 미치는 경우에는 법률에 근거하여야 한다.
② 재량준칙은 일반적으로 행정조직 내부에서만 효력을 가질 뿐 대외적인 구속력을 갖는 것은 아니므로 행정처분이 이를 위반하였다고 하여 그러한 사정만으로 곧바로 위법하게 되는 것은 아니다. 다만, 그 재량준칙이 정한 바에 따라 되풀이 시행되어 행정관행이 이루어지게 되면 평등의 원칙이나 신뢰보호의 원칙에 따라 행정기관은 상대방에 대한 관계에서 그 규칙에 따라야 할 자기구속을 받는다.
③ 행정청은 공익 또는 제3자의 이익을 현저히 해칠 우려가 있는 경우를 제외하고는 행정에 대한 국민의 정당하고 합리적인 신뢰를 보호하여야 한다.
④ 고속국도의 관리청이 고속도로 부지와 접도구역에 송유관 매설을 허가하면서 상대방과 체결한 협약에 따라 송유관 시설을 이전하게 될 경우 상대방에게 그 비용을 부담하도록 한 부관은 행정작용과 실질적인 관련성이 없는 의무를 부과하는 것으로서 부당결부금지 원칙에 위반된다.

④ (X) 고속도로 관리청이 고속도로 부지와 접도구역에 송유관 매설을 허가하면서 상대방과 체결한 협약에 따라 송유관시설을 이전하게 될 경우 그 비용을 상대방에게 부담하도록 한 경우 위 협약에 포함된 부관이 부당결부금지원칙에 반하지 않는다. (대판2005다65500)
① (O) 행정기본법 제8조
② (O) 헌재90헌마13
③ (O) 행정기본법 제12조

정답 ④

84 행정법의 일반원칙에 대한 설명으로 가장 적절하지 않은 것은? (다툼이 있으면 판례에 의함)
18 경찰행정

① 수익적 부담행위에 있어서는 법령에 특별한 근거규정이 없다고 하더라도 그 부관으로서 부담을 붙일 수 있으나, 그러한 부담은 비례의 원칙, 부당결부금지의 원칙에 위반되지 않아야 적법하다.
② 과잉금지의 원칙이라 함은 국민의 기본권을 제한함에 있어서 국가작용의 한계를 명시한 것으로서 그 목적의 정당성·방법의 적정성·피해의 최소성·법익의 균등성 등을 의미하며, 그 어느 하나에라도 저촉이 되면 위헌이 된다는 헌법상의 원칙을 말한다.
③ 운전면허 취소사유에 해당하는 음주운전을 적발한 경찰관의 소속 경찰서장이 사무착오로 위반자에게 운전면허정지처분을 한 상태에서 위반자의 주소지 관할 시·도경찰청장이 위반자에게 운전면허취소처분을 한 것은 선행처분에 대한 당사자의 신뢰 및 법적 안정성을 저해하는 것으로 볼 수 없다.
④ 부당결부금지의 원칙이란 행정주체가 행정작용을 함에 있어서 상대방에게 이와 실질적인 관련이 없는 의무를 부과하거나 그 이행을 강제하여서는 아니 된다는 원칙을 말한다.

> 해설
>
> ③ (✗) 운전면허 취소사유에 해당하는 음주운전을 적발한 경찰관의 소속 경찰서장이 사무착오로 위반자에게 운전면허정지처분을 한 상태에서 위반자의 주소지 관할 시·도경찰청장이 위반자에게 운전면허취소처분을 한 것은 선행처분에 대한 당사자의 신뢰 및 법적 안정성을 저해하는 것으로 허용될 수 없다고 한 사례이다. (대판99두10520)
> ① (○) 대판96다49650
> ② (○) 헌재95헌가17
> ④ (○) 대판2005다65500
>
> 정답 ③

85 행정법의 일반원칙을 설명한 것이다. 다음 중 적절하지 않은 것은? (다툼이 있으면 판례에 의함)
15 경찰행정

① 경찰작용에도 비례의 원칙이 준수되어야 하며, 경찰관의 직권은 그 직무수행에 필요한 최소한도 내에서 행사되어야 한다.
② 병무청 총무과 민원팀장에 불과한 공무원이 민원봉사차원에서 상담에 응하여 안내한 것을 신뢰한 경우, 신뢰보호 원칙이 적용되지 아니한다.
③ 주택사업을 승인하면서 입주민이 이용하는 진입도로의 개설 및 확장 등의 기부채납의무를 부담으로 부과하는 것은 부당결부금지의 원칙에 반한다.
④ 행정규칙이 재량권행사의 준칙으로서 되풀이 시행됨으로써 행정관행이 이루어지게 되면, 평등원칙이나 신뢰보호 원칙에 따라 행정기관은 그 상대방에 대한 관계에서 그 규칙에 따라야 할 자기구속을 받게 된다.

③ (×) 65세대의 공동주택을 건설하려는 사업주체(지역주택조합)에게 주택건설촉진법 제33조에 의한 주택건설사업계획의 승인처분을 함에 있어 그 주택단지의 진입도로 부지의 소유권을 확보하여 진입도로 등 간선시설을 설치하고 그 부지 소유권 등을 기부채납하며 그 주택건설사업 시행에 따라 폐쇄되는 인근 주민들의 기존 통행로를 대체하는 통행로를 설치하고 그 부지 일부를 기부채납하도록 조건을 붙인 경우, 주택건설촉진법과 같은법시행령 및 주택건설기준등에관한규정 등 관련 법령의 관계 규정에 의하면 그와 같은 조건을 붙였다 하여도 다른 특별한 사정이 없는 한 필요한 범위를 넘어 과중한 부담을 지우는 것으로서 형평의 원칙 등에 위배되는 위법한 부관이라 할 수 없다. (대판96누16698)
① (O) 「경찰관 직무집행법」 제1조 제2항
② (O) 대판2003두1875
④ (O) 헌재90헌마12

정답 ③

86. 행정법의 일반원칙에 대한 설명으로 가장 적절하지 않은 것은? (다툼이 있으면 판례에 의함)

17 경찰행정

① 재량권 행사의 준칙인 규칙이 그 정한 바에 따라 되풀이 시행되어 행정관행이 이루어지게 되면 평등의 원칙이나 신뢰보호의 원칙에 따라 행정기관은 그 상대방에 대한 관계에서 그 규칙에 따라야 할 자기구속을 당하게 되는 경우에는 대외적인 구속력을 가지게 된다.

② 행정청이 수익적 행정처분을 하면서 부가한 부담이 처분 당시 법령을 기준으로 적법하더라도 처분 후 부담의 전제가 된 주된 행정처분의 근거 법령이 개정됨으로써 행정청이 더 이상 부관을 붙일 수 없게 되었다면 곧바로 위법하게 되거나 그 효력이 소멸한다.

③ 경찰관은 범인의 체포 또는 도주의 방지, 타인 또는 경찰관의 생명·신체에 대한 방호, 공무집행에 대한 항거의 억제를 위하여 필요한 때에는 최소한의 범위 안에서 가스총을 사용할 수 있으나, 이 경우 가스총 사용시 요구되는 최소한의 안전수칙을 준수함으로써 장비 사용으로 인한 사고 발생을 미리 막아야 할 주의의무가 있다.

④ 병무청 담당부서의 담당공무원에게 공적 견해의 표명을 구하는 정식의 서면질의 등을 하지 아니한 채 총무과 민원팀장에 불과한 공무원이 민원봉사차원에서 상담에 응하여 안내한 것을 신뢰한 경우, 신뢰보호 원칙이 적용되지 아니한다.

② (✕) 행정청이 수익적 행정처분을 하면서 부가한 부담의 위법 여부는 처분 당시 법령을 기준으로 판단하여야 하고, 부담이 처분 당시 법령을 기준으로 적법하다면 처분 후 부담의 전제가 된 주된 행정처분의 근거 법령이 개정됨으로써 행정청이 더 이상 부관을 붙일 수 없게 되었다 하더라도 곧바로 위법하게 되거나 그 효력이 소멸하게 되는 것은 아니다. 따라서 행정처분의 상대방이 수익적 행정처분을 얻기 위하여 행정청과 사이에 행정처분에 부가할 부담에 관한 협약을 체결하고 행정청이 수익적 행정처분을 하면서 협약상의 의무를 부담으로 부가하였으나 부담의 전제가 된 주된 행정처분의 근거 법령이 개정됨으로써 행정청이 더 이상 부관을 붙일 수 없게 된 경우에도 곧바로 협약의 효력이 소멸하는 것은 아니다. (대판2005다65500)
① (O) 헌재90헌마13
③ (O) 옳은 설명이다.
④ (O) 대판2003두1875

정답 ②

87 행정법의 일반원칙에 관한 설명으로 가장 옳은 것은? 〔17 서울시 9급〕

① 행정규제기본법과 행정절차법은 각각 규제의 원칙과 행정지도의 원칙으로 비례원칙을 정하고 있다.
② 위법한 행정규칙에 의하여 위법한 행정관행이 형성되었다 하더라도 행정청은 정당한 사유없이 이 관행과 달리 조치를 할 수 없는 자기구속을 받는다.
③ 신뢰보호의 원칙과 관련하여, 행정청의 선행조치가 신청자인 사인의 사위나 사실은폐에 의해 이뤄진 경우라도 행정청의 선행조치에 대한 사인의 신뢰는 보호되어야 한다.
④ 지방의회의 감사 또는 조사를 위하여 출석요구를 받은 증인이 출석하지 않을 경우 증인의 사회적 지위에 따라 과태료의 액수에 차등을 두는 것을 내용으로 하는 조례안은 헌법에 규정된 평등의 원칙에 위배된다고 볼 수 없다.

① (O) 「행정규제기본법」제5조 제3항. 규제의 대상과 수단은 규제의 목적 실현에 필요한 최소한의 범위에서 가장 효과적인 방법으로 객관성·투명성 및 공정성이 확보되도록 설정되어야 한다. 「행정절차법」제48조 제1항. 행정지도는 그 목적달성에 필요한 최소한도에 그쳐야 하며, 행정지도의 상대방의 의사에 반하여 부당하게 강요하여서는 아니된다.
② (✕) 일반적으로 행정상의 법률관계 있어서 행정청의 행위에 대하여 신뢰보호의 원칙이 적용되기 위하여는 행정청이 개인에 대하여 신뢰의 대상이 되는 공적인 견해표명을 하였다는 점이 전제되어야 한다(대판98두4061). 그리고 평등의 원칙은 본질적으로 같은 것을 자의적으로 다르게 취급함을 금지하는 것이고, 위법한 행정처분이 수차례에 걸쳐 반복적으로 행하여졌다 하더라도 그러한 처분이 위법한 것인 때에는 행정청에 대하여 자기구속력을 갖게 된다고 할 수 없다. (대판2008두13132)

③ (X) 일반적으로 행정상의 법률관계에 있어서 행정청의 행위에 대하여 신뢰보호의 원칙이 적용되기 위하여는, 첫째 행정청이 개인에 대하여 신뢰의 대상이 되는 공적인 견해표명을 하여야 하고, 둘째 행정청의 견해표명이 정당하다고 신뢰한 데에 대하여 그 개인에게 귀책사유가 없어야 하며, 셋째 그 개인이 그 견해표명을 신뢰하고 이에 상응하는 어떠한 행위를 하였어야 하고, 넷째 행정청이 그 견해표명에 반하는 처분을 함으로써 그 견해표명을 신뢰한 개인의 이익이 침해되는 결과가 초래되어야 하며, 마지막으로 위 견해표명에 따른 행정처분을 할 경우 이로 인하여 공익 또는 제3자의 정당한 이익을 현저히 해할 우려가 있는 경우가 아니어야 하는 바, 둘째 요건에서 말하는 귀책사유라 함은 행정청의 견해표명의 하자가 상대방 등 관계자의 사실은폐 기타 사위의 방법에 의한 신청행위 등 부정행위에 기인한 것이거나 그러한 부정행위가 없다고 하더라도 하자가 있음을 알았거나 중대한 과실로 알지 못한 경우 등을 의미한다고 해석함이 상당하고, 귀책사유의 유무는 상대방과 그로부터 신청행위를 위임받은 수임인 등 관계자 모두를 기준으로 판단하여야 한다. (대판2001두1512)

④ (X) 조례안이 지방의회의 감사 또는 조사를 위하여 출석요구를 받은 증인이 5급 이상 공무원인지 여부, 기관(법인)의 대표나 임원인지 여부 등 증인의 사회적 신분에 따라 미리부터 과태료의 액수에 차등을 두고 있는 경우, 그와 같은 차별은 증인의 불출석이나 증언거부에 대하여 과태료를 부과하는 목적에 비추어 볼 때 그 합리성을 인정할 수 없고 지위의 높고 낮음만을 기준으로 한 부당한 차별대우라고 할 것이어서 헌법에 규정된 평등의 원칙에 위배되어 무효이다. (대판96추213)

정답 ①

88 행정법의 일반원칙에 대한 설명으로 가장 옳지 않은 것은? (다툼이 있는 경우 판례에 따름)
18 서울시 7급

① 평등의 원칙에 의할 때, 위법한 행정처분이 수차례에 걸쳐 반복적으로 행하여졌다면 설령 그러한 처분이 위법하더라도 행정청에 대하여 자기구속력을 갖게 된다.

② 지방자치단체의 '세 자녀 이상 세대 양육비 등 지원에 관한 조례안'은 저출산 문제의 국가적·사회적 심각성을 십분 감안하여 향후 지방자치단체의 출산을 적극 장려토록 하여 인구정책을 보다 전향적으로 실효성 있게 추진하고자 세 자녀 이상 세대 중 세 번째 이후 자녀에게 양육비 등을 지원할 수 있도록 하는 것으로서, 위와 같은 사무는 지방자치단체 고유의 자치사무이므로 그 제정에 있어서 반드시 법률의 개별적 위임이 따로 필요한 것은 아니다.

③ 재량준칙이 정한 바에 따라 되풀이 시행되어 행정관행이 이루어지게 되면 평등의 원칙이나 신뢰보호의 원칙에 따라 행정청은 상대방에 대한 관계에서 그 규칙에 따라야 할 자기구속을 받게 되므로, 이러한 경우에는 특별한 사정이 없는 한 그에 반하는 처분은 평등의 원칙이나 신뢰보호의 원칙에 어긋나 재량권을 일탈·남용한 위법한 처분이 된다.

④ 병무청 담당부서의 담당공무원에게 공적 견해의 표명을 구하는 정식의 서면질의등을 하지 아니한 채 총무과 민원팀장인 공무원이 민원봉사 차원에서 상담에 응하여 안내한 것을 신뢰한 경우, 신뢰보호원칙이 적용되지 아니한다.

① (×) 위법한 행정처분이 수차례에 걸쳐 반복적으로 행하여졌다 하더라도 그러한 처분이 위법한 것인 때에는 행정청에 대하여 자기구속력을 갖게 된다고 할 수 없다. (대판2008두13132)
② (○) 지방자치법 제15조에 의하면 지방자치단체는 그 내용이 주민의 권리의 제한 또는 의무의 부과에 관한 사항이거나 벌칙에 관한 사항이 아닌 한 법률의 위임이 없더라도 그의 사무에 관하여 조례를 제정할 수 있는바, 지방자치단체의 세자녀 이상 세대 양육비 등 지원에 관한 조례안은 저출산 문제의 국가적·사회적 심각성을 십분 감안하여 향후 지방자치단체의 출산을 적극 장려토록 하여 인구정책을 보다 전향적으로 실효성 있게 추진하고자 세 자녀 이상 세대 중 세 번째 이후 자녀에게 양육비 등을 지원할 수 있도록 하는 것으로서, 위와 같은 사무는 지방자치단체 고유의 자치사무 중 주민의 복지증진에 관한 사무를 규정한 지방자치법 제9조 제2항 제2호 (라)목에서 예시하고 있는 아동·청소년 및 부녀의 보호와 복지증진에 해당되는 사무이고, 또한 위 조례안에는 주민의 편의 및 복리증진에 관한 내용을 담고 있어 그 제정에 있어서 반드시 법률의 개별적 위임이 따로 필요한 것은 아니다. (대판2006추38)
③ (○) 대판2009두7967
④ (○) 대판 2003두1875

정답 ①

89 행정법의 일반원칙에 대한 설명으로 옳지 않은 것은? (다툼이 있는 경우 판례에 의함)

17 국가직 7급

① 신뢰보호의 원칙은, 국민이 법률적 규율이나 제도가 장래에 지속할 것이라는 합리적인 신뢰를 바탕으로 개인의 법적지위를 형성해 왔을 때에는 국가에게 그 국민의 신뢰를 되도록 보호할 것을 요구하는 법치국가원리의 파생원칙이다.
② 행정청이 위법한 행정처분을 반복적으로 한 선례가 있다면 신뢰보호의 원칙과 행정의 자기구속의 원칙에 따라 선례구속의 법리가 통용된다.
③ 국가가 국민의 생명·신체의 안전에 대한 보호의무를 다하지 않았는지 여부에 대한 심사는 '과소보호 금지원칙'의 위반 여부를 기준으로 삼는다.
④ 부진정소급입법은 원칙적으로 허용되지만 소급효를 요구하는 공익상의 사유와 신뢰보호의 요청 사이의 형량과정에서 신뢰 보호의 관점이 입법자의 형성권에 제한을 가하게 된다.

② (×) 위법한 행정처분이 수차례에 걸쳐 반복적으로 행하여졌다 하더라도 그러한 처분이 위법한 것인 때에는 행정청에 대하여 자기구속력을 갖게 된다고 할 수 없다. (대판 2008두13132)
① (○) 헌재 2010헌마747
③ (○) 헌재2005헌마764
④ (○) 헌재 97헌바56

정답 ②

90 행정법의 일반원칙에 관련된 다음의 설명 중 옳은 것은? (다툼이 있는 경우 판례에 의함)

21 국가직 9급

① 국가가 국민의 생명·신체의 안전에 대한 보호의무 다하지 않았는지 여부를 헌법재판소가 심사할 때에는 국가가 이를 보호하기 위하여 적어도 적절하고 효율적인 최소한의 보호조치를 취하였는가 하는 '과소보호 금지원칙'의 위반 여부를 기준으로 삼는다.
② 행정청이 조합설립추진위원회의 설립승인 심사에서 위법한 행정처분을 한 선례가 있는 경우에는, 행정청에 대해 자기구속력을 갖게 되어 이후에도 그러한 기준에 따라야 한다.
③ 공무원 임용신청 당시 잘못 기재된 호적상 출생연월일을 생년월일로 기재하고, 임용 후 36년 동안 이의를 제기하지 않다가, 정년을 1년 3개월 앞두고 정정된 출생연월일을 기준으로 정년연장을 요구하는 것은 신의성실의 원칙에 반한다.
④ 일반적으로 행정청이 폐기물처리업 사업계획에 대한 적정통보를 한 경우 이는 토지에 대한 형질변경신청을 허가하는 취지의 공적 견해표명까지도 포함한다.

① (O) 국가의 보호의무를 입법자가 어떻게 구체적으로 실현하여야 할 것인가 하는 문제는 입법자의 책임범위에 속하므로, 헌법재판소는 권력분립의 관점에서 소위 과소보호금지원칙을, 즉 국가가 국민의 법익보호를 위하여 적어도 적절하고 효율적인 최소한의 보호조치를 취했는가를 기준으로 심사하게 되어, 결국 헌법재판소로서는 국가가 특정조치를 취해야만 당해 법익을 효율적으로 보호할 수 있는 유일한 수단인 특정조치를 취하지 않은 때에 보호의무의 위반을 확인하게 된다. (헌재90헌마110·136 병합)
② (✕) 위법한 행정처분이 수차례에 걸쳐 반복적으로 행하여졌다 하더라도 그러한 처분이 위법한 것인 때에는 행정청에 대하여 자기구속력을 갖게 된다고 할 수 없다. (대판2008두13132)
③ (✕) 지방공무원 임용신청 당시 잘못 기재된 호적상 출생년월일을 생년월일로 기재하고, 이에 근거한 공무원인사기록카드의 생년월일 기재에 대하여 처음 임용된 때부터 약 36년 동안 전혀 이의를 제기하지 않다가, 정년을 1년 3개월 앞두고 호적상 출생년월일을 정정한 후 그 출생년월일을 기준으로 정년의 연장을 요구하는 것은 신의성실의 원칙에 반하지 않는다. (대판2008두21300)
④ (✕) 폐기물처리업 사업계획에 대한 적정통보 중에 토지에 대한 형질변경신청을 허가하는 취지의 공적 견해표명이 있다고 볼 수 없다. (대판98두6494)

정답 ①

91 다음 중 행정법의 일반원칙에 관한 설명으로 가장 옳지 않은 것은? (다툼이 있는 경우 판례에 의함)

21 해경승진

① 비례의 원칙에 의할 때 공무원이 단지 1회 훈령에 위반하여 요정 출입을 하였다는 사유만으로 한 파면처분은 위법하다.
② 행정의 자기구속의 원칙은 평등원칙 및 신뢰보호의 원칙과 밀접한 관련을 지니고 있다.
③ 부당결부금지의 원칙은 행정작용을 함에 있어서 그와 실체적인 관련이 없는 상대방의 반대급부를 조건으로 하여서는 안 된다는 원칙을 말한다.
④ 신뢰보호 원칙에서 행정기관의 공적인 견해표명은 명시적이어야 하고 묵시적인 경우에는 인정되지 아니한다.

선행조치는 명시적 의사표시뿐만 아니라 묵시적 의사표시도 포함된다. (대판81누266)

정답 ④

92 행정법의 일반원칙에 대한 설명으로 옳지 않은 것은? (다툼이 있는 경우 판례에 의함)

22 국가직 7급

① 「행정기본법」은 비례의 원칙을 명문으로 규정하고 있다.
② 행정처분이 수차례에 걸쳐 반복적으로 행하여졌다면 그 처분이 위법한 것인 때에도 행정청에 대하여 자기구속력을 갖게 된다.
③ 공적 견해표명 당시의 사정이 사후에 변경된 경우 특별한 사정이 없는 한 행정청이 그 견해표명에 반하는 처분을 하더라도 신뢰보호원칙에 위반된다고 할 수 없다.
④ 주택사업계획승인을 하면서 그 주택사업과 아무 관련이 없는 토지를 기부채납하도록 하는 부관을 붙인 경우, 그 부관은 부당결부금지원칙에 위반되어 위법하다.

② (X) 평등의 원칙은 본질적으로 같은 것을 자의적으로 다르게 취급함을 금지하는 것이고, 위법한 행정처분이 수차례에 걸쳐 반복적으로 행하여졌다 하더라도 그러한 처분이 위법한 것인 때에는 행정청에 대하여 자기구속력을 갖게 된다고 할 수 없다. (대판2008두13132)
① (O) 행정기본법 제10조(비례의 원칙)
③ (O) 신뢰보호의 원칙은 행정청이 공적인 견해를 표명할 당시의 사정이 그대로 유지됨을 전제로 적용되는 것이 원칙이므로, 사후에 그와 같은 사정이 변경된 경우에는 그 공적 견해가 더 이상 개인에게 신뢰의 대상이 된다고 보기 어려운 만큼, 특별한 사정이 없는 한 행정청이 그 견해표명에 반하는 처분을 하더라도 신뢰보호의 원칙에 위반된다고 할 수 없다. (대판2018두34732)

④ (O) 지방자치단체장이 사업자에게 주택사업계획승인을 하면서 그 주택사업과는 아무런 관련이 없는 토지를 기부채납하도록 하는 부관을 주택사업계획승인에 붙인 경우, 그 부관은 부당결부금지의 원칙에 위반되어 위법하지만, 지방자치단체장이 승인한 사업자의 주택사업계획은 상당히 큰 규모의 사업임에 반하여, 사업자가 기부채납한 토지 가액은 그 100분의 1 상당의 금액에 불과한 데다가, 사업자가 그 동안 그 부관에 대하여 아무런 이의를 제기하지 아니하다가 지방자치단체장이 업무착오로 기부채납한 토지에 대하여 보상협조요청서를 보내자 그때서야 비로소 부관의 하자를 들고 나온 사정에 비추어 볼 때 부관의 하자가 중대하고 명백하여 당연무효라고는 볼 수 없다. (대판96다49650)

정답 ②

93 다음 중 「행정기본법」에 제시된 행정의 법원칙에 대한 설명으로 가장 옳지 않은 것은?

22 군무원 7급

① 행정작용은 법률에 위반되어서는 아니 되며, 국민의 권리를 제한하거나 의무를 부과하는 경우와 그 밖에 국민생활에 중요한 영향을 미치는 경우에는 법률에 근거하여야 한다.
② 행정청은 어떠한 경우에도 국민을 차별하여서는 아니 된다.
③ 행정청은 행정권한을 남용하거나 그 권한의 범위를 넘어서는 아니 된다.
④ 행정청은 공익 또는 제3자의 이익을 현저히 해칠 우려가 있는 경우를 제외하고는 행정에 대한 국민의 정당하고 합리적인 신뢰를 보호하여야 한다.

제9조(평등의 원칙) 행정청은 합리적 이유 없이 국민을 차별하여서는 아니 된다.

정답 ②

94 행정의 법원칙에 관한 설명 중 가장 적절하지 않은 것은? (다툼이 있는 경우 판례에 의함)

21 경찰행정

① 행정작용은 법률에 위반되어서는 아니되며, 국민의 권리를 제한하거나 의무를 부과하는 경우와 그 밖에 국민생활에 중요한 영향을 미치는 경우에는 법률에 근거하여야 한다.
② 재량준칙은 일반적으로 행정조직 내부에서만 효력을 가질 뿐 대외적인 구속력을 갖는 것은 아니므로 행정처분이 이를 위반하였다고 하여 그러한 사정만으로 곧바로 위법하게 되는 것은 아니다. 다만, 그 재량준칙이 정한 바에 따라 되풀이 시행되어 행정관행이 이루어지게 되면 평등의 원칙이나 신뢰보호의 원칙에 따라 행정기관은 상대방에 대한 관계에서 그 규칙에 따라야 할 자기구속을 받는다.
③ 행정청은 공익 또는 제3자의 이익을 현저히 해칠 우려가 있는 경우를 제외하고는 행정에 대한 국민의 정당하고 합리적인 신뢰를 보호하여야 한다.
④ 고속국도의 관리청이 고속도로 부지와 접도구역에 송유관 매설을 허가하면서 상대방과 체결한 협약에 따라 송유관 시설을 이전하게 될 경우 상대방에게 그 비용을 부담하도록 한 부관은 행정작용과 실질적 관련성이 없는 의무를 부과하는 것으로서 부당결부금지원칙에 위반된다.

고속국도 관리청이 고속도로 부지와 접도구역에 송유관 매설을 허가하면서 상대방과 체결한 협약에 따라 송유관 시설을 이전하게 될 경우 그 비용을 상대방에게 부담하도록 하였고, 그 후 도로법 시행규칙이 개정되어 접도구역에는 관리청의 허가 없어도 송유관을 매설할 수 있게 된 사안에서 위 협약이 효력을 상실하지 않을 뿐만 아니라 위 협약에 포함된 부관이 부당결부금지의 원칙에도 반하지 않는다. (대판2005두65500)

정답 ④

95 행정법의 일반원칙에 대한 설명으로 옳은 것만을 모두 고르면? (다툼이 있는 경우 판례에 의함)

22 지방직 9급

㉠ 비례의 원칙은 법치국가원리에서 당연히 파생되는 헌법상의 기본원리이다.
㉡ 평등의 원칙은 본질적으로 같은 것을 자의적으로 다르게 취급함을 금지하는 것이므로, 위법한 행정처분이 수차례에 걸쳐 반복적으로 행하여졌다면 행정청에 대하여 자기구속력을 갖게 된다.
㉢ 국가가 임용결격사유가 있는 자에 대하여 결격사유가 있는 것을 알지 못하고 공무원으로 임용하였다가 나중에 결격사유가 있음을 발견하고 그 임용행위를 취소하는 경우 신의칙이 적용된다.
㉣ 지방자치단체장이 사업자에게 주택사업계획승인을 하면서 그 주택사업과는 아무런 관련이 없는 토지를 기부채납하도록 하는 부관을 주택사업계획승인에 붙인 경우, 그 부관은 부당결부금지의 원칙에 위반되어 위법하다.

① ㉠, ㉡　　　　　　　　　② ㉠, ㉣
③ ㉡, ㉢　　　　　　　　　④ ㉢, ㉣

㉠ (O) 비례의 원칙 등 행정법의 일반원칙은 법치국가원리에서 파생되는 헌법상의 기본원리이기도 하다.
㉣ (O) 주택사업계획승인을 하면서 주택사업과는 아무런 관련이 없는 토지를 기부채납하도록 하는 부관을 붙인 경우 그 부관은 부당결부금지원칙에 위반되어 위법하다. (대판96다49650)
㉡ (X) 위법한 행정처분이 수차례에 걸쳐 반복적으로 행하여졌다 하더라도 그러한 처분이 위법한 것인 때에는 행정청에 대하여 자기구속력을 갖게 된다고 할 수 없다. (대판2008두13132)
㉢ (X) 국가가 공무원임용결격사유가 있는 자에 대하여 결격사유가 있는 것을 알지 못하고 공무원으로 임용하였다가 사후에 결격사유가 있는 자임을 발견하고 공무원임용행위를 취소하는 것은 당사자에게 원래의 임용행위가 당초부터 당연무효이었음을 통지하여 확인시켜 주는 행위에 지나지 아니하는 것이므로, 그러한 의미에서 당초의 임용처분을 취소함에 있어서는 신의칙 내지 신뢰의 원칙을 적용할 수 없고 또 그러한 의미의 취소권은 시효로 소멸하는 것도 아니다. (대판86누459)

정답 ②

96. 행정법의 일반원칙에 대한 설명으로 옳은 것은? (다툼이 있는 경우 판례에 의함) 20 지방직 9급

① 비례의 원칙은 행정에만 적용되는 원칙이므로 입법에서는 적용될 여지가 없다.
② 신뢰보호의 원칙이 적용되기 위한 요건인 행정권의 행사에 관하여 신뢰를 주는 선행조치가 되기 위해서는 반드시 처분청 자신의 적극적인 언동이 있어야만 한다.
③ 동일한 사항을 다르게 취급하는 것은 합리적 이유가 없는 차별이므로, 같은 정도의 비위를 저지른 자들은 비록 개전의 정이 있는지 여부에 차이가 있다고 하더라도 징계 종류의 선택과 양정에 있어 동일하게 취급받아야 한다.
④ 재량권행사의 준칙인 행정규칙이 그 정한 바에 따라 되풀이 시행되어 행정관행이 이루어지게 되면 평등의 원칙이나 신뢰보호의 원칙에 따라 행정기관은 그 상대방에 대한 관계에서 그 규칙에 따라야 할 자기구속을 받게 된다.

④ (O) 헌재99헌마13
① (X) 비례의 원칙은 행정에서만 적용되는 원칙이 아니라, 헌법상의 원칙으로서 국가의 모든 작용에 적용되어야 한다.
② (X) 신뢰보호원칙의 성립요건 중 하나인 공적 견해표명으로서 행정청의 적극적 언동뿐만 아니라 묵시적·소극적 언동도 가능하다.
③ (X) 같은 비위라 할지라도 개전의 정에 따라 징계의 차별을 두는 것은 합리적 차별에 해당한다. (대판99두2611)

정답 ④

97 행정법의 일반원칙에 대한 판례의 입장으로 옳지 않은 것은? `19 지방직 9급`

① 행정청이 폐기물처리업 사업계획에 대하여 적정통보를 한 것만으로 그 사업부지 토지에 대한 국토이용계획변경신청을 승인하여 주겠다는 취지의 공적인 견해표명을 한 것으로 볼 수 없다.

② 헌법재판소의 위헌결정은 행정청이 개인에 대하여 신뢰의 대상이 되는 공적인 견해를 표명한 것이라고 할 수 있으므로 그 결정에 관련한 개인의 행위에 대하여는 신뢰보호의 원칙이 적용된다.

③ 지방자치단체장이 사업자에게 주택사업계획승인을 하면서 그 주택사업과는 아무런 관련이 없는 토지를 기부채납하도록 하는 부관을 붙인 경우, 그 부관은 부당결부금지의 원칙에 위반되어 위법하다.

④ 법령 개폐에 있어서 신뢰보호원칙의 위반 여부는 한편으로는 침해받은 신뢰이익의 보호가치, 침해의 중한 정도, 신뢰침해의 방법 등과 다른 한편으로는 새 입법을 통해 실현코자 하는 공익목적을 종합적으로 비교형량하여 판단하여야 한다.

② (✕) 헌법재판소의 위헌결정은 행정청이 개인에 대하여 신뢰의 대상이 되는 공적인 견해를 표명한 것이라고 할 수 없으므로 그 결정에 관련한 개인의 행위에 대하여는 신뢰보호의 원칙이 적용되지 아니한다. (대판2002두6965)
① (○) 대판2004두8828
③ (○) 대판96다49650
④ (○) 대판2005두4649

정답 ②

98 행정법의 일반원칙과 관련한 판례의 태도로 옳은 것은? `20 소방직 9급`

① 연구단지 내 녹지구역에 위험물 저장시설인 주유소와 LPG충전소 중에서 주유소는 허용하면서 LPG충전소를 금지하는 시행령 규정은 LPG충전소 영업을 하려는 국민을 합리적 이유 없이 자의적으로 차별하여 결과적으로 평등원칙에 위배된다는 것이 헌법재판소의 태도이다.

② 하자 있는 처분이 국민에게 권리나 이익을 부여하는 이른바 수익적 행정행위인 때에는 취소하여야 할 공익상 필요와 취소로 인하여 당사자가 입게 될 기득권과 신뢰보호 및 법률생활안정의 침해 등 불이익을 비교교량한 후 공익상 필요가 당사자가 입을 불이익을 정당화할 만큼 강하지 않아도 이를 취소할 수 있다는 것이 판례의 태도이다.

③ 숙박시설 건축허가 신청을 반려한 처분에 관해 학생들의 교육환경과 인근 주민들의 주거환경 보호라는 공익이 그 신청인이 잃게 되는 이익의 침해를 정당화할 수 있을 정도로 크므로, 위 반려처분은 신뢰보호의 원칙에 위배되지 않는다는 것이 판례의 태도이다.

④ 옥외집회의 사전신고의무를 규정한 구 「집회 및 시위에 관한 법률」 제6조 제1항 중 '옥외집회'에 관한 부분은 과잉금지원칙에 위배하여 집회의 자유를 침해하는 것으로 볼 수 있다는 것이 헌법재판소의 태도이다.

③ (〇) 대판2004두6822, 6839, 6846

① (✕) 이 사건 시행령 규정은 대덕연구단지의 쾌적한 연구환경의 유지·보전뿐만 아니라 주민들의 생명과 신체의 안전을 위하여 폭발의 위험성이 큰 LPG나 고압가스 등의 위험물저장시설을 금지하는 것으로 입법목적이 정당하고, 특히 LPG는 가연성 가스로서 공기나 산소와 혼합하여 폭발성 혼합가스가 되며, 상온 및 상압에서 쉽게 기화될 뿐만 아니라 인화점이 낮고 공기보다 무거워 소량 누출시에도 화재 및 폭발의 위험성이 크고 폭발사고의 경우 인명과 재산에 광범위하고 막대한 피해를 야기할 수 있는 점에 비추어 볼 때 LPG충전소의 설치금지는 불가피하며, LPG충전소 영업이 금지됨으로 인하여 청구인이 입게 될 직업행사의 자유의 침해보다는 이를 금지함으로써 얻게 될 연구단지 주민의 생명·신체의 안전과 쾌적한 주거환경의 유지·보전이라는 공익이 훨씬 크다고 할 것이고, 그와 같은 제한이 직업의 자유의 본질적 부분을 침해하는 것도 아니어서 헌법에 위반된다고 볼 수 없다. (헌재2001헌마646)

② (✕) 하자 있는 처분이 국민에게 권리나 이익을 부여하는 이른바 수익적 행정행위인 때에는 취소하여야 할 공익상 필요와 취소로 인하여 당사자가 입게 될 기득권과 신뢰보호 및 법률생활안정의 침해 등 불이익을 비교교량한 후 공익상 필요가 당사자가 입을 불이익을 정당화할 만큼 강하지 않으면 이를 취소할 수 없다는 것이 판례의 태도이다.

④ (✕) 1. 일반적으로 집회는 일정한 장소를 전제로 하여 특정 목적을 가진 다수인이 일시적으로 회합하는 것을 말하는 것으로 일컬어지고 있고, 그 공동의 목적은 '내적인 유대 관계'로 족하다. 건전한 상식과 통상적인 법 감정을 가진 사람이면 위와 같은 의미에서 집회시위법상 '집회'가 무엇을 의미하는지를 추론할 수 있으므로, 심판대상조항의 '집회'의 개념이 불명확하다고 볼 수 없다. 2. 집회·시위법의 사전신고는 경찰관청 등 행정관청으로 하여금 집회의 순조로운 개최와 공공의 안전보호를 위하여 필요한 준비를 할 수 있는 시간적 여유를 주기 위한 것으로서, 협력의무로서의 신고이다. 집회시위법 전체의 규정 체제에서 보면 집회시위법은 일정한 신고절차만 밟으면 일반적·원칙적으로 옥외집회및 시위를 할 수 있도록 보장하고 있으므로, 집회에 대한 사전신고제도는 헌법 제21조 제2항의 사전허가금지에 위배되지 않는다. 3. 심판대상조항의 신고사항은 여러 옥외집회·시위가 경합하지 않도록 하기 위해 필요한 사항이고, 질서유지 등 필요한 조치를 할 수 있도록 하는 중요한 정보이다. 옥외집회·시위에 대한 사전신고이후 기재사항의 보완, 금지통고 및 이의절차 등이 원활하게 진행되기 위하여 늦어도 집회가 개최되기 48시간 전까지 사전신고를 하도록 규정한 것이 지나치다고 볼 수 없다. 헌법 제21조 제1항을 기초로 하여 심판대상조항을 보면, 미리 계획도 되었고 주최자도 있지만 집회시위법이 요구하는 시간 내에 신고를 할 수 없는 옥외집회인 이른바 '긴급집회'의 경우에는 신고가능성이 존재하는 즉시 신고하여야 하는 것으로 해석된다. 따라서 신고가능한 즉시 신고한 긴급집회의 경우에까지 심판대상조항을 적용하여 처벌할 수는 없다. 따라서 심판대상조항이 과잉금지원칙에 위배하여 집회의 자유를 침해하지 아니한다. 4. 미신고 옥외집회의주최는 신고제의 행정목적을 침해하고 공공의 안녕질서에 위험을 초래할 개연성이 높으므로, 이에 대하여 행정형벌을 과하도록 한 심판대상조항이 집회의 자유를 침해한다고 할 수 없고, 그 법정형이 입법재량의 한계를 벗어난 과중한 처벌이라고 볼 수 없으므로, 과잉형벌에 해당하지 아니한다. (헌재2011헌바174)

정답 ③

99 행정법의 일반원칙에 대한 설명으로 옳지 않은 것은? (다툼이 있는 경우 판례에 의함)
20 소방직 9급

① 신뢰보호원칙에 위반하는 경우 그 행정행위는 위법하며, 판례는 이 경우 취소사유로 보지 않고 무효로만 보았다.
② 행정주체가 행정작용을 함에 있어서 상대방에게 이와 실질적 관련이 없는 의무를 부과하거나 그 이행을 강제하여서는 아니 된다.
③ 「행정절차법」상 규정이 없는 경우에도 행정권 행사가 적정한 절차에 따라 행해지지 아니하면 그 행정권행사는 적법절차의 원칙에 반한다.
④ 자기구속의 원칙이 인정되는 경우 행정관행과 다른 처분은 특별한 사정이 없는 한 위법하다.

통상 행정법의 일반원칙에 위배되는 경우 그 하자의 정도는 취소사유에 해당한다.

정답 ①

100 행정법상 비례의 원칙에 관한 설명으로 가장 적절하지 않은 것은?
24 경찰채용

① 비례의 원칙이란 행정작용에 있어서 행정목적과 행정수단 사이에는 합리적인 비례관계가 있어야 한다는 원칙을 말한다.
② 비례의 원칙은 「헌법」 제37조 제2항, 「행정기본법」 제10조, 「경찰관 직무집행법」 제1조 제2항에서 근거를 찾을 수 있다.
③ 적합성의 원칙은, 행정조치는 설정된 목적 달성을 위해 필요 최소한의 한도 내에서 이루어져야 한다는 것으로, 협의의 비례 원칙이라고도 한다.
④ 행정조치를 취함에 따른 불이익이 그것에 의해 달성되는 이익보다 심히 큰 경우에는 그 행정조치를 취해서는 아니된다. 는 원칙을 상당성의 원칙이라 한다.

적합성이 원칙은 행정기관이 취한 수단이 그 목적달성에 적합하여야 한다는 것을 말한다.

정답 ③

101 경찰비례의 원칙에 대한 설명으로 가장 적절하지 않은 것은?   `20 경찰채용`

① 독일에서 경찰법상의 판례를 중심으로 발달하여 왔고 오늘날에는 행정법의 모든 영역에서 적용되는 원칙으로 이해되고 있다.
② 최소침해의 원칙은 협의의 비례원칙이라고도 불린다.
③ 「경찰관 직무집행법」 제1조 제2항이 명문으로 규정하고 있을 뿐만 아니라 「헌법」 제37조 제2항으로부터도 도출된다.
④ 적합성, 필요성, 상당성의 원칙으로 이루어져 있다.

>
> 최소침해의 원칙은 필요성 이라고도 불리며, 협의의 비례원칙은 상당성 이라고도 불린다.
>
> 정답 ②

102 경찰비례의 원칙에 대한 설명 중 가장 적절하지 않은 것은?   `20 경찰승진`

① 경찰작용에 있어 목적실현을 위한 수단과 당해 목적 사이에 합리적인 비례관계가 있어야 한다는 것으로 「경찰관 직무집행법」에 명시적으로 규정되어 있다.
② 경찰비례의 원칙의 내용으로서 '적합성의 원칙', '필요성의 원칙', '상당성의 원칙'이 있으며 적어도 하나는 충족해야 위법하지 않다.
③ 비례의 원칙을 위반한 국가작용은 행정소송의 대상이 되며, 국가배상책임이 성립할 수 있다.
④ '경찰은 대포로 참새를 쏘아서는 안 된다'는 법언은 상당성의 원칙을 잘 표현한 것이다.

>
> 경찰비례의 원칙의 내용으로서 적합성의 원칙, 필요성의 원칙, 상당성의 원칙이 있으며 모두를 충족해야 위법하지 않다.
>
> 정답 ②

103 경찰비례의 원칙에 관한 설명으로 가장 적절하지 않은 것은? (다툼이 있는 경우 판례에 의함)

23 채용

① 경찰비례의 원칙은 일반적 수권조항에 근거하여 경찰권을 발동하는 경우는 물론, 개별적 수권조항에 근거하여 경찰권을 발동하는 경우에도 적용된다.
② 적합성의 원칙은 경찰기관의 어떤 조치가 경찰목적 달성을 위해 필요한 경우라고 하여도 그 조치에 따른 불이익이 그 조치로 인해 발생하는 이익보다 큰 경우에는 경찰권을 발동해서는 안 된다는 원칙이다.
③ 필요성의 원칙(최소침해의 원칙)은 목적을 달성할 수 있는 수단이 여러 가지가 있는 경우에 적합한 여러 가지 수단 중에서 가장 적게 침해를 가져오는 수단을 선택해야 한다는 원칙이다.
④ 경찰비례의 원칙은 「행정기본법」 제10조, 「경찰관 직무집행법」 제1조 제2항 등에서 근거를 찾아볼 수 있다.

> 상당성의 원칙은 경찰기관의 어떤 조치가 경찰목적 달성을 위해 필요한 경우라고 하여도 그 조치에 따른 불이익이 그 조치로 인해 발생하는 이익보다 큰 경우에는 경찰권을 발동해서는 안 된다는 원칙이다.
>
> 정답 ②

104 행정법의 일반원칙 중 신뢰보호의 원칙을 설명한 것이다. 다음 중 적절하지 않은 것은? (다툼이 있으면 판례에 의함)

16 경찰행정

① 「개발이익환수에 관한 법률」에 정한 개발사업을 시행하기 전에, 행정청이 민원예비심사에 대하여 관련 부서 의견으로 '저촉사항 없음'이라고 기재한 것은 공적인 견해표명에 해당한다.
② 헌법재판소의 위헌결정은 행정청이 개인에 대하여 신뢰의 대상이 되는 공적인 견해를 표명한 것이라고 할 수 없으므로, 그 결정에 관련한 개인의 행위에 대하여는 신뢰보호의 원칙이 적용되지 아니한다.
③ 국가가 공무원임용결격사유가 있는 자에 대하여 결격사유가 있는 것을 알지 못하고 공무원으로 임용하였다가 사후에 결격사유가 있는 자임을 발견하고 공무원임용행위를 취소함은 당사자에게 원래의 임용행위가 당초부터 당연 무효이었음을 통지하여 확인시켜 주는 행위에 지나지 아니하는 것이므로, 그러한 의미에서 당처의 임용처분을 취소함에 있어서는 신의칙 내지 신뢰의 원칙을 적용할 수 없다.
④ 종교법인이 도시계획구역 내 생산녹지로 답(畓)인 토지에 대하여 종교회관 건립을 이용목적으로 하는 토지거래계약의 허가를 받으면서 담당공무원이 관련 법규상 허용된다 하여 이를 신뢰하고 건축 준비를 하였으나 그 후 토지형질변경허가신청을 불허가 한 것은 신뢰보호의 원칙에 위반된다.

해설

① (X) 「개발이익환수에 관한 법률」에 정한 개발사업을 시행하기 전에, 행정청이 토지 지상에 예식장 등을 건축하는 것이 관계 법령상 가능한지 여부를 질의하는 민원예비심사에 대하여 관련 부서 의견으로 개발이익환수에 관한 법률에 '저촉사항 없음'이라고 기재하였다고 하더라도, 이후의 개발부담금부과처분에 관하여 신뢰보호의 원칙을 적용하기 위한 요건인, 개인에 대하여 신뢰의 대상이 되는 공적인 견해표명을 한 것이라고는 보기 어렵다. (대판2004두46)
② (O) 대판2002두6965
③ (O) 대판86누459
④ (O) 대판96누18380

정답 ①

105. 신뢰보호원칙에 대한 설명이다. 아래 ㉠부터 ㉣까지의 설명 중 옳고 그름의 표시(O, X)가 바르게 된 것은? (다툼이 있으면 판례에 의함) 〔18 경찰행정〕

㉠ 도시계획구역 내 생산녹지로 답(畓)인 토지에 대하여 종교회관 건립을 이용목적으로 하는 토지거래계약의 허가를 받으면서 담당공무원이 관련 법규상 허용된다 하여 이를 신뢰하고 건축준비를 하였으나 그 후 토지형질변경허가신청을 불허가 한 것은 신뢰보호원칙에 반한다.
㉡ 폐기물처리업에 대하여 사전에 관할 관청으로부터 적정통보를 받아 이를 믿고 법정허가요건을 갖추고, 상당한 자금과 노력을 투자하여 허가신청을 하였으나 불허가 한 사안에서 업체의 난립 및 과다경쟁방지, 생활폐기물의 적정하고도 안정적인 처리라는 제반사항을 고려하여 불허가한 것이라면 신뢰보호원칙에 반하지 않는다.
㉢ 당초 정구장 시설을 설치한다는 도시계획결정을 하였다가 정구장 대신 청소년 수련시설을 설치한다는 도시계획 변경결정 및 지적승인을 한 경우, 당초의 도시계획결정에 따른 도시계획사업의 시행자로 지정받을 것을 예상하여 상당한 비용 등을 지출하였다면 정구장 대신 청소년 수련시설을 설치한다는 내용의 도시계획 변경결정 및 지적승인을 한 것은 신뢰이익을 침해한 것이다.
㉣ 「폐기물관리법령」에 의한 폐기물처리업 사업계획에 대한 적정통보와 「국토이용관리법령」에 의한 국토이용계획변경은 각기 그 제도적 취지와 결정단계에서 고려해야 할 사항 등이 다르므로 폐기물처리업 사업계획에 대하여 적정통보를 한 것만으로는 그 사업부지 토지에 대한 국토이용계획변경신청을 승인하여 주겠다는 취지의 공적인 견해표명을 한 것으로 볼 수 없다.

① ㉠(O) ㉡(X) ㉢(X) ㉣(O)
② ㉠(O) ㉡(X) ㉢(O) ㉣(O)
③ ㉠(X) ㉡(O) ㉢(X) ㉣(X)
④ ㉠(O) ㉡(O) ㉢(O) ㉣(X)

- ㉠ (○) 대판96누18380
- ㉡ (✕) 폐기물처리업에 대하여 사전에 관할 관청으로부터 적정통보를 받고 막대한 비용을 들여 허가요건을 갖춘 다음 허가신청을 하였음에도 다수 청소업자의 난립으로 안정적이고 효율적인 청소업무의 수행에 지장이 있다는 이유로 한 불허가처분이 신뢰보호의 원칙 및 비례의 원칙에 반하는 것으로서 재량권을 남용한 위법한 처분이라고 본 사례이다. (대판 98두 4061)
- ㉢ (✕) 당초 정구장 시설을 설치한다는 도시계획결정을 하였다가 정구장 대신 청소년 수련시설을 설치한다는 도시계획 변경결정 및 지적승인을 한 경우, 당초의 도시계획결정만으로는 도시계획사업의 시행자 지정을 받게 된다는 공적인 견해를 표명하였다고 할 수 없다는 이유로 그 후의 도시계획 변경결정 및 지적승인이 도시계획사업의 시행자로 지정받을 것을 예상하고 정구장 설계 비용 등을 지출한 자의 신뢰이익을 침해한 것으로 볼 수 없다. 고 한 사례이다. (대판2000두727)
- ㉣ (○) 대판2004두8828

정답 ①

106 신뢰보호원칙에 대한 설명으로 옳지 않은 것은? (다툼이 있는 경우 판례에 의함) 18 지방직 9급

① 건축허가 신청 후 건축허가기준에 관한 관계 법령 및 조례의 규정이 신청인에게 불리하게 개정된 경우, 당사자의 신뢰를 보호하기 위해 처분 시가 아닌 신청 시 법령에서 정한 기준에 의하여 건축허가 여부를 결정하는 것이 원칙이다.
② 행정절차법과 국세기본법 에서는 법령 등의 해석 또는 행정청의 관행이 일반적으로 국민에게 받아들여졌을 때와 관련하여 신뢰보호의 원칙을 규정하고 있다.
③ 신뢰보호원칙에서 행정청의 견해표명이 정당하다고 신뢰한 데에 대한 개인의 귀책사유의 유무는 상대방뿐만 아니라 그로부터 신청행위를 위임받은 수임인 등 관계자 모두를 기준으로 판단하여야 한다.
④ 서울지방병무청 총무과 민원팀장이 국외영주권을 취득한 사람의 상담에 응하여 법령의 내용을 숙지하지 못한 채 민원봉사차원에서 현역입영대상자가 아니라고 답변하였다면 그것이 서울지방병무청장의 공적인 견해표명이라 할 수 없다.

① (✕) 허가신청 후 처분 전에 관계법령이 개정된 경우 개정된 법률에 따라 처분을 하여야 한다는 것이 판례의 입장이다. (대판2003두3350)
② (○) 행정절차법 제4조 제2항
③ (○) 대판2001두1512
④ (○) 대판2002두1875

정답 ①

107 신뢰보호의 원칙에 대한 설명으로 옳지 않은 것은?

18 국가직 7급

① 개정법령이 기존의 사실 또는 법률관계를 적용대상으로 하면서 종전보다 불리한 법률효과를 규정하고 있는 경우에도 그러한 사실 또는 법률관계가 개정법률이 시행되기 이전에 이미 종결된 것이 아니라면 이를 헌법상 금지되는 소급입법이라고 할 수는 없다.
② 법률에 따른 개인의 행위가 국가에 의하여 일정 방향으로 유인된 신뢰의 행사가 아니라 단지 법률이 부여한 기회를 활용한 것이라 하더라도, 신뢰보호의 이익이 인정된다.
③ 확약이 있은 후에 사실적·법률적 상태가 변경되었다면, 그 확약은 행정청의 별다른 의사표시를 기다리지 않고 실효된다.
④ 행정절차법에 명문의 근거가 있다.

② (×) 개인의 신뢰이익에 대한 보호가치는 ㉠ 법령에 따른 개인의 행위가 국가에 의하여 일정 방향으로 유인된 신뢰의 행사인지 ㉡ 아니면 단지 법률이 부여한 기회를 활용한 것으로서 원칙적으로 사적 위험부담의 범위에 속하는 것인지 여부에 따라 달라진다. 만일 법률에 따른 개인의 행위가 단지 법률이 반사적으로 부여하는 기회의 활용을 넘어서 국가에 의하여 일정 방향으로 유인된 것이라면 특별히 보호가치가 있는 신뢰이익이 인정될 수 있고, 원칙적으로 개인의 신뢰보호가 국가의 법률개정이익에 우선된다고 볼 여지가 있다. (헌재2002헌바45)
① (○) 부진정소급효에 관한 설명으로서 옳은 설명이다.
③ (○) 대판 95누10877
④ (○) 행정절차법 제4조 제2항

정답 ②

108 신뢰보호의 원칙에 관한 설명으로 가장 옳지 않은 것은? (다툼이 있는 경우 판례에 따름)

18 서울시 7급

① 행정청의 공적 견해표명이 있었는지의 여부를 판단하는 데 있어 반드시 행정조직상의 형식적인 권한분장에 구애될 것이 아니라 담당자의 조직상의 지위와 임무, 당해 언동을 하게 된 구체적인 경위 및 그에 대한 상대방의 신뢰가능성에 비추어 실질에 의하여 판단하여야 한다.
② 폐기물처리 사업계획에 대하여 적정통보를 하였다면, 이것은 당해 사업을 위해 필요한 그 사업부지 토지에 대하여 국토이용계획변경신청을 승인하여 주겠다는 취지의 공적인 견해표명을 한 것으로 볼 수 있다.
③ 신뢰가 보호할 만한 것인가는 정당한 이익형량에 의한다. 사후에 선행조치가 변경될 것을 사인이 예상하였거나 중대한 과실로 알지 못한 경우 또는 사인의 사위나 사실은폐 등이 있는 경우에는 보호가치 있는 신뢰라고 보기 어렵다.
④ 선행조치는 반드시 과세관청이 납세자에 대하여 비과세를 시사하는 명시적 언동이 있어야만 하는 것은 아니고, 묵시적인 언동 다시 말하면 비과세의 사실상태가 장기간에 걸쳐 계속되는 경우에 그것이 그 사항에 대하여 과세의 대상으로 삼지 아니하는 뜻의 과세관청의 묵시적인 의향표시로 볼 수 있는 경우에도 이를 인정할 수 있다.

② (✕) 「폐기물관리법령」에 의한 폐기물처리업 사업계획에 대한 적정통보와 「국토이용관리법령」에 의한 국토이용계획변경은 각기 그 제도적 취지와 결정단계에서 고려해야 할 사항들이 다르다는 이유로, 폐기물처리업 사업계획에 대하여 적정통보를 한 것만으로 그 사업부지 토지에 대한 국토이용계획변경신청을 승인하여 주겠다는 취지의 공적인 견해표명을 한 것으로 볼 수 없다. (대판2004두8828)
① (O) 대판95누135746
③ (O) 대판95누14190
④ (O) 대판 85누549

정답 ②

109 행정상 신뢰보호 원칙의 적용요건에 관한 설명으로 옳은 것은? (다툼이 있으면 판례에 따름)
22 행정사

① 공적 견해표명은 묵시적으로 할 수 없다.
② 신뢰보호의 대상은 특정 개인에 대한 행정작용에 한정되며, 법률에 대한 신뢰는 신뢰보호의 대상이 되지 않는다.
③ 행정청이 공적 견해표명을 한 후, 사정변경이 있는 경우에는 특별한 사정이 없는 한 행정청이 그 견해표명에 반하는 처분을 하더라도 신뢰보호 원칙에 위반된다고 할 수 없다.
④ 귀책사유의 유무는 상대방을 기준으로 판단하며 상대방으로부터 신청행위를 위임받은 수임인 등 관계자는 고려하지 않는다.
⑤ 단순히 착오로 어떠한 처분을 계속하다가 처분청이 추후 오류를 발견하여 합리적인 방법으로 변경할 경우 신뢰보호 원칙에 위배된다.

③ (O) 신뢰보호의 원칙은 행정청이 공적인 견해를 표명할 당시의 사정이 그대로 유지됨을 전제로 적용되는 것이 원칙이므로, 사후에 그와 같은 사정이 변경된 경우에는 그 공적 견해가 더 이상 개인에게 신뢰의 대상이 된다고 보기 어려운 만큼, 특별한 사정이 없는 한 행정청이 그 견해표명에 반하는 처분을 하더라도 신뢰보호의 원칙에 위반된다고 할 수 없다. (대판2018두34732)
① (✕) 신뢰보호원칙의 적용대상인 공적인 견해표명은 명시적・적극적 언동에 국한하지 않고 묵시적 견해표명도 이에 해당한다.
② (✕) 신뢰보호의 대상이 반드시 특정 개인에 대한 행정작용에 한정되어야 하는 것은 아니며, 경우에 따라 법률에 대한 신뢰도 신뢰보호의 대상이 될 수 있다. (※ 관련 판례 : 조세에 관한 법령의 규정내용이나 행정규칙 자체는 과세관청의 공적인 견해표명이 아니라는 것이 판례이다. (대판2001두403))
④ (✕) 귀책사유여부는 행정의 직접 상대방뿐만 아니라 수임인 등 관계자 모두를 기준으로 한다. 따라서 행정행위의 상대방인 건축주뿐만 아니라 그로부터 위임을 받은 건축설계사 등 관계자에게 귀책사유가 있는 경우에도 신뢰보호원칙이 적용되지 아니한다. (대판2001두1512)

⑤ (✕) 처분청이 그 사항에 관해 다른 내용의 처분을 할 수 있음을 알면서도 어떤 특별한 사정 때문에 그러한 처분을 하지 않는다는 의사가 있고 이와 같은 의사가 명시적 또는 묵시적으로 표시되어야 할 것이므로 단순히 착오로 어떠한 처분을 계속한 경우는 이에 해당하지 않는다. 따라서 처분청이 추후 오류를 발견하여 합리적인 방법으로 변경하는 것은 신뢰보호원칙에 위반되지 않는다. (대판92누14021)

정답 ③

110 신뢰보호의 원칙에 대한 설명으로 옳지 않은 것은? (다툼이 있는 경우 판례에 의함)

21 국가직 7급

① 「개발이익환수에 관한 법률」에 정한 개발사업을 시행하기 전에, 행정청이 민원예비심사에 대하여 관련부서 의견으로 '저촉사항 없음'이라고 기재한 것은 공적인 견해표명에 해당한다.
② 행정청이 공적 견해를 표명하였는지를 판단할 때는 반드시 행정조직상의 형식적인 권한분장에 구애될 것은 아니다.
③ 행정청은 공익 또는 제3자의 이익을 현저히 해칠 우려가 있는 경우를 제외하고는 행정에 대한 국민의 정당하고 합리적인 신뢰를 보호하여야 한다.
④ 신뢰보호의 원칙이 적용되기 위한 요건 중 귀책사유의 유무는 상대방과 그로부터 신청행위를 위임받은 수임인 등 관계자 모두를 기준으로 판단하여야 한다.

「개발이익환수에 관한 법률」에 정한 개발사업을 시행하기 전에, 행정청이 토지 지상에 예식장 등을 건축하는 것이 관계 법령상 가능한지 여부를 질의하는 민원예비심사에 대하여 관련부서 의견으로 개발이익환수에 관한 법률에 '저촉사항 없음'이라고 기재하였다고 하더라도, 이후의 개발부담금부과처분에 관하여 신뢰보호의 원칙을 적용하기 위한 요건인, 개인에 대하여 신뢰의 대상이 되는 공적인 견해표명을 한 것이라고는 보기 어렵다. (대판2004두46)

정답 ①

111. 다음 중 신뢰보호의 원칙에 대한 설명으로 가장 옳지 않은 것은? (다툼이 있는 경우 판례에 의함) `22 해경승진`

① 행정청의 확약 또는 공적인 의사표명이 있은 후에 사실적 법률적 상태가 변경되었다면 그와 같은 확약 또는 공적인 의사표명은 행정청의 별다른 의사표시를 기다리지 않고 실효된다.
② 행정청의 공적 견해표명이 있었는지 여부를 판단하는 데 있어 반드시 행정조직상의 형식적인 권한분장에 구애될 것은 아니고 담당자의 조직상의 지위와 임무 당해 언동을 하게 된 구체적인 경위 및 그에 대한 상대방의 신뢰가능성에 비추어 실질에 의하여 판단하여야 한다.
③ 입법예고를 통해 법령안의 내용을 국민에게 예고한 적이 있다고 하더라도 그것이 법령으로 확정되지 아니한 이상 국가가 이해관계자들에게 그 법령안에 관련된 사항을 약속하였다고 볼 수 없으며, 이러한 사정만으로 어떠한 신뢰를 부여하였다고 볼 수도 없다.
④ 관할관청이 폐기물처리업 사업계획에 대하여 적정통보를 한 것만으로도 그 사업부지 토지에 대한 국토이용계획변경신청을 승인하여 주겠다는 취지의 공적인 견해표명을 한 것으로 볼 수 있다.

④ (×) 「폐기물관리법령」에 의한 폐기물처리업 사업계획에 대한 적정통보와 「국토이용관리법령」에 의한 국토이용계획변경은 각기 그 제도적 취지와 결정단계에서 고려해야 할 사항들이 다르다는 이유로, 폐기물처리업 사업계획에 대하여 적정통보를 한 것만으로 그 사업부지 토지에 대한 국토이용계획변경신청을 승인하여 주겠다는 취지의 공적인 견해표명을 한 것으로 볼 수 없다. (대판2004두8828)
① (○) 대판95누10877 ② (○) 대판95누13746 ③ (○) 대판2004다33469

정답 ④

112. 신뢰보호의 원칙에 관한 설명으로 옳지 않은 것은? (다툼이 있으면 판례에 따름) `22 소방승진`

① 행정청은 공익 또는 제3자의 이익을 현저히 해칠 우려가 있는 경우를 제외하고는 행정에 대한 국민의 정당하고 합리적인 신뢰를 보호하여야 한다.
② 행정청은 권한 행사의 기회가 있음에도 불구하고 장기간 권한을 행사하지 아니하여 국민이 그 권한이 행사되지 아니할 것으로 믿을 만한 정당한 사유가 있는 경우에는 공익 또는 제3자의 이익을 현저히 해칠 우려가 있는 경우를 예외로 하고 그 권한을 행사해서는 아니 된다.
③ 동일한 사유에 관하여 보다 무거운 면허취소처분을 하기 위하여 이미 행하여진 가벼운 면허정지처분을 취소하는 것은 신뢰보호 원칙에 반한다.
④ 신뢰보호의 원칙은 「행정기본법」이 제정되어 시행됨에 따라 비로소 인정된 것으로 볼 수 있다.

신뢰보호의 원칙을 비롯한 공법상 일반원칙은 행정법상 불문법원으로서 「행정기본법」이 제정되기 이전에도 인정되고 있었다. 따라서 「행정기본법」이 제정되어 시행됨에 따라 비로소 인정된 것으로 볼 수는 없다.

정답 ④

113. 신뢰보호의 원칙에 대한 설명으로 옳은 것(○)과 옳지 않은 것(×)을 바르게 연결한 것은? (다툼이 있는 경우 판례에 의함)

21 지방직 9급

> (가) 행정청이 공적인 의사표명을 하였다면 이후 사실적·법률적 상태의 변경이 있더라도 행정청이 이를 취소하지 않는 한 여전히 공적인 의사표명은 유효하다.
> (나) 재량권 행사의 준칙인 행정규칙의 공표만으로 상대방은 보호가치 있는 신뢰를 갖게 되었다고 볼 수 있다.
> (다) 행정청이 공적 견해를 표명하였는지를 판단할 때는 반드시 행정조직상의 형식적인 권한분장에 구애될 것은 아니다.
> (라) 신뢰보호원칙의 위반은 「국가배상법」상의 위법 개념을 충족시킨다.

① 가(×), 나(×), 다(○), 라(○)
② 가(○), 나(○), 다(×), 라(○)
③ 가(○), 나(×), 다(○), 라(×)
④ 가(×), 나(○), 다(○), 라(×)

해설

가. **(×)** 행정청이 상대방에게 장차 어떤 처분을 하겠다고 확약 또는 공적인 의사표명을 하였다고 하더라도, 그 자체에서 상대방으로 하여금 언제까지 처분의 발령을 신청 하도록 유효기간을 두었는데도 그 기간 내에 상대방의 신청이 없었다거나 확약 또는 공적인 의사표명이 있은 후에 사실적·법률적 상태가 변경되었다면, 그와 같은 확약 또는 공적인 의사표명은 행정청의 별다른 의사표시를 기다리지 않고 실효된다. (대판95누10877)

나. **(×)** 재량준칙의 공표만으로는 아직 재량준칙이 되풀이 시행되어 행정관행이 이루어졌다고 볼 수 없으므로 자기구속원칙을 위반한 것이 아니다. (대판2009두7967) 판례는 재량준칙이 되풀이 시행되어 행정관행이 이루어진 경우에 자기구속의 원칙이 적용된다고 본다.

다. **(○)** 공적 견해표명의 권한판단 기준에 대하여 판례는 형식적인 권한규정에 국한되지 않고, 경우에 따라 실질에 의하여 판단한다. 이에 대한 입증책임은 신뢰보호의 원칙을 주장하는 국민이 부담한다. (대판91누9824)[※관련판례. 강원도 홍천 의료취약지 아산병원사건 【지방세에 대한 권한이 없는 보건사회부(현 보건복지부)장관이 병원운영자 신청공고를 하면서 국세 및 지방세에 대해 비과세하겠다고 발표한 경우에도 신뢰보호원칙은 적용된다고 판시하면서】 과세청의 공적 견해표명이 있었는지의 여부를 판단하는 데 있어 반드시 행정조직상의 형식적인 권한분장에 구애될 것은 아니고 담당자의 조직상의 지위와 임무, 당해 언동을 하게 된 구체적인 경위 및 그에 대한 납세자의 신뢰가능성에 비추어 실질에 의하여 판단하여야 한다. (대판95누13746)]

라. **(○)** 성폭력범죄의 담당 경찰관이 경찰서에 설치되어 있는 범인식별실을 사용하지 않고 공개된 장소인 형사과 사무실에서 피의자들을 한꺼번에 세워 놓고 나이 어린 학생인 피해자에게 범인을 지목하도록 한 행위는 국가배상법상의 '법령 위반' 행위에 해당한다고 하면서) 여기서 '법령을 위반하여'라고 함은 엄격하게 형식적 의미의 법령에 명시적으로 공무원의 행위의무가 정하여져 있음에도 이를 위반하는 경우만을 의미하는 것은 아니고, 인권존중·권력남용금지·신의성실과 같이 공무원으로서 마땅히 지켜야 할 준칙이나 규범을 지키지 아니하고 위반한 경우를 비롯하여 널리 그 행위가 객관적인 정당성을 결여하고 있는 경우도 포함한다. (대판2007다64365) 따라서 법령의 위반, 즉 직무집행의 위법성 역시 국가배상책임의 성립요건인데, 「국가배상법」상 '법령의 위반'이라 함은 성문법 및 행정법의 일반원칙을 포함한 불문법 그리고 인권존중이나 신의성실의 이념을 그르친 것 등 넓게 파악하는 것이 판례의 태도이다.

정답 ①

114 신뢰보호의 원칙에 관한 설명으로 옳은 것은? (다툼이 있는 경우 판례에 의함) 〔23 소방공채〕

① 「행정절차법」은 처분의 방식으로 문서주의를 표방하고 있으므로, 행정청의 공적 견해표명은 묵시적으로 표시되어서는 안 된다.
② 신뢰보호의 원칙은 공익 또는 제3자의 정당한 이익을 현저히 해칠 우려가 있는 경우에도 부정되어야 하는 것은 아니다.
③ 실권의 법리는 법의 일반원리인 신의성실의 원칙에 바탕을 둔 파생원칙이므로 권력관계에는 적용되지 않는다.
④ 병무청 담당부서의 담당공무원에게 공적 견해의 표명을 구하는 정식의 서면질의 등을 하지 아니한 채 총무과 민원팀장에 불과한 공무원이 민원봉사차원에서 상담에 응하여 안내한 것을 신뢰한 경우, 신뢰보호의 원칙이 적용되지 아니한다.

해설

④ (O) 병무청 담당부서의 담당공무원에게 공적 견해의 표명을 구하는 정식의 서면질의 등을 하지 아니한 채 총무과 민원팀장에 불과한 공무원이 민원봉사차원에서 상담에 응하여 안내한 것을 신뢰한 경우, 신뢰보호 원칙이 적용되지 아니한다. (대판2003두1875)
① (×) 「행정절차법」은 처분의 방식으로 문서주의를 표방하고 있으나(행정절차법 제24조), 신뢰보호의 대상이 되는 행정청의 공적 견해 표명은 묵시적으로 표시될 수 있다. [※관련판례. 개인의 신뢰보호의 대상이 되는 행정기관의 선행조치는 명시적·적극적 언동에 국한하지 않고 묵시적 견해표명도 이에 해당한다. (대판81누266)]
② (×) 「행정기본법」 제12조(신뢰보호의 원칙) 제1항. 행정청은 공익 또는 제3자의 이익을 현저히 해칠 우려가 있는 경우를 제외하고는 행정에 대한 국민의 정당하고 합리적인 신뢰를 보호하여야 한다.
③ (×) 실권 또는 실효의 법리는 법의 일반원리인 신의성실의 원칙에 바탕을 둔 파생원칙인 것이므로 공법관계 가운데 관리관계는 물론이고 권력관계에도 적용되어야 함을 배제할 수는 없다 하겠으나 그것은 본래 권리행사의 기회가 있음에도 불구하고 권리자가 장기간에 걸쳐 그의 권리를 행사하지 아니하였기 때문에 의무자인 상대방은 이미 그의 권리를 행사하지 아니할 것으로 믿을 만한 정당한 사유가 있게 되거나 행사하지 아니할 것으로 추인케 할 경우에 새삼스럽게 그 권리를 행사하는 것이 신의성실의 원칙에 반하는 결과가 될 때 그 권리행사를 허용하지 않는 것을 의미한다. (대판87누915) 즉, 실권의 법리는 신의성실의 원칙에 바탕을 둔 파생원칙으로 공법관계이면 권력관계는 물론이고 비권력관계에도 적용된다는 것이 판례의 입장이다.

정답 ④

115 신뢰보호의 원칙에 대한 설명으로 옳지 않은 것은? (다툼이 있는 경우 판례에 의함)

22 소방공채

① 행정청이 공적인 견해에 반하는 행정처분을 함으로써 달성하려는 공익이 행정청의 공적 견해표명을 신뢰한 개인이 그 행정처분으로 인하여 입게 되는 이익의 침해를 정당화할 수 있을 정도로 강한 경우에는 그 행정처분은 위법하지 않다.
② 과세관청이 질의회신 등을 통하여 어떤 견해를 대외적으로 표명하였더라도 그것이 중요한 사실관계와 법적인 쟁점을 제대로 드러내지 아니한 채 질의한 데 따른 것이라면, 공적인 견해표명에 의하여 정당한 기대를 가지게 할 만한 신뢰가 부여된 경우로 볼 수 없다.
③ 폐기물처리업에 대하여 관할 관청의 사전 적정통보를 받고 막대한 비용을 들여 요건을 갖춘 다음 허가신청을 한 경우, 행정청이 청소업자의 난립으로 효율적인 청소업무의 수행에 지장이 있다는 이유로 불허가처분을 하였다 할지라도 신뢰보호의 원칙에 반하지 아니한다.
④ 법원이 「질서위반행위규제법」에 따라서 하는 과태료 재판은 원칙적으로 행정소송에서와 같은 신뢰보호의 원칙 위반 여부가 문제되지 아니한다.

> 해설
>
> ③ (✗) 폐기물처리업에 대하여 관할 관청의 사전 적정통보를 받고 막대한 비용을 들여 허가요건을 갖춘 다음 허가신청을 하였음에도 청소업자의 난립으로 효율적인 청소업무의 수행에 지장이 있다는 이유로 한 불허가처분은 신뢰보호의 원칙을 위반한 위법한 처분이다. (대판98두4061)
> ① (○) 대판98두7343
> ② (○) 대판2011두5940
> ④ (○) 대판2003마715
>
> 정답 ③

116 신뢰보호의 원칙에 대한 설명으로 옳지 않은 것은? (다툼이 있는 경우 판례에 의함)

22 국가직 9급

① 건축주와 그로부터 건축설계를 위임받은 건축사가 관계 법령에서 정하고 있는 건축한계선의 제한이 있다는 사실을 간과한 채 건축설계를 하고 이를 토대로 건축물의 신축 및 증축허가를 받은 경우, 그 신축 및 증축허가가 정당하다고 신뢰한 데에는 귀책사유가 있다.
② 행정청이 상대방에게 장차 어떤 처분을 하겠다고 공적 견해표명을 하였더라도 그 후에 그 전제로 된 사실적·법률적 상태가 변경되었다면, 그와 같은 공적 견해표명은 효력을 잃게 된다.
③ 수강신청 후에 징계요건을 완화하는 학칙개정이 이루어지고 이어 시험이 실시되어 그 개정학칙에 따라 대학이 성적 불량을 이유로 학생에 대하여 징계처분을 한 경우라면 이는 이른바 부진정소급효에 관한 것으로서 특별한 사정이 없는 한 위법이라고 할 수 없다.
④ 병무청 담당부서의 담당공무원에게 공적 견해의 표명을 구하지 아니한 채 민원봉사 담당공무원이 상담에 응하여 안내한 것을 신뢰한 경우에도 신뢰보호의 원칙이 적용된다.

해설

④ (✕) 병무청 담당부서의 담당공무원에게 공적 견해의 표명을 구하는 정식의 서면질의 등을 하지 아니한 채 총무과 민원팀장에 불과한 공무원이 민원봉사차원에서 상담에 응하여 안내한 것을 신뢰한 경우, 신뢰보호 원칙이 적용되지 아니한다. (대판2003두1875)
① (○) 대판20012두1512
② (○) 대판95누10877
③ (○) 대판87누1123

정답 ④

117 「행정기본법」상 신뢰보호의 원칙에 관한 설명은 무엇인가?   23 경찰승진

① 행정청은 권한 행사의 기회가 있음에도 불구하고 장기간 권한을 행사하지 아니하여 국민이 그 권한이 행사되지 아니할 것으로 믿을 만한 정당한 사유가 있는 경우에는 그 권한을 행사해서는 아니 된다. 다만, 공익 또는 제3자의 이익을 현저히 해칠 우려가 있는 경우는 예외로 한다.
② 행정청은 합리적 이유 없이 국민을 차별해서는 아니 된다.
③ 행정청의 행정작용은 행정목적을 달성하는 데 유효하고 적절해야 하며, 필요한 최소한도에 그칠 것이고, 행정작용으로 인한 국민의 이익 침해가 그 행정작용이 의도하는 공익보다 크지 아니해야 한다.
④ 행정청은 행정작용을 할 때 상대방에게 해당 행정작용과 실질적인 관련이 없는 의무를 부과해서는 아니 된다.

해설

② 평등의 원칙
③ 비례의 원칙
④ 부당결부금지의 원칙

정답 ①

118. 신뢰보호의 원칙에 대한 설명으로 옳은 것은? (다툼이 있는 경우 판례에 의함) 19 국가직 7급

① 처분청이 착오로 행정서사업 허가처분을 한 후 20년이 다되어서야 취소사유를 알고 행정서사업 허가를 취소한 경우, 그 허가취소처분은 실권의 법리에 저촉되는 것으로 보아야 한다.
② 법령이나 비권력적 사실행위인 행정지도 등은 신뢰의 대상이 되는 선행조치에 포함되지 않는다.
③ 신뢰보호원칙의 적용에 있어서 귀책사유의 유무는 상대방을 기준으로 판단하여야 하며, 상대방으로부터 신청행위를 위임받은 수임인 등 관계자까지 포함시켜 판단할 것은 아니다.
④ 당초 정구장시설을 설치한다는 도시계획결정을 하였다가 정구장 대신 청소년 수련시설을 설치한다는 도시계획 변경결정 및 지적승인을 한 경우 당초의 도시계획결정만으로는 도시계획사업의 시행자 지정을 받게 된다는 공적 견해를 표명했다고 할 수 없다.

> **해설**
>
> ④ (○) 대판2000두727
> ① (×) 행정서사 허가를 받은 때로부터 20년이 다되어 피고가 그 허가를 취소한 것이기는 하나, 피고가 취소사유를 알고서도 장기간 취소권을 행사하지 않는 것이 아니고 취소처분이 있기 바로 전에 취소사유를 알고 이에 대하여 다각도로 연구검토가 행해진 경우에는 실권의 법리에 저촉되지 않는다. (대판87누915)
> ② (×) 선행조치에는 법령·행정규칙·처분·확약·행정계획·행정지도 등 모든 행정작용이 포함된다.
> ③ (×) 귀책사유의 유무는 상대방과 그로부터 신청행위를 위임받은 수임인등 관계자 모두를 기준으로 판단해야 한다.
>
> **정답** ④

119. 신뢰보호의 원칙에 대한 설명으로 옳지 않은 것은? (다툼이 있는 경우 판례에 의함)
20 국가직 9급

① 관할관청이 폐기물처리업 사업계획에 대하여 적정통보를 한 것만으로도 그 사업부지 토지에 대한 국토이용계획 변경신청을 승인하여 주겠다는 취지의 공적인 견해표명을 한 것으로 볼 수 있다.
② 행정청의 확약 또는 공적인 의사표명이 있은 후에 사실적·법률적 상태가 변경되었다면, 그와 같은 확약 또는 공적인 의사표명은 행정청의 별다른 의사표시를 기다리지 않고 실효된다.
③ 행정청의 공적 견해표명이 있었는지 여부를 판단하는 데 있어 반드시 행정조직상의 형식적인 권한분장에 구애될 것은 아니고 담당자의 조직상의 지위와 임무, 당해 언동을 하게 된 구체적인경위 및 그에 대한 상대방의 신뢰가능성에 비추어 실질에 의하여 판단하여야 한다.
④ 입법 예고를 통해 법령안의 내용을 국민에게 예고한 적이 있다고 하더라도 그것이 법령으로 확정되지 아니한 이상 국가가 이해관계자들에게 그 법령안에 관련된 사항을 약속하였다고 볼 수 없으며, 이러한 사정만으로 어떠한 신뢰를 부여하였다고 볼 수도 없다.

① (✕) 폐기물관리법령에 의한 폐기물처리업 사업계획에 대한 적정통보와 국토이용관리법령에 의한 국토이용계획변경은 각기 그 제도적 취지와 결정단계에서 고려해야 할 사항들이 다르다는 이유로 폐기물처리업 사업계획에 대하여 적정통보를 한 것만으로 그 사업부지 토지에 대한 국토이용계획변경신청을 승인하여 주겠다는 취지의 공적인 견해표명을 한 것으로 볼 수 없다. (대판2004두8828)
② (○) 대판95누10877
③ (○) 대판2005두9644
④ (○) 대판2017다249769

정답 ①

120 신뢰보호 원칙에 대한 설명으로 옳지 않은 것은?(다툼이 있는 경우 판례에 의함) 20 군무원

① 신뢰보호 원칙의 법적 근거로는 신의칙설 또는 법적 안정성을 드는 것이 일반적인 견해이다.
② 신뢰보호 원칙의 실정법적 근거로는 「행정절차법」 제4조 제2항, 「국세기본법」 제18조 제3항 등을 들 수 있다.
③ 대법원은 실권의 법리를 신뢰보호 원칙의 파생원칙으로 본다.
④ 조세법령의 규정내용 및 행정규칙 자체는 과세관청의 공적 견해 표명에 해당하지 아니한다.

판례는 실권의 법리를 신뢰보호원칙이 아니라 신의칙에서 바탕이 되는 것으로 보고 있다.

정답 ③

121 평등원칙에 대한 설명으로 옳지 않은 것은? 단, 다툼이 있는 경우 판례에 의함) 21 군무원 9급

① 국가기관이 채용시험에서 국가유공자의 가족에게 10%의 가산점을 부여하는 규정은 평등권과 공무담임권을 침해한다.
② 평등원칙은 동일한 것 사이에서의 평등이므로 상이한 것에 대한 차별의 정도에서의 평등을 포함하지 않는다.
③ 재량준칙이 공표된 것만으로는 행정의 자기 구속의 원칙이 적용될 수 없고, 재량준칙이 되풀이 시행되어 행정관행이 성립한 경우에 적용될 수 있다.
④ 행정의 자기구속의 원칙이 인정되는 경우에는 행정관행과 다른 처분은 특별한 사정이 없는 한 위법하다.

② (✕) 평등의 원칙은 「헌법」 제11조 및 「행정기본법」 제9조에 근거를 둔 공법상의 일반원칙으로, 행정기관이 행정작용을 함에 있어 특별한 합리적인 사유가 없는 한 상대방인 국민을 차별 없이 대우해야 한다는 원칙이다. (자의금지의 원칙) 이러한 평등원칙 위반 여부는 차별취급에 합리적인 이유가 있는 가에 달려 있다. 합리적 이유 없는 차별 취급은 ㉠ 동일한 사항을 다르게 취급하는 경우와 ㉡ 차별취급 그 자체는 정당화될 수는 있지만 차별의 정도가 지나친 경우, 즉 비례원칙에 위반하여 과도하게 차별취급을 하는 경우가 있다. 따라서 평등원칙은 동일한 것 사이에서의 평등, 즉 차별 [여부]만 대상으로 하는 것이 아니라, 상이한 것에 대한 차별의 [정도]에서의 평등을 포함한다. [※관련판례. 평등원칙 위반여부 심사기준 평등원칙 침해 여부에 대한 심사는 그 심사기준에 따라 자의금지원칙에 의한 심사와 비례의 원칙에 의한 심사로 크게 나누어 볼 수 있다. (헌재 2004헌마675·981·1022병합)]
① (O) 헌재2004헌마675
③, ④ (O) 대판2009두7967

정답 ②

122 헌법재판소 결정례와 대법원 판례의 내용으로 옳지 않은 것은? (다툼이 있는 경우 판례에 의함)

20 군무원

① 현역군인만을 국방부의 보조기관 및 차관보·보좌기관과 병무청 및 방위사업청의 보조기관 및 보좌기관에 보할 수 있도록 정하여 군무원을 제외하고 있는 정부조직법 관련 조항은 군무원인 청구인들의 평등권을 침해한다고 보아야 한다.
② 행정소송에 있어서 처분청의 처분권한 유무는 직권조사 사항이 아니다.
③ 행정권한의 위임이 행하여진 때에는 위임관청은 그 사무를 처리할 권한을 잃는다.
④ 자동차운전면허시험 관리업무는 국가행정사무이고 지방자치단체의 장인 서울특별시장은 국가로부터 그 관리업무를 기관위임 받아 국가행정기관의 지위에서 그 업무를 집행하므로, 국가는 면허시험장의 설치 및 보존의 하자로 인한 손해배상책임을 부담한다.

군인과 군무원은 모두 국군을 구성하며 국토수호라는 목적을 위해 국가와 국민에게 봉사하는 특정직공무원이기는 하지만 각각의 책임·직무·신분 및 근무조건에는 상당한 차이가 존재한다. 이 사건 법률조항이 현역군인에게만 국방부 등의 보조기관 등에 보해질 수 있는 특례를 인정한 것은 국방부 등이 담당하고 있는 지상·해상·상륙 및 항공작전임무와 그 임무를 수행하기 위한 교육훈련 업무에는 평소 그 업무에 종사해 온 현역군인들의 작전 및 교육경험을 활용할 필요성이 인정되는 반면, 군무원들이 주로 담당해 온 정비·보급·수송 등의 군수지원분야의 업무, 행정 업무 그리고 일부 전투지원분야의 업무는 국방부 등에 근무하는 일반직공무원·별정직공무원 및 계약직공무원으로서도 충분히 감당할 수 있다는 입법자의 합리적인 재량 판단에 의한 것이다. 따라서 이와 같은 차별이 입법재량의 범위를 벗어나 현저하게 불합리한 것이라 볼 수는 없으므로 이 사건 법률조항은 청구인들의 평등권을 침해하지 않는다. (헌재 2005헌마1275)

정답 ①

123. 행정의 자기구속의 원칙에 대한 설명으로 옳지 않은 것은? (다툼이 있는 경우 판례에 의함)
_{18 국가직 9급}

① 헌법재판소는 평등의 원칙이나 신뢰보호의 원칙을 근거로 행정의 자기구속의 원칙을 인정하고 있다.
② 반복적으로 행해진 행정처분이 위법하더라도 행정의 자기구속의 원칙에 따라 행정청은 선행처분에 구속된다.
③ 행정의 자기구속의 원칙은 법적으로 동일한 사실관계, 즉 동종의 사안에서 적용이 문제되는 것으로 주로 재량의 통제법리와 관련된다.
④ 재량준칙이 공표된 것만으로는 행정의 자기구속의 원칙이 적용될 수 없고, 재량준칙이 되풀이 시행되어 행정관행이 성립한 경우에 행정의 자기구속의 원칙이 적용될 수 있다.

② (X) 위법한 행정처분이 수차례에 걸쳐 반복적으로 행하여졌다 하더라도 그러한 처분이 위법한 것인 때에는 행정청에 대하여 자기구속력을 갖게 된다고 할 수 없다. (대판2008두13132)
① (O) 헌재 90헌마13
③ (O) 자기구속의 법리의 기능에 대한 지문으로서 옳은 설명이다.
④ (O) 대판 2009두7967

정답 ②

124. 다음 중 「행정기본법」에 규정된 행정법상 원칙으로 가장 옳지 않은 것은?
_{22 군무원 7급}

① 성실의무 및 권한남용금지의 원칙
② 신뢰보호의 원칙
③ 부당결부금지의 원칙
④ 행정의 자기구속의 원칙

④ (X) 행정의 자기구속의 원칙은 평등의 원칙 및 신뢰보호의 원칙의 파생원칙으로서 「행정기본법」에 명시적으로 규정되어 있지 않다.
① (O) 행정기본법 제11조
② (O) 행정기본법 제12조
③ (O) 행정기본법 제13조

정답 ④

125. 행정의 법원칙 중 「행정기본법」에 명문으로 규정하고 있는 것이 아닌 것은? 21 행정사

① 행정의 자기구속의 원칙
② 부당결부금지의 원칙
③ 성실의무 및 권한남용금지의 원칙
④ 비례의 원칙
⑤ 평등의 원칙

① (×) 행정의 자기구속의 원칙은 평등의 원칙 및 신뢰보호의 원칙의 파생원칙으로서 「행정기본법」에 명시적으로 규정되어 있지 않다.
② (○) 행정기본법 제13조
③ (○) 행정기본법 제11조
④ (○) 행정기본법 제10조
⑤ (○) 행정기본법 제9조

정답 ①

126. 다음 중 상속세 체납자에 대한 영업허가취소는 어느 법원칙에 위반될 가능성이 가장 높은가? 22 해경승진

① 부당결부금지의 원칙
② 과잉금지의 원칙
③ 신뢰보호의 원칙
④ 보충성의 원칙

행정의 목적과 수단 간의 실질적 관련성 여부와 관련하여 부당결부금지의 원칙이 가장 문제될 가능성이 높다.

정답 ①

127. 다음 판결의 내용에서 (   )안에 들어갈 행정법의 일반원칙으로 가장 적절한 것은? 14 경찰행정

> 지방자치단체장이 사업자에게 주택사업계획승인을 하면서 그 주택사업과는 아무런 관련이 없는 토지를 기부채납하도록 하는 부관을 주택사업계획승인에 붙인 경우, 그 부관은 (   )에 위반되어 위법하다.

① 자기구속의 원칙
② 비례의 원칙
③ 신뢰보호의 원칙
④ 부당결부금지의 원칙

정답 ④

128 부당결부금지의 원칙에 관한 설명으로 가장 적절한 것은? (다툼이 있는 경우 판례에 의함)

23 경찰채용

① 행정청은 행정작용을 할 때 상대방에게 해당 행정작용과 실질적인 관련이 없는 의무를 부과해서는 아니 된다는 원칙이다.
② 현행법상 명시적인 규정은 없지만 법치국가의 원리와 자의금지의 원칙으로부터 도출되는 행정법의 일반원칙이다.
③ 지방자치단체장이 사업자에게 주택사업계획승인을 하면서 그 주택사업과는 아무런 관련이 없는 토지를 기부채납하도록 하는 부관을 붙인 경우에는, 기부채납한 토지 가액이 그 주택사업계획의 100분의 1 상당의 금액에 불과하고 사업자가 이의를 제기하지 아니하다가 지방자치단체장이 업무착오로 기부채납한토지에 대하여 보상협조요청서를 보내자 그 때서야 비로소 부관의 하자를 들고 나왔다고 하더라도 그 부관은 당연무효이다.
④ 甲이 혈중알코올농도 0.140%의 주취상태로 배기량 125cc 이륜자동차를 운전하였다는 이유로 甲의 자동차운전면허[제1종 대형, 제1종 보통, 제1종 특수(대형견인·구난), 제2종 소형]를 취소한 것은 甲이 음주상태에서 운전을 하지 않으면 안 되는 부득이한 사정이 없었더라도 재량권을 일탈·남용한 것이다.

해설

② (✕) 「행정기본법」 제13조(부당결부금지의 원칙) 행정청은 행정작용을 할 때 상대방에게 해당 행정작용과 실질적인 관련이 없는 의무를 부과해서는 아니 된다.
③ (✕) 지방자치단체장이 사업자에게 주택사업계획승인을 하면서 그 주택사업과는 아무런 관련이 없는 토지를 기부채납하도록 하는 부관을 주택사업계획승인에 붙인 경우, 그 부관은 부당결부금지의 원칙에 위반되어 위법하지만, 지방자치단체장이 승인한 사업자의 주택사업계획은 상당히 큰 규모의 사업임에 반하여, 사업자가 기부채납한 토지 가액은 그 100분의 1 상당의 금액에 불과한 데다가, 사업자가 그 동안 그 부관에 대하여 아무런 이의를 제기하지 아니하다가 지방자치단체장이 업무착오로 기부채납한 토지에 대하여 보상협조요청서를 보내자 그 때서야 비로소 부관의 하자를 들고 나온 사정에 비추어 볼 때 부관의 하자가 중대하고 명백하여 당연무효라고는 볼 수 없다. (대판96다49650)
④ (✕) 甲이 혈중알코올농도 0.140%의 주취상태로 배기량 125cc 이륜자동차를 운전하였다는 이유로 관할 지방경찰청장이 甲의 자동차운전면허[제1종 대형, 제1종 보통, 제1종 특수(대형견인·구난), 제2종 소형]를 취소하는 처분을 한 사안에서, 갑에 대하여 제1종 대형, 제1종 보통, 제1종 특수(대형견인·구난) 운전면허를 취소하지 않는다면, 갑이 각 운전면허로 배기량 125cc 이하 이륜자동차를 계속 운전할 수 있어 실질적으로는 아무런 불이익을 받지 않게 되는 점, 甲의 혈중알코올농도는 0.140%로서 도로교통법령에서 정하고 있는 운전면허 취소처분 기준인 0.100%를 훨씬 초과하고 있고 갑에 대하여 특별히 감경해야 할 만한 사정을 찾아볼 수 없는 점, 甲이 음주상태에서 운전을 하지 않으면 안 되는 부득이한 사정이 있었다고 보이지 않는 점, 처분에 의하여 달성하려는 행정목적 등에 비추어 볼 때, 처분이 사회통념상 현저하게 타당성을 잃어 재량권을 남용하거나 한계를 일탈한 것이라고 단정하기에 충분하지 않음에도, 이와 달리 위 처분 중 제1종 대형, 제1종 보통, 제1종 특수(대형견인·구난) 운전면허를 취소한 부분에 재량권을 일탈·남용한 위법이 있다고 본 원심판단에 재량권 일탈·남용에 관한 법리 등을 오해한 위법이 있다. (대판2017두67476)

정답 ①

129 행정법의 법원(法源)의 효력에 대한 설명으로 옳지 않은 것은? 21 지방직 9급

① 헌법개정·법률·조약·대통령령·총리령 및 부령의 공포는 관보에 게재함으로써 한다.
② 「국회법」에 따라 하는 국회의장의 법률 공포는 서울특별시에서 발행되는 둘 이상의 일간신문에 게재함으로써 한다.
③ 법령의 공포일은 해당 법령을 게재한 관보 또는 신문이 발행된 날로 한다.
④ 관보의 내용 해석 및 적용 시기 등에 대하여 종이관보가 전자관보보다 우선적 효력을 가진다.

> **해설**
> 「법령 등 공포에 관한 법률」 제11조(공포 및 공고의 절차) 제4항. 관보의 내용 해석 및 적용 시기 등에 대하여 종이관보와 전자관보는 동일한 효력을 가진다.
>
> 정답 ④

130 행정법의 효력에 대한 설명으로 옳지 않은 것은? 21 군무원 9급

① 조례와 규칙은 특별한 규정이 없으면 공포한 날부터 20일이 경과함으로써 효력을 발생한다.
② 행정법령은 특별한 규정이 없는 한 시행일로부터 장래에 향하여 효력을 발생하는 것이 원칙이다.
③ 법령을 소급적용하더라도 일반국민의 이해에 직접 관계가 없는 경우에는 법령의 소급적용이 허용된다.
④ 법률불소급의 원칙은 그 법률의 효력발생 전에 완성된 요건사실 뿐만 아니라 계속 중인 사실이나 그 이후에 발생한 요건사실에 대해서도 그 법률을 소급적용할 수 없다.

> **해설**
> ④ (✕) 법령불소급의 원칙은 법령의 효력발생 전에 완성된 요건 사실에 대하여 당해 법령을 적용할 수 없다는 의미일 뿐, 계속 중인 사실이나 그 이후에 발생한 요건 사실에 대한 법령적용까지를 제한하는 것은 아니다. (대판2013두26552) 즉, 소급적용금지의 원칙은 시행일 이전에 이미 종결된 사실에 대하여 법령이 소급하여 적용되지 않는다는 것을 의미한다(진정소급효의 금지). 다만, 시행일 이전에 시작되었으나 현재도 진행중인 사실에 법령이 적용되지 않는다는 것은 아니다.
> ① (○) 조례와 규칙은 특별한 규정이 없으면 공포한 날부터 20일이 지나면 효력을 발생한다. (지방자치법 제26조)
> ② (○) 법령은 시행일 이후에 그 효력이 발생하고, 장래에 향해서 적용되는 것이 원칙이다. 그런데 법령의 내용에 따라서는 과거의 시점까지 거슬러 올라가서 시행일 전에 생긴 사항에 대해서도 적용할 필요가 생기는 경우가 있다. 이와 같이 법령을 그 법령의 효력 발생일 이전의 사항에 대하여 적용하는 것을 소급적용이라고 한다.
> ③ (○) 법령의 소급적용, 특히 행정법규의 소급적용은 일반적으로는 치주의의 원리에 반하고, 개인의 권리·자유에 부당한 침해를 가하며, 법률생활의 안정을 위협하는 것이어서, 이를 인정하지 않는 것이 원칙이고, 다만 법령을 소급적용하더라도 일반 국민의 이해에 직접 관계가 없는 경우, 오히려 그 이익을 증진하는 경우, 불이익이나 고통을 제거하는 경우 등의 특별한 사정이 있는 경우에 한하여 예외적으로 법령의 소급적용이 허용된다. (대판2004다8630)
>
> 정답 ④

131 행정법의 효력에 대한 설명으로 옳지 않은 것은? (다툼이 있는 경우 판례에 의함) 20 군무원

① 행정법규는 시행일부터 그 효력을 발생한다.
② 법령이 변경된 경우 신 법령이 피적용자에게 유리하여 이를 적용하도록 하는 경과규정을 두는 등의 특별한 규정이 없는 한 「헌법」 제13조등의 규정에 비추어 볼 때 그 변경 전에 발생한 사항에 대하여는 변경 후의 신 법령이 아니라 변경 전의 구 법령이 적용되어야 한다.
③ 법령불소급의 원칙은 법령의 효력발생 전에 완성된 요건 사실에 대하여 당해 법령을 적용할 수 없다는 의미일 뿐, 계속 중인 사실이나 그 이후에 발생한 요건 사실에 대한 법령 적용까지를 제한하는 것은 아니다.
④ 진정소급입법의 경우에는 신뢰보호의 이익을 주장할 수 있으나 부진정소급입법의 경우에는 신뢰보호의 이익을 주장할 수 없다.

> **해설**
> 현재 진행중인 사실관계에 작용케 하는 부진정소급입법은 원칙적으로 허용되지만 소급효를 요구하는 공익상의 사유와 신뢰보호의 요청사이의 교량과정에서 신뢰보호의 관점이 입법자의 형성권에 제한을 가하게 된다. (헌재97헌바56)
>
> 정답 ④

132 행정법의 법원(法源)의 효력에 대한 설명으로 옳지 않은 것은?(다툼이 있는 경우 판례에 의함)

20 국가직

① 학교급식을 위해 국내 우수농산물을 사용하는 자에게 식재료나 구입비의 일부를 지원하는 것 등을 내용으로 하는 지방자치단체의 조례안이 '1994년 관세 및 무역에 관한 일반협정'을 위반하여 위법한 이상, 그 조례안은 효력이 없다.
② 국민의 권리 제한 또는 의무 부과와 직접 관련되는 법률, 대통령령, 총리령 및 부령은 긴급히 시행하여야 할 특별한사유가 있는 경우를 제외하고는 공포일부터 적어도 30일이 경과한 날부터 시행되도록 하여야 한다.
③ 진정소급입법이라 하더라도 예외적으로 국민이 소급입법을 예상할 수 있었거나 신뢰보호의 요청에 우선하는 심히 중대한 공익상의 사유가 소급입법을 정당화하는 경우 등에는 허용될 수 있다.
④ 개발제한구역의 지정 및 관리에 관한 특별조치법령의 개정으로 허가나 신고 없이 개발제한구역 내 공작물 설치행위를 할 수 있게 되었다면, 그 법령의 시행 전에 이미 범하여진 위법한 설치행위에 대한 가벌성은 소멸한다.

2005. 1. 27. 법률 제7383호로 개정된 「개발제한구역의 지정 및 관리에 관한 특별조치법」에서 신설한 제11조 제3항은 "건설교통부령이 정하는 경미한 행위는 허가 또는 신고를 하지 아니하고 행할 수 있다"고 규정하고 있고 그 부칙에 의하여 공포 후 6개월이 경과한 날부터 시행되었으며, 2005. 8. 10. 건설교통부령 제464호에서 신설한 같은 법 시행규칙 제7조의2와 [별표 3의2]는 그러한 경미한 행위들을 열거하여 규정하고 있으나, 이와 같이 종전에 허가를 받거나 신고를 하여야만 할 수 있던 행위의 일부를 허가나 신고 없이 할 수 있도록 법령이 개정되었다 하더라도 이는 법률이념의 변천으로 과거에 범죄로서 처벌하던 일부 행위에 대한 처벌 자체가 부당하다는 반성적 고려에서 비롯된 것이라기보다는 사정의 변천에 따른 규제 범위의 합리적 조정의 필요에 따른 것이라고 보이므로, 위 「개발제한구역의 지정 및 관리에 관한 특별조치법」과 같은 법 시행규칙의 신설 조항들이 시행되기 전에 이미 범하여진 개발제한구역 내 비닐하우스 설치행위에 대한 가벌성이 소멸하는 것은 아니다. (대판2007도4197)

정답 ④

133 행정법의 효력에 대한 설명으로 가장 적절하지 않은 것은? (다툼이 있는 경우 판례에 의함)

19 경찰행정

① 행정처분의 근거 법률이 개정된 경우, 국민의 재산권과 관련하여 종전보다 불리한 법률효과를 규정하고 있더라도, 당해 사실 또는 법률관계가 이미 완성 또는 종결된 것이 아니라면, 「헌법」상 금지되는 소급입법에 의한 재산권 침해라고 할 수는 없다.
② 개정 법률이 부진정소급입법에 해당하더라도, 개정 전 법률의 존속에 대한 국민의 신뢰가 개정 법률의 적용에 관한 공익상의 요구보다 더 보호가치가 있다고 인정되는 경우, 그러한 국민의 신뢰를 보호하기 위하여 개정 법률의 적용이 제한될 수 있다.
③ 개정 법률이 진정소급입법에 해당하더라도, 국민이 소급입법을 예상할 수 있었거나 신뢰보호의 요청에 우선하는 심히 중대한 공익상의 사유가 소급입법을 정당화하는 경우 등에는 소급입법이 허용될 수 있다.
④ '친일재산은 그 취득증여 등 원인행위시에 국가의 소유로 한다.'고 정한 「친일반민족행위자 재산의 국가귀속에 관한 특별법」제3조 제1항의 규정은 부진정소급입법에 해당하므로 원칙적으로 허용된다.

해설

구 「친일반민족행위자 재산의 국가귀속에 관한 특별법」은 진정소급입법에 해당하지만 진정소급입법이라 하더라도 예외적으로 국민이 소급입법을 예상할 수 있거나 신뢰보호의 요청에 우선하는 심히 중대한 공익상의 사유가 소급입법을 예상할 수 있었던 예외적인 사안이고, 진정소급입법을 통해 침해되는 법적 신뢰는 심각하다고 볼 수 없는 데 반해 이를 통해 달성되는 공익적 중대성은 압도적이라고 할 수 있으므로 진정소급입법이 허용되는 경우에 해당한다. 따라서 귀속조항이 진정소급입법이라는 이유만으로 「헌법」제13조 제2항에 위배된다 할 수 없다. 또한 귀속조항은 일본제국주의에 저항한 3·1운동의 헌법이념을 구현하기 위한 것으로 그 입법목적이 정당하고, 민법 등 기존 재산법 조항의 해석 및 적용에 의존하는 방법만으로는 친일재산의 처리가 어려운 점에 비추어 적절한 수단이며, 사안이 중대하고 범위가 명백한 네 가지 친일반민족행위를 한 자의 친일재산으로 그 귀속대상을 한정하고 있을 뿐만 아니라 친일반민족행위 후에 독립운동에 적극 참여한 자 등으로 친일반민족행위자재산조사위원회가 결정한 자에 대하여는 다시 예외를 인정하여 귀속대상에서 제외하고 있으며, 친일반민족행위자측은 그 재산이 친일행위의 대가로 취득한 것이 아니라는 점을 증명하여 국가귀속을 막을 수 있고 선의의 제3자에 대한 보호 규정도 마련되어 있어 피해의 최소성 원칙에 반하지 않고, 법익의 균형성도 충족하므로 「헌법」제37조 제2항이 정한 과잉금지의 원칙에 반하거나 「헌법」제23조가 정한 재산권보장의 원칙을 침해하지 아니한다. (대판2010두17557)

정답 ④

CHAPTER 04 | 행정상 법률관계

01 행정상 법률관계에 관한 설명으로 가장 적절하지 않은 것은? (다툼이 있는 경우 판례에 의함)

23 경찰채용

① 국유재산의 관리청이 그 무단점유자에 대하여 하는 변상금부과처분은 순전히 사경제 주체로서 행하는 사법상의 법률행위이다.
② 국가나 지방자치단체에 근무하는 청원경찰은 「국가공무원법」이나 「지방공무원법」상의 공무원은 아니지만 그 근무관계를 사법상의 고용계약관계로 보기는 어렵다.
③ 원천징수의무자가 비록 과세관청과 같은 행정청이라 하더라도 그의 원천징수행위는 법령에서 규정된 징수 및 납부의무를 이행하기 위한 것에 불과한 것이지, 공권력의 행사로서의 행정처분을 한 경우에 해당되지 아니한다.
④ 국립 교육대학 학생에 대한 퇴학처분은 행정처분이다.

> 「국유재산법」 제51조 제1항은 국유재산의 무단점유자에 대하여는 대부 또는 사용, 수익허가 등을 받은 경우에 납부하여야 할 대부료 또는 사용료 상당액 외에도 그 징벌적 의미에서 국가측이 일방적으로 그 2할 상당액을 추가하여 변상금을 징수토록 하고 있으며 동조 제2항은 변상금의 체납시 국세징수법에 의하여 강제징수토록 하고 있는 점 등에 비추어 보면 국유재산의 관리청이 그 무단점유자에 대하여 하는 변상금부과처분은 순전히 사경제 주체로서 행하는 사법상의 법률행위라 할 수 없고 이는 관리청이 공권력을 가진 우월적 지위에서 행한 것으로서 행정소송의 대상이 되는 행정처분이라고 보아야 한다. (대판87누1046)

정답 ①

02 행정계획에 대한 설명으로 옳지 않은 것은? (다툼이 있는 경우 판례에 의함) `21 지방직 7급`

① 도시관리계획결정·고시와 그 도면에 특정 토지가 도시관리계획에 포함되지 않았음이 명백한데도 도시관리계획을 집행하기 위한 후속 계획이나 처분에서 그 토지가 도시관리계획에 포함된 것처럼 표시되어 있는 경우, 이는 원칙적으로 취소사유에 해당한다.
② 구 「도시계획법」상 행정청이 정당하게 도시계획결정의 처분을 하였다고 하더라도 이를 관보에 게재하여 고시하지 아니한 이상 대외적으로는 아무런 효력이 발생하지 않는다.
③ 행정주체가 행정계획을 입안·결정함에 있어서 이익형량을 하였으나 정당성과 객관성이 결여된 경우 그 행정계획결정은 위법하다.
④ 산업단지개발계획상 산업단지 안의 토지 소유자로서 산업단지개발계획에 적합한 시설을 설치하여 입주하려는 자는 산업단지 지정권자 또는 그로부터 권한을 위임받은 기관에 대하여 산업단지개발 계획의 변경을 요청할 수 있는 법규상 또는 조리상 신청권이 있다.

도시관리계획결정·고시와 그 도면에 특정 토지가 도시관리계획에 포함되지 않았음이 명백한데도 도시관리계획을 집행하기 위한 후속 계획이나 처분에서 그 토지가 도시관리계획에 포함된 것처럼 표시되어 있는 경우가 있다. 이것은 실질적으로 도시관리계획결정을 변경하는 것에 해당하여 구 「국토의 계획 및 이용에 관한 법률」 제30조 제5항에서 정한 도시관리계획 변경절차를 거치지 않는 한 당연무효이다. (대판2018두47783)

정답 ①

03 행정계획에 관한 설명으로 옳지 않은 것은? (다툼이 있는 경우 판례에 의함) `23 소방공채`

① 구 도시계획법령에 따르면 도시계획의 입안에 있어 해당 도시계획안의 내용을 공고 및 공람하여야 하는데, 이러한 공고 및 공람 절차에 하자가 있으면 도시계획결정은 위법하다.
② 국토해양부, 환경부, 문화체육관광부, 농림수산식품부가 합동으로 2009. 6. 8. 발표한 '4대강 살리기 마스터플랜'은 행정기관 내부에서 사업의 기본방향을 제시하는 것일 뿐, 국민의 권리·의무에 직접 영향을 미치는 것은 아니라고 할 것이어서 행정처분에 해당하지 아니한다.
③ 재건축정비사업조합의 사업시행계획은 행정주체의 지위에서 수립한 구속적 행정계획으로서 인가·고시를 통해 확정되면 독립된 행정처분에 해당한다.
④ 구 「환경정책기본법」 제25조의2에 따라 사전환경성검토를 거쳐야 하는 행정계획이나 개발사업에 대하여 사전환경성 검토를 거친 경우, 그 부실의 정도가 사전환경성검토 제도를 둔 입법 취지를 달성할 수 없을 정도가 아니더라도 그 부실로 인하여 행정계획은 위법하게 된다.

구 「환경정책기본법」 제25조 내지 제27조, 구 「환경정책기본법 시행령」 제7조 내지 제11조의 각 규정을 종합하여 보면, 구 「환경정책기본법」 제25조의2에 따라 사전환경성검토를 거쳐야 하는 행정계획이나 개발사업에 대하여 사전환경성검토를 거치지 아니하였는데도 행정계획을 수립하거나 개발사업에 대하여 허가 또는 승인 등을 하였다면 그 처분은 위법하다 할 것이나, 그러한 절차를 거쳤다면, 비록 그 사전환경성검토의 내용이 다소 부실하다 하더라도 〈 그 부실의 정도가 사전환경성검토 제도를 둔 입법 취지를 달성할 수 없을 정도이어서 사전환경성검토를 하지 아니한 것과 다를 바 없는 정도의 것이 아닌 이상,〉 그 부실은 당해 처분에 재량권 일탈·남용의 위법이 있는지 여부를 판단하는 하나의 요소로 됨에 그칠 뿐, 그 부실로 인하여 당연히 당해 처분이 위법하게 되는 것은 아니라고 할 것이다. (대판2012두4616)

정답 ④

04 행정계획에 대한 설명으로 옳지 않은 것은? (단, 다툼이 있는 경우 판례에 의함) 21 군무원 7급

① 개인의 자유와 권리에 직접 영향을 미치는 계획이라도 광범위한 형성의 자유가 결부되므로 국민들에게 고시 등으로 알려져야만 대외적으로 효력을 발생하는 것이 아니다.
② 구 「도시계획법」상 도시계획안의 공고 및 공람절차에 하자가 있는 행정청의 도시계획결정은 위법하다.
③ 국토이용계획변경신청을 거부하였을 경우 실질적으로 폐기물처리업허가신청과 같은 처분을 불허하는 결과가 되는 경우 국토이용계획변경의 입안 및 결정권자인 행정청에게 계획변경을 신청할 법규상 또는 조리상 권리를 가진다.
④ 행정기관 내부지침에 그치는 행정계획이 국민의 기본권에 직접 영향을 끼치고 법령의 뒷받침에 의하여 그대로 실시될 것이 틀림없을 것으로 예상되는 때에는 예외적으로 헌법소원의 대상이 된다.

구 「도시계획법」 제7조가 도시계획결정등 처분의 고시를 도시계획구역, 도시계획결정등의 효력발생요건으로 규정하였다고 볼 것이어서 건설부장관 또는 그의 권한의 일부를 위임받은 서울특별시장, 도지사등 지방장관이 기안, 결재등의 과정을 거쳐 정당하게 도시계획결정등의 처분을 하였다고 하더라도 이를 관보에 게재하여 고시하지 아니한 이상 대외적으로는 아무런 효력도 발생하지 아니한다. (대판85누186) 따라서 개인의 자유와 권리에 직접 관련하는 구속적 계획은 법규형식에 의한 것이 아니어도 고시, 공고 등을 통해 국민에게 알려져야 효력이 발생한다. ※ 상대방이 있는 의사표시의 일반법리는 상대방에게 도달되어야 효력이 발생하는 [도달주의]

정답 ①

05 계획재량에 대한 설명으로 옳지 않은 것은? 〔21 군무원 9급〕

① 통상적인 재량행위와 계획재량은 양적인 점에서 차이가 있을 뿐 질적인 점에서는 차이가 없다는 견해는 형량명령이 계획재량에 특유한 하자이론이라기보다는 비례의 원칙을 계획재량에 적용한 것이라고 한다.
② 행정주체는 그 행정계획에 관련되는 자들의 이익을 공익과 사익 사이에서는 물론이고 공익 상호간과 사익 상호간에도 정당하게 비교교량 하여야 한다는 제한을 받는다.
③ 행정주체가 행정계획을 입안·결정함에 있어서 이익형량의 고려 대상에 마땅히 포함시켜야 할 사항을 누락한 경우 이익형량을 전혀 행하지 아니하는 등의 사정이 없는 한 그 행정계획 결정은 형량에 하자가 있다고 보기 어렵다.
④ 행정계획과 관련하여 이익형량을 하였으나 정당성과 객관성이 결여된 경우에는 그 행정계획결정은 형량에 하자가 있어 위법하게 된다.

③ (×) 행정주체는 구체적인 행정계획을 입안·결정함에 있어서 비교적 광범위한 형성의 자유를 가지는 것이지만, 행정주체가 가지는 이와 같은 형성의 자유는 무제한적인 것이 아니라 그 행정계획에 관련되는 자들의 이익을 공익과 사익 사이에서는 물론이고 공익 상호간과 사익 상호간에도 정당하게 비교교량하여야 한다는 제한이 있으므로, 행정주체가 행정계획을 입안·결정함에 있어서 이익형량을 전혀 행하지 아니하거나 이익형량의 고려 대상에 마땅히 포함시켜야 할 사항을 누락한 경우 또는 이익형량을 하였으나 정당성과 객관성이 결여된 경우에는 위법하다. (대판2003두5426)
① (○) '양자의 질적 차이를 부정하는 견해'는 규범구조상의 차이는 입법자가 행정기관에 수권하는 목적에 따라 재량의 범위와 내용이 결정되는 것이기 때문에 양자가 본질적인 차이가 있는 것은 아니며, 계획재량에서의 형량명령은 그 실질적 내용이 협의의 비례원칙에 해당하는 것이지 계획재량에만 특유한 것이 아니므로 재량의 범위에서 양적 차이만 있다고 본다. 따라서 계획재량의 하자이론으로 제시되는 형량명령은 비례원칙의 계획재량에 있어서의 적용이론일 뿐이라고 본다.
②, ④ (○) 대판2003두5426.

정답 ③

06 행정계획에 대한 설명으로 옳지 않은 것은? (다툼이 있는 경우 판례에 의함) 〔22 소방공채〕

① 행정청은 구체적인 행정계획의 입안·결정에 관하여 광범위한 형성의 재량을 가진다.
② 행정청이 행정계획을 입안·결정할 때 이익형량을 전혀 행하지 아니하였다면, 그 행정계획 결정은 재량권을 일탈·남용한 것으로 위법하다.
③ 구 「도시계획법」및 지방자치단체의 도시계획조례상 규정된 도시기본계획은 장기적·종합적인 개발계획으로서 행정청에 대한 직접적 구속력을 가지지 않는다.
④ 개발제한구역으로 지정되어 있는 부지에 묘지공원과 화장장 시설들을 설치하기로 하는 도시계획시설결정은 위법하다.

④ (X) 개발제한구역은 도시의 무질서한 확산을 방지하고 도시 주변의 자연환경을 보전하여 도시민의 건전한 생활환경을 확보하기 위하여 도시의 개발을 제한할 필요에 의하여 지정되는 것이어서 원칙적으로 개발제한구역에서의 개발행위는 제한되는 것이기는 하지만 위와 같은 개발제한구역의 지정목적에 위배되지 않는다면 허용될 수 있는 것인바, 도시계획시설인 묘지공원과 화장장 시설의 설치가 위와 같은 개발제한구역의 지정목적에 위배된다고 보이지 않으므로, 시장이 이미 개발제한구역으로 지정되어 있는 부지에 묘지공원과 화장장 시설들을 설치하기로 하는 내용의 도시계획시설결정을 하였다 하더라도 이를 두고 위법하다고 할 수 없다. (대판 2005두1893)
① (O) 대판2015두50382.
② (O) 대판2010두5806 등.
③ (O) 대판2000두8226.

정답 ④

07 행정계획에 대한 설명으로 옳지 않은 것은? (다툼이 있는 경우 판례에 의함) 22 국가직 7급

① '4대강 살리기 마스터플랜'은 4대강 정비사업 지역 인근에 거주하는 주민의 권리·의무에 직접 영향을 미치는 것이어서 행정처분에 해당한다.
② 구 「도시계획법령」상 도시계획안의 내용에 대한 공고 및 공람 절차에 하자가 있는 도시계획결정은 위법하다.
③ 행정주체는 구체적인 행정계획을 입안·결정함에 있어서 비교적 광범위한 형성의 자유를 가진다.
④ 행정주체가 행정계획을 입안·결정함에 있어서 이익형량의 고려 대상에 마땅히 포함시켜야 할 사항을 누락한 경우 그 행정계획결정은 재량권을 일탈·남용한 것으로서 위법하다.

① (X) 국토해양부, 환경부, 문화체육관광부, 농림수산부, 식품부가 합동으로 2009. 6. 8. 발표한 '4대강 살리기 마스터플랜'등은 4대강 정비사업과 주변 지역의 관련 사업을 체계적으로 추진하기 위하여 수립한 종합계획이자 '4대강 살리기 사업'의 기본방향을 제시하는 계획으로서, 행정기관 내부에서 사업의 기본방향을 제시하는 것일 뿐, 국민의 권리·의무에 직접 영향을 미치는 것이 아니어서 행정처분에 해당하지 않는다. (대판2010무111).
② (O) 대판98두2768.
③ (O) 대판 2010두21464.
④ (O) 대판96누8567.

정답 ①

08 행정계획에 관한 판례의 내용으로 가장 옳지 않은 것은?　　22 군무원 9급

① 관계 법령에는 추상적인 행정목표와 절차만이 규정되어 있을 뿐 행정계획의 내용에 관하여는 별다른 규정을 두고 있지 아니하므로 행정주체는 구체적인 행정계획을 입안·결정함에 있어서 비교적 광범위한 형성의 자유를 가진다.
② 행정주체가 가지는 이와 같은 형성의 자유는 무제한적인 것이 아니라 그 행정계획에 관련되는 자들의 이익을 공익과 사익 사이에서는 물론이고 공익 상호간과 사익 상호간에도 정당하게 비교교량하여야 한다는 제한이 있다.
③ 판례에 따르면, 행정계획에 있어서 형량의 부존재, 형량의 누락, 평가의 과오 및 형량의 불비례 등 형량의 하자별로 위법의 판단기준을 달리하여 개별화하여 판단하고 있다.
④ 이미 고시된 실시계획에 포함된 상세계획으로 관리되는 토지 위의 건물의 용도를 상세계획 승인권자의 변경승인 없이 임의로 판매시설에서 상세계획에 반하는 일반목욕장으로 변경한 사안에서, 그 영업신고를 수리하지 않고 영업소를 폐쇄한 처분은 적법하다고 한 판례가 있다.

판례에 따르면 형량의 부존재, 형량의 누락, 평가의 과오 및 형량의 불비례 등 모두 형량하자로서 행정계획의 위법성을 인정하고 있고, 형량하자의 유형별로 차이를 말하고 있지는 않다. 따라서 형량의 하자별로 위법의 판단기준을 달리하여 개별화하여 판단하고 있는 것은 아니다.

정답 ③

09 행정계획에 대한 설명으로 옳지 않은 것은? (다툼이 있는 경우 판례에 의함)　　21 국가직 9급

① 구 「도시계획법」상 도시기본계획은 도시의 기본적인 공간구조와 장기발전방향을 제시하는 종합계획으로서 도시계획입안의 지침이 되므로 일반 국민에 대한 직접적인 구속력은 없다.
② 장래 일정한 기간 내에 관계 법령이 규정하는 시설 등을 갖추어 일정한 행정처분을 구하는 신청을 할 수 있는 법률상 지위에 있는 자의 국토이용계획변경신청을 거부하는 것이 실질적으로 당해 행정처분 자체를 거부하는 결과가 되는 경우라도, 구 「국토이용관리법」상 주민이 국토이용계획의 변경에 대하여 신청을 할 수 있다는 규정이 없으므로 그 신청인에게 국토이용계획변경을 신청할 권리가 인정된다고 볼 수 없다.
③ 구속력 없는 행정계획안이나 행정지침이라도 국민의 기본권에 직접적으로 영향을 끼치고 법령의 뒷받침에 의하여 그대로 실시될 것이 틀림없을 것으로 예상되는 때에는 예외적으로 헌법소원의 대상이 된다.
④ 도시계획의 결정·변경 등에 대한 권한행정청은 이미 도시계획이 결정·고시된 지역에 대하여도 다른 내용의 도시계획을 결정·고시할 수 있고, 이때에 후행 도시계획에 선행 도시계획과 양립할 수 없는 내용이 포함되어 있다면 특별한 사정이 없는 한 선행 도시계획은 후행 도시계획과 같은 내용으로 변경된다.

> **해설**
>
> ② (✗) 폐기물처리사업계획의 적정통보를 받은 원고가 폐기물처리업허가를 받기 위하여는 문제된 부동산에 대한 용도지역을 '농림지역 또는 준농림지역'에서 '준도시지역(시설용지지구)'으로 변경하는 국토이용계획변경이 선행되어야 하는데 피고가 용도지역 변경, 즉 국토이용계획변경을 거부하자 이를 다툰 사건에서, 예외적으로 조리상 행정계획 변경신청권을 인정하였다.
> ① (O) 구「도시계획법(2002. 2. 4. 법률 제6655호 국토의 계획 및 이용에 관한 법률 부칙 제2조로 폐지)」제19조 제1항 및 도시계획시설결정 당시의 지방자치단체의 도시계획조례에서는, 도시계획이 도시기본계획에 부합되어야 한다고 규정하고 있으나, 도시기본계획은 도시의 장기적 개발방향과 미래상을 제시하는 도시계획 입안의 지침이 되는 장기적·종합적인 개발계획으로서 행정청에 대한 직접적인 구속력은 없다. (대판2005두1893)
> ③ (O) 헌재92헌마68 등
> ④ (O) 대판99두11257
>
> **정답** ②

10 행정계획에 관한 설명으로 옳지 않은 것은? (다툼이 있으면 판례에 따름) 　22 소방승진

① 행정계획은 특정한 행정목표를 달성하기 위하여 행정에 관한 전문적·기술적 판단을 기초로 관련되는 행정수단을 종합·조정함으로써 장래의 일정한 시점에 일정한 질서를 실현하기 위하여 설정한 활동기준이나 그 설정행위를 말한다.

② 산업단지에서 제조업을 하려는 자가 입주계약 체결에 따라 공장설립 승인을 받은 것으로 의제되는 경우에는 공장건물을 건축하려면 「건축법」상 건축허가와 「국토의 계획 및 이용에 관한 법률」상 개발행위허가를 받은 것으로 본다.

③ '환경오염 발생 우려'와 같이 장래에 발생할 불확실한 상황과 파급효과에 대한 예측이 필요한 요건에 관한 행정청의 재량적 판단은 그 내용이 현저히 합리성을 결여하였다거나 상반되는 이익이나 가치를 대비해 볼 때 형평이나 비례의 원칙에 뚜렷하게 배치되는 등의 사정이 없는 한 폭넓게 존중하여야 한다.

④ 「국토의 계획 및 이용에 관한 법률」상 개발행위허가는 허가기준 및 금지요건이 불확정 개념으로 규정된 부분이 많아 그 요건에 해당하는지 여부는 행정청의 재량판단의 영역에 속한다.

「산업집적법」제13조 제2항 제2호, 제1항, 제38조 제1항에 따르면, 산업단지에서 제조업을 하려는 자가 관리기관과 입주계약을 체결한 때에는 시장·군수 또는 구청장의 공장설립 승인을 받은 것으로 의제된다. 그러나 공장설립 승인이 의제된다고 하여 건축법상 건축허가 또는 국토계획법상 개발행위허가를 받은 것으로 의제하는 규정은 없다. 또한 산업집적법상 입주계약은 「건축법」상 건축허가나 「국토계획법」상 개발행위허가와는 목적과 취지, 요건과 효과를 달리하는 별개의 제도이다. 따라서 입주계약 체결에 따라 공장설립 승인을 받은 것으로 의제되는 경우에도 그 공장건물을 건축하려면 「건축법」상 건축허가와 「국토계획법」상 개발행위허가를 받아야 한다고 보아야 한다. (대판2021두33883) 따라서 산업단지에서 제조업을 하려는 자가 입주계약 체결에 따라 공장설립 승인을 받은 것으로 의제되는 경우 「건축법」상 건축허가와 「국토의 계획 및 이용에 관한 법률」상 개발행위허가까지 받은 것으로 볼 수는 없고, 공장건물을 건축하려면 공장설립승인과 별도로 공장건축허가를 받아야 한다는 판례이다. ※ 산업단지입주계약은 공장설립승인이 의제되지만, 산업단지입주계약이나 공장설립승인에 법률에 규정되어 있지 않은 건축허가 또는 개발행위허가까지 의제되는 것은 아니라는 것이 판례의 태도이다.

정답 ②

11 다음 중 행정법관계에서 사법(私法)관계에 해당하는 것으로 가장 옳은 것은? (다툼이 있는 경우 판례에 의함)

23 해경승진

① 국유(잡종)재산에 관한 대부료의 납부고지
② 지방자치단체에 근무하는 청원경찰의 근무관계
③ 국유재산 무단점유자에 대한 변상금 부과처분
④ 농지개량조합의 직원에 대한 징계처분

① (O) [사법관계] 국유잡종재산(현 일반 재산)대부행위의 법적 성질은 사법상 계약이고 그 대부료 납부고지의 법적 성질은 사법상의 이행청구에 불과하다. (대판99다61675)
② (×) [공법관계] 지방자치단체에 근무하는 청원경찰의 근무관계는 공법관계로서 행정소송의 대상이 된다. (대판92다47564)
③ (×) [공법관계] 국유재산 '무단점유자에 대한 변상금부과처분'은 관리청이 우월적 지위에서 행한 것으로서 행정처분이다. (대판87누1046,1047)
④ (×) [공법관계] 농지개량조합과 그 직원(조합원을 의미함)의 관계는 공법상의 특별권력관계로서 농지개량조합이 조합직원에 대하여 행한 징계처분은 행정소송의 대상이다. (대판94누10870)

정답 ①

12 공법관계와 사법관계에 대한 설명으로 옳지 않은 것은? (단, 다툼이 있는 경우 판례에 의함)

21 군무원 7급

① 산림청장이 산림법령이 정하는 바에 따라 국유임야를 대부하는 행위는 사경제주체로서 하는 사법상의 행위이다.
② 건축물의 소재지를 관할하는 허가권자인 지방자치단체의 장이 국가의 건축협의를 거부한 행위는 항고소송의 대상인 거부처분에 해당한다.
③ 지방자치단체가 일반재산을 지방자치단체를 당사자로 하는 계약에 관한 법률에 따라 입찰이나 수의계약을 통해 매각하는 것은 지방자치단체가 우월적 공행정 주체로서의 지위에서 행하는 행위이다.
④ 국가가 당사자가 되는 공사도급계약에서 부정당업자에 대한 입찰참가자격 제한조치는 항고소송의 대상이 되는 처분에 해당한다.

지방자치단체가 일반재산을 입찰이나 수의계약을 통해 매각하는 것은 기본적으로 사경제주체의 지위에서 하는 행위이므로 원칙적으로 사적 자치와 계약자유의 원칙이 적용된다. (대판 2016다201395) 즉, 국·공유재산의 일반재산 매각 내지 대부는 사법(私法)관계에서의 사법상 법률행위이다.

정답 ③

13 공법관계와 사법관계의 구별에 대한 설명으로 옳지 않은 것은?

23 국가직 9급

① 국유재산 중 행정재산의 사용허가는 공법관계이나, 한국공항공단이 무상사용허가를 받은 행정재산에 대하여 하는 전대행위는 사법관계이다.
② 조달청장이 「예산회계법」에 따라 계약을 체결하거나 입찰보증금 국고귀속조치를 취하는 것은 사법관계에 해당한다.
③ 국유재산의 무단점유에 대한 변상금부과는 공법관계에 해당하나, 국유 일반재산의 대부행위는 사법관계에 해당한다.
④ 조달청장이 법령에 근거하여 입찰참가자격을 제한하는 것은 사법관계에 해당한다.

④ (X) 국가와 지방자치단체, 공공기관운영법상 '공공기관' 그리고 조달청장 등 행정청이 행하는 입찰참가자격제한은 항고소송의 대상인 행정처분에 해당하므로 공법관계에 해당한다.

① (O) 행정재산의 사용허가는 강학상 특허로서 항고소송의 대상이 되는 행정처분이므로 공법관계이다. 이에 반해 사용허가 받은 행정재산의 '전대(※전대 : 임차인(전대인)이 임대인의 동의를 얻어 전차인에게 다시 임대하는 것)'는 사법상 임대차계약이므로 사법관계에 해당한다. [※ 관련판례. 한국공항공단이 무상 사용허가를 받은 행정재산에 대하여 하는 전대행위는 통상의 사인 간의 임대차와 다를 바가 없고, 그 임대차계약이 임차인의 사용승인신청과 임대인의 사용승인의 형식으로 이루어졌다고 하여 달리 볼 것은 아니다. (대판2001다12638)]

② (O) 「예산회계법」에 따라 체결되는 계약은 사법상의 계약이라고 할 것이고, 동법 제70조의5의 입찰보증금은 사법상의 손해배상 예정으로서의 성질을 갖는 것이라고 할 것이므로 입찰보증금의 국고귀속조치는 국가가 사법상의 재산권의 주체로서 행위하는 것이지 공권력을 행사하는 것이거나 공권력 작용과 일체성을 가진 것이 아니라 할 것이므로 이에 관한 분쟁은 행정소송이 아닌 민사소송의 대상이 될 수밖에 없다. (대판81누366)

③ (O) 국유재산의 관리청이 그 무단점유자에 대하여 하는 변상금부과처분은 순전히 사경제 주체로서 행하는 사법상의 법률행위라 할 수 없고 이는 관리청이 공권력을 가진 우월적 지위에서 행한 것으로서 행정소송의 대상이 되는 행정처분이라고 보아야 한다. (대판87누1046, 1047) 이에 반해 국유잡종재산(현 일반재산)을 대부하는 행위는 국가가 사경제 주체로서 상대방과 대등한 위치에서 행하는 사법상의 계약이고, 행정청이 공권력의 주체로서 상대방의 의사 여하에 불구하고 일방적으로 행하는 행정처분이라고 볼 수 없다. (대판99다61675)

정답 ④

14 행정법관계에 관한 설명으로 옳은 것만을 있는 대로 고른 것은? (다툼이 있으면 판례에 따름)

23 소방승진

㉠ 「군인연금법령」상 급여를 받으려고 하는 사람이 국방부장관 등에게 급여지급을 청구하였으나 이를 거부한 경우, 곧바로 국가를 상대로 한 당사자소송으로 급여의 지급을 청구할 수 있다.
㉡ 「공익사업을 위한 토지 등의 취득 및 보상에 관한 법률」상 환매권의 존부에 관한 확인을 구하는 소송 및 환매금액의 증감을 구하는 소송은 민사소송이다.
㉢ 「도시 및 주거환경정비법」상 주택재건축정비사업조합을 상대로 관리처분계획안에 대한 조합 총회결의의 효력에 대하여는 민사소송으로 다투어야 한다.
㉣ 지방소방공무원이 소속 지방자치단체를 상대로 초과근무수당의 지급을 구하는 소송을 제기하는 경우 당사자소송의 절차에 따라야 한다.

① ㉠, ㉡
② ㉡, ㉣
③ ㉢, ㉣
④ ㉠, ㉢, ㉣

> 해설

㉠ (×) 국방부장관 등이 하는 급여지급결정은 단순히 급여수급 대상자를 확인·결정하는 것에 그치는 것이 아니라 구체적인 급여수급액을 확인·결정하는 것까지 포함한다. 구「군인연금법령」상 급여를 받으려고 하는 사람은 우선 관계 법령에 따라 국방부장관 등에게 급여지급을 청구하여 국방부장관 등이 이를 거부하거나 일부 금액만 인정하는 급여지급결정을 하는 경우 그 결정을 대상으로 항고소송을 제기하는 등으로 구체적 권리를 인정받은 다음 비로소 당사자소송으로 그 급여의 지급을 구해야 한다. 이러한 구체적인 권리가 발생하지 않은 상태에서 곧바로 국가를 상대로 한 당사자소송으로 급여의 지급을 소구하는 것은 허용되지 않는다. (대판 2019두45944)

㉡ (○) 구 「공익사업을 위한 토지 등의 취득 및 보상에 관한 법률」제91조에 규정된 환매권은 상대방에 대한 의사표시를 요하는 형성권의 일종으로서 재판상이든 재판 외이든 위 규정에 따른 기간 내에 행사하면 매매의 효력이 생기는 바, 이러한 환매권의 존부에 관한 확인을 구하는 소송 및 구「토지보상법」제91조 제4항에 따라 환매금액의 증감을 구하는 소송 역시 민사소송에 해당한다. (대판2010두22368)

㉢ (×) 「도시 및 주거환경정비법」상 주택재건축정비사업조합을 상대로 관리처분계획안에 대한 조합 총회결의의 효력에 대하여는 당사자소송으로 다투어야 한다.

㉣ (○) 지방자치단체와 그 소속 경력직 공무원인 지방소방공무원 사이의 관계, 즉 지방소방공무원의 근무관계는 사법상의 근로계약관계가 아닌 공법상의 근무관계에 해당하고, 그 근무관계의 주요한 내용 중 하나인 지방소방공무원의 보수에 관한 법률관계는 공법상의 법률관계라고 보아야 하므로, 지방소방공무원이 자신이 소속된 지방자치단체를 상대로 초과근무수당의 지급을 구하는 청구에 관한 소송은 당사자 소송의 절차에 따라야 한다. (대판2012다102629)

정답 ②

15 행정상 법률관계에 관한 설명으로 옳지 않은 것은? (다툼이 있는 경우 판례에 의함)

23 소방공채

① 국가가 사경제의 주체로서 상대방과 대등한 지위에서 체결하는 계약의 본질적인 내용은 사인 간의 계약과 다를 바 없으므로 사적 자치와 계약자유의 원칙을 비롯한 사법의 원리가 원칙적으로 적용된다.

② 국가가 수익자인 수요기관을 위하여 국민을 계약상대자로 하여 체결하는 요청조달계약에는 다른 법률에 특별한 규정이 없는 한 당연히 「국가를 당사자로 하는 계약에 관한 법률」이 적용된다.

③ 요청조달계약에 적용되는 「국가를 당사자로 하는 계약에 관한 법률」조항은 국가가 사경제 주체로서 국민과 대등한 관계에 있음을 전제로 한 사법관계에 대한 규정뿐만 아니라, 고권적 지위에서 국민에게 침익적 효과를 발생시키는 행정처분에 대한 규정까지 적용된다.

④ 한국자산관리공사가 국유재산 중 일반재산에 관하여 그 처분을 위임받아 매도하는 것은 행정청이 공권력의 주체라는 우월적 지위에서 행하는 공법상의 행정처분이 아니라 사경제 주체로서 행하는 사법상의 법률행위에 해당하여 헌법소원심판의 대상이 되는 공권력의 행사에 해당하지 않는다.

③ (✕) 요청조달계약에 적용되는 「국가를 당사자로 하는 계약에 관한 법률」조항은 국가가 사경제 주체로서 국민과 대등한 관계에 있음을 전제로 한 사법(私法)관계에 관한 규정에 한정되고, 고권적 지위에서 국민에게 침익적 효과를 발생시키는 행정처분에 관한 규정까지 당연히 적용된다고 할 수 없다. (대판2014두14389)

①, ② (○) 대판2014두14389.

④ (○) 헌재90헌마160; 헌재2016헌마434, 대판86누171 등.

정답 ③

16 행정상의 법률관계와 소송형태 등에 관한 설명으로 옳지 않은 것은? (다툼이 있는 경우 판례에 의함)
21 소방공채

① 「도시 및 주거환경정비법」상의 주택재건축정비사업조합을 상대로 관리처분계획안에 대한 조합 총회결의의 무효확인을 구하는 소는 공법관계이므로 당사자소송을 제기하여야 한다.

② 「국가를 당사자로 하는 계약에 관한 법률」에 따라 국가가 당사자로 되는 입찰방식에 의한 사인과 체결하는 이른바 공공계약은 국가가 사경제의 주체로서 상대방과 대등한 위치에서 체결하는 사법상의 계약이다.

③ 「국유재산법」에 따른 국유재산의 무단점유자에 대한 변상금 부과·징수권은 민사상 부당이득반환청구권과 법적 성질을 달리하므로, 국가는 무단점유자를 상대로 변상금 부과·징수권의 행사와 별개로 국유재산의 소유자로서 민사상 부당이득반환청구의 소를 제기할 수 있다.

④ 2020년 4월 1일부터 시행되는 전부개정 「소방공무원법」이전의 경우, 지방소방공무원의 보수에 관한 법률관계는 사법상의 법률관계이므로 지방소방공무원이 소속 지방자치단체를 상대로 초과근무수당의 지급을 구하는 소송은 행정소송상 당사자소송이 아닌 민사소송절차에 따라야 했다.

④ (✕) 지방자치단체와 그 소속 경력직 공무원인 지방소방공무원 사이의 관계, 즉 지방소방공무원의 근무관계는 사법상의 근로계약관계가 아닌 공법상의 근무관계에 해당하고, 그 근무관계의 주요한 내용 중 하나인 지방소방공무원의 보수에 관한 법률관계는 공법상의 법률관계라고 보아야 하므로, 지방소방공무원이 자신이 소속된 지방자치단체를 상대로 초과근무수당의 지급을 구하는 청구에 관한 소송은 당사자 소송의 절차에 따라야 한다. (대판2012다102629)

① (○) 대판2007다2428

② (○) 대판2006마11

③ (○) 대판2011다76402 (전합)

정답 ④

17 다음 각 사례에 대한 설명으로 옳은 것만을 모두 고르면?

23 지방직 9급

- 행정청 甲은 국유 일반재산인 건물 1층을 5년간 대부하는 계약을 乙과 체결하면서 대부료는 1년에 1억으로 정하였고 6회에 걸쳐 분납하기로 하였다. 甲은 乙이 1년간 대부료를 납부하지 않자, 체납한 대부료를 납부할 것을 통지하였다. 「국유재산법」에 따르면 국유재산의 대부료 등이 납부기한까지 납부되지 아니한 경우에는 「국세징수법」상의 강제징수에 관한 규정을 준용하고 있다.
- 행정청 甲은 국가 소유의 땅을 무단점유하여 사용하고 있는 丙에게 변상금 100만 원 부과처분을 하였다.

㉠ 甲이 乙에게 대부하는 행위는 공권력의 주체로서 상대방의 의사 여하에 불구하고 일방적으로 행하는 행정처분이 아니다.
㉡ 甲은 대부료를 납부하지 않은 乙을 상대로 민사소송을 제기하여 대부료 지급을 구해야 한다.
㉢ 변상금 부과처분은 순전히 사경제 주체로서 행하는 사법상의 법률행위이므로, 丙은 그 처분에 대해 민사소송을 제기하여 다툴 수 있다.

① ㉠
② ㉡
③ ㉠, ㉢
④ ㉠, ㉡, ㉢

㉠ (O) 甲이 乙에게 대부하는 행위는 사법관계에서의 사경제주체로서의 활동에 불과하고 공권력의 주체로서 일방적으로 행하는 행정처분이 아니다. [※관련판례. 산림청장이나 그로부터 권한을 위임받은 행정청이 산림법 등이 정하는 바에 따라 국유임야를 대부하거나 매각하는 행위는 사경제적 주체로서 상대방과 대등한 입장에서 하는 사법상 계약이지 행정청이 공권력의 주체로서 상대방의 의사 여하에 불구하고 일방적으로 행하는 행정처분이라고 볼 수 없으며 이 대부계약에 의한 대부료 부과조치 역시 사법상 채무이행을 구하는 것으로 보아야지 이를 행정처분이라고 할 수 없다. (대판91누11612)]

㉡ (×) 「국세징수법」이 준용되어 행정상 강제징수가 가능한 경우이므로, 민사상 강제집행은 허용되지 않는다. 따라서 甲은 대부료를 납부하지 않은 乙을 상대로 민사소송을 제기하여 대부료 지급을 구할 수 없다. [※관련판례. 국유 일반재산의 대부료 등의 징수에 관하여는 국세징수법 규정을 준용한 간이하고 경제적인 특별구제절차가 마련되어 있으므로, 특별한 사정이 없는 한 민사소송의 방법으로 대부료 등의 지급을 구하는 것은 허용되지 아니한다. (대판2014다203588)]

㉢ (×) 변상금 부과처분은 순전히 사경제 주체로서 행하는 사법상의 법률행위가 아니라 행정청이 우월한 지위에서 공권력을 행사하는 행정처분이므로, 丙은 그 처분에 대해 항고소송을 제기하여 다툴 수 있다. [※관련판례. 국유재산 '무단점유자에 대한 변상금부과처분'은 관리청이 우월적 지위에서 행한 것으로서 행정처분이다. (대판87누1046,1047)]

정답 ①

CHAPTER 05 행정법관계 및 공권과 공의무

01 행정법관계에 대한 설명으로 가장 옳은 것은? (단, 다툼이 있는 경우 판례에 의함)

21 군무원 7급

① 육군 3사관학교의 구성원인 사관생도는 학교 입학일부터 특수한 신분관계에 놓이게 되므로 법률유보원칙은 적용되지 아니한다.
② 지방자치단체가 학교법인이 설립한 사립중학교에 의무교육대상자에 대한 교육을 위탁한 때에 그 학교법인과 해당 사립중학교에 재학 중인 학생의 재학관계는 기본적으로 공법상 계약에 따른 법률관계이다.
③ 불이익한 행정처분의 상대방은 직접 개인적 이익을 침해당한 것으로 볼 수 없으므로 처분취소소송에서 원고적격을 바로 인정받지 못한다.
④ 「공무원연금법」소정의 급여를 받을 권리는 공무원연금법령에 의해 형성되지만, 구체적인 공무원연금 수급권은 공무원연금관리공단이 지급결정을 함으로써 발생한다.

④ (O) 구 「공무원연금법」소정의 급여는 급여를 받을 권리를 가진 자가 당해 공무원이 소속하였던 기관장의 확인을 얻어 신청하는 바에 따라 공무원연금관리공단이 그 지급결정을 함으로써 그 구체적인 권리가 발생하는 것이므로, 공무원연금관리공단의 급여에 관한 결정은 국민의 권리에 직접 영향을 미치는 것이어서 행정처분에 해당하고, 공무원연금관리공단의 급여결정에 불복하는 자는 공무원연금급여재심위원회의 심사결정을 거쳐 공무원연금관리공단의 급여결정을 대상으로 행정소송을 제기하여야 한다. (대판96누6417)
① (×) 사관생도는 군 장교를 배출하기 위하여 국가가 모든 재정을 부담하는 특수교육기관인 육군 3사관학교의 구성원으로서, 학교에 입학한 날에 육군 사관생도의 병적에 편입하고 준사관에 준하는 대우를 받는 특수한 신분관계에 있다. 따라서 그 존립 목적을 달성하기 위하여 필요한 한도 내에서 일반 국민보다 상대적으로 기본권이 더 제한될 수 있으나, 그러한 경우에도 법률유보원칙, 과잉금지원칙 등 기본권 제한의 헌법상 원칙들을 지켜야 한다. (대판2016두60591)
② (×) 사법인(私法人)인 학교법인과 학생의 재학관계는 사법상 계약에 따른 법률관계에 해당한다. 지방자치단체가 학교법인이 설립한 사립중학교에 의무교육대상자에 대한 교육을 위탁한 때에 그 학교법인과 해당 사립중학교에 재학 중인 학생의 재학관계도 기본적으로 마찬가지이다. (대판2016다33196)
③ (×) 항고소송은 처분 등의 취소 또는 무효확인을 구할 법률상 이익이 있는 자가 제기할 수 있고, 불이익처분의 상대방은 직접 개인적 이익의 침해를 받은 자로서 원고적격이 인정된다. (대판2015두47492)

정답 ④

02 다음 중 공무원관계에 대한 설명으로 가장 옳지 않은 것은? (단, 다툼이 있는 경우 판례에 의함)

22 군무원 7급

① 임용결격자가 공무원으로 임용되어 사실상 근무하여 온 경우 임용결격의 하자가 치유되어 「공무원연금법」이나 「근로자퇴직급여보장법」에서 정한 퇴직급여를 청구할 수 있다.
② 「국가공무원법」상 직위해제에 관한 규정은 징계절차 및 그 진행과는 관계가 없는 규정이므로 직위해제 중에 있는 자에 대하여도 징계처분을 할 수 있다.
③ 「국가공무원법」상 직위해제처분은 처분의 사전통지 및 의견청취 등에 관한 「행정절차법」규정이 별도로 적용되지 아니한다.
④ 공무원은 자신에 대한 징계처분에 대해 항고소송을 제기하려면 반드시 소청심사위원회의 결정을 거쳐야 한다.

해설

① (✕) 임용결격자가 공무원으로 임용된 경우 당해 임용은 무효이고 임용결격의 하자가 치유될 수 없다. 따라서 사실상 근무한 공무원은 「공무원연금법」이나 「근로자퇴직급여보장법」에서 정한 퇴직급여를 청구할 수 없다. (대판2012다200486)
② (○) 대판83누489.
③ (○) 대판2012두26180
④ (○) 「국가공무원법」 제16조 제1항

정답 ①

03 공무수탁사인에 대한 설명으로 가장 옳지 않은 것은?

22 서울시 7급

① 공무수탁사인은 특별한 사정이 없는 한 권한을 부여받은 법령의 범위 내에서 행정주체의 지위를 가진다.
② 공무수탁사인의 업무수행으로 인하여 권리가 침해당한 사인은 공무수탁사인을 상대로 행정소송을 제기할 수 있다.
③ 공무수탁사인의 위법한 공무집행으로 손해를 입은 사인은 국가나 지방자치단체를 상대로 국가배상을 청구할 수 있다.
④ 공무수탁사인으로 공증업무를 수행하는 공증인, 사법상 계약에 의하여 주차위반차량을 견인하는 민간사업자, 교통사고현장에서 경찰의 지시에 따라 경찰을 돕는 보조자 등을 들 수 있다.

해설

공증업무를 수행하는 공증인인 공무수탁사인에 해당하지만, 사법상 계약에 의하여 주차위반차량을 견인하는 민간사업자와 교통사고현장에서 경찰의 지시에 따라 경찰을 돕는 보조자는 공무수탁사인이 아니라 행정보조인에 불과하여 행정법관계의 당사자가 될 수 없다.

정답 ④

04 다음 중 공무수탁사인에 관한 설명으로 가장 옳지 않은 것은? (다툼이 있는 경우 판례에 의함)

22 해경승진

① 법령에 의하여 공무를 위탁받은 공무수탁사인이 행한 처분에 대하여 항고소송을 제기하는 경우 피고는 위임행정청이 된다.
② 행정임무를 자기책임하에 수행함이 없이 단순한 기술적 집행만을 행하는 사인인 행정보조인과는 구별된다.
③ 국가가 자신의 임무를 스스로 수행할 것인지 아니면 그 임무의 기능을 민간부문으로 하여금 수행하게 할 것인지에 대하여 입법자에게 광범위한 입법재량 내지 형성의 자유가 인정된다고 보는 것이 판례의 입장이다.
④ 「소득세법」에 의한 원천징수의무자의 원천징수행위는 법령에서 규정된 징수 및 납부의무를 이행하기 위한 것에 불과한 것이지 공권력의 행사로서의 행정처분에 해당되지 아니한다고 보는 것이 판례의 입장이다.

공무수탁사인의 행정작용(임무수행)으로 권리가 침해를 당한 사인은 행정청에 해당하는 공무수탁사인을 상대방으로 하여 행정쟁송을 제기할 수 있다. 공무수탁사인은 행정주체의 지위와 행정청의 지위를 동시에 갖기 때문에, 항고소송 및 당사자소송의 피고적격이 인정된다.

정답 ①

05 다음 중 공법상 부당이득에 대한 설명으로 가장 옳지 않은 것은? (다툼이 있는 경우 판례에 의함)

22 해경승진

① 공법상 부당이득반환에 대한 청구권의 행사는 개별적인 사안에 따라 행정주체도 주장할 수 있다.
② 공법상 부당이득반환에 관한 일반법은 없으므로 특별한 규정이 없는 경우 「민법」상 부당이득반환의 법리가 준용된다.
③ 잘못 지급된 보상금에 해당하는 금액의 징수처분을 해야 할 공익상 필요가 당사자가 입게 될 불이익을 정당화할 만큼 강한 경우 보상금을 받은 당사자로부터 오지급금액의 환수처분이 가능하다.
④ 부가가치세법령에 따른 환급세액 지급의무 등의 규정과 그 입법취지에 비추어 볼 때 부가가치세 환급세액 반환은 공법상 부당이득반환으로서 민사소송의 대상이다.

납세의무자에 대한 국가의 부가가치세 환급세액 지급의무는 그 납세의무자로부터 어느 과세기간에 과다하게 거래징수 된 세액 상당을 국가가 실제로 납부받았는지와 관계없이 부가가치세법령의 규정에 의하여 직접 발생하는 것으로서, 그 법적 성질은 정의와 공평의 관념에서 수익자와 손실자 사이의 재산상태 조정을 위해 인정되는 부당이득 반환의무가 아니라 부가가치세법령에 의하여 그 존부나 범위가 구체적으로 확정되고 조세 정책적 관점에서 특별히 인정되는 공법상 의무라고 봄이 타당하므로 민사소송이 아니라 당사자소송에 의한다. (대판2011다95564 전합)

정답 ④

06 사인의 공법행위에 대한 설명으로 옳지 않은 것은? (다툼이 있는 경우 판례에 의함)

21 지방직 7급

① 사인의 공법상 행위는 명문으로 금지되거나 성질상 불가능한 경우가 아닌 한 그에 따른 행정행위가 행하여질 때까지 자유로이 철회할 수 있다.
② 수리를 요하는 신고에서 행정청의 수리행위에 신고필증 교부의 행위가 반드시 필요한 것은 아니다.
③ 「식품위생법」에 의하여 허가영업의 양도에 따른 지위승계신고를 수리하는 허가관청의 행위는 사업허가자의 변경이라는 법률효과를 발생시키는 행위이다.
④ 사인의 공법행위에 적용되는 일반규정은 없으며, 특별한 규정이 없는 한 「민법」상 비진의 의사표시의 무효에 관한 규정은 사인의 공법행위에 적용된다.

비록 사직원 제출자의 내심의 의사가 사직할 뜻이 아니었다 하더라도 그 의사가 외부에 객관적으로 표시된 이상 그 의사는 표시된 대로 효력을 발하는 것이며, 「민법」제107조 제1항 단서의 비진의 의사표시의 무효에 관한 규정은 그 성질상 사인의 공법행위에 적용되지 아니하므로 원고의 사직원을 받아들여 의원면직처분한 것을 당연무효라고 할 수 없다. (대판99두9971).

정답 ④

07 사인의 공법행위에 대한 설명으로 옳은 것은?

23 지방직 9급

① 공무원에 의해 제출된 사직원은 그에 터 잡은 의원면직처분이 있을 때까지 철회될 수 있고, 일단 면직처분이 있고 난 이후에도 자유로이 취소 및 철회될 수 있다.
② 시장 등의 주민등록전입신고 수리 여부에 대한 심사는 「주민등록법」의 입법 목적의 범위 내에서 제한적으로 이루어져야 하는바, 전입신고자가 30일 이상 생활의 근거로서 거주할 목적으로 거주지를 옮기는지 여부가 심사 대상으로 되어야 한다.
③ 행정청은 신청에 구비서류의 미비 등 흠이 있는 경우 원칙상 형식적·절차적인 요건만을 보완요구하여야 하므로 실질적인 요건에 관한 흠이 민원인의 단순한 착오나 일시적인 사정 등에 기인한 경우에도 보완을 요구할 수 없다.
④ 사인의 공법행위는 원칙적으로 발신주의에 따라 그 효력이 발생한다.

② (O) 대판2008두10997(전합)
① (X) 공무원이 한 사직 의사표시의 철회나 취소는 그에 터 잡은 의원면직처분이 있을 때까지 할 수 있는 것이고, 일단 면직처분이 있고 난 이후에는 철회나 취소할 여지가 없다. (대판99두9971)
③ (X) 「민원사무처리법」상 보완의 대상이 되는 흠은 보완이 가능한 경우이어야 함은 물론이고, 그 내용 또한 형식적·절차적인 요건이거나, 실질적인 요건에 관한 흠이 있는 경우라도 그것이 민원인의 단순한 착오나 일시적인 사정 등에 기한 경우 등이라야 한다. (대판2003두6573)
④ (X) 사인의 공법행위 역시 의사표시의 일반법리에 의하므로 원칙적으로 도달주의에 따라 그 효력이 발생한다.

정답 ②

08 다음 중 개인적 공권에 관한 설명으로 가장 옳은 것은? (다툼이 있는 경우 판례에 의함)

23 해경승진

① 「헌법」상의 기본권 규정으로부터는 개인적 공권이 바로 도출될 수 없다.
② 공법상 계약을 통해서는 개인적 공권이 성립할 수 없다.
③ 처분의 직접적인 근거법규뿐만 아니라 관계법규가 사익을 보호하는 것으로 인정되는 경우에도 공권이 성립될 수 있다.
④ 행정개입청구권은 현행법상 의무이행소송을 통하여 행사될 수 있다.

③ (O) '법률상 보호되는 이익'이라 함은 당해 처분의 근거법규 및 관련법규에 의하여 보호되는 개별적·직접적·구체적 이익이 있는 경우를 말하고, 당해 처분의 근거법규 및 관련법규에 의하여 보호되는 법률상 이익이라 함은 당해 처분의 근거법규의 명문규정에 의하여 보호받는 법률상 이익, 당해 처분의 근거법규에 의하여 보호되지는 아니하나 당해 처분의 행정목적을 달성하기 위한 일련의 단계적인 관련 처분들의 근거법규에 의하여 명시적으로 보호받는 법률상 이익, 당해 처분의 근거법규 또는 관련법규에서 명시적으로 당해 이익을 보호하는 명문의 규정이 없더라도 근거법규 및 관련법규의 합리적 해석상 그 법규에서 행정청을 제약하는 이유가 순수한 공익의 보호만이 아닌 개별적·직접적·구체적 이익을 보호하는 취지가 포함되어 있다고 해석되는 경우까지를 말한다. (대판 2003두2175)
① (X) 알권리나 경쟁의 자유, 만나고 싶은 사람을 만날 권리 등 헌법상 기본권에서 개인적 공권이 바로 도출될 수 있다. 정보공개청구권이나 경원관계에서의 원고적격, 변호인접견권 등이 그 대표적인 예이다.
② (X) 공법상 계약은 당사자 간의 자유로운 반대방향의 의사합치로 법률효과를 발생시키는 공법상 법률행위의 하나이다. 따라서 공법상 계약을 통해서도 개인적 공권이 성립할 수 있다. ※ 관습법, 조리에 의해서도 개인적 공권이 성립할 수 있다.
④ (X) 이른바 '재량이 0으로 수축되는 경우' 무하자재량행사청구권이 행정개입청구권으로 전환된다고 하여 개인적 공권으로 인정하는 견해가 있으나, 현행 행정소송법상 의무이행소송은 허용되지 않는다.

정답 ③

09 행정법관계에 대한 설명으로 옳지 않은 것은? (다툼이 있는 경우 판례에 의함)

21 국가직 7급

① 행정에 관한 기간의 계산에 관하여는 「행정기본법」또는 다른 법령등에 특별한 규정이 있는 경우를 제외하고는 민법을 준용한다.
② 구 「산림법」에 의해 형질변경허가를 받지 아니하고 산림을 형질변경한 자가 사망한 경우, 해당 토지의 소유권을 승계한 상속인은 그 복구의무를 부담하지 않으므로, 행정청은 그 상속인에 대하여 복구명령을 할 수 없다.
③ 구 「지방재정법」에 의한 변상금부과처분이 당연무효인 경우, 이 변상금부과처분에 의하여 납부자가 납부한 오납금은 지방자치단체가 법률상 원인 없이 취득한 부당이득에 해당한다.
④ 주민등록의 신고는 행정청에 도달하기만 하면 신고로서의 효력이 발생하는 것이 아니라 행정청이 수리한 경우에 비로소 신고의 효력이 발생한다.

산림을 무단형질변경한 자가 사망한 경우 당해 토지의 소유권 또는 점유권을 승계한 상속인은 그 복구의무를 부담한다고 봄이 상당하고, 따라서 관할행정청은 그 상속인에 대하여 복구명령을 할 수 있다고 보아야 한다. (대판2003두9817,9824)

정답 ②

10 공권 내지 공의무에 관한 설명이다. 다음 중 가장 적절하지 않은 것은? (다툼이 있으면 판례에 의함)

15 경찰행정

① 이행강제금을 부과받은 자가 사망한 경우 이행강제금 납부의무는 상속인에게 승계된다.
② 오늘날 행정재량의 영역에서도 일정한 경우 개인적 공권이 성립될 수 있다.
③ 환경영향평가 대상지역 밖의 주민이라 할지라도 수인한도를 넘는 환경피해를 받거나 받을 우려가 있는 경우에는 환경상 이익에 대한 침해나 우려를 입증함으로써 공유수면매립 면허처분을 다툴 수 있다.
④ 자연물인 도롱뇽 또는 그를 포함한 자연 그 자체로서는 행정소송을 수행할 당사자 능력을 인정할 수 없다.

① (×) 판례에 의하면 이행강제금은 일신전속적 성격을 가지고 있어서 승계되지 아니한다. (대판 2006마470)
② (○) 옳은 설명이다.
③ (○) 대판2006두330
④ (○) 대판2004마1148

정답 ①

11 개인적 공권에 대한 설명으로 옳지 않은 것은? (다툼이 있는 경우판례에 의함) 17 국가직 9급

① 환경영향평가에 관한 자연공원법령 및 환경영향평가법령들의 취지는 환경공익을 보호하려는데 있으므로 환경영향평가대상지역 안의 주민들이 수인한도를 넘는 환경침해를 받지 아니하고 쾌적한 환경에서 생활할 수 있는 개별적 이익까지 보호하는 데 있다고 볼 수는 없다.

② 행정처분에 있어서 불이익처분의 상대방은 직접 개인적 이익의 침해를 받은 자로서 취소소송의 원고적격이 인정되지만 수익처분의 상대방은 그의 권리나 법률상 보호되는 이익이 침해되었다고 볼 수 없으므로 달리 특별한 사정이 없는 한 취소를 구할 이익이 없다.

③ 상수원보호구역 설정의 근거가 되는 규정은 상수원의 확보와 수질보전일 뿐이고, 그 상수원에서 급수를 받고 있는 지역주민들이 가지는 이익은 상수원의 확보와 수질보호라는 공공의 이익이 달성됨에 따라 반사적으로 얻게 되는 이익에 불과하다.

④ 개인적 공권이 성립하려면 공법상 강행법규가 국가 기타 행정주체에게 행위의무를 부과해야 한다. 과거에는 그 의무가 기속행위의 경우에만 인정되었으나, 오늘날에는 재량행위에도 인정된다고 보는 것이 일반적이다.

 해설

① (✕) 환경영향평가에 관한 자연공원법령 및 환경영향평가법령의 규정들의 취지는 집단시설지구개발사업이 환경을 해치지 아니하는 방법으로 시행되도록 함으로써 집단시설지구개발사업과 관련된 환경공익을 보호하려는 데에 그치는 것이 아니라 그 사업으로 인하여 직접적이고 중대한 환경피해를 입으리라고 예상되는 환경영향평가대상지역 안의 주민들이 개발 전과 비교하여 수인한도를 넘는 환경침해를 받지 아니하고 쾌적한 환경에서 생활할 수 있는 개별적 이익까지도 이를 보호하려는 데에 있다 할 것이므로, 위 주민들이 당해 변경승인 및 허가처분과 관련하여 갖고 있는 위와 같은 환경상의 이익은 단순히 환경공익 보호의 결과로 국민일반이 공통적으로 가지게 되는 추상적·평균적·일반적인 이익에 그치지 아니하고 주민 개개인에 대하여 개별적으로 보호되는 직접적·구체적인 이익이라고 보아야 한다. (대판97누3286)

② (O) 대판 94누8129
③ (O) 대판 94누14544
④ (O) 옳은 설명이다. 현재 개인적 공권은 기속행위 뿐만 아니라 재량행위에 대하여도 그 범위가 확대되고 있으며, 그 예로써 무하자재량행사청구권과 행정개입청구권이 있다.

정답 ①

12 법률상 이익에 대한 판례의 입장으로 옳은 것은?   17 지방직 9급

① 사회권적 기본권의 성격을 가지는 연금수급권은 헌법에 근거한 개인적 공권이므로 헌법 규정만으로도 실현할 수 있다.
② 소극적 방어권인 헌법상의 자유권적 기본권은 법률의 규정이 없다고 하더라도 직접 공권이 성립될 수도 있다.
③ 인·허가 등 수익적 처분을 신청한 여러 사람이 상호 경쟁관계에 있다면, 그 처분이 타방에 대한 불허가 등으로 될 수 밖에 없는 때에도 수익적 처분을 받지 못한 사람은 처분의 직접 상대방이 아니므로 원칙적으로 당해 수익적 처분의 취소를 구할 수 없다.
④ 「환경정책기본법」 제6조의 규정 내용 등에 비추어 국민에게 구체적인 권리를 부여한 것으로 볼 수 없더라도 환경영향평가대상지역 밖에 거주하는 주민에게 헌법상의 환경권 또는 환경정책기본법 에 근거하여 공유수면매립면허처분과 농지개량사업 시행인가처분의 무효확인을 구할 원고적격이 있다.

② (O) 근거법령이나 관계법령이 없을 경우 헌법상 기본권규정에 의하여 공권성립이 가능하다.
① (X) 사회권적 기본권은 추상적 기본권에 해당하여 바로 공권이 도출될 수 없다.
③ (X) 인가·허가 등 수익적 행정처분을 신청한 여러 사람이 서로 경원관계에 있어서 한 사람에 대한 허가 등 처분이 다른 사람에 대한 불허가 등으로 귀결될 수밖에 없을 때 허가 등 처분을 받지 못한 사람은 신청에 대한 거부처분의 직접 상대방으로서 원칙적으로 자신에 대한 거부처분의 취소를 구할 원고적격이 있고, 취소판결이 확정되는 경우 판결의 직접적인 효과로 경원자에 대한 허가 등 처분이 취소되거나 효력이 소멸되는 것은 아니더라도 행정청은 취소판결의 기속력에 따라 판결에서 확인된 위법사유를 배제한 상태에서 취소판결의 원고와 경원자의 각 신청에 관하여 처분요건의 구비 여부와 우열을 다시 심사하여야 할 의무가 있으며, 재심사 결과 경원자에 대한 수익적 처분이 직권취소되고, 취소판결의 원고에게 수익적 처분이 이루어질 가능성을 완전히 배제할 수는 없으므로, 특별한 사정이 없는 한 경원관계에서 허가 등 처분을 받지 못한 사람은 자신에 대한 거부처분의 취소를 구할 소의 이익이 있다. (대판2013두27517)
④ (X) 「헌법」 제35조 제1항에서 정하고 있는 환경권에 관한 규정만으로는 그 권리의 주체·대상·내용·행사방법 등이 구체적으로 정립되어 있다고 볼 수 없고, 환경정책기본법 제6조도 그 규정 내용 등에 비추어 국민에게 구체적인 권리를 부여한 것으로 볼 수 없다는 이유로, 환경영향평가 대상지역 밖에 거주하는 주민에게 헌법상의 환경권 또는 환경정책기본법에 근거하여 공유수면매립면허처분과 농지개량사업 시행인가처분의 무효확인을 구할 원고적격이 없다고 한 사례. (대판2006두330 전합)

정답 ②

13 개인적 공권에 대한 설명으로 가장 적절하지 않은 것은? (다툼이 있으면 판례에 의함)

17 경찰행정

① 「헌법」 제32조 제1항이 규정하는 근로의 권리는 사회적 기본권으로서 국가에 대하여 직접 일자리를 청구하거나 일자리에 갈음하는 생계비의 지급청구권을 의미하는 것이 아니라 고용증진을 위한 사회적·경제적 정책을 요구할 수 있는 권리에 그치며, 근로의 권리로부터 국가에 대한 직접적인 직장존속청구권이 도출되는 것도 아니다.
② 환경영향평가 대상지역 밖의 주민이라 할지라도 공유수면매립면허처분 등으로 인하여 그 처분 전과 비교하여 수인한도를 넘는 환경피해를 받거나 받을 우려가 있는 경우에는, 공유수면매립면허처분 등으로 인하여 환경상 이익에 대한 침해 또는 침해우려가 있는 것을 입증함으로써 그 처분 등의 무효확인을 구할 원고적격을 인정받을 수 있다.
③ 검사의 임용여부는 임용권자의 자유재량에 속하는 사항이므로, 임용권자가 동일한 검사 신규임용의 기회에 원고를 비롯한 다수의 검사 임용신청자 중 일부만을 검사로 임용하는 결정을 함에 있어, 임용신청자들에게 전형의 결과인 임용 여부의 응답을 할 것인지 여부는 임용권자의 편의재량사항이다.
④ 행정소송에 있어서의 소권은 개인의 국가에 대한 공권이므로 당사자의 합의로써 이를 포기할 수 없다.

해설

③ (✗) 검사의 임용 여부는 임용권자의 자유재량에 속하는 사항이나, 임용권자가 동일한 검사신규임용의 기회에 원고를 비롯한 다수의 검사 지원자들로부터 임용 신청을 받아 전형을 거쳐 자체에서 정한 임용기준에 따라 이들 일부만을 선정하여 검사로 임용하는 경우에 있어서 법령상 검사임용 신청 및 그 처리의 제도에 관한 명문 규정이 없다고 하여도 조리상 임용권자는 임용신청자들에게 전형의 결과인 임용 여부의 응답을 해줄 의무가 있다고 할 것이며, 응답할 것인지 여부조차는 임용권자의 편의재량사항이라고는 할 수 없다. (대판90누5825)
① (○) 사회권적 기본권은 헌법상의 추상적 기본권에 해당하므로, 이를 구체화하는 법률이 제정되지 않는 이상 바로 공권이 도출되지는 않는다.
② (○) 대판2006두330
④ (○) 대판98두8919

정답 ③

14 개인적 공권에 대한 설명으로 가장 적절하지 않은 것은? (다툼이 있는 경우 판례에 의함)

18 경찰행정

① 상수원보호구역 설정의 근거가 되는 규정이 보호하고자 하는 것은 상수원의 확보와 수질보전일 뿐이고, 그 상수원에서 급수를 받고 있는 지역주민들이 가지는 상수원의 오염을 막아 양질의 급수를 받을 이익은 상수원의 확보와 수질보호라는 공공의 이익이 달성됨에 따라 반사적으로 얻게 되는 이익에 불과하다.
② 공무원연금 수급권은 국가에 대하여 적극적으로 급부를 요구하는 것이므로 헌법규정만으로는 이를 실현할 수 없어 법률에 의한 형성이 필요하다.
③ 제소기간이 이미 도과하여 불가쟁력이 생긴 행정처분에 대하여는 개별 법규에서 그 변경을 요구할 신청권을 규정하고 있거나 관계 법령의 해석상 그러한 신청권이 인정될 수 있는 등 특별한 사정이 없는 한 국민에게 그 행정처분의 변경을 구할 신청권이 있다 할 수 없다.
④ 도시계획구역 내 토지 등을 소유하고 있는 주민은 입안권자에게 도시계획입안을 요구할 수 있는 법규상 또는 조리상의 신청권이 없다.

해설

④ (✕) 도시계획입안제안과 관련하여서는 주민이 입안권자에게 '1. 도시계획시설의 설치·정비 또는 개량에 관한 사항 2. 지구단위계획구역의 지정 및 변경과 지구단위계획의 수립 및 변경에 관한 사항'에 관하여 '도시계획도서와 계획설명서를 첨부'하여 도시계획의 입안을 제안할 수 있고, 위 입안제안을 받은 입안권자는 그 처리결과를 제안자에게 통보하도록 규정하고 있는 점 등과 헌법상 개인의 재산권 보장의 취지에 비추어 보면, 도시계획구역 내 토지 등을 소유하고 있는 주민으로서는 입안권자에게 도시계획입안을 요구할 수 있는 법규상 또는 조리상의 신청권이 있다고 할 것이고, 이러한 신청에 대한 거부행위는 항고소송의 대상이 되는 행정처분에 해당한다. (대판2003두1806)
① (○) 대판94누14544
② (○) 옳은 설명이다.
③ (○) 대판 2005두11104

정답 ④

15 공권(公權)에 관한 설명으로 옳은 것은?

18 교육행정 9급

① 대법원은 경업자(競業者)에게는 개인적 공권을 인정하면서도, 경원자(競願者)에게는 이를 부인하였다.
② 무하자재량행사청구권은 수익적 행정행위뿐만 아니라 부담적 행정행위에도 적용될 수 있다.
③ 개인적 공권으로서의 경찰권은 주민에 의한 자치경찰제의 도입까지 의미하는 것으로 이해된다.
④ 주거지역 내에서 법령상의 제한면적을 초과하는 연탄공장의 건축허가처분으로 불이익을 받고 있는 인근주민은 당해 처분의 취소를 소구할 법률상 자격이 없다.

② (O) 옳은 설명이다.
① (×) 인·허가 등의 수익적 행정처분을 신청한 수인이 서로 경쟁관계에 있어서 일방에 대한 허가 등의 처분이 타방에 대한 불허가 등으로 귀결될 수밖에 없는 때 허가 등의 처분을 받지 못한 자는 비록 경원자에 대하여 이루어진 허가 등 처분의 상대방이 아니라 하더라도 당해 처분의 취소를 구할 원고 적격이 있다. 다만, 명백한 법적 장애로 인하여 원고 자신의 신청이 인용될 가능성이 처음부터 배제되어 있는 경우에는 당해 처분의 취소를 구할 정당한 이익이 없다. (대판2009두8359)
③ (×) 경찰권은 국가적 공권에 해당한다.
④ (×) 주거지역 안에서는 「도시계획법」19조 1항과 개정 전 「건축법」32조 1항에 의하여 공익상 부득이하다고 인정될 경우를 제외하고는 거주의 안녕과 건전한 생활환경의 보호를 해치는 모든 건축이 금지되고 있을 뿐 아니라 주거지역내에 거주하는 사람이 받는 위와 같은 보호이익은 법률에 의하여 보호되는 이익이라고 할 것이므로 주거지역내에 위 법조 소정 제한면적을 초과한 연탄공장 건축허가처분으로 불이익을 받고 있는 제3거주자는 비록 당해 행정처분의 상대자가 아니라 하더라도 그 행정처분으로 말미암아 위와 같은 법률에 의하여 보호되는 이익을 침해 받고 있다면 당해행정 처분의 취소를 소구하여 그 당부의 판단을 받을 법률상의 자격이 있다. (대판73누96,97)

정답 ②

16 개인적 공권에 대한 설명으로 옳지 않은 것은? (단, 다툼이 있는 경우 판례에 의함)

21 군무원 9급

① 한의사들이 가지는 한약조제권을 한약조제시험을 통하여 약사에게도 인정함으로써 감소하게 되는 한의사들의 영업상 이익은 법률에 의하여 보호되는 이익이라 볼 수 없다.
② 합병 이전의 회사에 대한 분식회계를 이유로 감사인 지정제외 처분과 손해배상공동기금의 추가적립의무를 명한 조치의 효력은 합병 후 존속하는 법인에게 승계될 수 있다.
③ 당사자 사이에 「석탄산업법시행령」 제41조 제4항 제5호 소정의 재해위로금에 대한 지급청구권에 관한 부제소합의가 있는 경우 그러한 합의는 효력이 인정된다.

④ 석유판매업 허가는 소위 대물적 허가의 성질을 갖는 것이어서 양수인이 그 양수 후 허가 관청으로부터 석유판매업허가를 다시 받았다하더라도 이는 석유판매업의 양수도를 전제로 한 것이어서 이로써 양도인의 지위승계가 부정되는 것은 아니므로 양도인의 귀책사유는 양수인에게 그 효력이 미친다.

> **해설**
> ③ (×) 당사자 사이에 「석탄산업법시행령」 제41조 제4항 제5호 소정의 재해위로금에 대한 지급청구권에 관한 부제소합의가 있었다고 하더라도 그러한 합의는 무효라고 할 것이다. (대판98두12598)
> ① (○) 대판97누4289
> ② (○) 대판2002두1946
> ④ (○) 대판86누203
>
> 정답 ③

17 「대기환경보전법」상 개선명령에 관한 다음 조문에 대한 설명으로 옳지 않은 것은? (다툼이 있는 경우 판례에 의함)   22 지방직 7급

> 제1조(목적) 이 법은 대기오염으로 인한 국민건강이나 환경에 관한 위해를 예방하고 대기환경을 적정하고 지속가능하게 관리·보전하여 모든 국민이 건강하고 쾌적한 환경에서 생활할 수 있게 하는 것을 목적으로 한다.
> 제33조(개선명령) 환경부장관은 제30조에 따른 신고를 한 후 조업 중인 배출시설에서 나오는 오염물질의 정도가 제16조나 제29조 제3항에 따른 배출허용기준을 초과한다고 인정하면 대통령령으로 정하는 바에 따라 기간을 정하여 사업자(제29조 제2항에 따른 공동 방지시설의 대표자를 포함한다)에게 그 오염물질의 정도가 배출허용기준 이하로 내려가도록 필요한 조치를 취할 것(이하 "개선명령"이라 한다)을 명할 수 있다.

① 환경부장관은 위 법률 제33조에서 위임한 사항을 규정한 대통령령을 입법예고를 할 때와 개정하였을 때에는 10일 이내에 이를 국회 소관 상임위원회에 제출하여야 한다.
② 환경부장관이 인근 주민의 개선명령 신청에 대해 거부한 행위가 항고소송의 대상이 되는 처분이 되기 위해서는 인근 주민에게 개선명령을 발할 것을 요구할 수 있는 신청권이 있어야 한다.
③ 인근 주민이 배출시설에서 나오는 대기오염물질로 인하여 생명과 건강에 심각한 위협을 받고 있다면, 환경부장관의 개선명령에 대한 재량권은 축소될 수 있다.
④ 환경부장관에게는 하자 없는 재량행사를 할 의무가 인정되므로, 위 개선명령의 근거 및 관련 조항의 사익보호성 여부를 따질 필요 없이 인근 주민에게는 소위 무하자재량행사청구권이 인정된다.

④ (✕) 무하자재량행사청구권 역시 주관적 공권이므로 그 성립요건 또한 일반적인 개인적 공권과 다르지 않다. 따라서 무하자재량행사청구권이 성립하려면 강행법규성(행정청에게 강행법규에 의해 하자 없는 재량권 행사의무 부과)과 사익보호성(재량권을 부여하는 법규가 공익뿐만 아니라 개인의 이익을 보호)을 갖추어야 한다.

① (○) 제98조의2(대통령령 등의 제출 등) 제1항. 중앙행정기관의 장은 법률에서 위임한 사항이나 법률을 집행하기 위하여 필요한 사항을 규정한 대통령령·총리령·부령·훈령·예규·고시 등이 제정·개정 또는 폐지되었을 때에는 10일 이내에 이를 국회 소관 상임위원회에 제출하여야 한다. 다만, 대통령령의 경우에는 입법예고를 할 때(입법예고를 생략하는 경우에는 법제처장에게 심사를 요청할 때를 말한다)에도 그 입법예고안을 10일 이내에 제출하여야 한다.

② (○) 국민의 적극적 행위 신청에 대하여 행정청이 그 신청에 따른 행위를 하지 않겠다고 거부한 행위가 항고소송의 대상이 되는 행정처분에 해당하는 것이라고 하려면, 그 신청한 행위가 공권력의 행사 또는 이에 준하는 행정작용이어야 하고, 그 거부행위가 신청인의 법률관계에 어떤 변동을 일으키는 것이어야 하며, 그 국민에게 그 행위발동을 요구할 법규상 또는 조리상의 신청권이 있어야 한다. (대판2007두1316)

③ (○) 재량권의 영으로의 수축은 일정한 경우 재량권이 있는 행정청에게 선택의 여지가 없어지고 특정한 하나의 처분을 하여야 할 의무가 생기는 것을 말한다. 일반적으로 사람의 생명·신체 및 재산 등 급박하고 중대한 위험이 존재하고, 그러한 위험이 행정권의 발동에 의해 제거될 수 있는 것으로 판단되는 경우에 그러하다. 따라서 인근 주민이 배출시설에서 나오는 대기오염물질로 인하여 생명과 건강에 심각한 위협을 받고 있다면, 환경부장관의 개선명령에 대한 재량권이 0(또는 1)로 수축될 수 있다.

정답 ④

이상헌 경찰행정법

PART 03

행정작용

CHAPTER 01 행정작용(행정행위)
CHAPTER 02 행정의 실효성 확보수단
CHAPTER 03 행정조사기본법
CHAPTER 04 새로운 실효성 확보수단
CHAPTER 05 행정행위의 효력
CHAPTER 06 행정절차법

CHAPTER 01 행정작용(행정행위)

01 다음 중 행정의 행위형식(행정작용형식)에 가장 포함되지 않는 것은? `22 해경승진`

① 행정입법
② 행정소송
③ 공법상 계약
④ 행정계획

② (✗) 행정소송은 행정작용이 아니라 사익을 보호하기 위한 행정구제 해당한다.
①③④ (O) 모두 공익을 달성하기 위한 행정작용에 해당한다.

정답 ②

02 행정작용에 관한 설명으로 옳은 것은? (다툼이 있으면 판례에 따름) `22 행정사`

① 행정계획은 사인의 신뢰보호를 위해 일반적으로 계획존속청구권이 인정된다.
② 행정사법작용에는 사적자치의 원칙이 통용되므로 공법적 제한을 받지 않는다.
③ 사실행위는 법적 효과의 제거대상이 될 수 없으므로, 권력적인지 비권력적인지를 불문하고 항고소송의 대상인 처분성이 인정되지 않는다.
④ 계약직공무원에 대한 채용계약해지를 함에 있어서는 「행정절차법」에 의하여 그 근거와 이유를 제시할 필요가 없다.
⑤ 행정지도는 상대방의 임의적인 협력을 구하는 것이므로, 법률우위의 원칙은 적용되지 않는다.

④ (O) 계약직 공무원에 대한 채용계약해지의 의사표시는 행정처분이 아니므로 행정처분과 같이 행정절차법에 의하여 근거와 이유를 제시하여야 하는 것은 아니다. (대판2002두5948)
① (✗) 행정계획은 일반적으로 계획존속청구권(계획보장청구권) 또는 계획변경청구권이 부정된다.
② (✗) 행정사법작용은 기본적으로 사법관계로서 사적자치의 원칙이 통용되나 실질은 공행정작용이므로 일정한 경우 공법적 제한을 받는다.
③ (✗) 사실행위는 권력적인 경우 이른바 '권력적 사실행위'로서 항고소송의 대상인 처분성이 인정된다.
⑤ (✗) 행정지도 역시 행정작용의 하나이므로 법률우위의 원칙이 적용된다.

정답 ④

03 다음 설명 중 옳지 않은 것은? (다툼이 있는 경우 판례에 의함) `21 소방공채`

① 건설부장관(현 국토교통부장관)이 행한 국립공원지정처분에 따른 경계측량 및 표지의 설치 등은 처분이 아니다.
② 행정지도가 구술로 이루어지는 경우 상대방이 행정지도의 취지·내용 및 신분을 기재한 서면의 교부를 요구하면 당해 행정지도를 행하는 자는 직무수행에 특별한 지장이 없는 한 이를 교부하여야 한다.
③ 조례가 집행행위의 개입 없이도 그 자체로서 직접 국민의 구체적인 권리·의무나 법적 이익에 영향을 미치는 등의 법률상 효과를 발생하는 경우 그 조례는 항고소송의 대상이 되는 행정처분에 해당한다.
④ 행정계획은 현재의 사회·경제적 모든 상황의 조사를 바탕으로 장래를 예측하여 수립되고 장기간에 걸쳐 있으므로, 행정계획의 변경은 인정되지 않는다.

④ (✕) 행정계획의 변경은 인정된다. ⓐ 행정계획 자체의 속성으로 가변성이 있으므로 행정계획의 수립권자는 행정계획의 변경권한이 있다. ⓑ 그리고 상대방이 행정계획의 변경을 요구할 수 있는 신청권 역시 예외적으로 허용하는 것이 판례의 태도이다.
① (○) 대판92누2325
② (○) 「행정절차법」 제49조 제2항
③ (○) 대판95누8003

정답 ④

04 행정작용에 대한 설명으로 옳은 것은? (다툼이 있는 경우 판례에 의함) `22 국가직 9급`

① 구체적인 계획을 입안함에 있어 지침이 되거나 특정 사업의 기본방향을 제시하는 내용의 행정계획은 항고소송의 대상인 행정처분에 해당하지 않는다.
② 공법상 계약이 법령 위반 등의 내용상 하자가 있는 경우에도 그 하자가 중대명백한 것이 아니면 취소할 수 있는 하자에 불과하고 이에 대한 다툼은 당사자소송에 의하여야 한다.
③ 지도, 권고, 조언 등의 행정지도는 법령의 근거를 요하고 항고소송의 대상이 된다.
④ 「국가를 당사자로 하는 계약에 관한 법률」에 따라 국가가 당사자가 되는 이른바 공공계약에 관한 법적 분쟁은 원칙적으로 행정법원의 관할 사항이다.

① (○) 국토해양부, 환경부, 문화체육관광부, 농림수산식품부가 합동으로 2009. 6. 8. 발표한 '4대강 살리기 마스터플랜'등은 행정기관 내부에서 사업의 기본방향을 제시하는 계획일 뿐 국민의 권리·의무에 직접 영향을 미치는 것이 아니어서, 행정처분에 해당하지 않는다. (대판2010무111 전합)

② (×) 공법상 계약에 하자가 있는 경우 공법상 계약은 공정력이 인정되지 않으므로 취소라는 개념은 없고 무효일 뿐이라는 견해가 일반적이다. ※ 공법상 계약의 경우 당사자소송의 대상인 설명은 타당하다.

③ (×) 공법상 계약은 원칙적으로 법률유보 원칙의 적용을 받지 않으므로, 법률의 근거 없이도 체결할 수 있다고 보는 것이 통설이다. (견해대립 있음)

④ (×) 지방재정법에 의하여 준용되는「국가를 당사자로 하는 계약에 관한 법률」에 따라 지방자치단체가 당사자가 되는 이른바 공공계약(관급공사)은 사경제의 주체로서 상대방과 대등한 위치에서 체결하는 사법(私法)상의 계약이다. (대판2006마117) 따라서「국가를 당사자로 하는 계약에 관한 법률」에 따라 국가가 당사자가 되는 이른바 공공계약에 관한 법적 분쟁은 원칙적으로 행정법원이 아니라 민사법원의 관할 사항이다.

정답 ①

05 행정행위에 대한 설명으로 옳은 것은? 　　　　　　　17 국가직 9급

① 행정행위를 '행정청이 법아래서 구체적 사실에 대한 법 집행으로서 행하는 공법행위'로 정의하면, 공법상 계약과 공법상 합동행위는 행정행위의 개념에서 제외된다.

② 강학상 허가와 특허는 의사표시를 요소로 한다는 점과 반드시 신청을 전제로 한다는 점에서 공통점이 있다.

③ 행정행위의 효력으로서 구성요건적 효력과 공정력은 이론적 근거를 법적 안정성에서 찾고 있다는 공통점이 있다.

④「행정소송법」상 처분의 개념과 강학상 행정행위의 개념이 다르다고 보는 견해는 처분의 개념을 강학상 행정행위의 개념보다 넓게 본다.

④ (○) 실체법상의 행정행위와 쟁송법상의 처분을 구분하는 견해에 따르면 쟁송법상의 처분 개념을 강학상 행정행위의 개념보다 더 넓게 보게 된다.

① (×) 행정행위의 개념을 행정청이 구체적 사실에 대한 법집행으로서 행하는 공법행위로 보는 견해는 (최협의설에 비해 권력적·단독적 요소가 개념정의에서 제외하는) 협의설의 입장이다. 이 견해에 따르면 비권력적 행위를 포함시킨다. 따라서 공법상 계약과 같은 비권력적 행위도 행정행위 개념에 포함되게 된다.

② (×) 특허는 반드시 신청이 요구되지만, 허가는 통행금지의 해제와 같이 일반처분의 형식인 경우 신청이 요구되지 않는 경우가 있어 반드시 신청을 요하는 것이 아니다.

③ (×) 공정력은 법적 안정성에서 이론적 근거를 찾지만 구성요건적 효력은 행정기관 상호간 권한 존중에서 그 근거를 찾는다.

정답 ④

06 기속행위와 재량행위에 대한 설명으로 옳은 것은?(다툼이 있는 경우 판례에 의함)

`20 소방직 9급`

① 법원은 최근 기존의 입장을 변경하여 재량행위 외에 기속행위나 기속적 재량행위에도 부관을 붙일 수 있는 것으로 보고 있고, 이러한 부관이 있는 경우 특별한 사정이 없는 한 당사자는 부관의 내용을 이행하여야할 의무를 진다.
② 건축허가를 하면서 일정 토지를 기부채납하도록 하는 내용의 허가조건을 붙였다면 원칙상 취소사유로 보아야한다.
③ 「건축법」상 건축허가신청의 경우 심사 결과 그 신청이 법정요건에 합치하는 경우라 할지라도 소음공해, 먼지발생, 주변인 집단 민원 등의 사유가 있는 경우 이를 불허가사유로 삼을 수 있고, 그러한 불허가처분이 비례의 원칙 등을 준수하였다면 처분 자체의 위법성은 인정될 수 없다.
④ 법이 과징금 부과처분에 대한 임의적 감경규정을 두었다면 감경 여부는 행정청의 재량에 속한다고 할 것이나, 행정청이 감경사유가 있음에도 이를 전혀 고려하지 않았거나 감경사유에 해당하지 않는다고 오인한 나머지 과징금을 감경하지 않았다면 그 과징금 부과처분은 재량권을 일탈하거나 남용한 위법한 처분으로 보아야 한다.

④ (○) 대판2010두7031
① (×) 기속행위에 대하여는 법령상 특별한 근거가 없는 한 부관을 붙일 수 없고 가사 부관을 붙였다 하더라도 이는 무효이다. (대판92누13998)
② (×) 건축허가를 하면서 일정 토지를 기부채납하도록 하는 내용의 허가조건은 부관을 붙일 수 없는 기속행위 내지 기속적 재량행위인 건축허가에 붙인 부담이거나 또는 법령상 아무런 근거가 없는 부관이어서 무효이다. (대판94다56883)
③ (×) 건축허가는 기속행위로서 법령상의 사유 이외의 사유로 거부할 수 없다.

정답 ④

07 기속행위와 재량행위에 대한 설명으로 옳지 않은 것은? (다툼이 있는 경우 판례에 의함)

20 지방직 9급

① 「국토의 계획 및 이용에 관한 법률」상 개발행위허가는 허가기준 및 금지요건이 불확정개념으로 규정된 부분이 많아 그 요건에 해당하는지 여부는 행정청의 재량판단의 영역에 속한다.

② 기속행위와 재량행위의 구분은 당해 행위의 근거가 된 법규의 체재·형식과 그 문언, 당해 행위가 속하는 행정 분야의 주된 목적과 특성, 당해 행위 자체의 개별적 성질과 유형 등을 모두 고려하여 판단하여야 한다.

③ 처분을 할 것인지 여부와 처분의 정도에 관하여 재량이 인정되는 과징금 납부명령에 대하여 그 명령이 재량권을 일탈하였을 경우, 법원은 재량권의 범위 내에서 어느 정도가 적정한 것인지에 관하여 판단할 수 있고 그 일부를 취소할 수 있다.

④ 마을버스운송사업면허의 허용 여부는 운수행정을 통한 공익실현과 아울러 합목적성을 추구하기 위하여 보다 구체적 타당성에 적합한 기준에 의하여야 할 것이므로 행정청의 재량에 속하는 것이라고 보아야 한다.

③ (✕) 처분을 할 것인지 여부와 처분의 정도에 관하여 재량이 인정되는 과징금 납부명령에 대하여 그 명령이 재량권을 일탈하였을 경우 법원으로서는 재량권의 일탈 여부만 판단할 수 있을 뿐이지 재량권의 범위 내에서 어느 정도가 적정한 것인지에 관하여 판단할 수 없으므로 그 전부를 취소할 수밖에 없고, 법원이 적정하다고 인정되는 부분을 초과한 부분만 취소할 수는 없는 것이며, 또한 수개의 위반행위에 대하여 하나의 과징금 납부명령을 하였으나 수개의 위반행위 중 일부의 위반행위만이 위법하지만, 소송상 그 일부의 위반행위를 기초로 한 과징금액을 산정할 수 있는 자료가 없는 경우에는 하나의 과징금 납부명령 전부를 취소할 수밖에 없다. (대판2005두3172)

① (O) 대판2017두48956
② (O) 대판98두17593
④ (O) 대판2001두10028

정답 ③

08 기속행위와 재량행위를 설명한 것이다. 다음 중 가장 적절하지 않은 것은? (다툼이 있으면 판례에 의함)

<small>15 경찰행정</small>

① 경찰공무원이 교통법규 위반 운전자에게 만 원권 지폐 한 장을 두 번 접어서 면허증과 함께 달라고 한 경우에 내려진 해임처분은 징계재량권의 일탈·남용이 아니다.
② 어느 행정행위가 기속행위인지 재량행위인지 나아가 재량행위라고 할지라도 기속재량행위인지 또는 자유재량에 속하는 것인지의 여부는 이를 일률적으로 규정지을 수는 없는 것이고, 당해 처분의 근거가 된 규정의 형식이나 체제 또는 문언에 따라 개별적으로 판단하여야 한다.
③ 행정청의 재량에 속하는 처분이라도 재량권의 한계를 넘거나 그 남용이 있는 때에는 법원은 이를 취소할 수 있다.
④ 「여객자동차운수사업법」에 의한 개인택시운송사업면허는 특정인에게 권리나 이익을 부여하는 행정행위로서 법령에 특별한 규정이 없는 한 재량행위이지만, 그 면허를 위하여 필요한 기준을 정하는 것은 행정청의 재량이 아니다.

④ (✕) 개인택시운송사업면허는 특정인에게 권리나 이익을 부여하는 행정행위로서 법령에 특별한 규정이 없는 한 재량행위이고, 그 면허에 필요한 기준을 정하는 것 역시 행정청의 재량에 속하는 것이므로 그 기준이 객관적으로 보아 합리적이 아니라든가 타당하지 아니하여 재량권을 남용한 것이라고 인정되지 아니하는 이상 행정청의 의사는 가능한 한 존중되어야 한다. (대판2004두8910)
① (○) 대판2006두16274
② (○) 대판97누15418
③ (○) 옳은 설명이다.

정답 ④

09 기속행위와 재량행위에 대한 설명으로 가장 적절하지 않은 것은? (다툼이 있는 경우 판례에 의함)

18 경찰행정

① 기속행위에 대한 사법심사는 그 법규에 대한 원칙적인 기속성으로 인하여 법원이 사실인 정과 관련 법규의 해석·적용을 통하여 일정한 결론을 도출한 후 그 결론에 비추어 행정 청이 한 판단의 적법 여부를 독자의 입장에서 판정하는 방식에 의한다.
② 「식품위생법」상 일반음식점영업허가는 성질상 일반적 금지의 해제에 불과하므로 허가권 자는 허가신청이 법에서 정한 요건을 구비한 때에는 원칙적으로 허가를 하여야 하나, 다 만 예외적으로 관계 법령에서 정하는 제한사유 외에 공공복리 등의 사유를 들어 허가신 청을 거부할 수 있다.
③ 「국토의 계획 및 이용에 관한 법률」에 의한 토지의 형질변경허가는 그 금지요건이 불확 정개념으로 규정되어 있어 그 금지요건에 해당하는지 여부를 판단함에 있어서 행정청에 게 재량권이 부여되어 있다고 할 것이므로, 같은 법에 의하여 지정된 도시지역 안에서 토지의 형질변경행위를 수반하는 건축허가는 결국 재량행위에 속한다.
④ 개발제한구역 내에서의 건축물의 건축 등에 대한 예외적 허가는 그 상대방에게 수익적인 것으로서 재량행위에 속하는 것이라고 할 것이므로 그에 관한 행정청의 판단이 사실오 인, 비례·평등의 원칙 위배, 목적위반 등에 해당하지 아니하는 이상 재량권의 일탈·남 용에 해당한다고 할 수 없다.

② (×) 「식품위생법」상 일반음식점영업허가는 성질상 일반적 금지의 해제에 불과하므로 허가권 자는 허가신청이 법에서 정한 요건을 구비한 때에는 허가하여야 하고 관계 법령에서 정하는 제 한사유 외에 공공복리 등의 사유를 들어 허가신청을 거부할 수는 없고, 이러한 법리는 일반음 식점 허가사항의 변경허가에 관하여도 마찬가지이다. (대판97누12532)
① (○) 대판98두17593
③ (○) 대판2004두6181
④ (○) 대판2003두7606

정답 ②

10 기속행위와 재량행위에 대한 설명으로 가장 적절하지 않은 것은? (다툼이 있으면 판례에 의함)

17 경찰행정

① 입법목적 등을 달리하는 법률들이 일정한 행위에 관한 요건을 각기 정하고 있는 경우 어느 법률이 다른 법률에 우선하여 배타적으로 적용된다고 풀이되지 아니하는 한 그 행위에 관하여 각 법률의 규정에 따른 허가를 받아야 할 것인바, 이러한 경우 그 중 하나의 허가에 관한 관계 법령 등에서 다른 법령상의 허가에 관한 규정을 원용하고 있는 경우나 그 행위가 다른 법령에 의하여 절대적으로 금지되고 있어 그것이 객관적으로 불가능한 것이 명백한 경우 등에는 그러한 요건을 고려하여 허가 여부를 결정할 수 있다.

② 「행정소송법」 제27조에 의하면 행정청의 재량에 속하는 처분이라도 재량권의 한계를 넘거나 그 남용이 있는 때에는 법원은 이를 취소하여야 한다.

③ 어느 행정행위가 기속행위인지 재량행위인지 나아가 재량행위라고 할지라도 기속재량행위인지 또는 자유재량에 속하는 것인지의 여부는 이를 일률적으로 규정지을 수는 없는 것이고, 당해 처분의 근거가 된 규정의 형식이나 체재 또는 문언에 따라 개별적으로 판단하여야 한다.

④ 술에 취한 상태에 있다고 인정할 만한 상당한 이유가 있음에도 불구하고 경찰공무원의 측정에 응하지 아니한 때에는 필요적으로 운전면허를 취소하도록 되어 있어 처분청이 그 취소 여부를 선택할 수 있는 재량의 여지가 없음이 「도로교통법」상 명백하므로, 동법 요건에 해당하였음을 이유로 한 운전면허취소처분에 있어서 재량권의 일탈 또는 남용의 문제는 생길 수 없다.

② (X) 「행정소송법」 제27조(재량처분의 취소) 행정청의 재량에 속하는 처분이라도 재량권의 한계를 넘거나 그 남용이 있는 때에는 법원은 이를 취소할 수 있다.
① (O) 대판96누19772
③ (O) 대판97누21086
④ (O) 대판2003두12042

정답 ②

11 재량행위에 해당하지 않는 것은? (다툼이 있으면 판례에 의함) `18 경찰행정`

① 구「제주특별자치도 설치 및 국제자유도시 조성을 위한 특별법(2012. 3. 17. 법률 제11061호로 개정된 것)」제292조 제1항에 의한 도지사의 절대보전지역 지정 및 변경행위
② 구「국유재산법(1994. 1. 5. 법률 제4968호로 개정된 것)」제51조 제1항에 의한 국유재산의 무단점유 등에 변상금 징수여부
③ 법령상 특별한 규정이 없는 구「야생동·식물보호법(2011. 1. 24. 법률 제10388호로 개정된 것)」제16조 제3항과 구「야생동·식물보호법 시행규칙(2011. 1. 24. 환경부령 제393호로 개정된 것)」제22조 제1항에 의한 국제적멸종위기종 및 그 가공품의 수입 또는 반입에 대한 용도변경승인
④ 구「표시·광고의 공정화에 관한 법률(2014. 4. 27. 법률 제12380호로 개정된 것)」제7조 제1항 제2호 및 제2항, 구「표시·광고의 공정화에 관한 법률 시행령(2012. 9. 5. 대통령령 제24081호로 개정되기 전의 것)」제8조에 의하여 부당한 표시광고 행위를 한 사업자에 대하여 공정거래위원회가 공표명령을 할 것인지의 여부

② (✗) 국유재산의 무단점유 등에 대한 변상금 징수의 요건은「국유재산법(1994. 1. 5. 법률 제4968호로 개정된 것)」제51조 제1항에 명백히 규정되어 있으므로 변상금을 징수할 것인가는 처분청의 재량을 허용하지 않는 기속행위이고, 여기에 재량권 일탈남용의 문제는 생길 여지가 없다. (대판98두7602)
① (○) 대판2011두19239
③ (○) 대판2010두23033
④ (○) 대판2012두26708

정답 ②

12 기속행위와 재량행위에 대한 설명으로 가장 옳지 않은 것은? `22 서울시 7급`

① 기속행위란 법규상의 구성요건에서 정한 요건이 충족되면 행정청이 반드시 어떤 행위를 하거나 하지 말아야 하는 행정행위를 말한다.
② 행정청의 재량에 속하는 처분이라도 재량권의 한계를 넘거나 그 남용이 있을 때에는 법원은 이를 취소할 수 있다.
③ 재량행위란 행정법규가 행정행위를 규율함에 있어서 행정청에게 자기 판단을 할 여지를 부여하고 있는 경우에 행정청이 행하는 행정행위를 말한다.
④ "대한민국에 체류하는 외국인이 그 체류자격과 다른 체류자격에 해당하는 활동을 하려면 미리 법무부장관의 체류자격 변경허가를 받아야 한다."라는 규정에 따라 변경신청을 받은 법무부장관은 변경허가를 해주어야 한다.

「출입국관리법」등 관계법령에 비추어 보면, 체류자격 변경허가는 신청인에게 당초의 체류자격과 다른 체류자격에 해당하는 활동을 할 수 있는 권한을 부여하는 일종의 설권적 처분의 성격을 가지므로, 허가권자는 신청인이 관계 법령에서 정한 요건을 충족하였더라도, 신청인의 적격성, 체류목적, 공익상의 영향 등을 참작하여 허가 여부를 결정할 수 있는 재량을 가진다. (대판2015두48846) 즉, 「출입국관리법」상 법무부장관의 체류자격 변경허가는 설권적 처분인 강학상 특허이며 재량행위이다. 따라서 체류자격 변경신청을 받은 법무부장관은 반드시 변경허가를 해주어야 하는 것이 아니라, 중대한 공익을 이유로 법령에 명시적 근거가 없더라도 거부할 수 있다.

정답 ④

13 다음 중 재량행위에 관한 설명으로 가장 옳지 않은 것은? (다툼이 있는 경우 판례에 의함)

21 해경승진

① 재량권의 일탈·남용 여부에 대한 입증책임은 처분청인 행정청에게 있다.
② 판례에 의할 때 「식품위생법」상 일반음식점 영업허가는 재량행위로 보고 있지 않다.
③ 공유수면점용허가는 특정인에게 공유수면이용권이라는 독점적 권리를 설정하여 주는 처분으로서 그 처분의 여부 및 내용의 결정은 원칙적으로 행정청의 재량에 속한다.
④ 재량행위에 있어서도 비례원칙을 위반하는 경우에는 위법한 행위가 된다.

① (✗) 재량행위는 행정청의 공익판단의 여지에 기여한 재량을 참작하여 적법으로 추정되는 바, 재량권의 일탈·남용에 대한 입증책임은 원칙적으로 재량처분의 위법을 주장하는 원고에게 입증책임이 있다.
② (○) 판례는 「식품위생법」상 일반음식점 영업허가를 기속행위로 보고 있다.
③ (○) 공유수면점용허가는 강학상 특허로서 원칙적으로 재량행위이다.
④ (○) 비례의 원칙 등 일반원칙에 위배되는 행정행위는 위법에 해당하는 바, 공법상 일반원칙은 재량행위의 한계로 기능하여 재량행위를 통제하는 역할에서 의미가 크다.

정답 ①

14. 재량행위와 기속행위에 관한 설명으로 옳은 것은? (다툼이 있으면 판례에 따름) `21 행정사`

① 「공유수면 관리 및 매립에 관한 법률」상 공유수면 점용허가는 기속행위이다.
② 재외동포에 대한 사증발급과 관련한 재량권 불행사는 그 자체로 재량권 일탈·남용에 해당하지 않으므로 해당 처분을 취소하여야 할 위법사유가 되지 않는다.
③ 「국토의 계획 및 이용에 관한 법률」에 의하여 지정된 도시지역 안에서 토지의 형질변경행위를 수반하는 건축허가의 법적 성질은 기속행위이다.
④ 법령상 감경사유가 있는 경우 이를 전혀 고려하지 않은 과징금 부과처분은 위법하다.
⑤ 행정청이 제재처분 양정을 하면서 이익형량을 하였다면 그 양정에 정당성·객관성이 결여된 경우라도 위법은 아니다.

④ (O) 감경사유가 있음에도 이를 전혀 고려하지 않거나 그 사유에 해당하지 않는다고 오인한 나머지 영업정지 기간을 감경하지 아니하였다면 그 영업정지 처분은 재량권을 일탈·남용한 위법한 처분이라고 할 수밖에 없다. (대판2014두45956)
① (×) 「공유수면 관리 및 매립에 관한 법률」상 공유수면 점용허가는 기속행위가 아니라 재량행위이다.
② (×) 재외동포에 대한 사증발급과 관련한 재량권 불행사는 그 자체로 재량권 일탈·남용에 해당하므로 해당 처분을 취소하여야 할 위법사유가 된다.
③ (×) 토지의 형질변경행위를 수반하는 건축허가의 법적 성질은 재량행위이다.
⑤ (×) 행정청이 제재처분 양정을 하면서 이익형량을 하였더라도 그 양정에 정당성·객관성이 결여된 경우 재량의 일탈·남용에 해당하여 위법하다.

정답 ④

15. 재량행위에 관한 설명으로 옳지 않은 것은? (다툼이 있는 경우 판례에 의함) `23 소방공채`

① 행정청의 재량에 기한 공익판단의 여지를 감안하여 법원은 독자의 결론을 도출함이 없이 당해 행위에 재량권의 일탈·남용이 있는지 여부만을 심사한다.
② 행정청의 전문적인 정성적 평가 결과는 판단의 기초가 된 사실인정에 중대한 오류가 있거나 그 판단이 사회통념상 현저하게 타당성을 잃어 객관적으로 불합리하다는 등의 특별한 사정이 없는 한 법원이 당부를 심사하기에 적절하지 않으므로 가급적 존중되어야 한다.
③ 처분의 근거 법령이 행정청에 처분의 요건과 효과 판단에 일정한 재량을 부여하였으나, 행정청이 자신에게 재량권이 없다고 오인하여 처분으로 달성하려는 공익과 그로써 처분상대방이 입게 되는 불이익의 내용과 정도를 전혀 비교형량하지 않은 채 처분을 하였다고 하더라도, 그 자체로 재량권 일탈·남용으로 해당 처분을 취소하여야 할 위법사유가 되지는 않는다.
④ 구 「사행행위등규제법」에 의한 허가의 경우 허가신청이 적극적 요건에 해당하는지 여부를 판단하는 것은 재량행위라 할 수 있겠으나 허가제한사유에 해당되는 경우에는 적극적 요건에 해당하는지 여부를 판단할 필요는 없다.

③ (✗) 재량권 행사의 하자 유형에는 법규위반, 사실오인, 평등원칙 내지 비례의 원칙 위반, 절차위반, 목적 위반 등이 있다. 재량권을 행사함에 있어 고려하여야 할 구체적 사정을 전혀 고려하지 않은 경우(형량의 해태)는 물론, 재량권을 행사함에 있어 고려하여야 하는 구체적 사정에 대한 고려를 하였지만 충분히 고려하지 않은 경우(형량의 흠결) 역시 재량권의 불행사로서 위법하다. (대판2003두5426)
① (○) 대판98두17593
② (○) 대판2017두39785
④ (○) 대판94누5140

정답 ③

16 재량행위에 대한 설명으로 옳지 않은 것은? (단, 다툼이 있는 경우 판례에 의함) 21 군무원 7급

① 행정청이 제재처분의 양정을 하면서 공익과 사익의 형량을 전혀 하지 않았거나 이익형량의 고려대상에 마땅히 포함되어야 할 사항을 누락한 경우 또는 이익형량을 하였으나 정당성·객관성이 결여된 경우에는 제재처분은 재량권을 일탈·남용한 것이라고 보아야 한다.
② 처분이 재량권을 일탈·남용하였다는 사정은 처분의 효력을 다투는 자가 주장·증명하여야 한다.
③ 「공유수면 관리 및 매립에 관한 법률」에 따른 공유수면의 점용·사용허가는 특정인에게 공유수면 이용권이라는 독점적 권리를 설정하여 주는 처분으로 원칙적으로 행정청의 재량행위에 속한다.
④ 구 「주택건설촉진법」상의 주택건설사업계획의 승인은 상대방에게 수익적 행정처분이므로 법령에 행정처분의 요건에 관하여 일의적으로 규정되어 있더라도 행정청의 재량행위에 속한다.

「주택건설촉진법」 제33조 제1항의 규정에 의한 주택건설사업계획의 승인은 상대방에게 권리나 이익을 부여하는 효과를 수반하는 이른바 수익적 행정처분으로서 행정처분의 요건에 관하여 일의적으로 규정되어 있지 아니한 이상 행정청의 재량행위에 속하고, 그 전 단계인 같은 법 제32조의4 제1항의 규정에 의한 주택건설사업계획의 사전결정이 있다하여 달리 볼 것은 아니다. 따라서 피고가 이 사건 주택건설사업에 대한 사전결정을 하였다고 하더라도 사업승인 단계에서 그 사전결정에 기속되지 않고 다시 사익과 공익을 비교형량하여 그 승인 여부를 결정할 수 있다. (대판99두1052). 즉, 법령에 행정처분의 요건에 관하여 일의적으로 규정되어 있지 않는 경우 재량행위에 속하나, 법령이 행정처분 요건을 일의적으로 규정하고 있다면 행정청은 그 하나의 행위만을 해야 하는 기속행위이다.

정답 ④

17 다음 중 재량행위에 대한 설명으로 가장 옳지 않은 것은? (다툼이 있는 경우 판례에 의함)

23 해경승진

① 도시지역 안에서 토지형질변경행위를 수반하는 건축허가는 재량행위에 속한다.
② 재량권의 일탈·남용 여부에 대한 입증책임은 처분청인 행정청에게 있다.
③ 형량명령이론은 계획재량의 통제와 관련이 깊다.
④ 재량행위가 위법하다는 이유로 소송이 제기된 경우에 법원은 각하할 것이 아니라 그 일탈·남용 여부를 심사하여 그에 해당하지 않으면 청구를 기각하여야 한다.

행정청의 공익판단의 여지에 기여한 재량을 참작하여 적법으로 추정되는 바, 재량권의 일탈·남용에 대한 입증책임은 재량처분의 위법을 주장하는 원고에게 입증책임이 있다.

정답 ②

18 기속행위와 재량행위에 대한 판례의 입장으로 옳지 않은 것은?

21 국가직 7급

① 「여객자동차 운수사업법」에 의한 개인택시운송사업면허는 특정인에게 권리나 이익을 부여하는 행정행위로서 법령에 특별한 규정이 없는 한 재량행위이다.
② 공유수면점용허가는 특정인에게 공유수면 이용권이라는 독점적 권리를 설정하여 주는 처분으로서 그 처분의 여부 및 내용의 결정은 원칙적으로 행정청의 재량에 속한다.
③ 「국토의 계획 및 이용에 관한 법률」상 토지의 형질변경허가는 그 금지요건이 불확정개념으로 규정되어 있으므로, 동법상 지정된 도시지역 안에서 토지의 형질변경행위를 수반하는 「건축법」상의 건축허가는 재량행위이다.
④ 귀화허가는 강학상 허가에 해당하므로, 귀화신청인이 귀화 요건을 갖추어서 귀화허가를 신청한 경우에 법무부장관은 귀화허가를 해주어야 한다.

귀화허가는 외국인에게 대한민국 국적을 부여함으로써 국민으로서의 법적 지위를 포괄적으로 설정하는 행위에 해당한다. 한편 국적법 등 관계 법령 어디에도 외국인에게 대한민국의 국적을 취득할 권리를 부여하였다고 볼 만한 규정이 없다. 이와 같은 귀화허가의 근거 규정의 형식과 문언, 귀화허가의 내용과 특성 등을 고려하여 보면, 법무부장관은 귀화신청인이 법률이 정하는 귀화요건을 갖추었다고 하더라도 귀화를 허가할 것인지 여부에 관하여 재량권을 가진다. (대판2009두19069) 즉, 「출입국관리법」상 귀화허가는 강학상 특허에 해당하며 그 발급여부는 법무부장관의 재량에 속한다.

정답 ④

19 판례상 재량행위에 해당하는 것만을 모두 고르면? [22 지방직 9급]

㉠ 「여객자동차 운수사업법」상 개인택시운송사업면허
㉡ 구 「수도권대기환경특별법」상 대기오염물질 총량관리사업장 설치허가
㉢ 「국가공무원법」상 휴직 사유 소멸을 이유로 한 신청에 대한 복직명령
㉣ 「출입국관리법」상 체류자격 변경허가

① ㉠, ㉣
② ㉡, ㉢
③ ㉠, ㉡, ㉣
④ ㉠, ㉡, ㉢, ㉣

해설

㉠ (재량). 개인택시운송사업면허는 재량행위이며 그 재량권 행사의 지침이 되는 면허기준 설정 역시 행정청의 재량에 속한다. (대판2006두13886)

㉡ (재량). 구 「수도권 대기환경개선에 관한 특별법」 제14조 제1항에서 정한 대기오염물질 총량관리사업장 설치의 허가 또는 변경허가 처분의 여부 및 내용의 결정이 행정청의 재량에 속한다. (대판2012두22799)

㉣ (재량). 「출입국관리법」 등 관계법령에 비추어 보면, 체류자격 변경허가는 신청인에게 당초의 체류자격과 다른 체류자격에 해당하는 활동을 할 수 있는 권한을 부여하는 일종의 설권적 처분의 성격을 가지므로, 허가권자는 신청인이 관계 법령에서 정한 요건을 충족하였더라도, 신청인의 적격성, 체류 목적, 공익상의 영향 등을 참작하여 허가 여부를 결정할 수 있는 재량을 가진다. (대판2015두48846)

㉢ (기속). 구 「교육공무원법(2011. 5. 19. 법률 제10634호로 개정되기 전의 것)」 제44조 제1항 제7호는 '만 6세 이하의 초등학교 취학 전 자녀'를 양육대상으로 하여 '교육공무원이 그 자녀를 양육하기 위하여 필요한 경우'를 육아휴직의 사유로 규정하고 있으므로, 육아휴직 중 그 사유가 소멸하였는지는 해당 자녀가 사망하거나 초등학교에 취학하는 등으로 양육대상에 관한 요건이 소멸한 경우뿐만 아니라 육아휴직 중인 교육공무원에게 해당 자녀를 더 이상 양육할 수 없거나, 양육을 위하여 휴직할 필요가 없는 사유가 발생하였는지 여부도 함께 고려하여야 하고, 「국가공무원법」 제73조 제2항의 문언에 비추어 복직명령은 기속행위이므로 휴직사유가 소멸하였음을 이유로 신청하는 경우 임용권자는 지체 없이 복직명령을 하여야 한다. (대판2012두4852)

정답 ③

20 다음 중 재량권의 한계에 대한 설명으로 가장 옳은 것은? [22 해경승진]

① 개인의 신체·생명 등 중요한 법익에 급박하고 현저한 침해의 우려가 있는 경우 재량권이 영(0)으로 수축된다.
② 재량권의 일탈이란 재량권의 내적 한계를 벗어난 것을 말하고 재량권의 남용이란 재량권의 외적 한계를 벗어난 것을 말한다.
③ 판례는 재량권의 일탈과 재량권의 남용을 명확히 구분하고 있다.
④ 재량권의 불행사에는 재량권을 충분히 행사하지 아니한 경우는 포함되지 않는다.

> **해설**
>
> ① (O) 통상 행정권의 발동 여부는 행정청의 재량에 속하므로 행정청의 개입의무는 인정되지 않는 것이 일반적이나, ㉠ 사람의 생명·신체 및 재산에 중대하고 급박한 위험이 존재하고, ㉡ 그러한 위험이 행정권의 발동에 의해 제거될 수 있는 것으로 판명되며, ㉢ 피해자의 개인적인 노력으로는 권익침해의 방지가 충분하게 이루어질 수 없다고 인정되는 경우에는 법에서 행정권의 발동에 관하여 재량권을 부여하고 있는 경우에도 당해 재량권이 0(또는 1)으로 수축하여 행정청에게 개입의무가 존재한다고 본다.
> ② (×) 행정청에 재량권이 부여된 경우에도 재량권은 무한정한 것은 아니며 일정한 법적 한계가 있다. 재량권이 이러한 법적 한계를 넘은 경우 그 재량권의 행사는 위법한 것이 되는바, 재량권의 한계는 재량권의 일탈 또는 남용을 말한다. 재량권의 일탈이란 재량권의 외적 한계를 벗어난 것을 말하고, 재량권의 남용이란 재량권의 내적 한계, 즉 재량권이 부여된 내재적 목적을 벗어난 것을 의미한다.
> ③ (×) 판례는 재량권 행사의 위법성 심사에 있어 재량권의 일탈과 재량권의 남용을 명확히 구분하지 않고 '재량권의 일탈 또는 남용'이 없는지 여부를 판단한다.
> ④ (×) 재량권 행사의 하자 유형에는 법규위반, 사실오인, 평등원칙 내지 비례의 원칙 위반, 절차위반, 목적 위반 등이 있다. 재량권을 행사함에 있어 고려하여야 할 구체적 사정을 전혀 고려하지 않은 경우(형량의 해태)는 물론, 재량권을 행사함에 있어 고려하여야 하는 구체적 사정에 대한 고려를 하였지만 충분히 고려하지 않은 경우(형량의 흠결) 역시 재량권의 불행사로서 위법하다.
>
> **정답** ①

21 불확정개념과 판단여지 및 기속행위와 재량행위에 대한 설명으로 옳지 않은 것은?

17 국가직 9급

① 판단여지를 긍정하는 학설은 판단여지는 법률효과 선택의 문제이고 재량은 법률요건에 대한 인식의 문제라는 점, 양자는 그 인정근거와 내용 등을 달리하는 점에서 구별하는 것이 타당하다고 한다.
② 대법원은 재량행위에 대한 사법심사를 하는 경우에 법원은 행정청의 재량에 기한 공익판단의 여지를 감안하여 독자적인 판단을 하여 결론을 도출하지 않고, 당해 처분이 재량권의 일탈·남용에 해당하는지의 여부만을 심사하여야 한다고 한다.
③ 대법원은 재량이 인정되는 과징금 납부명령에 대하여 그 명령이 재량권을 일탈하였을 경우, 법원으로서는 재량권의 일탈 여부만 판단할 수 있을 뿐이지 재량권의 범위 내에서 어느 정도가 적정한 것인지에 관하여는 판단할 수 없어 그 전부를 취소할 수밖에 없고, 법원이 적정하다고 인정하는 부분을 초과한 부분만 취소할 수는 없다고 한다.
④ 다수설에 따르면 불확정개념의 해석은 법적 문제이기 때문에 일반적으로 전면적인 사법심사의 대상이 되고, 특정한 사실관계와 관련하여서는 원칙적으로 일의적인 해석(하나의 정당한 결론)만이 가능하다고 본다.

① (✗) 재량과 판단여지를 구별하는 견해에 의하면, 재량은 법률효과에서 선택의 문제이며, 판단여지는 법률요건에서 불확정개념의 해석의 문제라는 특징을 제시하고 있으나, 우리 판례는 재량과 판단여지의 구별을 부정하고 있다.
② (○) 대판2010다39413
③ (○) 대판98두2270
④ (○) 다수설은 판단여지와 재량의 구별을 긍정하고 있으며, 판단여지의 개념에 의하면 불확정개념을 법적문제로 인식하고 있다.

정답 ①

22 재량행위에 대한 판례의 입장으로 옳지 않은 것은? 17 지방직 9급

① 「개발제한구역의 지정 및 관리에 관한 특별조치법 및 구 액화석유가스의 안전관리 및 사업법 등의 관련 법규」에 의하면, 개발제한구역에서의 자동차용 액화석유가스충전사업허가는 그 기준 내지 요건이 불확정개념으로 규정되어 있으므로 그 허가 여부를 판단함에 있어서 행정청에 재량권이 부여되어 있다고 보아야 한다.
② 재량행위의 경우 그 근거법규에 대하여 법원이 사실인정과 관련 법규의 해석·적용을 통하여 일정한 결론을 도출한 후 그 결론에 비추어 행정청이 한 판단의 적법 여부를 독자의 입장에서 판정한다.
③ 구 「여객자동차운수사업법령」상 마을버스운송사업면허의 허용 여부 및 마을버스 한정면허시 확정되는 마을버스 노선을 정함에 있어서 기존 일반노선버스의 노선과의 중복 허용 정도에 대한 판단은 행정청의 재량에 속한다.
④ 「야생동·식물보호법」상 곰의 웅지를 추출하여 비누, 화장품 등의 재료를 사용할 목적으로 곰의 용도를 '사육곰'에서 '식·가공품 및 약용재료'로 변경하겠다는 내용의 국제적 멸종위기종의 용도변경승인 행위는 재량행위이다.

② (✗) 행정행위가 재량성의 유무 및 범위와 관련하여 이른바 기속행위 내지 기속재량행위와 재량행위 내지 자유재량행위로 구분된다고 할 때, 그 구분은 당해 행위의 근거가 된 법규의 체재·형식과 문언, 당해 행위가 속하는 행정 분야의 주된 목적과 특성, 당해 행위 자체의 개별적 성질과 유형 등을 모두 고려하여 판단하여야 한다. 이렇게 구분되는 양자에 대한 사법심사는, 전자의 경우 그 법규에 대한 원칙적인 기속성으로 인하여 법원이 사실인정과 관련 법규의 해석·적용을 통하여 일정한 결론을 도출한 후 그 결론에 비추어 행정청이 한 판단의 적법 여부를 독자의 입장에서 판정하는 방식에 의하게 된다. 후자의 경우 행정청의 재량에 기한 공익판단의 여지를 감안하여 법원은 독자의 결론을 도출함이 없이 당해 행위에 재량권의 일탈·남용이 있는지 여부만을 심사하게 되고, 이러한 재량권의 일탈·남용 여부에 대한 심사는 사실오인, 비례·평등의 원칙 위배, 당해 행위의 목적 위반이나 동기의 부정 유무 등을 판단 대상으로 한다. (대판2014두37702)
① (○) 대판2015두52432 ③ (○) 대판99두3812 ④ (○) 대판2010두23033

정답 ②

23. 다음 중 제3자효 행정행위에 대한 설명으로 가장 옳지 않은 것은?

23 해경승진

① 제3자에 의해 항고소송이 제기된 경우에 제3자효 행정행위의 상대방은 소송참가를 할 수 있다.
② 제3자효 행정행위에 의하여 권리 또는 이익을 침해받은 제3자가 처분이 있음을 안 경우에는 안 날부터 90일 이내에 취소소송을 제기하여야 한다.
③ 제3자효 행정행위에 의해 법률상 이익을 침해받은 제3자는 취소소송의 제기와 동시에 행정행위의 집행정지를 신청할 수 있다.
④ 제3자효 행정행위를 취소하거나 무효를 확인하는 확정판결은 제3자에 대해서 효력을 미치지 않는다.

④ (✗) 「행정소송법」 제29조(취소판결등의 효력) 제1항. 처분등을 취소하는 확정판결은 제3자에 대하여도 효력이 있다.
① (○) 「행정소송법」 제16조(제3자의 소송참가)
② (○) 제3자가 취소소송을 제기하는 경우에도 제소기간의 제한이 적용된다.
③ (○) 「행정소송법」 제29조(취소판결등의 효력) 제2항

정답 ④

24. 경찰하명에 관한 설명으로 가장 적절하지 않은 것은? (다툼이 있는 경우 판례에 의함)

23 경찰채용

① 경찰하명은 경찰상의 목적을 위하여 국가의 일반통치권에 의거, 개인에게 특정한 작위·부작위·수인 또는 급부의 의무를 명하는 행정행위이다.
② 부작위하명은 적극적으로 어떤 행위를 하지 말 것을 명하는 것으로 '면제'라 부르기도 한다.
③ 경찰하명에 위반한 행위는 강제집행이나 처벌의 대상이 되지만, 원칙적으로 사법(私法)상의 법률적 효력까지 부인하는 것은 아니다.
④ 위법한 경찰하명으로 인하여 권리·이익이 침해된 자는 행정쟁송 또는 손해배상을 청구할 수 있다.

부작위하명은 소적극적으로 어떤 행위를 하지 말 것을 명하는 것으로 '금지'라 부르기도 한다.

정답 ②

25. 경찰하명에 대한 설명으로 가장 적절한 것은 모두 몇 개인가? [23 경찰간부]

㉠ 「경찰관 직무집행법」 제4조의 강제보호조치 대상자에 대한 응급을 요하는 구호조치에 따른 수인의무는 하명이 아니다.
㉡ 대간첩 지역이나 국가중요시설에 대한 접근제한명령이나 통행제한명령은 수인의무를 명하는 행위로서 하명의 성질이 아니다.
㉢ 「경찰관 직무집행법」 제5조 제1항 제3호의 관계인에게 '필요한 조치를 하게 하는 것'은 상대방이 필요한 조치를 하도록 명하는 행위이더라도 하명의 성질은 아니다.
㉣ 「도로교통법」 위반에 의한 과태료납부의무는 하명이 아니다.

① 없음　　　　　　　　② 1개
③ 2개　　　　　　　　④ 3개

㉠ (×) 「경찰관 직무집행법」 제4조의 강제보호조치 대상자에 대한 응급을 요하는 구호조치에 따른 수인의무는 하명이다.
㉡ (×) 대간첩 지역이나 국가중요시설에 대한 접근제한명령이나 통행제한명령은 수인의무를 명하는 행위로서 하명의 성질이다.
㉢ (×) 「경찰관 직무집행법」 제5조 제1항 제3호의 관계인에게 '필요한 조치를 하게 하는 것'은 상대방이 필요한 조치를 하도록 명하는 행위는 하명의 성질을 갖는다.
㉣ (×) 「도로교통법」 위반에 의한 과태료납부의무는 하명에 해당한다.

정답 ①

26. 경찰하명에 대한 설명으로 가장 적절하지 않은 것은? [21 경찰행정]

① 법규하명은 국민에 대한 의무 부과가 행정기관의 별도 행정처분을 기다리지 않고 이루어지는 하명이다.
② 경찰하명이 무효라면 이를 위반하여도 처벌할 수 없고, 저항하여도 공무집행방해죄가 성립하지 않는다.
③ 경찰하명에 위반하여 이루어진 사법상의 행위는 원칙적으로 그 사법적 효력에는 아무런 영향을 미치지 않는다.
④ 위법한 하명으로 인하여 권리나 이익이 침해된 자는 고소, 고발, 정방방위 및 손실보상청구를 통하여 구제받는다.

위법한 하명으로 인하여 권리나 이익이 침해된 자는 행정심판 또는 행정소송을 제기하여 하명의 취소 등을 구하거나, 손해배상소송을 제기하여 손해배상을 청구할 수 있다.

정답 ④

27 경찰하명에 대한 설명으로 가장 적절하지 않은 것은? <small>19 경찰채용</small>

① 경찰하명이란 경찰목적을 달성하기 위해 상대방에게 일정한 작위·부작위·수인·급부의 의무를 명하는 행정행위이다.
② 경찰하명의 미이행 또는 위반 시에는 경찰상 강제집행의 대상이 되거나 경찰벌이 과해질 수 있으나, 하명을 위반한 행위의 법적 효력에는 원칙적으로 영향을 미치지 않는다.
③ 경찰하명의 상대방인 수명자는 수인의무를 지므로 경찰하명이 위법하더라도 손해배상을 청구할 수 없다.
④ 경찰하명이 있는 경우, 상대방은 행정주체에 대하여만 의무를 이행할 책임이 있고 그 이외의 제3자에 대하여 법상 의무를 부담하는 것은 아니다.

경찰하명의 상대방인 수명자는 수인의무를 부담하지만, 위법한 경찰하명으로 인하여 손해를 입은 상대방은 손해배상 등을 청구할 수 있다.

정답 ③

28 경찰하명에 대한 다음 설명 중 가장 옳지 않은 것은? <small>16 경찰간부</small>

① 하명이란 법령에 의한 일반적·상대적 금지를 특정한 경우에 해제함으로써 일정한 행위를 적법하게 행할 수 있도록 자연적 자유를 회복시켜 주는 행정행위를 말한다.
② 작위, 부작위, 급부, 수인하명이 있으며, 그 효과는 원칙적으로 수명자에게만 발생한다.
③ 청소년 대상 주류판매금지, 불량(부패)식품 판매금지 등은 부작위하명에 해당한다.
④ 위법한 하명으로 인하여 권리·이익이 침해된 자는 행정심판 또는 행정소송을 제기하여 하명의 취소 등을 구하거나, 손해배상소송을 제기하여 손해배상을 청구할 수 있다.

허가란 법령에 의한 일반적·상대적 금지를 특정한 경우에 해제함으로써 일정한 행위를 적법하게 행할 수 있도록 자연적 자유를 회복시켜 주는 행정행위를 말한다.

정답 ①

29 경찰하명에 대한 설명 중 가장 적절하지 않은 것은? `20 경찰승진`

① 경찰하명은 경찰목적을 위하여 국가의 일반통치권에 의거 개인에게 특정한 작위·부작위·수인 또는 급부의 의무를 명하는 행정행위이다.
② 부작위하명은 소극적으로 어떤 행위를 하지 말 것을 명하는 것으로 '금지'라 부르기도 한다.
③ 공공시설에서 공중의 건강을 위하여 흡연행위를 금지하는 것은 부작위하명이다.
④ 위법한 하명으로 인하여 권리·이익이 침해된 자는 손실보상을 청구할 수 있다.

위법·부당한 하명에 의하여 권리·이익을 침해당한 자는 행정쟁송에 의하여 그 취소·변경을 구할 수 있으며, 손해가 있으면 「국가배상법」이 정하는 바에 따라 국가에 대하여 배상을 청구할 수 있다.

정답 ④

30 하천점용허가에 대한 설명으로 옳은 것은? (다툼이 있는 경우 판례에 의함) `18 지방직 9급`

① 하천점용허가는 성질상 일반적 금지의 해제에 불과하여 허가의 일정한 요건을 갖춘 경우 기속적으로 판단하여야 한다.
② 위법한 점용허가를 다투지 않고 있다가 제소기간이 도과한 경우에는 처분청이라도 그 점용허가를 취소할 수 없다.
③ 하천점용허가에 조건인 부관이 부가된 경우 해당 부관에 대해서는 독립적으로 소를 제기할 수 없다.
④ 점용허가취소처분을 취소하는 확정판결의 기속력은 판결의 주문에 미치는 것으로 그 전제가 되는 처분 등의 구체적 위법사유에 관한 이유 중의 판단에 대해서는 인정되지 않는다.

③ (O) 부담을 제외한 부관의 경우 독립적으로 쟁송을 제기할 수 없으며, 조건부 행정행위 전체에 대하여 소를 제기하여야 한다.
① (×) 하천점용허가는 강학상 특허에 해당하여 그 성격은 재량행위에 해당한다.
② (×) 불가쟁력이 발생할지라도 행정청은 직권취소를 하는 것이 가능하다.
④ (×) 확정판결의 기속력은 판결의 주문과 함께 그 전제가 되는 처분 등의 구체적 위법사유에 관한 이유중의 판단에 대해서도 인정된다.

정답 ③

31 甲은 강학상 허가에 해당하는 「식품위생법」상 영업허가를 신청하였다. 이에 대한 설명으로 옳은 것은? (다툼이 있는 경우 판례에 의함) ｜19 지방직 9급｜

① 甲이 공무원인 경우 허가를 받으면 이는 「식품위생법」상의 금지를 해제할 뿐만 아니라 「국가공무원법」상의 영리업무금지까지 해제하여 주는 효과가 있다.
② 甲이 허가를 신청한 이후 관계법령이 개정되어 허가요건을 충족하지 못하게 된 경우, 행정청이 허가신청을 수리하고도 정당한 이유 없이 그 처리를 늦추어 그 사이에 허가기준이 변경된 것이 아닌 이상 甲에게는 불허가처분을 하여야 한다.
③ 甲에게 허가가 부여된 이후 乙에게 또 다른 신규허가가 행해진 경우, 甲에게는 특별한 규정이 없더라도 乙에 대한 신규허가를 다툴 수 있는 원고적격이 인정되는 것이 원칙이다.
④ 甲에 대해 허가가 거부되었음에도 불구하고 甲이 영업을 한 경우, 당해 영업행위는 사법(私法)상 효력이 없는 것이 원칙이다.

② (O) 신청시법과 처분시법이 다른 경우 처분시법에 의하여 처분을 하는 것이 원칙이므로, 개정된 법에 따라 허가요건을 충족하지 못하게 된 경우 불허가처분을 하여야 한다.
① (×) 「식품위생법」상의 영업허가를 받았더라도, 국가공무원법상 영리업무금지까지 해제하여 주는 것은 아니므로 틀린 지문이다.
③ (×) 통상 허가의 경우, 기존 영업자는 반사적 이익의 침해로서 원고적격이 부정된다. 물론 전부 그런 것은 아니다.
④ (×) 허가는 적법요건이므로, 허가없이 영업을 하더라도 처벌을 받는 것은 별개로 사법상 효력이 부정되는 것은 아니다.

｜정답｜ ②

32 행정법상 허가에 대한 설명으로 옳지 않은 것은? ｜21 군무원 9급｜

① 허가는 규제에 반하는 행위에 대해 행정강제나 제재를 가하기 보다는 행위의 사법상 효력을 부인함으로써 규제의 목적을 달성하는 방법이다.
② 허가란 법령에 의해 금지된 행위를 일정한 요건을 갖춘 경우에 그 금지를 해제하여 적법하게 행위할 수 있게 해준다는 의미에서 상대적 금지와 관련되는 경우이다.
③ 전통적인 의미에서 허가는 원래 개인이 누리는 자연적 자유를 공익적 차원(공공의 안녕과 질서유지)에서 금지해 두었다가 일정한 요건을 갖춘 경우 그러한 공공에 대한 위험이 없다고 판단되는 경우 그 금지를 풀어줌으로써 자연적 자유를 회복시켜주는 행위이다.
④ 실정법상으로는 허가 이외에 면허, 인가, 인허, 승인 등의 용어가 사용되고 있기 때문에 그것이 학문상 개념인 허가에 해당하는지 검토할 필요가 있다.

허가 없이 행위를 한 경우 이러한 위반행위는 행정상 강제집행이나 행정벌의 대상이 되지만, 사법상으로는 유효한 것이 원칙이다. 따라서 규제에 반하는 무허가 행위에 대해 행위의 사법상 효력을 부인하는 것은 아니다.

정답 ①

33 다음 중 경찰허가에 관한 설명으로 가장 옳지 않은 것은? (다툼이 있는 경우 판례에 의함)

22 해경승진

① 경찰허가 등의 행정처분은 원칙적으로 처분시의 법령과 허가기준에 의하여 처리되어야 하고 허가 신청 당시의 기준에 따라야 하는 것은 아니며, 비록 허가신청 후 허가기준이 변경되었다 하더라도 그 허가관청이 허가신청을 수리하고도 정당한 이유 없이 그 처리를 늦추어 그 사이에 허가기준이 변경된 것이 아닌 이상 변경된 허가기준에 따라서 처분을 하여야 한다.

② 경찰허가의 효과는 근거법상의 금지를 해제하는 효과만 있을 뿐, 다른 법령상의 금지까지 해제하는 효과가 있는 것은 아니다.

③ 경찰허가에 상대방의 신청이 요구되는 것이 일반적이지만, 상대방의 신청 없이 허가가 발령되는 경우도 있다.

④ 법적인 근거가 없음에도 불구하고 경찰관청이 집단민원의 발생 등을 이유로 신청인에 대하여 인근 주민의 동의서 제출을 요구한 경우, 신청인이 주민의 동의서를 제출하지 않은 때에는 허가를 거부할 수 있다.

주유소 설치허가권자는 주유소 설치허가신청이 석유사업법 등 관계 법규에서 정하는 어떠한 제한에 배치되지 않는 이상 당연히 같은 법령 소정의 주유소 설치허가를 하여야 하므로 법령상의 근거 없이 그 신청이 관계 법규에서 정한 제한에 배치되는지 여부에 대한 심사를 거부할 수 없고, 심사결과 그 신청이 법정요건에 합치하는 경우에는 특별한 사정이 없는 한 이를 허가하여야 하며, 공익상 필요가 없음에도 불구하고 요건을 갖춘 자에 대한 허가를 관계 법령에서 정하는 제한사유 이외의 사유를 들어 거부할 수는 없다. 따라서 관계 법규에서 정하는 어떠한 제한에도 배치되지 않은 것으로 판단된 이상 피고는 특별한 사정이 없는 한 원고의 주유소 설치허가신청을 허가하여야 한다 할 것이고, 관계 법령에서 정하는 제한사유 이외의 사유로서 공익상 필요와도 무관한 주민동의가 없음을 들어 이를 거부할 수는 없다 할 것이다. (대판96누5292) 즉, 강학상 허가는 원칙적으로 기속행위이므로, 법적인 근거 없이 허가를 거부할 수 없다.

정답 ④

34 다음 중 허가에 대한 설명으로 가장 옳지 않은 것은? `22 군무원 9급`

① 한의사 면허는 허가에 해당하고, 한약조제시험을 통해 약사에게 한약조제권을 인정함으로써 한의사들의 영업이익이 감소되었다고 하더라도 이는 법률상 이익 침해라고 할 수 없다.
② 건축허가는 기속행위이므로 건축법상 허가요건이 충족된 경우에는 항상 허가하여야 한다.
③ 허가신청 후 허가기준이 변경되었다 하더라도 그 허가관청이 허가신청을 수리하고도 정당한 이유 없이 그 처리를 늦추어 그 사이에 허가 기준이 변경된 것이 아닌 이상 변경된 허가 기준에 따라서 처분을 하여야 한다.
④ 석유판매업 등록은 대물적 허가의 성질을 가지고 있으므로, 종전 석유판매업자가 유사 석유제품을 판매한 행위에 대해 승계인에게 사업정지 등 제재처분을 할 수 있다.

건축허가권자는 신청이 법령상 요건을 구비한 경우 원칙적으로 건축허가를 하여야 하고, 중대한 공익상의 필요가 없는데도 관계 법령에서 정하는 제한사유 이외의 사유를 들어 요건을 갖춘 자에 대한 허가를 거부할 수는 없다. (대판2006두1227) 즉, 건축허가는 원칙적으로 기속행위이나 예외적으로 중대한 공익상 필요가 있으면 「건축법」상 요건을 충족한 자에 대해서도 거부할 수 있는 기속재량행위로 보는 것이 판례이다. 따라서 허가요건이 충족된 경우에는 항상 허가하여야 한다. 는 표현은 옳지 않다.

정답 ②

35 다음 중 허가에 대한 설명으로 가장 옳지 않은 것은? (단, 다툼이 있는 경우 판례에 의함) `22 군무원 9급`

① 개정 전 허가기준의 존속에 관한 국민의 신뢰가 개정된 허가기준의 적용에 관한 공익상의 요구보다 더 보호가치가 있다고 인정되는 경우에는 그러한 국민의 신뢰를 보호하기 위하여 개정된 허가기준의 적용을 제한할 여지가 있다.
② 법령상의 산림훼손 금지 또는 제한 지역에 해당하지 아니하더라도 중대한 공익상의 필요가 있다고 인정되는 경우, 산림훼손허가신청을 거부할 수 있다.
③ 어업에 관한 허가의 경우 그 유효기간이 경과하면 그 허가의 효력이 당연히 소멸하지만, 유효기간의 만료 후라도 재차 허가를 받게 되면 그 허가기간이 갱신되어 종전의 어업허가의 효력 또는 성질이 계속된다.
④ 요허가행위를 허가를 받지 않고 행한 경우에는 행정법상 처벌의 대상이 되지만 당해 무허가행위의 법률상 효력이 당연히 부정되는 것은 아니다.

> **해설**
> 어업에 관한 허가 또는 신고의 경우에는 어업면허와 달리 유효기간연장제도가 마련되어 있지 아니하므로 그 유효기간이 경과하면 그 허가나 신고의 효력이 당연히 소멸하며, 재차 허가를 받거나 신고를 하더라도 허가나 신고의 기간만 갱신되어 종전의 어업허가나 신고의 효력 또는 성질이 계속된다고 볼 수 없고 새로운 허가 내지 신고로서의 효력이 발생한다고 할 것이다. (대판2011두5728)
>
> 정답 ③

36. 강학상 허가에 대한 설명 중 옳고 그름의 표시(O, X)가 모두 바르게 된 것은? (다툼이 있는 경우 판례에 의함) 〔20 경찰행정〕

> ㉠ 국토의 계획 및 이용에 관한 법률상 용도지역 안에서 토지의 형질변경행위를 수반하는 건축허가는 재량행위에 속한다.
> ㉡ 한의사면허는 경찰금지를 해제하는 명령적 행위인 강학상 허가에 해당한다.
> ㉢ 「하천법」상 하천의 점용허가는 일반인에게 하천이용권이라는 권리를 설정하여 주는 허가에 해당한다.
> ㉣ 「민법」 제45조와 제46조에서 말하는 재단법인의 정관변경 "허가"는 그 성질에 있어 일반적 금지를 해제하는 것으로 허가에 해당한다.

① ㉠(O) ㉡(X) ㉢(X) ㉣(O)　　② ㉠(X) ㉡(O) ㉢(O) ㉣(X)
③ ㉠(O) ㉡(O) ㉢(X) ㉣(X)　　④ ㉠(X) ㉡(X) ㉢(O) ㉣(O)

> **해설**
> ㉠ (O) 「국토의 계획 및 이용에 관한 법률」에서 정한 도시지역 안에서 토지의 형질변경행위를 수반하는건축허가는 「건축법」 제8조 제1항의 규정에 의한 「건축허가와 국토의 계획 및 이용에 관한 법률」 제56조 제1항 제2호의 규정에 의한 토지의 형질변경허가의 성질을 아울러 갖는 것으로 보아야 할 것이고, 같은 법 제58조 제1항 제4호, 제3항, 같은법 시행령 제56조 제1항 [별표 1] 제1호 (가)목(3), (라)목(1), (마)목(1)의 각 규정을 종합하면, 같은 법 제56조 제1항 제2호의 규정에 의한 토지의 형질변경허가는 그 금지요건이 불확정개념으로 규정되어 있어 그 금지요건에 해당하는지 여부를 판단함에 있어서 행정청에게 재량권이 부여되어 있다고 할 것이므로, 같은 법에 의하여 지정된 도시지역 안에서 토지의 형질변경행위를수반하는건축허가는 결국 재량행위에 속한다. (대판2004두6181)
> ㉡ (O) 한의사면허는 금지를 해제하여 주는 강학상 허가에 해당한다.
> ㉢ (X) 하천점용허가는 강학상 특허에 해당한다.
> ㉣ (X) 재단법인 정관변경허가는 강학상 허가가 아니라 강학상 인가에 해당하는 행위이다.
>
> 정답 ③

37 허가에 대한 설명으로 가장 적절한 것은? 19 경찰승진

① 허가란 법령에 의하여 과하여진 작위·급부·수인의무를 특정한 경우에 해제하여 주는 행정행위이다.
② 허가는 행위의 '적법요건'이지만 '유효요건'은 아니므로, 무허가행위는 행정상 강제집행 또는 행정벌의 대상은 되지만, 행위 자체의 법적 효력은 영향을 받지 않는 것이 원칙이다.
③ 허가는 허가가 유보된 상대적 금지뿐만 아니라 절대적 금지의 경우에도 인정된다.
④ 허가는 상대방의 신청에 의하여 행하여지는 것으로 신청에 의하지 않고는 행하여질 수 없다.

② (○) 옳은 설명이다.
① (✗) 허가란 법령에 의하여 과하여진 부작위 의무를 특정한 경우에 해제하여 주는 행정행위이다.
③ (✗) 허가는 허가가 유보된 상대적 금지에만 인정된다.
④ (✗) 허가는 원칙적으로 상대방의 신청에 의하여 행하여지나, 신청에 의하지 않고 행하여지는 경우도 있다.

정답 ②

38 다음 허가에 대한 설명 중 가장 적절한 것은? (다툼이 있는 경우 판례에 의함) 18 경찰채용

① 허가는 허가가 유보된 상대적 금지에 인정되며, 절대적 금지의 경우에는 인정되지 않는다.
② 허가는 행위의 유효요건일 뿐, 적법요건은 아니다.
③ 판례에 의하면 허가여부의 결정기준은 특별한 사정이 없는 한 원칙적으로 신청 당시의 법령에 의한다.
④ 허가는 법령에 의하여 과하여진 작위·급부·수인의무를 특정한 경우에 해제하여 주는 경찰상의 행정행위이다.

① (○) 옳은 설명이다.
② (✗) 허가는 행위의 적법요건에 해당한다.
③ (✗) 판례에 의하면 허가여부의 결정기준은 특별한 사정이 없는 한 원칙적으로 허가 처분 당시의 법령에 의한다.
④ (✗) 허가는 법령에 의하여 과하여진 부작위 의무를 특정한 경우에 해제하여 주는 경찰상의 행정행위이다.

정답 ①

39 허가를 설명한 것이다. 다음 중 가장 적절하지 않은 것은? (다툼이 있는 경우 판례에 의함)

15 경찰행정

① 특별한 규정이 없는 한 관계법상의 금지가 해제될 뿐이고, 타법상의 제한까지 해제되는 것은 아니다.
② 대물적 허가의 성질을 갖는 석유판매업이 양도된 경우, 양도인에게 허가를 취소할 위법사유가 있다면 이를 이유로 양수인에게 제재조치를 취할 수 있다.
③ 신청 후 허가기준이 변경된 경우에는 원칙적으로 처분시가 아닌 신청시의 법령과 기준에 의해 처리되어야 한다.
④ 허가의 요건은 법령으로 규정되어야 하며, 법령의 근거 없이 행정권이 독자적으로 허가요건을 추가하는 것은 허용되지 아니한다.

> **해설**
> 허가 등의 행정처분은 원칙적으로 처분시의 법령과 허가기준에 의하여 처리되어야 하고 허가신청 당시의 기준에 따라야 하는 것은 아니며, 비록 허가신청 후 허가기준이 변경되었다 하더라도 그 허가관청이 허가신청을 수리하고도 정당한 이유 없이 그 처리를 늦추어 그 사이에 허가기준이 변경된 것이 아닌 이상 변경된 허가기준에 따라서 처분을 하여야 한다. (대판95누10877)
>
> **정답** ③

40 허가에 대한 설명으로 가장 적절하지 않은 것은? (다툼이 있는 경우 판례에 의함) 17 경찰행정

① 유료직업 소개사업의 허가갱신은 허가취득자에게 종전의 지위를 계속 유지시키는 효과를 갖는 것이며, 갱신 후에는 갱신 전의 법위반사항을 불문에 붙이는 효과를 발생하는 것이므로, 갱신이 있는 후에는 갱신 전의 법위반사실을 근거로 허가를 취소할 수 없다.
② 일반적으로 행정처분에 효력기간이 정하여져 있는 경우에는 그 기간의 경과로 그 행정처분의 효력은 상실되고, 다만 허가에 붙은 기한이 그 허가된 사업의 성질상 부당하게 짧은 경우에는 이를 그 허가 자체의 존속기간이 아니라 그 허가조건의 존속기간으로 보아 그 기한이 도래함으로써 그 조건의 개정을 고려한다는 뜻으로 해석할 수는 있지만, 그와 같은 경우라 하더라도 그 허가기간이 연장되기 위하여는 그 종기가 도래하기 전에 그 허가기간의 연장에 관한 신청이 있어야 하며, 만일 그러한 연장신청이 없는 상태에서 허가기간이 만료하였다면 그 허가의 효력은 상실된다.
③ 건축허가권자는 건축허가신청이 건축법 등 관계 법규에서 정하는 어떠한 제한에 배치되지 않는 이상 당연히 같은 법조에서 정하는 건축허가를 하여야 하고, 중대한 공익상의 필요가 없는데도 관계 법령에서 정하는 제한사유 이외의 사유를 들어 요건을 갖춘자에 대한 허가를 거부할 수는 없다.
④ 산림훼손행위는 국토의 유지와 환경의 보전에 직접적으로 영향을 미치는 행위이므로 법령이 규정하는 산림훼손 금지 또는 제한지역에 해당하는 경우는 물론 금지 또는 제한지역에 해당하지 않더라도 허가관청은 산림훼손허가신청 대상토지의 현상과 위치 및 주위의 상황 등을 고려하여 국토 및 자연의 유지와 환경의 보전 등 중대한 공익상 필요가 있다고 인정될 때에는 허가를 거부할 수 있고, 그 경우 법규에 명문의 근거가 없더라도 거부처분을 할 수 있다.

① (X) 유료직업소개사업의 허가갱신은 허가취득자에게 종전의 지위를 계속 유지시키는 효과를 갖는 것에 불과하고 갱신 후에는 갱신 전의 법위반사항을 불문에 붙이는 효과를 발생하는 것이 아니므로 일단 갱신이 있은 후에도 갱신 전의 법위반사실을 근거로 허가를 취소할 수 있다. (대판81누174)
② (O) 대판2005두12404
③ (O) 대판91누11766
④ (O) 대판2002두12113

정답 ①

41 다음 중 인·허가 의제에 대한 설명으로 가장 옳지 않은 것은? (다툼이 있는 경우 판례에 의함)

23 해경승진

① 주된 인·허가에 관한 사항을 규정하고 있는 법률에서 주된 인·허가가 있으면 다른 법률에 의한 인·허가를 받은 것으로 의제한다는 규정을 둔 경우, 주된 인·허가가 있으면 다른 법률에 의하여 인·허가를 받았음을 전제로 하는 그 다른 법률의 모든 규정들까지 적용되는 것은 아니다.
② 신청된 주된 인·허가 절차만 거치면 되고, 의제되는 인·허가를 위하여 거쳐야 하는 주민의견청취 등의 절차를 거칠 필요는 없다.
③ 인·허가와 관련 있는 행정기관 간에 협의가 모두 완료되기 전이라도 일정한 경우 인·허가에 대한 협의를 완료할 것을 조건으로 각종의 사업시행승인이나 시행인가를 할 수 있다.
④ 주된 인·허가인 건축불허가처분을 하면서 그 처분사유로 의제되는 인·허가에 해당하는 형질변경불허가사유를 들고 있다면, 그 건축불허가처분을 받은 자는 형질변경불허가처분에 관해서도 쟁송을 제기하여 다툴 수 있다.

구 「건축법」 제8조 제1항, 제3항, 제5항에 의하면, 건축허가를 받은 경우에는 구 도시계획법 제4조에 의한 토지의 형질변경허가나 「농지법」 제36조에 의한 농지전용허가 등을 받은 것으로 보며, 건축불허가처분을 하면서 그 처분사유로 건축불허가 사유뿐만 아니라 형질변경불허가 사유나 농지전용불허가 사유를 들고 있다고 하여 그 건축불허가처분 외에 별개로 형질변경불허가처분이나 농지전용불허가처분이 존재하는 것이 아니므로, 그 건축불허가처분을 받은 사람은 그 건축불허가처분에 관한 쟁송에서 「건축법」상의 건축불허가 사유뿐만 아니라 같은 도시계획법상의 형질변경불허가 사유나 농지법상의 농지전용불허가 사유에 관하여도 다툴 수 있는 것이지, 그 건축불허가처분에 관한 쟁송과는 별개로 형질변경불허가처분이나 농지전용불허가처분에 관한 쟁송을 제기하여 이를 다투어야 하는 것은 아니며, 그러한 쟁송을 제기하지 아니하였어도 형질변경불허가 사유나 농지전용불허가 사유에 관하여 불가쟁력이 생기지 아니한다. (대판99두10988).

정답 ④

42 인·허가 의제에 대한 설명으로 옳지 않은 것은? (다툼이 있는 경우 판례에 의함)

21 국가직 9급

① 주택건설사업계획 승인권자가 구 「주택법」에 따라 도시·군관리계획 결정권자와 협의를 거쳐 관계 주택건설사업계획을 승인하면 도시·군관리계획결정이 이루어진 것으로 의제되고, 이러한 협의 절차와 별도로 「국토의 계획 및 이용에 관한 법률」등에서 정한 도시·군관리계획 입안을 위한 주민 의견청취 절차를 거칠 필요는 없다.
② 건축물의 건축이 「국토의 계획 및 이용에 관한 법률」상 개발행위에 해당할 경우 그 건축의 허가권자는 국토계획법령의 개발행위허가기준을 확인하여야 하므로, 국토계획법상 건축물의 건축에 관한 개발행위허가가 의제되는 건축허가신청이 국토계획법령이 정한 개발행위허가기준에 부합하지 아니하면 허가권자로서는 이를 거부할 수 있다.
③ 「건축법」에서 관련 인·허가 의제 제도를 둔 취지는 인·허가 의제사항 관련 법률에 따른 각각의 인·허가 요건에 관한 일체의 심사를 배제하려는 것이 아니다.
④ 주택건설사업계획 승인처분에 따라 의제된 인·허가가 위법함을 다투고자 하는 이해관계인은, 주택건설사업계획 승인처분의 취소를 구해야지 의제된 인·허가의 취소를 구해서는 아니되며, 의제된 인·허가는 주택건설사업계획 승인처분과 별도로 항고소송의 대상이 되는 처분에 해당하지 않는다.

④ (×) 주택건설사업계획 승인처분에 따라 의제된 인·허가가 위법함을 다투고자 하는 이해관계인은, 주택건설사업계획 승인처분의 취소를 구할 것이 아니라 의제된 인·허가의 취소를 구하여야 하며, 의제된 인·허가는 주택건설사업계획 승인처분과 별도로 항고소송의 대상이 되는 처분에 해당한다. (대판2016두38792)
① (○) 구 「주택법」 제17조 제1항에 인·허가 의제 규정을 둔 입법 취지는, 주택건설사업을 시행하는 데 필요한 각종 인·허가 사항과 관련하여 주택건설사업계획 승인권자로 그 창구를 단일화하고 절차를 간소화함으로써 각종 인·허가에 드는 비용과 시간을 절감하여 주택의 건설·공급을 활성화하려는 데에 있다. 주택건설사업계획 승인권자가 도시·군관리계획 결정권자와 협의를 거쳐 관계 주택건설사업계획을 승인하면 같은 조 제1항 제5호에 따라 도시·군관리계획결정이 이루어진 것으로 의제되고, 이러한 협의 절차와 별도로 「국토의 계획 및 이용에 관한 법률」 제28조 등에서 정한 도시·군관리계획 입안을 위한 주민 의견청취 절차를 거칠 필요는 없다. (대판2017두48734) ※ 절차집중 긍정
② (○) 건축물의 건축이 「국토계획법」상 개발행위에 해달할 경우 그에 대한 건축허가를 하는 허가권자는 건축허가에 배치·저촉되는 관계 법령상 제한 사유의 하나로 국토계획법령의 개발행위기준을 확인해야 하므로, 개발행위허가기준에 부합하지 아니하면 이를 거부할 수 있다. (대판 2016두35762)
③ (○) 「건축법」에서 인·허가의제 제도를 둔 취지는, 인·허가의제사항과 관련하여 건축허가의 관할 행정청으로 창구를 단일화하고 절차를 간소화하며 비용과 시간을 절감함으로써 국민의 권익을 보호하려는 것이지, 인·허가의제사항 관련 법률에 따른 각각의 인·허가 요건에 관한 일체의 심사를 배제하려는 것으로 보기는 어려우므로, 도시계획시설인 주차장에 대한 건축허가신청을 받은 행정청으로서는 「건축법」상 허가 요건뿐 아니라 「국토의 계획 및 이용에 관한 법령」이 정한 도시계획시설사업에 관한 실시계획인가 요건도 충족하는 경우에 한하여 이를 허가해야 한다. (대판2015두39590) ※ 실체집중 부정.

정답 ④

43 인·허가의제에 대한 설명으로 옳지 않은 것은? (다툼이 있는 경우 판례에 의함) 22 지방직 7급

① 도시계획시설인 주차장에 대한 건축허가신청을 받은 행정청으로서는 「건축법」상 허가요건뿐 아니라 그에 의해 의제되는 국토의 계획 및 이용에 관한 법령이 정한 도시계획시설사업에 관한 실시계획인가 요건도 충족하는 경우에 한하여 이를 허가해야 한다.
② 주된 인·허가에 의해 의제된 인허가는 통상적인 인허가와 동일한 효력을 가지나, '부분 인·허가의제'가 허용되는 경우 의제된 인·허가의 취소나 철회는 허용되지 않으므로 이해관계인이 의제된 인·허가의 위법함을 다투고자 하는 경우에는 주된 인·허가처분을 항고소송의 대상으로 삼아야 한다.
③ 행정청이 「주택법」상 주택건설사업계획을 승인하면 「국토의 계획 및 이용에 관한 법률」상의 도시·군관리계획결정이 이루어진 것으로 의제되는데, 이 경우 도시·군관리계획결정권자와의 협의절차와 별도로 「국토의 계획 및 이용에 관한 법률」에서 정한 도시·군관리계획 입안을 위한 주민 의견청취 절차를 거칠 필요는 없다.
④ 행정청이 건축불허가처분을 하면서 그 처분사유로 건축불허가 사유뿐만 아니라 그 의제의 대상이 되는 형질변경불허가 사유나 농지전용불허가 사유를 들고 있다고 하여 그 건축불허가처분 외에 별개로 형질변경불허가처분이나 농지전용불허가처분이 존재하는 것은 아니다.

② (✕) 의제된 인·허가는 통상적인 인·허가와 동일한 효력을 가지므로, 적어도 '부분 인·허가의제'가 허용되는 경우에는 그 효력을 제거하기 위한 법적 수단으로 의제된 인·허가의 취소나 철회가 허용될 수 있고, 이러한 직권 취소·철회가 가능한 이상 그 의제된 인·허가에 대한 쟁송취소 역시 허용된다. 따라서 주택건설사업계획 승인처분에 따라 의제된 인·허가가 위법함을 다투고자 하는 이해관계인은, 주택건설사업계획 승인처분의 취소를 구할 것이 아니라 의제된 인·허가의 취소를 구하여야 하며, 의제된 인·허가는 주택건설사업계획 승인처분과 별도로 항고소송의 대상이 되는 처분에 해당한다. (대판2016두38792)
① (○) 「건축법」에서 인·허가의제 제도를 둔 취지는, 인·허가의제사항과 관련하여 건축허가의 관할 행정청으로 창구를 단일화하고 절차를 간소화하며 비용과 시간을 절감함으로써 국민의 권익을 보호하려는 것이지, 인·허가의제사항 관련 법률에 따른 각각의 인·허가 요건에 관한 일체의 심사를 배제하려는 것으로 보기는 어려우므로, 도시계획시설인 주차장에 대한 건축허가신청을 받은 행정청으로서는 「건축법」상 허가 요건뿐 아니라 「국토의 계획 및 이용에 관한 법령」이 정한 도시계획시설사업에 관한 실시계획인가 요건도 충족하는 경우에 한하여 이를 허가해야 한다. (대판2015두39590).
③ (○) 인·허가 의제 규정의 입법 취지를 고려하면, 주택건설사업계획 승인권자가 구 「주택법」 제17조 제3항에 따라 도시·군관리계획 결정권자와 협의를 거쳐 관계 주택건설사업계획을 승인하면 같은 조 제1항 제5호에 따라 도시·군관리계획결정이 이루어진 것으로 의제되고, 이러한 협의 절차와 별도로 「국토의 계획 및 이용에 관한 법률」 제28조 등에서 정한 도시·군관리계획 입안을 위한 주민 의견청취 절차를 거칠 필요는 없다. (대판2016두38792)
④ (○) 건축불허가처분을 하면서 그 처분사유로 건축불허가 사유뿐만 아니라 형질변경불허가 사유나 농지전용불허가 사유를 들고 있다고 하여 그 건축불허가처분 외에 별개로 형질변경불허가처분이나 농지전용불허가처분이 존재하는 것이 아니므로, 그 건축불허가처분을 받은 사람은 그 건축불허가처분에 관한 쟁송에서 건축법상의 건축불허가 사유뿐만 아니라 같은 도시계획법상의 형질변경불허가 사유나 농지법상의 농지전용불허가 사유에 관하여도 다툴 수 있는 것이다. (대판99두10988)

정답 ②

44 「행정기본법」상 부관에 관한 설명으로 가장 적절하지 않은 것은? (다툼이 있는 경우 판례에 의함)　23 경찰채용

① 행정청은 처분에 재량이 있는 경우에는 부관을 붙일 수 있다.
② 행정청은 처분에 재량이 없는 경우에는 법률에 근거가 있는 경우에 부관을 붙일 수 있다.
③ 행정청은 부관을 붙일 수 있는 처분이 당사자의 동의가 있는 경우에는 그 처분을 한 후에도 부관을 새로 붙이거나 종전의 부관을 변경할 수 있다.
④ 부관은 해당 처분의 목적에 위배되지 아니하고, 실질적 관련이 없을 것을 요건으로 한다.

> 해설
> 부관은 해당 처분의 목적에 위배되지 아니하고, 실질적 관련이 있을 것을 요건으로 한다. 즉, 부관은 주된 행정행위의 존재에 의존한다.
> 정답 ④

45 행정행위의 부관은 ( )인 경우를 제외하고는 독립하여 행정소송의 대상이 될 수 없다. 빈칸에 들어갈 말로 가장 적절한 것은? (다툼이 있는 경우 판례에 의함)　23 경찰채용

① 부담　　② 조건
③ 기한　　④ 기간

정답 ①

46 행정행위의 부관에 대한 설명으로 옳지 않은 것은? (다툼이 있는 경우 판례에 의함)　18 지방직 9급

① 행정행위의 부관은 법령이 직접 행정행위의 조건이나 기한 등을 정한 경우와 구별되어야 한다.
② 재량행위에는 법령상의 제한에 근거한 것이 아니라 하더라도 공익상 필요에 의하여 부관을 붙일 수 있다.
③ 허가에 붙은 기한이 그 허가된 사업의 성질상 부당하게 짧은 경우에 그 기한은 허가조건의 존속기간이 아니라 허가 자체의 존속기간으로 보아야 한다.
④ 부담은 독립하여 항고소송의 대상이 될 수 있으며, 부담부 행정행위는 부담의 이행여부를 불문하고 효력이 발생한다.

일반적으로 행정처분에 효력기간이 정하여져 있는 경우에는 그 기간의 경과로 그 행정처분의 효력은 상실되고, 다만 허가에 붙은 기한이 그 허가된 사업의 성질상 부당하게 짧은 경우에는 이를 그 허가 자체의 존속기간이 아니라 그 허가조건의 존속기간으로 보아 그 기한이 도래함으로써 그 조건의 개정을 고려한다는 뜻으로 해석할 수는 있지만, 그와 같은 경우라 하더라도 그 허가기간이 연장되기 위하여는 그 종기가 도래하기 전에 그 허가기간의 연장에 관한 신청이 있어야 하며, 만일 그러한 연장신청이 없는 상태에서 허가기간이 만료하였다면 그 허가의 효력은 상실된다. (대판 2005두12404)

정답 ③

47 행정행위의 부관에 대한 설명으로 옳지 않은 것은? (다툼이 있는 경우 판례에 의함)

19 국가직 9급

① 도로점용허가의 점용기간을 정함에 있어 위법사유가 있다면 도로점용허가처분 전부가 위법하게 된다.
② 기속행위에 대해서는 법령상 특별한 근거가 없는 한 부관을 붙일 수 없고, 가사 부관을 붙였다고 하더라도 이는 무효이다.
③ 행정처분에 부담인 부관을 붙인 경우, 부관이 무효라면 부담의 이행으로 이루어진 사법상 매매행위도 당연히 무효가 된다.
④ 사정변경으로 당초에 부담을 부가한 목적을 달성할 수 없게 된 경우에도 그 목적달성에 필요한 범위 내에서 예외적으로 부담의 사후변경이 허용된다.

③ (✕) 행정처분에 부담인 부관을 붙인 경우 부관의 무효화에 의하여 본체인 행정처분 자체의 효력에도 영향이 있게 될 수는 있지만, 그 처분을 받은 사람이 부담의 이행으로 사법상 매매 등의 법률행위를 한 경우에는 그 부관은 특별한 사정이 없는 한 법률행위를 하게 된 동기 내지 연유로 작용하였을 뿐이므로 이는 법률행위의 취소사유가 될 수 있음은 별론으로 하고 그 법률행위 자체를 당연히 무효화하는 것은 아니다. (대판2006다18174)
① (O) 대판84누604
② (O) 대판96누12269
④ (O) 대판97누2627

정답 ③

48

행정행위의 부관에 대한 설명으로 옳은 것만을 모두 고른 것은? (다툼이 있는 경우 판례에 의함)

20 국가직 9급

㉠ 허가에 붙은 기한이 그 허가된 사업의 성질상 부당하게 짧아 그 기한을 허가조건의 존속기간으로 볼 수 있는 경우에 허가기간이 연장되기 위하여는 그 종기가 도래하기 전에 그 허가기간의 연장에 관한 신청이 있어야 한다.
㉡ 토지소유자가 토지형질변경행위허가에 붙은 기부채납의 부관에 따라 토지를 기부채납(증여)한 경우, 기부채납의 부관이 당연무효이거나 취소되지 않은 상태에서 그 부관으로 인하여 증여계약의 중요 부분에 착오가 있음을 이유로 증여계약을 취소할 수 없다.
㉢ 행정청이 수익적 행정처분을 하면서 사전에 상대방과 체결한 협약상의 의무를 부담으로 부가하였는데, 부담의 전제가 된 주된 행정처분의 근거 법령이 개정되어 부관을 붙일 수 없게 된 경우에는 곧바로 협약의 효력이 소멸한다.
㉣ 행정처분과 실제적 관련성이 없어 부관으로 붙일 수 없는 부담이라고 하더라도 행정처분의 상대방에게 사법상 계약의 형식으로 이를 부과할 수 있다.

① ㉠, ㉡
② ㉡, ㉢
③ ㉢, ㉣
④ ㉠, ㉡, ㉣

해설

㉠ (○) 대판2005두12404
㉡ (○) 대판98다53134
㉢ (✕) 행정청이 수익적 행정처분을 하면서 부가한 부담의 위법 여부는 처분 당시 법령을 기준으로 판단하여야 하고, 부담이 처분 당시 법령을 기준으로 적법하다면 처분 후 부담의 전제가 된 주된 행정처분의 근거 법령이 개정됨으로써 행정청이 더 이상 부관을 붙일 수 없게 되었다 하더라도 곧바로 위법하게 되거나 그 효력이 소멸하게 되는 것은 아니다. 따라서 행정처분의 상대방이 수익적 행정처분을 얻기 위하여 행정청과 사이에 행정처분에 부가할 부담에 관한 협약을 체결하고 행정청이 수익적 행정처분을 하면서 협약상의 의무를 부담으로 부가하였으나 부담의 전제가 된 주된 행정처분의 근거 법령이 개정됨으로써 행정청이 더 이상 부관을 붙일 수 없게 된 경우에도 곧바로 협약의 효력이 소멸하는 것은 아니다. (대판 2005다65500)
㉣ (✕) 행정처분과 부관 사이에 실제적 관련성이 있다고 볼 수 없는 경우 공무원이 위와 같은 공법상의 제한을 회피할 목적으로 행정처분의 상대방과 사이에 사법상 계약을 체결하는 형식을 취하였다면 이는 법치행정의 원리에 반하는 것으로서 위법하다. (대판2007다63966)

정답 ①

49 행정행위의 부관에 대한 설명으로 옳지 않은 것은? (다툼이 있는 경우 판례에 의함)

20 소방직 9급

① 사정변경으로 인하여 당초에 부담을 부가한 목적을 달성할 수 없게 된 경우에도 부관의 사후변경은 그 목적달성에 필요한 범위 내에서 예외적으로 허용된다는 것이 판례의 태도이다.
② 행정행위의 부관의 유형 중에서 장래의 불확실한 사실에 의해서 행정행위의 효력을 소멸시키는 것은 해제조건이다.
③ 지방국토관리청장이 일부 공유수면매립지에 대하여 한 국가 또는 직할시(현 광역시) 귀속처분은 법률효과의 일부배제에 해당하는 것으로 행정행위의 부관의 유형으로 볼 수 없다는 것이 판례의 태도이다.
④ 부담과 조건의 구별이 명확하지 않은 경우에는 부담으로 보는 것이 행정행위의 상대방에게 유리하다고 본다.

행정행위의 부관은 부담의 경우를 제외하고는 독립하여 행정소송의 대상이 될 수 없는 것인바, 지방국토관리청장이 일부 공유수면매립지에 대하여 한 국가 또는 직할시 귀속처분은 매립준공인가를 함에 있어서 매립의 면허를 받은 자의 매립지에 대한 소유권취득을 규정한 「공유수면매립법」 제14조의 효과 일부를 배제하는 부관을 붙인 것이고, 이러한 행정행위의 부관은 위 법리와 같이 독립하여 행정소송 대상이 될 수 없다. (대판93누2032)

정답 ③

50 경찰허가의 효과를 제한 또는 보충하기 위하여 주된 의사표시에 부가된 종된 의사표시를 부관이라고 한다. 부관에 대한 설명으로 옳지 않은 것은?

21 경찰간부

① 법정부관의 경우 처분의 효과제한이 직접 법규에 의해서 부여되는 부관으로서 이는 행정행위의 부관과는 구별되는 개념으로 원칙적으로 부관의 개념에 속하지 않는다.
② 부담은 그 자체가 하나의 행정행위이다. 즉, 하명으로서의 성격을 지니기 때문에 분리가 가능하지만, 그 자체가 독립적으로 행정쟁송 및 경찰강제의 대상이 될 수 없다.
③ 부담과 정지조건의 구별이 불분명한 경우에는 최소침해의 원칙에 따라 부담으로 보아야 한다.
④ 수정부담은 새로운 의무를 부가하는 것이 아니라 상대방이 신청한 것과는 다르게 행정행위의 내용을 정하는 부관을 말하며 상대방의 동의가 있어야 효력이 발생한다.

부담은 그 자체가 하나의 행정행위이다. 즉, 하명으로서의 성격을 지니기 때문에 분리가 가능하며, 그 자체가 독립적으로 행정쟁송 및 경찰강제의 대상이 될 수 있다.

정답 ②

51 부관을 설명한 것이다. 다음 중 가장 적절하지 않은 것은? (다툼이 있으면 판례에 의함)

15 경찰행정

① 부담은 주된 행정행위와 독립하여 행정쟁송의 대상이 될 수 없다.
② 판례는 사정변경으로 인하여 당초의 부담을 부가한 목적을 달성할 수 없게 된 경우 목적 달성에 필요한 범위 내에서 예외적으로 사후부관의 가능성을 인정한다.
③ 수익적 행정행위에 있어서는 법령에 특별한 근거규정이 없다고 하더라도 그 부관으로서 부담을 붙일 수 있다.
④ 일반적으로 기속행위나 기속적 재량행위에는 부관을 붙일 수 없고, 부관을 붙였다 하더라도 이는 무효의 것이다.

① (×) 행정행위의 부관은 행정행위의 일반적인 효력이나 효과를 제한하기 위하여 의사표시의 주된 내용에 부가되는 종된 의사표시이지 그 자체로서 직접 법적 효과를 발생하는 독립된 처분이 아니므로 현행 행정쟁송제도 아래서는 부관 그 자체만을 독립된 쟁송의 대상으로 할 수 없는 것이 원칙이나 행정행위의 부관 중에서도 행정행위에 부수하여 그 행정행위의 상대방에게 일정한 의무를 부과하는 행정청의 의사표시인 부담의 경우에는 다른 부관과는 달리 행정행위의 불가분적인 요소가 아니고 그 존속이 본체인 행정행위의 존재를 전제로 하는 것일 뿐이므로 부담 그 자체로서 행정쟁송의 대상이 될 수 있다. (대판91누1264)
② (○) 대판97누2627 ③ (○) 대판2007두6663 ④ (○) 대판94다56883

정답 ①

52 행정행위의 부관을 설명한 것이다. 다음 중 가장 적절한 것은? (다툼이 있는 경우 판례에 의함)

16 경찰행정

① 행정처분의 상대방이 수익적 행정처분을 얻기 위하여 행정청과 사이에 행정처분에 부가할 부담에 관한 협약을 체결하고 행정청이 수익적 행정처분을 하면서 협약상의 의무를 부담으로 부가하였으나 부담의 전제가 된 주된 행정처분의 근거 법령이 개정됨으로써 행정청이 더 이상 부관을 붙일 수 없게 된 경우에도 곧바로 협약의 효력은 소멸한다.
② 부담부 행정처분에 있어서 처분의 상대방이 부담(의무)을 이행하지 아니한 경우에 처분행정청으로서는 이를 들어 당해 처분을 취소(철회)할 수 있다.
③ 주택재건축사업시행의 인가는 상대방에게 권리나 이익을 부여하는 효과를 가진 이른바 수익적 행정처분으로서 법령에 행정처분의 요건에 관하여 일의적으로 규정되어 있지 아니한 이상 행정청의 재량행위에 속하지만, 처분청으로서는 법령상의 제한에 근거한 것이 아니라면 공익상 필요 등에 의하여 필요한 범위 내라고 하더라도 여러 조건(부담)을 부과할 수 없다.
④ 부담의 이행으로서 하게 된 사법상 매매 등의 법률행위는 부담을 붙인 행정처분과는 별개의 법률행위라 볼 수 없으므로, 그 부담의 불가쟁력의 문제와 함께 법률행위가 사회질서 위반이나 강행규정에 위반되는지 여부 등을 따져보아 그 법률행위의 유효 여부를 판단하여야 한다.

② (O) 옳은 설명이다.
① (×) 행정처분의 상대방이 수익적 행정처분을 얻기 위하여 행정청과 사이에 행정처분에 부가할 부담에 관한 협약을 체결하고 행정청이 수익적 행정처분을 하면서 협약상의 의무를 부담으로 부가하였으나 부담의 전제가 된 주된 행정처분의 근거 법령이 개정됨으로써 행정청이 더 이상 부관을 붙일 수 없게 된 경우에도 곧바로 협약의 효력이 소멸되는 것은 아니다. (대판2005다65500)
③ (×) 주택재건축사업시행인가의 법적성질은 재량행위이며, 이에 대하여 법령상의 제한에 근거하지 않은 조건을 부과할 수 있다. (대판2007두6663)
④ (×) 행정처분에 붙인 부담인 부관이 무효가 되었다고 해서 그 부담의 이행으로 한 사법상 법률행위가 당연히 무효가 되는 것은 아니며, 행정처분에 붙인 부담인 부관이 제소기간 도과로 불가쟁력이 생긴 경우에는 그 부담의 이행으로 한 사법상 법률행위의 효력을 다툴 수 있다. (대판2006다18174)

정답 ②

53 행정행위의 부관에 대한 설명으로 가장 적절하지 않은 것은? (다툼이 있는 경우 판례에 의함)

18 경찰행정

① 공유수면매립면허와 같은 재량적 행정행위는 법률상의 근거가 없다고 하더라도 부관을 붙일 수 있다.
② 행정청이 관리처분계획에 대한 인가여부를 결정할 때에는 그 관리처분계획에 구「도시 및 주거환경정비법(2007. 12. 21. 법률 제8785호로 개정되기 전의 것)」제48조 및 구「도시 및 주거환경정비법 시행령(2009. 3. 30. 대통령령 제21590호로 개정되기 전의 것)」제50조에 규정된 사항이 포함되어 있는지, 그 계획의 내용이 구「도시 및 주거환경정비법(2007. 12. 21. 법률 제8785호로 개정되기 전의 것)」제48조 제2항의 기준에 부합하는지 여부 등을 심사·확인하여 그 인가 여부를 결정할 수 있고, 기부채납과 같은 다른 조건도 붙일 수 있다.
③ 수익적 행정처분에 있어서는 법령에 특별한 근거규정이 없다고 하더라도 그 부관으로서 부담을 붙일 수 있고, 그와 같은 부담은 행정청이 행정처분을 하면서 일방적으로 부가할 수도 있지만 부담을 부가하기 이전에 상대방과 협의하여 부담의 내용을 협약의 형식으로 미리 정한 다음 행정처분을 하면서 이를 부가할 수도 있다.
④ 구「수산업법(1985. 7. 1. 법률 제3764호로 개정된 것)」제15조에 의하여 어업의 면허 또는 허가에 붙이는 부관은 그 성질상 허가된 어업의 본질적 효력을 해하지 않는 한도의 것이어야 하고 허가된 어업의 내용 또는 효력 등에 대하여는 행정청이 임의로 제한 또는 조건을 붙일 수 없다.

이러한 관리처분계획 및 그에 대한 인가처분의 의의와 성질, 그 근거가 되는 「도시정비법과 그 시행령」상의 위와 같은 규정들에 비추어 보면, 행정청이 관리처분계획에 대한 인가여부를 결정할 때에는 그 관리처분계획에 '도시정비법 제48조 및 그 시행령 제50조'에 규정된 사항이 포함되어 있는지, 그 계획의 내용이 「도시정비법」 제48조 제2항의 기준에 부합하는지 여부 등을 심사확인하여 그 인가 여부를 결정할 수 있을 뿐 기부채납과 같은 다른 조건을 붙일 수는 없다고 할 것이다. (대판2010두24951)

정답 ②

54 부관에 대한 설명으로 가장 적절하지 않은 것은? (다툼이 있는 경우 판례에 의함) 20 경찰행정

① 행정처분과 부관 사이에 실제적 관련성이 있다고 볼 수 없는 경우 공무원이 공법상의 제한을 회피할 목적으로 행정처분의 상대방과 사이에 사법상 계약을 체결하는 형식을 취하였다면 이는 법치행정의 원리에 반하는 것으로서 위법하다.
② 기한이란 행정행위 효력의 발생·소멸을 장래에 발생 여부가 확실한 사실에 종속시키는 부관을 말한다.
③ 부담의 이행으로서 하게 된 사법상 매매등의 법률행위는 그 부담을 붙인 행정처분과는 어디까지나 별개의 법률행위이므로 그 부담의 불가쟁력의 문제와는 별도로 그 법률행위가 사회질서 위반이나 강행규정에 위반되는지 여부등을 따져 보아 그 법률행위의 유효 여부를 판단하여야 한다.
④ 부담은 그 자체로서 행정쟁송의 대상이 될 수 없다.

행정행위의 부관은 행정행위의 일반적인 효력이나 효과를 제한하기 위하여 의사표시의 주된 내용에 부가되는 종된 의사표시이지 그 자체로서 직접 법적 효과를 발생하는 독립된 처분이 아니므로 현행 행정쟁송제도 아래서는 부관 그 자체만을 독립된 쟁송의 대상으로 할 수 없는 것이 원칙이나 행정행위의 부관 중에서도 행정행위에 부수하여 그 행정행위의 상대방에게 일정한 의무를 부과하는 행정청의 의사표시인 부담의 경우에는 다른 부관과는 달리 행정행위의 불가분적인 요소가 아니고 그 존속이 본체인 행정행위의 존재를 전제로 하는 것일 뿐이므로 부담 그 자체로서 행정쟁송의 대상이 될 수 있다. (대판91누1264)

정답 ④

55 행정행위의 부관에 대한 설명으로 옳은 것은? (다툼이 있는 경우 판례에 의함) 17 지방직 9급

① 부담부 행정행위의 경우 부담에서 부과하고 있는 의무의 이행이 있어야 비로소 주된 행정행위의 효력이 발생한다.
② 공유재산의 관리청이 기부채납 된 행정재산에 대하여 행하는 사용·수익 허가의 경우, 부관인 사용·수익 허가의 기간에 위법사유가 있다면 허가 전부가 위법하게 된다.
③ 학설의 다수견해는 수정부담의 성격을 부관으로 이해한다.
④ 행정행위의 부관은 법령에 명시적 근거가 있는 경우에만 부가할 수 있다.

② (○)
① (×) 부담의 경우 의무의 이행여부와 관계없이 주된 행정행위의 효력은 발생한다.
③ (×) 수정부담은 부관의 일종이 아니라 새로운 행정행위의 형태로 이해를 하는 것이 다수설과 판례의 입장이다.
④ (×) 행정행위의 부관은 법령에 명시적 근거가 없어도 부가할 수 있다.

정답 ②

56 행정행위의 부관에 대한 설명으로 옳지 않은 것은? (다툼이 있는 경우 판례에 의함)
19 지방직 9급

① 도로점용허가의 점용기간은 행정행위의 본질적인 요소에 해당한다고 볼 것이어서 부관인 점용기간을 정함에 있어서 위법사유가 있다면 이로써 도로점용허가처분 전부가 위법하게 된다.
② 부담이 처분 당시 법령을 기준으로 적법하다면 처분 후 부담의 전제가 된 주된 행정처분의 근거 법령이 개정됨으로써 행정청이 더 이상 부관을 붙일 수 없게 되었다 하더라도 곧바로 위법하게 되거나 그 효력이 소멸하게 되는 것은 아니다.
③ 기선선망어업의 허가를 하면서 운반선, 등선 등 부속선을 사용할 수 없도록 제한한 부관은 그 어업허가의 목적 달성을 사실상 어렵게 하여 그 본질적 효력을 해하는 것이다.
④ 공유수면매립준공인가처분을 하면서 매립지 일부에 대하여 한 국가 및 지방자치단체에의 귀속처분은 부관 중 부담에 해당하므로 독립하여 행정소송 대상이 될 수 있다.

④ (×) 행정행위의 부관은 부담의 경우를 제외하고는 독립하여 행정소송의 대상이 될 수 없는 것인바, 행정청이 한 공유수면매립준공인가 중 매립지 일부에 대하여 한 국가귀속처분은 매립준공인가를 함에 있어서 매립의 면허를 받은자의 매립지에 대한 소유권취득을 규정한 공유수면매립법 제14조의 효과 일부를 배제하는 부관을 붙인 것이므로 이러한 행정행위의 부관에 대하여는 독립하여 행정소송의 대상으로 삼을 수 없다. (대판90누8503)
① (○) 대판94누604
② (○) 대판2005다65500
③ (○) 대판89누6808

정답 ④

57 행정행위의 부관에 대한 설명으로 옳은 것은? (다툼이 있는 경우 판례에 의함) `20 지방직 9급`

① 부관 중에서 부담은 주된 행정행위로부터 분리될 수 있다 할지라도 부담 그 자체는 독립된 행정행위가 아니므로 주된 행정행위로부터 분리하여 쟁송의 대상이 될 수 없다.
② 기부채납받은 행정재산에 대한 사용·수익허가에서 공유재산의 관리청이 정한 사용·수익허가의 기간은 그 허가의 효력을 제한하기 위한 행정행위의 부관으로서, 이러한 사용·수익허가의 기간에 대해서는 독립하여 행정소송을 제기할 수 있다.
③ 지방국토관리청장이 일부 공유수면매립지를 국가 또는 지방 자치단체에 귀속처분한 것은 법률효과의 일부를 배제하는 부관을 붙인 것이므로 이러한 행정행위의 부관은 독립하여 행정쟁송 대상이 될 수 없다.
④ 행정청이 부담을 부가하기 이전에 상대방과 협의하여 부담의 내용을 협약의 형식으로 미리 정한 경우에는 행정처분을 하면서 이를 부담으로 부가할 수 없다.

③ (O) 대판90누8503
① (×) 부담은 다른 부관과 달리 독립하여 쟁송의 대상이 될 수 있다.
② (×) 행정재산에 대한 사용수익허가의 기간은 기한에 해당하여 독립하여 행정소송을 제기할 수 없다.
④ (×) 부담을 부가하기 이전에 상대방과 협의하여 협약의 방식으로 미리 정한 다음 행정처분을 하면서 이를 부가할 수 있다. (대판2005다65500)

정답 ③

58 행정행위에 부담이 부가되었으나 사후에 그 부담을 변경할 수 있는 경우로 옳은 것은 몇 개인가? (다툼이 있으면 판례에 의함) `16 경찰행정`

㉠ 법률에 명문의 규정이 있는 경우
㉡ 부관의 변경이 미리 유보되어 있는 경우
㉢ 행정청의 동의가 있는 경우
㉣ 사정변경으로 인하여 당초에 부담을 부가할 목적을 달성할 수 없게 된 경우

① 1개　　② 2개
③ 3개　　④ 4개

부관의 사후변경은 법률에 명문규정이 있거나, 그 변경이 미리 유보되어 있는 경우, 상대방의 동의가 있는 경우에 한하여 허용되는 것이 원칙이지만, 사정변경으로 인하여 당초에 부담을 부가한 목적을 달성할 수 없게 된 경우에도 그 목적달성에 필요한 범위 내에서 예외적으로 허용된다. (대판 97누2627). 따라서 ㉢은 행정청의 동의가 아닌 상대방의 동의가 필요하다.

정답 ③

59 다음 사례에 대한 판례의 입장으로 옳지 않은 것은?

17 국가직 9급

> 고속국도 관리청이 고속도로 부지와 접도구역에 송유관 매설을 허가하면서 상대방인 甲과 체결한 협약에 따라 송유관 시설을 이전하게 될 경우 그 비용을 甲이 부담하도록 하였는데, 그 후 도로법 시행규칙이 개정되어 접도구역에는 관리청의 허가 없이도 송유관을 매설할 수 있게 되었다.

① 협약에 따라 송유관 시설을 이전하게 될 경우 그 비용을 甲이 부담하도록 한 것은 행정행위의 부관 중 부담에 해당한다.
② 甲과의 협약이 없더라도 고속국도 관리청은 송유관매설허가를 하면서 일방적으로 송유관 이전 시 그 비용을 甲이 부담한다는 내용의 부관을 부가할 수 있다.
③ 도로법 시행규칙의 개정 이후에도 위 협약에 포함된 부관은 부당결부금지의 원칙에 반하지 않는다.
④ 도로법 시행규칙의 개정으로 접도구역에는 관리청의 허가 없이도 송유관을 매설할 수 있게 되었기 때문에 위 협약 중 접도구역에 대한 부분은 효력이 소멸된다.

[1] 수익적 행정처분에 있어서는 법령에 특별한 근거규정이 없다고 하더라도 그 부관으로서 부담을 붙일 수 있고, 그와 같은 부담은 행정청이 행정처분을 하면서 일방적으로 부가할 수도 있지만 부담을 부가하기 이전에 상대방과 협의하여 부담의 내용을 협약의 형식으로 미리 정한 다음 행정처분을 하면서 이를 부가할 수도 있다. [2] 행정청이 수익적 행정처분을 하면서 부가한 부담의 위법 여부는 처분 당시 법령을 기준으로 판단하여야 하고, 부담이 처분 당시 법령을 기준으로 적법하다면 처분 후 부담의 전제가 된 주된 행정처분의 근거 법령이 개정됨으로써 행정청이 더 이상 부관을 붙일 수 없게 되었다 하더라도 곧바로 위법하게 되거나 그 효력이 소멸하게 되는 것은 아니다. 따라서 행정처분의 상대방이 수익적 행정처분을 얻기 위하여 행정청과 사이에 행정처분에 부가할 부담에 관한 협약을 체결하고 행정청이 수익적 행정처분을 하면서 협약상의 의무를 부담으로 부가하였으나 부담의 전제가 된 주된 행정처분의 근거 법령이 개정됨으로써 행정청이 더 이상 부관을 붙일 수 없게 된 경우에도 곧바로 협약의 효력이 소멸하는 것은 아니다. [3] 부당결부금지의 원칙이란 행정주체가 행정작용을 함에 있어서 상대방에게 이와 실질적인 관련이 없는 의무를 부과하거나 그 이행을 강제하여서는 아니 된다는 원칙을 말한다. [4] 고속국도 관리청이 고속도로 부지와 접도구역에 송유관 매설을 허가하면서 상대방과 체결한 협약에 따라 송유관 시설을 이전하게 될 경우 그 비용을 상대방에게 부담하도록 하였고, 그 후 도로법 시행규칙이 개정되어 접도구역에는 관리청의 허가 없이도 송유관을 매설할 수 있게 된 사안에서, 위 협약이 효력을 상실하지 않을 뿐만 아니라 위 협약에 포함된 부관이 부당결부금지의 원칙에도 반하지 않는다고 한 사례. (대판 2005다65500)

정답 ④

60 다음 중 행정행위의 부관에 관한 설명으로 가장 옳지 않은 것은? `21 해경승진`

① 법률효과의 일부배제는 법률에 근거가 있어야 한다.
② 장래의 도래가 불확실한 사실에 행정행위의 효력발생을 의존시키는 조건을 정지조건이라 한다.
③ 부관은 주된 행정행위와 실질적 관련성이 있어야 한다.
④ 부담을 불이행하면 주된 행정행위의 효력이 당연히 소멸한다.

> 부담을 불이행하면 주된 행정행위를 철회할 수 있는 사유가 될 뿐이다. 주된 행정행위의 효력이 당연히 소멸하는 것은 부관에 있어서 해제조건의 성취이다.
>
> 정답 ④

61 행정행위의 부관에 관한 설명으로 옳지 않은 것은? (다툼이 있으면 판례에 따름) `23 행정사`

① 부담부 행정행위는 부담을 이행하여야 비로소 그 효력이 발생한다.
② 부담을 불이행한 것만으로는 주된 행정행위의 효력이 소멸하지 않는다.
③ 부담은 그 자체로서 행정쟁송의 대상이 될 수 있다.
④ 행정청은 처분에 재량이 없는 경우에는 법률에 근거가 있는 경우에 부관을 붙일 수 있다.
⑤ 어업면허처분 중 면허의 유효기간만 취소하여 달라는 소송을 제기하는 것은 허용될 수 없다.

> 부담의 이행 여부와 관계 없이 당해 행정행위는 효력이 발생하나, 부담의 불이행이 있는 경우 철회의 사유가 될 뿐이다. 따라서 부담부 행정행위는 정지조건과 달리 부담을 이행하여야 비로소 그 효력이 발생하는 것은 아니다.
>
> 정답 ①

62 행정행위의 부관에 대한 설명으로 옳지 않은 것은? (다툼이 있는 경우 판례에 의함)

21 국가직 7급

① 행정청은 처분에 재량이 없는 경우에는 법률에 근거가 있는 경우에 부관을 붙일 수 있다.
② 행정청은 부관을 붙일 수 있는 처분이 당사자의 동의가 있는 경우에는 그 처분을 한 후에도 부관을 새로 붙이거나 종전의 부관을 변경할 수 있다.
③ 행정처분에 붙인 부담인 부관이 무효가 되면 그 부담의 이행으로 한 사법상 법률행위도 당연히 무효가 되는 것은 아니다.
④ 행정처분에 붙인 부담인 부관이 제소기간 도과로 불가쟁력이 생긴 경우에는 그 부담의 이행으로 한 사법상 법률행위의 효력을 다툴 수 없다.

행정처분에 붙은 부담인 부관이 제소기간의 도과로 확정되어 이미 불가쟁력이 생겼다면 그 하자가 중대하고 명백하여 당연 무효로 보아야 할 경우 외에는 누구나 그 효력을 부인할 수 없을 것이지만, 부담의 이행으로서 하게 된 사법상 매매 등의 법률행위는 부담을 붙인 행정처분과는 어디까지나 별개의 법률행위이므로 그 부담의 불가쟁력의 문제와는 별도로 법률행위가 사회질서 위반이나 강행규정에 위반되는지 여부 등을 따져보아 그 법률행위의 유효 여부를 판단하여야 한다. (대판 2006다18174) 따라서 행정처분에 붙인 부담인 부관이 제소기간 도과로 불가쟁력이 생긴 경우에도 그 부담의 이행으로 인한 사법상 법률행위의 효력을 다툴 수 있다.

정답 ④

63 행정행위의 부관에 대한 설명으로 옳지 않은 것은? (다툼이 있는 경우 판례에 의함)

21 지방직 9급

① 행정청은 처분에 재량이 없는 경우에는 법률에 근거가 있는 경우에 부관을 붙일 수 있다.
② 부담이 처분 당시 법령을 기준으로 적법하다면 처분 후 부담의 전제가 된 주된 처분의 근거 법령이 개정됨으로써 행정청이 더 이상 부관을 붙일 수 없게 되었다 하더라도 곧바로 그 효력이 소멸하게 되는 것은 아니다.
③ 처분과 실제적 관련성이 없어 부관으로 붙일 수 없는 부담이라도 사법상 계약의 형식으로 처분의 상대방에게 부과할 수 있다.
④ 행정재산에 대한 사용·수익허가에서 공유재산의 관리청이 정한 사용·수익허가의 기간에 대해서는 독립하여 행정소송을 제기할 수 없다.

행정처분과 부관 사이에 실제적 관련성이 있다고 볼 수 없는 경우 공무원이 위와 같은 공법상의 제한을 회피할 목적으로 행정처분의 상대방과 사이에 사법상 계약을 체결하는 형식을 취하였다면 이는 법치행정의 원리에 반하는 것으로서 위법하다. (대판2007다63966) 따라서 처분과 실제적 관련성이 없어 부관으로 붙일 수 없는 부담은 사법상 계약의 형식으로 처분의 상대방에게 부과할 수 없다.

정답 ③

64 다음 중 행정행위의 부관에 대한 설명으로 가장 옳지 않은 것은? (다툼이 있는 경우 판례에 의함)　　23 해경승진

① 도로점용허가의 점용기간을 정함에 있어 위법사유가 있다면 도로점용허가처분 전부가 위법하게 된다.
② 기선선망어업의 허가를 하면서 운반선, 등선 등 부속선을 사용할 수 없도록 제한한 부관은 그 어업허가의 목적달성을 사실상 어렵게 하여 그 본질적 효력을 해하는 것이다.
③ 행정처분에 부담인 부관을 붙인 경우, 부관이 무효라면 부담의 이행으로 이루어진 사법상 매매행위도 당연히 무효가 된다.
④ 부당결부금지 원칙에 위반하여 허용되지 않는 부관을 행정처분과 상대방 사이의 사법상 계약의 형식으로 체결하는 것은 허용되지 않는다.

행정처분에 부담인 부관을 붙인 경우 부관의 무효화에 의하여 본체인 행정처분 자체의 효력에도 영향이 있게 될 수는 있지만, 그 처분을 받은 사람이 부담의 이행으로 사법상 매매 등의 법률행위를 한 경우에는 그 부관은 특별한 사정이 없는 한 법률행위를 하게 된 동기 내지 연유로 작용하였을 뿐이므로 이는 법률행위의 취소사유가 될 수 있음은 별론으로 하고 그 법률행위 자체를 당연히 무효화하는 것은 아니다. (대판2006다18174)

정답 ③

65 다음 중 행정행위의 부관에 대한 설명으로 가장 옳지 않은 것은? (다툼이 있는 경우 판례에 의함)　　22 해경승진

① 부관의 일종인 사후부담은 법률에 명문의 규정이 있거나 그것이 미리 유보되어 있는 경우 또는 상대방의 동의가 있는 경우에 허용되는 것이 원칙이다.
② 취소소송에 의하지 않으면 권리구제를 받을 수 없는 경우에는 부담이 아닌 부관이라 하더라도 그 부관만을 대상으로 취소소송을 제기하는 것이 허용된다.
③ 행정처분과의 실제적 관련성이 없어 부관으로 붙일 수 없는 부담은 사법상 계약의 형식으로도 부과할 수 없다.
④ 법령에 특별한 근거규정이 없는 한 기속행위에는 부관을 붙일 수 없고 기속행위에 붙은 부관은 무효이다.

행정행위의 부관은 행정행위의 일반적인 효력이나 효과를 제한하기 위하여 의사표시의 주된 내용에 부가되는 종된 의사표시이지 그 자체로서 직접 법적 효과를 발생하는 독립된 처분이 아니므로 현행 행정쟁송제도 아래서는 부관 그 자체만을 독립된 쟁송의 대상으로 할 수 없는 것이 원칙이나 행정행위의 부관 중에서도 행정행위에 부수하여 그 행정행위의 상대방에게 일정한 의무를 부과하는 행정청의 의사표시인 부담의 경우에는 다른 부관과는 달리 행정행위의 불가분적인 요소가 아니고 그 존속이 본체인 행정행위의 존재를 전제로 하는 것일 뿐이므로 부담 그 자체로서 행정쟁송의 대상이 될 수 있다. (대판91누1264) 따라서 부담을 제외한 부관은 독자적으로 항고소송의 대상이 되지 않음이 원칙이다.

정답 ②

66 행정행위의 부관에 대한 설명으로 옳은 것은? (다툼이 있는 경우 판례에 의함) 21 국가직 9급

① 행정처분과 부관 사이에 실제적 관련성이 있다고 볼 수 없는 경우, 공무원이 공법상의 제한을 회피할 목적으로 행정처분의 상대방과 사이에 사법상 계약을 체결하는 형식을 취하였더라도 법치행정의 원리에 반하는 것으로서 위법하다고 볼 수 없다.
② 처분 당시 법령을 기준으로 처분에 부가된 부담이 적법하였더라도, 처분 후 부담의 전제가 된 주된 행정처분의 근거 법령이 개정됨으로써 행정청이 더이상 부관을 붙일 수 없게 되었다면 그때부터 부담의 효력은 소멸한다.
③ 부담의 이행으로서 하게 된 사법상 매매 등의 법률행위는 부담을 붙인 행정처분과는 별개의 법률행위이므로, 그 부담의 불가쟁력의 문제와는 별도로 법률행위가 사회질서 위반이나 강행규정에 위반되는지 여부 등을 따져보아 그 법률행위의 유효 여부를 판단하여야 한다.
④ 허가에 붙은 기한이 그 허가된 사업의 성질상 부당하게 짧아서 이 기한이 허가 자체의 존속기간이 아니라 허가조건의 존속기간으로 해석되는 경우에는 허가 여부의 재량권을 가진 행정청은 허가조건의 개정만을 고려할 수 있고, 그 후 당초의 기한이 상당 기간 연장되어 그 기한이 부당하게 짧은 경우에 해당하지 않게 된 때라도 더 이상의 기간연장을 불허가할 수는 없다.

③ (○) 대판2006다18174
① (×) 행정처분과 부관 사이에 실제적 관련성이 있다고 볼 수 없는 경우 공무원이 위와 같은 공법상의 제한을 회피할 목적으로 행정처분의 상대방과 사이에 사법상 계약을 체결하는 형식을 취하였다면 이는 법치행정의 원리에 반하는 것으로서 위법하다. (대판2007다63966)
② (×) 행정청이 수익적 행정처분을 하면서 부가한 부담의 위법 여부는 처분 당시 법령을 기준으로 판단하여야 하고, 부담이 처분 당시 법령을 기준으로 적법하다면 처분 후 부담의 전제가 된 주된 행정처분의 근거 법령이 개정됨으로써 행정청이 더 이상 부관을 붙일 수 없게 되었다 하더라도 곧바로 위법하게 되거나 그 효력이 소멸하게 되는 것은 아니다. (대판2005다65500)

④ (✕) [1] 일반적으로 행정처분에 효력기간이 정하여져 있는 경우에는 그 기간의 경과로 그 행정처분의 효력은 상실되고, 다만 허가에 붙은 기한이 그 허가된 사업의 성질상 부당하게 짧은 경우에는 이를 그 허가 자체의 존속기간이 아니라 그 허가조건의 존속기간으로 보아 그 기한이 도래함으로써 그 조건의 개정을 고려한다는 뜻으로 해석할 수 있다. 다만, 이 경우라도 허가기간이 연장되기 위해서는 종기가 도래하기 전에 기간의 연장에 관한 신청이 있어야 한다. (대판 2005두12404) [2] 허가에 붙은 당초의 기한이 상당기간 연장되어 허가된 사업의 성질상 부당하게 짧은 경우에 해당하지 아니하게 된 경우, 관계법령의 규정에 따라 허가 여부의 재량권을 가진 행정청이 기간연장을 불허가하는 것이 가능하다. (대판2003두12837)

정답 ③

67 행정행위의 부관에 대한 설명으로 옳지 않은 것은? (단, 다툼이 있는 경우 판례에 의함)
21 군무원 9급

① 재량행위에 있어서는 관계 법령에 명시적인 금지규정이 없는 한 행정목적을 달성하기 위하여 조건이나 기한, 부담 등의 부관을 붙일 수 있고, 그 부관의 내용이 이행가능하고 비례의 원칙 및 평등의 원칙에 적합하며 행정처분의 본질적 효력을 저해하지 아니하는 이상 위법하다고 할 수 없다.
② 부담은 행정청이 행정처분을 하면서 일방적으로 부가하는 것이 일반적이므로 상대방과 협의하여 협약의 형식으로 미리 정한 다음 행정처분을 하면서 이를 부가하는 경우 부담으로 볼 수 없다.
③ 부관의 사후변경은, 법률에 명문의 규정이 있거나 그 변경이 미리 유보되어 있는 경우 또는 상대방의 동의가 있는 경우에 한하여 허용되는 것이 원칙이지만, 사정변경으로 인하여 당초에 부담을 부가한 목적을 달성할 수 없게 된 경우에도 그 목적달성에 필요한 범위 내에서 예외적으로 허용된다.
④ 건축허가를 하면서 일정 토지를 기부채납 하도록 하는 내용의 허가조건은 부관을 붙일 수 없는 기속행위 내지 기속적 재량행위인 건축허가에 붙인 부담이거나 또는 법령상 아무런 근거가 없는 부관이어서 무효이다.

② (✕) 수익적 행정처분에 있어서는 법령에 특별한 근거규정이 없다고 하더라도 그 부관으로서 부담을 붙일 수 있고, 그와 같은 부담은 행정청이 행정처분을 하면서 일방적으로 부가할 수도 있지만 부담을 부가하기 이전에 상대방과 협의하여 부담의 내용을 협약의 형식으로 미리 정한 다음 행정처분을 하면서 이를 부가할 수도 있다(대판 2009. 2. 12. 2005다65500).
① (○) 대판2003두12837
③ (○) 대판97누2627
④ (○) 대판94다56883

정답 ②

68. 행정행위의 부관에 대한 설명으로 옳은 것은? (다툼이 있는 경우 판례에 의함) `22 소방공채`

① 수익적 행정처분에 있어서는 법령에 특별한 근거규정이 있는 경우에 한하여 부관을 붙일 수 있다.
② 행정처분에 붙인 부관인 부담이 무효가 되면 그 부담의 이행으로 한 사법상 법률행위도 당연히 무효가 된다.
③ 사정변경으로 인하여 당초에 부담을 부가한 목적을 달성할 수 없게 된 경우에도 부관의 사후변경은 허용되지 않는다.
④ 행정청이 종교단체에 대하여 기본재산전환인가를 하면서 인가조건을 부가하고 그 불이행시 인가를 취소할 수 있도록 한 경우, 인가조건의 의미는 철회권을 유보한 것이다.

④ (O) 대판2003다6422
① (X) 수익적 행정처분에 있어서는 법령에 특별한 근거규정이 없다고 하더라도 그 부관으로서 부담을 붙일 수 있다. (대판2005다65500)
② (X) 행정처분에 붙인 부관인 부담이 무효가 되더라도 그 부담의 이행으로 한 사법상 법률행위가 당연히 무효가 되는 것은 아니다.
③ (X) 「행정기본법」 제17조 제3항 제3호. 별도의 법적 근거가 있거나 상대방의 동의를 얻는 경우뿐만 아니라, 사정변경으로 인하여 당초에 부담을 부가한 목적을 달성할 수 없게 된 경우에도 부관의 사후변경은 허용된다.

정답 ④

69. 행정행위의 부관에 관한 설명으로 옳지 않은 것은? (다툼이 있으면 판례에 따름) `22 소방승진`

① 임시이사를 선임하면서 그 임기를 '후임 정식이사가 선임될 때까지'로 기재한 것은 근거 법률의 해석상 당연히 도출되는 사항을 주의적·확인적으로 기재한 이른바 '법정부관'일 뿐, 행정청의 의사에 따라 붙이는 본래 의미의 행정처분 부관이라고 볼 수 없다.
② 행정행위의 효력 발생 또는 소멸을 장래의 불확실한 사실에 의존시키는 부관을 조건이라고 한다.
③ 행정행위의 효력 발생 또는 소멸을 장래의 확실한 사실에 의존시키는 부관을 기한이라고 한다.
④ 행정청이 종교단체에 대하여 기본재산전환인가를 함에 있어 인가조건을 부가하고 그 불이행 시 인가를 취소할 수 있도록 한 경우, 인가조건의 의미는 조건으로 볼 수 있다.

행정청이 종교단체에 대하여 기본재산전환인가를 함에 있어 인가조건을 부가하고 그 불이행시 인가를 취소할 수 있도록 한 경우, 인가조건의 의미는 철회권을 유보한 것이다. (대판2003다6422)

정답 ④

70 행정행위의 부관에 관한 설명으로 옳지 않은 것은? (다툼이 있는 경우 판례에 의함)

23 소방공채

① 행정청은 처분에 재량이 없는 경우에는 법률에 근거가 있는 경우에 부관을 붙일 수 있다.
② 허가의 목적달성을 사실상 어렵게 하여 그 본질적 효력을 해하는 부관은 적법하지 않다.
③ 행정처분에 부과한 부담이 무효가 된 경우라도, 특별한 사정이 없는 한 부담의 이행으로 행한 사법상 매매 등의 법률행위 자체를 당연히 무효화하는 것은 아니다.
④ 부담의 전제가 된 주된 처분의 근거 법령이 개정됨으로써 행정청이 더 이상 부관을 붙일 수 없게 되었다면, 특별한 사정이 없는 한 그 부담의 효력은 소멸하게 된다.

④ (✕) 행정청이 수익적 행정처분을 하면서 부가한 부담의 위법 여부는 처분 당시 법령을 기준으로 판단하여야 하고, 부담이 처분 당시 법령을 기준으로 적법하다면 처분 후 부담의 전제가 된 주된 행정처분의 근거 법령이 개정됨으로써 행정청이 더 이상 부관을 붙일 수 없게 되었다 하더라도 곧바로 위법하게 되거나 그 효력이 소멸하게 되는 것은 아니다. (대판2005다65500).
① (○) 「행정기본법」 제17조 제2항.
② (○) 대판89누6808
③ (○) 대판2006다18174

정답 ④

71 행정행위의 부관에 대한 설명으로 옳지 않은 것은?

23 국가직 9급

① 수익적 행정처분에 있어서는 법령에 특별한 근거규정이 있는 경우에만 그 부관으로서 부담을 붙일 수 있다.
② 기선선망어업의 허가를 하면서 운반선, 등선 등 부속선을 사용할 수 없도록 제한한 부관은 그 어업허가의 목적달성을 사실상 어렵게 하여 그 본질적 효력을 해하는 것이므로 위법한 것이다.
③ 부관은 면허 발급 당시에 붙이는 것뿐만 아니라 면허 발급 이후에 붙이는 것도 법률에 명문의 규정이 있거나 변경이 미리 유보되어 있는 경우 또는 상대방의 동의가 있는 경우 등에는 특별한 사정이 없는 한 허용된다.
④ 토지소유자가 토지형질변경행위허가에 붙은 기부채납의 부관에 따라 토지를 국가나 지방자치단체에 기부채납한 경우, 기부채납의 부관이 당연무효이거나 취소되지 아니한 이상 토지소유자는 위 부관으로 인하여 기부채납계약의 중요부분에 착오가 있음을 이유로 기부채납계약을 취소할 수 없다.

① (×) 수익적 행정처분에 있어서는 법령에 특별한 근거규정이 없다고 하더라도 그 부관으로서 부담을 붙일 수 있고, 그와 같은 부담은 행정청이 행정처분을 하면서 일방적으로 부가할 수도 있지만 부담을 부가하기 이전에 상대방과 협의하여 부담의 내용을 협약의 형식으로 미리 정한 다음 행정처분을 하면서 이를 부가할 수도 있다. (대판2005다65500)
② (○) 대판89누6808
③ (○) 대판2016두45028
④ (○) 대판98다53134

정답 ①

72 부관에 대한 판례의 내용으로 가장 옳지 않은 것은? 〔22 군무원 9급〕

① 재량행위에 있어서는 관계 법령에 명시적인 금지규정이 없는 한 행정목적을 달성하기 위하여 조건이나 기한, 부담 등의 부관을 붙일 수 있다.
② 토지소유자가 토지형질변경행위허가에 붙은 기부채납의 부관에 따라 토지를 국가나 지방자치단체에 기부채납(증여)한 경우, 토지소유자는 원칙적으로 기부채납(증여)의 중요부분에 착오가 있음을 이유로 증여계약을 취소할 수 있다.
③ 당초에 붙은 기한을 허가 자체의 존속기간이 아니라 허가조건의 존속기간으로 보더라도 그 후 당초의 기한이 상당 기간 연장되어 연장된 기간을 포함한 존속기간 전체를 기준으로 볼 경우 더 이상 허가된 사업의 성질상 부당하게 짧은 경우에 해당하지 않게 된 때에는 재량권의 행사로서 더 이상의 기간연장을 불허가할 수도 있다.
④ 일반적으로 행정처분에 효력기간이 정하여져 있는 경우에는 그 기간의 경과로 그 행정처분의 효력은 상실되며, 다만 허가에 붙은 기한이 그 허가된 사업의 성질상 부당하게 짧은 경우에는 이를 그 허가 자체의 존속기간이 아니라 그 허가조건의 존속기간으로 볼 수 있다.

토지소유자가 토지형질변경행위허가에 붙은 기부채납의 부관에 따라 토지를 국가나 지방자치단체에 기부채납(증여)한 경우, 기부채납의 부관이 당연무효이거나 취소되지 아니한 이상 토지소유자는 위 부관으로 인하여 증여계약의 중요부분에 착오가 있음을 이유로 증여계약을 취소할 수 없다. (대판98다53134)

정답 ②

73. 행정법상 부관에 관한 설명이다. 아래 ㉠부터 ㉤까지의 설명 중 옳은 것만을 모두 고른 것은? (다툼이 있는 경우 판례에 의함)

21 경찰행정

㉠ 행정청이 수익적 행정처분을 하면서 부가한 부담의 위법 여부는 처분 당시 법령을 기준으로 판단하여야 한다.
㉡ 면허발급 당시에 붙이는 부관뿐만 아니라 면허발급 이후에 붙이는 부관도 법률에 명문 규정이 있거나 변경이 미리 유보되어 있는 경우 또는 상대방의 동의가 있는 경우 등에는 특별한 사정이 없는 한 허용된다.
㉢ 공유재산에 대한 40년간의 사용허가신청에 대해 행정청이 20년간 사용허가한 경우에 사용허가 기간에 대해서 독립하여 행정소송을 제기할 수 있다.
㉣ 종전 허가의 유효기간이 지나서 신청한 기간연장신청은 별도의 새로운 허가를 내용으로 하는 행정처분을 구하는 것이라기 보다는 종전의 허가처분을 전제로 하여 단순히 그 유효기간을 연장하여 주는 행정처분을 구하는 것으로 보아야 한다.
㉤ 토지소유자가 토지형질변경행위허가에 붙은 기부채납의 부관에 따라 토지를 국가나 지방자치단체에 기부채납(증여)한 경우, 기부채납의 부관이 당연무효이거나 취소되지 아니한 이상 토지소유자는 그 부관으로 인하여 증여계약의 중요 부분에 착오가 있음을 이유로 증여계약을 취소할 수 없다.

① ㉠, ㉡, ㉢
② ㉠, ㉡, ㉤
③ ㉡, ㉢, ㉣
④ ㉢, ㉣, ㉤

해설

㉠ (O) 대판2005두65500
㉡ (O) 대판97누2627
㉤ (O) 대판98다53134
㉢ (X) 기부채납받은 행정재산에 대한 사용수익허가 중 사용 수익허가의 기간에 대하여 독립하여 행정소송을 제기할 수 없다. (대판99두509)
㉣ (X) 종전 허가의 유효기간이 지나 다시 한 허가신청에 대한 허가는 종전의 허가처분을 전제로 하여 단순히 유효기간을 연장하여 주는 행정처분이라기보다는 종전의 허가처분과는 별도의 새로운 영업허가를 내용으로 하는 행정처분이므로 허가권자는 이를 「사행행위등규제법」 제7조 제2항에 정한 재허가신청으로 보아 그 규정에 의하여 허가요건의 적합 여부를 새로이 판단하여 허가 여부를 결정하여야 한다. (대판92누15314)

정답 ②

74 행정행위의 부관에 대한 설명으로 옳은 것은? (다툼이 있는 경우 판례에 의함) 22 지방직 7급

① 일반적으로 보조금 교부결정은 법령과 예산에서 정하는 바에 엄격히 기속되므로, 행정청은 보조금 교부결정을 할 때 조건을 붙일 수 없다.
② 수익적 행정처분에 있어서는 행정청이 행정처분을 하면서 부담을 일방적으로 부가할 수 있을 뿐, 부담을 부가하기 이전에 상대방과 협의하여 부담의 내용을 협약의 형식으로 미리 정한 다음 부가할 수는 없다.
③ 토지소유자가 토지형질변경행위허가에 붙은 기부채납의 부관에 따라 토지를 국가나 지방자치단체에 기부채납한 경우, 기부채납의 부관이 당연무효이거나 취소되지 아니한 이상 토지소유자는 위 부관으로 인하여 증여계약의 중요 부분에 착오가 있음을 이유로 증여계약을 취소할 수 없다.
④ 부담이 처분 당시 법령을 기준으로 적법하더라도, 처분 후 부담의 전제가 된 주된 행정처분의 근거 법령이 개정됨으로써 행정청이 더 이상 부관을 붙일 수 없게 되었다면 그 부담은 곧바로 위법하게 되거나 그 효력이 소멸한 것으로 보아야 한다.

③ (○) 대판98다53134
① (✕) 「보조금관리에 관한 법률」 제18조 제1항. 중앙관서의 장은 보조금의 교부를 결정할 때 법령과 예산에서 정하는 보조금의 교부 목적을 달성하는 데에 필요한 조건을 붙일 수 있다.
② (✕) 수익적 행정처분에 있어서는 법령에 특별한 근거규정이 없다고 하더라도 그 부관으로서 부담을 붙일 수 있고, 그와 같은 부담은 행정청이 행정처분을 하면서 일방적으로 부가할 수도 있지만 부담을 부가하기 이전에 상대방과 협의하여 부담의 내용을 협약의 형식으로 미리 정한 다음 행정처분을 하면서 이를 부가할 수도 있다. (대판2005다65500)
④ (✕) 행정청이 수익적 행정처분을 하면서 부가한 부담의 위법 여부는 처분 당시 법령을 기준으로 판단하여야 하고, 부담이 처분 당시 법령을 기준으로 적법하다면 처분 후 부담의 전제가 된 주된 행정처분의 근거 법령이 개정됨으로써 행정청이 더 이상 부관을 붙일 수 없게 되었다 하더라도 곧바로 위법하게 되거나 그 효력이 소멸하게 되는 것은 아니다. (대판2005다65500)

정답 ③

75 행정행위의 부관에 대한 설명으로 옳은 것은? (다툼이 있는 경우 판례에 의함) `22 지방직 9급`

① 행정처분에 부가한 부담이 무효인 경우에는 그 부담의 이행으로 이루어진 사법상 법률행위도 무효가 된다.
② 부관의 사후변경은 종전의 부관을 변경하지 아니하면 해당 처분의 목적을 달성할 수 없는 경우가 아니라면 인정되지 않는다.
③ 행정처분과 실제적 관련성이 없어 부관을 붙일 수 없는 경우에도 사법상 계약의 형식으로 공법상 제한을 회피할 수 있다.
④ 행정재산에 대한 기한부 사용·수익허가를 받은 경우, 그 사용·수익허가의 기간에 대하여 독립하여 행정소송을 제기할 수 없다.

④ (○) 대판99두509
① (X) 행정처분에 부담인 부관을 붙인 경우 부관의 무효화에 의하여 본체인 행정처분 자체의 효력에도 영향이 있게 될 수는 있지만, 그 처분을 받은 사람이 부담의 이행으로 사법상 매매 등의 법률행위를 한 경우에는 그 부관은 특별한 사정이 없는 한 법률행위를 하게 된 동기 내지 연유로 작용하였을 뿐이므로 이는 법률행위의 취소사유가 될 수 있음은 별론으로 하고 그 법률행위 자체를 당연히 무효화하는 것은 아니다. (대판2006다18174)
② (X) 행정기본법 제17조(부관) 제3항. 행정청은 부관을 붙일 수 있는 처분이 다음 각 호의 어느 하나에 해당하는 경우에는 그 처분을 한 후에도 부관을 새로 붙이거나 종전의 부관을 변경할 수 있다. 1. 법률에 근거가 있는 경우 2. 당사자의 동의가 있는 경우 3. 사정이 변경되어 부관을 새로 붙이거나 종전의 부관을 변경하지 아니하면 해당 처분의 목적을 달성할 수 없다고 인정되는 경우
③ (X) 행정처분과 부관 사이에 실제적 관련성이 있다고 볼 수 없는 경우 공무원이 위와 같은 공법상의 제한을 회피할 목적으로 행정처분의 상대방과 사이에 사법상 계약을 체결하는 형식을 취하였다면 이는 법치행정의 원리에 반하는 것으로서 위법하다. (대판2007다63966)

정답 ④

---

76 A시장은 갑 소유 토지의 일부를 기부채납하는 조건(강학상 부담으로 본다)으로 갑이 신청한 개발제한구역 내의 토지형질변경허가를 한 후 갑과 기부채납 이행을 위한 증여계약을 체결하였다. 이에 관한 설명으로 옳지 않은 것은? (다툼이 있으면 판례에 따름) `21 행정사`

① 갑이 기부채납을 불이행할 경우, A시장은 토지형질변경허가를 철회할 수 있다.
② 갑은 기부채납의 부관만을 대상으로 하여 취소소송을 제기할 수 있다.
③ 기부채납의 부관이 당연무효이거나 취소되지 아니한 이상 갑은 위 부관으로 인한 증여계약의 중요부분의 착오를 이유로 증여계약을 취소할 수 없다.
④ 토지형질변경허가를 함에 있어 부관을 붙일 필요가 있는지의 유무 등을 판단함에 있어서는 A시장에게 재량의 여지가 있다.
⑤ A시장은 토지형질변경행위허가를 한 후에는 갑의 동의가 있는 경우라도 부관을 새로 붙일 수 없다.

⑤ (×) 「행정기본법」제17조(부관) 제3항. 행정청은 부관을 붙일 수 있는 처분이 다음 각 호의 어느 하나에 해당하는 경우에는 그 처분을 한 후에도 부관을 새로 붙이거나 종전의 부관을 변경할 수 있다. 1. 법률에 근거가 있는 경우 2. 당사자의 동의가 있는 경우 3. 사정이 변경되어 부관을 새로 붙이거나 종전의 부관을 변경하지 아니하면 해당 처분의 목적을 달성할 수 없다고 인정되는 경우
① (O) 부담의 불이행은 주된 행정행위의 철회 사유가 된다.
② (O) 부담의 경우 다른 부관과는 달리 독립하여 항고소송의 대상이 된다.
③ (O) 토지소유자가 토지형질변경행위허가에 붙은 기부채납의 부관에 따라 토지를 국가나 지방자치단체에 기부채납(증여)한 경우, 기부채납의 부관이 당연무효이거나 취소되지 아니한 이상 토지소유자는 위 부관으로 인하여 증여계약의 중요부분에 착오가 있음을 이유로 증여계약을 취소할 수 없다. (대판98다53134)
④ (O) 토지형질변경허가는 행정청의 재량에 속하므로 별도의 법적 근거 없어도 중대한 공익상의 이유로 부관을 붙일 수 있다.

정답 ⑤

77 행정행위의 부관에 관한 설명으로 가장 적절한 것은? (다툼이 있는 경우 판례에 의함)

24 경찰채용

① 행정청은 처분에 재량이 없는 경우에는 법률에 근거가 있더라도 부관을 붙일 수 없다.
② 기한은 법률행위 효력의 발생 또는 소멸을 장래의 불확실한 사실의 성부에 의존하게 하는 법률행위의 부관이다.
③ 장래의 사실이더라도 그것이 장래 반드시 실현되는 사실이면 실현되는 시기가 비록 확정되지 않더라도 이는 조건으로 보아야 한다.
④ 행정청이 종교단체에 대하여 기본재산전환인가를 함에 있어 인가조건을 부가하고 그 불이행시 인가를 취소할 수 있도록 한 경우, 그 인가조건의 의미를 철회권의 유보로 본다.

① (×) 행정청은 처분에 재량이 있는 경우에는 부관을 붙일 수 있다. 행정청은 처분에 재량이 없는 경우에는 법률에 근거가 있는 경우에 부관을 붙일 수 있다.
② (×) 기한이란 행정행위의 효력의 발생 또는 소멸을 장래의 확실한 사실에 의존케 하는 행정청의 의사표시를 말한다.
③ (×) 조건이란 행정행위의 효과의 발생 또는 소멸을 장래의 불확실한 사실에 의존시키는 부관을 말한다.

정답 ④

78. 다음 중 강학상 특허로 가장 옳지 않은 것은? (다툼이 있는 경우 판례에 의함) [23 해경승진]

① 「출입국관리법」상 체류자격 변경허가
② 재단법인의 정관변경허가
③ 재건축조합설립인가
④ 귀화허가

② (강학상 인가). 민법상 재단법인의 정관변경허가는 그 법적 성격은 인가라고 보아야 할 것이다. (대판95누4810 전합).

① (강학상 특허). 「출입국관리법」 제10조, 제24조 제1항, 구 「출입국관리법 시행령(2014. 10. 28. 대통령령 제25669호로 개정되기 전의 것)」 제12조 [별표 1] 제8호, 제26호 (가)목, (라)목, 「출입국관리법 시행규칙」 제18조의2 [별표 1]의 문언, 내용 및 형식, 체계 등에 비추어 보면, 체류자격 변경허가는 신청인에게 당초의 체류자격과 다른 체류자격에 해당하는 활동을 할 수 있는 권한을 부여하는 일종의 설권적 처분의 성격을 가지므로, 허가권자는 신청인이 관계 법령에서 정한 요건을 충족하였더라도, 신청인의 적격성, 체류 목적, 공익상의 영향 등을 참작하여 허가 여부를 결정할 수 있는 재량을 가진다. 다만 재량을 행사할 때 판단의 기초가 된 사실인정에 중대한 오류가 있는 경우 또는 비례·평등의 원칙을 위반하거나 사회통념상 현저하게 타당성을 잃는 등의 사유가 있다면 이는 재량권의 일탈·남용으로서 위법하다. (대판2015두48846)

③ (강학상 특허). 「도시 및 주거환경정비법」등 관련 법령에 근거하여 행하는 조합설립인가처분은 단순히 사인들의 조합설립행위에 대한 보충행위로서의 성질을 갖는 것에 그치는 것이 아니라 법령상 요건을 갖출 경우 「도시 및 주거환경정비법」상 주택재건축사업을 시행할 수 있는 권한을 갖는 행정주체(공법인)로서의 지위를 부여하는 일종의 설권적 처분의 성격을 갖는다고 보아야 한다. 그러므로 구 도시 및 주거환경정비법상 재개발조합설립인가신청에 대하여 행정청의 조합설립인가처분이 있은 이후에는, 조합설립동의에 하자가 있음을 이유로 재개발조합 설립의 효력을 부정하려면 항고소송으로 조합설립인가처분의 효력을 다투어야 한다. (대판2008다60568)

④ (강학상 특허). 귀화허가는 외국인에게 대한민국 국적을 부여함으로써 국민으로서의 법적 지위를 포괄적으로 설정하는 행위에 해당한다. 한편, 국적법 등 관계 법령 어디에도 외국인에게 대한민국의 국적을 취득할 권리를 부여하였다고 볼 만한 규정이 없다. 이와 같은 귀화허가의 근거 규정의 형식과 문언, 귀화허가의 내용과 특성 등을 고려해 보면, 법무부장관은 귀화신청인이 귀화 요건을 갖추었다 하더라도 귀화를 허가할 것인지 여부에 관하여 재량권을 가진다고 보는 것이 타당하다. (대판2010두6496).

정답 ②

79. 강학상 특허에 해당하는 것을 〈보기〉에서 고른 것은? (단, 다툼이 있는 경우 판례에 따름)

㉠ 재개발조합설립인가
㉡ 「출입국관리법」상 체류자격 변경허가
㉢ 사립학교법인 임원에 대한 취임승인행위
㉣ 서울특별시장의 의료유사업자 자격증 갱신발급 행위

① ㉠, ㉡
② ㉠, ㉢
③ ㉡, ㉣
④ ㉢, ㉣

해설

㉠ (강학상 특허). 「도시 및 주거환경정비법」등 관련 법령에 근거하여 행하는 조합설립인가처분은 단순히 사인들의 조합설립행위에 대한 보충행위로서의 성질을 갖는 것에 그치는 것이 아니라 법령상 요건을 갖출 경우 「도시 및 주거환경정비법」상 주택재건축사업을 시행할 수 있는 권한을 갖는 행정주체(공법인)으로서의 지위를 부여하는 일종의 설권적 처분의 성격을 갖는다고 보아야 한다. (대판2008다60568)

㉡ (강학상 특허). 「출입국관리법」 제10조, 제24조 제1항, 구 「출입국관리법 시행령(2014. 10. 28. 대통령령 제25669호로 개정되기 전의 것)」 제12조 [별표 1] 제8호, 제26호 (가)목, (라)목, 「출입국관리법 시행규칙」 제18조의2 [별표 1]의 문언, 내용 및 형식, 체계 등에 비추어 보면, 체류자격 변경허가는 신청인에게 당초의 체류자격과 다른 체류자격에 해당하는 활동을 할 수 있는 권한을 부여하는 일종의 설권적 처분의 성격을 가지므로, 허가권자는 신청인이 관계 법령에서 정한 요건을 충족하였더라도, 신청인의 적격성, 체류 목적, 공익상의 영향 등을 참작하여 허가 여부를 결정할 수 있는 재량을 가진다. (대판2015두48846)

㉢ (강학상 인가). 학교법인의 이사장·이사·감사 등에 대한 관할청의 임원취임승인행위는 보충적 법률행위이다. (대판2005두9651)

㉣ (강학상 공증). 의료유사업자 자격증 갱신발급행위는 유사의료업자의 자격을 부여 내지 확인하는 것이 아니라 특정한 사실 또는 법률관계의 존부를 공적으로 증명하는 소위 공증행위에 속하는 행정행위라 할 것이다. (대판76누295).

정답 ①

80. 다음 〈보기〉 중 강학상 특허에 해당하는 것은 몇 개인가? (다툼이 있으면 판례에 의함)

㉠ 「도시 및 주거환경정비법」에 따른 주택재건축사업조합의 설립인가
㉡ 「출입국관리법」에 따른 체류자격 변경허가
㉢ 「도로법」에 따른 도로점용허가
㉣ 「국적법」에 다른 귀화허가

① 1개　　　　　　　　　　　② 2개
③ 3개　　　　　　　　　　　④ 4개

전부 강학상 특허에 해당한다.

정답 ④

81 다음 중 특허에 해당하지 않는 것은? (다툼이 있는 경우 판례에 의함)　　20 소방직 9급
① 귀화허가　　　　　　　　② 공무원임명
③ 개인택시운송사업면허　　　④ 사립학교 법인이사의 선임행위

사립학교 법인이사의 선임행위는 사법상의 행위에 해당한다.

정답 ④

82 인가에 대한 설명으로 옳지 않은 것은? (다툼이 있는 경우 판례에 의함)　　20 국가직 9급
① 공유수면매립면허의 공동명의자 사이의 면허로 인한 권리의무 양도약정은 면허관청의 인가를 받지 않은 이상 법률상 아무런 효력도 발생할 수 없다.
② 재단법인의 임원취임을 인가 또는 거부할 것인지 여부는 주무관청의 권한에 속하는 사항이라고 할 것이고, 재단법인의 임원취임승인 신청에 대하여 주무관청이 이에 기속되어 이를 당연히 승인(인가)하여야 하는 것은 아니다.
③ 인가처분에 하자가 없다면 기본행위에 하자가 있다 하더라도 따로 그 기본행위의 하자를 다투는 것은 별론으로 하고 기본행위의 무효를 내세워 바로 그에 대한 행정청의 인가처분의 취소 또는 무효확인을 소구할 법률상의 이익이 없다.
④ 공익법인의 기본재산 처분에 대한 허가의 법률적 성질이 형성적 행정행위로서의 인가에 해당하므로, 그 허가에 조건으로서의 부관의 부과가 허용되지 아니한다.

④ (✗) 공익법인의 기본재산의 처분에 관한 공익법인의 설립·운영에 관한 법률 제11조 제3항의 규정은 강행규정으로서 이에 위반하여 주무관청의 허가를 받지 않고 기본재산을 처분하는 것은 무효라 할 것인데, 위 처분허가에 부관을 붙인 경우 그 처분허가의 법률적 성질이 형성적 행정행위로서의 인가에 해당한다고 하여 조건으로서의 부관의 부과가 허용되지 아니한다고 볼 수는 없고, 다만 구체적인 경우에 그것이 조건, 기한, 부담, 철회권의 유보 중 어느 종류의 부관에 해당하는지는 당해 부관의 내용, 경위 기타 제반 사정을 종합하여 판단하여야 할 것이다. (대판2004다50044)
① (O) 대판90누5184
② (O) 대판95누28883
③ (O) 대판99두1854

정답 ④

83 인가에 대한 설명으로 옳지 않은 것은? (다툼이 있는 경우 판례에 의함) `20 군무원`

① 기본행위가 적법·유효하고 보충행위인 인가처분자체에 흠이 있다면 그 인가처분의 무효나 취소를 주장할 수 있다.
② 구「외자도입법」에 따른 기술도입계약에 대한 인가는 기본행위인 기술도입계약을 보충하여 그 법률상 효력을 완성시키는 보충적 행정행위에 지나지 아니하므로 기본행위인 기술도입계약의 해지로 인하여 소멸되었다면 위 인가처분은 처분청의 직권취소에 의하여 소멸한다.
③ 「공유수면매립법」등 관계법령상 공유수면매립의 면허로 인한 권리의무의 양도·양수에 있어서의 면허관청의 인가는 효력요건으로서, 면허로 인한 권리의무 양도약정은 면허관청의 인가를 받지 않은 이상 법률상 아무런 효력도 발생할 수 없다.
④ 인가처분에 흠이 없다면 기본행위에 흠이 있다고 하더라도 따로 기본행위의 흠을 다투는 것은 별론으로 하고 기본행위의 흠을 내세워 바로 그에 대한 인가처분의 무효확인 또는 취소를 구할 수는 없다.

② (✗) 「외자도입법」제19조에 따른 기술도입계약에 대한 인가는 기본행위인 기술도입계약을 보충하여 그 법률상 효력을 완성시키는 보충적 행정행위에 지나지 아니하므로 기본행위인 기술도입계약이 해지로 인하여 소멸되었다면 위 인가처분은 무효선언이나 그 취소처분이 없어도 당연히 실효된다.
① (O) 기본행위인 사업시행계획에는 하자가 없는데 보충행위인 인가처분에 고유한 하자가 있다면 그 인가처분의 무효확인이나 취소를 구하여야 할 것이다. (대판2020두48031)
③ (O) 대판90누5184
④ (O) 대판95누4810

정답 ②

84. 강학상 인가에 대한 설명으로 옳은 것만을 모두 고르면? (다툼이 있는 경우 판례에 의함)

20 지방직 9급

㉠ 강학상 인가는 기본행위에 대한 법률상의 효력을 완성시키는 보충행위로서, 그 기본이 되는 행위에 하자가 있을 때에는 그에 대한 인가가 있었다 하여도 기본행위가 유효한 것으로 될 수 없다.
㉡ 「민법」상 재단법인의 정관변경에 대한 주무관청의 허가는 법률상 표현이 허가로 되어 있기는 하나, 그 성질은 법률행위의 효력을 보충해 주는 것이지 일반적 금지를 해제하는 것은 아니다.
㉢ 인가처분에 하자가 없더라도 기본행위에 무효사유가 있다면 기본행위의 무효를 내세워 그에 대한 행정청의 인가처분의 취소 또는 무효확인을 구할 소의 이익이 있다.
㉣ 「도시 및 주거환경정비법」상 관리처분계획에 대한 인가는 강학상 인가의 성격을 갖고 있으므로 관리처분 계획에 대한 인가가 있더라도 관리처분계획안에 대한 총회결의에 하자가 있다면 민사소송으로 총회결의의 하자를 다투어야 한다.

① ㉠, ㉡
② ㉡, ㉢
③ ㉢, ㉣
④ ㉠, ㉡, ㉣

해설

㉢ (✗) 기본행위에는 하자가 없는데 보충행위인 인가처분에 고유한 하자가 있다면 그 인가처분의 무효확인이나 취소를 구하여야 할 것이지만, 인가처분에는 고유한 하자가 없는데 기본행위에 하자가 있다면 기본행위의 무효확인이나 취소를 구하여야 할 것이지 기본행위의 무효를 주장하면서 곧바로 그에 대한 인가처분의 무효확인이나 취소를 구하여서는 아니 된다. (대판 2020두48031)

㉣ (✗) 관리처분계획에 대하여 관할 행정청의 인가·고시가 있게 되면 관리처분계획은 행정처분으로서 효력이 발생하게 되므로, 총회결의의 하자를 이유로 하여 행정처분의 효력을 다투는 항고소송의 방법으로서 관리처분계획의 취소 또는 무효확인을 구하여야 하고, 그와 별도로 행정처분에 이르는 절차적 요건 중 하나에 불과한 총회결의 부분만을 떼어내어 효력유무를 다투는 확인의 소를 제기하는 것은 허용되지 않는다. (대판 2007다2428)

 정답 ①

85 다음 강학상 인가에 대한 설명으로 옳은 것은 몇 개인가? (다툼이 있으면 판례에 의함)

19 경찰행정

㉠ 강학상 인가에 있어 기본행위에 하자가 있는 경우에는 그 기본행위의 하자를 다투어야 하며, 기본행위의 하자를 이유로 인가처분의 취소 또는 무효확인을 구할 수 없다.
㉡ 행정청이 '도시 및 주거환경정비법'등 관련 법령에 근거하여 행하는 조합설립인가처분은 단순히 사인들의 조합설립행위에 대한 보충행위로서의 성질을 갖는 것에 그치는 것이 아니라 법령상 요건을 갖출 경우 '도시 및 주거환경정비법'상 주택재건축사업을 시행할 수 있는 권한을 갖는 행정주체(공법인)로서의 지위를 부여하는 일종의 설권적 처분의 성격을 갖는다고 보아야 한다.
㉢ 토지거래허가제에서의 토지거래허가는 유동적 무효 상태에 있는 법률행위의 효력을 완성시켜 주는 인가적 성질을 띤 것이라고 보는 것이 타당하다.

① 없음
② 1개
③ 2개
④ 3개

해설

㉠ (O) 대판95누4810
㉡ (O) 대판2008다60568
㉢ (O) 같은 법 제21조의3 제1항 소정의 허가가 규제지역 내의 모든 국민에게 전반적으로 토지거래의 자유를 금지하고 일정한 요건을 갖춘 경우에만 금지를 해제하여 계약체결의 자유를 회복시켜 주는 성질의 것이라고 보는 것은 위 법의 입법취지를 넘어선 지나친 해석이라고 할 것이고, 규제지역 내에서도 토지거래의 자유가 인정되나 다만 위 허가를 허가 전의 유동적 무효 상태에 있는 법률행위의 효력을 완성시켜 주는 인가적 성질을 띤 것이라고 보는 것이 타당하다. (대판90다12243 전합)

정답 ④

86 강학상 인가의 성질을 지닌 것만을 있는 대로 고른 것은? (다툼이 있으면 판례에 따름)

22 소방승진

㉠ 「도시 및 주거환경정비법」상 재건축조합설립인가
㉡ 「민법」상 재단법인의 정관변경허가
㉢ 「여객자동차 운수사업법」상 개인택시운송사업면허
㉣ 「국토의 계획 및 이용에 관한 법률」상 토지거래허가구역 내의 토지거래허가

① ㉠
② ㉡, ㉣
③ ㉢, ㉣
④ ㉠, ㉡, ㉣

> ⓒ (강학상 인가). 「민법」 제45조와 제46조에서 말하는 재단법인의 정관변경 "허가"는 법률상의 표현이 허가로 되어 있기는 하나, 그 성질에 있어 법률행위의 효력을 보충해 주는 것이지 일반적 금지를 해제하는 것이 아니므로, 그 법적 성격은 인가라고 보아야 한다. (대판95누4810 전합)
>
> ⓔ (강학상 인가). 「국토이용관리법」상의 토지거래계약허가의 법적성질은 강학상 인가이다. 같은 법 제21조의3 제1항 소정의 허가가 규제지역 내의 모든 국민에게 전반적으로 토지거래의 자유를 금지하고 일정한 요건을 갖춘 경우에만 금지를 해제하여 계약체결의 자유를 회복시켜 주는 성질의 것이라고 보는 것은 위 법의 입법취지를 넘어선 지나친 해석이라고 할 것이고, 규제지역 내에서도 토지거래의 자유가 인정되나 다만 위 허가를 허가 전의 유동적 무효 상태에 있는 법률행위의 효력을 완성시켜 주는 인가적 성질을 띤 것이라고 보는 것이 타당하다. (대판90다12243 전합)
>
> ⓐ (강학상 특허). 「도시 및 주거환경정비법」등 관련 법령에 근거하여 행하는 조합설립인가처분은 단순히 사인들의 조합설립행위에 대한 보충행위로서의 성질을 갖는 것에 그치는 것이 아니라 법령상 요건을 갖출 경우 「도시 및 주거환경정비법」상 주택재건축사업을 시행할 수 있는 권한을 갖는 행정주체(공법인)으로서의 지위를 부여하는 일종의 설권적 처분의 성격을 갖는다. (대판2008다60568)
>
> ⓒ (강학상 특허). 「여객자동차 운수사업법」에 의한 개인택시운송사업면허는 특정인에게 권리나 이익을 부여하는 행정행위로서 법령에 특별한 규정이 없는 한 재량행위이고 그 면허에 필요한 기준을 정하는 것 역시 법령에 규정이 없는 한 행정청의 재량에 속한다. (대판2006두13886).

정답 ②

87 강학상 인가에 해당하는 것은? (다툼이 있으면 판례에 따름) 〔22 행정사〕

① 「부동산 거래신고 등에 관한 법률」상 외국인등의 토지거래 허가
② 공유수면매립면허
③ 보세구역의 설영특허
④ 법무부장관의 공증 인가
⑤ 자동차운전면허대장상의 등재행위

① (강학상 인가). 「동산 거래신고 등에 관한 법률」상 외국인등의 토지거래 허가는 토지거래계약을 보충하여 효력을 완성시키는 강학상 인가에 해당한다. 동법 제9조 제1항 참조.
② (강학상 특허). 공유수면매립면허는 특허로서 재량행위이며 일단 실효된 공유수면매립면허의 효력을 회복시키는 행위도 재량행위이다. (대판88누9206)
③ (강학상 특허). 「관세법」 제78조 소정의 보세구역의 설영특허는 보세구역의 설치, 경영에 관한 권리를 설정하는 이른바 공기업의 특허로서 그 특허의 부여여부는 행정청의 자유재량에 속하며, 특허기간이 만료된 때에 특허는 당연히 실효되는 것이어서 특허기간의 갱신은 실질적으로 권리의 설정과 같으므로 그 갱신여부도 특허관청의 자유재량에 속한다. (대판88누4188)
④ (강학상 특허). 법무부장관의 공증인 인가·임명행위는 국가가 사인에게 특별한 권한을 수여하는 행위로서, 법무부장관에게는 공증인의 정원을 정하고 임명공증인을 임명하거나 인가공증인을 인가할 수 있는 광범위한 재량이 주어져 있다고 보아야 한다. (대판2018두41907).
⑤ (강학상 공증). 자동차운전면허대장 등에 대한 행정청의 공부 기재·정정행위 등에 대하여, 그 자체만으로 국민에게 구체적으로 어떤 권리를 제한하거나 의무를 명하는 등 법률적 효과를 발생시키는 것이 아니라는 이유로 항고소송의 대상이 될 수 없다. (대판91누1400).

정답 ①

88 강학상 인가에 대한 설명으로 옳지 않은 것은? (다툼이 있는 경우 판례에 의함) 21 국가직 7급

① 인가는 당사자의 법률적 행위를 보충하여 그 법률적 효력을 완성시키는 행정주체의 보충적 의사표시로서의 법률행위적 행정행위이다.
② 재단법인의 정관변경 결의가 적법 유효하고 보충행위인 인가처분 자체에만 하자가 있다면 그 인가처분의 무효나 취소를 주장할 수 있다.
③ 재단법인의 정관변경 결의에 하자가 있더라도, 그에 대한 인가가 있었다면 기본행위인 정관변경 결의는 유효한 것으로 된다.
④ 재단법인의 임원취임이 사법인인 재단법인의 정관에 근거하였다 할지라도 재단법인의 임원취임승인 신청에 대하여 주무관청이 그 신청을 당연히 승인하여야 하는 것은 아니다.

인가는 기본행위인 재단법인의 정관변경에 대한 법률상의 효력을 완성시키는 보충행위로서, 그 기본이 되는 정관변경 결의에 하자가 있을 때에는 그에 대한 인가가 있었다 하여도 기본행위인 정관변경 결의가 유효한 것으로 될 수 없으므로 기본행위인 정관변경 결의가 적법 유효하고 보충행위인 인가처분 자체에만 하자가 있다면 그 인가처분의 무효나 취소를 주장할 수 있지만, 인가처분에 하자가 없다면 기본행위에 하자가 있다 하더라도 따로 그 기본행위의 하자를 다투는 것은 별론으로 하고 기본행위의 무효를 내세워 바로 그에 대한 행정청의 인가처분의 취소 또는 무효확인을 소구할 법률상의 이익이 없다. (대판95누4810).

정답 ③

89 인가에 대한 설명으로 옳지 않은 것은?

23 지방직 9급

① 「자동차관리법」상 자동차관리사업자로 구성하는 사업자단체인 조합 또는 협회의 설립인가처분은 자동차관리사업자들의 단체결성행위를 보충하여 효력을 완성시키는 처분에 해당한다.
② 구 「도시 및 주거환경정비법」상 조합설립추진위원회 구성승인처분은 조합의 설립을 위한 주체인 추진위원회의 구성행위를 보충하여 그 효력을 부여하는 처분이다.
③ 주택재개발정비사업조합이 수립한 사업시행계획에 하자가 있음에도 불구하고 관할 행정청이 해당 사업시행계획에 대한 인가처분을 하였다면, 그 인가처분에는 고유한 하자가 없더라도 사업시행계획의 무효를 주장하면서 곧바로 그에 대한 인가처분의 무효확인이나 취소를 구하여야 한다.
④ 구 「도시 및 주거환경정비법」상 토지소유자들이 조합을 설립하지 아니하고 직접 도시환경정비사업을 시행하고자 하는 경우에 내려진 사업시행인가처분은 설권적 처분의 성격을 가진다.

③ (✗) 구 「도시 및 주거환경정비법」에 기초하여 주택재개발정비사업조합이 수립한 사업시행계획은 관할 행정청의 인가·고시를 통해 이루어지면 이해관계인들에게 구속력이 발생하는 독립된 행정처분에 해당하고, 관할 행정청의 사업시행계획 인가처분은 사업시행계획의 법률상 효력을 완성시키는 보충행위에 해당한다. 따라서 기본행위인 사업시행계획에는 하자가 없는데 보충행위인 인가처분에 고유한 하자가 있다면 그 인가처분의 무효확인이나 취소를 구하여야 할 것이지만, 인가처분에는 고유한 하자가 없는데 사업시행계획에 하자가 있다면 사업시행계획의 무효확인이나 취소를 구하여야 할 것이지 사업시행계획의 무효를 주장하면서 곧바로 그에 대한 인가처분의 무효확인이나 취소를 구하여서는 아니된다. (대판2020두48031)
① (○) 「자동차관리법」상 자동차관리사업자로 구성하는 사업자단체인 조합 또는 협회(이하 '자동차정비조합'이라고 한다)의 설립인가처분은 국토해양부장관 또는 시·도지사 등이 자동차관리사업자들의 단체결성행위를 보충하여 효력을 완성시키는 처분에 해당한다. (대판 2013두635)
② (○) 조합설립추진위원회 구성승인처분은 조합의 설립을 위한 주체에 해당하는 추진위원회를 구성하는 행위를 보충하여 그 효력을 부여하는 처분으로 강학상 인가에 해당한다. (대판2011두8291).
④ (○) 토지 등 소유자들이 조합을 따로 설립하지 않고 직접 시행하는 도시환경정비사업에서 사업시행인가처분의 법적 성격은 단순히 사업시행계획에 대한 보충행위로서의 성질을 가지는 것이 아니라 구 도시정비법상 정비사업을 시행할 수 있는 권한을 가지는 행정주체로서의 지위를 부여하는 일종의 설권적 처분의 성격을 가진다. (대판2011두19994)

정답 ③

90 「도시 및 주거환경정비법」상 행정처분에 대한 판례의 입장으로 옳지 않은 것은? 22 지방직 7급

① 주택재개발조합설립추진위원회 구성승인처분은 조합의 설립을 위한 주체인 주택재개발조합설립추진위원회의 구성행위를 보충하여 그 효력을 부여하는 처분이다.
② 주택재건축조합설립인가처분은 법령상 요건을 갖출 경우 주택재건축사업을 시행할 수 있는 권한을 갖는 행정주체로서의 지위를 부여하는 일종의 설권적 처분의 성격을 갖는다.
③ 주택재건축조합의 정관변경에 대한 시장·군수등의 인가는 그 대상이 되는 기본행위를 보충하여 법률상 효력을 완성시키는 행위로서 시장·군수등이 변경된 정관을 인가하면 정관변경의 효력이 총회의 의결이 있었던 때로 소급하여 발생한다.
④ 토지 등 소유자들이 도시환경정비사업을 위한 조합을 따로 설립하지 아니하고 직접 그 사업을 시행하고자 하는 경우, 사업시행계획인가처분은 일종의 설권적 처분의 성격을 가지므로 토지 등 소유자들이 작성한 사업시행계획은 독립된 행정처분이 아니다.

③ (×) 구 「도시 및 주거환경정비법」 제20조 제3항은 조합이 정관을 변경하고자 하는 경우에는 총회를 개최하여 조합원 과반수 또는 3분의 2 이상의 동의를 얻어 시장·군수의 인가를 받도록 규정하고 있다. 여기서 시장 등의 인가는 그 대상이 되는 기본행위를 보충하여 법률상 효력을 완성시키는 행위로서 이러한 인가를 받지 못한 경우 변경된 정관은 효력이 없고, 시장 등이 변경된 정관을 인가하더라도 정관변경의 효력이 총회의 의결이 있었던 때로 소급하여 발생한다고 할 수 없다. (대판2013도11532)
① (○) 대판2011두11112·11129.
② (○) 대판2008다60568.
④ (○) 대판2011두19994.

정답 ③

91 다음 〈보기〉에 관한 설명으로 가장 옳지 않은 것은? 21 서울시 7급

구 「도시 및 주거환경정비법」에 기초하여 주택재개발정비사업조합이 수립한 사업시행계획은 관할 행정청의 인가·고시가 이루어지면 이해관계인들에게 구속력이 발생하는 독립된 행정처분에 해당하고, 관할 행정청의 사업시행계획 인가처분은 사업시행계획의 법률상 효력을 완성시키는 보충행위에 해당한다.

① 기본행위인 사업시행계획에는 하자가 없는데 보충행위인 인가처분에 고유한 하자가 있다면 그 인가처분의 무효확인이나 취소를 구하여야 한다.
② 분양신청기간 내에 분양신청을 하지 않거나 분양신청을 철회하여 조합원 지위를 상실한 토지 소유자도 사업시행계획의 무효확인 또는 취소를 구할 법률상 이익이 있다.
③ 인가처분에는 고유한 하자가 없는데 사업시행계획에 하자가 있다면 사업시행계획의 무효를 주장하면서 곧바로 인가처분의 무효확인이나 취소를 구할 수 있다.
④ 기본행위인 사업시행계획이 무효인 경우 그에 대한 인가처분이 있더라도 그 기본행위인 사업시행계획이 유효한 것으로 될 수 없다.

기본행위인 사업시행계획이 무효인 경우 그에 대한 인가처분이 있다고 하더라도 그 기본행위인 사업시행계획이 유효한 것으로 될 수 없으며, 기본행위가 적법·유효하고 보충행위인 인가처분 자체에만 하자가 있다면 그 인가처분의 무효나 취소를 주장할 수 있다고 할 것이지만, 인가처분에 하자가 없다면 기본행위에 하자가 있다고 하더라도 따로 그 기본행위의 하자를 다투는 것은 별론으로 하고 기본행위의 무효를 내세워 바로 그에 대한 인가처분의 취소 또는 무효확인을 구할 수 없다. (대판2011두25173)

정답 ③

92 「도시 및 주거환경정비법」에 관한 설명으로 옳지 않은 것은? (다툼이 있는 경우 판례에 의함)

23 소방공채

① 조합설립인가처분은 단순히 사인들의 조합설립행위에 대한 보충행위로서의 성질을 갖는 것에 그치지 않는다.
② 사업시행계획이 무효인 경우 그에 대한 인가처분이 있다고 하더라도 사업시행계획이 유효한 것으로 될 수 없다.
③ 관리처분계획에 대하여 인가·고시가 있는 경우에 총회결의의 하자를 이유로 그 효력 유무를 다투는 확인의 소를 제기하는 것은 특별한 사정이 없는 한 허용된다.
④ 조합원 지위를 상실한 토지 등 소유자는 주택재개발사업에 대한 사업시행계획에 당연무효의 하자가 있는 경우, 사업시행계획의 무효확인 또는 취소를 구할 법률상 이익이 있다.

③ (✗) 「도시 및 주거환경정비법」상 주택재건축정비사업조합이 같은 법 제48조에 따라 수립한 관리처분계획에 대하여 관할 행정청의 인가·고시까지 있게 되면 관리처분계획은 행정처분으로서 효력이 발생하게 되므로, 총회결의의 하자를 이유로 하여 행정처분의 효력을 다투는 항고소송의 방법으로 관리처분계획의 취소 또는 무효확인을 구하여야 하고, 그와 별도로 행정처분에 이르는 절차적 요건 중 하나에 불과한 총회결의 부분만을 따로 떼어내어 효력 유무를 다투는 확인의 소를 제기하는 것은 특별한 사정이 없는 한 허용되지 않는다. (대판2007다2428 전합) 즉, 관리처분계획에 대하여 인가·고시가 있는 경우 확정된 행정처분인 관리처분계획 자체를 항고고송으로 다투어야 하고, 그 전 단계인 총회결의의 효력 유무를 다투는 당사자소송은 소의 이익이 없어 특별한 사정이 없는 한 허용되지 않는다.
① (○) 대판2008다60568
② (○) 옳은 설명이다.
④ (○) 대판2008두18342

정답 ③

93 행정행위에 관한 설명으로 옳지 않은 것은? (다툼이 있는 경우 판례에 의함) `23 소방공채`

① 친일반민족행위자재산조사위원회의 국가귀속결정은 당해 재산이 친일재산에 해당한다는 사실을 확인하는 이른바 준법률행위적 행정행위의 성격을 가진다.
② 사업자등록증에 대한 검열은 납세의무자임을 확인하는 준법률행위적 행정행위로서의 확인에 해당한다.
③ 지적공부 소관청의 지목변경신청 반려행위는 국민의 권리관계에 영향을 미치는 것으로서 항고소송의 대상이 되는 행정처분에 해당한다.
④ 인감증명행위는 출원자의 현재 사용하는 인감에 대하여 구체적인 사실을 증명하는 것일 뿐이므로 무효확인을 구할 법률상 이익이 없다.

② (X)「소득세법」제197의2,「부가가치세법」제5조, 같은법 시행령 제7조 내지 제9조 등의 규정에 비추어 보면, 부가가치세법상의 사업자등록은 과세관청으로 하여금 부가가치세의 납세의무자를 파악하고 그 과세자료를 확보케 하려는데 입법취지가 있으므로 이는 단순한 사업사실의 신고로서 사업자가 소관세무서장에게 소정의 사업자등록신청서를 제출함으로써 성립되는 것이고 사업자등록증의 교부는 이와 같은 등록사실을 증명하는 증서의 교부행위에 불과한 것이며, 사업자등록증에 대한 검열 역시 과세관청이 등록된 사업을 계속하고 있는 사업자의 신고사실을 증명하는 사실행위에 지나지 않는다. (대판87누156) 즉, 사업자등록증에 대한 검열은 과세관청이 등록된 사업을 계속하고 있는 사업자의 신고사실을 증명하는 사실행위에 불과하고 준법률적 행정행위에 해당하지 않는다.
① (O) 대판2008두13491
③ (O) 대판2003두9015
④ (O) 대판2000두2136

정답 ②

94 공증행위에 대한 설명으로 가장 옳지 않은 것은? `21 서울시 7급`

① 의료유사업자 자격증 갱신발급행위는 유사의료업자의 자격을 부여 내지 확인하는 것이 아니라 특정한 사실 또는 법률관계의 존부를 공적으로 증명하는 소위 공증행위에 속하는 행정행위라 할 것이다.
② 건설업면허증 및 건설업면허수첩의 재교부는 그 면허증 등의 분실, 헐어 못쓰게 된 때, 건설업의 면허이전 등 면허증 및 면허수첩 그 자체의 관리상의 문제로 인하여 종전의 면허증 및 면허수첩과 동일한 내용의 면허증 및 면허수첩을 새로이 또는 교체하여 발급하여 주는 것으로서, 이는 건설업의 면허를 받았다고 하는 특정사실에 대하여 형식적으로 그것을 증명하고 공적인 증거력을 부여하는 강학상의 공증행위이다.
③ 상표사용권 설정등록신청서가 제출된 경우 특허청장은 신청서와 그 첨부서류만을 자료로 형식적으로 심사하여 그 등록신청을 수리할 것인지의 여부를 결정하여야 되는 것으로서, 특허청장의 상표사용권 설정등록행위는 사인간의 법률관계의 존부를 공적으로 증명하는 준법률행위적 행정행위이다.

④ 친일반민족행위자 재산의 국가귀속에 관한 특별법 제2조 제2호에 정한 친일재산은 위원회가 국가귀속결정을 하여야 비로소 국가의 소유로 되는 것이 아니라 특별법의 시행에 따라 그 취득·증여 등 원인행위시에 소급하여 당연히 국가의 소유로 되는 것이고, 위원회의 국가귀속결정은 당해 재산이 친일재산에 해당한다는 사실을 공적으로 증명하는 소위 공증행위에 속하는 준법률행위적 행정행위의 성격을 가지는 것이다.

④ (×) 「친일반민족행위자 재산의 국가귀속에 관한 특별법」 제2조 제2호에 정한 친일재산은 친일반민족행위자재산조사위원회가 국가귀속결정을 하여야 비로소 국가의 소유로 되는 것이 아니라 특별법 시행에 따라 그 취득 증여 등 원인행위시에 소급하여 당연히 국가의 소유로 되고, 위 위원회의 국가귀속결정은 당해 재산이 친일재산에 해당한다는 사실을 확인하는 이른바 준법률행위적 행정행위의 성격을 가진다. (대판2008두13491)
① (○) 대판76누295
② (○) 대판93누212131
③ (○) 대판90누49414

[정답] ④

95 다음 준법률적 행정행위 중 통지행위에 해당하는 것만을 모두 고른 것은? (다툼이 있는 경우 판례에 의함)　　　　　　　　　　　　　　　　20 경찰행정

㉠ 특허출원 공고　　　　　　　㉡ 부동산등기부에의 등기
㉢ 귀화고시　　　　　　　　　　㉣ 선거에 있어 당선인결정
㉤ 대집행의 계고

① ㉠, ㉡, ㉢　　　　　　　　　② ㉢, ㉣, ㉤
③ ㉠, ㉢, ㉤　　　　　　　　　④ ㉡, ㉢, ㉣

㉠ 통지, ㉢ 통지, ㉤ 통지, ㉡ 공증, ㉣ 확인

[정답] ③

96 강학상 공증행위에 해당하는 것만을 모두 고른 것은? (다툼이 있는 경우 판례에 의함)
`17 지방직 9급`

㉠ 행정심판의 재결
㉡ 의료유사업자 자격증 갱신발급행위
㉢ 상표사용권설정등록행위
㉣ 건설업 면허증의 재교부
㉤ 특허출원의 공고

① ㉠, ㉡, ㉢
② ㉠, ㉣, ㉤
③ ㉡, ㉢, ㉣
④ ㉡, ㉣, ㉤

해설
㉡ 공증, ㉢ 공증, ㉣ 공증, ㉠ 확인, ㉤ 통지

정답 ③

97 강학상 허가·인가·특허등에 관한 설명 중 가장 적절하지 않은 것은? (다툼이 있는 경우 판례에 의함)
`21 경찰행정`

① 영업장 면적이 변경되었음에도 그에 관한 신고의무를 이행하지 않은 양도인으로부터 음식적 영업을 양수한 자가 그와 같은 신고의무를 이행하지 않은 채 영업을 계속한다면 식품위생법에 의한 영업허가취소나 영업정지의 대상이 될 수 있다.
② 「공유재산 및 물품관리법」은 행정재산을 사용·수익허가의 대상으로 정하고 있으나, 행정재산이라 하더라도 공용폐지가 되면 행정재산으로서의 성질을 상실하여 일반재산이 되므로 강학상 특허에 해당하는 행정재산의 사용수익허가에 대한 허가는 그 효력이 소멸된다.
③ 구 「임대주택법」상 분양전환승인 중 분양전환가격을 승인하는 부분은 분양전환에 따른 분양계약의 매매대금 산정의 기준이 되는 분양전환가격의 적정성을 심사하여 그 분양전환가격이 적법하게 산정된 것임을 확인하고 임대사업자로 하여금 승인된 분양전환가격을 기준으로 분양전환을 하도록 하는 처분으로서 분양계약의 효력을 보충하여 그 효력을 완성시켜주는 강학상 인가에 해당한다.
④ 마을버스운송사업면허의 허용 여부는 사업구역의 교통수요, 노선결정, 운송업체의 수송능력, 공급능력 등에 관하여 기술적·전문적인 판단을 요하는 분야로서 이에 관한 행정처분은 운수행정을 통한 공익실현과 아울러 합목적성을 추구하기 위하여 보다 구체적 타당성에 적합한 기준에 의하여야 할 것이므로 그 범위 내에서는 법령이 특별히 규정한 바가 없으면 행정청의 재량에 속한다.

③ (X) 분양전환승인 중 분양전환가격을 승인하는 부분은 단순히 분양계약의 효력을 보충하여 그 효력을 완성시켜주는 강학상 '인가'에 해당한다고 볼 수 없고, 임차인들에게는 분양계약을 체결한 이후 분양대금이 강행규정인 임대주택법령에서 정한 산정기준에 의한 분양전환가격을 초과하였음을 이유로 부당이득반환을 구하는 민사소송을 제기하는 것과 별개로, 분양계약을 체결하기 전 또는 체결한 이후라도 항고소송을 통하여 분양전환승인의 효력을 다툴 법률상 이익(원고적격)이 있다고 보아야 한다. (대판 2015두48129)
① (O) 대판2020도4869
② (O) 대판2019다269385
④ (O) 대판2001두10028

정답 ③

98 강학상 허가·인가·특허 등에 관한 설명 중 가장 적절하지 않은 것은? (다툼이 있는 경우 판례에 의함)
`21 경찰행정`

① 영업장 면적이 변경되었음에도 그에 관한 신고의무를 이행하지 않은 양도인으로부터 음식점 영업을 양수한 자가 그와 같은 신고의무를 이행하지 않은 채 영업을 계속한다면 식품위생법 에 의한 영업허가취소나 영업정지의 대상이 될 수 있다.

② 「공유재산 및 물품 관리법」은 행정재산을 사용·수익허가의 대상으로 정하고 있으나, 행정재산이라 하더라도 공용폐지가 되면 행정재산으로서의 성질을 상실하여 일반재산이 되므로 강학상 특허에 해당하는 행정재산의 사용·수익에 대한 허가는 그 효력이 소멸된다.

③ 구 「임대주택법」상 분양전환승인 중 분양전환가격을 승인하는 부분은 분양전환에 따른 분양계약의 매매대금 산정의 기준이 되는 분양전환가격의 적정성을 심사하여 그 분양전환가격이 적법하게 산정된 것임을 확인하고 임대사업자로 하여금 승인된 분양전환 가격을 기준으로 분양전환을 하도록 하는 처분으로서 분양계약의 효력을 보충하여 그 효력을 완성시켜주는 강학상 인가에 해당한다.

④ 마을버스운송사업면허의 허용 여부는 사업구역의 교통수요, 노선결정, 운송업체의 수송능력, 공급능력 등에 관하여 기술적·전문적인 판단을 요하는 분야로서 이에 관한 행정처분은 운수 행정을 통한 공익실현과 아울러 합목적성을 추구하기 위하여 보다 구체적 타당성에 적합한 기준에 의하여야 할 것이므로 그 범위 내에서는 법령이 특별히 규정한 바가 없으면 행정청의 재량에 속한다.

구 「임대주택법」 제21조에 의한 분양전환 승인은 해당 임대주택이 임대의무기간 경과 등으로 분양전환 요건을 충족하는지 여부 및 분양전환승인신청서에 기재된 분양전환가격이 임대주택법령의 규정에 따라 적법하게 산정되었는지를 심사하여 승인하는 행정처분에 해당하고, 그 중 분양전환가격에 관한 부분은 시장 등이 분양전환에 따른 분양계약의 매매대금 산정의 기준이 되는 분양전환가격의 적정성을 심사하여 그 분양전환가격이 적법하게 산정된 것임을 확인하고 임대사업자로 하여금 승인된 분양전환가격을 기준으로 분양전환을 하도록 하는 처분이다. 이러한 절차를 거쳐 승인된 분양전환가격은 곧바로 임대사업자와 임차인 사이에 체결되는 분양계약상 분양대금의 내용이 되는 것은 아니지만, 임대사업자는 승인된 분양전환가격을 상한으로 하여 분양대금을 정하여 임차인과 분양계약을 체결하여야 하므로, 분양전환승인 중 분양전환가격에 대한 부분은 임대사업자뿐만 아니라 임차인의 법률적 지위에도 구체적이고 직접적인 영향을 미친다. 따라서 분양전환승인 중 분양전환가격을 승인하는 부분은 단순히 분양계약의 효력을 보충하여 그 효력을 완성시켜주는 강학상 '인가'에 해당한다고 볼 수 없다. (대판2015두48129)

정답 ③

99 행정행위의 성질에 관한 설명으로 옳은 것은?

`18 교육행정 9급`

① 「친일반민족행위자 재산의 국가귀속에 관한 특별법」에 따른 친일재산은 친일반민족행위자 재산조사위원회가 국가귀속결정을 하여야 비로소 국가의 소유로 된다.
② 서울특별시장의 의료유사업자 자격증 갱신발급은 의료유사업자의 자격을 부여 내지 확인하는 행위의 성질을 가진다.
③ 정년에 달한 공무원에 대한 정년퇴직 발령은 정년퇴직 사실을 알리는 이른바 관념의 통지에 불과하여 행정소송의 대상이 될 수 없다.
④ 토지거래계약허가는 규제지역 내 토지거래의 자유를 일반적으로 금지하고 일정한 요건을 갖춘 경우에만 그 금지를 해제하여 계약체결의 자유를 회복시켜 주는 성질의 것이다.

③ (○) 대판81누263
① (×) 「친일반민족행위자 재산의 국가귀속에 관한 특별법」 제2조 제2호에 정한 친일재산은 친일반민족행위자재산조사위원회가 국가귀속결정을 하여야 비로소 국가의 소유로 되는 것이 아니라 특별법 시행에 따라 그 취득·증여 등 원인행위시에 소급하여 당연히 국가의 소유로 되고, 위 위원회의 국가귀속결정은 당해 재산이 친일재산에 해당한다는 사실을 확인하는 이른바 준법률행위적 행정행위의 성격을 가진다. (대판2008두13491)
② (×) 「의료법」부칙 제7조, 제59조(1975. 12. 31 법률 2862호로 개정전의 것), 동법시행규칙 제59조 및 1973. 11. 9자 보건사회부 공고 58호에 의거한 서울특별시장 또는 도지사의 의료유사업자 자격증 갱신발급행위는 유사의료업자의 자격을 부여 내지 확인하는 것이 아니라 특정한 사실 또는 법률관계의 존부를 공적으로 증명하는 소위 공증행위에 속하는 행정행위라 할 것이다. (대판76누295)
④ (×) 토지거래계약허가는 강학상 허가가 아니라 인가에 해당한다는 것이 판례의 입장이다.

정답 ③

100 행정행위에 대한 설명으로 옳은 것은? (다툼이 있는 경우 판례에 의함)   22 소방공채

① 건축물의 건축이 「국토의 계획 및 이용에 관한 법률」상 개발행위에 해당할 경우 그 건축의 허가권자는 개발행위허가가 의제되는 건축허가신청이 국토계획법령이 정한 개발행위 허가기준에 부합하지 아니하면 이를 거부할 수 있다.
② 주택건설사업계획 승인처분에 따라 의제된 인·허가의 위법함을 다투고자 하는 이해관계인은 의제된 인·허가의 취소를 구할 것이 아니라, 주된 처분인 주택건설 사업계획 승인처분의 취소를 구하여야 한다.
③ 「하천법」에 의한 하천의 점용허가는 강학상 허가에 해당한다.
④ 「출입국관리법」상 체류자격 변경허가는 기속행위이므로 신청인이 관계 법령에서 정한 요건을 충족하면 허가권자는 신청을 받아들여 허가해야 한다.

해설

① (O) 대판2016두35762
② (X) 구 「주택법」 제17조 제1항에 따르면, 주택건설사업계획 승인권자가 관계 행정청의 장과 미리 협의한 사항에 한하여 승인처분을 할 때에 인허가 등이 의제될 뿐이고, 각호에 열거된 모든 인·허가 등에 관하여 일괄하여 사전협의를 거칠 것을 주택건설사업계획 승인처분의 요건으로 규정하고 있지 않다. 따라서 인·허가 의제 대상이 되는 처분에 어떤 하자가 있더라도, 그로써 해당 인·허가 의제의 효과가 발생하지 않을 여지가 있게 될 뿐이고, 그러한 사정이 주택건설사업계획 승인처분 자체의 위법사유가 될 수는 없다. 또한 의제된 인·허가는 통상적인 인허가와 동일한 효력을 가지므로, 적어도 '부분 인·허가 의제'가 허용되는 경우에는 그 효력을 제거하기 위한 법적 수단으로 의제된 인허가의 취소나 철회가 허용될 수 있고, 이러한 직권취소·철회가 가능한 이상 그 의제된 인허가에 대한 쟁송취소 역시 허용된다. 따라서 주택건설사업계획 승인처분에 따라 의제된 인허가가 위법함을 다투고자 하는 이해관계인은, 주택건설사업계획 승인처분의 취소를 구할 것이 아니라 의제된 인·허가의 취소를 구하여야 하며, 의제된 인·허가는 주택건설사업계획 승인처분과 별도로 항고소송의 대상이 되는 처분에 해당한다. (대판2016두38792)
③ (X) 하천점용허가는 법규상의 요건이 충족되면 행해지는 상대적 금지행위의 해제처분(허가)이 아니라 새로운 법률상의 권리·능력·법률관계를 설정하는 형성적 행정행위인 강학상 특허에 해당하고 재량행위에 해당한다. (대판2002다68485)
④ (X) 「출입국관리법」등 관계법령에 비추어 보면, 체류자격 변경허가는 신청인에게 당초의 체류자격과 다른 체류자격에 해당하는 활동을 할 수 있는 권한을 부여하는 일종의 설권적 처분의 성격을 가지므로, 허가권자는 신청인이 관계 법령에서 정한 요건을 충족하였더라도, 신청인의 적격성, 체류 목적, 공익상의 영향 등을 참작하여 허가 여부를 결정할 수 있는 재량을 가진다. (대판2015두48846)

정답 ①

101 다음 〈보기〉 중 행정행위에 대한 설명으로 가장 옳지 않은 것은? (다툼이 있는 경우 판례에 의함)

22 해경승진

> ㉠ 사립학교법인 임원의 선임에 대한 승인
> ㉡ 정비조합 정관변경에 대한 인가
> ㉢ 공유수면사용에 대한 허가

① 기본행위가 무효이어도 ㉠ 행위는 유효하다.
② ㉠ 행위는 기본행위의 효력을 완성시켜 주는 형성적 행위이다.
③ ㉡ 행위는 기본행위의 효력을 완성시켜 주는 보충적 행위이다.
④ ㉢ 행위는 학문상 특허에 해당한다.

해설

① (×) 기본행위가 무효이면 강학상 인가에 해당하는 ㉠ 사립학교법인 임원의 선임승인 역시 무효가 된다. 즉, 강학상 인가에 기본행위의 하자를 치유하는 효력은 없으므로, 기본행위가 적법·유효가 되지는 않는다.
② (○) ㉠ 사립학교법인 임원의 선임에 대한 승인은 강학상 인가로서 기본행위인 임원선임(이사회의결)의 효력을 완성시켜 주는 형성적 행위이다.
③ (○) ㉡ 정비조합 정관변경에 대한 인가는 강학상 인가로서 기본행위의 효력을 완성시켜 주는 보충적 행위이다.
④ (○) ㉢ 공유수면사용에 대한 허가는 강학상 특허로서 공유수면에 대한 이용권을 설정하는 설권적 처분이다.

정답 ①

102 행정행위의 법적 성질을 바르게 연결한 것은? (다툼이 있으면 판례에 따름)

21 행정사

> ㉠ 구 「자동차관리법」상 자동차정비조합설립인가
> ㉡ 구 「도시계획법」상 개발제한구역 내의 건축허가
> ㉢ 「기부금품모집규제법」상 기부금품모집허가

① ㉠ 인가, ㉡ 예외적 허가, ㉢ 특허
② ㉠ 인가, ㉡ 허가,   ㉢ 특허
③ ㉠ 인가, ㉡ 예외적 허가, ㉢ 허가
④ ㉠ 특허, ㉡ 인가,   ㉢ 허가
⑤ ㉠ 허가, ㉡ 특허,   ㉢ 인가

㉠ (강학상 인가). 「자동차관리법」상 자동차관리사업자로 구성하는 사업자단체인 조합 또는 협회(이하 '자동차정비조합')의 설립인가처분은 국토해양부장관 또는 시·도지사(이하 '시·도지사 등'이라고 한다)가 자동차관리사업자들의 단체결성행위를 보충하여 효력을 완성시키는 처분에 해당한다. (대판2013두635)

㉡ (예외적 허가). 개발제한구역 내에서는 구역지정의 목적상 건축물의 건축 및 공작물의 설치 등 예외적인 개발행위의 허가는 상대방에게 수익적인 것이 틀림이 없으므로 그 법률적 성질은 재량행위 내지 자유재량행위에 속하는 것이고, 이러한 재량행위에 있어서는 관계 법령에 명시적인 금지규정이 없는 한 행정목적을 달성하기 위하여 조건이나 기한, 부담 등의 부관을 붙일 수 있다. (대판2003두12837)

㉢ (강학상 허가). 기부금품 모집허가의 법적 성질이 강학상의 허가라는 점을 고려하면, 기부금품 모집행위가 같은 법 제4조 제2항의 각 호의 사업에 해당하는 경우에는 특별한 사정이 없는 한 그 모집행위를 허가하여야 하는 것으로 풀이하여야 한다. (대판99두3690)

정답 ③

103 행정행위에 대한 설명으로 옳지 않은 것은? (다툼이 있는 경우 판례에 의함) 21 소방직 9급

① 개발제한구역 내의 건축물의 용도변경에 대한 예외적 허가는 그 상대방에게 제한적이므로 기속행위에 속하는 것이다.
② 농지처분의무통지는 단순한 관념의 통지에 불과하다고 볼 수 없고, 상대방인 농지소유자의 의무에 직접 관계되는 독립한 행정처분으로서 항고소송의 대상이 된다.
③ 행정청이 (구)「식품위생법」규정에 의하여 영업자지위 승계신고를 수리하는 처분은 종전의 영업자의 권익을 제한하는 처분에 해당하므로, 행정청은 이를 처리함에 있어 종전의 영업자에 대하여 처분의 사전통지, 의견청취 등 「행정절차법」상의 처분절차를 거쳐야 한다.
④ 부담은 행정청이 행정행위를 하면서 일방적으로 부가할 수도 있지만 부담을 부가하기 이전에 상대방과 협의 하여 부담의 내용을 협약의 형식으로 미리 정한 다음 행정행위를 하면서 부가할 수도 있다.

① (✗) 구 「도시계획법(2000. 1. 18. 법률 제6243호로 전문 개정되기 전의 것)」 제21조와 같은법시행령(1998. 5. 19. 대통령령 제15799호로 개정되기 전의 것) 제20조 제1, 2항 및 같은법시행규칙(1998. 5. 19. 건설교통부령 제133호로 개정되기 전의 것) 제7조 제1항 제6호 (다)목 등의 규정을 살펴보면, 도시의 무질서한 확산을 방지하고 도시주변의 자연환경을 보전하여 도시민의 건전한 생활환경을 확보하기 위하여 지정되는 개발제한구역 내에서는 구역 지정의 목적상 건축물의 건축이나 그 용도변경은 원칙적으로 금지되고, 다만 구체적인 경우에 위와 같은 구역 지정의 목적에 위배되지 아니할 경우 예외적으로 허가에 의하여 그러한 행위를 할 수 있게 되어 있음이 위와 같은 관련 규정의 체재와 문언상 분명한 한편, 이러한 건축물의 용도변경에 대한 예외적인 허가는 그 상대방에게 수익적인 것에 틀림이 없으므로, 이는 그 법률적 성질이 재량행위 내지 자유재량행위에 속하는 것이라고 할 것이고, 따라서 그 위법 여부에 대한 심사는 재량권 일탈·남용의 유무를 그 대상으로 한다. (대판98두17593)
② (○) 대판2001두8742 ③ (○) 대판2011두29144 ④ (○) 대판 2005다65500

정답 ①

104 행정행위에 관한 설명으로 옳지 않은 것은? (다툼이 있는 경우 판례에 의함) 21 소방직 9급

① 행정행위의 부관 중 행정행위에 부수하여 그 상대방에게 일정한 의무를 부과하는 행정청의 의사표시인 부담은 그 자체만으로 행정소송의 대상이 될 수 있다.
② 현역입영대상자는 현역병입영통지처분에 따라 현실적으로 입영을 하였다 할지라도, 입영 이후의 법률관계에 영향을 미치고 있는 현역병입영통지처분을 한 관할지방병무청장을 상대로 위법을 주장하여 그 취소를 구할 수 있다.
③ 재량행위가 법령이나 평등원칙을 위반한 경우뿐만 아니라 합목적성의 판단을 그르친 경우에도 위법한 처분으로서 행정소송의 대상이 된다.
④ 허가의 신청 후 법령의 개정으로 허가기준이 변경된 경우에는 신청할 당시의 법령이 아닌 행정행위 발령 당시의 법령을 기준으로 허가 여부를 판단하는 것이 원칙이다.

재량행위는 합목적성의 판단을 그르친 경우 부당한 처분에 불과하므로 행정소송의 대상이 되지 아니한다.

정답 ③

105 행정행위에 대한 설명으로 옳지 않은 것은?   21 경찰간부

① 경찰하명이란 일반통치권에 기인하여 경찰목적을 달성하기 위해 국민에 대하여 작위·부작위·급부·수인 등 의무의 일체를 명하는 법률행위적 행정행위를 말하며 경찰관의 수신호나 교통신호등의 신호도 의무를 부과하는 행위로서 경찰하명에 해당한다.
② 부작위 하명의 유형으로는 절대적 금지와 상대적 금지가 있으며, 청소년에게 술이나 담배 판매금지는 절대적 금지이고, 유흥업소의 영업금지는 상대적 금지에 해당한다.
③ 법률행위적 행정행위는 명령적 행정행위(하명, 허가, 면제 등)와 형성적 행정행위(특허, 인가, 대리)로 구분할 수 있고, 준법률행위적 행정행위는 공증, 통지, 수리, 확인 등으로 구분할 수 있다.
④ 경찰하명에 위반하여 이루어진 행위는 원칙적으로 그 법적 효력에는 아무런 영향을 받지 않는다. 그러나 영업정지 명령에 위반하여 계속하였을 경우에 당해 영업에 대한 거래행위의 효력이 부인된다.

경찰하명에 위반하여 이루어진 행위는 원칙적으로 그 법적 효력에는 아무런 영향을 받지 않는다. 따라서 영업정지 명령에 위반하여 계속하였을 경우에 당해 영업에 대한 거래행위의 효력은 유효하다.

정답 ④

106 대법원 판례의 입장으로 옳지 않은 것은? 17 국가직 9급

① 「행정소송법」 제26조는 행정소송에서 직권심리주의가 적용되도록 하고 있지만, 행정소송에서도 당사자주의나 변론주의의 기본구도는 여전히 유지된다.
② 영업자에 대한 행정제재처분에 대하여 행정심판위원회가 영업자에게 유리한 적극적 변경명령재결을 하고 이에 따라 처분청이 변경처분을 한 경우, 그 변경처분에 의해 유리하게 변경된 행정제재가 위법하다는 이유로 그 취소를 구하려면 변경된 내용의 당초처분을 취소소송의 대상으로 하여야 한다.
③ 원자로 및 관계시설의 부지사전승인처분은 그 자체로서 독립한 행정처분은 아니므로 이의 위법성을 직접 항고소송으로 다툴 수는 없고 후에 발령되는 건설허가처분에 대한 항고소송에서 다투어야 한다.
④ 구 「폐기물관리법」 관계 법령상의 폐기물처리업허가를 받기 위한 사업계획에 대한 부적정통보는 허가신청 자체를 제한하는 등 개인의 권리 내지 법률상의 이익을 개별적이고 구체적으로 규제하고 있어 행정처분에 해당한다.

해설

원자로 및 관계 시설의 부지사전승인처분은 그 자체로서 건설부지를 확정하고 사전공사를 허용하는 법률효과를 지닌 독립한 행정처분이기는 하지만, 건설허가 전에 신청자의 편의를 위하여 미리 그 건설허가의 일부 요건을 심사하여 행하는 사전적 부분 건설허가처분의 성격을 갖고 있는 것이어서 나중에 건설허가처분이 있게 되면 그 건설허가처분에 흡수되어 독립된 존재가치를 상실함으로써 그 건설허가처분만이 쟁송의 대상이 되는 것이므로, 부지사전승인처분의 취소를 구하는 소는 소의 이익을 잃게 되고, 따라서 부지사전승인처분의 위법성은 나중에 내려진 건설허가처분의 취소를 구하는 소송에서 이를 다투면 된다. (대판97누19588)

정답 ③

107 처분에 대하여 이해관계가 있는 제3자의 법적 지위에 대한 설명으로 옳은 것만을 모두 고르면? 18 지방직 9급

㉠ 행정청이 처분을 서면으로 하는 경우 상대방과 제3자에게 행정심판을 제기할 수 있는지 여부와 제기하는 경우의 행정심판절차 및 청구기간을 직접 알려야 한다.
㉡ 행정소송의 결과에 따라 권리 또는 이익의 침해 우려가 있는 제3자는 당해 행정소송에 참가할 수 있으며, 이때 참가인인 제3자는 실제로 소송에 참가하여 소송행위를 하였는지 여부를 불문하고 판결의 효력을 받는다.
㉢ 처분을 취소하는 판결에 의하여 권리의 침해를 받은 제3자는 자기에게 책임 없는 사유로 인하여 소송에 참가하지 못함으로써 판결의 결과에 영향을 미칠 공격 또는 방어방법을 제출하지 못한 때에는 이를 이유로 확정된 종국 판결에 대하여 재심의 청구를 할 수 있다.
㉣ 이해관계가 있는 제3자는 자신의 신청 또는 행정청의 직권에 의하여 행정절차에 참여하여 처분 전에 그 처분의 관할 행정청에 서면이나 말로 또는 정보통신망을 이용하여 의견제출을 할 수 있다.

① ㉠, ㉡ ② ㉢, ㉣
③ ㉡, ㉢, ㉣ ④ ㉠, ㉡, ㉢, ㉣

㉠ (✗) 행정처분의 상대방에게는 불복고지를 하며, 제3자는 청구를 할 경우에 불복고지를 한다.

정답 ③

108. 영업의 양도와 영업자지위승계에 대한 설명으로 옳지 않은 것은? (다툼이 있는 경우 판례에 의함)
22 지방직 9급

① 「식품위생법」상 허가영업자의 지위승계신고수리처분을 하는 경우 「행정절차법」규정 소정의 당사자에 해당하는 종전의 영업자에게 행정절차를 실시하여야 한다.
② 관할 행정청은 여객자동차운송사업의 양도·양수에 대한 인가를 한 후에도 그 양도·양수 이전에 있었던 양도인에 대한 운송사업면허 취소사유를 들어 양수인의 사업면허를 취소할 수 있다.
③ 영업양도행위가 무효임에도 행정청이 승계신고를 수리하였다면 양도자는 민사쟁송이 아닌 행정소송으로 신고수리처분의 무효확인을 구할 수 있다.
④ 사실상 영업이 양도·양수되었지만 승계신고 및 수리처분이 있기 전에 양도인이 허락한 양수인의 영업 중 발생한 위반행위에 대한 행정적 책임은 양수인에게 귀속된다.

사실상 영업이 양도·양수되었지만 아직 승계신고 및 수리처분이 있기 이전에는 여전히 종전의 영업자인 양도인이 영업허가자이고, 양수인은 영업허가자가 되지 못한다 할 것이어서 행정제재처분의 사유가 있는지 여부 및 그 사유가 있다고 하여 행하는 행정제재처분은 영업허가자인 양도인을 기준으로 판단하여 그 양도인에 대하여 행하여야 할 것이고, 한편 양도인이 그의 의사에 따라 양수인에게 영업을 양도하면서 양수인으로 하여금 영업을 하도록 허락하였다면 그 양수인의 영업 중 발생한 위반행위에 대한 행정적인 책임은 영업허가자인 양도인에게 귀속된다. (대판94누9146) 즉, 사실상 영업이 양도·양수되었지만 승계신고 및 수리처분이 있기 전에 양도인이 허락한 양수인의 영업 중 발생한 위반행위에 대한 행정적 책임은 여전히 허가명의자인 양도인(종전 영업자)에게 귀속된다.

정답 ④

109 행정행위의 성립과 효력에 관한 설명으로 옳은 것은? (다툼이 있는 경우 판례에 의함)

21 소방공채

① 일반적으로 행정행위가 주체·내용·절차와 형식의 요건을 모두 갖추고 외부에 표시된 경우에 행정행위의 존재가 인정된다.
② 행정청의 의사가 외부에 표시되어 행정청이 자유롭게 취소·철회할 수 없는 구속을 받게 되는 시점에 행정행위가 성립하는 것은 아니며, 행정행위의 성립 여부는 행정청의 의사를 공식적인 방법으로 외부에 표시하였는지 여부를 기준으로 판단해야 한다.
③ 「행정절차법」은 행정행위 상대방에 대한 송달받을 자의 주소 등을 통상적인 방법으로 확인할 수 없는 경우에 한하여, 공고의 방법에 의한 송달이 가능하도록 규정하고 있다.
④ 상대방 있는 행정처분이 상대방에게 고지되지 아니한 경우에도 상대방이 다른 경로를 통해 행정처분의 내용을 알게 된다면 그 행정처분의 효력이 발생한다.

① (O) 일반적으로 행정처분이 주체·내용·절차와 형식이라는 내부적 성립요건과 외부에 대한 표시라는 외부적 성립요건을 모두 갖춘 경우에는 행정처분이 존재한다고 할 수 있다. (대판 2016두35120)
② (X) 일반적으로 행정처분이 주체·내용·절차와 형식이라는 내부적 성립요건과 외부에 대한 표시라는 외부적 성립요건을 모두 갖춘 경우에는 행정처분이 존재한다고 할 수 있다. 행정처분의 외부적 성립은 행정의사가 외부에 표시되어 행정청이 자유롭게 취소·철회할 수 없는 구속을 받게 되는 시점을 확정하는 의미를 가지므로, 어떠한 처분의 외부적 성립 여부는 행정청에 의해 행정의사가 공식적인 방법으로 외부에 표시되었는지를 기준으로 판단하여야 한다. (대판 2016두35120)
③ (X) 「행정절차법」 제14조 제4항. 1. 송달받을 자의 주소등을 통상적인 방법으로 확인할 수 없는 경우, 2. 송달이 불가능한 경우, 어느 하나에 해당하는 경우에는 송달받을 자가 알기 쉽도록 관보, 공보, 게시판, 일간신문 중 하나 이상에 공고하고 인터넷에도 공고하여야 한다.
④ (X) 상대방 있는 행정처분은 특별한 규정이 없는 한 의사표시에 관한 일반법리에 따라 상대방에게 고지되어야 효력이 발생하고, 상대방 있는 행정처분이 상대방에게 고지되지 아니한 경우에는 상대방이 다른 경로를 통해 행정처분의 내용을 알게 되었다고 하더라도 행정처분의 효력이 발생한다고 볼 수 없다. (대판2019두38656)

정답 ①

110. 사례에 대한 설명으로 옳지 않은 것은? (단, 다툼이 있는 경우 판례에 의함) `21 군무원 9급`

> 병무청장이 법무부장관에게 '가수 甲이 공연을 위하여 국외여행허가를 받고 출국한 후 미국 시민권을 취득함으로써 사실상 병역의무를 면탈하였으므로 재외동포 자격으로 재입국하고자 하는 경우 국내에서 취업, 가수활동 등 영리활동을 할 수 없도록 하고, 불가능할 경우 입국 자체를 금지해 달라'고 요청함에 따라 법무부장관이 甲의 입국을 금지하는 결정을 하고, 그 정보를 내부전산망인 '출입국관리정보시스템'에 입력하였으나, 甲에게는 통보하지 않았다.

① 일반적으로 처분이 주체·내용·절차와 형식의 요건을 모두 갖추고 외부에 표시된 경우에는 처분의 존재가 인정된다.
② 행정의사가 외부에 표시되어 행정청이 자유롭게 취소·철회할 수 없는 구속을 받게 되는 시점에 처분이 성립한다.
③ 그 성립 여부는 행정청이 행정의사를 공식적인 방법으로 외부에 표시하였는지를 기준으로 판단해야 한다.
④ 위 입국금지결정은 항고소송의 대상이 되는 '처분'에 해당한다.

해설

④ (✗) 행정청이 행정의사를 외부에 표시하여 행정청이 자유롭게 취소·철회할 수 없는 구속을 받기 전에는 '처분'이 성립하지 않으므로, 법무부장관이 위와 같은 법령에 따라 이 사건 입국금지결정을 했다고 해서 '처분'이 성립한다고 볼 수는 없다. 이 사건 입국금지결정은 법무부장관의 의사가 공식적인 방법으로 외부에 표시된 것이 아니라 단지 그 정보를 내부전산망인 '출입국관리정보시스템'에 입력하여 관리한 것에 지나지 않으므로, 항고소송의 대상이 될 수 있는 '처분'에 해당하지 않는다. (대판2017두38874)
①, ②, ③ (O) 일반적으로 처분이 주체·내용·절차와 형식의 요건을 모두 갖추고 외부에 표시된 경우에는 처분의 존재가 인정된다. 행정의사가 외부에 표시되어 행정청이 자유롭게 취소·철회할 수 없는 구속을 받게 되는 시점에 처분이 성립하고, 그 성립 여부는 행정청이 행정의사를 공식적인 방법으로 외부에 표시하였는지를 기준으로 판단해야 한다. (대판2017두38874)

정답 ④

CHAPTER 02 | 행정의 실효성 확보수단

01 경찰행정의 실효성 확보수단에 관한 설명으로 가장 적절하지 않은 것은? (다툼이 있는 경우 판례에 의함)

24 경찰채용

① 행정대집행은 대체적 작위의무 불이행에 대하여 다른 수단으로는 그 이행을 확보하기 곤란하고 불이행을 방치하면 공익을 크게 해칠 것으로 인정될 때에 행정청이 의무자가 하여야 할 행위를 스스로 하거나 제3자에게 하게하고 그 비용을 의무자로부터 징수하는 것을 말한다.
② 행정청은 의무자가 행정상 의무를 이행할 때까지 이행강제금을 반복하여 부과할 수 있으나, 의무자가 의무를 이행하면 이미 부과한 이행강제금을 징수하여서는 안 된다.
③ 직접강제는 행정대집행이나 이행강제금 부과로는 행정상 의무이행을 확보할 수 없거나 그 실현이 불가능한 경우에 실시하여야 한다.
④ 경찰행정상 즉시강제는 눈앞의 급박한 경찰상 장해를 제거하여야 할 필요가 있고 의무를 명할 시간적 여유가 없거나 의무를 명하는 방법으로는 그 목적을 달성하기 어려운 상황에서 의무불이행을 전제로 하지 않고 경찰이 직접 실력을 행사하여 경찰상 필요한 상태를 실현하는 권력적 사실행위이다.

「행정기본법」 제31조 제5항. 행정청은 의무자가 행정상 의무를 이행할 때까지 이행강제금을 반복하여 부과할 수 있다. 다만, 의무자가 의무를 이행하면 새로운 이행강제금의 부과를 즉시 중지하되, 이미 부과한 이행강제금은 징수하여야 한다.

정답 ②

02 행정상 의무이행확보수단에 관한 설명으로 가장 적절하지 않은 것은? (다툼이 있는 경우 판례에 의함) `23 경찰채용`

① 과징금은 원칙적으로 행정법상의 의무를 위반한 자에 대하여 당해 위반행위로 얻게 된 경제적 이익을 박탈하기 위한 목적으로 부과하는 금전적인 제재이다.
② 「경찰관 직무집행법」 제6조 "경찰관은 범죄행위가 목전에 행하여지려고 하고 있다고 인정될 때에는 이를 예방하기 위하여 관계인에게 필요한 경고를 하고, 그 행위로 인하여 사람의 생명·신체에 위해를 끼치거나 재산에 중대한 손해를 끼칠 우려가 있는 긴급한 경우에는 그 행위를 제지할 수 있다" 규정은 행정상 즉시강제에 해당한다.
③ 「경찰관 직무집행법」 제4조 제1항 제1호에서 규정하는 술에 취한 상태로 인하여 자기 또는 타인의 생명·신체와 재산에 위해를 미칠 우려가 있는 피구호자에 대한 보호조치는 행정상 강제집행에 해당한다.
④ 가산세는 개별 세법이 과세의 적정을 기하기 위하여 정한 의무의 이행을 확보할 목적으로 그 의무 위반에 대하여 세금의 형태로 가하는 행정상 제재이다.

> 「경찰관 직무집행법」 제4조 제1항 제1호에서 규정하는 술에 취한 상태로 인하여 자기 또는 타인의 생명·신체와 재산에 위해를 미칠 우려가 있는 피구호자에 대한 보호조치는 행정상 즉시강제에 해당한다.
>
> 정답 ③

03 행정상 의무이행 확보수단에 관한 설명으로 가장 적절하지 않은 것은? (다툼이 있는 경우 판례에 의함) `23 경찰채용`

① 질서위반행위에 대하여 과태료 부과의 근거 법률이 개정되어 행위 시의 법률에 의하면 과태료 부과대상이었지만 재판 시의 법률에 의하면 과태료 부과대상이 아니게 된 때에는 개정 법률의 부칙에서 종전 법률 시행 당시에 행해진 질서위반행위에 대해서는 행위 시의 법률을 적용하도록 특별한 규정을 두지 않은 이상 재판 시의 법률을 적용하여야 하므로 과태료를 부과할 수 없다.
② 경찰서장이 범칙행위에 대하여 통고처분을 한 이상 통고처분에서 정한 범칙금 납부기간까지는 원칙적으로 경찰서장은 즉결심판을 청구할 수 없다.
③ 피고인이 즉결심판에 대하여 제출한 정식재판청구서에 피고인의 자필로 보이는 이름이 기재되어 있고 그 옆에 서명이 되어 있어 위 서류가 작성자 본인인 피고인의 진정한 의사에 따라 작성 되었다는 것을 명백하게 확인할 수 있더라도 피고인의 인장이나 지장이 찍혀 있지 않다면 정식재판청구는 부적법하다고 보아야 한다.
④ 「질서위반행위규제법」에 따르면 고의 또는 과실이 없는 질서위반행위는 과태료를 부과하지 아니한다.

「즉결심판에 관한 절차법(이하 '즉결심판법'이라 한다)」 제14조 제1항에 따르면, 즉결심판에 대하여 정식재판을 청구하고자 하는 피고인은 정식재판청구서를 경찰서장에게 제출하여야 한다. 즉결심판절차에서 즉결심판법에 특별한 규정이 없는 한 그 성질에 반하지 않는 것은 형사소송법의 규정을 준용한다(즉결심판법 제19조). 구 「형사소송법」(2017. 12. 12. 법률 제15164호로 개정되기 전의 것, 이하 '구 형사소송법'이라 한다)제59조는 "공무원 아닌 자가 작성하는 서류에는 연월일을 기재하고 기명날인하여야 한다. 인장이 없으면 지장으로 한다."라고 정하였다. 여기에서 '기명날인'은 공무원 아닌 사람이 작성하는 서류에 관하여 그 서류가 작성자 본인의 진정한 의사에 따라 작성되었다는 것을 확인하는 표식으로서 형사소송절차의 명확성과 안정성을 도모하기 위한 것이다. 「형사소송법」 제57조는 "공무원이 작성하는 서류에는 법률에 다른 규정이 없는 때에는 작성연월일과 소속공무소를 기재하고 기명날인 또는 서명하여야 한다."라고 정하여 공무원이 작성하는 서류에 대한 본인확인 방법으로 기명날인 외에 서명을 허용하고 있다. 형사소송 서류에 대한 본인확인 방법과 관련하여 공무원이 아닌 사람이 작성하는 서류를 공무원이 작성하는 서류와 달리 적용할 이유가 없고, 생활 저변에 서명이 보편화되는 추세에 따라 행정기관에 제출되는 서류의 본인확인 표식으로 인장이나 지장뿐만 아니라 서명도 인정될 필요성이 높아지고 있다. 이를 고려하여 2017. 12. 12. 법률 제15164호로 「형사소송법」을 개정할 당시 제59조에서도 본인확인 방법으로 기명날인 외에 서명을 허용하였다. 구 「형사소송법」 제59조에서 정한 기명날인의 의미, 이 규정이 개정되어 기명날인 외에 서명도 허용한 경위와 취지 등을 종합하면, 피고인이 즉결심판에 대하여 제출한 정식재판청구서에 피고인의 자필로 보이는 이름이 기재되어 있고 그 옆에 서명이 되어 있어 위 서류가 작성자 본인인 피고인의 진정한 의사에 따라 작성되었다는 것을 명백하게 확인할 수 있으며 형사소송절차의 명확성과 안정성을 저해할 우려가 없으므로, 정식재판청구는 적법하다고 보아야 한다. 피고인의 인장이나 지장이 찍혀 있지 않다고 해서 이와 달리 볼 것이 아니다. (대판 2017모3458)

정답 ③

04 경찰상 의무이행 확보수단을 전통적 의무이행 확보수단과 새로운 의무이행 확보수단으로 구분할 때, 새로운 의무이행 확보수단에 해당하지 않은 것은? 〔23 경찰행정〕

① 과징금
② 수익적 행정행위의 취소·철회
③ 공급거부
④ 행정질서벌

행정질서벌은 전통적 의무이행확보수단이다.

정답 ④

05 행정의 실효성 확보수단에 관한 설명으로 옳은 것은? (다툼이 있으면 판례에 따름) 21 행정상

① 「건축법」상 이행강제금 부과처분은 항고소송으로 다툴 수는 없다.
② 이행강제금은 대체적 작위의무의 위반에 대하여 부과될 수 없다.
③ 「건축법」상 이행강제금의 납부의무는 상속인에게 승계될 수 없는 일신전속적인 성질의 것이다.
④ 대집행에 요한 비용은 「국세징수법」의 예에 의하여 징수할 수 없다.
⑤ 병무청장이 「병역법」에 따라 병역의무 기피자의 인적사항을 인터넷 홈페이지에 공개하는 결정은 항고소송의 대상이 되는 행정처분이 아니다.

③ (O) 「건축법」상 이행강제금 납부의무는 상속인 기타의 사람에게 승계될 수 없는 일신전속적 성질의 것이라고 본다. 따라서 이행강제금을 부과받은 사람이 재판절차가 개시된 이후에 사망한 경우, 절차가 종료된다. (대결2006마470)
① (×) 현행 「건축법」상의 이행강제금 부과처분은 항고소송의 대상이 되는 처분이다. 이행강제금(집행벌)의 부과에 대한 불복방법에 대한 특별한 규정을 두고 있지 않은 경우에는 항고소송을 제기할 수 있다.
② (×) 이행강제금은 비대체적 작위의무(예 출석의무, 가격인하의무 등), 부작위의무(예 공사중지의무, 조업정지의무 등) 위반에 국한되는 것이 아니라 대체적 작위의무의 위반에도 부과될 수 있다. 헌법재판소는 현행 건축법상 위법건축물에 대한 이행강제수단으로 대집행(건축법 제85조)과 이행강제금(건축법 제80조)을 선택적으로 활용할 수 있도록 한 규정을 합헌으로 파악하였다. (헌재2001헌바80·84·102·103, 2002헌바26(병합))
④ (×) 「행정대집행법」 제6조 제1항. 대집행에 요한 비용은 국세징수법의 예에 의하여 징수할 수 있다.
⑤ (×) 병무청장이 「병역법」 제81조의2 제1항에 따라 병역의무 기피자의 인적사항 등을 인터넷 홈페이지에 게시하는 등의 방법으로 공개한 경우, 병무청장의 공개결정은 항고소송의 대상이 되는 행정처분에 해당한다. (대판2018두49130) ※ 관할 지방병무청장이 병역의무 기피를 이유로 그 인적사항 등을 공개할 대상자를 1차로 결정하고 그에 이어 병무청장의 최종 공개결정이 있는 경우, 지방병무청장의 1차 공개결정은 병무청장의 최종 공개결정과는 별도로 항고소송의 대상이 되지 않는다.

정답 ③

06 행정의 실효성 확보수단의 예와 그 법적 성질의 연결이 옳지 않은 것은? (다툼이 있는 경우 판례에 의함) 21 국가직 9급

① 「건축법」에 따른 이행강제금의 부과 - 집행벌
② 「식품위생법」에 따른 영업소 폐쇄 - 직접강제
③ 「공유재산 및 물품 관리법」에 따른 공유재산 원상복구명령의 강제적 이행 - 즉시강제
④ 「부동산등기 특별조치법」에 따른 과태료의 부과 - 행정벌

「공유재산 및 물품 관리법」에 따른 공유재산 원상복구명령의 강제적 이행을 위해서는 즉시강제가 아니라 행정대집행에 의하여야 할 것이다. 즉시강제는 구체적 의무이행을 명할 수 없는 경우에 보충적으로만 활용되어야 하며, 행정상 강제집행이 가능한 경우에는 허용되지 않는 것이 일반적이다.

정답 ③

07 행정의 실효성 확보수단에 대한 설명으로 옳지 않은 것은? (단, 다툼이 있는 경우 판례에 의함)

21 군무원 9급

① 계고서라는 명칭의 1장의 문서로서 일정기간 내에 위법건축물의 자진철거를 명함과 동시에 그 소정기한 내에 자진철거를 하지 아니할 때에는 대집행할 뜻을 미리 계고한 경우라도 「건축법」에 의한 철거명령과 「행정대집행법」에 의한 계고처분은 독립하여 있는 것으로서 각 그 요건이 충족되었다고 볼 것이다.

② 이행강제금은 행정상 간접적인 강제집행 수단의 하나로서, 과거의 일정한 법률위반 행위에 대한 제재인 형벌이 아니라 장래의 의무이행 확보를 위한 강제수단일 뿐이어서, 범죄에 대하여 국가가 형벌권을 실행하는 과벌에 해당하지 아니한다.

③ 세무조사결정은 납세의무자의 권리·의무에 직접 영향을 미치는 공권력의 행사에 따른 행정작용으로 보기 어려우므로 항고소송의 대상이 될 수 없다.

④ 토지·건물 등의 인도의무는 비대체적 작위의무이므로 「행정대집행법」상 대집행 대상이 될 수 없다.

③ (✕) 세무조사결정은 납세의무자의 권리·의무에 직접 영향을 미치는 공권력의 행사에 따른 행정작용으로서 항고소송의 대상이 된다. (대판2009두23617·23624)
① (○) 대판91누13564
② (○) 헌재2009헌바140
④ (○) 대판2004다2809

정답 ③

08 행정의 실효성확보제도에 대한 설명으로 가장 옳은 것은? (단, 다툼이 있는 경우 판례에 의함)

21 군무원 7급

① 「학원의 설립·운영 및 과외교습에 관한 법령」상 등록을 요하는 학원을 설립·운영하고자 하는 자가 등록절차를 거치지 않은 경우 관할 행정청이 직접 그 무등록 학원의 폐쇄를 위하여 출입제한 시설물의 설치와 같은 조치를 할 수 있게 규정되어 있는데, 이러한 규정은 동시에 그와 같은 폐쇄명령의 근거규정이 된다.
② 행정대집행은 대체적 작위의무에 대한 강제집행수단으로, 이행강제금은 부작위의무나 비대체적 작위의무에 대한 강제집행수단으로 이해되어 왔으므로, 이행강제금은 대체적 작위의무의 위반에 대해서는 부과될 수 없다.
③ 대집행계고처분에서 정한 의무이행기간의 이행 종기인 날짜에 그 계고서를 수령하였고 행정청이 대집행영장으로써 대집행의 시기를 늦추었다고 하여도 대집행의 적법절차에 위배한 것으로 위법한 처분이다.
④ 한국자산공사의 재공매결정과 공매통지는 행정처분에 해당한다.

③ (O) 계고시 상당한 기간을 부여하지 않은 경우는 대집행영장으로 대집행의 시기를 늦추었더라도 위법하다고 판시한 바 있다(대판 1990. 9. 14. 90누2048).
① (X) 학원의 설립·운영에 관한 법률 제2조 제1호와 제6조 및 제19조 등의 관련 규정에 의하면, 같은 법상의 학원을 설립·운영하고자 하는 자는 소정의 시설과 설비를 갖추어 등록을 하여야 하고, 그와 같은 등록절차를 거치지 아니한 경우에는 관할 행정청이 직접 그 무등록 학원의 폐쇄를 위하여 출입제한 시설물의 설치와 같은 조치를 취할 수 있게 되어 있으나, 달리 무등록 학원의 설립·운영자에 대하여 그 폐쇄를 명할 수 있는 것으로는 규정하고 있지 아니하고, 위와 같은 폐쇄조치에 관한 규정이 그와 같은 폐쇄명령의 근거 규정이 된다고 할 수도 없다. (대판99두6002) 따라서 무등록 학원의 폐쇄조치에 관한 규정이 동시에 폐쇄명령의 근거규정이 될 수 없고, 각각 별도의 법적 근거가 있어야 한다.
② (X) 전통적으로 행정대집행은 대체적 작위의무에 대한 강제집행수단으로, 이행강제금은 부작위의무나 비대체적 작위의무에 대한 강제집행수단으로 이해되어 왔으나, 이는 이행강제금제도의 본질에서 오는 제약은 아니며, 이행강제금은 대체적 작위의무의 위반에 대하여도 부과될 수 있다. (헌재2001헌바80 등)
④ (X) 한국자산공사가 당해 부동산을 인터넷을 통하여 재공매(입찰)하기로 한 결정 자체는 내부적인 의사결정에 불과하여 항고소송의 대상이 되는 행정처분이라고 볼 수 없고, 또한 한국자산공사가 공매통지는 공매사실 자체를 체납자에게 알려주는 데 불과한 것으로서, 통지의 상대방의 법적 지위나 권리·의무에 직접 영향을 주는 것이 아니라고 할 것이므로 이것 역시 행정처분에 해당한다고 할 수 없다. (대판2006두8464) 따라서 체납자에 행하는 공매통지나 (재)공매결정은 공매의 절차적 요건에 불과하고 독립적인 행정처분이 아니다.

정답 ③

09 행정의 실효성확보수단에 대한 설명으로 옳은 것만을 모두 고른 것은? (다툼이 있는 경우 판례에 의함)

`21 국가직 7급`

㉠ 위반 결과의 시정을 명하는 권한은 금지규정으로부터 당연히 추론되는 것은 아니다.
㉡ 양벌규정에 의해 영업주를 처벌하는 경우, 금지위반행위자인 종업원을 처벌할 수 없는 경우에도 영업주만 따로 처벌할 수 있다.
㉢ 「농지법」상 이행강제금부과처분은 행정소송의 대상이다.
㉣ 행정상 의무위반행위자에 대하여 과징금을 부과하기 위해서는 원칙적으로 위반자의 고의 또는 과실이 있어야 한다.

① ㉠
② ㉠, ㉡
③ ㉢, ㉣
④ ㉠, ㉡, ㉢, ㉣

해설

㉠ (O) 대판96누4374.
㉡ (O) 대판2005도7673.
㉢ (X) 「농지법」은 농지 처분명령에 대한 이행강제금 부과처분에 불복하는 자가 그 처분을 고지받은 날부터 30일 이내에 부과권자에게 이의를 제기할 수 있고, 이의를 받은 부과권자는 지체 없이 관할 법원에 그 사실을 통보하여야 하며, 그 통보를 받은 관할 법원은 비송사건절차법에 따른 과태료 재판에 준하여 재판을 하도록 정하고 있다(제62조 제1항, 제6항, 제7항). 따라서 「농지법」 제62조 제1항에 따른 이행강제금 부과처분에 불복하는 경우에는 비송사건절차법에 따른 재판절차가 적용되어야 하고, 행정소송법상 항고소송의 대상은 될 수 없다. (대판2018두42955)
㉣ (X) 구「여객자동차 운수사업법」제88조 제1항의 과징금부과처분은 제재적 행정처분으로서 여객자동차 운수사업에 관한 질서를 확립하고 여객의 원활한 운송과 여객자동차 운수사업의 종합적인 발달을 도모하여 공공복리를 증진한다는 행정목적의 달성을 위하여 행정법규 위반이라는 객관적 사실에 착안하여 가하는 제재이므로 반드시 현실적인 행위자가 아니라도 법령상 책임자로 규정된 자에게 부과되고 원칙적으로 위반자의 고의·과실을 요하지 아니하나, {위반자의 의무 해태를 탓할 수 없는 정당한 사유가 있는 등의 특별한 사정이 있는 경우에는} 이를 부과할 수 없다. (대판2013두5005)

정답 ②

10 다음 중 행정의 실효성 확보수단에 대한 설명으로 가장 옳지 않은 것은? (다툼이 있는 경우 판례에 의함) `23 해경승진`

① 재량행위인 과징금 부과처분이 해당 법령이 정한 한도액을 초과하여 부과된 경우 이러한 과징금 부과처분은 법이 정한 한도액을 초과하여 위법하므로 법원으로서는 그 전부를 취소할 수밖에 없고, 그 한도액을 초과한 부분만 취소할 수는 없다.
② 납세의무자가 세무공무원의 잘못된 설명을 믿고 신고납부의무를 이행하지 아니하였다 하더라도 그것이 관계법령에 어긋나는 것임이 명백한 때에는 그러한 사유만으로는 가산세를 부과할 수 없는 정당한 사유가 있는 경우에 해당한다고 할 수 없다.
③ 질서위반행위에 대하여 과태료를 부과하는 근거법령이 개정되어 행위시의 법률에 의하면 과태료 부과대상이었지만 재판시의 법률에 의하면 부과대상이 아니게 된 때에는 개정 법률의 부칙 등에서 행위시의 법률을 적용하도록 명시하는 등 특별한 사정이 없는 한 재판시의 법률을 적용하여야 한다.
④ 행정청의 감액처분에 의하여 감액된 부분에 대한 부과처분 취소청구는 이미 소멸하고 없는 부분에 대한 것이라 하여도 소의 이익은 존재한다.

과징금 부과처분에서 행정청이 납부의무자에 대하여 부과처분을 한 후 부과처분의 하자를 이유로 과징금의 액수를 감액하는 경우에, 감액처분에 의하여 감액된 부분에 대한 부과처분 취소청구는 이미 소멸하고 없는 부분에 대한 것으로서 소의 이익이 없어 부적법하다. (대판 2015두2352)

정답 ④

11 행정의 실효성 확보 수단에 대한 설명으로 옳지 않은 것은? `23 지방직 9급`

① 구 「국세징수법」상 가산금 또는 중가산금의 고지는 항고소송의 대상이 되는 처분이 아니다.
② 지방자치단체 소속 공무원이 지방자치단체 고유의 자치사무를 수행하던 중 구 「도로법」에 위반하는 행위를 한 경우 지방자치단체는 구 「도로법」상 양벌규정에 따라 처벌대상이 되는 법인에 해당한다.
③ 구 「음반·비디오물 및 게임물에 관한 법률」상 불법게임물에 대한 수거 및 폐기조치는 행정상 즉시강제에 해당한다.
④ 공매처분을 하면서 체납자에게 공매통지를 하지 않았거나 공매통지를 하였지만 그것이 적법하지 아니하다 하더라도 공매처분 자체는 위법하지 않다.

④ (X) 공매통지는 공매의 절차적 요건으로서 공매통지를 하지 않았거나 공매통지를 하였더라도 그것이 적법하지 아니한 경우에는 공매처분은 위법하게 된다. ※ 다만 그 위법의 정도에 대해서는 절차상의 하자가 있는 것에 불과하므로 무효는 아니라는 것이 판례의 입장이다. (대판 2010두25527)
① (O) 「국세징수법」 제21조, 제22조가 규정하는 가산금 또는 중가산금은 국세를 납부기한까지 납부하지 아니하면 과세청의 확정절차 없이도 법률 규정에 의하여 당연히 발생하는 것이므로 가산금 또는 중가산금의 고지가 항고소송의 대상이 되는 처분이라고 볼 수 없다. (대판2005다15482)
② (O) 국가가 본래 그의 사무의 일부를 지방자치단체의 장에게 위임하여 처리하게 하는 기관위임사무의 경우 지방자치단체는 국가기관의 일부로 볼 수 있고, ⓐ 지방자치단체 소속 공무원이 기관위임사무를 처리하면서 위반행위를 한 경우 해당 지방자치단체는 양벌규정에 따른 처벌대상이 될 수 없다. ⓑ 그러나 지방자치단체가 그 고유의 자치사무를 처리하는 경우 지방자치단체는 국가기관의 일부가 아니라 국가기관과는 별도의 독립된 공법인으로서 양벌규정에 의한 처벌대상이 되는 법인에 해당한다. (대판2008도6530)
③ (O) 불법게임물의 수거·폐기는 즉시강제로서 영장 없는 수거를 인정하고 있는 이 사건 법률조항은 헌법상 영장주의에 위배되는 것으로 는 볼 수 없다. (헌재2000헌가12)

정답 ④

12 행정의 실효성 확보수단에 관한 설명으로 옳지 않은 것은? (다툼이 있는 경우 판례에 의함)

23 소방공채

① 「소방기본법」상 소방본부장, 소방서장 또는 소방대장이 소방활동을 위하여 긴급하게 출동할 때에는 소방자동차의 통행과 소방활동에 방해가 되는 주차 또는 정차된 차량 및 물건 등을 제거하거나 이동시킬 수 있는 것은 즉시강제에 해당한다.
② 「건축법」상 시정명령을 받은 자가 이를 이행하면 이미 부과된 이행강제금은 징수하여야 하지만, 새로이 이행강제금을 부과하지는 않는다.
③ 통고처분에 대하여 이의가 있으면 통고내용을 이행하지 않음으로써 고발되어 형사재판절차에서 통고처분의 위법·부당함을 다툴 수 있으므로 행정소송의 대상으로서의 처분성이 인정되지 않는다.
④ 조세 부과의 근거가 되었던 법률규정이 위헌결정되었다 하더라도, 그에 기한 과세처분이 위헌결정 전에 이루어졌다면 위헌결정 이후에 조세채권의 집행을 위한 새로운 체납처분에 착수할 수 있다.

조세 부과의 근거가 되었던 법률규정이 위헌결정되었다 하더라도, 그에 기한 과세처분이 위헌결정 전에 이루어졌더라도, 위헌결정 이후에 조세채권의 집행을 위한 새로운 체납처분에 착수할 수 없다. [※관련판례. 1999. 4. 29. 구 「택지소유 상한에 관한 법률」전부에 대한 위헌결정 이전에 이미 택지초과소유부담금 부과처분과 압류처분 및 이에 기한 압류등기가 이루어지고 위 각 처분이 확정되었다고 하여도, 위헌결정 이후에 별도의 행정처분으로서 다른 재산에 대한 압류처분, 징수처분 등 체납처분절차를 진행하였다면 이는 근거되는 법률이 없는 것이어서 그 하자가 중대하고 명백하여 당연무효라고 하지 않을 수 없다. (대판2001다60873)]

정답 ④

13 행정의 실효성 확보 수단에 대한 설명으로 옳지 않은 것은? `23 지방직 9급`

① 「농지법」상 이행강제금 부과처분에 대한 불복은 「비송사건절차법」에 따른 재판절차뿐만 아니라 「행정소송법」상 항고소송 절차에 따를 수 있다.
② 관계 법령상 행정대집행의 절차가 인정되어 행정청이 행정대집행의 방법으로 건물의 철거 등 대체적 작위의무의 이행을 실현할 수 있는 경우에는 따로 민사소송의 방법으로 그 의무의 이행을 구할 수 없다.
③ 「행정조사기본법」에 따르면 조사대상자의 자발적인 협조를 얻어 행정조사를 실시하고자 하는 경우 조사대상자는 문서·전화·구두 등의 방법으로 당해 행정조사를 거부할 수 있다.
④ 통고처분은 상대방의 임의의 승복을 그 발효요건으로 하기 때문에 그 자체만으로는 통고이행을 강제하거나 상대방에게 아무런 권리·의무를 형성하지 않으므로 행정심판이나 행정소송의 대상으로서의 처분성을 인정할 수 없다.

① (✕) 「농지법」상 이행강제금 부과처분에 대한 불복은 「비송사건절차법」에 따른 재판절차에 의하도록 규정되어 있으므로, 다른 불복방법이 예정되어 있어 「행정소송법」상 항고소송의 대상이 아니다. [※관련판례. 이행강제금에 이의를 제기할 경우 비송사건절차법에 의하여 결정하도록 규정한 경우(농지법 제62조), 이와 같은 이행강제금부과처분에 대해서는 비송사건절차법에 의한 특별 불복절차가 마련되어 있으므로 항고소송의 대상인 처분에 해당하지 않는다. (대판2000두5722)]
② (○) 대판2016다213916.
③ (○) 「행정조사기본법」 제20조 제1항.
④ (○) 대판95누4674.

정답 ①

14 행정의 실효성 확보수단에 대한 대법원 판례의 입장으로 옳지 않은 것은? `23 국가직 9급`

① 행정법상의 질서벌인 과태료의 부과처분과 형사처벌은 그 성질이나 목적을 달리하는 별개의 것이므로 행정법상의 질서벌인 과태료를 납부한 후에 형사처벌을 한다고 하여 이를 일사부재리의 원칙에 반하는 것이라고 할 수는 없다.

② 「건축법」상 시정명령을 받은 의무자가 그 시정명령의 취지에 부합하는 의무를 이행하기 위한 정당한 방법으로 행정청에 신청 또는 신고를 하였으나 행정청이 위법하게 이를 거부 또는 반려함으로써 결국 그 처분이 취소되기에 이르렀더라도, 이행강제금 제도의 취지에 비추어 볼 때 그 시정명령의 불이행을 이유로 이행강제금을 부과할 수 있다.

③ 건물의 소유자에게 위법건축물을 일정기간까지 철거할 것을 명함과 아울러 불이행할 때에는 대집행한다는 내용의 철거대집행 계고처분을 고지한 후 이에 불응하자 다시 제2차, 제3차 계고서를 발송하여 일정기간까지의 자진철거를 촉구하고 불이행하면 대집행을 한다는 뜻을 고지한 경우, 제2차, 제3차의 계고처분은 새로운 철거의무를 부과한 것이 아니라 대집행기한을 연기통지한 것에 불과하다.

④ 관할 행정청이 여객자동차운송사업자가 범한 여러 가지 위반행위 중 일부만 인지하여 과징금 부과처분을 하였는데 그 후 과징금 부과처분 시점 이전에 이루어진 다른 위반행위를 인지하여 이에 대하여 별도의 과징금 부과처분을 하게 되는 경우, 종전 과징금 부과처분의 대상이 된 위반행위와 추가 과징금 부과처분의 대상이 된 위반행위에 대하여 일괄하여 하나의 과징금 부과처분을 하는 경우와의 형평을 고려하여 추가 과징금 부과처분의 처분양정이 이루어져야 한다.

② **(×)** 「건축법」상의 이행강제금은 시정명령의 불이행이라는 과거의 위반행위에 대한 제재가 아니라, 의무자에게 시정명령을 받은 의무의 이행을 명하고 그 이행기간 안에 의무를 이행하지 않으면 이행강제금이 부과된다는 사실을 고지함으로써 의무자에게 심리적 압박을 주어 의무의 이행을 간접적으로 강제하는 행정상의 간접강제 수단에 해당한다. 이러한 이행강제금의 본질상 시정명령을 받은 의무자가 이행강제금이 부과되기 전에 그 의무를 이행한 경우에는 비록 시정명령에서 정한 기간을 지나서 이행한 경우라도 이행강제금을 부과할 수 없다. 나아가 시정명령을 받은 의무자가 그 시정명령의 취지에 부합하는 의무를 이행하기 위한 정당한 방법으로 행정청에 신청 또는 신고를 하였으나 행정청이 위법하게 이를 거부 또는 반려함으로써 결국 그 처분이 취소되기에 이르렀다면, 특별한 사정이 없는 한 그 시정명령의 불이행을 이유로 이행강제금을 부과할 수는 없다고 보는 것이 위와 같은 이행강제금 제도의 취지에 부합한다. (대판 2015두35116) 따라서 「건축법」상 시정명령을 받은 의무자가 그 시정명령의 취지에 부합하는 의무를 이행하기 위한 정당한 방법으로 행정청에 신청 또는 신고를 하였으나 행정청이 위법하게 이를 거부 또는 반려함으로써 결국 그 처분이 취소되기에 이르러더라면, 이행강제금 제도의 취지에 비추어 볼 때 그 시정명령의 불이행을 이유로 이행강제금을 부과할 수 없다.

① **(O)** 대판96도158.
③ **(O)** 대판94누5144.
④ **(O)** 관할 행정청이 여객자동차운송사업자가 범한 여러 가지 위반행위 중 일부만 인지하여 과징금 부과처분을 하였는데 그 후 과징금 부과처분 시점 이전에 이루어진 다른 위반행위를 인지하여 이에 대하여 별도의 과징금 부과처분을 하게 되는 경우에도 종전 과징금 부과처분의 대상이 된 위반행위와 추가 과징금 부과처분의 대상이 된 위반행위에 대하여 일괄하여 하나의 과징금 부과처분을 하는 경우와의 형평을 고려하여 추가 과징금 부과처분의 처분양정이 이루어져야 한다. (대판2020두48390)

정답 ②

15
다음 중 행정법상 의무의 강제방법에 관한 설명으로 가장 옳지 않은 것은? (단, 다툼이 있는 경우 판례에 의함) 22 군무원 7급

① 법인은 기관을 통하여 행위하므로 법인이 대표자를 선임한 이상 그의 행위로 인한 법률효과는 법인에게 귀속되어야 하고, 법인 대표자의 범죄행위에 대하여는 법인이 자신의 행위에 대한 책임을 부담하는 것이다.

② 행정청이 여러 개의 위반행위에 대하여 하나의 제재처분을 하였으나, 위반행위별로 제재처분의 내용을 구분하는 것이 가능하고 여러 개의 위반행위 중 일부의 위반행위에 대한 제재처분 부분만이 위법하다면, 법원은 제재처분 중 위법성이 인정되는 부분만 취소하여야 하고 제재처분 전부를 취소하여서는 아니된다.

③ 관계 법령상 행정대집행의 절차가 인정되어 행정청이 행정대집행의 방법으로 건물의 철거 등 대체적 작위의무의 이행을 실현할 수 있는 경우에는 따로 민사소송의 방법으로 그 의무의 이행을 구할 수 없다.

④ 행정대집행은 대체적 작위의무에 대한 강제집행수단이고, 이행강제금은 부작위의무나 비대체적 작위의무에 대한 강제집행수단이므로 이행강제금은 대체적 작위의무의 위반에 대하여는 부과될 수 없다.

해설

④ (×) 전통적으로 행정대집행은 대체적 작위의무에 대한 강제집행수단으로, 이행강제금은 부작위의무나 비대체적 작위의무에 대한 강제집행수단으로 이해되어 왔으나, 이는 이행강제금제도의 본질에서 오는 제약은 아니며 이행강제금은 대체적 작위의무의 위반에 대하여도 부과될 수 있다. 행정청은 개별사건에 있어서 대집행과 이행강제금을 선택적으로 활용할 수 있으며, 이처럼 그 합리적인 재량에 의해 선택하여 활용하는 이상, 중첩적인 제재에 해당한다고 볼 수 없다. (헌재2001헌바80·84·102·103, 2002헌바26(병합)) 즉, 전통적으로 이행강제금은 행정대집행이 허용되지 않는 부작위의무나 비대체적 작위의무에 대한 강제집행수단으로 실무상 행하여졌을 뿐이지 불가능한 것은 아니다. 따라서 이행강제금은 대체적 작위의무의 위반에 대하여도 부과될 수 있다.

① (○) 헌재2019헌가25
② (○) 대판2019두63515
③ (○) 대판2016다213916

정답 ④

16 다음 중 행정상 강제집행에 대한 설명으로 가장 옳지 않은 것은? (다툼이 있는 경우 판례에 의함)

22 해경승진

① 「건축법」상 이행강제금 납부의무는 상속인 기타의 사람에게 승계될 수 없는 일신전속적인 성질을 갖는다.
② 「행정대집행법」상 건물철거 대집행은 다른 방법으로는 이행의 확보가 어렵고 불이행을 방치함이 심히 공익을 해하는 것으로 인정될 때에 한하여 허용되고 이러한 요건의 주장·입증책임은 처분행정청에 있다.
③ 「국세징수법」상의 공매통지 자체는 그 상대방인 체납자 등의 법적 지위나 권리·의무에 직접적인 영향을 주는 행정처분에 해당한다고 할 것이므로 공매통지 자체를 항고소송의 대상으로 삼아 그 취소 등을 구할 수 있다.
④ 관계법령상 행정대집행의 절차가 인정되어 행정청이 행정대집행의 방법으로 건물의 철거 등 대체적 작위의무의 이행을 실현할 수 있는 경우에는 따로 민사소송의 방법으로 그 의무의 이행을 구할 수 없다.

체납자 등에 대한 공매통지는 국가의 강제력에 의하여 진행되는 공매에서 체납자 등의 권리 내지 재산상의 이익을 보호하기 위하여 법률로 규정한 절차적 요건이라고 보아야 하며, 공매처분을 하면서 체납자 등에게 공매통지를 하지 않았거나 공매통지를 하였더라도 그것이 적법하지 아니한 경우에는 절차상의 흠이 있어 그 공매처분이 위법하게 되는 것이지만, 공매통지 자체가 그 상대방인 체납자 등의 법적 지위나 권리·의무에 직접적인 영향을 주는 행정처분에 해당한다고 할 것은 아니므로 다른 특별한 사정이 없는 한 체납자 등은 공매통지의 결여나 위법을 들어 공매처분의 취소 등을 구할 수 있는 것이지 공매통지 자체를 항고소송의 대상으로 삼아 그 취소 등을 구할 수는 없다. (대판2010두25527)

정답 ③

17 행정상 강제집행에 대한 설명으로 옳지 않은 것은? (다툼이 있는 경우 판례에 의함)

21 소방공채

① 대집행은 비금전적인 대체적 작위의무를 의무자가 이행하지 않는 경우 행정청이 스스로 의무자가 행하여야 할 행위를 하거나 제3자로 하여금 행하게 하는 것으로, 그 대집행의 대상은 공법상 의무에만 한정하지 않는다.
② 행정청이 대집행에 대한 계고를 함에 있어서 의무자가 스스로 이행하지 아니하는 경우 대집행할 행위의 내용과 범위가 구체적으로 특정되어야 하지만, 그 내용 및 범위는 대집행계고서에 의해서만 특정되어야 하는 것은 아니고 그 처분 전후에 송달된 문서나 기타 사정을 종합하여 이를 특정할 수 있으면 족하다.
③ 비상시 또는 위험이 절박한 경우에 있어 당해 행위의 급속한 실시를 요하여 대집행영장에 의한 통지절차를 취할 여유가 없을 때에는 이 절차를 거치지 아니하고 대집행할 수 있다.
④ 개발제한구역 내의 건축물에 대하여 허가를 받지 않고 한 용도변경행위에 대한 형사처벌과 「건축법」 제83조 제1항에 의한 시정명령 위반에 대한 이행강제금 부과는 이중처벌에 해당하지 아니한다.

「행정기본법」 제30조 및 「행정대집행법」 제2조. 대집행은 대체적 작위의무를 의무자가 이행하지 않는 경우 행정청이 스스로 의무자가 행하여야 할 행위를 하거나 제3자로 하여금 행하게 하는 것으로, 행정청과 대집행의무자의 법률관계는 공법관계이다. 따라서 대집행의 대상이 되는 의무는 사법(私法)상의 의무가 아니라 공법상의 의무에 한한다.

정답 ①

18 행정대집행에 관한 설명으로 옳지 않은 것은? (다툼이 있는 경우 판례에 의함) 21 소방공채

① 대집행의 근거법으로는 대집행에 관한 일반법인 「행정대집행법」과 대집행에 관한 개별법 규정이 있다.
② 대집행의 요건을 충족한 경우에 행정청이 대집행을 할 것인지 여부에 관해서 소수설은 재량행위로 보나, 다수설과 판례는 기속행위로 본다.
③ 대집행의 절차인 '대집행의 계고'의 법적 성질은 준법률행위적 행정행위이므로 계고 그 자체가 독립하여 항고소송의 대상이나, 2차 계고는 새로운 철거의무를 부과하는 것이 아니고 대집행기한의 연기통지에 불과하므로 행정처분으로 볼 수 없다는 판례가 있다.
④ 계고처분의 후속절차인 대집행에 위법이 있다고 하여 그와 같은 후속절차에 위법성이 있다는 점을 들어 선행절차인 계고처분이 부적법하다는 사유로 삼을 수는 없다.

② (X) 대집행의 요건이 충족되는 경우에 대집행권한을 발동할 것인지는 행정청의 재량에 속하므로, 재량권의 일탈·남용이 되지 않도록 법의 일반원칙을 준수하여야 한다는 것이 다수설·판례이다.
① (O) 행정상 강제집행의 근거법으로는 대집행에 관한 일반법으로서 행정대집행법과 행정상 강제징수에 관한 일반법으로서 기능을 하는 국세징수법이 있으며, 그 밖에 개별법이 존재한다.
③ (O) 계고의 성질에 대해서 판례는 준법률행위적 행정행위로서 통지에 속하므로 항고소송의 대상이 되는 행정처분으로 보고 있다. 한편 반복된 계고의 경우에는 1차 계고만이 처분성을 가지며, 제2차·3차 계고는 대집행기한의 연기통지에 불과하여 처분성을 부정하는 것이 판례의 태도이다. (대판94누5144)
④ (O) 계고처분의 후속절차인 대집행에 위법이 있다고 하더라도, 그와 같은 후속절차에 위법성이 있다는 점을 들어 선행절차인 계고처분이 부적법하다는 사유로 삼을 수는 없다. (대판96누15428)

정답 ②

19 「행정대집행법」상 대집행에 관한 설명 중 가장 적절하지 않은 것은? (다툼이 있는 경우 판례에 의함)

21 경찰행정

① 적법한 건축물에 대한 철거명령은 그 하자가 중대하고 명백하여 당연무효이고, 그 후행 행위인 건축물철거 대집행계고 역시 당연무효이다.
② 제1차로 철거명령 및 대집행계고를 한 데 이어 제2차로 대집행 계고를 하였는데도 불응하여 대집행을 일부 실행한 후 철거의무자의 연기 요청을 받아들여 중단하였다가 그 기한이 지나 다시 제3차로 철거명령 및 대집행계고를 한 경우에 제3차로 한 철거명령 및 대집행계고는 항고소송의 대상이 되지 않는다.
③ 행정청이 행정대집행의 방법으로 건물의 철거 등 대체적 작위의무의 이행을 실현할 수 있는 경우에는 따로 민사소송의 방법으로 그 의무의 이행을 구할 수 없다.
④ 행정대집행을 실시하기 위하여 지출한 비용은 민사소송절차에 의하여 그 비용의 상환을 청구할 수 있다.

> **해설**
> 행정대집행을 실시하기 위하여 지출한 비용에 대하여 행정대집행에 따른 비용납부명령 및 국세징수법에 따른 행정상 강제징수가 가능하다. 따라서 행정상 강제집행이 가능하므로 민사상 강제집행을 구하기 위한 민사소송은 허용되지 않는다. (※관련판례. 대한주택공사가 구 대한주택공사법 및 구 대한주택공사법 시행령에 의하여 대집행권한을 위탁받아 공무인 대집행을 실시하기 위하여 지출한 비용은 행정대집행법 절차에 따라 국세징수법의 예에 의하여 징수할 수 있음에도 민사소송절차에 의한 소송은 부적법하다. (대판2010다48240)
> **정답** ④

20 행정대집행에 관한 설명으로 옳은 것을 모두 고른 것은? (다툼이 있으면 판례에 따름)

22 행정사

> ㉠ 대집행영장에 의한 통지는 취소소송의 대상이 된다.
> ㉡ 「행정대집행법」에서는 대집행에 대해 행정심판을 제기할 수 있음을 규정하고 있다.
> ㉢ 계고처분의 후속절차인 대집행에 위법이 있다고 하더라도, 그와 같은 후속절차에 위법성이 있다는 점을 들어 선행절차인 계고처분이 부적법하다는 사유로 삼을 수는 없다.
> ㉣ 대집행은 대집행의 대상이 되는 의무를 명하는 처분청이 그 주체가 되며 타인에게 위탁할 수 없다.

① ㉠
② ㉡, ㉢
③ ㉠, ㉡, ㉢
④ ㉡, ㉢, ㉣
⑤ ㉠, ㉡, ㉢, ㉣

- ㉣ (✕) 대집행은 대집행의 대상이 되는 의무를 명하는 처분청이 그 주체가 되는 것이 원칙이나, 법령에 근거를 두고 타인에게 대집행권한을 위탁할 수 있다. 또한 대집행을 현실로 수행하는 자가 반드시 행정청이어야 하는 것은 아니므로 제3자에게 실행을 위탁할 수도 있다.
- ㉠ (○) 행정대집행의 각 절차는 각각 처분성이 인정된다. 대집행영장에 의한 통지 역시 준법률행위적 행정행위인 강학상 통지로서 취소소송의 대상이 된다.
- ㉡ (○) 대집행에 대하여는 행정심판을 제기할 수 있다. (행정대집행법 제7조)
- ㉢ (○) 계고처분의 후속절차인 대집행에 위법이 있다고 하더라도, 그와 같은 후속절차에 위법성이 있다는 점을 들어 선행절차인 계고처분이 부적법하다는 사유로 삼을 수는 없다. (대판96누15428)

정답 ③

21 행정대집행에 관한 설명으로 옳지 않은 것은? (다툼이 있는 경우 판례에 의함) 23 소방공채

① 타인이 대신하여 행할 수 있는 행위가 조례에 의하여 직접 명령된 경우에는 행정대집행의 대상이 될 수 있다.
② 위법건축물에 대한 철거명령 및 계고처분에 불응하자 제2차로 계고처분을 행한 경우, 제2차 계고처분은 항고소송의 대상인 행정처분에 해당한다.
③ 대집행비용은 「국세징수법」의 예에 의하여 징수할 수 있다.
④ 계고처분은 독립한 처분으로서, 위법건축물에 대한 철거명령과 동시에 발령할 수 있다.

계고의 성질에 대해서 판례는 준법률행위적 행정행위로서 통지에 속하므로 항고소송의 대상이 되는 행정처분으로 보고 있다. 한편 반복된 계고의 경우에는 1차 계고만이 처분성을 가지며, 제2차·3차 계고는 대집행기한의 연기통지에 불과하여 처분성을 부정하는 것이 판례의 태도이다. (대판94누5144)

정답 ②

22 행정대집행에 대한 설명으로 옳지 않은 것은? 23 국가직 9급

① 행정대집행은 「행정기본법」상 행정상 강제에 해당한다.
② 대집행에 요한 비용은 「국세징수법」의 예에 의하여 징수할 수 있다.
③ 「행정대집행법」상 대집행의 대상이 되는 대체적 작위의무는 공법상 의무이어야 한다.
④ 대집행에 요한 비용에 대하여서는 행정청은 사무비의 소속에 따라 국세와 동일한 순위의 선취득권을 가지며, 대집행에 요한 비용을 징수하였을 때에는 그 징수금은 국고의 수입으로 한다.

④ (✗) 대집행에 요한 비용에 대하여서는 행정청은 사무비의 소속에 따라 국세에 다음가는 순위의 선취득권을 가지며, 대집행에 요한 비용을 징수하였을 때에는 그 징수금은 사무비의 소속에 따라 국고 또는 지방자치단체의 수입으로 한다. (행정대집행법 제6조 제2항 및 제3항)
① (O) 「행정기본법」역시 제30조에서 행정상 강제집행의 하나인 행정대집행을 행정상 강제의 일종으로 규정하고 있다.
② (O) 대집행에 요한 비용은 국세징수법의 예에 의하여 징수할 수 있다. (행정대집행법 제6조 제1항)
③ (O) 「행정대집행법」상 대집행의 대상이 되는 대체적 작위의무는 공법상 의무이어야 할 것인데, 사법상 계약의 실질을 가지는 것이므로, 그 협의취득시 건물소유자가 매매대상 건물에 대한 철거의무를 부담하겠다는 취지의 약정을 하였다고 하더라도 이러한 철거의무는 공법상의 의무가 될 수 없고, 이 경우에도 「행정대집행법」을 준용하여 대집행을 허용하는 별도의 규정이 없는 한 위와 같은 철거의무는 「행정대집행법」에 의한 대집행의 대상이 되지 않는다. (대판 2006두7096)

정답 ④

23 「행정대집행법」의 내용에 관한 설명으로 옳은 것은?

23 행정상

① 의무자가 동의한 경우라도 행정청은 해가 뜨기 전에는 대집행을 착수할 수 없다.
② 해가 지기 전에 대집행을 착수한 경우라도 해가 진 후에는 행정청은 즉시 대집행을 중단해야 한다.
③ 대집행에 대하여는 행정심판을 제기할 수 없다.
④ 대집행에 요한 비용은 「민사집행법」의 예에 의하여 징수하여야 한다.
⑤ 대집행에 요한 비용에 대하여서는 행정청은 사무비의 소속에 따라 국세에 다음가는 순위의 선취득권을 가진다.

⑤ (O) 행정대집행법 제6조 제2항 및 제3항
①, ② (✗) 의무자가 동의한 경우 예외적으로 해가 뜨기 전이나 해가 진 후에도 대집행을 할 수 있다. 그리고 해가 지기 전에 대집행을 착수한 경우 해가 진 후에도 행정청은 대집행을 할 수 있다. (행정대집행법 제4조 제1항 단서 및 제1호, 제2호)
③ (✗) 대집행에 대하여는 행정심판을 제기할 수 있다. (행정대집행법 제7조)
④ (✗) 대집행에 요한 비용은 「국세징수법」의 예에 의하여 징수할 수 있다. (행정대집행법 제6조 제1항)

정답 ⑤

24 「행정대집행법」상 대집행에 관한 설명으로 옳은 것은? (다툼이 있으면 판례에 따름) 21 행정사

① 철거대집행 계고처분 후 행한 제2차 계고는 대집행기한의 연기통지가 아니라 새로운 철거의무를 부과한 것이다.
② 철거명령과 계고처분은 계고서라는 명칭의 1장의 문서로 이루어질 수 있다.
③ 대집행은 처분청 스스로 하여야 하며, 대집행 권한을 제3자에게 위임·위탁할 수 없다.
④ 후행처분인 대집행영장발부통보처분의 취소소송에서, 선행처분인 계고처분의 위법을 이유로 대집행영장발부통보처분이 위법하다는 주장을 할 수 없다.
⑤ 행정청이 대집행의 방법으로 건물철거의무의 이행을 실현할 수 있는 경우, 건물철거 대집행 과정에서 부수적으로 건물의 점유자들에 대한 퇴거 조치를 할 수 없다.

② (○) 계고서라는 명칭의 1장의 문서로서 일정기간 내에 위법건축물의 자진철거를 명함과 동시에 그 소정기한 내에 자진철거를 하지 아니할 때에는 대집행할 뜻을 미리 계고한 경우라도 건축법에 의한 철거명령과 행정대집행법에 의한 계고처분은 독립하여 있는 것으로서 각 그 요건이 충족되었다고 볼 것이다. 이 경우 철거명령에서 주어진 일정기간이 자진철거에 필요한 상당한 기간이라면 그 기간 속에는 계고시에 필요한 '상당한 이행기간'도 포함되어 있다고 보아야 할 것이다. (대판91누13564)
① (×) 계고의 성질에 대해서 판례는 준법률행위적 행정행위로서 통지에 속하므로 항고소송의 대상이 되는 행정처분으로 보고 있다. 한편 반복된 계고의 경우에는 1차 계고만이 처분성을 가지며, 제2차·3차 계고는 대집행기한의 연기통지에 불과하여 처분성을 부정하는 것이 판례의 태도이다. (대판94누5144)
③ (×) 대집행은 처분청 스스로 하거나 또는 대집행 권한을 제3자에게 위임·위탁하여 행할 수 있다.
④ (×) 계고처분과 대집행영장발부통보처분은 서로 결합하여 하나의 법률효과를 추구하므로 하자승계가 인정된다. 따라서 후행처분인 대집행영장발부통보처분의 취소소송에서, 선행처분인 계고처분의 위법을 이유로 대집행영장발부통보처분이 위법하다는 주장을 할 수 있다.
⑤ (×) 행정청이 행정대집행의 방법으로 건물철거의무의 이행을 실현할 수 있는 경우에는 건물철거 대집행 과정에서 부수적으로 건물의 점유자들에 대한 퇴거 조치를 할 수 있고, 점유자들이 적법한 행정대집행을 위력을 행사하여 방해하는 경우 형법상 공무집행방해죄가 성립하므로, 필요한 경우에는 '경찰관 직무집행법'에 근거한 위험발생 방지조치 또는 형법상 공무집행방해죄의 범행방지 내지 현행범체포의 차원에서 경찰의 도움을 받을 수도 있다. (대판2016다213916) ※ 건물점유자들이 철거의무자인 경우 철거의무에 퇴거의무도 포함되어 있어 철거의무를 실현시킬 수 있는 행정대집행의 근거가 있으면 별도의 법적 근거 내지 집행권원 없이도 대집행을 실시하기에 앞서 철거의무자를 해당 건물에서 퇴거시킬 수 있다는 것이 판례의 취지이다.

정답 ②

25. 행정대집행에 대한 설명으로 옳지 않은 것은? (다툼이 있는 경우 판례에 의함) `21 지방직 9급`

① 도시공원시설 점유자의 퇴거 및 명도 의무는 「행정대집행법」에 의한 대집행의 대상이 아니다.
② 후행처분인 대집행비용납부명령 취소청구 소송에서 선행처분인 계고처분이 위법하다는 이유로 대집행비용납부명령의 취소를 구할 수 없다.
③ 대집행에 요한 비용을 징수하였을 때에는 그 징수금은 사무비의 소속에 따라 국고 또는 지방자치단체의 수입으로 한다.
④ 대집행에 대하여는 행정심판을 제기할 수 있다.

> **해설**
>
> ② (×) 선행처분인 계고처분과 후행처분인 대집행비용납부명령은 모두 행정대집행의 절차들로서, 공법상 대체적 작위의무를 실현시키는 하나의 법률효과를 목적으로 하므로 선행처분의 하자가 후행처분에 승계된다. (※관련판례. 후행처분인 대집행비용납부명령의 취소를 청구하는 소송에서 청구원인으로 선행처분인 계고처분이 위법한 것이기 때문에 그 계고처분을 전제로 행하여진 대집행비용납부명령도 위법한 것이라는 주장을 할 수 있다. (대판93누14271))
> ① (○) 도시공원시설인 매점의 관리청이 그 공동점유자 중의 1인에 대하여 소정의 기간 내에 위 매점으로부터 퇴거하고 이에 부수하여 그 판매시설물 및 상품을 반출하지 아니할 경우 이를 대집행하겠다는 내용의 계고처분의 목적이 된 의무는 매점에 대한 원고의 점유를 배제하고 그 점유이전을 받는 데 있다고 할 것인데, 이러한 의무는 그것을 강제적으로 실현함에 있어 직접적인 실력행사가 필요한 것이지 대체적 작위의무에 해당하는 것은 아니어서 직접강제의 방법에 의하는 것은 별론으로 하고 행정대집행법에 의한 대집행의 대상이 되는 것은 아니다. (대판97누157)
> ③ (○) 대집행에 요한 비용에 대하여서는 행정청은 사무비의 소속에 따라 국세에 다음가는 순위의 선취득권을 가지며, 대집행에 요한 비용을 징수하였을 때에는 그 징수금은 사무비의 소속에 따라 국고 또는 지방자치단체의 수입으로 한다. (행정대집행법 제6조 제2항 및 제3항)
> ④ (○) 대집행에 대하여는 행정심판을 제기할 수 있다. (행정대집행법 제7조)
>
> **정답** ②

26. 대집행에 대한 설명으로 가장 옳지 않은 것은? `22 서울시 7급`

① 정당한 사유 없이 공유재산에 시설물을 설치한 경우 행정청은 행정대집행의 방법을 통해 해당 시설물을 철거할 수 있고, 이 경우에는 민사소송의 방법으로 시설물 철거를 할 수 없다.
② 불법시설물의 철거는 대집행이 가능하지만, 점유를 이전하는 것은 비대체적인 것으로 「행정대집행법」에 의한 대집행의 대상이 되는 것은 아니다.
③ 처분등의 효과가 처분등의 집행, 그 밖의 사유로 인하여 소멸된 후에도 처분의 취소를 구할 법률상 이익이 인정될 수 있다.
④ 위법한 대집행이 완료되었더라도 미리 그 행정처분의 취소판결이 있어야만, 그 행정처분의 위법을 이유로 한 손해배상청구를 할 수 있다.

위법한 행정대집행이 완료되면 그 계고처분의 무효확인 또는 취소를 구할 소의 이익은 없다 하더라도, 미리 그 행정처분의 취소판결이 있어야만, 그 행정처분의 위법임을 이유로 한 손해배상 청구를 할 수 있는 것은 아니다. (대판72다337)

정답 ④

27 「행정대집행법」상 행정대집행에 대한 설명으로 옳지 않은 것은? (다툼이 있는 경우 판례에 의함)

22 지방직 7급

① 관계 법령상 행정대집행의 절차가 인정되어 행정청이 행정대집행의 방법으로 건물의 철거 등 대체적 작위의무의 이행을 실현할 수 있는 경우에는 따로 민사소송의 방법으로 그 의무의 이행을 구할 수 없다.
② 행정청이 행정대집행을 한 경우 그에 따른 비용의 징수는 「행정대집행법」의 절차에 따라 「국세징수법」의 예에 의하여 징수하여야 하며, 손해배상을 구하는 민사소송으로 징수할 수는 없다.
③ 행정대집행에 있어 대집행 대상인 건물의 점유자가 철거의무자일 때에는 건물철거의무에 퇴거의무도 포함되어 있는 것이어서 별도로 퇴거를 명하는 집행권원이 필요하지 않다.
④ 법령이 일정한 행위를 금지하고 있는 경우, 그 금지규정으로부터 위반결과의 시정을 명하는 행정청의 처분권한은 당연히 도출되므로 행정청은 그 금지규정에 근거하여 시정을 명하고 행정대집행에 나아갈 수 있다.

④ (✕) 당해 법령에서 그 위반자에 대하여 위반에 의하여 생긴 유형적 결과의 시정을 명하는 행정처분의 권한을 인정하는 규정을 별도로 두고 있지 않으면, 위 금지규정을 위반한 결과를 시정하기 위하여 곧바로 행정대집행을 할 수 없다. [※관련판례. 단순한 부작위의무의 위반, 즉 관계 법령에 정하고 있는 절대적 금지나 허가를 유보한 상대적 금지를 위반한 경우에는 당해 법령에서 그 위반자에 대하여 위반에 의하여 생긴 유형적 결과의 시정을 명하는 행정처분의 권한을 인정하는 규정을 두고 있지 아니한 이상, 법치주의의 원리에 비추어 볼 때 위와 같은 부작위의무로부터 그 의무를 위반함으로써 생긴 결과를 시정하기 위한 작위의무를 당연히 끌어낼 수는 없으며, 또 위 금지규정(특히 허가를 유보한 상대적 금지규정)으로부터 작위의무, 즉 위반결과의 시정을 명하는 권한이 당연히 추론(推論)되는 것도 아니다. (대판 96누4374)]
① (O) 대판2016다213946
② (O) 대판2010다48240
③ (O) 대판2016다213916

정답 ④

28 다음 중 행정대집행에 대한 설명으로 가장 옳지 않은 것은? (다툼이 있는 경우 판례에 의함)

23 해경승진

① 관계법령에서 금지규정 및 그 위반에 대한 벌칙규정 두고 있으나 금지규정 위반행위에 대한 시정명령의 권한에 대해서는 규정하고 있지 않은 경우에 그 금지규정 및 벌칙규정은 당연히 금지규정 위반행위로 인해 발생한 유형적 결과를 시정하게 하는 것도 예정하고 있다고 할 것이어서 금지규정 위반으로 인한 결과의 시정을 명하는 권한도 인정하고 있는 것으로 해석된다.
② 행정청이 대집행계고를 함에 있어서는 의무자가 스스로 이행하지 아니하는 경우에 대집행 할 행위의 내용 및 범위가 구체적으로 특정되어야 하지만, 그 행위의 내용 및 범위는 반드시 대집행계고서에 의하여서만 특정되어야 하는 것은 아니다.
③ 공익사업을 위해 토지를 협의매도한 종전 토지소유자가 토지 위의 건물을 철거하겠다는 약정을 하였다고 하더라도 이러한 약정 불이행시 대집행의 대상이 되지 아니한다.
④ 건물의 점유자가 철거의무자일 때에 행정청이 행정대집행의 방법으로 건물철거의무의 이행을 실현할 수 있는 경우에 건물철거 대집행 과정에서 부수적으로 그 건물의 점유자들에 대한 퇴거조치를 할 수 있다.

단순한 부작위의무의 위반, 즉 관계 법령에 정하고 있는 절대적 금지나 허가를 유보한 상대적 금지를 위반한 경우에는 당해 법령에서 그 위반자에 대하여 위반에 의하여 생긴 유형적 결과의 시정을 명하는 행정처분의 권한을 인정하는 규정을 두고 있지 아니한 이상, 법치주의의 원리에 비추어 볼 때 위와 같은 부작위의무로부터 그 의무를 위반함으로써 생긴 결과를 시정하기 위한 작위의무를 당연히 끌어낼 수는 없으며, 또 위 금지규정(특히 허가를 유보한 상대적 금지규정)으로부터 작위의무, 즉 위반결과의 시정을 명하는 권한이 당연히 추론(推論)되는 것도 아니다. (대판 96누4374) 따라서 금지규정 및 벌칙규정은 위반행위로 인한 유형적 결과를 시정하게 하는 권한은 포함하고 있지 않으므로 위반결과에 대한 시정명령은 별도의 법적 근거가 있어야 한다는 것이 판례이다.

정답 ①

29 행정대집행에 관한 설명으로 옳지 않은 것은? (다툼이 있으면 판례에 따름)

22 소방승진

① 대집행계고처분 취소소송의 변론종결 전에 대집행영장에 의한 통지절차를 거쳐 사실행위로서 대집행의 실행이 완료된 경우에는 행위가 위법한 것이라는 이유로 손해배상이나 원상회복 등을 청구하는 것은 별론으로 하고 처분의 취소를 구할 법률상 이익은 없다.
② 한국토지주택공사가 법령에 의하여 대집행권한을 위탁받아 공무인 대집행을 실시하기 위하여 지출한 비용은 「행정대집행법」절차에 따라 「국세징수법」의 예에 의하여 징수할 수 있다.
③ 현행 「건축법」상 위법건축물에 대한 이행강제수단으로 대집행과 이행강제금이 인정되고 있는데, 행정청은 개별 사건에 있어서 위반 내용, 위반자의 시정의지 등을 감안하여 대집행과 이행강제금을 선택적으로 활용할 수 있다.
④ 하천유수인용 허가신청이 불허되었음을 이유로 하천유수인용행위를 중단할 것과 이를 불이행할 경우 「행정대집행법」에 의하여 대집행하겠다는 내용의 계고처분은 적법하다.

하천유수인용(하천류수인용)허가신청이 불허되었음을 이유로 하천유수인용행위를 중단할 것과 이를 불이행할 경우 행정대집행법에 의하여 대집행하겠다는 내용의 계고처분은 대집행의 대상이 될 수 없는 부작위의무에 대한 것으로서 그 자체로 위법함이 명백한바, 이러한 경우 법원으로서는 마땅히 석명권을 행사하여 원고로 하여금 위 계고처분의 위법사유를 밝히게 하고, 나아가 위와 같은 법리에 따라 그 취소 여부를 가려 보아야 한다. (대판96누5445) 따라서 하천유수인용행위 중단의무는 작위의무가 아니라 부작위의무이므로 이를 불이행할 경우 직접강제의 방법은 별론으로 하고 행정대집행의 대상이 아니므로, 하천유수인용 허가신청이 불허되었음을 이유로 하천유수인용행위를 중단할 것과 이를 불이행할 경우 「행정대집행법」에 의하여 대집행하겠다는 내용의 계고처분은 위법하다.

정답 ④

30 행정상 강제집행에 대한 설명으로 옳은 것만을 모두 고르면? (다툼이 있는 경우 판례에 의함)

22 지방직 9급

㉠ 행정청은 퇴거를 명하는 집행권원이 없더라도 건물철거 대집행 과정에서 부수적으로 철거의무자인 건물의 점유자들에 대해 퇴거 조치를 할 수 있다.
㉡ 권원 없이 국유재산에 설치한 시설물에 대하여 관리청이 행정대집행을 통해 철거를 하지 않는 경우 그 국유재산에 대하여 사용청구권을 가진 자는 국가를 대위하여 민사소송으로 그 시설물의 철거를 구할 수 있다.
㉢ 공유 일반재산의 대부료 지급은 사법상 법률관계이므로 행정상 강제집행절차가 인정되더라도 따로 민사소송으로 대부료의 지급을 구하는 것이 허용된다.
㉣ 관계 법령에 위반하여 장례식장 영업을 하고 있는 자에게 부과된 장례식장 사용중지의무는 공법상 의무로서 행정대집행의 대상이 된다.

① ㉠, ㉡ ② ㉠, ㉣
③ ㉡, ㉢ ④ ㉢, ㉣

㉢ (✗) 국유 일반재산의 대부료 등의 징수에 관하여는 국세징수법 규정을 준용한 간이하고 경제적인 특별구제절차가 마련되어 있으므로, 특별한 사정이 없는 한 민사소송의 방법으로 대부료 등의 지급을 구하는 것은 허용되지 아니한다. (대판2014다203588) 즉, 행정상 강제집행이 가능한 경우 민사상 강제집행은 허용되지 않는다. 국유 일반재산의 대부료 징수는 국세징수법이 준용되어 행정상 강제징수가 가능하므로 민사상 강제집행을 위해 민사소송으로 지급을 청구하는 것은 허용되지 않는다.
㉣ (✗) 관계법령을 위반하여 장례식장 영업을 하고 있는 자의 장례식장 사용중지의무는 부작위의무로서 「행정대집행법」 제2조의 규정에 의한 대집행의 대상이 되지 않는다. 따라서 용도위반 부분을 장례식장으로 사용하는 것을 중지할 것과 이를 불이행할 경우 행정대집행을 하겠다는 내용의 계고처분은 위법하다. (대판2005두7464) 즉, 관계법령에 위반하여 장례식장 영업을 하고 있는 자에게 부과된 장례식장 사용중지의무는 공법상 의무이지만 (대체적) 작위의무가 아니라 부작위의무이므로 행정대집행의 대상이 되지 않는다.

㉠ (O) 행정청이 행정대집행의 방법으로 건물철거의무의 이행을 실현할 수 있는 경우에는 건물 철거 대집행 과정에서 부수적으로 건물의 점유자들에 대한 퇴거 조치를 할 수 있고, 점유자들이 적법한 행정대집행을 위력을 행사하여 방해하는 경우 형법상 공무집행방해죄가 성립하므로, 필요한 경우에는 '경찰관 직무집행법'에 근거한 위험발생 방지조치 또는 형법상 공무집행방해죄의 범행방지 내지 현행범체포의 차원에서 경찰의 도움을 받을 수도 있다. (대판2016다213916) 따라서 관계 법령상 행정대집행의 절차가 인정되어 행정청이 행정대집행의 방법으로 건물의 철거 등 대체적 작위의무의 이행을 실현할 수 있는 경우에는 따로 민사소송의 방법으로 그 의무의 이행을 구할 수 없다. 한편 건물의 점유자가 철거의무자일 때에는 건물철거의무에 퇴거의무도 포함되어 있는 것이어서 별도로 퇴거를 명하는 집행권원이 필요하지 않다.

㉡ (O) 아무런 권원 없이 국유재산에 설치한 시설물에 대하여 행정청이 행정대집행을 실시하지 않는 경우, 그 국유재산에 대한 사용청구권을 가지고 있는 자가 국가를 대위하여 민사소송으로 그 시설물의 철거를 구할 수 있다. (대판2009다1122)

정답 ①

31 이행강제금에 대한 설명으로 옳지 않은 것은? (다툼이 있는 경우 판례에 의함)

① 이행강제금은 대체적 작위의무의 위반에 대하여도 부과될 수 있다.
② 이미 사망한 사람에게 「건축법」상의 이행강제금을 부과하는 내용의 처분이나 결정은 당연무효이다.
③ 「부동산 실권리자명의 등기에 관한 법률」상 장기미등기자가 이행강제금 부과 전에 등기신청의무를 이행하였더라도 동법에 규정된 기간이 지나서 등기신청의무를 이행하였다면 이행강제금을 부과할 수 있다.
④ 「건축법」상 위법건축물에 대한 이행강제수단으로 대집행과 이행강제금이 인정되고 있는데, 행정청은 개별사건에 있어서 위반내용, 위반자의 시정의지 등을 감안하여 대집행과 이행강제금을 선택적으로 활용할 수 있다.

해설

「부동산 실권리자명의 등기에 관한 법률」상 '장기미등기자'에 대하여 부과되는 이행강제금은 소유권이전등기신청의무 불이행이라는 과거의 사실에 대한 제재인 과징금과 달리, 장기미등기자에게 등기신청의무를 이행하지 아니하면 이행강제금이 부과된다는 심리적 압박을 주어 의무의 이행을 간접적으로 강제하는 행정상의 간접강제 수단에 해당한다. 따라서 장기미등기자가 이행강제금 부과 전에 등기신청의무를 이행하였다면 이행강제금의 부과로써 이행을 확보하고자 하는 목적은 이미 실현된 것이므로 부동산실명법 제6조 제2항에 규정된 기간이 지나서 등기신청의무를 이행한 경우라 하더라도 이행강제금을 부과할 수 없다. (대판 2015두36454)

정답 ③

32. 이행강제금에 대한 설명으로 옳지 않은 것은? (다툼이 있는 경우 판례에 의함) `21 지방직 7급`

① 「건축법」상 이행강제금은 시정명령의 불이행이라는 과거의 위반행위에 대한 제재가 아니라 시정명령을 이행하지 않고 있는 건축주 등에 대하여 다시 상당한 이행기한을 부여하고 기한 안에 시정명령을 이행하지 않으면 이행강제금이 부과된다는 사실을 고지함으로써 의무자에게 심리적 압박을 주어 시정명령에 따른 의무의 이행을 간접적으로 강제하는 수단의 성질을 가진다.

② 「건축법」상 행정청은 의무자가 행정상 의무를 이행할 때까지 이행강제금을 반복하여 부과할 수 있으나, 의무자가 의무를 이행하면 새로운 이행강제금의 부과를 즉시 중지하여야 하고 이미 부과한 이행강제금은 징수하지 아니한다.

③ 「농지법」에 따른 이행강제금을 부과할 때에는 그때마다 이행강제금을 부과·징수한다는 뜻을 미리 문서로 알려야 하고, 이와 같은 절차를 거치지 아니한 채 이행강제금을 부과하는 것은 이행강제금 제도의 취지에 반하는 것으로써 위법하다.

④ 「건축법」상 이행강제금은 위반행위에 대하여 시정명령을 받은 후 시정기간 내에 당해 시정명령을 이행하지 아니한 건축주 등에 대하여 부과하는 것으로서 그 이행강제금 납부의무는 상속인 기타의 사람에게 승계될 수 없는 일신전속적인 성질의 것이므로 이미 사망한 사람에게 이행강제금을 부과하는 내용의 처분이나 결정은 당연무효이다.

이미 부과된 이행강제금은 징수한다. 「건축법」 제80조 제6항 등 참조.
「건축법」 제80조(이행강제금) 제5항. 허가권자는 최초의 시정명령이 있었던 날을 기준으로 하여 1년에 2회 이내의 범위에서 해당 지방자치단체의 조례로 정하는 횟수만큼 그 시정명령이 이행될 때까지 반복하여 제1항 및 제2항에 따른 이행강제금을 부과·징수할 수 있다.
제6항. 허가권자는 제79조 제1항에 따라 시정명령을 받은 자가 이를 이행하면 새로운 이행강제금의 부과를 즉시 중지하되, 이미 부과된 이행강제금은 징수하여야 한다.

정답 ②

33. 다음 중 이행강제금에 대한 설명으로 가장 옳지 않은 것은? (단, 다툼이 있는 경우 판례에 의함) `22 군무원 9급`

① 구 「건축법」상 이행강제금은 위반행위에 대하여 시정명령을 받은 후 시정기간 내에 당해 시정명령을 이행하지 아니한 건축주 등에 대하여 부과되는 간접강제의 일종으로서 금전제재의 성격을 가지므로 그 이행강제금 납부의무는 상속인 기타의 사람에게 승계될 수 있다.

② 행정청은 의무자가 행정상 의무를 이행할 때까지 이행강제금을 반복하여 부과할 수 있고, 의무자가 의무를 이행하면 새로운 이행강제금의 부과를 즉시 중지하되, 이미 부과한 이행강제금은 징수하여야 한다.

③ 장기 의무위반자가 이행강제금 부과 전에 그 의무를 이행하였다면 이행강제금의 부과로써 이행을 확보하고자 하는 목적은 이미 실현된 것이므로 이행강제금을 부과할 수 없다.
④ 이행강제금은 의무위반에 대하여 장래의 의무이행을 확보하는 수단이라는 점에서 과거의 의무위반에 대한 제재인 행정벌과 구별된다.

「건축법」상 이행강제금 납부의무는 상속인 기타의 사람에게 승계될 수 없는 일신전속적 성질의 것이라고 본다. 따라서 이행강제금을 부과받은 사람이 재판절차가 개시된 이후에 사망한 경우, 절차가 종료된다. (대판2006마470)

정답 ①

34 다음 중 이행강제금에 대한 설명으로 가장 옳지 않은 것은? (다툼이 있는 경우 판례에 의함)
23 해경승진

① 「건축법」상 시정명령 불이행에 대한 이행강제금 부과의 경우 허가권자는 부과하기 전에 이행강제금을 부과·징수한다는 뜻을 미리 문서로써 계고하여야 한다.
② 대체적 작위의무 불이행에 대하여는 대집행이 가능하므로 이행강제금은 대체적 작위의무 불이행에 대하여는 부과할 수 없다.
③ 이행강제금의 부과처분에 대한 불복방법에 관하여 아무런 규정을 두고 있지 않는 경우에는 이행강제금 부과처분은 행정행위이므로 행정심판 또는 행정소송을 제기할 수 있다.
④ 「건축법」상 무허가 건축행위를 한 자에 대하여 형사처벌을 함과 아울러 이행강제금을 부과하더라도 이중처벌에 해당하지 않는다는 것이 헌법재판소의 입장이다.

전통적으로 행정대집행은 대체적 작위의무에 대한 강제집행수단으로, 이행강제금은 부작위의무나 비대체적 작위의무에 대한 강제집행수단으로 이해되어 왔으나, 이는 이행강제금제도의 본질에서 오는 제약은 아니며 이행강제금은 대체적 작위의무의 위반에 대하여도 부과될 수 있다. 행정청은 개별사건에 있어서 대집행과 이행강제금을 선택적으로 활용할 수 있으며, 이처럼 그 합리적인 재량에 의해 선택하여 활용하는 이상, 중첩적인 제재에 해당한다고 볼 수 없다. (헌재2001헌바80·84·102·103, 2002헌바26(병합))

정답 ②

35

「행정대집행법」상 대집행과 이행강제금에 대한 甲과 乙의 대화 중 乙의 답변이 옳지 않은 것은? (다툼이 있는 경우 판례에 의함) `21 국가직 9급`

① 甲: 행정대집행의 절차가 인정되는 경우에도 행정청이 민사상 강제집행수단을 이용할 수 있나요?
　乙: 행정대집행의 절차가 인정되어 실현할 수 있는 경우에는 따로 민사소송의 방법을 이용할 수 없습니다.

② 甲: 대집행의 적용대상은 무엇인가요?
　乙: 대집행은 공법상 대체적 작위의무의 불이행이 있는 경우에 행할 수 있습니다.

③ 甲: 행정청은 대집행의 대상이 될 수 있는 것에 대하여 이행강제금을 부과할 수도 있나요?
　乙: 행정청은 개별사건에 있어서 위법건축물에 대하여 대집행과 이행강제금을 선택적으로 활용할 수 있습니다.

④ 甲: 만약 이행강제금을 부과받은 사람이 사망하였다면 이행강제금의 납부의무는 상속인에게 승계되나요?
　乙: 이행강제금의 납부의무는 상속의 대상이 되므로, 상속인이 납부의무를 승계합니다.

 해설

④ (×) 판례는 「건축법」상 이행강제금 납부의무는 상속인 기타의 사람에게 승계될 수 없는 일신 전속적 성질의 것이라고 본다. 따라서 이행강제금을 부과받은 사람이 재판절차가 개시된 이후에 사망한 경우, 절차가 종료된다. (대판2006마470)

① (○) 아무런 권원 없이 국유재산에 설치한 시설물에 대하여 행정청이 행정대집행을 할 수 있음에도 민사소송의 방법으로 그 시설물의 철거를 구하는 것은 허용되지 않는다. (대판2009다1122) 즉, 대법원은 행정상 강제집행이 가능한 경우 민사상 강제집행은 허용될 수 없다는 입장이다.

② (○) 행정대집행의 적용대상은 공법상 대체적 작위의무의 불이행이다. 대집행의 대상이 되는 공법상의 의무는 보통의 경우 행정처분에 의하여 부과되는 것이 원칙이지만, 법령에 의해 직접 부과될 수도 있다.

③ (○) 이행강제금은 비대체적 작위의무, 부작위의무 위반에 국한되는 것이 아니라 대체적 작위의무의 위반에도 부과될 수 있다. 헌법재판소는 현행 건축법상 위법건축물에 대한 이행강제수단으로 대집행(건축법 제85조)과 이행강제금(건축법 제80조)을 선택적으로 활용할 수 있도록 한 규정을 합헌으로 파악하였다. [※관련판례. 전통적으로 행정대집행은 대체적 작위의무에 대한 강제집행수단으로, 이행강제금은 부작위의무나 비대체적 작위의무에 대한 강제집행수단으로 이해되어 왔으나, 이는 이행강제금제도의 본질에서 오는 제약은 아니며 이행강제금은 대체적 작위의무의 위반에 대하여도 부과될 수 있다. 행정청은 개별사건에 있어서 대집행과 이행강제금을 선택적으로 활용할 수 있으며, 이처럼 그 합리적인 재량에 의해 선택하여 활용하는 이상, 중첩적인 제재에 해당한다고 볼 수 없다. (헌재2001헌바80·84·102·103, 2002헌바26(병합)]

정답 ④

36 다음은 「식품위생법」 조문의 일부이다. 이에 대한 설명으로 옳은 것은? `15 서울시 9급`

> 제79조(폐쇄조치 등)
> ① 식품의약품안전처장, 시·도지사 또는 시장·군수·구청장은 제37조 제1항, 제4항 또는 제5항을 위반하여 허가받지 아니하거나 신고 또는 등록하지 아니하고 영업을 하는 경우 또는 제75조 제1항 또는 제2항에 따라 허가 또는 등록이 취소되거나 영업소 폐쇄명령을 받은 후에도 계속하여 영업을 하는 경우에는 해당 영업소를 폐쇄하기 위하여 관계 공무원에게 다음 각 호의 조치를 하게 할 수 있다.
>   1. 해당 영업소의 간판 등 영업 표지물의 제거나 삭제
>   2. 해당 영업소가 적법한 영업소가 아님을 알리는 게시문 등의 부착
>   3. 해당 영업소의 시설물과 영업에 사용하는 기구 등을 사용할 수 없게 하는 봉인
> ④ 제1항에 따른 조치는 그 영업을 할 수 없게 하는 데에 필요한 최소한의 범위에 그쳐야 한다.

① 관계 공무원이 계고 등 사전조치 이후 행한 영업 표지물의 제거나 삭제는 즉시강제에 해당한다.
② 적법한 영업소가 아님을 알리는 게시문 등의 부착에 대해서는 취소소송이 적절한 구제수단이 된다.
③ 공무원이 적법하게 영업소의 간판을 제거하더라도 영업주에게 간판에 대한 손해배상을 해야 한다.
④ 위 「식품위생법」 제79조 제4항은 비례의 원칙 중에서 필요성의 원칙을 입법화한 것이다.

④ (O) "… 필요한 최소한의 범위에 그쳐야 한다"는 식품위생법 제79조 제4항은 비례의 원칙 중 최소침해의 원칙이 반영된 규정이다.
① (×) 즉시강제가 아니라 직접강제에 해당한다.
② (×) 게시문 등의 부착은 사실행위로서 처분성이 부정되므로 취소소송이 적절한 구제수단이 될 수 없다. 권력적 사실행위로 취급하여도 행위가 곧바로 완료되는 것이 보통이므로 협의의 소의 이익이 결여되어 역시 취소소송은 적절한 구제수단이 되지 못한다고 할 것이다.
③ (×) 적법한 행정작용에 대하여는 손실보상은 별론으로 하고, 위법한 행정작용을 전제로 하는 손해배상은 타당하지 못하다.

정답 ④

37 행정상 강제징수에 대한 설명으로 옳은 것은?

22 해경승진

① 국세를 그 납부기한까지 완납하지 아니한 때에는 세무서장·시장 또는 군수는 납기 경과 후 30일 내에 독촉장을 발부하여야 한다.
② 납세의무자의 재산에 대하여 사실상·법률상의 처분을 금지시키는 강제보전행위인 압류는 사실행위로서 처분적 성격을 가지지 않는다.
③ 압류대상 재산은 의무자 및 동거인의 소유인 재산적인 가치가 있는 모든 재산을 말하며, 생활필수품의 압류에는 의무자의 동의를 요한다.
④ 체납자가 사망한 후 체납자명의의 재산에 대하여 한 압류는 그 재산을 상속한 상속인에 대하여 한 것으로 본다.

④ (○) 「국세징수법」 제37조 제2항.
① (×) 「국세징수법」 제23조 제1항. 국세를 그 납부기한까지 완납하지 아니한 때에는 세무서장·시장 또는 군수는 납부기한 경과 후 10일 내에 독촉장을 발부하여야 한다.
② (×) 압류는 의무자에 대한 재산에 대해 사실상·법률상의 처분을 금지시키고 처분권을 확보하는 강제집행절차로 권력적 사실행위이며 항고소송의 대상이 되는 처분에 해당한다.
③ (×) 「국세징수법」 제31조. 생활필수품에 대해서는 압류가 금지된다.

정답 ④

38 행정상 즉시강제에 대한 설명으로 옳지 않은 것은? (다툼이 있는 경우 판례에 의함)

21 국가직 9급

① 행정상 즉시강제는 국민의 권리침해를 필연적으로 수반하므로, 이에 대해서는 항상 영장주의가 적용된다.
② 행정상 즉시강제는 직접강제와는 달리 행정상 강제집행에 해당하지 않는다.
③ 구 「음반·비디오물 및 게임물에 관한 법률」상 불법게임물에 대한 수거 및 폐기 조치는 행정상 즉시강제에 해당한다.
④ 다른 수단으로는 행정목적을 달성할 수 없는 경우에만 허용되며, 이 경우에도 최소한으로만 실시하여야 한다.

① (×) 사전영장주의는 인신보호를 위한 헌법상의 기속원리이기 때문에 인신의 자유를 제한하는 모든 국가작용의 영역에서 존중되어야 하지만, 헌법 제12조 제3항 단서도 사전영장주의의 예외를 인정하고 있는 것처럼 사전영장주의를 고수하다가는 도저히 행정목적을 달성할 수 없는 지극히 예외적인 경우에는 형사절차에서와 같은 예외가 인정된다. (대판96다56115) 따라서 모든 즉시강제에 반드시 영장이 요구되는 것은 아니다. 대법원은 원칙적으로 즉시강제에도 영장주의가 적용되나 사안이 긴급한 경우 등 예외적으로 영장 없는 즉시강제가 허용된다고 한다.

② (O) 즉시강제는 행정강제로서 강제집행의 하나인 직접강제와 구별된다.
③ (O) 「식품위생법」상 위해식품의 수거·압류 및 폐기, 약사법상 물건의 폐기, 구 「음반·비디오물 및 게임물에 관한 법률」상 불법게임물의 수거·삭제·폐기, 「도로교통법」상 주차위반차량의 견인 등이 즉시강제의 대표적인 예이다.
④ (O) 행정상 즉시강제는 침익적 수단이기 때문에 급박한 장해의 제거 등이 다른 수단으로 달성될 수 없는 경우에 마지막 수단으로서만 도입되어야 한다는 보충성의 원칙이 가장 강하게 요구된다. 또한 행정상 즉시강제는 행정목적을 달성하기 위해 적합한 수단일 것이 요구되며, 또한 여러 수단이 있는 경우에는 최소한의 침해를 가져오는 수단일 것 등 비례원칙의 한계와 기타 행정법의 일반원칙 등을 준수하여야 함은 당연하다. 따라서 행정상 강제집행이 가능한 경우에는 행정상 즉시강제가 인정되지 않는다. (헌재2000헌가12)

정답 ①

39 다음 중 행정상 즉시강제에 관한 설명으로 가장 옳은 것은? (다툼이 있는 경우 판례에 의함)

22 해경승진

① 즉시강제는 대체적 작위의무의 불이행이 있는 경우에 행정청이 스스로 의무자가 행할 행위를 대신 수행하는 조치이다.
② 「헌법」상 신체의 자유를 제한하는 즉시강제는 기본권 침해에 해당하여 법률의 규정에 의해서도 허용되지 아니한다.
③ 불법게임물을 발견한 경우 관계공무원으로 하여금 영장 없이 이를 수거하여 폐기하게 할 수 있도록 규정한 구 「음반·비디오물 및 게임물에 관한 법률」의 조항은 급박한 상황에 대처하기 위해 행정상 즉시강제를 행할 불가피성과 정당성이 인정되지 않으므로 헌법상 영장주의에 위배된다.
④ 즉시강제로써 행정상 장해를 제거하여 보호하고자 하는 공익과 즉시강제에 따른 권익침해 사이에는 비례관계가 있어야 한다.

해설

④ (O) 즉시강제에서도 비례의 원칙이 적용되므로 즉시강제로써 행정상 장해를 제거하여 보호하고자 하는 공익과 즉시강제에 따른 권익침해 사이에는 비례관계가 있어야 한다.
① (×) 즉시강제가 아니라 행정대집행에 관한 설명이다.
② (×) 즉시강제는 법적 근거가 있으면 가능하다. 따라서 법률의 규정에 의해서 허용된다.
③ (×) 영장주의가 행정상 즉시강제에도 적용되는지에 관하여는 논란이 있으나, 행정상 즉시강제는 상대방의 임의이행을 기다릴 시간적 여유가 없을 때 하명 없이 바로 실력을 행사하는 것으로서, 그 본질상 급박성을 요건으로 하고 있어 법관의 영장을 기다려서는 그 목적을 달성할 수 없다고 할 것이므로, 원칙적으로 영장주의가 적용되지 않는다고 보아야 할 것이다. 관계행정청이 등급분류를 받지 아니하거나 등급분류를 받은 게임물과 다른 내용의 게임물을 발견한 경우 관계공무원으로 하여금 이를 수거·폐기하게 할 수 있도록 한 구 「음반·비디오물 및 게임물에 관한 법률」이 비록 영장 없는 수거를 인정한다고 하더라도 이를 두고 헌법상 영장주의에 위배되는 것으로는 볼 수 없다. (헌재2000헌가12)

정답 ④

40 행정상 즉시강제에 대한 설명으로 옳은 것만을 모두 고르면? `22 국가직 9급`

㉠ 항고소송의 대상이 되는 처분의 성질을 갖는다.
㉡ 과거의 의무위반에 대하여 가해지는 제재이다.
㉢ 목전에 급박한 장해를 예방하기 위한 경우에는 예외적으로 법률의 근거가 없이도 발동될 수 있다.는 것이 일반적인 견해이다.
㉣ 강제 건강진단과 예방접종은 대인적 강제수단에 해당한다.
㉤ 위법한 즉시강제작용으로 손해를 입은 자는 국가나 지방자치단체를 상대로「국가배상법」이 정한 바에 따라 손해배상을 청구할 수 있다.

① ㉡, ㉢
② ㉠, ㉡, ㉤
③ ㉠, ㉣, ㉤
④ ㉢, ㉣, ㉤

해설

㉠ (O) 행정상 즉시강제는 권력적 사실행위의 성질을 가지므로 항고소송의 대상인 처분성을 긍정하는 것이 판례이다.
㉣ (O) 강제 건강진단과 예방접종은 신체에 대한 직접적인 실력행사로서 대인적 강제수단에 해당한다.
㉤ (O) 즉시강제 역시 행정작용의 하나로서 국가배상법상 공무원의 직무에 해당하므로 국가배상법이 정하는 바에 따라 손해배상을 청구할 수 있다.
㉡ (X) 행정상 즉시강제는 장래 의무이행을 확보하려는 행정강제의 하나로서, 과거의 의무위반에 대하여 가해지는 제재가 아니다.
㉢ (X) 행정상 즉시강제는 법률의 근거가 있어야 하므로, 목전에 급박한 장해를 예방하기 위한 경우에라도 법률의 근거가 없이는 발동될 수 없다는 것이 일반적인 견해이다.

정답 ③

41 아래의 법률 조항에 대한 설명으로 옳지 않은 것은? `21 군무원 7급`

「감염병의 예방 및 관리에 관한 법률」제49조 제1항 : 질병관리청장, 시·도지사 또는 시장·군수·구청장은 감염병을 예방하기 위하여 다음 각 호에 해당하는 모든 조치를 하거나 그에 필요한 일부 조치를 하여야 하며, 보건복지부장관은 감염병을 예방하기 위하여 제2호, 제2호의2부터 제2호의4까지, 제12호 및 제12호의2에 해당하는 조치를 할 수 있다.
14. 감염병의심자를 적당한 장소에 일정한 기간 입원 또는 격리시키는 것

① 감염병의심자에 대한 격리조치는 직접강제에 해당한다.
② 그 성질상 행정상 의무의 이행을 명하는 것만으로는 행정 목적 달성이 곤란한 경우에 가능하다.
③ 다른 수단으로는 행정 목적을 달성할 수 없는 경우에만 허용된다.
④ 현장에 파견되는 집행책임자는 강제하는 이유와 내용을 고지하여야 한다.

> **해설**
> ① (×) 「감염병의 예방 및 관리에 관한 법률」상의 감염병 환자의 격리조치는 즉시 국민의 신체에 실력을 가하는 대인적 강제수단으로서 즉시강제에 해당한다.
> ② (○) 「행정기본법」 제30조. 행정강제는 행정상 강제집행이 원칙이며, 감염병 환자의 격리조치는 행정상 즉시강제에 해당하므로 행정상 강제집행이 곤란한 경우에 예외적으로 활용되어야 한다. 따라서 즉시강제는 행정청이 미리 행정상 의무 이행을 명할 시간적 여유가 없는 경우나 그 성질상 행정상 의무의 이행을 명하는 것만으로는 행정목적 달성이 곤란한 경우에 가능하다.
> ③ (○) 즉시강제는 보충성의 원칙이 강하게 요구되므로, 다른 수단으로는 행정 목적을 달성할 수 없는 경우에만 허용된다.
> ④ (○) 「행정기본법」 제33조. 즉시강제의 내용상 현장에 파견되는 집행책임자는 강제하는 이유와 내용을 고지하여야 한다.
>
> 정답 ①

42 통고처분에 대한 설명으로 가장 옳지 않은 것은? [21 서울시 7급]

① 「조세범 처벌절차법」상 지방국세청장 또는 세무서장이 조세범칙행위에 대하여 고발을 한 후에 동일한 조세범칙행위에 대하여 통고처분을 하였다면 조세범칙행위에 대한 고발은 효력을 상실한다.
② 구 「도로교통법」상 범칙금 납부통고서를 받은 자가 그 범칙금을 납부한 경우 그 범칙행위에 대하여 다시 벌받지 아니한다고 규정하고 있는바, 이는 범칙금의 납부에 확정재판의 효력에 준하는 효력을 인정하는 취지로 해석하여야 한다.
③ 「도로교통법」에 따른 경찰서장의 통고처분은 행정소송의 대상이 되는 행정처분이 아니므로 그 처분의 취소를 구하는 소송은 부적법하다.
④ 「관세법」상 통고처분을 할 것인지의 여부는 관세청장 또는 세관장의 재량에 맡겨져 있으므로 관세청장 또는 세관장이 관세범에 대하여 통고처분을 하지 아니한 채 고발하였다는 것만으로 그 고발이 부적법한 것은 아니다.

① (×) 지방국세청장 또는 세무서장이 「조세범 처벌절차법」에 따라 통고처분을 거치지 아니하고 즉시 고발하였다면 이로써 조세범칙사건에 대한 조사 및 처분 절차는 종료되고 형사사건 절차로 이행되어 지방국세청장 또는 세무서장으로서는 동일한 조세범칙행위에 대하여 더 이상 통고처분을 할 권한이 없다. 따라서 지방국세청장 또는 세무서장이 조세범칙행위에 대하여 고발을 한 후에 동일한 조세범칙행위에 대하여 통고처분을 하였더라도, 이는 법적 권한 소멸 후에 이루어진 것으로서 특별한 사정이 없는 한 효력이 없고, 조세범칙행위자가 이러한 통고처분을 이행하였더라도 조세범처벌절차법에서 정한 일사부재리의 원칙이 적용될 수 없다. (대판2014도10748)

② (O) 통고처분에 의해 부과된 금액(범칙금을 납부하면 과벌절차는 종료되며 동일한 사건에 대하여 다시 처벌받지 아니한다. (일사부재리의 원칙 적용)[※관련판례. 범칙금을 납부한 경우 그 범칙행위에 대하여 다시 벌받지 아니한다고 규정하고 있는바, 이는 범칙금 납부에 확정재판의 효력에 준하는 효력을 인정하는 취지로 해석하여야 한다. (대판2001도849)]

③ (O) 「도로교통법」에서 규정하는 경찰서장의 통고처분은 행정소송의 대상이 되는 행정처분이 아니므로 그 처분의 취소를 구하는 소송은 부적법하다. (대판95누4674)

④ (O) 통고처분을 할 것인지의 여부는 관세청장 또는 세관장의 재량에 맡겨져 있고, 따라서 관세청장 또는 세관장이 「관세법」에 대하여 통고처분을 하지 아니한 채 고발하였다는 것만으로는 그 고발 및 이에 기한 공소의 제기가 부적법하게 되는 것은 아니다. (대판2006도1993)

정답 ①

43 행정법규의 양벌규정에 대한 설명으로 옳지 않은 것은? (다툼이 있는 경우 판례에 의함)

22 국가직 9급

① 양벌규정은 행위자에 대한 처벌규정임과 동시에 그 위반행위의 이익귀속주체인 영업주에 대한 처벌규정이다.
② 종업원의 범죄성립이나 처벌이 영업주 처벌의 전제조건이 되는 것은 아니다.
③ 법인 대표자의 법규위반행위에 대한 법인의 책임은 법인 자신의 법규위반행위로 평가될 수 있는 행위에 대한 법인의 직접책임이다.
④ 양벌규정에 의한 법인의 처벌은 어디까지나 행정적 제재처분일 뿐 형벌과는 성격을 달리한다.

④ (×) 회사합병이 있는 경우 피합병회사의 권리·의무는 사법상의 관계나 공법상의 관계를 불문하고 모두 합병으로 인하여 존속하는 회사에 승계되는 것이 원칙이지만, 그 성질상 이전을 허용하지 않는 것은 승계의 대상에서 제외되어야 할 것인바, 양벌규정에 의한 법인의 처벌은 어디까지나 형벌의 일종으로서 행정적 제재처분이나 민사상 불법행위책임과는 성격을 달리하는 점, 「형사소송법」 제328조가 '피고인인 법인이 존속하지 아니하게 되었을 때'를 공소기각결정의 사유로 규정하고 있는 것은 형사책임이 승계되지 않음을 전제로 한 것이라고 볼 수 있는 점 등에 비추어 보면, 합병으로 인하여 소멸한 법인이 그 종업원 등의 위법행위에 대해 양벌규정에 따라 부담하던 형사책임은 그 성질상 이전을 허용하지 않는 것으로서 합병으로 인하여 존속하는 법인에 승계되지 않는다. (대판2005도4471)

① (O) 구「환경보전법」제66조 제1호, 제16조의2 제1항 소정의 벌칙규정의 적용대상은 사업자임이 그 규정자체에 의하여 명백하나, 한편 같은 법 제70조는 법인의 대표자 또는 법인이나 개인의 대리인·사용인 기타의 종업원이 제66조 내지 제69조의 규정에 위반하여 죄를 범한 때에는 그 행위자를 벌하는 외에 그 법인 또는 개인에 대하여도 각 본조의 벌칙규정을 적용하도록 양벌규정을 두고 있고, 이 규정의 취지는 각 본조의 위반행위를 사업자인 법인이나 개인이 직접하지 않은 경우에도 그 행위자와 사업자 쌍방을 모두 처벌하려는 데에 있으므로, 이 양벌규정에 의하여 사업자가 아닌 행위자도 사업자에 대한 각 본조의 벌칙규정의 적용대상이 되는 것이다. (대판91도801)

② (O) 양벌규정에 의한 영업주의 처벌은 금지위반행위자인 종업원의 처벌에 종속하는 것이 아니라 독립하여 그 자신의 종업원에 대한 선임감독상의 과실로 인하여 처벌되는 것이므로 영업주의 위 과실책임을 묻는 경우 금지위반행위자인 종업원에게 구성요건상의 자격이 없다고 하더라도 영업주의 범죄성립에는 아무런 지장이 없다. (대판87도1213)

③ (O) 「자본시장과 금융투자업에 관한 법률」제448조는 법인의 대표자 등이 법인의 업무에 관하여 제443조부터 제446조까지의 어느 하나에 해당하는 위반행위를 하면 행위자를 벌하는 외에 법인에게도 해당 조문의 벌금을 과하는 양벌규정을 두고 있다. 자본시장과 금융투자업에 관한 법률에서 위와 같이 양벌규정을 따로 둔 취지는, 법인은 기관을 통하여 행위하므로, 법인이 대표자를 선임한 이상 그의 행위로 인한 법률효과와 이익은 법인에게 귀속되어야 하고, 법인 대표자의 범죄행위에 대하여는 법인 자신이 책임을 져야 하는데, 법인 대표자의 법규위반행위에 대한 법인의 책임은 법인 자신의 법규위반행위로 평가될 수 있는 행위에 대한 법인의 직접책임이기 때문이다. 주식회사의 주식이 사실상 1인의 주주에 귀속하는 1인회사의 경우에도 회사와 주주는 별개의 인격체로서, 1인회사의 재산이 곧바로 1인주주의 소유라고 할 수 없기 때문에, 양벌규정에 따른 책임에 관하여 달리 볼 수 없다. (대판2013도6962)

정답 ④

44 통고처분에 관한 설명으로 옳지 않은 것은? (다툼이 있으면 판례에 따름) 22 소방승진

① 조세범, 출입국사범, 교통사범 등의 경우에 인정된다.
② 통고처분을 받은 자가 통고처분의 내용을 이행하지 않으면 권한행정청은 일정기간 내에 고발할 수 있고, 그에 따라 형사소송절차로 이행되게 된다.
③ 통고처분을 받은 자가 금액을 법정기간 내에 납부하면 과벌절차가 종료되고, 일사부재리의 원칙에 따라 형사소추를 할 수 없다.
④ 통고처분은 「행정소송법」상 처분에 해당하며, 항고소송의 대상이 된다.

통고처분은 항고소송의 대상인 처분이 아니며, 이러한 점이 재판받을 권리의 침해로 헌법위반이 되는 것은 아니다. (헌재96헌바4) 즉, 통고처분은 금전급부의무를 부과하는 것이 아니므로 성질상 행정청의 공권력의 행사가 아니어서 「행정소송법」상 처분에 해당하지 않으며, 형사소송이라는 특별한 불복방법이 예정되어 있으므로 항고소송의 대상도 아니다.

정답 ④

45 행정벌에 대한 설명으로 옳지 않은 것은? (다툼이 있는 경우 판례에 의함)   `22 소방공채`

① 지방자치단체 소속 공무원이 지방자치단체 고유의 자치사무를 처리하면서 위반행위를 한 경우 지방자치단체도 양벌규정에 따라 처벌대상이 되는 법인에 해당한다.
② 지방국세청장이 조세범칙행위에 대하여 고발을 한 후에 동일한 조세범칙행위에 대하여 통고처분을 하는 경우, 이러한 통고처분은 법적 권한 소멸 후 이루어진 것으로 특별한 사정이 없는 한 효력이 없고 조세범칙행위자가 이를 이행하였더라도 일사부재리의 원칙이 적용될 수 없다.
③ 경찰서장이 범칙행위에 대하여 통고처분을 하더라도 통고처분에서 정한 납부기간까지는 검사가 공소를 제기할 수 있다.
④ 하나의 행위가 둘 이상의 질서위반행위에 해당하는 경우에는 각 질서위반행위에 대하여 정한 과태료 중 가장 중한 과태료를 부과한다.

③ (×) 통고처분의 입법 취지를 고려하면, 경범죄 처벌법상 범칙금제도는 범칙행위에 대하여 형사절차에 앞서 경찰서장의 통고처분에 따라 범칙금을 납부할 경우 이를 납부하는 사람에 대하여는 기소를 하지 않는 처벌의 특례를 마련해 둔 것으로 법원의 재판절차와는 제도적 취지와 법적 성질에서 차이가 있다. 또한 범칙자가 통고처분을 불이행하였더라도 기소독점주의의 예외를 인정하여 경찰서장의 즉결심판 청구를 통하여 공판절차를 거치지 않고 사건을 간이하고 신속·적정하게 처리함으로써 소송경제를 도모하되, 즉결심판 선고 전까지 범칙금을 납부하면 형사처벌을 면할 수 있도록 함으로써 범칙자에 대하여 형사소추와 형사처벌을 면제받을 기회를 부여하고 있다. 따라서 경찰서장이 범칙행위에 대하여 통고처분을 한 이상, 범칙자의 위와 같은 절차적 지위를 보장하기 위하여 통고처분에서 정한 범칙금 납부기간까지는 원칙적으로 경찰서장은 즉결심판을 청구할 수 없고, 검사도 동일한 범칙행위에 대하여 공소를 제기할 수 없다고 보아야 한다. (대판2017도13409) 따라서 경찰서장이 범칙행위에 대하여 통고처분을 한 이상, 통고처분에서 정한 범칙금 납부기간까지는 원칙적으로 경찰서장은 즉결심판을 청구할 수 없고, 검사도 동일한 범칙행위에 대하여 공소를 제기할 수 없다.
① (○) 국가가 본래 그의 사무의 일부를 지방자치단체의 장에게 위임하여 그 사무를 처리하게 하는 기관위임사무의 경우에는 지방자치단체는 국가기관의 일부로 볼 수 있는 것이지만, 지방자치단체가 그 고유의 자치사무를 처리하는 경우에는 지방자치단체는 국가기관의 일부가 아니라 국가기관과는 별도의 독립한 공법인이므로, 지방자치단체 소속 공무원이 지방자치단체 고유의 자치사무를 수행하던 중 도로법 제81조 내지 제85조의 규정에 의한 위반행위를 한 경우에는 지방자치단체는「도로법」제86조의 양벌규정에 따라 처벌대상이 되는 법인에 해당한다. (대판 2004도2657)
② (○) 지방국세청장 또는 세무서장이 조세범칙행위에 대하여 고발을 한 후에 동일한 조세범칙행위에 대하여 통고처분을 하였더라도, 이는 법적 권한 소멸 후에 이루어진 것으로서 특별한 사정이 없는 한 효력이 없고, 조세범칙행위자가 이러한 통고처분을 이행하였더라도「조세범처벌절차법」제15조 제3항에서 정한 일사부재리의 원칙이 적용될 수 없다. (대판2014도10748)
④ (○) 질서위반행위규제법 제13조 제1항. 하나의 행위가 2 이상의 질서위반행위에 해당하는 경우에는 각 질서위반행위에 대하여 정한 과태료 중 가장 중한 과태료를 부과한다.

정답 ③

46 행정벌에 대한 설명으로 옳은 것은? (다툼이 있는 경우 판례에 의함) `22 지방직 9급`

① 양벌규정에 의한 영업주의 처벌은 금지위반행위자인 종업원의 처벌에 종속되는 것이므로 영업주만 따로 처벌할 수는 없다.
② 통고처분은 법정기간 내에 납부하지 않는 것을 해제조건으로 하는 행정처분이므로 행정소송의 대상이 된다.
③ 행정청의 과태료 부과에 대해 서면으로 이의가 제기된 경우 과태료 부과처분은 그 효력을 상실한다.
④ 법원이 하는 과태료 재판에는 원칙적으로 행정소송에서와 같은 신뢰보호의 원칙이 적용된다.

③ (○)
① (×) 양벌규정에 의한 영업주의 처벌은 금지위반행위자인 종업원의 처벌에 종속되는 것이 아니라 영업주의 독자적인 과실책임이므로 영업주만 따로 처벌할 수 있다.
② (×) 통고처분에 따른 범칙금을 납부하지 않으면 통고처분은 그 효력을 상실하며 행정청의 즉결심판의 청구 또는 고발에 의한 정식의 형사소송절차가 개시되는 것으로 불복절차에 관하여 특별규정을 두고 있다. 따라서 통고처분은 항고소송의 대상인 처분이 아니라는 것이 판례의 입장이다.
④ (×) 법원이 비송사건절차법에 따라서 하는 과태료 재판은 관할 관청이 부과한 과태료처분에 대한 당부를 심판하는 행정소송절차가 아니라 법원이 직권으로 개시·결정하는 것이므로, 원칙적으로 과태료 재판에서는 행정소송에서와 같은 신뢰보호의 원칙 위반 여부가 문제로 되지 아니하고, 다만 위반자가 그 의무를 알지 못하는 것이 무리가 아니었다고 할 수 있어 그것을 정당시할 수 있는 사정이 있을 때 또는 그 의무의 이행을 그 당사자에게 기대하는 것이 무리라고 하는 사정이 있을 때 등 그 의무 해태를 탓할 수 없는 정당한 사유가 있는 때에는 이를 부과할 수 없다. (대결2003마715) 따라서 과태료 재판에서 정한 액수가 행정청의 과태료처분보다 많다는 것은 재항고이유가 되지 못한다. 왜냐하면 과태료 재판은 행정청의 과태료부과의 당부를 판단하는 항고소송이 아니라 비송사건으로 법원의 재량이므로 신뢰보호 원칙 위반여부가 문제되지 않음이 원칙이다.

정답 ③

47 행정벌에 대한 설명으로 옳은 것은? (다툼이 있는 경우 판례에 의함) `22 해경승진`

① 지방자치단체가 그 고유의 자치사무를 처리하는 경우 지방자치단체는 양벌규정에 의한 처벌대상이 되지 않는다.
② 「관세법」상 통고처분은 상대방의 임의의 승복을 그 발효요건으로 하기 때문에 그 자체만으로는 통고이행을 강제하거나 상대방에게 아무런 권리의무를 형성하지 않는다.
③ 질서위반행위 후 법률이 변경되어 그 행위가 질서위반행위에 해당하지 아니하게 된 때에는 법률에 특별한 규정이 없는 한 변경되기 전의 법률을 적용한다.
④ 스스로 심신장애 상태를 일으켜 질서위반행위를 한 자에 대하여는 과태료를 감경한다.

② (O) 통고처분은 상대방의 임의의 승복을 그 발효요건으로 하기 때문에 그 자체만으로는 통고이행을 강제하거나 상대방에게 아무런 권리의무를 형성하지 않으므로 행정심판이나 행정소송의 대상으로서의 처분성을 부여할 수 없고, 통고처분에 대하여 이의가 있으면 통고내용을 이행하지 않음으로써 고발되어 형사재판절차에서 통고처분의 위법·부당함을 얼마든지 다툴 수 있기 때문에 「관세법」 제38조 제3항 제2호가 법관에 의한 재판받을 권리를 침해한다든가 적법절차의 원칙에 저촉된다고 볼 수 없다. (헌재96헌바4) 따라서 통고처분 자체만으로는 통고이행을 강제하거나 상대방의 권리의무를 형성하지 않는다.

① (✕) 국가가 본래 그의 사무의 일부를 지방자치단체의 장에게 위임하여 그 사무를 처리하게 하는 기관위임사무의 경우에는 지방자치단체는 국가기관의 일부로 볼 수 있는 것이지만, 지방자치단체가 그 고유의 자치사무를 처리하는 경우에는 지방자치단체는 국가기관의 일부가 아니라 국가기관과는 별도의 독립한 공법인이므로, 지방자치단체 소속 공무원이 지방자치단체 고유의 자치사무를 수행하던 중 「도로법」 제81조 내지 제85조의 규정에 의한 위반행위를 한 경우에는 지방자치단체는 「도로법」 제86조의 양벌규정에 따라 처벌대상이 되는 법인에 해당한다. (대판 2004도2657) 따라서 지방자치단체가 고유의 자치사무를 처리하는 경우 양벌규정의 대상이 되는 법인에 해당한다.

③ (✕) 「질서위반행위규제법」 제3조 제2항. 질서위반행위 후 법률 개정으로 당해 행위가 질서위반행위에 해당하지 아니하게 된 때에는 당사자에게 유리하게 변경된 경우이므로 「질서위반행위규제법」 제3조 제2항에 의해 변경되기 전의 법률이 아니라 변경된 법률을 적용한다.

④ (✕) 「질서위반행위규제법」 제10조. 스스로 심신장애 상태를 일으켜 질서위반행위를 한 자에 대하여는 심신미약 또는 심신상실을 이유로 한 과태료 감면규정이 적용되지 않으므로, 과태료를 감경하지 않고 그대로 부과한다.

정답 ②

48 행정벌에 대한 설명으로 옳지 않은 것은? (다툼이 있는 경우 판례에 의함) 〔22 국가직 7급〕

① 「지방자치법」상 사기나 부정한 방법으로 사용료 징수를 면한 자에 대한 과태료의 부과·징수 등의 절차에 관한 사항은 「질서위반행위규제법」에 따른다.
② 구 「행형법」에 의한 징벌을 받은 뒤에 형사처벌을 한다고 하여 일사부재리의 원칙에 반하는 것은 아니다.
③ 「도로교통법」상 경찰서장의 통고처분은 행정소송의 대상이 되는 행정처분이 아니다.
④ 「질서위반행위규제법」상 법원의 과태료 재판이 확정된 후에는 법률이 변경되어 그 행위가 질서위반행위에 해당하지 아니하게 된 경우라 하더라도 과태료의 집행을 면제하지 못한다.

④ (✕) 「질서위반행위규제법」 제3조 제3항. 법원의 과태료 재판이 확정된 후에는 법률이 변경되어 그 행위가 질서위반행위에 해당하지 아니하게 된 경우 과태료의 징수 또는 집행을 면제한다.
① (O) 「지방자치법」 제156조 제2항. 사기나 그 밖의 부정한 방법으로 사용료·수수료 또는 분담금의 징수를 면한 자에게는 그 징수를 면한 금액의 5배 이내의 과태료를, 공공시설을 부정사용한 자에게는 50만 원 이하의 과태료를 부과하는 규정을 조례로 정할 수 있다.

② (O) 피고인이 「행형법」에 의한 징벌을 받아 그 집행을 종료하였다고 하더라도 「행형법」상의 징벌은 수형자의 교도소 내의 준수사항위반에 대하여 과하는 행정상의 질서벌의 일종으로서 형법 법령에 위반한 행위에 대한 형사책임과는 그 목적, 성격을 달리하는 것이므로 징벌을 받은 뒤에 형사처벌을 한다고 하여 일사부재리의 원칙에 반하는 것은 아니다. (대판2000도3874)

③ (O) 「도로교통법」 제118조에서 규정하는 경찰서장의 통고처분은 행정소송의 대상이 되는 행정처분이 아니므로 그 처분의 취소를 구하는 소송은 부적법하고, 「도로교통법」상의 통고처분을 받은 자가 그 처분에 대하여 이의가 있는 경우에는 통고처분에 따른 범칙금의 납부를 이행하지 아니함으로써 경찰서장의 즉결심판청구에 의하여 법원의 심판을 받을 수 있게 될 뿐이다. (대판95누4674)

정답 ④

49 행정벌에 대한 설명으로 옳지 않은 것은? (다툼이 있는 경우 판례에 의함) `21 지방직 9급`

① 법률에 따르지 아니하고는 어떤 행위도 질서위반행위로 과태료를 부과하지 아니한다.
② 경찰서장이 범칙행위에 대하여 통고처분을 한 이상, 통고처분에서 정한 범칙금 납부 기간까지는 원칙적으로 경찰서장은 즉결심판을 청구할 수 없고, 검사도 동일한 범칙행위에 대하여 공소를 제기할 수 없다.
③ 행정청의 과태료 부과에 대해 이의가 제기된 경우에는 행정청의 과태료 부과처분은 그 효력을 상실한다.
④ 신분에 의하여 성립하는 질서위반행위에 신분이 없는 자가 가담한 경우 신분이 없는 자에 대하여는 질서위반행위가 성립하지 않는다.

④ (✕) 「질서위반행위규제법」 제2조. 신분에 의하여 성립하는 질서위반행위에 신분이 없는 자가 가담한 때에는 신분이 없는 자에 대하여도 질서위반행위가 성립한다.
① (O) 「질서위반행위규제법」 제6조.
② (O) 행정기관의 과태료부과처분에 대하여 그 상대방이 이의를 제기함으로써 비송사건절차법에 의한 과태료의 재판을 하게 되는 경우, 법원은 당초 행정기관의 과태료부과처분을 심판의 대상으로 하여 그 당부를 심사한 후 이의가 이유 있다고 인정하여 그 처분을 취소하거나 이유 없다는 이유로 이의를 기각하는 재판을 하는 것이 아니라, 직권으로 과태료부과요건이 있는지를 심사하여 그 요건이 있다고 인정하면 새로이 위반자에 대하여 과태료를 부과하는 것이므로, 행정기관의 과태료부과처분에 대하여 상대방이 이의를 하여 그 사실이 비송사건절차법에 의한 과태료의 재판을 하여야 할 법원에 통지되면 당초의 행정기관의 부과처분은 그 효력을 상실한다 할 것이다. 따라서 이미 효력을 상실한 피청구인의 과태료부과처분의 취소를 구하는 이 사건 심판청구는 권리보호의 이익이 없다. (헌재98헌마18)
③ (O) 「질서위반행위규제법」 제20조 제2항

정답 ④

50 행정벌에 대한 설명으로 옳지 않은 것은? (다툼이 있는 경우 판례에 의함) `21 소방공채`

① 과태료는 행정상의 질서유지를 위한 행정질서벌에 해당할 뿐 형벌이라 할 수 없어 죄형법정주의의 규율 대상에 해당하지 않는다.
② 행정형벌은 행정법상 의무위반에 대한 제재로 과하는 처벌로 법인이 법인으로서 행정법상 의무자인 경우 그 의무위반에 대하여 형벌의 성질이 허용하는 한도 내에서 그 법인을 처벌하는 것은 당연하며, 행정범에 관한 한 법인의 범죄능력을 인정함이 일반적이나, 지방자치단체와 같은 공법인의 경우는 범죄능력 및 형벌능력 모두 부정된다.
③ 과태료 재판은 이유를 붙인 결정으로써 하며, 결정은 당사자와 검사에게 고지함으로써 효력이 발생하고, 당사자와 검사는 과태료 재판에 대하여 즉시항고 할 수 있으며 이 경우 항고는 집행정지의 효력이 있다.
④ 행정청이 질서위반행위에 대하여 과태료를 부과하고자 하는 때에는 미리 당사자에게 과태료 부과의 원인이 되는 사실, 과태료 금액 및 적용법령 등을 통지하고 10일 이상의 기간을 정하여 의견을 제출할 기회를 주어야 한다.

> **해설**
>
> ② (×) 국가가 본래 그의 사무의 일부를 지방자치단체의 장에게 위임하여 처리하게 하는 기관위임사무의 경우 지방자치단체는 국가기관의 일부로 볼 수 있고, 지방자치단체 소속 공무원이 기관위임사무를 처리하면서 위반행위를 한 경우 해당 지방자치단체는 양벌규정에 따른 처벌대상이 될 수 없다. 그러나 지방자치단체가 그 고유의 자치사무를 처리하는 경우 지방자치단체는 국가기관의 일부가 아니라 국가기관과는 별도의 독립한 공법인으로서 양벌규정에 의한 처벌대상이 되는 법인에 해당한다. (대판2008도6530)
> ① (○) 죄형법정주의는 범죄와 형벌을 법률로 규정하도록 하는 원칙이므로 행정형벌에는 죄형법정주의가 적용되나, 행정질서벌인 과태료는 형벌이라고 할 수 없어 죄형법정주의의 규율대상에 해당하지 아니한다. (헌재96헌바83)
> ③ (○) 「질서위반행위규제법」 제36조, 제37조, 제38조
> ④ (○) 「질서위반행위규제법」 제16조 제1항
>
> **정답** ②

51 행정질서벌과 「질서위반행위규제법」에 대한 설명으로 옳은 것은? (다툼이 있는 경우 판례에 의함) `21 국가직 7급`

① 신분에 의하여 과태료를 감경 또는 가중하거나 과태료를 부과하지 아니하는 때에는 그 신분의 효과는 신분이 없는 자에게는 미치지 않는다.
② 「질서위반행위규제법」원칙상 고의 또는 과실이 없는 질서위반행위에 대해서도 과태료를 부과할 수 있다.
③ 행정청의 과태료 부과에 불복하는 이의제기가 있더라도 과태료 부과처분은 그 효력을 상실하지 않는다.
④ 행정질서벌인 과태료는 죄형법정주의의 규율 대상이다.

① (○)「질서위반행위규제법」제12조 제3항. 신분에 의하여 과태료를 감경 또는 가중하거나 과태료를 부과하지 아니하는 때에는 그 신분의 효과는 신분이 없는 자에게는 미치지 아니한다.
② (×)「질서위반행위규제법」제7조. 고의 또는 과실이 없는 질서위반행위는 과태료를 부과하지 아니한다.
③ (×)「질서위반행위규제법」제20조 제2항. 이의제기가 있는 경우에는 행정청의 과태료 부과처분은 그 효력을 상실한다.
④ (×) 죄형법정주의는 무엇이 범죄이며 그에 대한 형벌이 어떠한 것인가는 국민의 대표로 구성된 입법부가 제정한 법률로써 정하여야 한다는 원칙인데,「부동산등기특별조치법」제11조 제1항 본문 중 제2조 제1항에 관한 부분이 정하고 있는 과태료는 행정상의 질서 유지를 위한 행정질서벌에 해당할 뿐 형벌이라고 할 수 없어 죄형법정주의의 규율대상에 해당하지 아니한다. (헌재96헌바83)

정답 ①

52 행정질서벌에 관한 설명으로 옳은 것은? (다툼이 있는 경우 판례에 의함) 23 소방공채

① 과태료 부과와 형사처벌은 그 성질이나 목적이 다를 바가 없으므로 과태료 부과 후에 형사처벌을 할 경우 이중처벌 금지원칙에 반한다.
② 과태료와 같은 행정질서벌은 행정질서유지를 위한 의무의 위반이라는 객관적 사실에 대하여 과하는 제재이므로 현실적인 행위자가 아니더라도 법령상 책임자로 규정된 자에게 부과된다.
③ 자신의 행위가 위법하지 아니한 것으로 오인하고 행한 질서위반행위에 대하여는 그 오인에 정당한 이유가 있는 때에도 과태료를 부과한다.
④ 질서위반행위 후 법률이 변경되어 그 행위가 질서위반행위에 해당하지 아니하게 되면 법률에 특별한 규정이 없는 한 변경되기 전의 법률을 적용한다.

② (○) 행정법규 위반에 대한 제재조치는 행정목적의 달성을 위하여 행정법규 위반이라는 객관적 사실에 착안하여 가하는 제재이므로, 반드시 현실적인 행위자가 아니라도 법령상 책임자로 규정된 자에게 부과된다.
① (×) 행정법상의 질서벌인 과태료의 부과처분과 형사처벌은 그 성질이나 목적을 달리하는 별개의 것이므로 행정법상의 질서벌인 과태료를 납부한 후에 형사처벌을 한다고 하여 이를 일사부재리의 원칙(이중처벌 금지원칙)에 반하는 것이라고 할 수는 없다. (대판96도158)
③ (×)「질서위반행위규제법」제8조. 자신의 행위가 위법하지 아니한 것으로 오인하고 행한 질서위반행위는 그 오인에 정당한 이유가 있는 때에 한하여 과태료를 부과하지 아니한다.
④ (×)「질서위반행위규제법」제3조 제2항. 질서위반행위 후 법률이 변경되어 그 행위가 질서위반행위에 해당하지 아니하게 되면 법률에 특별한 규정이 없는 한 변경된 법률을 적용한다.

정답 ②

53. 「질서위반행위규제법」에 따른 과태료의 부과징수에 관한 다음 설명 중 가장 적절한 것은?

① 행정청이 질서위반행위에 대하여 과태료를 부과하고자 하는 때에는 미리 당사자에게 5일 이상의 기간을 정하여 의견제출의 기회를 주어야 한다.
② 행정청은 질서위반행위가 종료된 날부터 5년이 경과한 경우에는 해당 질서위반행위에 대하여 과태료를 부과할 수 없다.
③ 과태료 부과통지를 받은 날부터 90일 이내에 해당 행정청에 서면으로 이의제기를 할 수 있다.
④ 납부기한을 경과한 날부터 체납된 과태료에 대하여 1000/12에 상당하는 가산금을 징수한다.

② (○) 「질서위반행위규제법」 제19조.
① (×) 「질서위반행위규제법」 제16조. 행정청이 질서위반행위에 대하여 과태료를 부과하고자 하는 때에는 미리 당사자(제11조 제2항에 따른 고용주등을 포함한다. 이하 같다)에게 대통령령으로 정하는 사항을 통지하고, 10일 이상의 기간을 정하여 의견을 제출할 기회를 주어야 한다. 이 경우 지정된 기일까지 의견 제출이 없는 경우에는 의견이 없는 것으로 본다.
③ (×) 「질서위반행위규제법」 제20조. 행정청의 과태료 부과에 불복하는 당사자는 제17조 제1항에 따른 과태료 부과 통지를 받은 날부터 60일 이내에 해당 행정청에 서면으로 이의제기를 할 수 있다.
④ (×) 「질서위반행위규제법」 제25조 제1항. 행정청은 당사자가 납부기한까지 과태료를 납부하지 아니한 때에는 납부기한을 경과한 날부터 체납된 과태료에 대하여 100분의 3에 상당하는 가산금을 징수한다.

정답 ②

54. 「질서위반행위규제법」상 규정 내용으로 가장 적절하지 않은 것은?

① 질서위반행위규제법은 대한민국 영역 밖에서 질서위반행위를 한 대한민국의 국민에게 적용한다.
② 신분에 의하여 성립하는 질서위반행위에 신분이 없는 자가 가담한 때에는 신분이 없는 자에 대하여도 질서위반행위가 성립한다.
③ 행정청은 당사자가 납부기한까지 과태료를 납부하지 아니한 때에는 납부기한을 경과한 날부터 체납된 과태료에 대하여 100분의 10에 상당하는 가산금을 징수한다.
④ 과태료 재판은 검사의 명령으로써 집행하며, 이 경우 그 명령은 집행력 있는 집행권원과 동일한 효력이 있다.

③ (✗)「질서위반행위규제법」제24조. 행정청은 당사자가 납부기한까지 과태료를 납부하지 아니한 때에는 납부기한을 경과한 날부터 체납된 과태료에 대하여 100분의 3에 상당하는 가산금을 징수한다.
① (O)「질서위반행위규제법」제4조
② (O)「질서위반행위규제법」제12조
④ (O)「질서위반행위규제법」제42조

정답 ③

55 「질서위반행위규제법」상 과태료에 관한 설명이다. 다음 중 적절하지 않은 것은? (다툼이 있으면 판례에 의함)

16 경찰행정

① 고의 또는 과실이 없는 질서위반행위는 과태료를 부과하지 아니한다.
② 과태료는 행정청의 과태료 부과처분이나 법원의 과태료 재판이 확정된 후 3년간 징수하지 아니하거나 집행하지 아니하면 시효로 인하여 소멸한다.
③ 질서위반행위 후 법률이 변경되어 그 행위가 질서위반행위에 해당하지 아니하게 되거나 과태료가 변경되기 전의 법률보다 가볍게 된 때에는 법률에 특별한 규정이 없는 한 변경된 법률을 적용한다.
④ 과태료 재판의 경우, 법원으로서는 기록상 현출되어 있는 사항에 관하여 직권으로 증거조사를 하고 이를 기초로 하여 판단할 수 있는 것이나, 그 경우 행정청의 과태료 부과처분 사유와 기본적 사실관계에서 동일성이 인정되는 한도 내에서만 과태료를 부과할 수 있다.

② (✗)「질서위반행위규제법」제15조. 과태료는 행정청의 과태료 부과처분이나 법원의 과태료 재판이 확정된 후 5년간 징수하지 아니하거나 집행하지 아니하면 시효로 인하여 소멸한다.
① (O)「질서위반행위규제법」제7조
③ (O)「질서위반행위규제법」제3조
④ (O)

정답 ②

56. 「질서위반행위규제법」에 대한 설명이다. 옳지 않은 것은?

21 경찰간부

① 심신장애로 인하여 행위의 옳고 그름을 판단할 능력이 없거나 그 판단에 따른 행위를 할 능력이 없는 자의 질서위반행위는 과태료를 부과하지 아니한다.
② 2인 이상이 질서위반행위에 가담한 때에는 각자가 질서위반행위를 한 것으로 본다. 또한 신분에 의하여 성립하는 질서위반행위에 신분이 없는 자가 가담한 때에는 신분이 없는 자에 대하여도 질서위반행위가 성립한다.
③ 하나의 행위가 2 이상의 질서위반행위에 해당하는 경우에는 각 질서위반행위에 대하여 정한 과태료 중 가장 중한 과태료를 부과한다.
④ 과태료는 행정청의 과태료 부과처분이나 법원의 과태료 재판이 확정된 후 3년간 징수하지 아니하거나 집행하지 아니하면 시효로 인하여 소멸한다.

④ (✗) 「질서위반행위규제법」 제15조. 과태료는 행정청의 과태료 부과처분이나 법원의 과태료 재판이 확정된 후 5년간 징수하지 아니하거나 집행하지 아니하면 시효로 인하여 소멸한다.
① (○) 「질서위반행위규제법」 제10조
② (○) 「질서위반행위규제법」 제12조
③ (○) 「질서위반행위규제법」 제13조

정답 ④

57. 「질서위반행위규제법」에 대한 설명으로 가장 적절한 것은?

17 경찰채용

① 질서위반행위의 성립과 과태료 처분은 처분 시의 법률에 따른다.
② 고의 또는 과실이 없는 질서위반행위에도 과태료를 부과한다.
③ 2인 이상이 질서위반행위에 가담한 때에는 각자가 질서위반행위를 한 것으로 본다.
④ 과태료는 행정청의 과태료 부과처분이나 법원의 과태료 재판이 확정된 후 3년간 징수하지 아니하거나 집행하지 아니하면 시효로 인하여 소멸한다.

③ (○) 「질서위반행위규제법」 제12조
① (✗) 「질서위반행위규제법」 제3조 제1항. 질서위반행위의 성립과 과태료 처분은 행위 시의 법률에 따른다.
② (✗) 「질서위반행위규제법」 제7조. 고의 또는 과실이 없는 질서위반행위는 과태료를 부과하지 아니한다.
④ (✗) 「질서위반행위규제법」 제15조. 과태료는 행정청의 과태료 부과처분이나 법원의 과태료 재판이 확정된 후 5년간 징수하지 아니하거나 집행하지 아니하면 시효로 인하여 소멸한다.

정답 ③

58 「질서위반행위규제법」에 관한 다음 설명 중 가장 옳지 않은 것은? `18 경찰간부`

① 이 법은 법률상 의무의 효율적인 이행을 확보하고 국민의 권리와 이익을 보호하기 위하여 질서위반행위의 성립요건과 과태료의 부과·징수 및 재판 등에 관한 사항을 규정하는 것을 목적으로 한다.
② 질서위반행위 후 법률이 변경되어 그 행위가 질서위반행위에 해당하지 아니하게 되거나 과태료가 변경되기 전의 법률보다 가볍게 된 때에는 법률에 특별한 규정이 없는 한 변경된 법률을 적용한다.
③ 심신장애로 인하여 행위의 옳고 그름을 판단할 능력이 없거나 그 판단에 따른 행위를 할 능력이 없는 자의 질서위반행위는 과태료를 부과하지 아니한다.
④ 19세가 되지 아니한 자의 질서위반행위는 과태료를 부과하지 아니한다. 다만, 다른 법률에 특별한 규정이 있는 경우에는 그러하지 아니하다.

④ (×) 「질서위반행위규제법」 제9조. 14세가 되지 아니한 자의 질서위반행위는 과태료를 부과하지 아니한다. 다만, 다른 법률에 특별한 규정이 있는 경우에는 그러하지 아니하다.
① (○) 「질서위반행위규제법」 제1조
② (○) 「질서위반행위규제법」 제3조
③ (○) 「질서위반행위규제법」 제10조

정답 ④

59 「질서위반행위규제법」에 대한 설명으로 가장 적절하지 않은 것은? `19 경찰승진`

① 고의 또는 과실이 없는 질서위반행위는 과태료를 부과하지 아니한다.
② 과태료는 행정청의 과태료 부과처분이나 법원의 과태료 재판이 확정된 후 3년간 징수하지 아니하거나 집행하지 아니하면 시효로 인하여 소멸한다.
③ 행정청이 질서위반행위에 대하여 과태료를 부과하고자 하는 때에는 미리 당사자에게 대통령령으로 정하는 사항을 통지하고, 10일 이상의 기간을 정하여 의견을 제출할 기회를 주어야 한다. 이 경우 지정된 기일까지 의견 제출이 없는 경우에는 의견이 없는 것으로 본다.
④ 행정청의 과태료 부과에 불복하는 당사자는 과태료 부과 통지를 받은 날로부터 60일 이내에 해당 행정청에 서면으로 이의제기를 할 수 있다.

② (×) 「질서위반행위규제법」 제15조. 과태료는 행정청의 과태료 부과처분이나 법원의 과태료 재판이 확정된 후 5년간 징수하지 아니하거나 집행하지 아니하면 시효로 인하여 소멸한다.
① (○) 「질서위반행위규제법」 제7조
③ (○) 「질서위반행위규제법」 제16조
④ (○) 「질서위반행위규제법」 제20조

정답 ②

60 다음 「질서위반행위규제법」에 대한 내용으로 가장 적절한 것은? `18 경찰채용`

① 18세가 되지 아니한 자의 질서위반행위는 과태료를 부과하지 아니한다. 다만, 다른 법률에 특별한 규정이 있는 경우에는 그러하지 아니하다.
② 행정청이 질서위반행위에 대하여 과태료를 부과하고자 하는 때에는 미리 당사자에게 대통령령으로 정하는 사항을 통지하고, 7일 이상의 기간을 정하여 의견을 제출할 기회를 주어야 한다. 이 경우 지정된 기일까지 의견 제출이 없는 경우에는 의견이 없는 것으로 본다.
③ 과태료는 행정청의 과태료 부과처분이나 법원의 과태료 재판이 확정된 후 3년간 징수하지 아니하거나 집행하지 아니하면 시효로 인하여 소멸한다.
④ 고의 또는 과실이 없는 질서위반행위는 과태료를 부과하지 아니한다.

④ (○) 「질서위반행위규제법」 제7조.
① (×) 「질서위반행위규제법」 제9조. 14세가 되지 아니한 자의 질서위반행위는 과태료를 부과하지 아니한다. 다만, 다른 법률에 특별한 규정이 있는 경우에는 그러하지 아니하다.
② (×) 「질서위반행위규제법」 제16조. 행정청이 질서위반행위에 대하여 과태료를 부과하고자 하는 때에는 미리 당사자(제11조 제2항에 따른 고용주등을 포함한다. 이하 같다)에게 대통령령으로 정하는 사항을 통지하고, 10일 이상의 기간을 정하여 의견을 제출할 기회를 주어야 한다. 이 경우 지정된 기일까지 의견 제출이 없는 경우에는 의견이 없는 것으로 본다.
③ (×) 「질서위반행위규제법」 제15조. 과태료는 행정청의 과태료 부과처분이나 법원의 과태료 재판이 확정된 후 5년간 징수하지 아니하거나 집행하지 아니하면 시효로 인하여 소멸한다.

정답 ④

61 다음 「질서위반행위규제법」 및 「질서위반행위규제법 시행령」에 대한 내용에서 괄호 안에 들어갈 숫자를 모두 더한 값은? `21 경찰승진`

㉠ 과태료는 행정청의 과태료 부과처분이나 법원의 과태료 재판이 확정된 후 ( )년간 징수하지 아니하거나 집행하지 아니하면 시효로 인하여 소멸한다.
㉡ 동법 제19조 제1항에 따라 행정청은 질서위반행위가 종료된 날부터 ( )년이 경과한 경우에는 해당 질서위반행위에 대하여 과태료를 부과할 수 없다.
㉢ ( )세가 되지 아니한 자의 질서위반행위는 과태료를 부과하지 아니한다.
㉣ 행정청은 당사자가 동법 제24조의3 제1항에 따라 과태료를 납부하기가 곤란하다고 인정되면 ( )년의 범위에서 과태료의 분할납부나 납부기일의 연기를 결정할 수 있다.
㉤ 행정청은 ㉣에 따라 과태료의 분할납부나 납부기일의 연기(이하 "징수유예등"이라 한다)를 결정하는 경우 그 기간을 그 징수유예등을 결정한 날의 다음 날부터 ( ) 개월 이내로 하여야 한다.

① 26　　　　　　　　　　　② 28
③ 33　　　　　　　　　　　④ 34

해설

㉠ 5, ㉡ 5, ㉢ 14, ㉣ 1, ㉤ 9

정답 ④

62 「질서위반행위규제법」상 과태료에 대한 설명으로 가장 적절한 것은? 　17 경찰행정

① 과태료의 부과·징수, 재판 및 집행 등의 절차에 관한 다른 법률의 규정 중 이 법의 규정에 저촉되는 것은 다른 법률이 정하는 바에 따른다.
② 고의 또는 과실이 없는 질서위반행위에도 과태료를 부과한다.
③ 하나의 행위가 2 이상의 질서위반행위에 해당하는 경우에는 각 질서위반행위에 대하여 정한 과태료를 합산하여 과태료를 부과한다.
④ 행정청은 당사자가 납부기한까지 과태료를 납부하지 아니한 때에는 납부기한을 경과한 날부터 체납된 과태료에 대하여 100분의 3에 상당하는 가산금을 징수한다.

해설

④ (O) 「질서위반행위규제법」제7조.
① (X) 「질서위반행위규제법」제5조. 과태료의 부과·징수, 재판 및 집행 등의 절차에 관한 다른 법률의 규정 중 이 법의 규정에 저촉되는 것은 이 법으로 정하는 바에 따른다.
② (X) 「질서위반행위규제법」제13조. 하나의 행위가 2 이상의 질서위반행위에 해당하는 경우에는 각 질서위반행위에 대하여 정한 과태료 중 가장 중한 과태료를 부과한다.
③ (X) 「질서위반행위규제법」제24조 제1항. 행정청은 당사자가 납부기한까지 과태료를 납부하지 아니한 때에는 납부기한을 경과한 날부터 체납된 과태료에 대하여 100분의 3에 상당하는 가산금을 징수한다.

정답 ④

63. 행정질서벌(과태료)에 대한 설명이다. 아래 ㉠부터 ㉣까지의 설명 중 옳고 그름의 표시(O, X)가 바르게 된 것은? (다툼이 있는 경우 판례에 의함) 〔18 경찰행정〕

㉠ 「질서위반행위규제법」에 의하면 고의 또는 과실이 없어도 과태료를 부과할 수 있다.
㉡ 「질서위반행위규제법」에 의하면 과태료 재판에 대한 검사의 즉시항고는 당사자가 제기하는 즉시항고와는 달리 집행정지의 효력을 가지지 않는다.
㉢ 신규등록신청을 위한 임시운행허가를 받고 그 기간이 끝났음에도 자동차등록원부에 등록하지 않은 채 허가기간의 범위를 넘어 운행한 차량소유자가 관련 법조항에 의한 과태료를 부과 받아 납부하였다 하더라도 그 차량소유자에 대해 형사처벌을 하는 것은 일사부재리원칙에 위반하는 것은 아니다.
㉣ 「질서위반행위규제법」에 의하면 행정청의 과태료 처분이나 법원의 과태료 재판이 확정된 후 법률이 변경되어 그 행위가 질서위반행위에 해당하지 아니하게 된 때에는 변경된 법률에 특별한 규정이 없는 한 과태료의 징수 또는 집행을 면제한다.

① ㉠(X) ㉡(O) ㉢(O) ㉣(X)
② ㉠(O) ㉡(O) ㉢(X) ㉣(X)
③ ㉠(O) ㉡(X) ㉢(X) ㉣(O)
④ ㉠(X) ㉡(X) ㉢(O) ㉣(O)

해설

㉠ (X) 「질서위반행위규제법」 제7조. 고의 또는 과실이 없는 질서위반행위는 과태료를 부과하지 아니한다.
㉡ (X) 「질서위반행위규제법」 제38조 제1항. 당사자와 검사는 과태료 재판에 대하여 즉시항고를 할 수 있다. 이 경우 항고는 집행정지의 효력이 있다.

 정답 ④

64. 「질서위반행위규제법」의 내용에 관한 설명으로 옳지 않은 것은? 〔23 행정사〕

① 다른 법률에 특별한 규정이 없는 한 14세가 되지 아니한 자의 질서위반행위에 대해서도 과태료를 부과한다.
② 고의 또는 과실이 없는 질서위반행위는 과태료를 부과하지 아니한다.
③ 법률에 따르지 아니하고는 어떤 행위도 질서위반행위로 과태료를 부과하지 아니한다.
④ 대한민국 영역 밖에 있는 대한민국의 선박 또는 항공기 안에서 질서위반행위를 한 외국인에게도 적용한다.
⑤ 대한민국 영역 밖에서 질서위반행위를 한 대한민국의 국민에게도 적용한다.

① (✕)「질서위반행위규제법」제9조. 14세가 되지 아니한 자의 질서위반행위는 과태료를 부과하지 아니한다. 다만, 다른 법률에 특별한 규정이 있는 경우에는 그러하지 아니하다.
② (○)「질서위반행위규제법」제7조
③ (○)「질서위반행위규제법」제6조
④ (○)「질서위반행위규제법」제4조 제3항
⑤ (○)「질서위반행위규제법」제4조 제2항

정답 ①

65 다음 중「질서위반행위규제법」의 내용으로 옳은 것만을 모두 고르면? (다툼이 있는 경우 판례에 의함)

21 해경승진

㉠ 행정청이 질서위반행위에 대하여 과태료를 부과하고자 하는 때에는 미리 당사자에게 대통령령으로 정하는 사항을 통지하고 14일 이상의 기간을 정하여 의견을 제출할 기회를 주어야 한다.
㉡ 행정청에 의해 부과된 과태료는 질서위반행위가 종료된 날(다수인이 질서위반행위에 가담한 경우에는 최종행위가 종료된 날을 말한다)부터 3년간 징수하지 아니하거나 집행하지 아니하면 시효로 인하여 소멸한다.
㉢ 과태료 사건은 다른 법령에 특별한 규정이 있는 경우를 제외하고는 당사자의 주소지의 지방법원 또는 그 지원의 관할로 한다.
㉣ 다른 법률에 특별한 규정이 없는 경우, 14세가 되지 아니한 자의 질서위반행위는 과태료를 부과하지 아니한다.

① ㉠, ㉡
② ㉠, ㉡, ㉣
③ ㉡, ㉢, ㉣
④ ㉢, ㉣

㉠ (✕)「질서위반행위규제법」제16조. 행정청이 질서위반행위에 대하여 과태료를 부과하고자 하는 때에는 미리 당사자에게 대통령령으로 정하는 사항을 통지하고, 10일 이상의 기간을 정하여 의견을 제출할 기회를 주어야 한다. 이 경우 지정된 기일까지 의견 제출이 없는 경우에는 의견이 없는 것으로 본다.
㉡ (✕)「질서위반행위규제법」제19조 제1항. 행정청은 질서위반행위가 종료된 날(다수인이 질서위반행위에 가담한 경우에는 최종행위가 종료된 날을 말한다)부터 5년이 경과한 경우에는 해당 질서위반행위에 대하여 과태료를 부과할 수 없다.
㉢ (○)「질서위반행위규제법」제3조.
㉣ (○)「질서위반행위규제법」제9조.

정답 ④

66 다음 중 「질서위반행위규제법」에 대한 설명으로 가장 옳지 않은 것은? `22 군무원 7급`

① 행정청의 과태료 처분이나 법원의 과태료 재판이 확정된 후 법률이 변경되어 그 행위가 질서위반행위에 해당하지 아니하게 된 때에는 변경된 법률에 특별한 규정이 없는 한 과태료의 징수 또는 집행을 면제한다.
② 법률에 따르지 아니하고는 어떤 행위도 질서위반행위로 과태료를 부과하지 아니한다.
③ 신분에 의하여 성립하는 질서위반행위에 신분이 없는 자가 가담한 때에 신분이 없는 자에 대하여는 질서위반행위가 성립하지 아니한다.
④ 신분에 의하여 과태료를 감경 또는 가중하거나 과태료를 부과하지 아니하는 때에는 그 신분의 효과는 신분이 없는 자에게는 미치지 아니한다.

「질서위반행위규제법」 제12조 제2항. 분에 의하여 성립하는 질서위반행위에 신분이 없는 자가 가담한 때에는 신분이 없는 자에 대하여도 질서위반행위가 성립한다.

정답 ③

---

67 다음 〈보기〉 중 「질서위반행위규제법」상의 내용으로 옳은 것만을 모두 고르면? (다툼이 있는 경우 판례에 의함) `22 해경승진`

㉠ 행정청이 질서위반행위에 대하여 과태료를 부과하고자 하는 때에는 미리 당사자에게 대통령령으로 정하는 사항을 통지하고, 10일 이상의 기간을 정하여 의견을 제출할 기회를 주어야 한다.
㉡ 행정청에 의해 부과된 과태료는 질서위반행위가 종료된 날(다수인이 질서위반행위에 가담한 경우에는 최종행위가 종료된 날을 말한다)부터 5년간 징수하지 아니하거나 집행하지 아니하면 시효로 인하여 소멸한다.
㉢ 과태료 사건은 다른 법령에 특별한 규정이 있는 경우를 제외하고는 과태료 부과관청의 소재지의 지방법원 또는 그 지원의 관할로 한다.
㉣ 다른 법률에 특별한 규정이 없는 경우, 14세가 되지 아니한 자의 질서위반행위는 과태료를 부과하지 아니한다.

① ㉠, ㉣
② ㉡, ㉣
③ ㉠, ㉡, ㉢
④ ㉠, ㉢, ㉣

- ㉠ (O)「질서위반행위규제법」제16조 제1항.
- ㉢ (O)「질서위반행위규제법」제9조.
- ㉡ (×)「질서위반행위규제법」제19조 제1항. 행정청은 질서위반행위가 종료된 날(다수인이 질서위반행위에 가담한 경우에는 최종행위가 종료된 날을 말한다)부터 5년이 경과한 경우에는 해당 질서위반행위에 대하여 과태료를 부과할 수 없다.
- ㉣ (×)「질서위반행위규제법」제25조. 과태료 사건은 다른 법령에 특별한 규정이 있는 경우를 제외하고는 당사자의 주소지의 지방법원 또는 그 지원의 관할로 한다.

정답 ①

68 「질서위반행위규제법」상 과태료에 대한 설명으로 옳지 않은 것은? `23 국가직 9급`

① 신분에 의하여 성립하는 질서위반행위에 신분이 없는 자가 가담한 때에는 신분이 없는 자에 대하여도 질서위반행위가 성립한다.
② 하나의 행위가 2 이상의 질서위반행위에 해당하는 경우에는 각 질서위반행위에 대하여 정한 과태료 중 가장 중한 과태료를 부과한다.
③ 자신의 행위가 위법하지 아니한 것으로 오인하고 행한 질서위반행위는 그 오인에 정당한 이유가 있는 때에 한하여 과태료를 부과하지 아니한다.
④ 행정청이 위반사실을 적발하면 과태료를 부과 받을 자의 주소지를 관할하는 지방법원에 통보하여야 하고, 당해 법원은「비송사건절차법」에 따라 결정으로써 과태료를 부과한다.

- ④ (×)「질서위반행위규제법」제21조 제1항. 행정청이 위반사실을 적발하면 행정청이 먼저 과태료 처분을 하고, 당사자가 이의제기를 하면 그 때부터 14일 이내에 행정청이 과태료를 부과받을 자의 주소지를 관할하는 지방법원에 통보하여야 한다.
- ① (O)「질서위반행위규제법」제12조 제2항
- ② (O)「질서위반행위규제법」제13조 제1항
- ③ (O)「질서위반행위규제법」제8조

정답 ④

69 「질서위반행위규제법」에 대한 설명으로 옳지 않은 것은? `23 지방직 9급`

① 질서위반행위 후 법률이 변경되어 그 행위가 질서위반행위에 해당하지 아니하게 되거나 과태료가 변경되기 전의 법률보다 가볍게 된 때에는 법률에 특별한 규정이 없는 한 변경된 법률을 적용하여야 한다.
② 고의 또는 과실이 없는 질서위반행위라고 하더라도 과태료를 부과할 수 있다.
③ 행정청의 과태료 부과에 불복하는 당사자는 과태료 부과 통지를 받은 날부터 60일 이내에 해당 행정청에 서면으로 이의제기를 할 수 있다.
④ 법원이 심문 없이 과태료 재판을 하고자 하는 때에는 당사자와 검사는 특별한 사정이 없는 한 약식재판의 고지를 받은 날부터 7일 이내에 이의신청을 할 수 있다.

② (×) 「질서위반행위규제법」 제7조. 고의 또는 과실이 없는 질서위반행위는 과태료를 부과하지 아니한다.
① (○) 「질서위반행위규제법」 제3조 제2항
③ (○) 「질서위반행위규제법」 제20조 제1항 및 제2항
④ (○) 「질서위반행위규제법」 제44조 및 제45조 제1항

정답 ②

70 다음 〈보기〉 중 「질서위반행위규제법」에 대한 내용으로 옳은 것만을 모두 고르면? `23 해경승진`

㉠ 과태료는 행정청의 과태료 부과처분이나 법원의 과태료 재판이 확정된 후 5년간 징수하지 아니하거나 집행하지 아니하면 시효로 인하여 소멸한다.
㉡ 행정청이 질서위반행위에 대하여 과태료를 부과하고자 하는 때에는 미리 당사자에게 대통령령으로 정하는 사항을 통지하고, 10일 이상의 기간을 정하여 의견을 제출할 기회를 주어야 한다.
㉢ 과태료 사건은 다른 법령에 특별한 규정이 있는 경우를 제외하고는 당사자의 주소지의 지방법원 또는 그 지원의 관할로 한다.
㉣ 행정청의 과태료 부과에 불복하는 당사자는 과태료 부과통지를 받은 날부터 90일 이내에 해당 행정청에 서면으로 이의제기를 할 수 있다.

① ㉠, ㉡, ㉢
② ㉠, ㉡, ㉣
③ ㉠, ㉢, ㉣
④ ㉡, ㉢, ㉣

㉣ (×) 「질서위반행위규제법」 제20조 제1항. 행정청의 과태료 부과에 불복하는 당사자는 과태료 부과 통지를 받은 날부터 60일 이내에 해당 행정청에 서면으로 이의제기를 할 수 있다.

정답 ①

71 「질서위반행위규제법」에 관한 설명으로 가장 적절하지 않은 것은?

① 질서위반행위의 성립과 과태료 처분은 행위 시의 법률에 따른다.
② 심신장애로 인하여 행위의 옳고 그름을 판단할 능력이 없거나 그 판단에 따른 행위를 할 능력이 없는 자의 질서위반행위는 과태료를 감경한다.
③ 이 법은 대한민국 영역 밖에서 질서위반행위를 한 대한민국의 국민에게 적용한다.
④ 법률에 따르지 아니하고는 어떤 행위도 질서위반행위로 과태료를 부과하지 아니한다.

> **해설**
> 「질서위반행위규제법」 제10조. 심신장애로 인하여 행위의 옳고 그름을 판단할 능력이 없거나 그 판단에 따른 행위를 할 능력이 없는 자의 질서위반행위는 과태료를 부과하지 아니한다.
>
> **정답** ②

CHAPTER 03 | 행정조사기본법

01 「행정조사기본법」규정에 대한 설명으로 가장 적절한 것은? _18 경찰행정_

① 조사대상자는 조사원에게 공정한 행정조사를 기대하기 어려운 사정이 있다고 판단되는 경우에는 행정기관의 장에게 구두의 방법으로 당해 조사원의 교체를 신청할 수 있다.

② 행정조사를 실시할 행정기관의 장은 행정조사를 실시하기 전에 다른 행정기관에서 동일한 조사대상자에게 동일하거나 유사한 사안에 대하여 행정조사를 실시하였는지 여부를 반드시 확인하여야 한다.

③ 행정조사는 법령등 또는 행정조사운영계획으로 정하는 바에 따라 정기적으로 실시함을 원칙으로 하되, 다른 행정기관으로부터 법령 등의 위반에 관한 혐의를 통보받은 때에는 수시조사를 할 수 있다.

④ 행정조사란 행정기관이 법령을 집행하거나 직무를 수행하는 데 필요한 문서를 수집하기 위하여 현장조사·문서열람·시료채취 등을 하거나 조사대상자에게 보고요구·자료제출요구 및 출석·진술요구를 행하는 활동을 말한다.

> **해설**
>
> ③ (○)「행정조사기본법」제7조
> ① (×)「행정조사기본법」제22조 제1항. 조사대상자는 조사원에게 공정한 행정조사를 기대하기 어려운 사정이 있다고 판단되는 경우에는 행정기관의 장에게 당해 조사원의 교체를 신청할 수 있다.
> ② (×)「행정조사기본법」제15조 제2항. 행정조사를 실시할 행정기관의 장은 행정조사를 실시하기 전에 다른 행정기관에서 동일한 조사대상자에게 동일하거나 유사한 사안에 대하여 행정조사를 실시하였는지 여부를 확인할 수 있다.
> ④ (×)「행정조사기본법」제2조. "행정조사"란 행정기관이 정책을 결정하거나 직무를 수행하는 데 필요한 정보나 자료를 수집하기 위하여 현장조사·문서열람·시료채취 등을 하거나 조사대상자에게 보고요구·자료제출요구 및 출석·진술요구를 행하는 활동을 말한다.
>
> **정답** ③

02 「행정조사기본법」에 대한 설명으로 가장 적절하지 않은 것은? (다툼이 있는 경우 판례에 의함)

19 경찰행정

① 우편물 통관검사절차에서 이루어지는 우편물의 개봉, 시료채취, 성분분석등의 검사를 수출입물품에 대한 적정한 통관등을 목적으로 한 행정조사의 성격을 가지는 것으로서 압수·수색영장없이 검사가 진행되었다 하더라도 특별한 사정이 없는 한 위법하다고 볼 수 없다.
② 「행정조사기본법」 제10조는 보고요구와 자료제출의 요구를 규정하고 있는데, 「행정조사기본법」은 이러한 요구에 불응한 자에 대해 과태료를 부과할 수 있는 근거를 두고 있다.
③ 세무조사가 과세자료의 수집 또는 신고내용의 정확성 검증이라는 본연의 목적이 아니라 부정한 목적을 위하여 행하여진 것이라면 이는 세무조사에 중대한 위법사유가 있는 경우에 해당하고 이러한 세무조사에 의하여 수집된 과세자료를 기초로 한 과세처분 역시 위법한다.
④ 세무조사결정은 납세의무자의 권리·의무에 직접 영향을 미치는 공권력의 행사에 따른 행정작용으로서 항고소송의 대상이 된다.

② (✕) 「행정조사기본법」 제10조에는 보고요구와 자료제출의 요구를 규정하고 있으나, 과태료를 부과할 수 있는 근거를 두는 것은 아니다.
① (O) 대판 2013도7718
③ (O) 대판 2016두47659
④ (O) 대판 2009두23617

정답 ②

03 「행정조사기본법」상 행정조사의 기본원칙에 대한 설명으로 옳지 않은 것은? (단, 다툼이 있는 경우 판례에 의함)

21 군무원 9급

① 행정조사는 조사목적을 달성하는데 필요한 최소한의 범위 안에서 실시하여야 하며, 다른 목적 등을 위하여 조사권을 남용하여서는 아니된다.
② 행정기관은 유사하거나 동일한 사안에 대하여는 공동조사 등을 실시함으로써 행정조사가 중복되지 아니하도록 하여야 한다.
③ 행정조사는 법령등의 위반에 대한 처벌에 중점을 두되 법령등을 준수하도록 유도하여야 한다.
④ 행정기관은 행정조사를 통하여 알게 된 정보를 다른 법률에 따라 내부에서 이용하거나 다른 기관에 제공하는 경우를 제외하고는 원래의 조사목적 이외의 용도로 이용하거나 타인에게 제공하여서는 아니 된다.

③ (✗)「행정조사기본법」제4조 제4항. 행정조사는 법령등의 위반에 대한 처벌이 아니라 법령등을 준수하도록 유도하는데 중점을 주어야 한다.
① (○)「행정조사기본법」제4조 제1항
② (○)「행정조사기본법」제4조 제3항
④ (○)「행정조사기본법」제4조 제6항

정답 ③

04 다음 중 행정조사에 대한 설명으로 가장 옳지 않은 것은? (다툼이 있는 경우 판례에 의함)
23 해경승진

① 행정조사를 행하는 행정기관에는 법령 및 조례·규칙에 따라 행정권한이 있는 기관뿐만 아니라 그 권한을 위임 또는 위탁받은 법인·단체 또는 그 기관이나 개인이 포함된다.
②「행정조사기본법」은 행정조사 실시를 위한 일반적인 근거규범으로서 행정기관은 다른 법령 등에서 따로 행정조사를 규정하고 있지 않더라도「행정조사기본법」을 근거로 행정조사를 실시할 수 있다.
③ 부가가치세 부과처분이 종전의 부가가치세 경정조사와 같은 세목 및 같은 과세기간에 대하여 중복하여 실시한 위법한 세무조사에 기초하여 이루어진 경우 그 과세처분은 위법하다.
④ 우편물 통관검사절차에서 이루어지는 성분분석 등의 검사가 압수·수색영장 없이 이루어졌다 하더라도 특별한 사정이 없는 한 위법하지 않다.

「행정조사기본법」제5조. 행정기관은 법령등에서 행정조사를 규정하고 있는 경우에 한하여 행정조사를 실시할 수 있다. 다만, 조사대상자의 자발적인 협조를 얻어 실시하는 행정조사의 경우에는 그러하지 아니하다. (즉, 임의조사를 제외하고, 행정조사는 개별적인 법적 근거가 있어야 하는 것이 원칙이므로, 다른 법령 등에서 따로 행정조사를 규정하고 있지 않은 경우「행정조사기본법」만을 근거로 행정조사를 실시할 수 없다.)

정답 ②

05 행정조사에 관한 설명으로 옳지 않은 것은? (다툼이 있는 경우 판례에 의함) [22 해경승진]

① 세무조사결정은 항고소송의 대상이 된다.
② 「행정조사기본법」에 의하면, 조사목적달성을 위한 시료 채취로 조사대상자에게 손실이 발생하였더라도 행정기관의 장은 이에 대한 보상책임을 지지 않는다.
③ 「행정절차법」은 행정조사에 관한 명문의 규정을 두고 있지 않다.
④ 우편물 통관검사절차에서 이루어지는 성분분석 등의 검사가 압수·수색영장 없이 이루어졌다 하더라도 특별한 사정이 없는 한 위법하지 않다.

② (✕) 「행정조사기본법」 제12조 제2항. 조사목적달성을 위한 시료 채취로 조사대상자에게 손실이 발생한 경우 행정기관의 장은 이에 대해 손실보상책임을 진다.
① (○) 세무조사결정은 납세의무자의 권리·의무에 직접 영향을 미치는 공권력의 행사에 따른 행정작용으로서 항고소송의 대상이 된다. (대판2009두23617, 23624)
③ (○) 「행정절차법」은 처분, 신고, 행정상 입법예고, 행정예고 및 행정지도에 대해서만 명문의 규정을 두고 있다. 따라서 행정조사, 공법상 계약 등은 행정절차법에 명문의 규정이 없다.
④ (○) 우편물 통관검사절차에서 압수·수색영장 없이 진행된 우편물의 개봉, 시료채취, 성분분석 등 검사는 특별한 사정이 없는 한 적법하다. (대판2013도7718)

정답 ②

06 행정조사에 관한 설명으로 옳은 것(○)과 옳지 않은 것(✕)을 바르게 표기한 것은? (다툼이 있는 경우 판례에 의함) [21 소방공채]

㉠ 행정조사는 그 실효성 확보를 위해 수시조사를 원칙으로 한다.
㉡ 「행정절차법」은 행정조사절차에 관한 명문의 규정을 일부 두고 있다.
㉢ (구) 「국세기본법」에 따른 금지되는 재조사에 기초한 과세처분은 특별한 사정이 없는 한 위법하다.
㉣ 우편물 통관검사절차에서 이루어지는 우편물의 개봉, 시료채취, 성분분석 등의 검사는 행정조사의 성격을 가지는 것으로 압수·수색영장 없이 진행되었다고 해도 특별한 사정이 없는 한 위법하다고 볼 수 없다.

① ㉠(✕), ㉡(✕), ㉢(○), ㉣(○)
② ㉠(✕), ㉡(○), ㉢(✕), ㉣(○)
③ ㉠(○), ㉡(✕), ㉢(○), ㉣(✕)
④ ㉠(✕), ㉡(○), ㉢(○), ㉣(○)

- ㉠ (×)「행정조사기본법」제7조. 행정조사는 수시조사가 아니라 정기조사를 원칙으로 한다.
- ㉡ (×)「행정절차법」은 행정조사절차에 관한 명문의 규정을 두고 있지 않다. 현행 행정절차법은 처분, 신고, 행정상 입법예고, 행정예고 및 행정지도에 관하여 명문의 규정을 두고 있다.
- ㉢ (○) 과세처분이 구「국세기본법」제81조의4 제2항을 위반한 위법한 재조사에 기초하여 이루어졌다면 위법하다고 보아야 한다. (대판2015두3805)
- ㉣ (○) 우편물 통관검사절차에서 압수·수색영장 없이 진행된 우편물의 개봉, 시료채취, 성분분석 등 검사는 특별한 사정이 없는 한 적법하다. (대판2013도7718)

정답 ①

07 다음 중 행정조사에 관한 설명으로 가장 옳지 않은 것은? (다툼이 있는 경우 판례에 의함) 21 해경승진

① 「행정조사기본법」에 의하면, 조사목적 달성을 위한 시료채취로 조사대상자에게 손실이 발생하였더라도 행정기관의 장은 이에 대한 보상책임을 지지 않는다.
② 행정조사를 행하는 행정기관에는 법령 및 조례, 규칙에 따라 행정권한이 있는 기관뿐만 아니라 그 권한을 위임 또는 위탁받은 법인, 단체 또는 그 기관이나 개인까지 포함한다.
③ 「행정절차법」은 행정조사에 관한 명문의 규정을 두고 있지 않다.
④ 세무조사결정은 항고소송의 대상이 된다.

「행정조사기본법」제12조 제2항. 조사목적달성을 위한 시료 채취로 조사대상자에게 손실이 발생한 경우 행정기관의 장은 이에 대해 손실보상책임을 진다.

정답 ①

08 「행정조사기본법」상 행정조사에 대한 설명으로 옳지 않은 것은? 21 군무원 7급

① 조사대상자의 자발적 협조를 얻어 실시하는 현장조사의 경우에도 개별 법령의 이에 관한 법적 근거가 있어야 한다.
② 행정기관의 장은 조사대상자에게 장부·서류를 제출하도록 요구하는 때에는 자료제출요구서를 발송하여야 한다.
③ 행정조사는 조사목적을 달성하는데 필요한 최소한의 범위 안에서 실시하여야 하며, 다른 목적 등을 위하여 조사권을 남용하여서는 아니 된다.
④ 행정기관의 장은 법령등에 특별한 규정이 있는 경우를 제외하고는 행정조사의 결과를 확정한 날부터 7일 이내에 그 결과를 조사대상자에게 통지하여야 한다.

① (✕) 「행정조사기본법」 제5조. 행정기관은 법령등에서 행정조사를 규정하고 있는 경우에 한하여 행정조사를 실시할 수 있다. 다만, 조사대상자의 자발적인 협조를 얻어 실시하는 행정조사의 경우에는 그러하지 아니하다.
② (○) 「행정조사기본법」 제12조 제2항
③ (○) 「행정조사기본법」 제4조 제1항
④ (○) 「행정조사기본법」 제24조

정답 ①

09 다음 중 「행정조사기본법」상 행정조사에 대하여 괄호 안에 들어갈 단어로 가장 옳지 않은 것은?

22 군무원 7급

행정조사는 조사목적을 달성하는데 필요한 (㉠) 범위 안에서 실시하여야 하며, (㉡) 등을 위하여 조사권을 남용하여서는 아니 된다. 행정기관은 (㉢)에 적합하도록 조사대상자를 선정하여 행정조사를 실시하여야 한다. 행정기관은 유사하거나 동일한 사안에 대하여는 공동조사 등을 실시함으로써 행정조사가 (㉣) 아니하도록 하여야 한다. 행정조사는 법령 등의 위반에 대한 (㉤)보다는 법령 등을 준수하도록 (㉥)하는 데 중점을 두어야 한다. 다른 (㉦)에 따르지 아니하고는 행정조사의 대상자 또는 행정조사의 내용을 공표하거나 직무상 알게 된 비밀을 누설하여서는 아니된다. 행정기관은 행정조사를 통하여 알게 된 정보를 다른 법률에 따라 내부에서 이용하거나 다른 기관에 제공하는 경우를 제외하고는 원래의 (㉧) 이외의 용도로 이용하거나 타인에게 제공하여서는 아니 된다.

① ㉠ : 적절한, ㉡ : 다른 목적
② ㉢ : 조사목적, ㉣ : 중복되지
③ ㉤ : 처벌, ㉥ : 유도
④ ㉦ : 법률, ㉧ : 조사목적

본 지문은 「행정조사기본법」 제4조에 관한 지문으로서 제1항. 행정조사는 조사목적을 달성하는데 필요한 ㉠(최소한의) 범위 안에서 실시하여야 하며, ㉡(다른 목적) 등을 위하여 조사권을 남용하여서는 아니 된다. 라고 명시되어 있다.

정답 ①

10 행정조사에 대한 설명으로 옳지 않은 것은? (다툼이 있는 경우 판례에 의함) `22 국가직 7급`

① 세무조사에 중대한 위법사유가 있는 경우 이러한 세무조사에 의하여 수집된 과세자료를 기초로 한 과세처분 역시 위법하다.
② 과세관청의 질문조사권이 행해지는 세무조사결정은 납세의무자의 권리·의무에 직접 영향을 미치는 공권력의 행사에 따른 행정작용으로서 항고소송의 대상이 된다.
③ 「행정조사기본법」 제4조(행정조사의 기본원칙)는 조세·보안처분에 관한 사항에 대하여 적용하지 아니한다.
④ 행정기관의 장은 법령등에 특별한 규정이 있는 경우를 제외하고는 행정조사의 결과를 확정한 날부터 7일 이내에 그 결과를 조사대상자에게 통지하여야 한다.

③ (X) 「행정조사기본법」 제3조 제3항 조세·형사·행형 및 보안처분에 관한 사항은 「행정조사기본법」의 적용범위가 아닌 경우이지만, 「행정조사기본법」 제4조(행정조사의 기본원칙), 제5조(행정조사의 근거)에 관한 규정 등은 적용된다.
① (O) 세무조사가 과세자료의 수집 또는 신고내용의 정확성 검증이라는 본연의 목적이 아니라 부정한 목적을 위하여 행하여진 것이라면 이는 세무조사에 중대한 위법사유가 있는 경우에 해당하고 이러한 세무조사에 의하여 수집된 과세자료를 기초로 한 과세처분 역시 위법하다. (대판2016두47659)
② (O) 부과처분을 위한 과세관청의 질문조사권이 행해지는 세무조사결정이 있는 경우 납세의무자는 세무공무원의 과세자료 수집을 위한 질문에 대답하고 검사를 수인하여야 할 법적 의무를 부담하게 되는 점, 납세의무자로 하여금 개개의 과태료 처분에 대하여 불복하거나 조사 종료 후의 과세처분에 대하여만 다툴 수 있도록 하는 것보다는 그에 앞서 세무조사결정에 대하여 다툼으로써 분쟁을 조기에 근본적으로 해결할 수 있는 점 등을 종합하면, 세무조사결정은 납세의무자의 권리·의무에 직접 영향을 미치는 공권력의 행사에 따른 행정작용으로서 항고소송의 대상이 된다. (대판2009두23617·23624)
④ (O) 「행정조사기본법」 제24조(조사결과의 통지) 행정기관의 장은 법령등에 특별한 규정이 있는 경우를 제외하고는 행정조사의 결과를 확정한 날부터 7일 이내에 그 결과를 조사대상자에게 통지하여야 한다.

정답 ③

11 「행정조사기본법」상 행정조사제도에 대한 설명으로 가장 옳지 않은 것은? `22 서울시 7급`

① 조사대상자는 지정된 출석일시에 출석하는 경우 업무 또는 생활에 지장이 있는 때에는 행정기관의 장에게 출석일시를 변경하여 줄 것을 신청할 수 있으며, 변경신청을 받은 행정기관의 장은 행정조사의 목적을 달성할 수 있는 범위 안에서 출석일시를 변경하여야 한다.
② 사무실 또는 사업장 등의 업무시간에 행정조사를 실시하는 경우에는 해가 뜨기 전이나 해가 진 뒤라 할지라도 현장조사를 할 수 있다.

③ 당해 행정기관 내의 2 이상의 부서가 동일하거나 유사한 업무분야에 대하여 동일한 조사대상자에게 행정조사를 실시하는 경우에는 반드시 공동조사를 하여야 한다.
④ 제7조에 따라 정기조사 또는 수시 조사를 실시한 행정기관의 장은 동일한 사안에 대하여 동일한 조사대상자를 재조사 하여서는 아니 된다. 다만, 당해 행정기관이 이미 조사를 받은 조사대상자에 대하여 위법행위가 의심되는 새로운 증거를 확보한 경우에는 그러하지 아니하다.

> **해설**
>
> 「행정조사기본법」 제9조 제2항. 조사대상자는 지정된 출석일시에 출석하는 경우 업무 또는 생활에 지장이 있는 때에는 행정기관의 장에게 출석일시를 변경하여 줄 것을 신청할 수 있으며, 변경신청을 받은 행정기관의 장은 행정조사의 목적을 달성할 수 있는 범위 안에서 출석일시를 변경할 수 있다.
>
> 정답 ①

12 「행정조사기본법」상 행정조사에 대한 설명으로 옳지 않은 것은? 　23 국가직 9급

① 행정기관의 장은 조사원이 조사목적의 달성을 위하여 한 시료채취로 조사대상자에게 손실을 입힌 때에는 그 손실을 보상하여야 한다.
② 개별 법령 등에서 행정조사를 규정하고 있지 않더라도, 행정기관은 조사대상자가 자발적으로 협조하는 경우에는 행정조사를 실시할 수 있다.
③ 행정기관의 장은 조사대상자의 신상이나 사업비밀 등이 유출될 우려가 있으므로 인터넷 등 정보통신망을 통하여 조사대상자로 하여금 자료의 제출 등을 하게 할 수 없다.
④ 행정기관의 장은 당해 행정기관 내의 2 이상의 부서가 동일하거나 유사한 업무분야에 대하여 동일한 조사대상자에게 행정조사를 실시하는 경우에는 공동조사를 하여야 한다.

> **해설**
>
> ③ (✗) 「행정조사기본법」 제26조 제1항. 행정기관의 장은 인터넷 등 정보통신망을 통하여 조사대상자로 하여금 자료의 제출 등을 하게 할 수 있다.
> ① (○) 「행정조사기본법」 제12조 제2항
> ② (○) 「행정조사기본법」 제5조
> ④ (○) 「행정조사기본법」 제14조 제1항
>
> 정답 ③

CHAPTER 04 | 새로운 실효성 확보수단

01 이행강제금과 과징금에 관한 설명으로 옳지 않은 것은? (다툼이 있으면 판례에 따름)

22 소방승진

① 「건축법」상 이행강제금은 시정명령의 불이행이라는 과거의 위반행위에 대한 제재가 아니라, 시정명령을 이행하지 않고 있는 건축주 등에 대하여 다시 상당한 이행기한을 부여하고 기한 안에 시정명령을 이행하지 않으면 이행강제금이 부과된다는 사실을 고지함으로써 의무자에게 심리적 압박을 주어 시정명령에 따른 의무의 이행을 간접적으로 강제하는 행정상의 간접강제 수단에 해당한다.

② 이행강제금의 본질상 시정명령을 받은 의무자가 이행강제금이 부과되기 전에 그 의무를 이행한 경우에는 비록 시정명령에서 정한 기간을 지나서 이행한 경우라도 이행강제금을 부과할 수 없다.

③ 「국세징수법」제23조의 각 규정에 의하면, 이행강제금 부과처분을 받은 자가 이행강제금을 기한 내에 납부하지 아니한 때에는 그 납부를 독촉할 수 있으며, 납부독촉에도 불구하고 이행강제금을 납부하지 않으면 체납절차에 따라 이행강제금을 징수할 수 있고, 이때 이행강제금 납부의 최초 독촉은 항고소송의 대상이 되는 행정처분이라 할 수 없다.

④ 과징금부과처분은 행정법규 위반이라는 객관적 사실에 착안하여 가하는 제재이므로 반드시 현실적인 행위자가 아니라도 법령상 책임자로 규정된 자에게 부과되고 원칙적으로 위반자의 고의·과실을 요하지 아니하나, 위반자의 의무 해태를 탓할 수 없는 정당한 사유가 있는 등의 특별한 사정이 있는 경우에는 이를 부과할 수 없다.

「건축법」상 이행강제금 납부의 최초 독촉은 항고소송의 대상이 되는 행정처분에 해당한다. (대판 2009두14507) 즉, 이행강제금 부과처분을 받은 자가 이행강제금을 기한 내에 납부하지 아니한 때에는 그 납부를 아니한 때에는 그 납부를 독촉할 수 있고, 납부독촉에도 불구하고 이행강제금을 납부하지 않으면 지방세 체납처분의 예에 따라 징수할 수 있다. 이러한 이행강제금 납부의 최초 독촉은 징수처분으로서 항고소송의 대상이 되는 행정처분이라는 것이 판례의 입장이다.

정답 ③

02 과징금에 관한 설명으로 옳지 않은 것은? (다툼이 있으면 판례에 따름)

① 행정법규 위반에 대해 벌금 이외에 과징금을 부과하는 것은 이중처벌금지의 원칙에 반하지 않는다.
② 제재적 행정처분으로서의 과징금은 현실적인 행위자가 아닌 법령상 책임자에게 부과할 수 있다.
③ 제재적 행정처분으로서의 과징금은 원칙적으로 위반자의 고의 또는 과실을 요한다.
④ 과징금은 국가의 형벌권을 실행하는 과벌이 아니다.
⑤ 법령으로 정한 '과징금을 부과하는 위반행위와 과징금의 금액'에 열거되지 않은 위반행위에 대해 사업정지처분을 갈음하여 과징금을 부과할 수 없다.

과징금부과처분은 제재적 행정처분으로서 행정목적의 달성을 위하여 행정법규 위반이라는 객관적 사실에 착안하여 가하는 제재이므로 반드시 현실적인 행위자가 아니라도 법령상 책임자로 규정된 자에게 부과되고 원칙적으로 위반자의 고의·과실을 요하지 아니하나, 위반자의 의무 해태를 탓할 수 없는 정당한 사유가 있는 등의 특별한 사정이 있는 경우에는 이를 부과할 수 없다. (대판2013두5005)

정답 ③

03 과징금 부과처분에 대한 설명으로 옳지 않은 것은? (다툼이 있는 경우 판례에 의함)

22 국가직 9급

① 「독점규제 및 공정거래에 관한 법률」상의 과징금은 법이 규정한 범위 내에서 그 부과처분 당시까지 부과관청이 확인한 사실을 기초로 일의적으로 확정되어야 할 것이지, 추후에 부과금 산정기준이 되는 새로운 자료가 나왔다고 하여 새로운 부과처분을 할 수 있는 것은 아니다.
② 영업정지에 갈음하여 부과되는 이른바 변형된 과징금의 부과 여부는 통상 행정청의 재량행위이다.
③ 과징금은 행정상 제재금이고 범죄에 대한 국가 형벌권의 실행이 아니므로 행정법규 위반에 대해 벌금 이외에 과징금을 부과하는 것은 이중처벌금지의 원칙에 위반되지 않는다.
④ 「부동산 실권리자명의 등기에 관한 법률」상 명의신탁자에 대한 과징금의 부과 여부는 행정청의 재량행위이다.

해설

④ (✗) 기속행위와 재량행위를 구별하는 것은 획일적으로 결정하는 것이 아니라 법 문언을 1차적 기준으로 하여 모든 정황을 종합적으로 고려하여 판단되어야 한다. 「독점규제법」에 근거한 공정거래위원회의 과징금 부과 등 통상의 과징금 부과는 금전적 제재로서 재량행위로 보는 것이 일반적이나, 「부동산 실권리자 명의 등기에 관한 법률」에 따르면 명의신탁 부동산실명법 위반행위에 대한 과징금 부과 여부를 기속행위로 규정하고 있다. 「부동산 실권리자 명의 등기에 관한 법률」 제5조 제1항 제1호. ※ 단, 부동산실명법에 따르더라도 과징금의 액수를 감경할 수 있으므로 과징금 금액결정은 행정청의 재량에 해당한다.

① (O) 과징금은 원칙적으로 행정법상의 의무를 위반한 자에 대하여 당해 위반행위로 얻게 된 경제적 이익을 박탈하기 위한 목적으로 부과하는 금전적인 제재이므로, 법이 규정한 범위 내에서 그 부과처분 당시까지 부과관청이 확인한 사실을 기초로 일의적으로 확정되어야 할 것이지, 추후에 부과금 산정기준이 되는 새로운 자료가 나왔다고 하여 새로운 부과처분을 할 수 있는 것은 아니다. (대판2000두6121)

② (O) 행정청에는 운영정지 처분이 영유아 및 보호자에게 초래할 불편의 정도 또는 그 밖에 공익을 해칠 우려가 있는지 등을 고려하여 어린이집 운영정지 처분을 할 것인지 또는 이에 갈음하여 과징금을 부과할 것인지를 선택할 수 있는 재량이 인정된다. (대판2015두39378)

③ (O) 구 「독점규제 및 공정거래에 관한 법률」(1999. 2. 5. 법률 제5813호로 개정되기 전의 것) 제23조 제1항 제7호, 같은 법 제24조의2 소정의 부당지원행위를 한 지원주체에 대한 과징금은 그 취지와 기능, 부과의 주체와 절차 등을 종합할 때 부당지원행위의 억지(억지)라는 행정목적을 실현하기 위한 입법자의 정책적 판단에 기하여 그 위반행위에 대하여 제재를 가하는 행정상의 제재금으로서의 기본적 성격에 부당이득환수적 요소도 부가되어 있는 것이라고 할 것이어서 그것이 「헌법」 제13조 제1항에서 금지하는 국가형벌권 행사로서의 처벌에 해당한다고 할 수 없으므로 구 「독점규제 및 공정거래에 관한 법률」에서 형사처벌과 아울러 과징금의 부과처분을 할 수 있도록 규정하고 있다 하더라도 이중처벌금지원칙이나 무죄추정원칙에 위반된다거나 사법권이나 재판청구권을 침해한다고 볼 수 없다. (대판2001두6197)

정답 ④

04 과징금에 대한 설명으로 옳지 않은 것은? (다툼이 있는 경우 판례에 의함)   22 지방직 7급

① 과징금의 근거가 되는 법률에는 과징금의 상한액을 명확하게 규정하여야 한다.
② 「행정기본법」 제28조 제1항에 과징금 부과의 법적 근거를 마련하였으므로 행정청은 직접 이 규정에 근거하여 과징금을 부과할 수 있다.
③ 영업정지처분에 갈음하는 과징금이 규정되어 있는 경우 과징금을 부과할 것인지 영업정지처분을 내릴 것인지는 통상 행정청의 재량에 속한다.
④ 과징금부과처분은 원칙적으로 위반자의 고의·과실을 요하지 아니하나, 위반자의 의무 해태를 탓할 수 없는 정당한 사유가 있는 등의 특별한 사정이 있는 경우에는 이를 부과할 수 없다.

② (✕) 「행정기본법」제28조. 행정청은 법령등에 따른 의무를 위반한 자에 대하여 법률로 정하는 바에 따라 그 위반행위에 대한 제재로서 과징금을 부과할 수 있다. (즉, 행정기본법은 과징금의 일반적인 내용을 규정한 것뿐이다. 각 개별법에 별도의 법적 근거가 있어야 과징금을 부과할 수 있다.)

① (○) 「행정기본법」제28조 제2항.

③ (○) 개별법상 사업의 취소·정지에 갈음하여 과징금을 부과할 수 있는 것으로 규정하고 있는 경우가 적지 않은데, 이와 같이 사업의 취소·정지에 갈음하여 부과하는 과징금을 변형된 과징금이라 한다. 사업정지처분에 갈음하는 과징금이 규정되어 있는 경우 과징금을 부과할 것인가 영업정지처분을 내릴 것인지는 통상 행정청의 재량에 속하는 것으로 본다. [※관련판례. 구「영유아보육법」제45조 제1항 각 호의 사유가 인정되는 경우, 행정청에는 운영정지 처분이 영유아 및 보호자에게 초래할 불편의 정도 또는 그 밖에 공익을 해칠 우려가 있는지 등을 고려하여 어린이집 운영정지 처분을 할 것인지 또는 이에 갈음하여 과징금을 부과할 것인지를 선택할 수 있는 재량이 인정된다. (대판2015두39378)]

④ (○) 구 「여객자동차 운수사업법」제88조 제1항의 과징금부과처분은 제재적 행정처분으로서 여객자동차 운수사업에 관한 질서를 확립하고 여객의 원활한 운송과 여객자동차 운수사업의 종합적인 발달을 도모하여 공공복리를 증진한다는 행정목적의 달성을 위하여 행정법규 위반이라는 객관적 사실에 착안하여 가하는 제재이므로 반드시 현실적인 행위자가 아니라도 법령상 책임자로 규정된 자에게 부과되고 원칙적으로 위반자의 고의·과실을 요하지 아니하나, 위반자의 의무 해태를 탓할 수 없는 정당한 사유가 있는 등의 특별한 사정이 있는 경우에는 이를 부과할 수 없다. (대판2013두5005)

정답 ②

05 행정상 제재에 대한 설명으로 옳지 않은 것은? (다툼이 있는 경우 판례에 의함) 21 지방직 7급

① 「도로교통법」에 따른 경찰서장의 통고처분은 행정소송의 대상이 되는 행정처분이다.
② 지방자치단체 소속 공무원이 지방자치단체 고유의 자치사무를 수행하던 중 「도로법」규정에 의한 위반행위를 한 경우에는 지방자치단체는 「도로법」의 양벌규정에 따라 처벌대상이 되는 법인에 해당한다.
③ 「독점규제 및 공정거래에 관한 법률」상 부당내부거래에 대한 과징금에는 행정상의 제재금으로서의 기본적 성격에 부당이득환수적 요소도 부가되어 있다.
④ 「법인세법」상 가산세는 형벌이 아니므로 행위자의 고의 또는 과실·책임능력·책임조건 등을 고려하지 아니하며, 조세의 부과절차에 따라 과징할 수 있다.

「도로교통법」제118조에서 규정하는 경찰서장의 통고처분은 행정소송의 대상이 되는 행정처분이 아니므로 그 처분의 취소를 구하는 소송은 부적법하고, 도로교통법상의 통고처분을 받은 자가 그 처분에 대하여 이의가 있는 경우에는 통고처분에 따른 범칙금의 납부를 이행하지 아니함으로써 경찰서장의 즉결심판청구에 의하여 법원의 심판을 받을 수 있게 될 뿐이다. (대판95누4674)

정답 ①

06 제재처분에 대한 설명으로 옳지 않은 것은? (다툼이 있는 경우 판례에 의함) `22 국가직 7급`

① 일정한 법규위반 사실이 행정처분의 전제사실이자 형사법규의 위반사실이 되는 경우, 형사판결이 확정되기 전에 그 위반사실을 이유로 제재처분을 하였다면 절차적 위반에 해당한다.
② 행정청이 여러 개의 위반행위에 대하여 하나의 제재처분을 하였으나, 위반행위별로 제재처분의 내용을 구분하는 것이 가능하고 여러 개의 위반행위 중 일부의 위반행위에 대한 제재처분 부분만이 위법하다면, 법원은 제재처분 전부를 취소하여서는 아니 된다.
③ 법령위반 행위가 2022년 3월 23일 있은 후 법령이 개정되어 그 위반행위에 대한 제재처분 기준이 감경된 경우, 특별한 규정이 없다면 해당 제재처분에 대해서는 개정된 법령을 적용한다.
④ 행정법규 위반에 대한 영업정지 처분은 행정목적의 달성을 위하여 행정법규 위반이라는 객관적 사실에 착안하여 가하는 제재이므로, 반드시 현실적인 행위자가 아니라도 법령상 책임자로 규정된 자에게 부과되고, 특별한 사정이 없는 한 위반자에게 고의나 과실이 없더라도 부과할 수 있다.

행정처분과 형벌은 각각 그 권력적 기초, 대상, 목적이 다르다. 일정한 법규 위반 사실이 행정처분의 전제사실이자 형사법규의 위반 사실이 되는 경우에 동일한 행위에 관하여 독립적으로 행정처분이나 형벌을 부과하거나 이를 병과 할 수 있다. 법규가 예외적으로 형사소추 선행 원칙을 규정하고 있지 않은 이상 형사판결 확정에 앞서 일정한 위반사실을 들어 행정처분을 하였다고 하여 절차적 위반이 있다고 할 수 없다. (대판2015두59808)

정답 ①

07 다음 중 행정의 새로운 실효성 확보수단에 대한 설명으로 가장 옳지 않은 것은? (다툼이 있는 경우 판례에 의함) `22 해경승진`

① 행정청의 재량권이 부여되어 있는 과징금 부과처분이 법이 정한 한도액을 초과하여 위법할 경우, 법원으로서는 그 한도액을 초과한 부분이나 법원이 적정하다고 인정되는 부분을 초과한 부분만을 취소할 수 있다.
② 가산금과 중가산금은 납부기한까지 세금이 납부되지 아니하면 과세권자의 확정절차 없이 관련 법률규정에 의하여 당연히 발생되고 그 액수도 확정된다.
③ 「독점규제 및 공정거래에 관한 법률」상 시정명령의 내용은 과거의 위반행위에 대한 중지는 물론 가까운 장래에 반복될 우려가 있는 동일 유형의 반복금지까지 명할 수 있다.
④ 행정상 공급거부에 대한 권리구제에 있어 단수처분은 항고소송의 대상이 되는 행정처분이므로 위법한 단수처분에 대해서는 행정소송을 제기하여 그 취소를 구할 수 있다.

> **해설**
>
> 과징금 부과처분이 법이 정한 한도액을 초과하여 위법할 경우 법원으로서는 그 전부를 취소할 수밖에 없고, 그 한도액을 초과한 부분이나 법원이 적정하다고 인정되는 부분을 초과한 부분만을 취소할 수는 없다. (대판93누1077) 따라서 원칙적으로 재량행위에 대한 법원의 일부취소판결은 불가하다.
>
> 정답 ①

08 여객자동차운송사업을 하는 甲은 관련법규 위반을 이유로 사업정지 처분에 갈음하는 과징금부과처분을 받았다. 이에 대한 설명으로 옳지 않은 것은? (다툼이 있는 경우 판례에 의함)

22 지방직 9급

① 甲이 현실적인 위반행위자가 아닌 법령상 책임자인 경우에도 甲에게 과징금을 부과할 수 있다.
② 甲에게 고의·과실이 없는 경우에는 과징금을 부과할 수 없다.
③ 과징금부과처분에 대해 甲은 취소소송을 제기하여 다툴 수 있다.
④ 甲에게 부과된 과징금이 법이 정한 한도액을 초과하여 위법한 경우, 법원은 그 초과부분에 대하여 일부 취소할 수 없고 그 전부를 취소하여야 한다.

> **해설**
>
> ② (×) 甲에게 고의·과실이 없는 경우라도 과징금을 부과할 수 있다. 과징금 부과 역시 행정상 제재이므로 고의 또는 과실을 요하지 않는다.
> ① (O) 과징금 역시 행정상 제재이므로 현실적인 위반행위자가 아닌 법령상 책임자에게 부과될 수 있다.
> ③ (O) 과징금부과처분 역시 금전급부하명의 성질을 가진 제재처분으로서 항고소송의 대상인 행정처분에 해당한다.
> ④ (O) 과징금부과처분은 특별한 경우가 아닌 한 재량행위이므로 법원은 독자의 결론을 도출함이 없이 전부취소판결을 해야 하고, 일부취소판결은 허용되지 않음이 원칙이다.
>
> 정답 ②

09 이행강제금, 과태료, 과징금, 가산세에 관한 설명 중 가장 적절하지 않은 것은? (다툼이 있는 경우 판례에 의함)

21 경찰행정

① 「건축법」상 이행강제금 부과처분을 받은 자가 이행강제금을 납부기한까지 내지 아니하면 지방행정제재 부과금의 징수 등에 관한 법률 에 따라 징수한다.
② 행정청의 과태료 처분이나 법원의 과태료 재판이 확정된 후 법률이 변경되어 그 행위가 질서위반행위에 해당하지 아니하게 되거나 과태료가 변경되기 전의 법률보다 가볍게 된 때에는 변경된 법률에 특별한 규정이 없는 한 과태료의 징수 또는 집행을 면제한다.
③ 공정거래위원회가 여러 개의 위반행위에 대하여 하나의 과징금 납부명령을 하였으나 여러 개의 위반행위 중 일부 위반행위에 대한 과징금 부과만이 위법하고 소송상 그 일부 위반행위를 기초로 한 과징금액을 산정할 수 있는 자료가 있는 경우에 그 일부 위반행위에 대한 과징금액에 해당하는 부분만을 취소하여야 한다.
④ 세법상 가산세는 납세의무자가 정당한 이유 없이 법에 규정된 신고, 납세 등 각종 의무를 위반한 경우에 법이 정하는 바에 따라 부과하는 행정상의 제재로서, 그 의무를 게을리한 점을 탓할 수 없는 정당한 사유가 있는 경우에는 부과할 수 없다.

「질서위반행위규제법」 제3조 제3항. 행정청의 과태료 처분이나 법원의 과태료 재판이 확정된 후 법률이 변경되어 그 행위가 질서위반행위에 해당하지 아니하게 된 때에는 변경된 법률에 특별한 규정이 없는 한 과태료의 징수 또는 집행을 면제한다.

정답 ②

CHAPTER 05 행정행위의 효력

01 다음 중 조세부과처분이 비록 위법하다 하더라도 그 하자가 중대하고 명백한 것이 아닌 한 일단 상대방은 세금을 납부해야 할 의무에 대한 효력으로 가장 옳은 것은? `22 해경승진`

① 집행력
② 내용적 구속력
③ 공정력
④ 불가변력

조세부과처분이 위법하더라도 당연무효가 아닌 이상 공정력에 의해 권한있는 기관에 의해서 취소되기 전까지는 상대방은 세금을 납부해야 할 의무가 발생한다.

정답 ③

02 행정행위의 효력에 관한 설명으로 옳지 않은 것은? `22 행정사`

① 실정법상 공정력을 직접적으로 규정하는 법률은 없다.
② 불가쟁력은 행정행위의 상대방이나 이해관계인에 대한 구속력이다.
③ 불가변력이란 처분청 스스로도 당해 행정행위에 구속되어 직권으로 취소·변경할 수 없는 것을 말한다.
④ 집행력은 의무가 부과되는 행정행위에서 문제된다.
⑤ 불가변력이 있는 행정행위일지라도 쟁송기간이 경과하지 않는 한 행정쟁송에 의한 취소가 가능하다.

행정기본법 제15조(처분의 효력) 처분은 권한이 있는 기관이 취소 또는 철회하거나 기간의 경과 등으로 소멸되기 전까지는 유효한 것으로 통용된다. 다만, 무효인 처분은 처음부터 그 효력이 발생하지 아니한다.

정답 ①

03 행정행위의 효력에 대한 설명으로 옳지 않은 것은? (다툼이 있는 경우 판례에 의함)

21 지방직 9급

① 행정처분이 아무리 위법하다고 하여도 그 하자가 중대하고 명백하여 당연 무효라고 보아야 할 사유가 있는 경우를 제외하고는 아무도 그 하자를 이유로 무단히 그 효과를 부정하지 못한다.
② 민사소송에 있어서 어느 행정처분의 당연무효 여부가 선결문제로 되는 때에는 이를 판단하여 당연무효임을 전제로 판결할 수 있고 반드시 행정소송 등의 절차에 의하여 그 취소나 무효확인을 받아야 하는 것은 아니다.
③ 불가쟁력이 발생한 행정행위로 손해를 입은 국민은 국가배상청구를 할 수 있다.
④ 행정행위의 불가변력은 당해 행정행위에 대해서만 인정되는 것이 아니고, 동종의 행정행위라면 그 대상을 달리하더라도 인정된다.

④ (O) 국민의 권리와 이익을 옹호하고 법적안정을 도모하기 위하여 특정한 행위에 대하여는 행정청이라 하여도 이것을 자유로이 취소, 변경 및 철회할 수 없다는 행정행위의 불가변력은 당해 행정행위에 대하여서만 인정되는 것이고, 동종의 행정행위라 하더라도 그 대상을 달리할 때에는 이를 인정할 수 없다. (대판73누129)
① (×) 대판2006다83802
② (×) 대판2009다90092
③ (×) 대판79다262

정답 ④

04 행정행위의 불가변력과 불가쟁력에 관한 설명으로 옳은 것은? (다툼이 있으면 판례에 따름)

23 행정사

① 불가변력은 행정행위의 상대방이나 이해관계인을 구속하는 효력이고 불가쟁력은 행정청을 구속하는 효력이다.
② 불가변력은 모든 행정행위에 다 인정되지만, 불가쟁력은 예외적으로 일부 행정행위의 경우에만 인정된다.
③ 불가변력은 당해 행정행위에 대하여서만 인정되는 것이고, 동종의 행정행위라 하더라도 그 대상을 달리할 때에는 이를 인정할 수 없다.
④ 행정처분이 불복기간의 경과로 인하여 확정된 경우 처분의 기초가 된 사실관계나 법률적 판단이 확정되고, 당사자들이나 법원이 이에 기속되어 모순되는 주장이나 판단을 할 수 없게 된다.
⑤ 행정심판의 재결은 준사법적 행위로서 불가쟁력이 인정되므로 행정심판 청구인은 제소기간의 경과 여부를 불문하고 그 재결의 효력을 다툴 수 없게 된다.

③ (○) 대판73누129
① (✕) 불가쟁력은 행정행위의 상대방이나 이해관계인을 구속하는 효력이고, 불가변력은 행정청을 구속하는 효력이다.
② (✕) 불가쟁력은 행정소송법 제20조 제소기간의 제한 규정에 따라 모든 행정행위에 다 인정되지만, 불가변력이 성질상 예외적으로 일부 행정행위의 경우에만 인정된다.
④ (✕) 일반적으로 행정처분이나 행정심판 재결이 불복기간의 경과로 인하여 확정될 경우 그 확정력은 그 처분으로 인하여 법률상 이익을 침해받은 자가 당해처분이나 재결의 효력을 더 이상 다툴 수 없다는 의미일 뿐, 더 나아가 판결에서와 같은 기판력이 인정되는 것은 아니어서 그 처분의 기초가 된 사실관계나 법률적 판단이 확정되고 당사자들이나 법원이 이에 기속되어 모순되는 주장이나 판단을 할 수 없게 되는 것은 아니다. (대판2002두11288)
⑤ (✕) 행정심판의 재결은 준사법적 행위로서 불가변력이 인정되므로 행정심판기관 스스로 취소 · 철회를 못하는 제한을 받게 된다. 불가변력이 인정된다고 하여 당연히 불가쟁력이 발생하는 것은 아니므로 별도로 불가쟁력이 인정되지 않는 한 상대방은 다툴 수 있다.

	불가쟁력	불가변력
상대방	상대방 및 이해관계인 구속	처분청 등 행정기관 구속
발생	쟁송기간도과, 불복수단경유 (직권취소는 가능)	취소, 철회, 변경 제한 (쟁송제기는 가능)
효력발생범위	모든 행정행위	준사법적 행정행위
성질	형식적 존속력 · 절차법적 효력	실질적 존속력 · 실체법적 효력
공통점	행정법관계의 안정을 도모, 상대방 등의 신뢰 보호	

정답 ③

05 행정행위의 존속력에 관한 설명으로 옳지 않은 것은? (다툼이 있는 경우 판례에 의함)
21 소방공채

① 불가변력은 처분청에 미치는 효력이고, 불가쟁력은 상대방 및 이해관계인에게 미치는 효력이다.
② 불가쟁력이 생긴 경우에도 국가배상청구를 할 수 있다.
③ 불가변력이 있는 행위가 당연히 불가쟁력을 발생시키는 것은 아니다.
④ 불가쟁력은 실체법적 효력만 있고, 절차법적 효력은 전혀 가지고 있지 않다.

행정행위의 불가쟁력은 절차법상의 효력일 뿐이고 판결에서의 기판력과 같은 효력이 발생하는 것은 아니므로, 그 처분의 기초가 된 사실관계나 법률적 판단이 확정되고 당사자들이나 법원이 이에 기속되어 모순되는 주장이나 판단을 할 수 없게 되는 것은 아니다. 즉, 취소소송의 제기기간이 경과하여 더 이상 다툴 수 없다는 의미이지, 처분이 적법으로 치유 내지 확정되는 것이 아니라 실체적으로 여전히 위법일 수 있으므로 형식적 존속력이라고 불리운다. 또한 직무집행행위인 처분의 위법이 확인되면「국가배상법」에 따른 손해배상청구가 가능하고, 불가쟁력이 생긴 행정행위라도 불가변력이 별도로 발생하지 않은 이상 당해 처분의 위법성을 이유로 행정청이 직권으로 취소할 수도 있다.

정답 ④

06 행정행위의 효력에 대한 설명으로 옳지 않은 것은? (단, 다툼이 있는 경우 판례에 의함)

21 군무원 7급

① 행정처분이 아무리 위법하다고 하여도 당연무효인 사유가 있는 경우를 제외하고는 아무도 그 하자를 이유로 무단히 그 효과를 부정하지 못한다.
② 공정력의 근거를 적법성의 추정으로 보아 행정행위의 적법성은 피고인 행정청이 아니라 원고측에 입증책임이 있다.
③ 민사소송에 있어서 어느 행정처분의 당연무효 여부가 선결문제로 되는 때에는 이를 판단하여 당연무효임을 전제로 판결할 수 있고 반드시 행정소송 등의 절차에 의하여 그 취소나 무효확인을 받아야 하는 것은 아니다.
④ 어떤 법률에 의하여 행정청으로부터 시정명령을 받은 자가 이를 위반한 경우 그 때문에 그 법률에서 정한 처벌을 하기 위하여는 그 시정명령은 적법한 것이라야 한다.

오늘날 공정력은 행위의 적법성을 추정시키는 효력이 아니라 행정행위의 위법 또는 적법 여부와 관계없이 취소될 때까지 행위를 잠정적으로 통용시키는 힘에 불과하다고 보므로 공정력은 입증책임의 분배와는 관련이 없다는 것이 일반적인 견해이다. 민사소송법 규정이 적용되는 행정소송에서의 증명책임은 원칙적으로 민사소송 일반원칙에 따라 당사자 간에 분배되고, 항고소송의 경우에는 그 특성에 따라 처분의 적법성을 주장하는 피고에게 적법사유에 대한 증명책임이 원칙적으로 있다.

정답 ②

07 행정행위의 효력에 대한 설명으로 가장 옳지 않은 것은? (단, 다툼이 있는 경우 판례에 의함)

22 군무원 9급

① 일반적으로 행정처분이나 행정심판 재결이 불복 기간의 경과로 확정될 경우에는 그 처분의 기초가 된 사실관계나 법률적 판단이 확정되고 당사자들이나 법원이 이에 기속되어 모순되는 주장이나 판단을 할 수 없게 된다.
② 제소기간이 이미 도과하여 불가쟁력이 생긴 행정처분에 대하여는 개별 법규에서 그 변경을 요구할 신청권을 규정하고 있거나 관계 법령의 해석상 그러한 신청권이 인정될 수 있는 등 특별한 사정이 없는 한 국민에게 그 행정처분의 변경을 구할 신청권이 있다 할 수 없다.
③ 불가쟁력이 발생한 행정행위로 손해를 입은 국민은 그 위법성을 들어 국가배상청구를 할 수 있다.
④ 불가변력이라 함은 행정행위를 한 행정청이 당해 행정행위를 직권으로 취소 또는 변경할 수 없게 하는 힘으로 실질적 확정력 또는 실체적 존속력이라고도 한다.

반적으로 행정처분이나 행정심판 재결이 불복기간의 경과로 인하여 확정될 경우 그 확정력은 그 처분으로 인하여 법률상 이익을 침해받은 자가 당해처분이나 재결의 효력을 더 이상 다툴 수 없다는 의미일 뿐, 더 나아가 판결에서와 같은 기판력이 인정되는 것은 아니어서 그 처분의 기초가 된 사실관계나 법률적 판단이 확정되고 당사자들이나 법원이 이에 기속되어 모순되는 주장이나 판단을 할 수 없게 되는 것은 아니다. (대판2002두11288)

정답 ①

08 행정행위의 효력에 관한 설명으로 옳지 않은 것은? (다툼이 있는 경우 판례에 의함)

23 소방공채

① 이미 취소소송의 제기기간을 경과하여 확정력이 발생한 행정처분에는 그 근거가 되는 법률에 대한 위헌결정의 소급효가 미치지 않는다.
② 행정처분이 아무리 위법하다고 하여도 그 하자가 중대하고 명백하여 당연무효라고 보아야 할 사유가 있는 경우를 제외하고는, 행정소송 등에 의하여 적법히 취소될 때까지는 아무도 그 하자를 이유로 그 효과를 부정하지 못한다.
③ 민사소송에 있어서 어느 행정처분의 당연무효 여부가 선결문제로 되는 때에는 이를 판단하여 당연무효임을 전제로 판결할 수 있다.
④ 불가쟁력이 발생한 부담금 부과처분의 근거 법률에 대한 위헌결정이 있으면, 후행 압류처분의 취소를 구하는 소송에서 재판의 내용과 효력에 대한 법률적 의미가 달라진다.

④ (✗) 이미 취소소송의 제기기간을 경과하여 확정력이 발생한 행정처분의 경우에는 위헌결정의 소급효가 미치지 않는다고 보아야 할 것이고, 일반적으로 법률이 헌법에 위반된다는 사정이 헌법재판소의 위헌결정이 있기 전에는 객관적으로 명백한 것이라고 할 수는 없으므로 특별한 사정이 없는 한 이러한 하자는 행정처분의 취소사유에 해당할 뿐 당연무효 사유는 아니다. 따라서 설령 이 사건 각 부과처분의 근거 법률이 위헌이라고 하더라도 그 위헌성이 명백하다는 등 특별한 사정이 있다고 볼 자료가 없는 한 각 부과처분에는 취소할 수 있는 하자가 있음에 불과하고 각 부과처분에 불가쟁력이 발생하여 더 이상 다툴 수 없는 이상 각 부과처분의 하자가 각 압류처분의 효력에 아무런 영향을 미칠 수 없으므로, 각 부과처분의 근거 법률의 위헌 여부에 의하여 당해 사건인 압류처분취소의 소의 주문이 달라지거나 재판의 내용과 효력에 관한 법률적 의미가 달라지는 경우로 볼 수 없다. (헌재2002헌바73 전원재판부)
① (○) 헌재2002헌바73
② (○) 대판34다28000
③ (○) 대판2009다90092

정답 ④

09 행정행위의 효력에 대한 설명으로 옳지 않은 것은? (다툼이 있는 경우 판례에 의함)

22 국가직 9급

① 영업허가취소처분이 나중에 행정쟁송절차에 의하여 취소되었더라도, 그 영업허가취소처분 이후의 영업행위는 무허가영업이다.
② 연령미달 결격자가 다른 사람 이름으로 교부받은 운전면허는 당연무효가 아니고 취소되지 않는 한 유효하므로 그 연령미달 결격자의 운전행위는 무면허운전에 해당하지 아니한다.
③ 구 「도시계획법」상 원상회복 등의 조치명령을 받고도 이를 따르지 않은 자에 대해 형사처벌을 하기 위해서는 적법한 조치명령이 전제되어야 하며, 이때 형사법원은 그 적법여부를 심사할 수 있다.
④ 조세부과처분을 취소하는 행정판결이 확정된 경우 부과처분의 효력은 처분 시에 소급하여 효력을 잃게 되므로 확정된 행정판결은 조세포탈에 대한 무죄를 인정할 명백한 증거에 해당한다.

① (✕) 영업의 금지를 명한 영업허가취소처분 자체가 나중에 행정쟁송절차에 의하여 취소되었다면 그 영업허가취소처분은 그 처분시에 소급하여 효력을 잃게 되며, 그 영업허가취소처분에 복종할 의무가 원래부터 없었음이 확정되었다고 봄이 타당하고, 영업허가취소처분이 장래에 향하여서만 효력을 잃게 된다고 볼 것은 아니므로 그 영업허가취소처분 이후의 영업행위를 무허가영업이라고 볼 수는 없다. (대판93도277)
② (○) 대판80도2646
③ (○) 대판90도1709
④ (○) 조세의 부과처분을 취소하는 행정소송판결이 확정된 경우 그 조세부과처분의 효력은 처분시에 소급하여 효력을 잃게 되고 따라서 그 부과처분을 받은 사람은 그 처분에 따른 납부의무가 없다고 할 것이므로 위 확정된 행정판결은 조세포탈에 대한 무죄 내지 원심판결이 인정한 죄보다 경한 죄를 인정할 명백한 증거라 할 것이다. 조세포탈에 관하여 원심판결이 있은 후에 그 조세부과처분을 취소하는 행정소송판결이 확정된 경우에는 형사소송법 제420조 제5호 소정의 재심사유에 해당하며 재심청구사유가 있는 때에는 상고이유로 삼을 수 있고 이는 상고이유서에 포함되지 아니한 때에도 직권으로 심판할 수 있는 것이므로 그 사유가 비록 상고이유서 제출기간이 경과된 후에 발생하였다 하더라도 그것은 상고심의 심판범위에 속한다. (대판83도2933)

정답 ①

10 다음 중 행정처분의 효력에 관한 설명으로 가장 옳지 않은 것은? (단, 다툼이 있는 경우 판례에 의함)　22 군무원 7급

① 행정행위의 공정력이란 행정행위가 위법하더라도 취소되지 않는 한 유효한 것으로 통용되는 효력을 의미하는 것이다.
② 행정행위의 공정력은 판결의 기판력과 같은 효력은 아니지만 그 공정력의 객관적 범위에 속하는 행정행위의 하자가 취소사유에 불과한 때에는 그 처분이 취소되지 않는 한 처분의 효력을 부정하여 그로 인한 이득을 법률상 원인 없는 이득이라고 말할 수 없는 것이다.
③ 영업의 금지를 명한 영업허가취소처분 자체가 나중에 행정쟁송절차에 의하여 취소되었다면 그 영업허가취소처분 이후의 영업행위를 무허가영업이라고 볼 수는 없다.
④ 과세관청이 법령 규정의 문언상 과세처분요건의 의미가 분명함에도 합리적인 근거 없이 그 의미를 잘못 해석한 결과, 과세처분요건이 충족되지 아니한 상태에서 해당 처분을 한 경우에는 과세요건사실을 오인한 것에 불과하여 그 하자가 명백하다고 할 수 없다.

>
> 행정청이 법령 규정의 문언상 처분 요건의 의미가 분명함에도 합리적인 근거 없이 의미를 잘못 해석한 결과 처분 요건이 충족되지 않은 상태에서 해당 처분을 한 경우, 하자가 명백하다. (대판2011두27094)
>
> 정답 ④

11 행정행위의 효력에 관한 설명으로 옳지 않은 것은? (다툼이 있으면 판례에 따름)　22 소방승진

① 소방공무원이 소방시설 등의 설치 또는 유지·관리에 대한 명령을 구술로 고지하여 「행정절차법」을 위반한 경우 위 명령을 위반한 자에게 명령 위반을 이유로 행정형벌을 부과할 수 있다.
② 민사소송에 있어서 어느 행정처분의 당연무효 여부가 선결문제로 되는 때에는 이를 판단하여 당연무효임을 전제로 판결할 수 있고 반드시 행정소송 등의 절차에 의하여 그 취소나 무효확인을 받아야 하는 것은 아니다.
③ 행정처분이 아무리 위법하다고 하여도 그 하자가 중대하고 명백하여 당연무효라고 보아야 할 사유가 있는 경우를 제외하고는 아무도 그 하자를 이유로 무단히 그 효과를 부정하지 못한다.
④ 조세의 과오납이 부당이득이 되기 위하여는 납세 또는 조세의 징수가 실체법적으로나 절차법적으로 전혀 법률상의 근거가 없거나 과세처분의 하자가 중대하고 명백하여 당연무효이어야 하고, 과세처분의 하자가 단지 취소할 수 있는 정도에 불과할 때에는 과세관청이 이를 스스로 취소하거나 항고소송절차에 의하여 취소되지 않는 한 그로 인한 조세의 납부가 부당이득이 된다고 할 수 없다.

소방공무원이 소방시설 등의 설치 또는 유지·관리에 대한 명령을 구술로 고지하여 「행정절차법」 제24조(처분의 방식)를 위반한 경우 위 명령을 위반한 자에게 명령 위반을 이유로 행정형벌을 부과할 수 없다. 소방시설 등의 설치 또는 유지·관리에 대한 명령을 구술로 고지한 경우 시정명령이 위법이며 당연무효에 해당하므로, 명령위반의 문제도 없을뿐더러, 명령위반죄를 심리하는 형사법원에서 명령의 위법성을 독자적으로 심사하여 무죄를 선고할 수 있기 때문이다.

정답 ①

12 선결문제에 대한 판례의 입장으로 옳지 않은 것은? `22 지방직 9급`

① 조세부과처분이 무효임을 이유로 이미 납부한 세금의 반환을 청구하는 민사소송에서 법원은 그 조세부과처분이 무효라는 판단과 함께 세금을 반환하라는 판결을 할 수 있다.
② 영업허가취소처분으로 손해를 입은 자가 제기한 국가배상청구소송에서 법원은 영업허가취소처분에 취소사유에 해당하는 하자가 있는 경우에는 영업허가취소처분의 위법을 이유로 배상청구를 인용할 수 없다.
③ 물품을 수입하고자 하는 자가 세관장에게 수입신고를 하여 그 면허를 받고 물품을 통관한 경우에는, 세관장의 수입면허가 중대하고도 명백한 하자가 있는 행정행위이어서 당연무효가 아닌 한 「관세법」소정의 무면허수입죄가 성립될 수 없다.
④ 영업허가취소처분 이후에 영업을 한 행위에 대하여 무허가영업으로 기소되었으나 형사법원이 판결을 내리기 전에 영업허가취소처분이 행정소송에서 취소되면 형사법원은 무허가영업행위에 대해서 무죄를 선고하여야 한다.

국가배상청구소송을 관할하는 민사법원이 국가배상책임의 성립요건인 '직무집행', 즉 행정처분의 위법성을 독자적으로 판단할 수 있다. 따라서 영업허가취소처분으로 손해를 입은 자가 제기한 국가배상청구소송에서 민사법원은 영업허가취소처분에 취소사유에 해당하는 하자가 있는 경우에는 영업허가취소처분의 위법을 이유로 배상청구를 인용할 수 있다.

정답 ②

13 다음 중 행정행위의 공정력과 선결문제에 대한 설명으로 가장 옳지 않은 것은? (다툼이 있는 경우 판례에 의함) `23 해경승진`

① 연령미달의 결격자가 이를 속이고 운전면허를 교부받아 운전 중 적발되어 기소된 경우 형사법원은 운전면허처분의 효력을 부인하고 무면허운전죄로 판단할 수 있다.
② 위법한 행정처분으로 인해 피해를 입은 자가 제기한 국가배상청구소송에서 민사법원은 행정행위의 위법성 여부를 확인하여 배상청구를 인용할 수 있다.
③ 조세과오납에 따른 부당이득반환청구사안에서 민사법원은 사전통지 및 의견제출절차를 거치지 않은 하자를 이유로 행정행위의 효력을 부인할 수 없다.
④ 행정행위에 중대·명백한 하자가 있는 경우 선결문제에도 불구하고 민사법원 및 형사법원은 제기된 청구에 대하여 판결을 내릴 수 있다.

연령미달의 결격자인 피고인이 소외인의 이름으로 운전면허시험에 응시, 합격하여 교부받은 운전면허는 당연무효가 아니고 도로교통법 제65조 제3호의 사유에 해당함에 불과하여 취소되지 않는 한 유효하므로 피고인의 운전행위는 무면허운전에 해당하지 아니한다. (대판80도2646)

정답 ①

---

14 다음 중 행정행위의 구성요건적 효력(공정력)과 선결문제에 대한 설명으로 가장 옳지 않은 것은? (단, 다툼이 있는 경우 판례에 의함) `22 군무원 7급`

① 갑이 영업정지처분이 위법하다고 주장하면서 국가를 상대로 손해배상청구소송을 제기한 경우, 법원은 취소사유에 해당하는 것을 인정하더라도 그 처분의 취소판결이 없는 한 손해배상청구를 인용할 수 없다.
② 선결문제가 행정행위의 당연무효이면 민사법원이 직접 그 무효를 판단할 수 있다.
③ 과세대상과 납세의무자 확정이 잘못되어 당연무효인 과세에 대해서는 체납이 문제될 여지가 없으므로 조세체납범이 문제되지 않는다.
④ 행정행위의 위법여부가 범죄구성요건의 문제로 된 경우에는 형사법원이 행정행위의 위법성을 인정할 수 있다.

미리 그 행정처분의 취소판결이 있어야만, 그 행정처분의 위법임을 이유로 한 손해배상 청구를 할 수 있는 것은 아니다. (대판72다337)

정답 ①

15 다음 중 행정행위의 하자와 행정소송 상호간의 관계에 대한 설명으로 가장 옳지 않은 것은? (다툼이 있는 경우 판례에 의함)　　23 해경승진

① 취소사유 있는 영업정지처분에 대한 취소소송의 제소기간이 도과한 경우 처분의 상대방은 국가배상청구소송을 제기하여 재산상 손해의 배상을 구할 수 있다.
② 무효인 과세처분에 의하여 세금을 납부한 자는 납부한 금액을 반환받기 위하여 부당이득반환청구소송을 제기하지 않고 곧바로 과세처분 무효확인소송을 제기할 수 있다.
③ 취소사유 있는 과세처분에 의하여 세금을 납부한 자는 과세처분취소소송을 제기하지 않은 채 곧바로 부당이득반환청구소송을 제기하더라도 납부한 금액을 반환받을 수 있다.
④ 파면처분을 당한 공무원은 그 처분에 취소사유인 하자가 존재하는 경우 파면처분취소소송을 제기하여야 하고 곧바로 공무원지위확인소송을 제기할 수 없다.

> **해설**
> 조세의 과오납이 부당이득이 되기 위하여는 납세 또는 조세의 징수가 전혀 법률상의 근거가 없거나 과세처분의 하자가 중대하고 명백하여 당연무효이어야 하고, 과세처분의 하자가 단지 취소할 수 있는 정도에 불과할 때에는 과세관청이 이를 스스로 취소하거나 항고소송절차에 의하여 취소되지 않는 한 그로 인한 조세의 납부가 부당이득이 된다고 할 수 없다. (대판94다28000)
>
> **정답** ③

16 다음 〈보기〉 중 무효인 행정행위에 해당하는 것을 모두 고른 것은? (다툼이 있는 경우 판례에 의함)　　22 해경승진

> ㉠ 「행정절차법」상 청문절차를 거쳐야 하는 처분임에도 청문절차를 결여한 처분
> ㉡ 「택지개발촉진법」상 택지개발예정지구를 지정함에 있어 거쳐야 하는 관계중앙행정기관의 장과의 협의를 거치지 않은 택지개발예정지구 지정처분
> ㉢ 「환경영향평가법」상 환경영향평가를 실시하여야 할 사업에 대하여 환경영향평가를 거치지 않고 행한 승인처분
> ㉣ 과세처분의 근거가 되었던 법률규정에 대해 위헌결정이 내려진 이후 당해 처분의 집행을 위해 행한 체납처분

① ㉠, ㉢
② ㉠, ㉣
③ ㉡, ㉣
④ ㉢, ㉣

- ⓒ (당연무효). 구「환경영향평가법」상 환경영향평가를 실시하여야 할 사업에 대하여 환경영향평가를 거치지 아니하였음에도 승인 등 처분을 한 경우, 그 처분은 당연무효이다. (대판2006두330 전합)
- ⓔ (당연무효). 과세처분 이후 조세 부과의 근거가 되었던 법률규정에 대하여 위헌결정이 내려진 경우, 그 조세채권의 집행을 위한 체납처분이 당연무효이다. (대판2010두10907 전합)
- ⓖ (취소사유).「행정절차법」제22조 제1항 제1호에 정한 청문제도의 취지상 행정처분의 근거법령 등에서 청문의 실시를 규정하고 있는 경우 청문절차를 결여한 처분은 위법하다. (대판2005두15700)
- ⓛ (취소사유). 건설부장관(현 국토교통부장관)이 관계중앙행정기관의 장과 협의를 거치지 아니하고 택지개발예정지구를 지정한 경우, 이는 위 지정처분을 취소할 수 있는 원인이 되는 하자 정도에 불과하고 위 지정처분이 당연무효가 되는 하자에 해당하는 것은 아니다. (대판99두653)

정답 ④

17 행정행위의 하자에 대한 설명으로 옳지 않은 것은? (단, 다툼이 있는 경우 판례에 의함)

21 군무원 7급

① 국세에 대한 증액경정처분이 있는 경우 당초 처분은 증액경정처분에 흡수된다.
② 처분 권한을 내부위임 받은 기관이 자신의 이름으로 한 처분은 무효이다.
③ 독립유공자 甲의 서훈이 취소되고 이를 국가보훈처장이 甲의 유족에게 서훈취소결정통지를 한 것은 통지의 주체나 형식에 하자가 있다고 보기는 어렵다.
④ 과세처분 이후 조세 부과의 근거가 되었던 법률 규정에 대해 위헌결정이 내려졌다고 하더라도, 그 조세채권의 집행을 위한 체납처분은 유효하다.

조세 부과의 근거가 되었던 법률규정이 위헌으로 선언된 경우, 비록 그에 기한 과세처분이 위헌결정 전에 이루어졌고, 과세처분에 대한 제소기간이 이미 경과하여 조세채권이 확정되었으며, 조세채권의 집행을 위한 체납처분의 근거규정 자체에 대하여는 따로 위헌결정이 내려진 바 없다고 하더라도, 위와 같은 위헌결정 이후에 조세채권의 집행을 위한 새로운 체납처분에 착수하거나 이를 속행하는 것은 더 이상 허용되지 않고, 나아가 이러한 위헌결정의 효력에 위배하여 이루어진 체납처분은 그 사유만으로 하자가 중대하고 객관적으로 명백하여 당연무효라고 보아야 한다. (대판 2010두10907)

정답 ④

18. 행정행위의 하자에 관한 설명으로 옳지 않은 것은? (다툼이 있는 경우 판례에 의함)

21 소방공채

① 행정처분의 대상이 되는 법률관계나 사실관계가 있는 것으로 오인할 만한 객관적인 사정이 있고 사실관계를 정확히 조사하여야만 그 대상이 되는지 여부가 밝혀질 수 있는 경우에는 비록 그 하자가 중대하더라도 명백하지 않아 무효로 볼 수 없다.

② 조례 제정권의 범위를 벗어나 국가사무를 대상으로 한 무효인 조례의 규정에 근거하여 지방자치단체의 장이 행정처분을 한 경우 그 행정처분은 하자가 중대하나, 명백하지는 아니하므로 당연무효에 해당하지 아니한다.

③ 보충역편입처분에 하자가 있다고 할지라도 그것이 중대하고 명백하지 않는 한, 그 하자를 이유로 공익근무요원소집처분의 효력을 다툴 수 없다.

④ 부동산에 관한 취득세를 신고하였으나 부동산매매계약이 해제됨에 따라 소유권 취득의 요건을 갖추지 못한 경우에는 그 하자가 중대하지만 외관상 명백하지 않아 무효는 아니며 취소할 수 있는 데 그친다.

④ (✕) 이 사건 신고행위의 경우에는 그 존재를 신뢰하는 제3자의 보호가 특별히 문제되지 않아 그 신고행위를 당연무효로 보더라도 법적 안정성이 크게 저해되지 않는 것으로 보이는 점, 원고가 이 사건 부동산에 관하여 등기와 같은 소유권 취득의 형식적 요건을 갖추지 못했을 뿐만 아니라, 대금의 지급과 같은 소유권 취득의 실질적 요건도 갖추지 못함에 따라 이 사건 부동산의 취득에 기초한 이익 등을 향유한 바 없는 것으로 보이는 점, 이와 같이 지방세법에 규정된 취득이라는 과세요건이 완성되지 않는 등의 중대한 하자가 있고, 그 법적 구제수단이 국세에 비하여 상대적으로 미비함에도 불구하고, 이 사건 신고행위로 인한 불이익을 원고에게 그대로 감수시키는 것이 원고의 권익구제 등의 측면에서 현저하게 부당하다고 보이는 점, 이 사건 신고행위를 당연무효로 보더라도 과세행정의 원활한 운영에 지장이 있다고 단정하기 어려운 점 등을 종합하면, 그 하자가 중대한 이 사건 신고행위의 경우에는 이를 당연무효라고 볼 만한 특별한 사정이 있다고 할 것이다. (대판2008두11716)

① (○) 대판2002다68485
② (○) 대판94누4615 전합
③ (○) 대판2001두5422

정답 ④

19 다음 사례에 관한 설명으로 옳은 것만을 모두 고른 것은? (다툼이 있는 경우 판례에 의함)

21 국가직 7급

> 甲은 1991. 10. 10. A행정청의 공무원으로 신규임용되어 근무하였는데, 2007. 12. 5. A행정청의 자체 조사 결과 위 신규임용 당시 甲은 범죄행위로 징역 3년형을 선고받고 집행이 종료된 지 5년을 지나지 아니한 자였음이 밝혀져, 임용당시 시행되던 「공무원연금법」상 공무원임용 결격사유에 해당함을 이유로 A행정청은 2008. 1. 25. 甲에 대한 임용을 취소하였다.

> ㉠ 甲에 대한 신규 임용행위의 하자는 취소사유에 해당한다.
> ㉡ 甲에 대한 임용행위는 신뢰보호원칙에 따라 보호된다.
> ㉢ 甲은 공무원으로 신규임용되어 임용이 취소될 때까지 사실상 근무를 하였더라도 「공무원연금법」에 의한 퇴직급여를 청구할 수 없다.
> ㉣ 甲이 신규임용되어 임용이 취소될 때까지 공무원으로서 한 행위는 당연무효라고 할 수 없다.

① ㉢
② ㉢, ㉣
③ ㉠, ㉡, ㉣
④ ㉠, ㉡, ㉢, ㉣

해설

㉢ (O) 임용결격자가 공무원으로 임용되어 사실상 근무하여 왔다 하더라도 적법한 공무원으로서의 신분을 취득하지 못한 자로서는 「공무원연금법」이나 「근로자퇴직급여 보장법」에서 정한 퇴직급여를 청구할 수 없다. (대판2012다200486)

㉣ (O) 임용요건이 결여된 공무원이 사실상 공무원으로 보여지는 경우에는 당해 공무원의 행위는 사실상 공무원이론에 의하여 유효한 것으로 보아야 한다.

㉠ (X) 임용당시 공무원임용결격사유가 있었다면 비록 국가의 과실에 의하여 임용결격자임을 밝혀내지 못하였다 하더라도 그 임용행위는 당연무효로 보아야 한다. (대판86누459)

㉡ (X) 국가가 공무원임용결격사유가 있는 자에 대하여 결격사유가 있는 것을 알지 못하고 공무원으로 임용하였다가 사후에 결격사유가 있는 자임을 발견하고 공무원 임용행위를 취소하는 것은 당사자에게 원래의 임용행위가 당초부터 당연무효이었음을 통지하여 확인시켜 주는 행위에 지나지 아니하는 것이므로, 그러한 의미에서 당초의 임용처분을 취소함에 있어서는 신의칙 내지 신뢰의 원칙을 적용할 수 없고 또 그러한 의미의 취소권은 시효로 소멸하는 것도 아니다. (대판86누459)

정답 ②

20. 행정행위의 하자로서 무효사유가 아닌 것은? (다툼이 있는 경우 판례에 의함) `22 소방공채`

① 국토계획법령이 정한 도시계획시설사업의 대상 토지의 소유와 동의요건을 갖추지 못하였음에도 도시계획시설사업의 사업시행자 지정처분을 한 경우
② 조세부과처분의 근거가 되었던 법률규정에 대하여 위헌결정이 내려진 후 체납처분을 한 경우
③ 학교환경위생정화위원회의 심의절차를 누락한 채 학교환경위생정화구역에서의 금지행위 및 시설해제 여부에 관한 행정처분을 한 경우
④ 납세자가 아닌 제3자의 재산을 대상으로 압류처분을 한 경우

③ (×) 구「학교보건법」상 학교환경위생정화구역의 금지행위 및 시설의 해제 여부에 관한 행정처분을 함에 있어 학교환경위생정화위원회의 심의를 누락한 행정처분에는 취소사유가 있다. (대판2006두5086)

① (O) 「국토계획법」이 사인을 도시·군계획시설사업의 시행자로 지정하기 위한 요건으로 소유요건과 동의요건을 둔 취지는 사인이 시행하는 도시·군계획시설사업의 공공성을 보완하고 사인에 의한 일방적인 수용을 제어하기 위한 것이다. 그러므로 만일 국토계획법령이 정한 도시계획시설사업의 대상 토지의 소유와 동의요건을 갖추지 못하였는데도 사업시행자로 지정하였다면, 이는 국토계획법령이 정한 법규의 중요한 부분을 위반한 것으로서 특별한 사정이 없는 한 그 하자가 중대하다고 보아야 한다. 더 나아가 선행처분과 후행처분이 서로 독립하여 별개의 법률효과를 목적으로 하는 때에도 선행처분이 당연무효이면 선행처분의 하자를 이유로 후행처분의 효력을 다툴 수 있다. 도시계획시설사업의 시행자가 작성한 실시계획을 인가하는 처분은 도시계획시설사업 시행자에게 도시계획시설사업의 공사를 허가하고 수용권을 부여하는 처분으로서 선행처분인 도시계획시설사업 시행자 지정처분이 처분요건을 충족하지 못하여 당연무효인 경우에는 사업시행자 지정처분이 유효함을 전제로 이루어진 후행처분인 실시계획 인가처분도 무효라고 보아야 한다. (대판2016두35120)

② (O) 위헌결정 이후에 조세채권의 집행을 위한 새로운 체납처분에 착수하거나 이를 속행하는 것은 더 이상 허용되지 않고, 나아가 이러한 위헌결정의 효력에 위배하여 이루어진 체납처분은 그 사유만으로 하자가 중대하고 객관적으로 명백하여 당연무효라고 보아야 한다. (대판2010두10907 전합).

④ (O) 체납처분으로서 압류의 요건을 규정하는 「국세징수법」 제24조 각 항의 규정을 보면, 어느 경우에나 압류의 대상을 납세자의 재산에 국한하고 있으므로, 납세자가 아닌 제3자의 재산을 대상으로 한 압류처분은 그 처분의 내용이 법률상 실현될 수 없는 것이어서 당연무효이다. (대판2000다68924)

정답 ③

21 행정행위의 하자에 관한 판례의 태도로 옳지 않은 것은? `22 소방승진`

① 예비타당성조사를 실시하지 아니한 하자는 그로써 곧바로 당해 처분인 하천공사시행계획의 하자가 인정된다고 할 것이다.
② 과징금을 부과함에 있어 여러 개의 처분사유에 기하여 하나의 과징금 부과처분을 하였으나 그 처분사유들 중 일부에 위법이 있다고 하더라도 위법한 부분이 그 과징금 부과처분에 영향을 미치지 아니하였다면 그 부과처분을 위법하다고 볼 것은 아니다.
③ 양도인이 최초 영업허가를 받을 당시에 '영업장 면적'이 허가(신고) 대상이 아니었더라도 영업자 지위승계신고수리 시점을 기준으로 당시의 식품위생법령에 따른 인적·물적 요건을 갖추어야 하므로 양수인에게 '영업장 면적'변경신고의무가 있다.
④ 운전면허에 대한 정지처분권한은 경찰청장으로부터 경찰서장에게 권한위임된 것이므로 단속 경찰관이 자신의 명의로 운전면허행정처분통지서를 작성·교부하여 행한 운전면허 정지처분은 권한 없는 자에 의하여 행하여진 점에서 무효의 처분에 해당한다.

해설

甲 등이 국토해양부, 환경부, 문화체육관광부, 농림수산식품부가 합동으로 2009. 6. 8. 발표한 '4대강 살리기 마스터플랜'에 따른 '4대강 살리기 사업'중 한강 부분에 관한 각 하천공사시행계획 및 각 실시계획승인처분에 구 「국가재정법」에서 정한 예비타당성조사를 실시하지 아니한 하자는 원칙적으로 예산 자체의 하자일 뿐, 그로써 곧바로 각 처분의 하자가 된다고 할 수 없어, 예산의 편성에 절차상 하자가 있다는 사정만으로 각 처분에 취소사유에 이를 정도의 하자가 존재한다고 보기 어렵다. (대판2011두32515)

정답 ①

22 행정행위의 하자에 대한 설명으로 옳지 않은 것은? (다툼이 있는 경우 판례에 의함) `22 국가직 7급`

① 인가처분에 하자가 없다면 기본행위에 하자가 있다 하더라도 기본행위의 무효를 내세워 바로 그에 대한 행정청의 인가처분의 취소 또는 무효확인을 소구할 법률상의 이익이 없다.
② 행정처분의 당연무효를 선언하는 의미에서 취소를 구하는 행정소송을 제기한 경우에는 취소소송의 제소요건을 갖추어야 한다.
③ 행정처분이 발하여진 후에 헌법재판소가 그 행정처분의 근거가 된 법률을 위헌으로 결정하였다면, 그 행정처분은 특별한 사정이 없는 한 당연무효이다.
④ 납세자가 아닌 제3자의 재산을 대상으로 한 압류처분은 그 처분의 내용이 법률상 실현될 수 없는 것이어서 당연무효이다.

③ (✕) 법률에 근거하여 행정처분이 발하여진 후에 헌법재판소가 그 행정처분의 근거가 된 법률을 위헌으로 결정하였다면 결과적으로 위 행정처분은 법률의 근거가 없이 행하여진 것과 마찬가지가 되어 하자가 있는 것이 된다고 할 것이다. 그러나 하자 있는 행정처분이 당연무효가 되기 위하여는 그 하자가 중대할 뿐만 아니라 명백한 것이어야 하는데, 일반적으로 법률이 헌법에 위반된다는 사정이 헌법재판소의 위헌결정이 있기 전에는 객관적으로 명백한 것이라고 할 수는 없으므로 헌법재판소의 위헌결정 전에 행정처분의 근거되는 당해 법률이 헌법에 위반된다는 사유는 특별한 사정이 없는 한 그 행정처분의 취소소송의 전제가 될 수 있을 뿐 당연무효 사유는 아니라고 봄이 상당하다. (대판2011두24057)
① (O) 대판93누22753 ② (O) 대판92누11039 ④ (O) 대판2005두15151

정답 ③

23. 처분의 근거 법률에 대한 위헌결정 시 당해 처분에 미치는 영향에 대한 설명으로 가장 옳지 않은 것은?
22 서울시 7급

① 헌법재판소의 위헌결정은 원칙적으로 장래효이지만 위헌결정이 있기 전에 이와 동종의 위헌여부에 대하여 헌법재판소에 위헌여부심판제청을 한 사건에 대해서는 소급효를 인정한다.
② 헌법재판소에 별도로 위헌제청신청을 하지는 않았으나 당해 법률 또는 법률조항이 재판의 전제가 되어 법원에 계속 중인 사건의 경우 위헌결정의 예외적 소급효가 인정된다.
③ 위헌결정의 효력을 장래효로 국한할 경우에는 법적 안정성에 반할 수 있으며, 이를 소급효로 국한할 경우에는 형평의 가치에 반할 수 있다.
④ 과세처분의 근거가 되었던 법률규정에 대해 위헌결정이 내려진 후, 위헌결정의 효력에 위배하여 이루어진 체납처분은 당연무효이다.

위헌결정의 효력을 소급효로 하게 되면 법적 안정성에 반할 수 있으므로 장래효로 인정하는 것이 원칙이고, 구체적 타당성의 요청을 고려하여 위헌결정의 계기를 부여한 당해사건부터 법원에 계속 중인 동종사건 등 위헌결정의 소급효 적용범위를 예외적으로 검토하는 것이 판례이다.

정답 ③

24. 다음 사례에 대한 설명으로 옳지 않은 것을 고르시오. (다툼이 있는 경우 판례에 의함)
22 국가직 9급

A시 시장은 「학교용지 확보 등에 관한 특례법」 관계 조항에 따라 공동주택을 분양받은 甲, 乙, 丙, 丁 등에게 각각 다른 시기에 학교용지 부담금을 부과하였다. 이후 해당 조항에 대하여 법원의 위헌법률심판제청에 따라 헌법재판소가 위헌결정을 하였다. (단, 甲, 乙, 丙, 丁은 모두 위헌법률심판제청신청을 하지 않은 것으로 가정함)

① 甲이 부담금을 납부하였고 부담금부과처분에 불가쟁력이 발생한 상태라면, 해당 조항이 위헌으로 결정되더라도 이미 납부한 부담금을 반환받을 수 없다.
② 乙은 부담금을 납부한 후 부담금부과처분에 대해 행정소송을 제기하였고 현재 소가 계속 중인 경우에도, 乙이 위헌법률심판제청신청을 하지 않았으므로 乙에게 위헌결정의 소급효는 미치지 않는다.
③ 丙이 부담금부과처분에 대한 행정심판청구를 하여 기각재결서를 송달받았으나, 재결서 송달일로부터 90일 이내에 취소소송을 제기하였다면 丙의 청구는 인용될 수 있다.
④ 부담금부과처분에 대한 제소기간이 경과하여 丁의 부담금 납부의무가 확정되었고 위헌결정 전에 丁의 재산에 대한 압류가 이루어진 상태라도, 丁에 대해 부담금 징수를 위한 체납처분을 속행할 수는 없다.

② (✗) 구체적 규범통제의 실효성의 보장의 견지에서 법원의 제청·헌법소원의 청구 등을 통하여 헌법재판소에 법률의 위헌결정을 위한 계기를 부여한 당해 사건(당해 사건), 위헌결정이 있기 전에 이와 동종의 위헌 여부에 관하여 헌법재판소에 위헌제청을 하였거나 법원에 위헌제청신청을 한 경우의 당해 사건(동종사건) 그리고 따로 위헌제청신청을 아니하였지만 당해 법률 또는 법률의 조항이 재판의 전제가 되어 법원에 계속 중인 사건(병행사건)에 대하여는 소급효를 인정하여야 할 것이다. 또 다른 한 가지의 불소급원칙의 예외로 볼 것은, 당사자의 권리구제를 위하여 구체적 타당성의 요청이 현저한 반면에 소급효를 인정하여도 법적 안정성을 침해할 우려가 없고 나아가 구법에 의하여 형성된 기득권자의 이익이 해쳐질 사안이 아닌 경우로서 소급효의 부인이 오히려 정의와 형평 등 헌법적 이념에 심히 배치되는 때라고 할 것으로, 이때에 소급효의 인정은 법 제47조 제2항 본문의 근본취지에 반하지 않을 것으로 생각한다. (헌재92헌가10) 따라서 사안의 경우 따로 위헌제청신청을 아니하였지만 당해 법률 또는 법률의 조항이 재판의 전제가 되어 법원에 계속 중인 "병행사건"에 해당한다. 헌법재판소는 당해사건, 동종사건, 병행사건 그리고 구체적 타당성의 요청이 현저한 경우에 예외적으로 위헌결정의 소급효를 인정한다. 따라서 乙이 부담금을 납부한 후 부담금부과처분에 대해 행정소송을 제기하여 현재 소가 계속 중인 경우, 乙이 위헌법률심판제청신청을 하지 않았더라도 乙에게 위헌결정의 소급효는 미친다.
① (O) 처분의 위법성은 처분 당시를 기준으로 판단하므로, 처분 이후에 근거 법령이 위헌으로 결정된 경우 당해 처분의 하자는 중대하나 명백하지 않아 취소 사유에 불과하게 된다. 이 경우 처분을 원인으로 납부한 부담금을 반환받기 위해서는 "법률상 원인 없는"부당이득이 성립해야 하는데, 취소되기 전까지는 일단 유효한 공정력에 의해 별도의 취소가 이루어져야 할 것이다. 하지만 당해 처분에 불가쟁력이 발생하면 쟁송취소가 불가능하므로 甲은 이미 납부한 부담금을 반환받을 수 없다.
③ (O) 丙이 청구기간이 도과하여 불가쟁력이 발생하기 전에 부담금부과처분에 대한 적법한 행정심판청구를 한 경우 당해 처분에 대한 취소소송의 제기기간은 「행정소송법」 제20조 제1항 단서에 의해 재결서 정본을 송달받은 날부터 90일을 기산하게 되므로 丙의 청구는 적법한 소제기이므로 각하를 면하고 인용판결을 도모할 수 있다.
④ (O) 이미 압류처분까지 이루어진 상태에서 근거 조항에 대해 위헌결정이 행해진 경우 필요적으로 압류를 해제하여야 하고, 체납처분을 진행하게 되면 위헌결정의 기속력에 반하여 허용되지 않는다는 것이 판례의 입장이다.

정답 ②

25 행정행위의 하자에 대한 판례의 입장으로 옳지 않은 것은?　　18 지방직 9급

① 친일반민족행위자로 결정한 최종발표와 그에 따라 그 유가족에 대하여 한 독립유공자 예우에 관한 법률 적용배제자 결정은 별개의 법률효과를 목적으로 하는 처분이다.
② 무권한의 행위는 원칙적으로 무효라고 할 것이므로, 5급 이상의 국가정보원 직원에 대해 임면권자인 대통령이 아닌 국가정보원장이 행한 의원면직처분은 당연무효에 해당한다.
③ 국가유공자 등 예우 및 지원에 관한 법률에 따른 여러 개의 상이에 대한 국가유공자요건비해당처분에 대한 취소소송에서 그 중 일부 상이만이 국가유공자요건이 인정되는 상이에 해당하는 경우, 국가유공자요건비해당처분 중 그 요건이 인정되는 상이에 대한 부분만을 취소하여야 한다.
④ 위법하게 구성된 폐기물처리시설 입지선정위원회가 의결을 한 경우, 그에 터 잡아 이루어진 폐기물처리시설 입지결정처분의 하자는 무효사유로 본다.

5급 이상의 국가정보원직원에 대한 의원면직처분이 임면권자인 대통령이 아닌 국가정보원장에 의해 행해진 것으로 위법하고, 나아가 국가정보원직원의 명예퇴직원 내지 사직서 제출이 직위해제 후 1년여에 걸친 국가정보원장 측의 종용에 의한 것이었다는 사정을 감안한다 하더라도 그러한 하자가 중대한 것이라고 볼 수는 없으므로, 대통령의 내부결재가 있었는지에 관계없이 당연무효는 아니다. (대판2005두15748)

정답 ②

26 다음 중 행정행위의 하자에 대한 내용으로 가장 옳지 않은 것은? (다툼이 있는 경우 판례에 의함)　　21 해경승진

① 무효인 행정행위에는 공정력, 불가쟁력이 인정되지 않는다.
② 적법한 건축물에 대한 철거명령은 그 하자가 중대하고 명백하여 당연무효이고 그 후행행위인 건축물철거 대집행계고처분 역시 당연무효이다.
③ 「경찰공무원법」에 규정되어 있는 경찰관임용 결격사유는 경찰관으로 임용되기 위한 절대적인 소극적인 요건으로서 임용당시 경찰관임용결격사유가 있었다면 비록 임용권자의 과실에 의하여 임용결격자임을 밝혀내지 못하였다 하더라도 그 임용행위는 당연무효로 볼 수 없다.
④ 납세의무자가 부과된 세금을 자진납부하였다고 하더라도 세액산출근거 등의 기재사항이 누락된 납세고지서에 의한 과세처분의 하자는 치유되지 않는다.

임용당시 임용결격사유가 있었다면, 비록 국가의 과실에 의하여 그것을 밝혀내지 못하더라도 그 일반직공무원으로서의 임용행위는 무효가 된다. (대판97누16985) 따라서 임용결격자가 공무원으로 임용되어 사실상 근무하여 왔다고 하더라도 적법한 공무원의 신분을 취득하지 못한 자는 「공무원연금법」상 퇴직급여를 청구할 수 없다.

정답 ③

27 행정행위의 하자에 대한 판례의 입장으로 옳지 않은 것은?   22 지방직 7급

① 과세처분 이후 과세의 근거가 되었던 법률규정에 대하여 위헌결정이 내려진 경우, 그 조세채권의 집행을 위해 새로운 체납처분에 착수하거나 이를 속행하는 것은 당연무효로 볼 수 없다.
② 행정청이 어느 법률관계나 사실관계에 대하여 어느 법률의 규정을 적용하여 행정처분을 한 경우에, 그 법률관계나 사실관계에 대하여는 그 법률의 규정을 적용할 수 없다는 법리가 명백히 밝혀져 해석에 다툼의 여지가 없음에도 행정청이 그 규정을 적용하여 처분을 한 때에는 하자가 중대하고 명백하다.
③ 행정청이 청문서 도달기간을 다소 어겼다 하더라도 당사자가 이에 대하여 이의하지 아니한 채 스스로 청문일에 출석하여 그 의견을 진술하고 변명하는 등 방어의 기회를 충분히 가졌다면 청문서 도달기간을 준수하지 아니한 하자는 치유되었다고 볼 수 있다.
④ 선행처분인 소득금액변동통지에 하자가 존재하더라도 당연무효 사유에 해당하지 않는 한 그 하자는 후행처분인 소득세 납세고지처분에 그대로 승계되지 아니한다.

① (✗) 조세 부과의 근거가 되었던 법률규정이 위헌으로 선언된 경우, 비록 그에 기한 과세처분이 위헌결정 전에 이루어졌고, 과세처분에 대한 제소기간이 이미 경과하여 조세채권이 확정되었으며, 조세채권의 집행을 위한 체납처분의 근거규정 자체에 대하여는 따로 위헌결정이 내려진 바 없다고 하더라도, 위와 같은 위헌결정 이후에 조세채권의 집행을 위한 새로운 체납처분에 착수하거나 이를 속행하는 것은 더 이상 허용되지 않고, 나아가 이러한 위헌결정의 효력에 위배하여 이루어진 체납처분은 그 사유만으로 하자가 중대하고 객관적으로 명백하여 당연무효라고 보아야 한다. (대판2010두10907)
② (O) 대판2011두27094
③ (O) 대판92누2844
④ (O) 대판2009두14439

정답 ①

28 행정행위의 하자에 대한 설명으로 옳은 것은?   23 국가직 9급

① 과세처분의 취소를 구하는 행정소송에서 선행처분인 개별공시지가결정의 위법을 독립된 위법사유로 주장할 수 있다.
② 재건축조합설립인가처분 당시 동의율을 충족하지 못한 하자는 후에 추가동의서가 제출되었다는 사정만으로도 치유된다.
③ 적법한 건축물에 대한 철거명령은 그 하자가 중대하고 명백하여 당연무효라고 할 것이지만, 그 후행행위인 건축물철거 대집행계고처분은 당연무효라고 할 수 없다.
④ 세액산출근거가 기재되지 아니한 납세고지서에 의한 부과처분은 강행법규에 위반하여 취소대상이 된다고 할 것이지만 이와 같은 하자는 납세의무자가 전심절차에서 이를 주장하지 아니하였거나, 그 후 부과된 세금을 자진납부하였다거나 또는 조세채권의 소멸시효기간이 만료된 경우 치유된다.

① (O) 개별공시지가결정은 이를 기초로 한 과세처분 등과는 별개의 독립된 처분으로서 서로 독립하여 별개의 법률효과를 목적으로 하는 것이나, 위법한 개별공시지가결정에 대하여 그 정해진 시정절차를 통하여 시정하도록 요구하지 아니하였다는 이유로 위법한 개별공시지가를 기초로 한 과세처분 등 후행 행정처분에서 개별공시지가결정의 위법을 주장할 수 없도록 하는 것은 수인한도를 넘는 불이익을 강요하는 것으로서 개별공시지가결정에 위법이 있는 경우에는 그 자체를 행정소송의 대상이 되는 행정처분으로 보아 그 위법 여부를 다툴 수 있음은 물론 이를 기초로 한 과세처분 등 행정처분의 취소를 구하는 행정소송에서도 선행처분인 개별공시지가결정의 위법을 독립된 위법사유로 주장할 수 있다. (대판93누8542) 즉, 별개의 효과를 추구하는 행정행위 사이지만 선행처분의 하자를 후행처분 취소소송에서 다투지 못하게 하는 것이 수인한도를 넘는 가혹함을 주는 경우로서 예외적으로 하자의 승계가 인정된다.
② (✕) 재건축조합설립인가처분 당시 동의율을 충족하지 못한 하자는 후에 추가동의서가 제출되었다는 사정만으로 치유될 수 없다. (대판2011두27544)
③ (✕) 적법한 건축물에 대한 철거명령은 그 하자가 중대하고 명백하여 당연무효라고 할 것이고, 그 후행행위인 건축물철거 대집행계고처분 역시 당연무효라고 할 것이다. (대판97누6780).
④ (✕) 세액산출근거가 기재되지 아니한 납세고지서에 의한 부과처분은 강행법규에 위반하여 취소대상이 된다 할 것이므로 이와 같은 하자는 납세의무자가 전심절차에서 이를 주장하지 아니하였거나, 그 후 부과된 세금을 자진납부 하였다거나, 또는 조세채권의 소멸시효기간이 만료되었다 하여 치유되는 것이라고는 할 수 없다. (대판84누431)

정답 ①

29 행정행위의 하자에 관한 다음 설명 중 가장 적절하지 않은 것은? (다툼이 있으면 판례에 의함)

14 경찰행정

① 법률관계나 사실관계에 대하여 그 법률 규정을 적용할 수 없다는 법리가 명백히 밝혀지지 않아 해석에 다툼의 여지가 있는 때에는 행정청이 이를 잘못 해석하여 행정처분을 했더라도 이는 처분 요건사실을 오인한 것에 불과하여 하자가 명백하다고 할 수 없다.
② 행정처분의 근거법률이 행정처분 후에 위헌으로 선언되면, 그 하자는 원칙적으로 무효사유가 된다.
③ 적법한 건축물에 대한 철거명령이 그 하자가 중대하고 명백하여 당연무효일 경우, 그 후행행위인 건축물 철거 대집행 계고처분 역시 당연무효이다.
④ 행정처분의 내용상 하자에 대해서는 하자의 치유를 인정하지 아니한다.

행정처분의 근거법률이 행정처분 후에 위헌으로 선언되면, 그 하자는 원칙적으로 취소사유가 된다. (대판2001두3181)

정답 ②

30 행정행위의 하자에 대한 설명으로 가장 적절하지 않은 것은? (다툼이 있으면 판례에 의함)
    18 경찰행정

① 위헌법률에 기한 행정처분의 집행이나 집행력을 유지하기 위한 행위는 위헌결정의 기속력에 위반되어 허용되지 않는다.
② 절차상 또는 형식상 하자로 인하여 무효인 행정처분이 있은 후 행정청이 관계 법령에서 정한 절차 또는 형식을 갖추어 다시 동일한 행정처분을 하였다면 당해 행정처분은 종전의 무효인 행정처분과 관계없이 새로운 행정처분이라고 보아야 한다.
③ 민원사무를 처리하는 행정기관이 민원 1회 방문 처리제를 시행하는 절차의 일환으로 민원사항의 심의·조정 등을 위한 민원조정위원회를 개최하면서 사전통지의 흠결로 민원인에게 의견진술의 기회를 주지 아니한 결과 민원조정위원회의 심의과정에서 고려대상에 마땅히 포함시켜야 할 사항을 누락하는 등 재량권의 불행사 또는 해태로 볼 수 있는 구체적 사정이 있다며, 그 거부처분은 재량권을 일탈·남용한 것으로서 위법하다.
④ 「경찰공무원법」에 규정되어 있는 경찰관임용 결격사유는 경찰관으로 임용되기 위한 절대적인 소극적 요건으로서 임용 당시 경찰관임용 결격사유가 있었다면 비록 임용권자의 과실에 의하여 임용결격자임을 밝혀내지 못하였다 하더라도 그 임용행위는 당연무효로 볼 수 없다.

「경찰공무원법」에 규정되어 있는 경찰관임용 결격사유는 경찰관으로 임용되기 위한 절대적인 소극적 요건으로서 임용 당시 경찰관임용 결격사유가 있었다면 비록 임용권자의 과실에 의하여 임용결격자임을 밝혀내지 못하였다 하더라도 그 임용행위는 당연무효로 보아야 한다. (대판2003두469)

정답 ④

31 행정행위의 하자에 대한 설명으로 옳은 것은? (다툼이 있는 경우 판례에 의함)   16 국가직 9급

① 임용 당시 법령상 공무원임용 결격사유가 있었더라도 임용권자의 과실에 의하여 임용결격자임을 밝혀내지 못한 경우라면 그 임용행위가 당연무효가 된다고 할 수는 없다.
② 철거명령이 당연무효인 경우에는 그에 근거한 후행행위인 건축물 철거 대집행계고처분도 당연무효이다.
③ 행정행위의 내용상의 하자는 치유의 대상이 될 수 있으나, 형식이나 절차상의 하자에 대해서는 치유가 인정되지 않는다.
④ 부담금 부과처분 이후에 처분의 근거법률이 위헌결정된 경우, 그 부과처분에 불가쟁력이 발생하였고 위헌결정 전에 이미 관할 행정청이 압류처분을 하였다면, 위헌결정 이후에도 후속 절차인 체납처분절차를 통하여 부담금을 강제징수할 수 있다.

① (✕) 결격사유가 있는 공무원을 임용한 경우 그 하자는 무효가 된다. (대판2003두469)
③ (✕) 치유는 주로 형식이나 절차상 하자에 대하여 이루어진다. (대판90누1359)
④ (✕) 후속절차인 체납절차는 무효인 하자에 해당한다. (대판2010두10907)

정답 ②

32. 행정행위의 하자승계 논의의 전제에 관한 설명으로 옳지 않은 것은? (다툼이 있으면 판례에 따름)
22 행정사

① 선행행위와 후행행위가 모두 항고소송의 대상인 행정처분이어야 한다.
② 선행행위에는 취소사유인 하자가 존재해야 한다.
③ 후행행위는 하자가 없이 적법해야 한다.
④ 선행행위에 불가쟁력이 발생해야 한다.
⑤ 후행행위에 불가변력이 발생해야 한다.

후행행위에는 불가쟁력이 발생하지 않아야 후행행위 취소소송에서 불가쟁력이 발생한 선행행위의 하자를 다툴 수 있을 것이다.

정답 ⑤

33. 다음 중 행정행위의 하자에 관한 설명으로 가장 옳은 것은? (다툼이 있는 경우 판례에 의함)
23 해경승진

① 무효인 행정행위에는 공정력과 불가쟁력이 발생한다.
② 당연무효인 징계처분의 하자는 징계를 받은 자의 용인으로 치유된다.
③ 적법한 권한위임 없이 세관출장소장이 한 관세부과처분은 당연무효이다.
④ 행정처분을 한 처분청은 그 처분의 성립에 하자가 있는 경우 이를 취소할 별도의 법적 근거가 없다고 하더라도 직권으로 취소할 수 있다.

④ (O) 행정행위를 한 처분청은 그 행위에 하자가 있는 경우에는 별도의 법적 근거가 없더라도 스스로 이를 취소·철회할 수 있다. (대판2003두4669)
① (×) 무효인 행정행위는 아무런 효력이 발생하지 않는다.
② (×) 징계처분이 중대하고 명백한 흠 때문에 당연무효의 것이라면 징계처분을 받은 자가 이를 용인하였다 하여 그 흠이 치유되는 것은 아니다. (대판88누8869)
③ (×) 적법한 권한 위임 없이 세관출장소장이 행한 관세부과처분은 그 하자가 중대하지만 객관적으로 명백하다고 할 수 없어 당연무효는 아니다. (대판2003두2403)

정답 ④

34 다음 중 하자의 승계가 인정되는 경우는? (단, 다툼이 있는 경우 판례에 의함) 22 군무원 7급

① 국제항공노선 운수권배분 실효처분 및 노선면허거부처분과 노선면허처분
② 보충역편입처분과 공익근무요원소집처분
③ 토지구획정리사업시행인가처분과 환지청산금부과처분
④ 대집행계고처분과 비용납부명령

④ (하자의 승계 인정). 대집행계고처분과 비용납부명령은 행정대집행의 각 절차로서 서로 결합하여 공법상 대체적 작위의무를 실현시키는 하나의 법률효과를 목적으로 하므로 하자의 승계가 인정된다. (대판93누14271)
① (하자의 승계 부정). 대판2003두312
② (하자의 승계 부정). 대판2001두5422
③ (하자의 승계 부정). 대판2002두424

정답 ④

35 행정행위의 하자에 대한 설명으로 옳지 않은 것은? (다툼이 있는 경우 판례에 의함)

22 국가직 9급

① 이미 불가쟁력이 발생한 보충역편입처분에 하자가 있다고 하더라도 그것이 당연무효의 사유가 아닌 한 공익근무요원소집처분에 승계되는 것은 아니다.
② 건물철거명령이 당연무효가 아니고 불가쟁력이 발생하였다면 건물철거명령의 하자를 이유로 후행 대집행계고처분의 효력을 다툴 수 없다.
③ 도시계획시설사업 시행자 지정 처분이 처분 요건을 충족하지 못하여 당연무효인 경우, 도시계획시설사업의 시행자가 작성한 실시계획을 인가하는 처분도 무효이다.
④ 선행처분인 공무원 직위해제처분과 후행 직권면직처분 사이에는 하자의 승계가 인정된다.

④ (✕) 구「경찰공무원법」제50조 제1항에 의한 직위해제처분과 같은 제3항에 의한 면직처분은 후자가 전자의 처분을 전제로 한 것이기는 하나 각각 단계적으로 별개의 법률효과를 발생하는 행정처분이어서 선행직위 해제처분의 위법사유가 면직처분에는 승계되지 아니한다 할 것이므로 선행된 직위해제 처분의 위법사유를 들어 면직처분의 효력을 다툴 수는 없다. (대판84누191)
① (○) 대판2001두5422.
② (○) 대판97누20502.
③ (○) 대판2016두35120.

정답 ④

36 행정행위의 하자(흠)의 승계에 대한 설명으로 가장 옳지 않은 것은?

22 서울시 7급

① 행정행위의 하자 승계 문제는 행정권에 대한 사인의 권익보호와 적정행정의 유지에 대한 요청에 근거하고 있다.
② 선행처분과 후행처분이 서로 독립하여 별개의 법률효과를 목적으로 하는 때에도 선행처분이 당연무효이면 선행처분의 하자를 이유로 후행처분의 효력을 다툴 수 있다.
③ 표준지공시지가결정이 위법한 경우에 그 자체의 위법 여부를 다툴 수 있음은 물론 수용보상금의 증액을 구하는 소송에서도 선행처분으로서 비교표준지공시지가결정의 위법을 독립된 사유로 주장할 수 있다.
④ 보충역편입처분이 위법한 경우에 그 자체의 위법 여부를 다툴 수 있음은 물론 불가쟁력이 생긴 후에 후행처분인 공익근무요원소집처분의 취소소송에서도 선행처분인 보충역편입처분의 위법을 이유로 공익근무요원소집처분의 효력을 다툴 수 있다.

보충역편입처분과 공익근무요원소집처분 사이는 별개의 법률효과를 목적으로 하므로 하자의 승계가 부정된다. 따라서 보충역편입처분에 불가쟁력이 생긴 후에 후행처분인 공익근무요원소집처분의 취소소송에서 선행처분인 보충역편입처분의 위법을 이유로 공익근무요원소집처분의 효력을 다툴 수 없다. (대판2001두5422)

정답 ④

37 행정행위의 하자의 승계에 대한 설명으로 옳지 않은 것은?   23 지방직 9급

① 2개 이상의 행정처분이 연속적 또는 단계적으로 이루어지는 경우 선행처분과 후행처분이 서로 합하여 1개의 법률효과를 완성하는 때에는 선행처분에 하자가 있으면 그 하자는 후행처분에 승계된다.
② 선행처분과 후행처분이 서로 독립하여 별개의 법률효과를 발생시키는 경우에는 선행처분에 불가쟁력이 생겨 그 효력을 다툴 수 없게 되면 수인한도를 넘는 가혹함을 가져오며 그 결과가 당사자에게 예측가능하지 않더라도 하자의 승계가 인정되지 않는다.
③ 과세관청의 선행처분인 소득금액변동통지에 하자가 존재하더라도 당연무효사유에 해당하지 않는 한 후행처분인 징수처분에 대한 항고소송에서 그 하자를 다툴 수 없다.
④ 수용보상금의 증액을 구하는 소송에서는 선행처분으로서 그 수용대상 토지 가격 산정의 기초가 된 비교표준지공시지가결정의 위법을 독립된 사유로 주장할 수 있다.

② (✗) 선행처분과 후행처분이 서로 독립하여 별개의 법률효과를 목적으로 하는 때에는 선행처분에 불가쟁력이 생겨 그 효력을 다툴 수 없게 된 경우에는 선행처분의 하자가 중대하고 명백하여 당연무효인 경우를 제외하고는 선행처분의 하자를 이유로 후행처분의 효력을 다툴 수 없는 것이 원칙이나, 선행처분과 후행처분이 서로 독립하여 별개의 효과를 목적으로 하는 경우에도 선행처분의 불가쟁력이나 구속력이 그로 인하여 불이익을 입게 되는 자에게 수인한도를 넘는 가혹함을 가져오며, 그 결과가 당사자에게 예측가능한 것이 아닌 경우에는 국민의 재판받을 권리를 보장하고 있는 헌법의 이념에 비추어 선행처분의 후행처분에 대한 구속력은 인정될 수 없다. (하자승계 긍정). (대판93누8542, 2017두40372)
① (O) 대판2017두40372
③ (O) 대판2009두14439
④ (O) 대판2007두13845

정답 ②

38. 다음 중 행정행위의 하자에 대한 내용으로 가장 옳지 않은 것은? (다툼이 있는 경우 판례에 의함)

21 해경승진

① 무효인 행정행위에는 공정력, 불가쟁력이 인정되지 않는다.
② 적법한 건축물에 대한 철거명령은 그 하자가 중대하고 명백하여 당연무효이고 그 후행행위인 건축물철거 대집행계고처분 역시 당연무효이다.
③ 「경찰공무원법」에 규정되어 있는 경찰관임용 결격사유는 경찰관으로 임용되기 위한 절대적인 소극적인 요건으로서 임용당시 경찰관임용결격사유가 있었다면 비록 임용권자의 과실에 의하여 임용결격자임을 밝혀내지 못하였다 하더라도 그 임용행위는 당연무효로 볼 수 없다.
④ 납세의무자가 부과된 세금을 자진납부하였다고 하더라도 세액산출근거 등의 기재사항이 누락된 납세고지서에 의한 과세처분의 하자는 치유되지 않는다.

임용당시 임용결격사유가 있었다면, 비록 국가의 과실에 의하여 그것을 밝혀내지 못하더라도 그 일반직공무원으로서의 임용행위는 무효가 된다. (대판97누16985) ※ 임용결격자가 공무원으로 임용되어 사실상 근무하여 왔다고 하더라도 적법한 공무원의 신분을 취득하지 못한 자는 「공무원연금법」상 퇴직급여를 청구할 수 없다.

정답 ③

39. 행정행위의 하자에 대한 판례의 입장으로 옳지 않은 것은?

22 지방직 7급

① 과세처분 이후 과세의 근거가 되었던 법률규정에 대하여 위헌결정이 내려진 경우, 그 조세채권의 집행을 위해 새로운 체납처분에 착수하거나 이를 속행하는 것은 당연무효로 볼 수 없다.
② 행정청이 어느 법률관계나 사실관계에 대하여 어느 법률의 규정을 적용하여 행정처분을 한 경우에, 그 법률관계나 사실관계에 대하여는 그 법률의 규정을 적용할 수 없다는 법리가 명백히 밝혀져 해석에 다툼의 여지가 없음에도 행정청이 그 규정을 적용하여 처분을 한 때에는 하자가 중대하고 명백하다.
③ 행정청이 청문서 도달기간을 다소 어겼다 하더라도 당사자가 이에 대하여 이의하지 아니한 채 스스로 청문일에 출석하여 그 의견을 진술하고 변명하는 등 방어의 기회를 충분히 가졌다면 청문서 도달기간을 준수하지 아니한 하자는 치유되었다고 볼 수 있다.
④ 선행처분인 소득금액변동통지에 하자가 존재하더라도 당연무효 사유에 해당하지 않는 한 그 하자는 후행처분인 소득세 납세고지처분에 그대로 승계되지 아니한다.

① (×) 조세 부과의 근거가 되었던 법률규정이 위헌으로 선언된 경우, 비록 그에 기한 과세처분이 위헌결정 전에 이루어졌고, 과세처분에 대한 제소기간이 이미 경과하여 조세채권이 확정되었으며, 조세채권의 집행을 위한 체납처분의 근거규정 자체에 대하여는 따로 위헌결정이 내려진 바 없다고 하더라도, 위와 같은 위헌결정 이후에 조세채권의 집행을 위한 새로운 체납처분에 착수하거나 이를 속행하는 것은 더 이상 허용되지 않고, 나아가 이러한 위헌결정의 효력에 위배하여 이루어진 체납처분은 그 사유만으로 하자가 중대하고 객관적으로 명백하여 당연무효라고 보아야 한다. (대판2010두10907)
② (○) 대판2011두27094
③ (○) 대판92누2844
④ (○) 대판2009두14439

정답 ①

40 다음 중 행정행위의 하자에 관한 설명으로 가장 옳은 것은? (다툼이 있는 경우 판례에 의함)

23 해경승진

① 무효인 행정행위에는 공정력과 불가쟁력이 발생한다.
② 당연무효인 징계처분의 하자는 징계를 받은 자의 용인으로 치유된다.
③ 적법한 권한위임 없이 세관출장소장이 한 관세부과처분은 당연무효이다.
④ 행정처분을 한 처분청은 그 처분의 성립에 하자가 있는 경우 이를 취소할 별도의 법적 근거가 없다고 하더라도 직권으로 취소할 수 있다.

④ (○) 행정행위를 한 처분청은 그 행위에 하자가 있는 경우에는 별도의 법적 근거가 없더라도 스스로 이를 취소·철회할 수 있다. (대판2003두4669).
① (×) 무효인 행정행위는 아무런 효력이 발생하지 않는다.
② (×) 징계처분이 중대하고 명백한 흠 때문에 당연무효의 것이라면 징계처분을 받은 자가 이를 용인하였다 하여 그 흠이 치유되는 것은 아니다. (대판88누8869)
③ (×) 적법한 권한위임 없이 세관출장소장이 행한 관세부과처분은 그 하자가 중대하지만 객관적으로 명백하다고 할 수 없어 당연무효는 아니다. (대판2003두2403)

정답 ④

41 다음 중 행정행위의 무효로 볼 수 있는 경우가 아닌 것은? (다툼이 있는 경우 판례에 의함)

24 경찰채용

① 음주운전을 단속한 경찰관 명의로 행한 운전면허정지처분의 효력
② 임용권자의 과실에 의한 임용결격자에 대한 경찰공무원 임용 행위의 효력
③ 행정처분의 처분 방식에 관한 「행정절차법」 제24조 제1항을 위반한 처분의 효력
④ 임면권자가 아닌 국가정보원장이 5급 이상의 국가정보원직원에 대하여 한 의원면직처분의 효력

5급 이상의 국가정보원직원에 대한 의원면직처분이 임면권자인 대통령이 아닌 국가정보원장에 의해 행해진 것으로 위법하고, 나아가 국가정보원직원의 명예퇴직원 내지 사직서 제출이 직위해제후 1년여에 걸친 국가정보원장 측의 종용에 의한 것이었다는 사정을 감안한다 하더라도 그러한 하자가 중대한 것이라고 볼 수는 없으므로, 대통령의 내부결재가 있었는지에 관계없이 당연무효는 아니다. (대판2005두15748)

정답 ④

42 다음 중 직권취소에 대한 설명 중 옳은 것은?

22 해경승진

① 취소소송의 진행 중에는 직권취소할 수 없다.
② 처분청은 명문의 근거가 없어도 직권취소를 할 수 있다.
③ 대통령은 국무총리의 명령이 위법하다고 인정해도 이를 중지시킬 수 없다.
④ 위법한 침익적 행정행위에 대해서는 행정청이 이를 직권취소할 수 없다.

② (O) 통설과 판례는 법적 근거 없이도 직권취소를 할 수 있다고 본다. 본 처분을 할 수 있는 권한 속에 직권취소 권한도 포함된 것으로 보는 것이 일반적 견해이다.
① (X) 취소소송이 진행 중이라도 행정청이 위법한 처분을 스스로 취소할 수 있다.
③ (X) 대통령은 국무총리와 중앙행정기관의 장의 명령이나 처분이 위법 또는 부당하다고 인정하면 이를 중지 또는 취소할 수 있다. (정부조직법 제11조 제2항)
④ (X) 부담적 행정행위의 경우 이익형량이 사실상 문제가 되지 않으므로, 원칙적으로 행정청의 직권취소가 자유로우며, 부담적 행정행위를 직권으로 취소하는 경우 상대방에게 수익적이므로 이익형량의 제한이 문제되지 않고, 법적 근거 역시 요구되지 않기 때문이다.

정답 ②

43 다음 처분의 취소 또는 변경에 관한 설명으로 옳은 것은? (다툼이 있으면 판례에 따름)

21 행정사

① 처분의 위법은 직권취소의 사유가 되지만, 처분의 부당은 직권취소의 사유가 되지 않는다.
② 수익적 처분의 직권취소 필요성에 관한 증명책임은 처분의 상대방에 있다.
③ 수익적 처분에 대한 직권취소의 경우에는 「행정절차법」상 사전통지가 필요하지 않다.
④ 행정청은 행정소송이 계속되고 있는 때에는 직권으로 해당 처분을 변경할 수 없다.
⑤ 「산업재해보상보험법」상 연금지급결정을 취소하는 처분이 적법하다고 하여 그에 터 잡은 징수처분이 반드시 적법한 것은 아니다.

⑤ (O) 「산업재해보상보험법」상 각종 보험급여등의 지급결정을 변경 또는 취소하는 처분과 처분에 터 잡아 잘못 지급된 보험급여액에 해당하는 금액을 징수하는 처분이 적법한지를 판단하는 경우 비교·교량 할 각 사정이 동일하다고는 할 수 없으므로, 지급결정을 변경 또는 취소하는 처분이 적법하다고 하여 그에 터 잡은 징수처분도 반드시 적법하다고 판단해야 하는 것은 아니다. (대판2013두27159)
① (X) 처분의 위법과 마찬가지로 처분의 부당 역시 직권취소와 취소재결의 사유가 된다. (광의의 하자)
②, ③ (X) 수익적 처분에 대한 직권취소의 경우 행정절차법상 사전통지 및 의견청취절차가 적용된다.
④ (X) 행정소송 계속 중이더라도 피고인 행정청이 직권으로 해당 처분을 취소·변경할 수 있다.

정답 ⑤

44 다음 행정행위의 직권취소에 대한 설명으로 가장 옳지 않은 것은?

21 서울시 7급

① 행정처분을 한 처분청은 처분의 성립에 하자가 있는 경우 별도의 법적 근거가 없더라도 직권으로 이를 취소할 수 있다.
② 변상금 부과처분에 대한 취소소송이 진행 중인 경우에는 그 부과권자라고 하여도 위법한 처분을 스스로 취소하고 그 하자를 보완하여 다시 적법한 부과처분을 할 수 없다.
③ 일정한 행정처분으로 국민이 일정한 이익과 권리를 취득하였을 경우에 종전 행정처분에 하자가 있음을 전제로 직권으로 이를 취소하는 행정처분은 이미 취득한 국민의 기존 이익과 권리를 박탈하는 별개의 행정처분으로, 취소될 행정처분에 하자가 있어야 하고, 나아가 행정처분에 하자가 있다고 하더라도 취소해야 할 공익상 필요와 취소로 당사자가 입게 될 기득권과 신뢰보호 및 법률생활 안정의 침해 등 불이익을 비교·교량한 후 공익상 필요가 당사자가 입을 불이익을 정당화할 만큼 강한 경우에 한하여 취소할 수 있다.
④ 수익적 행정행위를 직권으로 취소할 경우 하자의 존재 및 취소해야 할 필요성에 관한 증명책임은 기존 이익과 권리를 침해하는 처분을 한 행정청에 있다.

② (✗) 소멸시효는 객관적으로 권리가 발생하여 그 권리를 행사할 수 있는 때로부터 진행하고 그 권리를 행사할 수 없는 동안만은 진행하지 아니하는데, 변상금 부과처분에 대한 취소소송이 진행 중이라도 그 부과권자로서는 위법한 처분을 스스로 취소하고 그 하자를 보완하여 다시 적법한 부과처분을 할 수도 있는 것이어서 그 권리행사에 법률상의 장애사유가 있는 경우에 해당한다고 할 수 없으므로 그 처분에 대한 취소소송이 진행되는 동안에도 그 부과권의 소멸시효가 진행된다. (대판2003두5686)
① (O) 대판2001두9653
③, ④ (O) 대판2014두9226

정답 ②

45 다음 중 행정행위의 철회로 볼 수 없는 것은? [21 해경승진]
① 음주운전으로 인한 운전면허 취소
② 허위사실기재로 인한 공무원 임용 취소
③ 중요한 공익상 필요에 따른 도로점용허가 취소
④ 철회유보부 부관의 성취로 인한 주유소영업허가취소

② (✗) 허위사실기재로 인한 공무원 임용 취소는 임용행위 성립 당시의 흠으로서 (원시적) 하자를 이유로 소급하여 소멸시키는 강학상 취소에 해당한다.
①, ③, ④ (O) 나머지는 모두 성립시의 하자가 아니라, 후발적 사유의 발생을 이유로 장래를 향하여 소멸시키는 강학상 철회에 해당한다.

정답 ②

46 다음 중 행정행위의 철회에 대한 설명으로 가장 옳지 않은 것은? (단, 다툼이 있는 경우 판례에 의함) [22 군무원 9급]
① 부담부 행정처분에 있어서 처분의 상대방이 부담을 이행하지 아니한 경우에 처분행정청으로서는 이를 들어 당해 처분을 철회할 수 있다.
② 외형상 하나의 행정처분이라 하더라도 가분성이 있거나 그 처분대상의 일부가 특정될 수 있다면 그 일부만의 취소도 가능하고 그 일부의 취소는 당해 취소부분에 관하여 효력이 생긴다.
③ 행정행위의 철회는 적법요건을 구비하여 완전히 효력을 발하고 있는 행정행위를 사후적으로 효력을 장래에 향해 소멸시키는 별개의 행정처분이다.
④ 처분 후에 원래의 처분을 그대로 존속시킬 수 없게 된 사정변경이 생긴 경우 처분청은 처분을 철회할 수 있다고 할 것이므로, 이 경우 처분의 상대방에게 그 철회·변경을 요구할 권리는 당연히 인정된다고 할 것이다.

행정행위를 한 처분청은 그 처분 당시에 그 행정처분에 별다른 하자가 없었고 또 그 처분 후에 이를 철회할 별도의 법적 근거가 없다 하더라도 원래의 처분을 그대로 존속시킬 필요가 없게 된 사정변경이 생겼거나 또는 중대한 공익상의 필요가 발생한 경우에는 별개의 행정행위로 이를 철회하거나 변경할 수 있지만 이는 그러한 철회·변경의 권한을 처분청에게 부여하는 데 그치는 것 일뿐 상대방 등에게 그 철회·변경을 요구할 신청권까지를 부여하는 것은 아니라 할 것이므로, 이와 같은 법규상 또는 조리상의 신청권이 없이 한 국민들의 토지형질변경행위 변경허가신청을 반려한 당해 반려처분은 항고소송의 대상이 되는 처분에 해당되지 않는다. (대판96누6219)

정답 ④

47 수익적 행정행위의 철회에 대한 설명으로 옳은 것은? (단, 다툼이 있는 경우 판례에 의함)
21 군무원 9급

① 수익적 행정행위에 대한 취소권 등의 행사는 기득권의 침해를 정당화할 만한 중대한 공익상의 필요 또는 제3자의 이익을 보호할 필요가 있고, 이를 상대방이 받는 불이익과 비교·교량하여 볼 때 공익상의 필요 등이 상대방이 입을 불이익을 정당화할 만큼 강한 경우에 한하여 허용될 수 있다.
② 행정행위를 한 처분청은 비록 처분 당시에 별다른 하자가 없었고, 처분 후에 이를 철회할 별도의 법적 근거가 없더라도 원래의 처분을 존속시킬 필요가 없게 된 중대한 공익상 필요가 발생한 경우에도 그 효력을 상실케 하는 별개의 행정행위로 이를 철회할 수 없다.
③ 수익적 행정행위를 취소 또는 철회하거나 중지시키는 경우에는 이미 부여된 국민의 기득권을 침해하는 것이 되므로, 비록 취소 등의 사유가 있다고 하더라도 허용되지 않는다.
④ 행정행위를 한 처분청은 비록 처분 당시에 별다른 하자가 없었고, 처분 후에 이를 철회할 별도의 법적 근거가 없더라도 원래의 처분을 존속시킬 필요가 없게 된 사정변경이 생겼다는 이유만으로 그 효력을 상실케 하는 별개의 행정행위로 이를 철회하는 것은 허용되지 않는다.

① (O) 행정행위를 한 처분청은 그 행위에 하자가 있는 경우에는 별도의 법적 근거가 없더라도 스스로 이를 취소할 수 있고, 다만 수익적 행정처분을 취소할 때에는 이를 취소하여야 할 공익상의 필요와 취소로 인하여 당사자가 입게 될 기득권과 신뢰보호 및 법률생활 안정의 침해 등 불이익을 비교·교량한 후 공익상의 필요가 당사자가 입을 불이익을 정당화할 만큼 강한 경우에 한하여 취소할 수 있다. (대판2013두16111)
② (×) 행정행위를 한 처분청은 비록 그 처분 당시에 별다른 하자가 없었고, 또 그 처분 후에 이를 철회할 별도의 법적 근거가 없다 하더라도 원래의 처분을 존속시킬 필요가 없게 된 사정변경이 생겼거나 또는 중대한 공익상의 필요가 발생한 경우에는 그 효력을 상실케하는 별개의 행정행위로 이를 철회할 수 있다. (대판2003두10251, 10268)

③ (×) 수익적 행정행위를 취소 또는 철회하거나 중지시키는 경우에는 이미 부여된 국민의 기득권을 침해하는 것이 되므로 무제한적으로 취소·철회할 경우에는 상대방의 권익 및 신뢰의 보호와 법적 안정성 등을 해치는 문제가 있어 이익형량의 제한을 받게 된다. 따라서 수익적 행정행위의 취소권행사는 비례의 원칙 등 행정법의 일반원칙을 준수하여야 하므로, 취소로 달성하고자 하는 공익상 필요가 당사자의 기득권침해 등 불이익을 정당화 할 수 있을만큼 강한 경우에 한하여 취소할 수 있다. 따라서 취소 등의 사유가 있다고 하더라도 일체 허용되지 않는다는 표현은 타당하지 못하다. (대판2015두43971 등)

④ (×) 행정행위를 한 처분청은 비록 그 처분 당시에 별다른 하자가 없었고, 또 그 처분 후에 이를 철회할 별도의 법적 근거가 없다 하더라도 원래의 처분을 존속시킬 필요가 없게 된 사정변경이 생겼거나 또는 중대한 공익상의 필요가 발생한 경우에는 그 효력을 상실케하는 별개의 행정행위로 이를 철회할 수 있다. (대판2003두10251 등)

정답 ①

48 다음 중 행정행위의 취소와 철회에 대한 설명으로 가장 옳지 않은 것은? (다툼이 있는 경우 판례에 의함)

21 해경승진

① 영업허가 취소처분이 행정쟁송절차에 의하여 취소된 경우 영업허가취소처분 이후의 영업행위를 무허가 영업이라고 볼 수는 없다.
② 수익적 행정처분의 하자가 당사자의 사실은폐에 의한 신청행위에 기인한 것이라면 행정청이 당사자의 신뢰이익을 고려하지 않고 취소하였다 하더라도 재량권 남용이 되지 않는다는 것이 판례의 입장이다.
③ 철회는 적법요건을 구비하여 완전히 효력을 발하고 있는 행정행위를 사후적으로 그 행위의 효력을 전부 또는 일부를 장래에 향해 소멸시키는 행정처분이다.
④ 행정행위의 철회의 절차는 행정쟁송절차에 의하여 엄격하게 이루어진다.

④ (×) (통설과 판례) 직권취소나 철회 자체는 특별한 절차를 필요로 하지 않는다. 쟁송취소의 절차가 행정쟁송절차에 의하여 엄격하게 이루어진다. ※ 그러나 직권취소나 철회에 「행정절차법」이 전혀 적용되지 않는다는 뜻은 아니다. 상대방의 권익보호를 위하여 이해관계인에 대한 청문, 특정 기관의 자문 등을 규정한 경우에는 이에 따라야 한다. 특히 수익적 행정행위의 철회시 「행정절차법」상 처분규정에 의해 이유제시 및 사전통지를 하고 의견제출의 기회를 주어야 한다.

① (○) 대판93도277
② (○) 대판2003두4669
③ (○) 대판2003다6422

정답 ④

49. 행정처분의 취소와 철회에 관한 설명 중 가장 적절하지 않은 것은? (다툼이 있는 경우 판례에 의함)

21 경찰행정

① 수익적 행정처분에 하자가 있음을 이유로 처분청이 이를 취소하는 경우, 그 처분의 하자가 당사자의 사실은폐나 기타 사위의 방법에 의한 신청행위에 기인한 것이라면, 처분의 상대방은 그 처분에 의한 이익이 위법하게 취득되었음을 알아 그 취소가능성도 예상하고 있었다고 할 것이므로 행정청이 당사자의 신뢰이익을 고려하지 아니하였다고 하여도 재량권의 남용이 되지 아니한다.

② 행정처분을 한 처분청은 처분의 성립에 하자가 있는 경우 별도의 법적 근거가 없더라도 직권으로 이를 취소할 수 있다고 봄이 원칙이므로, 「국민연금법」이 정한 수급요건을 갖추지 못하였음에도 연금 지급결정이 이루어진 경우에는 이미 지급된 급여 부분에 대한 환수처분과 별도로 지급결정을 취소할 수 있다.

③ 과세관청은 과세처분의 취소처분이 당연무효의 하자가 없는 한 이를 다시 취소함으로써 원 과세처분을 소생시킬 수 있으며 새로이 법률에서 정한 절차에 따라 동일한 내용의 처분을 다시 할 필요는 없다.

④ 수익적 행정처분에 대한 취소권 등의 행사는 기득권의 침해를 정당화할 만한 중대한 공익상의 필요 또는 제3자의 이익보호의 필요가 있는 때에 한하여 허용될 수 있다는 법리는, 처분청이 수익적 행정처분을 직권으로 취소·철회하는 경우에 적용되는 법리일 뿐 쟁송취소의 경우에는 적용되지 않는다.

③ (X) 「국세기본법」 제26조 제1호는 부과의 취소를 국세납부의무 소멸사유의 하나로 들고 있으나, 그 부과의 취소에 하자가 있는 경우의 부과의 취소의 취소에 대하여는 법률이 명문으로 그 취소요건이나 그에 대한 불복절차에 대하여 따로 규정을 둔바도 없으므로, 설사 부과의 취소에 위법사유가 있다고 하더라도 당연무효가 아닌 한 일단 유효하게 성립하여 부과처분을 확정적으로 상실시키는 것이라고 할 것이다. 그러므로 과세관청은 부과의 취소를 다시 취소함으로써 원부과처분을 소생시킬 수는 없고 납세의무자에게 종전의 과세대상에 대한 납부의무를 지우려면 다시 법률에서 정한 부과절차에 좇아 동일한 내용의 새로운 처분을 하는 수밖에 없는 것이다. (대판94누7027)

① (O) 대판2003두4669
② (O) 대판2015두43971
④ (O) 대판2018두104

정답 ③

50 행정행위의 취소와 철회에 대한 설명으로 옳지 않은 것은? (다툼이 있는 경우 판례에 의함)
`21 지방직 9급`

① 과세관청은 과세처분의 취소를 다시 취소함으로써 이미 효력을 상실한 과세처분을 소생시킬 수 있다.
② 행정청은 적법한 처분이 중대한 공익을 위하여 필요한 경우에는 그 처분을 장래를 향하여 철회할 수 있다.
③ 수익적 행정행위의 철회는 특별한 다른 규정이 없는 한 「행정절차법」상의 절차에 따라 행해져야 한다.
④ 처분청은 처분의 성립에 하자가 있는 경우 별도의 법적 근거가 없더라도 직권으로 이를 취소할 수 있다.

① (✕) 「국세기본법」 제26조 제1호는 부과의 취소를 국세납부의무 소멸사유의 하나로 들고 있으나, 그 부과의 취소에 하자가 있는 경우의 부과의 취소의 취소에 대하여는 법률이 명문으로 그 취소요건이나 그에 대한 불복절차에 대하여 따로 규정을 둔바도 없으므로, 설사 부과의 취소에 위법사유가 있다고 하더라도 당연무효가 아닌 한 일단 유효하게 성립하여 부과처분을 확정적으로 상실시키는 것이라고 할 것이다. 그러므로 과세관청은 부과의 취소를 다시 취소함으로써 원부과처분을 소생시킬 수는 없고 납세의무자에게 종전의 과세대상에 대한 납부의무를 지우려면 다시 법률에서 정한 부과절차에 좇아 동일한 내용의 새로운 처분을 하는 수밖에 없는 것이다. (대판94누7027)
② (○) 「행정기본법」 제19조 제1항 제3호.
③ (○) 철회 그 자체가 독자적인 행정행위이므로 특별한 규정이 없는 한 행정절차법상의 처분절차에 따라야 한다. 특히, 수익적 행정행위의 철회는 '권익를 제한하는 처분'에 해당하므로, 침익적 처분 절차인 사전통지 및 의견청취 절차 역시 준수하여야 한다.
④ (○) 행정처분을 한 처분청은 그 처분의 성립에 하자가 있는 경우 이를 취소할 별도의 법적 근거가 없다고 하더라도 직권으로 이를 취소할 수 있다. (대판2001두9653)

정답 ①

51 「행정기본법」상 처분의 취소 및 철회에 대한 설명으로 옳지 않은 것은?
`22 국가직 7급`

① 행정청은 당사자의 신뢰를 보호할 가치가 있는 등 정당한 사유가 있는 경우에는 위법한 처분을 장래를 향하여 취소할 수 있다.
② 당사자가 부정한 방법으로 수익적 처분을 받은 경우에도 행정청이 그 처분을 취소하려면 취소로 인하여 당사자가 입게 될 불이익을 취소로 달성되는 공익과 비교·형량하여야 한다.
③ 행정청은 중대한 공익을 위하여 필요한 경우에는 적법한 처분의 전부 또는 일부를 장래를 향하여 철회할 수 있다.
④ 처분은 무효가 아닌 한 권한이 있는 기관이 취소 또는 철회하거나 기간의 경과 등으로 소멸되기 전까지는 유효한 것으로 통용된다.

② (✕)「행정기본법」제18조 제2항. 당사자가 거짓이나 그 밖의 부정한 방법으로 처분을 받은 경우 보호가치 없는 신뢰이므로 취소로 인하여 당사자가 입게 될 불이익을 취소로 달성되는 공익과 비교·형량하지 않아도 된다.
① (O)「행정기본법」제18조 제1항
③ (O)「행정기본법」제19조 제1항
④ (O)「행정기본법」제15조

정답 ②

52 다음 중 행정처분의 소멸에 관한 설명으로 가장 옳지 않은 것은? (단, 다툼이 있는 경우 판례에 의함)
22 군무원 7급

① 취소심판을 제기한 경우 관할 행정심판위원회에서 취소재결하는 것은 직권취소에 해당한다.
② 도시계획시설사업의 사업자 지정을 한 관할청은 도시계획시설사업의 시행자 지정에 하자가 있는 경우, 별도의 법적 근거가 없더라도 스스로 이를 취소할 수 있다.
③ 종전 행정처분에 하자가 있음을 전제로 직권으로 이를 취소하는 행정처분의 경우 하자나 취소해야 할 필요성에 관한 증명책임은 기존 이익과 권리를 침해하는 처분을 한 행정청에 있다.
④ 지방병무청장은 군의관의 신체등위판정이 금품수수에 따라 위법 또는 부당하게 이루어졌다고 인정하는 경우, 그 신체등위판정을 기초로 자신이 한 병역처분을 직권으로 취소할 수 있다.

① (✕) 취소심판을 제기한 경우 관할 행정심판위원회에서 취소재결하는 것은 쟁송취소에 해당한다. (※당해 행정청인 처분청과 상급 행정청인 감독청에 의한 취소가 직권취소이다.)
② (O) 대판2013두7025
③ (O) 대판2014두9226
④ (O) 대판2001두9653

정답 ①

53 행정행위의 취소와 철회에 대한 설명으로 옳지 않은 것은? (다툼이 있는 경우 판례에 의함)

22 소방공채

① 과세관청은 과세처분의 취소를 다시 취소함으로써 이미 효력을 상실한 원부과처분을 소생시킬 수 없다.
② (구)「영유아보육법」상 어린이집 평가인증의 취소는 철회에 해당하므로, 평가인증의 효력을 과거로 소급하여 상실시키기 위해서는 특별한 사정이 없는 한 별도의 법적 근거가 필요하다.
③ 행정처분을 한 행정청은 처분의 성립에 하자가 있는 경우라도 별도의 법적 근거가 없으면 직권으로 이를 취소할 수 없다.
④ 세무조사가 과세자료의 수집 또는 신고내용의 정확성 검증이라는 본연의 목적이 아니라 부정한 목적을 위하여 행하여진 것이라면 이는 세무조사에 중대한 위법사유가 있는 경우에 해당하고, 이러한 세무조사에 의하여 수집된 과세자료를 기초로 한 과세처분 역시 위법하다.

③ (✕) (통설과 판례) 직권취소의 경우 특별한 법적 근거를 필요로 하지 않는다. 취소권의 근거가 본래 행정행위의 근거법에 포함되어 있다고 보기 때문이다. 따라서 행정행위를 한 처분청은 그 처분의 성립에 하자가 있는 경우 이를 취소할 별도의 법적 근거가 없다고 하더라도 직권으로 이를 취소할 수 있다. [※관련판례. 산림법령에는 채석허가처분을 한 처분청이 산림을 복구한 자에 대하여 복구설계서승인 및 복구준공통보를 한 경우 그 취소신청과 관련하여 아무런 규정을 두고 있지 않고, 원래 행정처분을 한 처분청은 그 처분에 하자가 있는 경우에는 원칙적으로 별도의 법적 근거가 없더라도 스스로 이를 직권으로 취소할 수 있다. (대판2004두701)]
① (○) 대판94누7027
② (○) 대판2015두58195
④ (○) 대판2016두47659

정답 ③

54 행정처분의 취소와 철회에 관한 설명으로 옳지 않은 것은? (다툼이 있는 경우 판례에 의함)

23 소방공채

① 행정청은 부당한 처분의 전부나 일부를 소급하여 취소할 수 있다.
② 행정청은 인허가 등을 취소하는 처분을 할 때는 원칙적으로 청문을 하여야 한다.
③ 행정청은 당사자에게 권리나 이익을 부여하는 처분을 취소하려는 경우, 당사자가 중대한 과실로 처분의 위법성을 알지 못하면 취소로 인하여 입게 될 불이익을 취소로 달성되는 공익과 비교·형량하여야 한다.
④ 행정청은 중대한 공익을 위하여 필요한 경우 적법한 처분의 전부 또는 일부를 장래를 향하여 철회할 수 있다.

③ (✕) 「행정기본법」 제18조 제2항. 수익적 처분을 취소하는 경우 당사자가 중대한 과실로 처분의 위법성을 알지 못한 경우 역시 적극적인 부정행위와 마찬가지로 보호가치 없는 신뢰이므로 이를 고려하지 않더라도 그것만으로 재량의 일탈·남용이 되는 것은 아니다. 따라서 행정청은 당사자에게 권리나 이익을 부여하는 처분을 취소하려는 경우, 당사자가 중대한 과실로 처분의 위법성을 알지 못하면 취소로 인하여 입게 될 불이익을 취소로 달성되는 공익과 비교·형량하여야 하는 것은 아니다.
① (O) 「행정기본법」 제18조 제1항
② (O) 「행정기본법」 제22조 제1항 3호 가목
④ (O) 「행정기본법」 제19조 제1항

[정답] ③

55 행정행위의 취소와 철회에 대한 설명으로 옳지 않은 것은? 〔23 국가직 9급〕

① 「행정기본법」은 직권취소나 철회의 일반적 근거규정을 두고 있고, 직권취소나 철회는 개별법률의 근거가 없어도 가능하다.
② 행정행위의 철회 사유는 행정행위가 성립되기 이전에 발생한 것으로서 행정행위의 효력을 존속시킬 수 없는 사유를 말한다.
③ 수익적 처분이 상대방의 허위 기타 부정한 방법으로 인하여 행하여졌다면 상대방은 그 처분이 그와 같은 사유로 인하여 취소될 것임을 예상할 수 있으므로, 이러한 경우까지 상대방의 신뢰를 보호하여야 하는 것은 아니다.
④ 수익적 행정처분을 직권취소할 때에는 이를 취소하여야 할 중대한 공익상 필요와 취소로 인하여 처분상대방이 입게 될 기득권과 법적 안정성에 대한 침해 정도 등 불이익을 비교·교량한 후 공익상 필요가 처분상대방이 입을 불이익을 정당화할 만큼 강한 경우에 한하여 취소할 수 있다.

② (✕) 행정행위의 취소는 일단 유효하게 성립한 행정행위를 그 행위에 위법 또는 부당한 하자가 있음을 이유로 소급하여 그 효력을 소멸시키는 별도의 행정처분이고, 행정행위의 철회는 적법요건을 구비하여 완전한 효력을 발하고 있는 행정행위를 사후적으로 그 행위의 전부 또는 일부를 장래에 향해 소멸시키는 행정처분이므로, 행정행위의 취소사유는 행정행위의 성립 당시에 존재하였던 하자를 말하고, 철회사유는 행정행위가 성립된 이후에 새로이 발생한 것으로서 행정행위의 효력을 존속시킬 수 없는 사유를 말한다. (대판2003다6422)
① (O) 대판 2006. 6. 30, 2004두701 등
③ (O) 대판 2014. 11. 27, 2013두16111
④ (O) 대판 2006. 5. 25, 2003두4669

[정답] ②

56

甲은 「영유아보육법」에 따라 보건복지부장관의 평가인증을 받아 어린이집을 설치·운영하고 있다. 甲은 어린이집을 운영하면서 부정한 방법으로 보조금을 교부받아 사용하였고, 보건복지부장관은 이를 근거로 관련 법령에 따라 평가인증을 취소하였다. 이에 대한 설명으로 옳은 것은? (다툼이 있는 경우 판례에 의함)   19 국가직 9급

① 평가인증의 취소는 강학상 취소에 해당하며, 행정청이 평가인증취소처분을 하면서 별도의 법적 근거 없이도 평가인증의 효력을 취소사유 발생일로 소급하여 상실시킬 수 있다.
② 평가인증의 취소는 강학상 철회에 해당하며, 행정청이 평가인증취소처분을 하면서 별도의 법적 근거 없이는 평가인증의 효력을 취소사유 발생일로 소급하여 상실시킬 수 없다.
③ 평가인증의 취소는 강학상 취소에 해당하며, 행정청이 평가인증취소처분을 하면서 별도의 법적 근거 없이는 평가인증의 효력을 취소사유 발생일로 소급하여 상실시킬 수 없다.
④ 평가인증의 취소는 강학상 철회에 해당하며, 행정청이 평가인증취소처분을 하면서 별도의 법적 근거 없이도 평가인증의 효력을 취소사유 발생일로 소급하여 상실시킬 수 있다.

「영유아보육법」제30조 제5항 제3호에 따른 평가인증의 취소는 평가인증 당시에 존재하였던 하자가 아니라 그 이후에 새로이 발생한 사유로 평가인증의 효력을 소멸시키는 경우에 해당하므로, 법적 성격은 평가인증의 '철회'에 해당한다. 그런데 행정청이 평가인증을 철회하면서 그 효력을 철회의 효력발생일 이전으로 소급하게 하면, 철회 이전의 기간에 평가인증을 전제로 지급한 보조금 등의 지원이 그 근거를 상실하게 되어 이를 반환하여야 하는 법적 불이익이 발생한다. 이는 장래를 향하여 효력을 소멸시키는 철회가 예정한 법적 불이익의 범위를 벗어나는 것이다. 이처럼 행정청이 평가인증이 이루어진 이후에 새로이 발생한 사유를 들어 「영유아보육법」제30조 제5항에 따라 평가인증을 철회하는 처분을 하면서도, 평가인증의 효력을 과거로 소급하여 상실시키기 위해서는, 특별한 사정이 없는 한 「영유아보육법」제30조 제5항과는 별도의 법적 근거가 필요하다. (대판 2015두58195)

정답 ②

57

다음 사례에 대한 설명으로 옳지 않은 것을 고르시오. (다툼이 있는 경우 판례에 의함)   22 국가직 9급

건축주 甲은 토지소유자 乙과 매매계약을 체결하고 乙로부터 토지사용승낙서를 받아 乙의 토지 위에 건축물을 건축하는 건축허가를 관할 행정청인 A시장으로부터 받았다. 매매계약서에 의하면 甲이 잔금을 기일 내에 지급하지 못하면 즉시 매매계약이 해제될 수 있고 이 경우 토지사용승낙서는 효력을 잃으며 甲은 건축허가를 포기·철회하기로 甲과 乙이 약정하였다. 乙은 甲이 잔금을 기일 내에 지급하지 않자 甲과의 매매계약을 해제하였다.

① 착공에 앞서 甲의 귀책사유로 해당 토지를 사용할 권리를 상실한 경우, 乙은 A시장에 대하여 건축허가의 철회를 신청할 수 있다.
② 건축허가는 대물적 성질을 갖는 것이어서 행정청으로서는 그 허가를 할 때에 건축주 또는 토지소유자가 누구인지 등 인적 요소에 관하여는 형식적 심사만 한다.
③ A시장은 건축허가 당시 별다른 하자가 없었고 철회의 법적근거가 없으므로 건축허가를 철회할 수 없다.
④ 철회권의 행사는 기득권의 침해를 정당화할 만한 중대한 공익상의 필요 또는 제3자의 이익을 보호할 필요가 있고, 공익상의 필요 등이 상대방이 입을 불이익을 정당화할 만큼 강한 경우에 한해 허용될 수 있다.

해설

③ (×) 행정행위를 한 처분청은 그 처분 당시에 그 행정처분에 별다른 하자가 없었고 또 그 처분 후에 이를 취소할 별도의 법적 근거가 없다 하더라도 원래의 처분을 그대로 존속시킬 필요가 없게 된 사정변경이 생겼거나 또는 중대한 공익상의 필요가 발생한 경우에는 별개의 행정행위로 이를 철회하거나 변경할 수 있다. (대판91누3130) 따라서 철회 자체는 원칙적으로 법적 근거를 요하지 않으므로 A시장은 건축허가를 철회할 수 있다.

① (○) 건축주가 토지 소유자로부터 토지사용승낙서를 받아 그 토지 위에 건축물을 건축하는 대물적(對物的) 성질의 건축허가를 받았다가 착공에 앞서 건축주의 귀책사유로 해당 토지를 사용할 권리를 상실한 경우, 건축허가의 존재로 말미암아 토지에 대한 소유권 행사에 지장을 받을 수 있는 토지 소유자로서는 건축허가의 철회를 신청할 수 있다고 보아야 한다. 따라서 토지 소유자의 위와 같은 신청을 거부한 행위는 항고소송의 대상이 된다. (대판2014두41190).

② (○) 구 「건축법」 제12조 제1항 제3호 각 규정의 문언내용 및 형식을 고려하면, 건축허가는 대물적 성질을 갖는 것이어서 행정청으로서는 그 허가를 할 때에 건축주가 누구인가 등 인적 요소에 관하여는 형식적 심사만 한다. 그리고 건축허가는 허가대상 건축물에 대한 권리변동에 수반하여 자유로이 양도할 수 있는 것이고, 그에 따라 건축허가의 효과는 허가대상 건축물에 대한 권리변동에 수반하여 이전되며 별도의 승인처분에 의하여 이전되는 것이 아니다. (대판2010두2296)

④ (○) 수익적 행정처분을 취소 또는 철회하거나 중지시키는 경우에는 이미 부여된 그 국민의 기득권을 침해하는 것이 되므로, 비록 취소 등의 사유가 있다고 하더라도 그 취소권 등의 행사는 기득권의 침해를 정당화할 만한 중대한 공익상의 필요 또는 제3자의 이익보호의 필요가 있는 때에 한하여 상대방이 받는 불이익과 비교교량하여 결정하여야 하고, 그 처분으로 인하여 공익상의 필요보다 상대방이 받게 되는 불이익 등이 막대한 경우에는 재량권의 한계를 일탈한 것으로서 그 자체가 위법하다. (대판2003두7606)

정답 ③

58 다음 사례 상황에 대한 설명으로 옳은 것은? (다툼이 있는 경우 판례에 의함) 16 국가직 9급

> 甲은 「식품위생법」상 유흥주점 영업허가를 받아 영업을 하던 중 경기부진을 이유로 2015. 8. 3. 자진폐업하고 관련 법령에 따라 폐업신고를 하였다. 이에 관할 시장은 자진폐업을 이유로 2015. 9. 10. 甲에 대한 위 영업허가를 취소하는 처분을 하였으나 이를 甲에게 통지하지 아니하였다. 이후 甲은 경기가 활성화되자 유흥주점 영업을 재개하려고 관할 시장에 2016. 2. 3. 재개업신고를 하였으나, 영업허가가 이미 취소되었다는 회신을 받았다. 허가취소 사실을 비로소 알게 된 甲은 2016. 3. 10.에 위 2015. 9. 10. 자 영업허가취소처분의 취소를 구하는 소송을 제기하였다.

① 甲에 대한 유흥주점 영업허가의 효력은 2015. 9. 10. 자 영업허가취소처분에 의해서 소멸된다.
② 위 2015. 9. 10. 자 영업허가취소처분은 甲에게 통지되지 않아 효력이 발생하지 아니하였으므로 甲의 영업허가는 여전히 유효하다.
③ 甲이 2015. 9. 10. 자 영업허가취소처분에 대하여 제기한 위 취소소송은 부적법한 소송으로서 각하된다.
④ 甲에 대한 유흥주점 영업허가는 2016. 2. 3. 행한 甲의 재개업 신고를 통하여 다시 효력을 회복한다.

③ (O) 사안의 「식품위생법」상 영업허가의 효력은 자진폐업에 따라 당연히 소멸하였고[실효], 이후 관할 시장이 행한 영업허가 취소처분은 허가의 실효됨을 확인하고 외관을 제거하기 위한 단순 사실행위에 불과하고, 그 자체로서 권리의무에 영향을 주는 법적 효과는 없는 바, 처분성이 부정된다. 따라서 2015. 9. 10. 자 영업허가취소처분은 대상적격이 부정되어, 동 처분을 대상으로 한 취소소송은 부적법하여 각하된다. [소송요건 흠결]
① (X) 갑에 대한 유흥주점 영업허가의 효력은 2015. 9. 10. 자 영업허가취소처분이 아니라, 관련법령에 따라 행한 2015. 8. 3. 자진폐업에 의해 실효되었다.
② (X) 2015. 9. 10. 자 영업허가취소처분은 영업허가의 실효를 확인하는 사실의 통지에 지나지 않아 갑에의 통지 여하에 관계없이 법적 효력은 없는 바, 이미 효력이 상실된 영업허가에 영향을 주지 못한다.
④ (X) 갑에 대한 유흥주점 영업허가는 허가대상영업인데 이미 실효되었으므로, 2016. 2. 3. 행한 갑의 재개업신고를 통하여 다시 효력을 회복할 수 없다. 갑은 새로운 영업허가신청을 하여 신규허가를 받아야 할 것이다.

정답 ③

59 행정행위에 관한 설명 중 가장 적절하지 않은 것은? (다툼이 있는 경우 판례에 의함) `21 경찰행정`

① 건축허가는 대물적 성질을 갖는 것이어서 행정청으로서는 그 허가를 할 때에 건축주 또는 토지소유자가 누구인지 등 인적 요소에 관하여는 형식적 심사만 한다.
② 횡단보도를 설치하여 보행자 통행방법 등을 규제하는 것은 특정 사항에 대하여 의무의 부담을 명하는 행위이고, 이는 국민의 권리·의무에 직접 관계가 있는 행위로서 행정처분이다.
③ 「국토의 계획 및 이용에 관한 법률」이 정한 용도지역 안에서 토지의 형질 변경(경작을 위한 경우로서 대통령령으로 정하는 토지의 형질 변경은 제외)을 수반하는 건축허가는 「건축법」 제11조 제1항에 의한 건축허가와 「국토의 계획 및 이용에 관한 법률」상의 개발행위허가의 성질을 아울러 갖게 되므로 재량행위에 해당한다.
④ 건설업 등록증 및 건설업 등록수첩의 재발급은 건설업 등록을 하였다고 하는 사실을 특정인이나 불특정인에게 알리는 준법률행위적 행정행위인 통지행위에 해당한다.

「건설업」등록증 및 건설업 등록수첩의 재발급은 강학상 통지가 아니라 강학상 공증에 속하는 준법률행위적 행정행위이다. [※관련판례. 건설업면허증 및 건설업면허수첩의 재교부는 그 면허증 등의 분실, 헐어 못쓰게 된 때, 건설업의 면허이전 등 면허증 및 면허수첩 그 자체의 관리상의 문제로 인하여 종전의 면허증 및 면허 수첩과 동일한 내용의 면허증 및 면허수첩을 새로이 또는 교체하여 발급하여 주는 것으로서, 이는 건설업의 면허를 받았다고 하는 특정사실에 대하여 형식적으로 그것을 증명하고 공적인 증거력을 부여하는 행정행위 (강학상 공증)이므로, 그로 인하여 면허의 내용 등에는 아무런 영향이 없이 종전의 면허의 효력이 그대로 지속하고, 면허증 및 면허수첩의 재교부에 의하여 재교부 전의 면허는 실효되고 새로운 면허가 부여된 것이라고 볼 수 없다. (대판93누21231)]

정답 ④

60 행정행위에 대한 설명으로 옳지 않은 것은? (다툼이 있는 경우 판례에 의함) `22 지방직 9급`

① 건축허가는 대물적 성질을 갖는 것이어서 행정청으로서는 허가를 할 때에 건축주 또는 토지 소유자가 누구인지 등 인적 요소에 관하여는 형식적 심사만 한다.
② 시·도경찰청장이 횡단보도를 설치하여 보행자 통행방법 등을 규제하는 것은 국민의 권리·의무에 직접 관계가 있는 행위로서 행정처분이다.
③ 국유재산의 무단점유에 대한 변상금 징수의 요건은 「국유재산법」에 명백히 규정되어 있으므로 변상금을 징수할 것인가는 처분청의 재량을 허용하지 않는 기속행위이다.
④ 공유수면의 점용·사용허가는 특정인에게 공유수면 이용권이라는 독점적 권리를 설정하여 주는 처분이 아니라 일반적인 상대적 금지를 해제하는 처분이다.

공유수면 관리 및 매립에 관한 법률에 따른 공유수면의 점용·사용허가는 특정인에게 공유수면 이용권이라는 독점적 권리를 설정하여 주는 처분으로서 처분 여부 및 내용의 결정은 원칙적으로 행정청의 재량에 속한다. (대판2017두30139) 즉, 공유수면의 점용·사용허가는 일반적인 상대적 금지를 해제하는 처분(강학상 허가)에 불과한 것이 아니라, 특정인에게 공유수면 이용권이라는 독점적 권리를 설정하여 주는 처분(강학상 특허)이다.

정답 ④

61 행정행위에 대한 설명으로 옳지 않은 것은? (다툼이 있는 경우 판례에 의함) `21 소방공채`

① 개발제한구역 내의 건축물의 용도변경에 대한 예외적 허가는 그 상대방에게 제한적이므로 기속행위에 속하는 것이다.
② 농지처분의무통지는 단순한 관념의 통지에 불과하다고 볼 수 없고, 상대방인 농지소유자의 의무에 직접 관계되는 독립한 행정처분으로서 항고소송의 대상이 된다.
③ 행정청이 (구)「식품위생법」규정에 의하여 영업자지위 승계신고를 수리하는 처분은 종전의 영업자의 권익을 제한하는 처분에 해당하므로, 행정청은 이를 처리함에 있어 종전의 영업자에 대하여 처분의 사전통지, 의견청취 등「행정절차법」상의 처분절차를 거쳐야 한다.
④ 부담은 행정청이 행정행위를 하면서 일방적으로 부가할 수도 있지만 부담을 부가하기 이전에 상대방과 협의하여 부담의 내용을 협약의 형식으로 미리 정한 다음 행정행위를 하면서 부가할 수도 있다.

① (✗) 개발제한구역 내에서의 건축물의 용도변경 등에 대한 예외적 허가는 그 상대방에게 제한적이 아니라 수익적인 것으로서 재량행위에 속한다. [※관련판례. 구「도시계획법」상의 개발제한구역 내의 건축물의 용도변경에 대한 예외적인 허가는 그 상대방에게 수익적이므로 재량행위 내지 자유재량행위에 속하는 것이다. (대판2003두7606)]
② (O) 대판2001두8742
③ (O) 대판2001두7015
④ (O) 대판2005다65500

정답 ①

62 행정행위에 대한 설명으로 옳은 것은? (다툼이 있는 경우 판례에 의함) `22 국가직 7급`

① 상대방 있는 행정처분이 상대방에게 고지되지 아니한 경우에는 특별한 규정이 없는 한 상대방이 다른 경로를 통해 행정처분의 내용을 알게 되었다고 하더라도 행정처분의 효력이 발생한다고 볼 수 없다.
② 기한의 도래로 실효한 종전의 허가에 대한 기간연장신청은 새로운 허가를 내용으로 하는 행정처분을 구하는 것이 아니라, 종전의 허가처분을 전제로 하여 단순히 그 유효기간을 연장하여 주는 행정처분을 구하는 것으로 보아야 한다.
③ 공무원에 대한 당연퇴직의 인사발령은 공무원의 신분을 상실시키는 새로운 형성적 행위이므로 행정소송의 대상이 되는 행정처분이다.
④ 지적공부 소관청의 지목변경신청 반려행위는 국민의 권리관계에 영향을 미친다고 볼 수 없어서 행정처분에 해당하지 않는다.

① (○) 대판2019두38656
② (×) 종전의 허가가 기한의 도래로 실효한 이상 원고가 종전 허가의 유효기간이 지나서 신청한 이 사건 기간연장신청은 그에 대한 종전의 허가처분을 전제로 하여 단순히 그 유효기간을 연장하여 주는 행정처분을 구하는 것이라기 보다는 종전의 허가처분과는 별도의 새로운 허가를 내용으로 하는 행정처분을 구하는 것이라고 보아야 할 것이어서, 이러한 경우 허가권자는 이를 새로운 허가신청으로 보아 법의 관계 규정에 의하여 허가요건의 적합 여부를 새로이 판단하여 그 허가 여부를 결정하여야 할 것이다. (대판94누11866)
③ (×) 「국가공무원법」상 당연퇴직은 결격사유가 있을 때 법률상 당연히 퇴직하는 것이지 공무원관계를 소멸시키기 위한 별도의 행정처분을 요하는 것이 아니며, 당연퇴직의 인사발령은 법률상 당연히 발생하는 퇴직사유를 공적으로 확인하여 알려주는 이른바 관념의 통지에 불과하고 공무원의 신분을 상실시키는 새로운 형성적 행위가 아니므로 행정소송의 대상이 되는 독립한 행정처분이라고 할 수 없다. (대판95누2036)
④ (×) 지목은 토지소유권을 제대로 행사하기 위한 전제요건으로서 토지소유자의 실체적 권리관계에 밀접하게 관련되어 있으므로 지적공부 소관청의 지목변경신청 반려행위는 국민의 권리관계에 영향을 미치는 것으로서 항고소송의 대상이 되는 행정처분에 해당한다. (대판2003두9015)

정답 ①

---

63 행정행위에 관한 설명으로 옳지 않은 것은? (다툼이 있는 경우 판례에 의함) `21 소방공채`

① 행정행위의 부관 중 행정행위에 부수하여 그 상대방에게 일정한 의무를 부과하는 행정청의 의사표시인 부담은 그 자체만으로 행정소송의 대상이 될 수 있다.
② 현역입영대상자는 현역병입영통지처분에 따라 현실적으로 입영을 하였다 할지라도, 입영 이후의 법률관계에 영향을 미치고 있는 현역병입영통지처분을 한 관할 지방병무청장을 상대로 위법을 주장하여 그 취소를 구할 수 있다.

③ 재량행위가 법령이나 평등원칙을 위반한 경우뿐만 아니라 합목적성의 판단을 그르친 경우에도 위법한 처분으로서 행정소송의 대상이 된다.
④ 허가의 신청 후 법령의 개정으로 허가기준이 변경된 경우에는 신청할 당시의 법령이 아닌 행정행위 발령 당시의 법령을 기준으로 허가 여부를 판단하는 것이 칙이다.

해설

③ (X) 재량행위가 법령이나 평등원칙을 위반한 경우는 재량의 일탈·남용에 해당되어 위법한 처분으로서 행정소송의 대상이 된다. 그러나 재량행위가 합목적성의 판단을 그르친 경우라면 이는 부당함에 그치는 것이 원칙이고 곧바로 일탈·남용으로 위법한 처분이라고 할 수 없다.
① (O) 부담은 부담 그 자체로서 행정쟁송의 대상이 될 수 있지만 부담 이외의 부관은 독립하여 행정소송의 대상이 될 수 없다.
② (O) 현역입영대상자로서는 현실적으로 입영을 하였다고 하더라도, 입영 이후의 법률관계에 영향을 미치고 있는 현역병입영통지처분 등을 한 관할 지방병무청장을 상대로 위법을 주장하여 그 취소를 구할 소송상의 이익이 있다. (대판2003두1875)
④ (O) 허가 등의 행정처분은 원칙적으로 처분시의 법령과 허가기준에 의하여 처리되어야 하고 허가신청 당시의 기준에 따라야 하는 것은 아니며, 비록 허가신청 후 허가기준이 변경되었다 하더라도 그 허가관청이 허가신청을 수리하고도 정당한 이유 없이 그 처리를 늦추어 그 사이에 허가기준이 변경된 것이 아닌 이상 변경된 허가기준에 따라서 처분을 하여야 한다. (대판95누10877)

정답 ③

64 행정행위에 대한 설명으로 옳은 것만을 모두 고르면? (다툼이 있는 경우 판례에 의함)

㉠ 행정의사가 외부에 표시되어 행정청이 자유롭게 취소·철회할 수 없는 구속을 받게 되는 시점에 처분이 성립하고, 그 성립 여부는 행정청이 행정의사를 공식적인 방법으로 외부에 표시하였는지를 기준으로 판단해야 한다.
㉡ 구 「공중위생관리법」상 공중위생영업에 대하여 영업을 정지할 위법사유가 있다면, 관할 행정청은 그 영업이 양도·양수되었다 하더라도 양수인에 대하여 영업정지처분을 할 수 있다.
㉢ 「도시 및 주거환경정비법」상 주택재건축조합에 대해 조합설립 인가처분이 행하여진 후에는, 조합설립결의의 하자를 이유로 조합설립의 무효를 주장하려면 조합설립인가처분의 취소 또는 무효확인을 구하는 소송으로 다투어야 하며, 따로 조합설립결의의 하자를 다투는 확인의 소를 제기할 수 없다.
㉣ 공정거래위원회가 부당한 공동행위를 한 사업자들 중 자진신고자에 대하여 구 독점규제 및 공정거래에 관한 법령에 따라 과징금 부과처분(선행처분)을 한 뒤, 다시 자진신고자에 대한 사건을 분리하여 자진신고를 이유로 과징금 감면처분(후행처분)을 한 경우라도 선행처분의 취소를 구하는 소는 적법하다.

① ㉡, ㉢
② ㉠, ㉡, ㉢
③ ㉠, ㉡, ㉣
④ ㉠, ㉢, ㉣

- ㉠ (O) 대판2016두35120
- ㉡ (O) 대판2001두1611
- ㉢ (O) 대판2008다60568
- ㉣ (X) 공정거래위원회가 부당한 공동행위를 한 사업자에게 과징금 부과처분(선행처분)을 한 뒤, 다시 자진신고 등을 이유로 과징금 감면처분(후행처분)을 한 경우, 선행처분의 취소를 구하는 소는 소의 이익이 없어 부적법하다. (※관련판례. 공정거래위원회가 부당한 공동행위를 행한 사업자로서 구 「독점규제 및 공정거래에 관한 법률」 제22조의2에서 정한 자진신고자나 조사협조자에 대하여 과징금 부과처분(이하 '선행처분'이라 한다)을 한 뒤, 「독점규제 및 공정거래에 관한 법률 시행령」 제35조 제3항에 따라 다시 자진신고자 등에 대한 사건을 분리하여 자진신고 등을 이유로 한 과징금 감면처분(이하 '후행처분'이라 한다)을 하였다면, 후행처분은 자진신고 감면까지 포함하여 처분 상대방이 실제로 납부하여야 할 최종적인 과징금액을 결정하는 종국적 처분이고, 선행처분은 이러한 종국적 처분을 예정하고 있는 일종의 잠정적 처분으로서 후행처분이 있을 경우 선행처분은 후행처분에 흡수되어 소멸한다. 따라서 위와 같은 경우에 선행처분의 취소를 구하는 소는 이미 효력을 잃은 처분의 취소를 구하는 것으로 부적법하다. (대판 2013두987)

정답 ②

65 다음 중 행정행위에 대한 설명으로 가장 옳지 않은 것은? (단, 다툼이 있는 경우 판례에 따름)

22 군무원 7급

① 행정행위를 한 처분청은 그 처분 당시에 그 행정처분에 별다른 하자가 없었고 또 그 처분 후에 이를 취소할 별도의 법적 근거가 없다 하더라도 원래의 처분을 그대로 존속시킬 필요가 없게 된 사정변경이 생겼거나 또는 중대한 공익상의 필요가 발생한 경우에는 별개의 행정행위로 이를 철회하거나 변경할 수 있다.
② 일반적으로 조례가 법률 등 상위법령에 위배된다는 사정은 그 조례의 규정을 위법하여 무효라고 선언한 대법원의 판결이 선고되지 아니한 상태에서는 그 조례 규정의 위법 여부가 해석상 다툼의 여지가 없을 정도로 명백하였다고 인정되지 아니하는 이상 객관적으로 명백한 것이라 할 수 없으므로, 이러한 조례에 근거한 행정처분의 하자는 취소사유에 해당할 뿐 무효사유가 된다고 볼 수는 없다.
③ 일반적으로 행정처분이나 행정심판 재결이 불복기간의 경과로 확정될 경우 그 확정력은, 처분으로 법률상 이익을 침해받은 자가 당해 처분이나 재결의 효력을 더 이상 다툴 수 없다는 의미이므로 확정판결에서와 같은 기판력이 인정된다.
④ 도로점용허가의 점용기간은 행정행위의 본질적인 요소에 해당한다고 볼 것이어서 부관인 점용기간을 정함에 있어서 위법사유가 있다면 이로써 도로점용허가 처분 전부가 위법하게 된다.

일반적으로 행정처분이나 행정심판 재결이 불복기간의 경과로 인하여 확정될 경우 그 확정력은 그 처분으로 인하여 법률상 이익을 침해받은 자가 당해처분이나 재결의 효력을 더 이상 다툴 수 없다는 의미일 뿐, 더 나아가 판결에서와 같은 기판력이 인정되는 것은 아니어서 '그 처분의 기초가 된 사실관계나 법률적 판단이 확정되고 당사자들이나 법원이 이에 기속되어 모순되는 주장이나 판단을 할 수 없게 되는 것'은 아니다. (대판2002두11288)

정답 ③

66 행정상 사실행위에 대한 설명으로 옳지 않은 것은? 〔23 지방직 9급〕

① 행정상 사실행위의 예로는 폐기물 수거, 행정지도, 대집행의 실행, 행정상 즉시강제 등이 있다.
② 행정청이 위법 건축물에 대한 단전 및 전화통화 단절조치를 요청한 것은 항고소송의 대상이 되는 행정처분이라고 볼 수 없다.
③ 교도소장이 영치품인 티셔츠 사용을 재소자에게 불허한 행위는 항고소송의 대상이 되는 행정처분에 해당한다.
④ 교도소 내 마약류 관련 수형자에 대한 교도소장의 소변강제채취는 권력적 사실행위이나 헌법소원의 대상은 아니다.

④ (×) 교도소 내 마약류 관련 수형자에 대한 교도소장의 소변강제채취는 권력적 사실행위로서 헌법소원의 대상인 공권력의 행사에 해당한다. [※관련판례. 마약류 수용자에 대한 소변채취는 헌법소원심판의 대상이 되는 권력적 사실행위로서 헌법재판소법 제68조 제1항의 심판대상이 되는 공권력 행사에 해당한다. 청구인이 출소하여 소변채취의 침해행위가 종료되었다고 하더라도, 마약류 수형자에 대한 정기적인 소변채취는 현재 및 앞으로 계속하여 반복적으로 행하여질 것이므로, 헌법적으로 그 해명이 중대한 의미를 가지고 있어 심판청구의 이익을 인정할 수 있다. (헌재2005헌마277)]
① (O) 공법상 법률행위인 행정행위처럼 직접적인 법률효과의 발생을 목적으로 하는 것이 아니라, 어떠한 사실상의 결과실현을 목적으로 하는 행정주체의 일체의 행위를 '행정상 사실행위'라 한다. 도로의 보수공사, 각종 홍보활동, 교통정리, 경찰관의 무기사용, 소방자동차 운전, 하천의 준설 등도 그 대표적인 예이다.
② (O) 위법 건축물에 대한 단전 및 전화통화 단절조치 요청행위는 항고소송의 대상이 되는 행정처분이 아니다. (대판96누433)
③ (O) 마산교도소장이「행형법 시행령」제131조 제2항, 영치금품관리규정(법무부예규관리 제630호) 제28조 제1항 별표 수용자 1인의 영치품 휴대 허가기준에 따라 이에 부합하지 않는 위 단추 달린 남방형 티셔츠에 대하여 휴대를 불허한 이 사건 행위는 이른바 "권력적 사실행위"로서 행정소송법 및 행정심판법의 대상이 되는 "행정청이 행하는 구체적 사실에 대한 법집행으로서의 공권력의 행사"(행정소송법 제2조 제1항 제1호, 행정심판법 제2조 제1항 제1호)에 해당하고, 따라서 이 사건 행위에 대하여는 행정소송 및 행정심판이 가능할 것이므로 헌법소원심판청구를 하기 위하여서는 먼저 헌법재판소법 제68조 제1항 단서 규정에 따라 행정소송 등 권리구제절차를 거쳐야 할 것이다. (헌재98헌마4 등). [※관련판례. 수형자의 영치품에 대한 사용신청 불허처분 후 수형자가 다른 교도소로 이송되었다 하더라도 수형자의 권리와 이익의 침해 등이 해소되지 않은 점에 비추어, 위 영치품 사용신청 불허처분의 취소를 구할 이익이 있다. (대판2007두13203)]

정답 ④

67 행정상 사실행위에 관한 설명으로 옳지 않은 것은? (다툼이 있는 경우 판례에 의함)

23 소방공채

① 권력적 사실행위가 행정처분의 준비단계로서 행하여지거나 행정처분과 결합된 경우에는 행정처분에 흡수·통합되어 불가분의 관계에 있다 할 것이므로 행정처분이 취소소송의 대상이 되지만, 처분과 분리하여 따로 권력적 사실행위를 다툴 실익이 있다.
② 비권력적 사실행위는 공권력의 행사에 해당하지 않지만, 행정청이 우월적 지위에서 일방적으로 강제하는 권력적 사실행위는 헌법소원의 대상이 되는 공권력의 행사에 해당한다.
③ 도지사가 도에서 설치·운영하는 지방의료원을 폐업하겠다는 결정을 발표하고 그에 따라 폐업을 위한 일련의 조치를 한 경우, 폐업결정은 공권력의 행사로서 행정처분에 해당한다.
④ 일반적으로 어떤 행위가 헌법소원의 대상이 되는 권력적 사실행위에 해당하는지 여부는 당해 행정주체와 상대방과의 관계, 그 사실행위에 대한 상대방의 의사·관여 정도·태도, 그 사실행위의 목적·경위, 법령에 의한 명령·강제수단의 발동 가부 등 그 행위가 행하여질 당시의 구체적 사정을 종합적으로 고려하여 개별적으로 판단해야 한다.

① (✕) 권력적 사실행위가 행정처분의 준비단계로서 행하여지거나 행정처분과 결합된 경우에는 행정처분에 흡수·통합되어 불가분의 관계에 있다 할 것이므로 처분과 분리하여 따로 권력적 사실행위를 다툴 실익이 없다. [※관련판례. 권력적 사실행위가 행정처분의 준비단계로서 행하여지거나 행정처분과 결합된 경우(合成的 行政行爲)에는 행정처분에 흡수·통합되어 불가분의 관계에 있다할 것이므로 행정처분만이 취소소송의 대상이 되고, 처분과 분리하여 따로 권력적 사실행위를 다툴 실익은 없다. 그러나 권력적 사실행위가 항상 행정처분의 준비행위로 행하여지거나 행정처분과 결합되는 것은 아니므로 그러한 사실행위에 대하여는 다툴 실익이 있다 할 것임에도 법원의 판례에 따르면 일반쟁송 절차로는 다툴 수 없음이 분명하다. 이 사건 감사는 행정처분의 준비단계로서 행하여지거나 처분과 결합된 바 없다. 그렇다면, 이 사건 감사는 행정소송의 대상이 되는 행정행위로 볼 수 없어 법원에 의한 권리구제절차를 밟을 것을 기대하는 것이 곤란하므로 보충성의 원칙의 예외로서 소원의 제기가 가능하다. (헌재2001헌마754)]
②. ④ (○) 헌법소원은 공권력의 행사 또는 불행사로 인하여 헌법상 보장된 기본권을 침해받은 자가 제기하는 권리구제수단이므로, 공권력의 행사를 대상으로 하는 헌법소원에 있어서는 적어도 기본권침해의 원인이 되는 행위가 공권력의 행사에 해당하여야 한다. 한편, 행정청의 사실행위는 경고·권고·시사와 같은 정보제공 행위나 단순한 행정지도와 같이 대외적 구속력이 없는 '비권력적 사실행위'와 행정청이 우월적 지위에서 일방적으로 강제하는 '권력적 사실행위'로 나눌 수 있고, 이 중에서 권력적 사실행위만 헌법소원의 대상이 되는 공권력의 행사에 해당하고 비권력적 사실행위는 공권력의 행사에 해당하지 아니한다. 일반적으로 어떤 행위가 헌법소원의 대상이 되는 권력적 사실행위에 해당하는지 여부는 당해 행정주체와 상대방과의 관계, 그 사실행위에 대한 상대방의 의사·관여 정도·태도, 그 사실행위의 목적·경위, 법령에 의한 명령·강제수단의 발동 가부 등 그 행위가 행하여질 당시의 구체적 사정을 종합적으로 고려하여 개별적으로 판단해야 한다. (헌재2011헌마429)
③ (○) 甲 도지사가 도에서 설치·운영하는 乙 지방의료원을 폐업하겠다는 결정을 발표하고 그에 따라 폐업을 위한 일련의 조치가 이루어진 후 乙 지방의료원을 해산한다는 내용의 조례를 공포하고 乙 지방의료원의 청산절차가 마쳐진 사안에서, 甲 도지사의 폐업결정은 항고소송의 대상에 해당하지만 취소를 구할 소의 이익을 인정하기 어렵다. (대판2015두60617)

정답 ①

CHAPTER 06 | 행정절차법

01 「행정절차법」상 처분에 관한 설명으로 가장 적절한 것은? `24 경찰채용`

① 의견제출기한에 따른 기한은 의견제출에 필요한 기간을 10일 이상으로 고려하여 정하여야 한다.
② 행정청이 정당한 처리기간 내에 처리하지 아니하였을 때에도 신청인은 해당 행정청 또는 그 감독 행정청에 신속한 처리를 요청할 수 없다.
③ 행정청에 처분을 구하는 신청은 구두 또는 문서로 하여야 한다. 다만, 다른 법령등에 특별한 규정이 있는 경우와 행정청이 미리 다른 방법을 정한 경우에는 그러하지 아니하다.
④ 행정청이 인허가 등의 취소처분을 하는 경우 공청회를 개최한다.

② (×) 제19조 제4항. 행정청이 정당한 처리기간 내에 처리하지 아니하였을 때에는 신청인은 해당 행정청 또는 그 감독행정청에 신속한 처리를 요청할 수 있다.
③ (×) 제17조 제1항. 행정청에 처분을 구하는 신청은 문서로 하여야 한다. 다만, 다른 법령 등에 특별한 규정이 있는 경우와 행정청이 미리 다른 방법을 정하여 공시한 경우에는 그러하지 아니하다.
④ (×) 제22조 제1항. 행정청이 처분을 할 때 다음의 어느 하나에 해당하는 경우에는 청문을 한다.

정답 ①

02 「행정절차법」제8조에 따른 행정응원에 관한 설명으로 가장 적절하지 않은 것은? `24 경찰채용`

① 행정청은 다른 행정청의 응원을 받아 처리하는 것이 보다 능률적이고 경제적인 경우 다른 행정청에 행정응원을 요청할 수 있다.
② 행정응원을 요청받은 행정청은 행정응원으로 인하여 고유의 직무 수행이 현저히 지장받을 것으로 인정되는 명백한 이유가 있는 경우에는 응원을 거부할 수 있다.
③ 행정응원을 위하여 파견된 직원은 다른 법령 등에 특별한 규정이 있는 경우를 제외하고는 원 소속 행정청의 지휘·감독을 받는다.
④ 행정응원에 드는 비용은 응원을 요청한 행정청이 부담하며, 그 부담금액 및 부담방법은 응원을 요청한 행정청과 응원을 하는 행정청이 협의하여 결정한다.

「행정절차법」 제8조 제5항. 행정응원을 위하여 파견된 직원은 응원을 요청한 행정청의 지휘·감독을 받는다. 다만, 해당 직원의 복무에 관하여 다른 법령등에 특별한 규정이 있는 경우에는 그에 따른다.

정답 ③

03 「행정절차법」에서 규정하고 있지 않은 것은? `21 행정사`

① 신고
② 공법상 계약
③ 행정지도
④ 행정예고
⑤ 행정상 입법예고

「행정절차법」 제3조 제1항. 처분, 신고, 확약, 위반사실 등의 공표, 행정계획, 행정상 입법예고, 행정예고 및 행정지도의 절차(이하 "행정절차"라 한다)에 관하여 다른 법률에 특별한 규정이 있는 경우를 제외하고는 이 법에서 정하는 바에 따른다.

정답 ②

04 「행정절차법」이 정하고 있는 적용제외 대상이 아닌 것은? `21 행정사`

① 국가안전보장·국방·외교 또는 통일에 관한 사항 중 행정절차를 거칠 경우 국가의 중대한 이익을 현저히 해칠 우려가 있는 사항
② 감사원이 감사위원회의 결정을 거쳐 행하는 사항
③ 심사청구, 해양안전심판, 조세심판, 특허심판, 행정심판, 그 밖의 불복절차에 따른 사항
④ 국회 또는 지방의회의 의결을 거치거나 동의 또는 승인을 받아 행하는 사항
⑤ 처분의 전제가 되는 사실이 경찰의 수사에 의하여 객관적으로 증명된 사항

「행정절차법」제3조 제2항. 이 법은 다음 각 호의 어느 하나에 해당하는 사항에 대하여는 적용하지 아니한다.
1. 국회 또는 지방의회의 의결을 거치거나 동의 또는 승인을 받아 행하는 사항
2. 법원 또는 군사법원의 재판에 의하거나 그 집행으로 행하는 사항
3. 헌법재판소의 심판을 거쳐 행하는 사항
4. 각급 선거관리위원회의 의결을 거쳐 행하는 사항
5. 감사원이 감사위원회의의 결정을 거쳐 행하는 사항
6. 형사(刑事), 행형(行刑) 및 보안처분 관계 법령에 따라 행하는 사항
7. 국가안전보장・국방・외교 또는 통일에 관한 사항 중 행정절차를 거칠 경우 국가의 중대한 이익을 현저히 해칠 우려가 있는 사항
8. 심사청구, 해양안전심판, 조세심판, 특허심판, 행정심판, 그 밖의 불복절차에 따른 사항
9. 「병역법」에 따른 징집・소집, 외국인의 출입국・난민인정・귀화, 공무원 인사 관계 법령에 따른 징계와 그 밖의 처분, 이해 조정을 목적으로 하는 법령에 따른 알선・조정・중재(仲裁)・재정(裁定) 또는 그 밖의 처분 등 해당 행정작용의 성질상 행정절차를 거치기 곤란하거나 거칠 필요가 없다고 인정되는 사항과 행정절차에 준하는 절차를 거친 사항으로서 대통령령으로 정하는 사항

정답 ⑤

05 행정절차에 관한 설명으로 옳은 것은? (다툼이 있으면 판례에 따름)   22 행정사

① 행정절차에 관하여 다른 법률에 특별한 규정이 있는 경우에도 「행정절차법」이 우선한다.
② 행정청은 청문이 필요하다고 인정하는 경우에도 법령등에서 청문을 하도록 규정한 경우가 아니면 청문을 할 수 없다.
③ 신청에 대한 거부처분은 사전통지대상이다.
④ 행정청은 신청 내용을 모두 그대로 인정하는 처분을 하는 경우 처분의 근거와 이유를 제시하지 않아도 된다.
⑤ 「행정절차법」에는 행정지도에 관한 규정을 두고 있지 않다.

④ (O) 「행정절차법」제23조 제1항. 행정청은 처분을 할 때에는 다음 각 호의 어느 하나에 해당하는 경우를 제외하고는 당사자에게 그 근거와 이유를 제시하여야 한다.
  1. 신청 내용을 모두 그대로 인정하는 처분인 경우
  2. 단순・반복적인 처분 또는 경미한 처분으로서 당사자가 그 이유를 명백히 알 수 있는 경우
  3. 긴급히 처분을 할 필요가 있는 경우
① (✕) 「행정절차법」제3조 제1항. 처분, 신고, 확약, 위반사실 등의 공표, 행정계획, 행정상 입법예고, 행정예고 및 행정지도의 절차(이하 "행정절차"라 한다)에 관하여 다른 법률에 특별한 규정이 있는 경우를 제외하고는 이 법에서 정하는 바에 따른다.
② (✕) 「행정절차법」제22조 제1항. 행정청은 청문이 필요하다고 인정하는 경우 법령등에서 청문을 하도록 규정한 경우가 아니라도 청문을 한다.

③ (×)「행정절차법」제22조 제1항. 행정청은 당사자에게 의무를 과하거나 권익을 제한하는 처분을 하는 경우에는 미리 처분의 제목 등을 당사자 등에게 통지하도록 하고 있는바, 신청에 따른 처분이 이루어지지 아니한 경우에는 아직 당사자에게 권익이 부과되지 아니하였으므로 특별한 사정이 없는 한 신청에 대한 거부처분이라고 하더라도 직접 당사자의 권익을 제한하는 것은 아니어서 신청에 대한 거부처분을 여기에서 말하는 '당사자의 권익을 제한하는 처분'에 해당한다고 할 수 없는 것이어서 처분의 사전통지대상이 된다고 할 수 없다. (대판2003두674)
⑤ (×)「행정절차법」제3조 제1항. 처분, 신고, 확약, 위반사실 등의 공표, 행정계획, 행정상 입법예고, 행정예고 및 행정지도의 절차(이하 "행정절차"라 한다)에 관하여 다른 법률에 특별한 규정이 있는 경우를 제외하고는 이 법에서 정하는 바에 따른다.

정답 ④

06 「행정절차법」상 행정절차에 대한 설명으로 옳지 않은 것은? (다툼이 있는 경우 판례에 의함)

21 지방직 7급

① 「국가공무원법」상 직위해제처분은 처분의 사전통지 및 의견청취 등에 관한 「행정절차법」의 규정이 적용되지 않는다.
② 행정예고기간은 예고 내용의 성격 등을 고려하여 정하되, 40일 이상으로 한다.
③ 신청인이 신청에 앞서 행정청의 허가업무 담당자에게 신청서의 내용에 대한 검토를 요청한 것만으로는 다른 특별한 사정이 없는 한 명시적이고 확정적인 신청의 의사표시가 있었다고 하기 어렵다.
④ 신청에 따른 처분이 이루어지지 아니한 경우에는 아직 당사자에게 권익이 부과되지 아니하였으므로 특별한 사정이 없는 한 신청에 대한 거부처분은 직접 당사자의 권익을 제한하는 것은 아니어서 처분의 사전통지대상이 된다고 할 수 없다.

「행정절차법」제46조. 행정예고기간은 예고 내용의 성격 등을 고려하여 정하되, 20일 이상으로 한다. 다만, 행정목적을 달성하기 위하여 긴급한 필요가 있는 경우에는 행정예고기간을 단축할 수 있다. 이 경우 단축된 행정예고기간은 10일 이상으로 한다.

정답 ②

07 「행정절차법」에 관한 설명으로 옳은 것은? (다툼이 있으면 판례에 따름) `22 소방승진`

① 「행정절차법」은 행정예고와 공법상 계약에 관한 규정을 두고 있다.
② 확약은 구두가 아닌 문서로 이루어져야 한다.
③ 행정청에 처분을 신청할 때 전자문서로 하는 경우에는 당사자의 컴퓨터에서 신청서를 발송한 때 신청한 것으로 본다.
④ 행정청이 자격의 박탈을 내용으로 하는 처분을 하는 경우에도, 다른 법령 등에서 청문을 하도록 규정하고 있지 않다면 청문을 위해서는 당사자 등이 청문신청을 하여야 한다.

② (O) 「행정절차법」 제40조2 제2항. 확약은 문서로 하여야 한다.
① (X) 「행정절차법」은 행정예고에 관한 규정은 있으나, 공법상 계약은 규정하고 있지 않다. (「행정절차법」 제3조 제1항. 처분, 신고, 확약, 위반사실 등의 공표, 행정계획, 행정상 입법예고, 행정예고 및 행정지도의 절차(이하 "행정절차"라 한다)에 관하여 다른 법률에 특별한 규정이 있는 경우를 제외하고는 이 법에서 정하는 바에 따른다.)
③ (X) 「행정절차법」 제17조 제2항. 처분을 신청할 때 전자문서로 하는 경우에는 행정청의 컴퓨터 등에 입력된 때에 신청한 것으로 본다.
④ (X) 「행정절차법」 제22조. 행정청이 처분을 할 때 다음 각 호의 어느 하나에 해당하는 경우에는 청문을 한다.
  1. 다른 법령등에서 청문을 하도록 규정하고 있는 경우
  2. 행정청이 필요하다고 인정하는 경우
  3. 다음 각 목의 처분을 하는 경우
    가. 인허가 등의 취소
    나. 신분·자격의 박탈
    다. 법인이나 조합 등의 설립허가의 취소

정답 ②

08 「행정절차법」상 행정청의 관할 및 협조에 대한 설명으로 가장 옳지 않은 것은? `22 서울시 7급`

① 행정응원에 드는 비용은 응원을 요청한 행정청이 부담하며, 그 부담금액 및 부담방법은 응원을 하는 행정청이 결정한다.
② 행정청은 다른 행정청의 응원을 받아 처리하는 것이 보다 능률적이고 경제적인 경우 다른 행정청에 행정응원을 요청할 수 있다.
③ 행정응원을 요청받은 행정청은 다른 행정청이 보다 능률적이거나 경제적으로 응원할 수 있는 명백한 이유가 있는 경우 응원을 거부할 수 있다.
④ 행정청의 관할이 분명하지 아니한 경우에는 해당 행정청을 공통으로 감독하는 상급 행정청이 그 관할을 결정하며, 공통으로 감독하는 상급 행정청이 없는 경우에는 각 상급 행정청이 협의하여 그 관할을 결정한다.

① (✕) 「행정절차법」 제8조 제6항. 행정응원에 드는 비용은 응원을 요청한 행정청이 부담하며, 그 부담금액 및 부담방법은 응원을 요청한 행정청과 응원을 하는 행정청이 협의하여 결정한다.
② (○) 「행정절차법」 제8조 제1항 5호
③ (○) 「행정절차법」 제8조 제2항 1호
④ (○) 「행정절차법」 제6조 제2항

정답 ①

09 「행정절차법」상 행정청의 관할 및 협조에 관한 설명으로 옳지 않은 것은? 23 행정사

① 행정청이 그 관할에 속하지 아니하는 사안을 접수한 경우 지체 없이 이를 관할 행정청에 이송하여야 하고 그 사실을 신청인에게 통지하여야 한다.
② 행정응원에 드는 비용은 응원을 하는 행정청이 부담한다.
③ 행정청은 행정의 원활한 수행을 위하여 서로 협조하여야 한다.
④ 행정응원을 요청받은 행정청은 응원을 거부하는 경우 그 사유를 응원을 요청한 행정청에 통지하여야 한다.
⑤ 행정청의 관할이 분명하지 아니한 경우이지만 공통으로 감독하는 상급 행정청이 없는 경우에는 각 상급 행정청이 협의하여 그 관할을 결정한다.

② (✕) 「행정절차법」 제8조 제6항. 행정응원에 드는 비용은 응원을 요청한 행정청이 부담하며, 그 부담금액 및 부담방법은 응원을 요청한 행정청과 응원을 하는 행정청이 협의하여 결정한다.
① (○) 「행정절차법」 제6조 제1항
③ (○) 「행정절차법」 제7조 제1항
④ (○) 「행정절차법」 제8조 제4항
⑤ (○) 「행정절차법」 제6조 제2항

정답 ②

10 「행정절차법」상 송달 및 기간·기한에 관한 설명으로 옳은 것은? 23 행정사

① 정보통신망을 이용한 송달은 송달받을 자의 동의 여부와 상관없이 언제든지 가능하다.
② 행정청은 송달하는 문서의 명칭과 송달받는 자의 성명을 확인할 수 있는 기록을 보존하지 않아도 된다.
③ 송달은 다른 법령등에 특별한 규정이 있는 경우를 제외하고는 해당 문서를 발신한 때 그 효력이 발생한다.
④ 천재지변으로 기한을 지킬 수 없는 경우에는 그 사유가 끝나는 날이 속하는 주말까지 기간의 진행이 정지된다.
⑤ 외국에 거주하거나 체류하는 자에 대한 기간 및 기한은 행정청이 그 우편이나 통신에 걸리는 일수를 고려하여 정하여야 한다.

⑤ (○)「행정절차법」제16조 제2항. 외국에 거주하거나 체류하는 자에 대한 기간 및 기한은 행정청이 그 우편이나 통신에 걸리는 일수(日數)를 고려하여 정하여야 한다.
① (×)「행정절차법」제14조 제3항. 정보통신망을 이용한 송달은 송달받을 자가 동의하는 경우에만 한다. 이 경우 송달받을 자는 송달받을 전자우편주소 등을 지정하여야 한다.
② (×)「행정절차법」제14조 제6항. 행정청은 송달하는 문서의 명칭, 송달받는 자의 성명 또는 명칭, 발송방법 및 발송 연월일을 확인할 수 있는 기록을 보존하여야 한다.
③ (×)「행정절차법」제15조 제1항. 송달은 다른 법령등에 특별한 규정이 있는 경우를 제외하고는 해당 문서가 송달받을 자에게 도달됨으로써 그 효력이 발생한다.
④ (×)「행정절차법」제16조 제1항. 천재지변이나 그 밖에 당사자등에게 책임이 없는 사유로 기간 및 기한을 지킬 수 없는 경우에는 그 사유가 끝나는 날까지 기간의 진행이 정지된다.

정답 ⑤

11 「행정절차법」에 대한 설명으로 옳지 않은 것은? 21 소방공채

① 공청회는 다른 법령 등에서 공청회를 개최하도록 규정하고 있는 경우 또는 당해 처분의 영향이 광범위하여 널리 의견을 수렴할 필요가 있다고 행정청이 인정하는 경우 등에 개최된다.
② 행정응원을 위하여 파견된 직원은 당해 직원의 복무에 관하여 다른 법령 등에 특별한 규정이 없는 한, 응원을 요청한 행정청의 지휘·감독을 받는다.
③ 행정응원에 소요되는 비용은 응원을 요청한 행정청이 부담하며, 그 부담금액 및 부담방법은 응원을 행하는 행정청의 결정에 의한다.
④ 송달이 불가능하여 관보, 공보 등에 공고한 경우에는 다른 법령등에 특별한 규정이 있는 경우를 제외하고 공고일부터 14일이 경과한 때에 그 효력이 발생한다. 다만, 긴급히 시행하여야 할 특별한 사유가 있어 효력발생 시기를 달리 정해 공고한 경우에는 그에 따른다.

③ (×) 「행정절차법」 제8조 제6항. 행정응원에 드는 비용은 응원을 요청한 행정청이 부담하며, 그 부담금액 및 부담방법은 응원을 요청한 행정청과 응원을 하는 행정청이 협의하여 결정한다.
① (○) 「행정절차법」 제22조 제2항
② (○) 「행정절차법」 제8조 제5항
④ (○) 「행정절차법」 제14조 제4항 및 제15조 제3항

정답 ③

12 다음 중 「행정절차법」에 관한 설명으로 가장 옳지 않은 것은? 21 해경승진

① 행정청이 접수받은 사안을 다른 행정청에 이송하는 경우에는 그 사실을 신청인에게 통지하여야 한다.
② 의견제출은 서면 또는 정보통신망을 이용하여 할 수 있으나, 말로는 할 수 없다.
③ 감사원이 감사위원회의의 결정을 거쳐 행하는 사항의 경우 처분, 신고, 행정상 입법예고에 관한 사항이더라도 「행정절차법」 적용이 배제된다.
④ 행정청이 다른 행정청에 행정응원을 요청하는 경우 행정응원에 소요되는 비용은 응원을 요청한 행정청이 부담한다.

② (×) 「행정절차법」 제27조 제1항. 당사자등은 처분 전에 그 처분의 관할 행정청에 서면이나 말로 또는 정보통신망을 이용하여 의견제출을 할 수 있다.
① (○) 「행정절차법」 제6조 제1항
③ (○) 「행정절차법」 제3조 제2항
④ (○) 「행정절차법」 제8조 제6항

정답 ②

13 다음 〈보기〉 중 「행정절차법」상 기간과 관련된 규정을 정리한 것이다. ㉠ ~ ㉣에 들어갈 기간을 바르게 나열한 것은?

[22 해경승진]

- 행정예고기간은 예고 내용의 성격 등을 고려하여 정하되, (㉠)일 이상으로 한다.
- 입법예고기간은 예고할 때 정하되, 특별한 사정이 없으면 (㉡)일 (자치법규는 (㉢)일) 이상으로 한다.
- 행정청은 공청회를 개최하려는 경우에는 공청회 개최 (㉣)일 전까지 제목, 일시 및 장소 등을 당사자 등에게 통지하고 관보, 공보, 인터넷 홈페이지 또는 일간신문 등에 공고하는 등의 방법으로 널리 알려야 한다.

① ㉠ (14) ㉡ (40) ㉢ (20) ㉣ (14)
② ㉠ (14) ㉡ (20) ㉢ (10) ㉣ (14)
③ ㉠ (20) ㉡ (40) ㉢ (20) ㉣ (20)
④ ㉠ (20) ㉡ (40) ㉢ (20) ㉣ (14)

㉠ 제46조, ㉡과 ㉢은 제43조, ㉣ 제38조

정답 ④

14 다음은 「행정절차법」상 기간과 관련된 규정을 정리한 것이다. ㉠~㉣에 들어갈 기간을 바르게 나열한 것은?

[17 지방직 9급]

- 행정청은 공청회를 개최하려는 경우에는 공청회 개최 (㉠)일 전까지 제목, 일시 및 장소 등을 당사자 등에게 통지하고 관보, 공보, 인터넷 홈페이지 또는 일간신문 등에 공고하는 등의 방법으로 널리 알려야 한다. 다만, 공청회 개최를 알린 후 예정대로 개최하지 못하여 새로 일시 및 장소 등을 정한 경우에는 공청회 개최 7일 전까지 알려야 한다.
- 입법예고기간은 예고할 때 정하되, 특별한 사정이 없으면 (㉡)일 (자치법규는 (㉢)일) 이상으로 한다.
- 행정예고기간은 예고 내용의 성격 등을 고려하여 정하되, (㉣)일 이상으로 한다.

① ㉠ (10) ㉡ (40) ㉢ (30) ㉣ (30)
② ㉠ (14) ㉡ (30) ㉢ (20) ㉣ (20)
③ ㉠ (14) ㉡ (40) ㉢ (20) ㉣ (20)
④ ㉠ (15) ㉡ (30) ㉢ (20) ㉣ (30)

㉠ 제38조, ㉡ 제43조, ㉢ 제43조, ㉣ 제46조

정답 ③

15. 행정절차에 대한 설명으로 옳은 것은? (다툼이 있는 경우 판례에 의함) `21 지방직 9급`

① 「국가공무원법」상 직위해제처분은 공무원의 인사상 불이익을 주는 처분이므로 행정절차법상 사전통지 및 의견청취절차를 거쳐야 한다.
② 처분 당시 당사자가 어떠한 근거와 이유로 처분이 이루어진 것인지를 충분히 알 수 있어서 그에 불복하여 행정구제절차로 나아가는 데에 별다른 지장이 없었던 것으로 인정되는 경우에도 처분서에 처분의 근거와 이유가 구체적으로 명시되어 있지 않았다면 그 처분은 위법하다.
③ 세액산출근거가 기재되지 아니한 납세고지서에 의한 부과처분은 그 후 부과된 세금을 자진납부하였다거나 또는 조세채권의 소멸시효기간이 만료되었다 하여 하자가 치유되는 것이라고는 할 수 없다.
④ 당사자등은 청문조서의 내용을 열람·확인할 수 있을 뿐, 그 청문조서에 이의가 있더라도 정정을 요구할 수는 없다.

① (×) 「국가공무원법」상 직위해제처분은 구 「행정절차법」(2012. 10. 22. 법률 제11498호로 개정되기 전의 것) 제3조 제2항 제9호, 구 「행정절차법 시행령」(2011. 12. 21. 대통령령 제23383호로 개정되기 전의 것) 제2조 제3호에 의하여 당해 행정작용의 성질상 행정절차를 거치기 곤란하거나 불필요하다고 인정되는 사항 또는 행정절차에 준하는 절차를 거친 사항에 해당하므로, 처분의 사전통지 및 의견청취 등에 관한 행정절차법의 규정이 별도로 적용되지 않는다. (대판 2012두26180)
② (×) 「행정절차법」 제23조 제1항은 행정청은 처분을 하는 때에는 당사자에게 그 근거와 이유를 제시하여야 한다고 규정하고 있는바, 일반적으로 당사자가 근거규정 등을 명시하여 신청하는 인·허가 등을 거부하는 처분을 함에 있어 당사자가 그 근거를 알 수 있을 정도로 상당한 이유를 제시한 경우에는 당해 처분의 근거 및 이유를 구체적 조항 및 내용까지 명시하지 않았더라도 그로 말미암아 그 처분이 위법한 것이 된다고 할 수 없다. (대판 2000두8912)
④ (×) 「행정절차법」 제34조 제2항당사자등은 청문조서의 내용을 열람·확인할 수 있으며, 이의가 있을 때에는 그 정정을 요구할 수 있다.

정답 ③

16. 「행정절차법령」상 처분의 신청에 대한 설명으로 옳지 않은 것은? `23 국가직 9급`

① 행정청은 신청인의 편의를 위하여 다른 행정청에 신청을 접수하게 할 수 있다.
② 행정청은 신청에 구비서류의 미비 등 흠이 있는 경우 접수를 거부하여야 한다.
③ 행정청은 처리기간이 "즉시"로 되어 있는 신청의 경우에는 접수증을 주지 아니할 수 있다.
④ 행정청은 다수의 행정청이 관여하는 처분을 구하는 신청을 접수한 경우에는 관계 행정청과의 신속한 협조를 통하여 그 처분이 지연되지 아니하도록 하여야 한다.

② (✕)「행정절차법」제17조 제5항. 행정청은 신청에 구비서류의 미비 등 흠이 있는 경우에는 보완에 필요한 상당한 기간을 정하여 지체 없이 신청인에게 보완을 요구하여야 한다.
① (○)「행정절차법」제17조 제7항
③ (○)「행정절차법」제17조 제4항
④ (○)「행정절차법」제18조

정답 ②

17 「행정절차법」상 송달과 처분절차에 대한 설명으로 옳지 않은 것은? 23 국가직 9급

① 처분기준의 설정·공표의 규정은 침익적 처분뿐만 아니라 수익적 처분의 경우에도 적용된다.
② 정보통신망을 이용하여 전자문서로 송달하는 경우에는 송달받을 자가 지정한 컴퓨터 등에 입력된 때에 도달된 것으로 본다.
③ 공청회가 개최는 되었으나 정상적으로 진행되지 못하고 무산된 횟수가 2회인 경우 온라인공청회를 단독으로 개최할 수 있다.
④ 송달이 불가능한 경우에는 송달받을 자가 알기 쉽도록 관보, 공보, 게시판, 일간신문 중 하나 이상에 공고하고 인터넷에도 공고하여야 한다.

③ (✕)「행정절차법」제38조2 제2항. 제1항에도 불구하고 다음 각 호의 어느 하나에 해당하는 경우에는 온라인공청회를 단독으로 개최할 수 있다.
 1. 국민의 생명·신체·재산의 보호 등 국민의 안전 또는 권익보호 등의 이유로 제38조에 따른 공청회를 개최하기 어려운 경우
 2. 제38조에 따른 공청회가 행정청이 책임질 수 없는 사유로 개최되지 못하거나 개최는 되었으나 정상적으로 진행되지 못하고 무산된 횟수가 3회 이상인 경우
 3. 행정청이 널리 의견을 수렴하기 위하여 온라인공청회를 단독으로 개최할 필요가 있다고 인정하는 경우. 다만, 제22조 제2항 제1호 또는 제3호에 따라 공청회를 실시하는 경우는 제외한다.
① (○)「행정절차법」제20조
② (○)「행정절차법」제15조 제2항
④ (○)「행정절차법」제14조 제4항

정답 ③

18. 「행정절차법」에 대한 설명으로 옳지 않은 것은? `23 지방직 9급`

① 처분기준을 공표하는 것이 해당 처분의 성질상 현저히 곤란하거나 공공의 안전 또는 복리를 현저히 해치는 것으로 인정될 만한 상당한 이유가 있는 경우에는 처분기준을 공표하지 아니할 수 있다.
② 행정처분의 상대방에 대한 청문통지서가 반송되었거나 행정처분의 상대방이 청문일시에 불출석하였다는 이유만으로 행정청이 관계 법령상 그 실시가 요구되는 청문을 실시하지 아니하고 한 침해적 행정처분은 위법하다.
③ 「행정절차법」상 사전통지 및 의견제출에 대한 권리를 부여하고 있는 '당사자등'에는 불이익처분의 직접 상대방인 당사자와 행정청이 직권으로 또는 신청에 따라 행정절차에 참여하게 한 이해관계인, 그 밖에 제3자가 포함된다.
④ 행정청이 처분을 하면서 당사자가 그 근거를 알 수 있을 정도로 이유를 제시한 경우에는 처분의 근거와 이유를 구체적으로 명시하지 않았더라도 그로 말미암아 그 처분이 위법하다고 볼 수는 없다.

③ (×) 「행정절차법」 제2조 제4호. "당사자등"이란 다음 각 목의 자를 말한다.
　가. 행정청의 처분에 대하여 직접 그 상대가 되는 당사자
　나. 행정청이 직권으로 또는 신청에 따라 행정절차에 참여하게 한 이해관계인
① (○) 「행정절차법」 제29조 제3항.
② (○) 대판200두3337
④ (○) 대판200두8912

정답 ③

19. 행정절차에 대한 설명으로 옳은 것은? (다툼이 있는 경우에는 판례에 의함) `21 국가직 7급`

① 「도로법」상 도로구역을 변경할 경우, 이를 고시하고 그 도면을 일반인이 열람할 수 있도록 하고 있는바, 도로구역을 변경한 처분은 「행정절차법」상 사전통지나 의견청취의 대상이 되는 처분이 아니다.
② 「군인사법」에 따라 당해 직무를 수행할 능력이 없다고 인정하여 장교를 보직해임 하는 경우, 처분의 근거와 이유제시 등에 관하여 「행정절차법」의 규정이 적용된다.
③ 특별한 사정이 없는 한, 신청에 대한 거부처분은 사전통지 및 의견제출의 대상이 된다.
④ 「식품위생법」상의 영업자지위승계신고를 수리하는 경우, 영업시설을 인수하여 영업자의 지위를 승계한 자에 대하여 사전통지를 하고, 그에게 의견제출의 기회를 주어야 한다.

① (O) 대판2007두1767
② (X) 구 「군인사법」상 보직해임처분은 구 「행정절차법」 제3조 제2항 제9호, 같은 법 시행령 제2조 제3호에 의하여 〈당해 행정작용의 성질상 행정절차를 거치기 곤란하거나 불필요하다고 인정되는 사항 또는 행정절차에 준하는 절차를 거친 사항〉에 해당하므로, 처분의 근거와 이유 제시 등에 관한 구 「행정절차법」의 규정이 별도로 적용되지 아니한다고 봄이 상당하다. (대판 2012두5756)
③ (X) 신청에 따른 처분이 이루어지지 아니한 경우에는 아직 당사자에게 권익이 부과되지 아니하였으므로 특별한 사정이 없는 한 신청에 대한 거부처분이라고 하더라도 직접 당사자의 권익을 제한하는 것은 아니어서 신청에 대한 거부처분을 여기에서 말하는 '당사자의 권익을 제한하는 처분'에 해당한다고 할 수 없는 것이어서 처분의 사전통지대상이 된다고 할 수 없다. (대판 2003두674)
④ (X) 행정청이 구 「식품위생법」 규정에 의하여 영업자지위승계신고를 수리하는 처분은 종전의 영업자의 권익을 제한하는 처분이라 할 것이고 따라서 종전의 영업자는 그 처분에 대하여 직접 그 상대가 되는 자에 해당한다고 봄이 상당하므로, 행정청으로서는 위 신고를 수리하는 처분을 함에 있어서 「행정절차법」 규정 소정의 당사자에 해당하는 종전의 영업자에 대하여 위 규정 소정의 행정절차를 실시하고 처분을 하여야 한다. (대판2001두7015) 즉, 영업시설을 인수하여 영업자의 지위를 승계한 자가 아니라 종전의 영업자에 대하여 행정절차를 실시하여야 한다.

정답 ①

20 「행정절차법」상 행정절차에 관한 설명으로 가장 옳은 것은? 21 서울시 7급

① 처분의 이유제시는 당사자에게 의무를 부과하거나 권익을 제한하는 처분을 하는 경우에 한하여 의무화된다.
② 특별한 사정이 없는 한 신청에 대한 거부처분은 당사자의 권익을 제한하는 처분으로서 처분의 사전통지대상이 된다.
③ 대형마트 영업시간 제한 등 처분의 대상인 대규모점포 중 개설자의 직영매장 외에 개설자로부터 임차하여 운영하는 임대매장이 병존하는 경우, 전체 매장에 대하여 법령상 대규모점포 등의 유지·관리 책임을 지는 개설자만이 그 처분상대방이 되므로, 임대매장의 임차인들을 상대로 별도의 사전통지 등 절차를 거칠 필요가 없다.
④ 행정절차에 관하여는 「행정절차법」이 다른 법률 규정에 우선하여 적용된다.

① (X) 「행정절차법」 제23조 제1항. 행정청은 처분을 할 때에는 다음 각 호의 어느 하나에 해당하는 경우를 제외하고는 당사자에게 그 근거와 이유를 제시하여야 한다.
  1. 신청 내용을 모두 그대로 인정하는 처분인 경우
  2. 단순·반복적인 처분 또는 경미한 처분으로서 당사자가 그 이유를 명백히 알 수 있는 경우
  3. 긴급히 처분을 할 필요가 있는 경우

② (✗) 특별한 사정이 없는 한 신청에 대한 거부처분이라고 하더라도 직접 당사자의 권익을 제한하는 것은 아니어서 신청에 대한 거부처분을 여기에서 말하는 당사자의 권익을 제한하는 지분에 해당한다고 할 수 없는 것이어서 처분의 사전통지대상이 된다고 할 수 없다. (대판2003두674)
④ (✗) 「행정절차법」 제3조 제1항. 처분, 신고, 확약, 위반사실 등의 공표, 행정계획, 행정상 입법예고, 행정예고 및 행정지도의 절차(이하 "행정절차"라 한다)에 관하여 다른 법률에 특별한 규정이 있는 경우를 제외하고는 이 법에서 정하는 바에 따른다.
③ (○) 대판2015두295

정답 ③

21 「행정절차법」상 청문에 대한 설명으로 옳지 않은 것은? 〔21 군무원 9급〕

① 청문 주재자에게 공정한 청문 진행을 할 수 없는 사정이 있는 경우 당사자 등은 행정청에 기피신청을 할 수 있다.
② 청문 주재자가 청문을 시작할 때에는 먼저 예정된 처분의 내용, 그 원인이 되는 사실 및 법적 근거 등을 설명하여야 한다.
③ 청문 주재자는 직권으로 또는 당사자의 신청에 따라 필요한 조사를 할 수 있으며, 당사자 등이 주장하지 아니한 사실에 대하여는 조사할 수 없다.
④ 행정청은 청문을 마친 후 처분을 할 때까지 새로운 사정이 발견되어 청문을 재개(再開)할 필요가 있다고 인정할 때에는 청문조서 등을 되돌려 보내고 청문의 재개를 명할 수 있다.

③ (✗) 「행정절차법」 제33조 제1항. 청문 주재자는 직권으로 또는 당사자의 신청에 따라 필요한 조사를 할 수 있으며, 당사자등이 주장하지 아니한 사실에 대하여도 조사할 수 있다.
① (○) 「행정절차법」 제29조 제2항
② (○) 「행정절차법」 제31조 제1항
④ (○) 「행정절차법」 제36조

정답 ③

22 「행정절차법」상 행정청이 처분을 할 때 청문을 하여야 하는 경우가 아닌 것은? 〔23 경찰채용〕

① 다른 법령등에서 청문을 하도록 규정하고 있는 경우
② 해당 처분이 영향이 광범위하여 널리 의견을 수렴할 필요가 있다고 행정청이 인정하는 경우
③ 인허가 등의 취소의 처분을 하는 경우
④ 법인이나 조합 등의 설립허가의 취소의 처분을 하는 경우

제22조(의견청취) 해당 처분의 영향이 광범위하여 널리 의견을 수렴할 필요가 있다고 행정청이 인정하는 경우에는 공청회를 개최한다.

정답 ②

23 행정절차에 대한 설명으로 옳지 않은 것은? (다툼이 있는 경우 판례에 의함) 22 지방직 9급

① 계약직공무원 채용계약해지의 의사표시는 「행정절차법」에 의하여 근거와 이유를 제시하여야 하는 것은 아니다.
② 교육부장관이 부적격사유가 없는 후보자들 사이에서 어떤 후보자를 상대적으로 더욱 적합하다고 판단하여 국립대학교의 총장으로 임용제청을 하였다면, 그러한 임용제청행위 자체로서 이유제시의무를 다한 것이다.
③ 「국가공무원법」상 직위해제처분에는 처분의 사전통지 및 의견청취 등에 관한 「행정절차법」의 규정이 적용된다.
④ 과세처분 시 납세고지서에 법으로 규정한 과세표준 등의 기재가 누락되면 그 과세처분 자체가 위법한 처분이 되어 취소의 대상이 된다.

직위해제처분을 받은 공무원은 사후적으로 소청이나 행정소송을 통하여 충분한 의견진술 및 자료제출의 기회를 보장하고 있다. 따라서 「국가공무원법」상 직위해제처분은 구 「행정절차법」 제3조 제2항 제9호, 구 「행정절차법 시행령」 제2조 제3호에 의하여 당해 행정작용의 성질상 행정절차를 거치기 곤란하거나 불필요하다고 인정되는 사항 또는 행정절차에 준하는 절차를 거친 사항에 해당하므로, 처분의 사전통지 및 의견청취 등에 관한 「행정절차법」의 규정이 별도로 적용되지 않는다. (대판2012두26180)

정답 ③

24 다음 중 처분의 사전통지에 대한 설명으로 가장 옳지 않은 것은? 22 군무원 9급

① 고시 등에 의한 불특정 다수를 상대로 한 권익제한이나 의무부과의 경우 사전통지 대상이 아니다.
② 수익적 처분의 신청에 대한 거부처분은 실질적으로 침익적 처분에 해당하므로 사전통지 대상이 된다.
③ 「행정절차법」은 처분의 직접 상대방 외에 신청에 따라 행정절차에 참여한 이해관계인도 사전통지의 대상인 당사자에 포함시키고 있다.
④ 공무원의 정규임용처분을 취소하는 처분은 사전통지를 하지 않아도 되는 예외적인 경우에 해당하지 않는다.

신청에 따른 처분이 이루어지지 아니한 경우에는 아직 당사자에게 권익이 부과되지 아니하였으므로 특별한 사정이 없는 한 신청에 대한 거부처분이라고 하더라도 직접 당사자의 권익을 제한하는 것은 아니어서 처분의 사전통지대상이 된다고 할 수 없다. (대판2003두674)

정답 ②

25 다음 중 「행정절차법」상 처분의 사전통지에 관한 설명 중 가장 옳은 것은? (단, 다툼이 있는 경우 판례에 의함) 　22 군무원 7급

① 행정청은 당사자에게 사전통지를 하면서 의견제출에 필요한 기간을 10일 이상으로 고려하여 정하여 통지하여야 한다.
② 신청에 대한 거부처분은 당사자의 권익을 제한하는 처분에 해당하므로 처분의 사전통지의 대상이 된다.
③ 현장조사에서 처분상대방이 위반사실을 시인하였다면 행정청은 처분의 사전통지절차를 하지 않아도 된다.
④ 행정청은 해당 처분의 성질상 의견청취가 현저히 곤란하더라도 사전통지를 해야 한다.

① (O) 「행정절차법」 제21조 제1항.
② (X) 신청에 따른 처분이 이루어지지 아니한 경우에는 아직 당사자에게 권익이 부과되지 아니하였으므로 특별한 사정이 없는 한 신청에 대한 거부처분이라고 하더라도 직접 당사자의 권익을 제한하는 것은 아니어서 처분의 사전통지대상이 된다고 할 수 없다. (대판2003두674)
③ (X) 현장조사에서 원고가 위반사실을 시인하였다거나 위반경위를 진술하였다는 사정만으로는 「행정절차법」 제21조 제4항 제3호가 정한 '의견청취가 현저히 곤란하거나 명백히 불필요하다고 인정될 만한 상당한 이유가 있는 경우'로서 처분의 사전통지를 하지 아니하여도 되는 경우에 해당한다고 볼 수도 없다. 따라서 행정청인 피고가 침해적 행정처분인 이 사건 처분(시정명령)을 하면서 원고에게 행정절차법에 따른 적법한 사전통지를 하거나 의견제출의 기회를 부여하였다고 볼 수 없다. (대판2016두41811)
④ (X) 「행정절차법」 제21조 제4항. 행정청은 해당 처분의 성질상 의견청취가 현저히 곤란한 경우 사전통지를 생략할 수 있다.

정답 ①

26. 행정절차에 대한 설명으로 옳지 않은 것은? (다툼이 있는 경우 판례에 의함) `22 지방직 7급`

① 「행정절차법」상 문서주의 원칙에도 불구하고, 행정청의 처분서의 문언만으로는 행정청이 어떤 처분을 하였는지 불분명하다는 등 특별한 사정이 있는 때에는 처분 경위나 처분 이후의 상대방의 태도 등 다른 사정을 고려하여 처분서의 문언과 달리 그 처분의 내용을 해석할 수도 있다.

② '고시'의 방법으로 불특정 다수인을 상대로 의무를 부과하거나 권익을 제한하는 처분은 성질상 의견제출의 기회를 주어야 하는 상대방을 특정할 수 없으므로, 이와 같은 처분에 있어서까지 그 상대방에게 의견제출의 기회를 주어야 하는 것은 아니다.

③ 행정청이 당사자와 도시계획사업의 시행과 관련한 협약을 체결하면서 관계 법령 및 「행정절차법」에 규정된 청문의 실시 등 의견청취절차를 배제하는 조항을 두었다면, 이는 청문을 실시하지 않아도 되는 예외적인 경우에 해당한다.

④ 공무원에 대한 징계절차에서 징계심의대상자가 대리인으로 선임한 변호사가 징계위원회 심의에 출석하여 진술하려고 하였음에도 불구하고 징계권자나 그 소속직원이 변호사가 심의에 출석하는 것을 막았다면 징계위원회의 심의·의결의 절차적 정당성이 상실되어 그 징계의결에 따른 징계처분은 위법하며 원칙적으로 취소되어야 한다.

---

③ (×) 행정청이 당사자와 사이에 도시계획사업의 시행과 관련한 협약을 체결하면서 관계 법령 및 「행정절차법」에 규정된 청문의 실시 등 의견청취절차를 배제하는 조항을 두었다고 하더라도, 국민의 행정참여를 도모함으로써 행정의 공정성·투명성 및 신뢰성을 확보하고 국민의 권익을 보호한다는 「행정절차법」의 목적 및 청문제도의 취지 등에 비추어 볼 때, 위와 같은 협약의 체결로 청문의 실시에 관한 규정의 적용을 배제할 수 있다고 볼 만한 법령상의 규정이 없는 한, 이러한 협약이 체결되었다고 하여 청문의 실시에 관한 규정의 적용이 배제된다거나 청문을 실시하지 않아도 되는 예외적인 경우에 해당한다고 할 수 없다. (대판2002두8350)

① (○) 대판2009두18035
② (○) 대판2012두7745
④ (○) 대판2016두33339

정답 ③

27 다음 중 「행정절차법」상 행정절차에 관한 설명으로 가장 옳은 것은? (다툼이 있는 경우 판례에 의함)

22 해경승진

① 신청에 대한 거부처분은 특별한 사정이 없는 한 처분의 사전통지대상이 되지 않는다.
② 「행정절차법」은 행정예고와 공법상 계약에 관하여 규정하고 있다.
③ 행정처분의 상대방이 청문일시에 불출석하였다는 이유로 청문을 실시하지 않은 침해적 행정처분은 적법하다.
④ 행정청과 당사자 사이에 협약의 체결로 청문의 실시 등 의견청취절차를 배제한 경우 청문의 실시에 관한 규정의 적용이 배제된다.

① (O) 특별한 사정이 없는 한 거부처분은 직접 당사자의 권익을 제한하는 것은 아니어서 신청에 대한 거부처분은 처분의 사전통지대상이 된다고 할 수 없다. (대판2003두674)
② (×) 「행정절차법」은 행정예고에 관한 규정은 있으나, 공법상 계약은 규정하고 있지 않다. (「행정절차법」제3조 제1항. 처분, 신고, 확약, 위반사실 등의 공표, 행정계획, 행정상 입법예고, 행정예고 및 행정지도의 절차(이하 "행정절차"라 한다)에 관하여 다른 법률에 특별한 규정이 있는 경우를 제외하고는 이 법에서 정하는 바에 따른다.)
③ (×) '의견청취가 현저히 곤란하거나 명백히 불필요하다고 인정될 만한 상당한 이유가 있는지'는 당해 처분의 성질에 비추어 판단하여야 하는 것이지 청문통지서의 반송, 청문인의 불출석 등에 의해 판단할 것은 아니며, 또한 행정처분의 상대방이 통지된 청문일시에 불출석하였다는 이유만으로 행정청이 관계 법령상 그 실시가 요구되는 청문을 실시하지 아니한 채 침해적 행정처분을 할 수는 없을 것이므로, 행정처분의 상대방에 대한 청문통지서가 반송되었다거나, 행정처분의 상대방이 청문일시에 불출석하였다는 이유로 청문을 실시하지 아니하고 한 침해적 행정처분은 위법하다. (대판2000두3337)
④ (×) 행정청이 당사자와 사이에 도시계획사업의 시행과 관련한 협약을 체결하면서 관계 법령 및 「행정절차법」에 규정된 청문의 실시 등 의견청취절차를 배제하는 조항을 두었다고 하더라도, 국민의 행정참여를 도모함으로써 행정의 공정성·투명성 및 신뢰성을 확보하고 국민의 권익을 보호한다는 「행정절차법」의 목적 및 청문제도의 취지 등에 비추어 볼 때, 위와 같은 협약의 체결로 청문의 실시에 관한 규정의 적용을 배제할 수 있다고 볼 만한 법령상의 규정이 없는 한, 이러한 협약이 체결되었다고 하여 청문의 실시에 관한 규정의 적용이 배제된다거나 청문을 실시하지 않아도 되는 예외적인 경우에 해당한다고 할 수 없다. (대판2002두8350)

정답 ①

28 「행정절차법」상 처분의 사전통지 및 의견제출 절차에 대한 설명으로 옳지 않은 것은? (다툼이 있는 경우 판례에 의함) 22 국가직 9급

① 법령 등에서 요구된 자격이 없거나 없어지게 되면 반드시 일정한 처분을 하여야 하는 경우에 그 자격이 없거나 없어지게 된 사실이 법원의 재판에 의하여 객관적으로 증명된 경우에는 사전통지를 생략할 수 있다.
② 행정청의 처분으로 의무가 부과되거나 권익이 제한되는 경우라도 당사자가 의견진술의 기회를 포기한다는 뜻을 명백히 표시한 경우에는 의견청취를 생략할 수 있다.
③ 별정직 공무원인 대통령기록관장에 대한 직권면직 처분에는 처분의 사전통지 및 의견청취 등에 관한 「행정절차법」규정이 적용되지 않는다.
④ 대통령이 한국방송공사 사장을 해임하면서 사전통지절차를 거치지 않은 경우에는 그 해임처분은 위법하다.

③ (✕) 별정직 공무원인 대통령기록관장에 대한 직권면직 처분에 처분의 사전통지 및 의견청취 등에 관한 「행정절차법」규정이 적용된다. 따라서 별정직 공무원에 대하여 직권면직 처분을 하면서 행정절차법상 사전통지나 의견제출의 기회를 부여하지 않았다면 그 직권면직 처분은 위법하다. (대판2011두30687)
① (○) 「행정절차법」 제21조 제4항.
② (○) 「행정절차법」 제22조 제4항
④ (○) 대통령의 한국방송공사 사장의 해임 절차에 관하여 방송법이나 관련 법령에도 별도의 규정을 두지 않고 있고, 「행정절차법」의 입법 목적과 「행정절차법」 제3조 제2항 제9호와 관련 시행령의 규정 내용 등에 비추어 보면, 이 사건 해임처분이 「행정절차법」과 그 시행령에서 열거적으로 규정한 예외 사유에 해당한다고 볼 수 없으므로 이 사건 대통령의 한국방송공사 사장의 해임처분에는 「행정절차법」의 규정이 적용된다. (대판2011두5001)

정답 ③

29 「행정절차법」에 대한 설명으로 가장 옳지 않은 것은? 22 해경승진

① 「국가공무원법」상 직위해제처분의 경우 사후적으로 소청이나 행정소송을 통하여 충분한 의견진술 및 자료제출의 기회를 보장하고 있다고 보기 어려우므로 처분의 사전통지 및 의견청취에 관한 「행정절차법」의 규정이 적용된다고 보아야 한다.
② 「행정절차법」의 청문배제사유인 '당해 처분의 성질상 의견청취가 현저히 곤란하거나 명백히 불필요하다고 인정될 만한 상당한 이유가 있는 경우'는 당해 행정처분의 성질에 의하여 판단하여야 하는 것이지, 청문 통지서의 반송여부, 청문통지의 방법 등에 의하여 판단할 것은 아니다.
③ 공무원연금관리공단의 퇴직연금의 환수결정은 관련 법령에 따라 당연히 환수금액이 정해지는 것이므로, 퇴직연금의 환수결정에 앞서 당사자에게 의견진술의 기회를 주지 아니하여도 「행정절차법」에 위반되지 않는다.
④ 협약이 체결되었다고 하여 청문의 실시에 관한 규정의 적용이 배제된다거나 청문을 실시하지 않아도 되는 예외적인 경우에 해당한다고 할 수 없다.

① (✕) 직위해제처분을 받은 공무원은 사후적으로 소청이나 행정소송을 통하여 충분한 의견진술 및 자료제출의 기회를 보장하고 있다. 따라서 「국가공무원법」상 직위해제처분은 구 「행정절차법」 제3조 제2항 제9호, 구 「행정절차법 시행령」 제2조 제3호에 의하여 당해 행정작용의 성질상 행정절차를 거치기 곤란하거나 불필요하다고 인정되는 사항 또는 행정절차에 준하는 절차를 거친 사항에 해당하므로, 처분의 사전통지 및 의견청취 등에 관한 「행정절차법」의 규정이 별도로 적용되지 않는다. (대판2012두26180)
② (O) 대판2000두3337
③ (O) 대판99두5443
④ (O) 대판2002두8350

정답 ①

30 「행정절차법」상 처분절차에 관한 설명으로 옳지 않은 것은?

21 행정사

① 처분을 할 때 해당 처분의 영향이 광범위하여 널리 의견을 수렴할 필요가 있다고 행정청이 인정하는 경우에는 공청회를 개최한다.
② 행정청은 인허가 등의 취소 시 의견제출기한 내에 당사자등의 신청이 없더라도 청문을 한다.
③ 청문·공청회 또는 의견제출을 거쳤을 때에는 신속히 처분하여 해당 처분이 지연되지 아니하도록 하여야 한다.
④ 행정청은 처분을 할 때에는 이해관계인에게 그 근거와 이유를 제시하여야 한다.
⑤ 행정청은 처분을 신속히 처리할 필요가 있거나 사안이 경미한 경우에는 말 또는 그 밖의 방법으로 할 수 있다.

「행정절차법」 제23조 제1항. 행정청은 처분을 할 때에는 다음 각 호의 어느 하나에 해당하는 경우를 제외하고는 당사자에게 그 근거와 이유를 제시하여야 한다.
1. 신청 내용을 모두 그대로 인정하는 처분인 경우
2. 단순·반복적인 처분 또는 경미한 처분으로서 당사자가 그 이유를 명백히 알 수 있는 경우
3. 긴급히 처분을 할 필요가 있는 경우

정답 ④

31 행정절차에 대한 설명으로 가장 옳지 않은 것은?

21 서울시 7급

① 구 「학교보건법」상 학교환경위생정화구역에서의 금지행위 및 시설의 해제 여부에 관한 행정처분을 함에 있어 학교환경위생정화위원회의 심의를 누락한 흠이 있다면 그와 같은 흠을 가리켜 위 행정처분의 효력에 아무런 영향을 주지 않는다거나 경미한 정도에 불과하다고 볼 수는 없으므로, 특별한 사정이 없는 한 이는 행정처분을 위법하게 하는 취소사유가 된다.

② 행정청이 침해적 행정처분을 함에 있어서 당사자에게 사전통지를 하지 않거나 의견제출의 기회를 주지 아니하였다면 사전통지를 하지 않거나 의견제출의 기회를 주지 아니하여도 되는 예외적인 경우에 해당하지 아니하는 한 그 처분은 위법하다.

③ 행정처분의 상대방에 대한 청문통지서가 반송되었다거나, 행정처분의 상대방이 청문일시에 불출석하였다는 이유로 청문을 실시하지 아니하고 한 침해적 행정처분은 위법하다.

④ 행정청이 당사자와 사이에 도시계획사업의 시행과 관련한 협약을 체결하면서 관계 법령 및 「행정절차법」에 규정된 청문의 실시 등 의견청취절차를 배제하는 조항을 두었다면 청문을 실시하지 않아도 되는 예외적인 경우에 해당한다고 할 수 있다.

해설

④ (X) 행정청이 당사자와 사이에 도시계획사업의 시행과 관련한 협약을 체결하면서 관계 법령 및 「행정절차법」에 규정된 청문의 실시 등 의견청취절차를 배제하는 조항을 두었다고 하더라도, 국민의 행정참여를 도모함으로써 행정의 공정성·투명성 및 신뢰성을 확보하고 국민의 권익을 보호한다는 「행정절차법」의 목적 및 청문제도의 취지 등에 비추어 볼 때, 위와 같은 협약의 체결로 청문의 실시에 관한 규정의 적용을 배제할 수 있다고 볼 만한 법령상의 규정이 없는 한, 이러한 협약이 체결되었다고 하여 청문의 실시에 관한 규정의 적용이 배제된다거나 청문을 실시하지 않아도 되는 예외적인 경우에 해당한다고 할 수 없다. (대판2002두8350)
① (O) 대판2006두15806
② (O) 대판99두5870
③ (O) 대판2000두3337

정답 ④

32 행정절차의 하자에 관한 설명 중 가장 적절하지 않은 것은? (다툼이 있는 경우 판례에 의함)

21 경찰행정

① 임기가 정해진 별정직 공무원인 대통령기록관장을 직권면직하면서 당사자에게 사전통지를 하지 않고 의견제출의 기회를 주지 않았다고 하여 「행정절차법」을 위반하였다고 볼 것은 아니다.
② 징계와 같은 불이익처분절차에서 징계심의대상자에게 변호사를 통한 방어권의 행사를 보장하는 것이 필요하고, 징계심의대상자가 선임한 변호사가 징계위원회에 출석하여 징계심의대상자를 위하여 필요한 의견을 진술하는 것은 방어권 행사의 본질적 내용에 해당하므로, 행정청은 특별한 사정이 없는 한 이를 거부할 수 없다.
③ 해상 공유수면 매립지의 귀속 결정을 위한 지방자치단체 중앙분쟁조정위원회의 심의·의결과정에서 공고 및 의견제출 절차를 통해 이해관계인의 의견제출 기회가 부여되어 A 도지사가 여러 차례 서면으로 의견을 제출하였다면, 단지 최종 심의·의결 단계에서 A 도 소속 공무원에게 구두로 의견을 진술할 기회를 부여하지 않았다는 사정만으로 위원회의 심의·의결에 절차적 정당성이 상실되었다고 볼 수는 없다.
④ 지방자치단체와 민간단체 등이 공동 발족한 추모공원건립추진협의회가 시립화장장 후보지 선정을 위해 개최하는 공청회는 행정청이 도시계획시설결정을 하면서 개최한 공청회가 아니므로 「행정절차법」에서 정한 절차를 준수하여야 하는 것은 아니다.

해설

이 사건 처분은 「대통령기록물 관리에 관한 법률」에서 5년 임기의 별정직 공무원으로 규정한 대통령기록관장으로 임용된 원고를 직권면직한 처분으로서, 이 사건 처분이 구 「행정절차법」 제21조 제4항 제3호, 제22조 제4항에 따라 원고에게 사전통지를 하지 않거나 의견제출의 기회를 주지 아니하여도 되는 예외적인 경우에 해당한다고 할 수 없다는 이유로. 원고에게 사전통지를 하지 않고 의견제출의 기회를 주지 아니한 이 사건 처분은 구 「행정절차법」 제21조 제1항, 제22조 제3항을 위반한 절차상 하자가 있어 위법하다. (대판2011두30687)

정답 ①

33 행정절차의 하자에 대한 설명으로 옳지 않은 것은? (다툼이 있는 경우 판례에 의함)
22 소방공채

① 환경영향평가를 거쳐야 하는 대상사업에 대하여 환경영향평가를 거치지 아니하였음에도 불구하고 승인 등 처분이 행해진 경우, 그 행정처분은 당연무효이다.
② 행정청이 사전환경성검토협의를 거쳐야 할 대상사업에 관하여 법의 해석을 잘못한 나머지 세부용도지역이 지정되지 않은 개발사업 부지에 대하여 사전환경성검토협의를 할지 여부를 결정하는 절차를 생략한 채 승인 등의 처분을 하였다면, 그 행정처분은 당연무효이다.
③ 환경영향평가를 거쳐야 할 대상사업에 대해 환경영향평가 절차를 거쳤으나 그 내용이 다소 부실한 경우, 그 부실의 정도가 환경영향평가를 하지 아니한 것과 같은 정도가 아닌 한 당해 승인 등 처분이 위법하게 되는 것은 아니다.
④ 환경영향평가 대상지역 밖의 주민이라 할지라도 공유수면매립면허처분 등으로 인하여 그 처분 전과 비교하여 수인한도를 넘는 환경피해를 받거나 받을 우려가 있는 경우에는, 이를 입증함으로써 그 처분 등의 무효확인을 구할 원고적격을 인정받을 수 있다.

② (✗) 행정청이 사전환경성검토협의를 거쳐야 할 대상사업에 관하여 법의 해석을 잘못한 나머지 세부용도지역이 지정되지 않은 개발사업 부지에 대하여 사전환경성검토협의를 할지 여부를 결정하는 절차를 생략한 채 승인 등의 처분을 한 사안에서, 그 하자가 객관적으로 명백하다고 할 수 없다. (대판2009두2825)
① (○) 대판2005두14363
③ (○) 대판99두9902
④ (○) 대판2006두330(전원합의체)

정답 ②

34 행정절차에 대한 설명으로 옳지 않은 것은? (다툼이 있는 경우 판례에 의함)
22 국가직 7급

① 당사자가 근거규정 등을 명시하여 신청하는 인·허가 등을 거부하는 처분을 함에 있어 당사자가 그 근거를 알 수 있을 정도로 상당한 이유를 제시한 경우에는 당해 처분의 근거 및 이유를 구체적 조항 및 내용까지 명시하지 않았더라도 그로 말미암아 그 처분이 위법한 것이 된다고 할 수 없다.
② 환경영향평가절차를 거쳤다면, 환경영향평가의 내용이 다소 부실하다 하더라도, 그 부실의 정도가 환경영향평가를 하지 아니한 것과 다를 바 없는 정도의 것이 아니라면 당연히 당해 승인 등 처분이 위법하게 되는 것은 아니다.
③ 행정청이 당사자와 도시계획사업의 시행과 관련한 협약을 체결하면서 관계 법령 및 「행정절차법」에 규정된 청문의 실시 등 의견청취절차를 배제하는 조항을 두었다고 하더라

도, 청문의 실시에 관한 규정의 적용을 배제할 수 있다고 볼 만한 법령상의 규정이 없는 한, 청문의 실시에 관한 규정의 적용이 배제된다거나 청문을 실시하지 않아도 되는 예외적인 경우에 해당한다고 할 수 없다.
④ 「국가공무원법」상 직위해제처분을 할 경우 처분의 사전통지 및 의견청취 등에 관한 「행정절차법」의 규정이 적용된다.

④ (✕) 직위해제처분을 받은 공무원은 사후적으로 소청이나 행정소송을 통하여 충분한 의견진술 및 자료제출의 기회를 보장하고 있다. 따라서 「국가공무원법」상 직위해제처분은 구 「행정절차법」 제3조 제2항 제9호, 구 「행정절차법 시행령」 제2조 제3호에 의하여 당해 행정작용의 성질상 행정절차를 거치기 곤란하거나 불필요하다고 인정되는 사항 또는 행정절차에 준하는 절차를 거친 사항에 해당하므로, 처분의 사전통지 및 의견청취 등에 관한 「행정절차법」의 규정이 별도로 적용되지 않는다. (대판2012두26180)
① (○) 대판2000두8912 ② (○) 대판2006두330 ③ (○) 대판2002두8350

정답 ④

35 행정절차에 관한 설명으로 옳지 않은 것은? (다툼이 있는 경우 판례에 의함) 〔23 소방공채〕

① 고시의 방법으로 불특정 다수인을 상대로 의무를 부과하거나 권익을 제한하는 처분의 경우도 그 상대방에게 의견제출의 기회를 주어야 한다.
② 정보통신망을 이용하여 전자문서로 송달하는 경우에는 송달받을 자가 지정한 컴퓨터 등에 입력된 때에 도달된 것으로 본다.
③ 과세처분에 대한 전심절차가 모두 끝나고 상고심의 계류 중에 세액산출근거의 통지가 있었다고 하여 이로써 과세처분의 하자가 치유되었다고는 볼 수 없다.
④ 행정청이 허가를 거부하는 처분을 함에 있어 당사자가 그 근거를 알 수 있을 정도로 상당한 이유를 제시하였다면, 구체적 조항 및 내용까지 명시하지 않았더라도 그로 말미암아 그 처분이 위법하게 되지는 않는다.

① (✕) 불특정다수인을 대상으로 한 일반처분의 경우 처분 자체가 개별 통지가 아닌 고시 또는 공고에 의해 이루어진다는 점에서 성질상 의견청취가 곤란하여 사전통지 및 의견제출의 대상이 아니다. 따라서 「행정절차법」 제2조 제4호가 「행정절차법」의 당사자를 행정청의 처분에 대하여 직접 그 상대가 되는 당사자로 규정하고, 「도로법」 제25조 제3항이 도로구역을 결정하거나 변경할 경우 이를 고시에 의하도록 하면서, 그 도면을 일반인이 열람할 수 있도록 한 점 등을 종합하여 보면, 도로구역을 변경한 이 사건 처분은 「행정절차법」 제21조 제1항의 사전통지나 제22조 제3항의 의견청취의 대상이 되는 처분은 아니라고 할 것이다. (대판 2007두1767)
② (○) 「행정절차법」 제15조 제2항 ③ (○) 대판83누393 ④ (○) 대판2000두8912

정답 ①

36. 행정지도에 관한 설명으로 옳지 않은 것은? (다툼이 있는 경우 판례에 의함) 〔21 소방공채〕

① 행정지도란 행정기관이 그 소관 사무의 범위에서 일정한 행정목적을 실현하기 위하여 특정인에게 일정한 행위를 하거나 하지 아니하도록 지도, 권고, 조언 등을 하는 행정작용을 말한다.
② 행정지도 중 규제적·구속적 행정지도의 경우에는 법적 근거가 필요하다는 견해가 있다.
③ 교육인적자원부장관(현 교육부장관)의 (구)공립대학 총장들에 대한 학칙시정요구는 고등교육법령에 따른 것으로, 그 법적 성격은 대학총장의 임의적인 협력을 통하여 사실상의 효과를 발생시키는 행정지도의 일종으로 헌법소원의 대상이 되는 공권력의 행사로 볼 수 없다.
④ 행정지도가 강제성을 띠지 않은 비권력적 작용으로서 행정지도의 한계를 일탈하지 아니하였다면, 그로 인해 상대방에게 어떤 손해가 발생하였다고 해도 행정기관은 그에 대한 손해배상책임이 없다.

교육인적자원부장관(현 교육부장관)의 대학총장들에 대한 이 사건 학칙시정요구는 행정지도의 일종이지만, 그에 따르지 않을 경우 일정한 불이익조치를 예정하고 있어 사실상 상대방에게 그에 따를 의무를 부과하는 것과 다를 바 없으므로 단순한 행정지도로서의 한계를 넘어 규제적·구속적 성격을 상당히 강하게 갖는 것으로서 헌법소원의 대상이 되는 공권력의 행사라고 볼 수 있다. (헌재2002헌마 337·2003헌마7·8(병합))

정답 ③

37. 다음 중 행정지도에 관한 설명으로 가장 옳은 것은? (다툼이 있는 경우 판례에 의함) 〔21 해경승진〕

① 행정지도는 반드시 문서로 하여야 한다.
② 강제성을 띠지 아니한 행정지도로 인하여 손해가 발생한 경우에 행정청은 손해배상 책임이 있다.
③ 행정지도의 상대방은 해당 행정지도의 방식에 관하여 행정기관에 의견을 제출할 수 있다.
④ 「국가배상법」이 정하는 손해배상청구의 요건인 '공무원의 직무'에는 비권력작용인 행정지도는 포함되지 아니한다.

③ (○) 「행정절차법」 제50조(의견제출). 행정지도의 상대방은 해당 행정지도의 방식·내용 등에 관하여 행정기관에 의견제출을 할 수 있다.
① (✕) 「행정절차법」 제49조 제2항. 행정지도가 말로 이루어지는 경우에 상대방이 제1항의 사항을 적은 서면의 교부를 요구하면 그 행정지도를 하는 자는 직무 수행에 특별한 지장이 없으면 이를 교부하여야 한다.
② (✕) 한계를 일탈한 위법한 행정지도로 인하여 상대방이 손해를 입은 경우 행정기관에게 손해를 배상할 책임이 있으나, 행정지도가 강제성을 띠지 않은 비권력적 작용으로서 행정지도의 한계를 일탈하지 아니하였다면 그로 인하여 상대방에게 어떤 손해가 발생하였다 하더라도 행정기관은 그에 대한 손해배상책임이 없다. (대판2006다18228)
④ (✕) 「국가배상법」이 정한 배상청구의 요건인 '공무원의 직무'에는 권력적 작용만이 아니라 행정지도와 같은 비권력적 작용도 포함되며 단지 행정주체가 사경제주체로서 하는 활동만 제외된다. (대판96다38971)

정답 ③

38 행정지도에 관한 설명으로 옳지 않은 것은? 〔23 행정사〕

① 행정지도를 반드시 서면으로 해야 하는 것은 아니다.
② 행정기관은 행정지도의 상대방이 행정지도에 따르지 아니하였다는 것을 이유로 불이익한 조치를 하여서는 아니 된다.
③ 행정기관이 같은 행정목적을 실현하기 위하여 많은 상대방에게 행정지도를 하려는 경우에는 특별한 사정이 없으면 행정지도에 공통적인 내용이 되는 사항을 공표하여야 한다.
④ 행정지도의 상대방은 해당 행정지도의 내용뿐만 아니라 행정지도의 방식에 관해서도 행정기관에 의견제출을 할 수 있다.
⑤ 「행정기본법」은 임의성의 원칙 등 행정지도의 원칙에 관하여 규정하고 있다.

「행정절차법」 제48조(행정지도의 원칙) 제1항. 행정지도는 그 목적 달성에 필요한 최소한도에 그쳐야 하며, 행정지도의 상대방의 의사에 반하여 부당하게 강요하여서는 아니 된다.
제2항. 행정기관은 행정지도의 상대방이 행정지도에 따르지 아니하였다는 것을 이유로 불이익한 조치를 하여서는 아니 된다.

정답 ⑤

39 행정지도에 대한 설명으로 옳지 않은 것은? `21 군무원 9급`

① 행정지도가 그의 한계를 일탈하지 아니하였다면, 그로 인하여 상대방에게 어떤 손해가 발생하였다 하더라도 행정기관은 그에 대한 손해배상책임이 없다.
② 위법한 건축물에 대한 단전 및 전화통화 단절조치 요청행위는 처분성이 인정되는 행정지도이다.
③ 상대방이 행정지도에 따르지 아니하였다는 것을 직접적인 이유로 하는 불이익한 조치는 위법한 행위가 된다.
④ 「국가배상법」이 정한 배상청구의 요건인 공무원의 직무에는 행정지도도 포함된다.

② (✕) 「건축법」 제69조 제2항, 제3항의 규정에 비추어 보면, 행정청이 위법 건축물에 대한 시정명령을 하고 나서 위반자가 이를 이행하지 아니하여 전기·전화의 공급자에게 그 위법 건축물에 대한 전기·전화공급을 하지 말아 줄 것을 요청한 행위는 권고적 성격의 행위에 불과한 것으로서 전기·전화공급자나 특정인의 법률상 지위에 직접적인 변동을 가져오는 것은 아니므로 이를 항고소송의 대상이 되는 행정처분이라고 볼 수 없다. (대판 96누433)
① (○) 대판2006다18228
③ (○) 「행정절차법」 제48조(행정지도의 원칙) ① 행정지도는 그 목적 달성에 필요한 최소한도에 그쳐야 하며, 행정지도의 상대방의 의사에 반하여 부당하게 강요하여서는 아니 된다. ② 행정기관은 행정지도의 상대방이 행정지도에 따르지 아니하였다는 것을 이유로 불이익한 조치를 하여서는 아니 된다.
④ (○) 「국가배상법」이 정한 배상청구의 요건인 '공무원의 직무'에는 권력적 작용만이 아니라 행정지도와 같은 비권력적 작용도 포함되며 단지 행정주체가 사경제주체로서 하는 활동만 제외된다. (대판96다38971)

정답 ②

40 행정지도에 대한 설명으로 옳지 않은 것은? `23 지방직 9급`

① 행정기관은 행정지도의 상대방이 행정지도에 따르지 아니하였다는 것을 이유로 불이익한 조치를 하여서는 아니 된다.
② 행정기관이 같은 행정목적을 실현하기 위하여 많은 상대방에게 행정지도를 하려는 경우에는 특별한 사정이 없으면 행정지도에 공통적인 내용이 되는 사항을 공표하여야 한다.
③ 위법한 행정지도에 따라 행한 사인의 행위는 위법성이 조각되어 범법행위가 되지 않는다.
④ 행정지도가 강제성을 띠지 않은 비권력적 작용으로서 행정지도의 한계를 일탈하지 아니하였다면, 그로 인하여 상대방에게 손해가 발생하였다 하더라도 행정기관은 손해배상책임이 없다.

행정관청이 「국토이용관리법」 소정의 토지거래계약신고에 관하여 공시된 기준시가를 기준으로 매매가격을 신고하도록 행정지도를 하여 그에 따라 허위신고를 한 것이라 하더라도 이와 같은 행정지도는 법에 어긋나는 것으로서 그와 같은 행정지도나 위법한 관행에 따라 허위신고행위에 이르렀다고 하여 그 범법행위가 사회상규에 위배되지 않는 정당한 행위라고는 볼 수 없다. (대판93도3247)

정답 ③

41 확약에 관한 설명으로 옳지 않은 것은? (다툼이 있으면 판례에 따름) 22 행정사
① 확약은 일방적 행위라는 점에서 복수당사자의 의사의 합치인 공법상 계약과는 구분된다.
② 확약은 종국적 규율이 아니라는 점에서 종국적 규율을 하는 사전결정이나 부분허가와 구분된다.
③ 어업권면허에 선행하는 우선순위결정은 강학상 확약에 불과하고 행정처분은 아니다.
④ 확약 이후에 사실상태 또는 법적 상태가 변경된 경우에도 확약의 구속성이 상실되기 위해서는 행정청의 별도의 의사표시가 있어야 한다.
⑤ 확약은 정당한 권한을 가진 행정청에 의해서 그 권한의 범위 내에서만 발해질 수 있다.

확약 또는 공적인 의사표명이 있은 후에 사실적·법률적 상태가 변경되었다면, 그와 같은 확약 또는 공적인 의사표명은 행정청의 별다른 의사표시를 기다리지 않고 실효된다. (대판95누10877)

정답 ④

42 공법상 계약에 대한 설명으로 옳지 않은 것은? (다툼이 있는 경우 판례에 의함) 21 지방직 9급
① 공중보건의사 채용계약 해지의 의사표시에 대하여는 공법상의 당사자소송으로 그 의사표시의 무효확인을 청구할 수 있다.
② 공법상 계약에는 법률우위의 원칙이 적용된다.
③ 계약직공무원 채용계약해지의 의사표시는 항고소송의 대상이 되는 처분 등의 성격을 가진 것으로 행정처분과 같이 「행정절차법」에 의하여 근거와 이유를 제시하여야 한다.
④ 행정청은 공법상 계약의 상대방을 선정하고 계약 내용을 정할 때 공법상 계약의 공공성과 제3자의 이해관계를 고려하여야 한다.

계약직 공무원에 대한 채용계약해지의 의사표시는 행정처분이 아니므로 행정처분과 같이 행정절차법에 의하여 근거와 이유를 제시하여야 하는 것은 아니다. (대판2002두5948)

정답 ③

43 공법상 계약에 관한 설명으로 옳은 것은? 23 행정사

① 「행정절차법」은 공법상 계약의 절차에 관한 일반법이다.
② 행정청은 공법상 계약의 상대방을 선정하고 계약 내용을 정할 때 공법상 계약의 공공성만을 고려하여야 하고 제3자의 이해관계를 고려하여서는 아니 된다.
③ 행정청이 공법상 계약을 체결하는 경우 계약의 목적 및 내용을 명확하게 적은 계약서를 작성하여야 한다.
④ 공법상 계약에는 법률우위의 원칙이 적용되지 않는다.
⑤ 행정청이 공법상 계약을 체결할 때 법령등에 따른 관계 행정청의 동의, 승인 등이 필요하다고 하여 이를 모두 거쳐야 하는 것은 아니다.

③ (O) 「행정기본법」 제27조 제1항.
① (×) 「행정절차법」에 공법상 계약의 절차에 관한 규정이 없다. ※ 「행정기본법」이 공법상 계약의 절차에 관한 일반법이라고 할 수 있다.
② (×) 「행정기본법」 제27조(공법상 계약의 체결) 제2항. 행정청은 공법상 계약의 상대방을 선정하고 계약 내용을 정할 때 공법상 계약의 공공성과 제3자의 이해관계를 고려하여야 한다.
④ (×) 「행정기본법」 제27조(공법상 계약의 체결) 제1항. 행정청은 법령등을 위반하지 아니하는 범위에서 행정목적을 달성하기 위하여 필요한 경우에는 공법상 법률관계에 관한 계약(이하 "공법상 계약"이라 한다)을 체결할 수 있다. 이 경우 계약의 목적 및 내용을 명확하게 적은 계약서를 작성하여야 한다.
⑤ (×) 공법상 계약 역시 법률에 규정된 사항에 대하여는 따라야 하므로, 행정청이 공법상 계약을 체결할 때 법령등에 따른 관계 행정청의 동의, 승인 등이 필요하다고 하여 이를 모두 거쳐야 한다.

정답 ③

44 공법상 계약에 대한 설명으로 옳지 않은 것은? (다툼이 있는 경우 판례에 의함) 21 국가직 9급

① 행정청이 자신과 상대방 사이의 법률관계를 일방적인 의사표시로 종료시켰다고 하더라도 곧바로 그 의사표시가 행정청으로서 공권력을 행사하여 행하는 행정처분이라고 단정할 수는 없고, 관계 법령이 상대방의 법률관계에 관하여 구체적으로 어떻게 규정하고 있는지에 따라 개별적으로 판단하여야 한다.
② 채용계약상 특별한 약정이 없는 한, 지방계약직공무원에 대하여 「지방공무원법」, 「지방공무원 징계 및 소청 규정」에 정한 징계절차에 의하지 않고서는 보수를 삭감할 수 없다.
③ 중소기업 정보화지원사업에 대한 지원금출연협약의 해지 및 환수통보는 공법상 계약에 따른 의사표시가 아니라 행정청이 우월한 지위에서 행하는 공권력의 행사로서 행정처분이다.
④ 계약직공무원 채용계약해지는 국가 또는 지방자치단체가 대등한 지위에서 행하는 의사표시로서 처분이 아니므로 「행정절차법」에 의하여 근거와 이유를 제시하여야 하는 것은 아니다.

③ (✗) 중소기업 정보화지원사업에 따른 지원금 출연을 위하여 중소기업청장이 체결하는 협약은 공법상 대등한 당사자 사이의 의사표시의 합치로 성립하는 공법상 계약에 해당하는 점, 달리 지원금 환수에 관한 구체적인 법령상 근거가 없는 점 등을 종합하면, 협약의 해지 및 그에 따른 환수통보는 공법상 계약에 따라 행정청이 대등한 당사자의 지위에서 하는 의사표시로 보아야 하고, 이를 행정청이 우월한 지위에서 행하는 공권력의 행사로서 행정처분에 해당한다고 볼 수는 없다. (대판2015두41449)
① (○) 대판2015두41449
② (○) 대판2006두16328
④ (○) 대판2002두5948

정답 ③

45 행정상 계약에 관한 설명으로 옳지 않은 것은? (다툼이 있는 경우 판례에 의함) `23 소방공채`

① 행정청은 법령등을 위반하지 아니하는 범위에서 행정목적을 달성하기 위하여 필요한 경우에는 공법상 법률관계에 대한 계약을 체결할 수 있다.
② 국가가 당사자가 되는 이른바 공공계약은 사경제 주체로서 상대방과 대등한 위치에서 체결하는 사법상 계약이다.
③ 국가와 사인 사이에 계약이 체결되었다면 법령에 따라 작성해야 하는 계약서가 따로 작성되지 않았다고 하더라도 효력이 있다.
④ 「공공기관의 운영에 관한 법률」에 따른 입찰참가자격제한조치는 행정처분에 해당한다.

국가와 사인 사이에 계약이 체결되었다면 법령에 따라 작성해야 하는 계약서가 따로 작성되지 않았다면 효력이 없다. ※「국가를 당사자로 하는 계약에 관한 법률」제11조(계약서의 작성 및 계약의 성립) 제1항. 각 중앙관서의 장 또는 계약담당공무원은 계약을 체결할 때에는 다음 각 호의 사항을 명백하게 기재한 계약서를 작성하여야 한다. 다만, 대통령령으로 정하는 경우에는 계약서의 작성을 생략할 수 있다. 따라서 국가와 사인 간의 행정계약 중 사법상 계약은 「국가를 당사자로 하는 계약에 관한 법률」에 따라, 공법상 계약은 「행정기본법」에 의해 계약서를 작성하도록 규정되어 있고, 이를 위반하는 경우 계약은 무효가 된다.

정답 ③

46 공법상 계약에 대한 설명으로 옳지 않은 것은? (다툼이 있는 경우 판례에 의함) 21 지방직 7급

① 구 「정부투자기관 관리기본법」의 적용 대상인 정부투자기관이 일방 당사자가 되는 계약은 사법상의 계약으로서 그에 관한 법령에 특별한 정함이 있는 경우를 제외하고는 사적 자치의 원칙이 그대로 적용된다.
② 구 「중소기업 기술혁신촉진법」상 중소기업 정보화지원사업에 따른 지원금 출연을 위하여 중소기업청장이 체결하는 협약은 공법상 대등한 당사자 사이의 의사표시의 합치로 성립하는 공법상 계약에 해당한다.
③ 행정청이 자신과 상대방 사이의 법률관계를 일방적인 의사표시로 종료시켰다면 그 의사표시는 공법상 계약관계의 일방 당사자로서 대등한 지위에서 행하는 의사표시가 아니라 공권력행사로서 행정처분에 해당한다.
④ 공법상 계약의 한쪽 당사자가 다른 당사자를 상대로 효력을 다투거나 이행을 청구하는 소송은 분쟁의 실질이 공법상 권리·의무의 존부·범위에 관한 다툼이 아니라 손해배상액의 구체적인 산정방법·금액에 국한되는 등의 특별한 사정이 없는 한 공법상 당사자소송으로 제기하여야 한다.

행정청이 자신과 상대방 사이의 근로관계를 일방적인 의사표시로 종료시켰다고 하더라도 곧바로 그 의사표시가 행정청으로서 공권력을 행사하여 행하는 행정처분이라고 단정할 수는 없고, 관계 법령이 상대방의 근무관계에 관하여 구체적으로 어떻게 규정하고 있는지에 따라 그 의사표시가 항고소송의 대상이 되는 행정처분에 해당하는 것인지 아니면 공법상 계약관계의 일방 당사자로서 대등한 지위에서 행하는 의사표시인지 여부를 개별적으로 판단하여야 한다. (대판2013두6244)

정답 ③

47 공법상 계약에 관한 설명 중 가장 적절하지 않은 것은? (다툼이 있는 경우 판례에 의함) 21 경찰행정

① 지방자치단체가 자원회수시설과 부대시설의 운영·관리 등을 위탁하고 그 위탁운영비용을 지급하는 것을 내용으로 하는 용역계약을 사인과 체결한 경우, 이러한 위탁운영에 관한 협약의 법적 성질은 공법상 계약에 해당한다.
② 「국가를 당사자로 하는 계약에 관한 법률」에 따라 국가가 당사자가 되는 이른바 공공계약은 사경제 주체로서 상대방과 대등한 위치에서 체결하는 사법상 계약으로서 본질적인 내용은 사인 간의 계약과 다를 바가 없으므로, 그에 관한 법령에 특별한 정함이 있는 경우를 제외하고는 사적 자치와 계약자유의 원칙 등 사법의 원리가 그대로 적용된다.
③ 중소기업기술정보진흥원장이 갑 회사와 중소기업 정보화지원사업 지원대상인 사업의 지원에 관한 협약을 체결하였는데, 협약이 갑 회사에 책임이 있는 사업실패로 해지되었다는 이유로 협약에서 정한 대로 지급받은 정부지원금을 반환할 것을 통보한 것은 행정처분에 해당하지 않는다.

④ 국가 산하 중앙행정기관인 방위사업청과 개발협약을 체결한 상대방이 협약을 이행하는 과정에서 환율변동 등 외부적 요인으로 발생한 초과 비용을 청구하는 소송은 행정소송에 해당한다.

> 지방자치단체가 사인과 양산시 자원회수시설과 부대시설의 운영을 위탁하고 그 위탁운영비용을 지급하는 것을 내용으로 하는 용역계약은 사법상 계약에 해당한다. (대판2018두60588)
>
> 정답 ①

48 공법상 계약에 해당하는 것은? (단, 다툼이 있는 경우 판례에 의함) `21 군무원 7급`

① 지방자치단체가 사인과 체결한 자원회수시설 위탁운영협약
② 중소기업 정보화지원사업에 따른 지원금 출연을 위하여 중소기업청장이 체결하는 협약
③ 「국가를 당사자로 하는 계약에 관한 법률」상의 사업시행자가 토지소유자 및 관계인과 협의가 성립되어 체결하는 계약
④ 지방자치단체의 관할구역 내에 있는 각급 학교에서 학교회계직원으로 근무하는 것을 내용으로 하는 근로계약

> ② (공법상 계약). 중소기업 정보화지원사업에 따른 지원금 출연을 위하여 중소기업청장이 체결하는 협약은 공법상 대등한 당사자 사이의 의사표시의 합치로 성립하는 공법상 계약에 해당하는 점, 협약의 해지 및 그에 따른 환수통보는 공법상 계약에 따라 행정청이 대등한 당사자의 지위에서 하는 의사표시로 보아야 하고, 이를 행정청이 우월한 지위에서 행하는 공권력의 행사로서 행정처분에 해당한다고 볼 수는 없다. (대판2015두41449)
> ① (사법상 계약). 갑 지방자치단체가 을 주식회사 등 4개 회사로 구성된 공동수급체를 자원회수시설과 부대시설의 운영·유지관리 등을 위탁할 민간사업자로 선정하고 을 회사 등의 공동수급체와 위 시설에 관한 위·수탁 운영 협약을 체결하였는데, 위 협약은 갑 지방자치단체가 사인인 을 회사 등에 위 시설의 운영을 위탁하고 그 위탁운영비용을 지급하는 것을 내용으로 하는 용역계약으로서 상호 대등한 입장에서 당사자의 합의에 따라 체결한 사법상 계약에 해당한다. (대판2018두60588)
> ③ (사법상 계약). 구 「공공용지의 취득 및 손실보상에 관한 특례법(현 공익사업을 위한 토지 등의 취득 및 보상에 관한 법률)」은 사업시행자가 토지 등의 소유자로부터 토지 등의 협의취득 및 그 손실보상의 기준과 방법을 정한 법으로서, 이에 의한 협의취득 또는 보상합의는 공공기관이 사경제주체로서 행하는 사법상 매매 내지 사법상 계약의 실질을 가진다. (대판2002다68713)
> ④ (사법상 계약). 지방자치단체의 관할구역 내에 있는 각급 학교에서 학교회계직원으로 근무하는 것을 내용으로 하는 근로계약은 사법상 계약이다. (대판2015다237748) ※ 학교회계직원은 공무원이 아닌 일반적인 근로자이다.
>
> 정답 ②

49 공법상 계약에 대한 설명으로 옳은 것은? (다툼이 있는 경우 판례에 의함) `22 지방직 9급`

① 지방자치단체가 일방 당사자가 되는 이른바 '공공계약'이 사법상 계약에 해당하는 경우에도 법령에 특별한 규정이 없다면 사적자치와 계약자유의 원칙 등 사법의 원리가 그대로 적용되지 않는다.
② 국립의료원 부설 주차장 위탁관리용역운영계약은 공법상 계약에 해당한다.
③ 공법상 계약이더라도 한쪽 당사자가 다른 당사자를 상대로 계약의 이행을 청구하는 소송은 민사소송으로 제기하여야 한다.
④ 지방자치단체가 A 주식회사를 자원회수시설과 부대시설의 운영·유지관리 등을 위탁할 민간사업자로 선정하고 A 주식회사와 체결한 위 시설에 관한 위·수탁 운영 협약은 사법상 계약에 해당한다.

④ (O) 대판 2018두60588
① (×) 지방자치단체가 일방 당사자가 되는 이른바 '공공계약'이 사경제의 주체로서 상대방과 대등한 위치에서 체결하는 사법상 계약에 해당하는 경우 그에 관한 법령에 특별한 정함이 있는 경우를 제외하고는 사적 자치와 계약자유의 원칙 등 사법의 원리가 그대로 적용된다. (대판 2014두11328)
② (×) 국립의료원 부설주차장에 관한 이 사건 위탁관리용역운영계약의 실질은 행정재산인 위 부설주차장에 대한 「국유재산법」 제24조 제1항에 의한 사용·수익 허가로서 이루어진 것임을 알 수 있으므로, 이는 위 국립의료원이 원고의 신청에 의하여 공권력을 가진 우월적 지위에서 행한 행정처분으로서 특정인에게 행정재산을 사용할 수 있는 권리를 설정하여 주는 강학상 특허에 해당한다 할 것이고 순전히 사경제주체로서 원고와 대등한 위치에서 행한 사법상의 계약으로 보기 어렵다고 할 것이다. (대판2004다31074)
③ (×) 공법상 계약의 한쪽 당사자가 다른 당사자를 상대로 계약의 이행을 청구하는 소송은 민사소송이 아니라 행정소송인 당사자소송으로 제기하여야 한다.

정답 ④

50 공법상 계약에 관한 설명으로 옳지 않은 것은? (다툼이 있으면 판례에 따름) `22 소방승진`

① 국가를 당사자로 하는 계약이나 「공공기관의 운영에 관한 법률」의 적용 대상인 공기업이 일방 당사자가 되는 계약은 사법상 계약으로서, 사적자치와 계약자유의 원칙을 비롯한 사법의 원리가 원칙적으로 적용된다.
② 지방자치단체의 관할구역 내에 있는 각급 학교에서 학교회계직원으로 근무하는 것을 내용으로 하는 근로계약은 공법상 계약이다.
③ 음식물류 폐기물의 수집·운반, 가로 청소, 재활용품의 수집·운반 업무를 대행할 것을 위탁하고 그에 대한 대행료를 지급하는 것을 내용으로 하는 용역도급계약은 사법상 계약이다.
④ 법률우위의 원칙은 공법상 계약에도 적용되므로 공법상 계약의 내용은 법률에 위반하지 않아야 한다.

지방자치단체의 관할구역 내에 있는 각급 학교에서 학교회계직원으로 근무하는 것을 내용으로 하는 근로계약은 사법상 계약이다. (대판2015다237748) ※ 학교회계직원은 공무원이 아닌 일반적인 근로자이다.

정답 ②

51 공법상 계약에 대한 설명으로 옳지 않은 것은? (다툼이 있는 경우 판례에 의함) 22 국가직 7급

① 행정청은 공법상 계약의 상대방을 선정하고 계약 내용을 정할 때 공법상 계약의 공공성과 제3자의 이해관계를 고려하여야 한다.
② 중소기업 정보화지원사업에 따른 지원금 출연을 위하여 중소기업청장이 체결하는 협약은 공법상 대등한 당사자 사이의 의사표시의 합치로 성립하는 공법상 계약에 해당하고 그 협약의 해지 및 그에 따른 환수통보는 공법상 계약에 따라 행정청이 대등한 당사자의 지위에서 하는 의사표시이다.
③ 공법상 계약의 한쪽 당사자가 다른 당사자를 상대로 그 효력을 다투거나 그 이행을 청구하는 소송은 공법상의 법률관계에 관한 분쟁이므로 특별한 사정이 없는 한 공법상 당사자소송으로 제기하여야 한다.
④ 민간투자사업 실시협약을 체결한 당사자가 공법상 당사자소송에 의하여 그 실시협약에 따른 재정지원금의 지급을 구하는 경우에, 수소법원은 주무관청이 재정지원금액을 산정한 절차 등에 위법이 있는지 여부를 심사할 수는 있지만 실시협약에 따른 적정한 재정지원금액이 얼마인지를 구체적으로 심리·판단할 수 없다.

민간투자사업 실시협약을 체결한 당사자가 공법상 당사자소송에 의하여 그 실시협약에 따른 재정지원금의 지급을 구하는 경우에, 수소법원은 단순히 주무관청이 재정지원금액을 산정한 절차 등에 위법이 있는지 여부를 심사하는 데 그쳐서는 아니 되고, 실시협약에 따른 적정한 재정지원금액이 얼마인지를 구체적으로 심리·판단하여야 한다. (대판2017두46455)

정답 ④

52 A시는 조례에 근거하여 갑회사와 생활폐기물수집·운반 대행위탁계약을 체결하였다. 이 계약에 관한 설명으로 옳은 것은? (다툼이 있으면 판례에 따름) 21 행정사

① 사법상 계약으로 계약자유의 원칙이 적용된다.
②「국가를 당사자로 하는 계약에 관한 법률」이 적용된다.
③ 계약의 체결에 관한 다툼은 공법상 당사자소송에 의한다.
④ 계약절차에는「행정절차법」이 적용된다.
⑤ 계약의 해지 통보에 관한 다툼은 취소소송에 의한다.

① (O) 생활폐기물수집·운반대행위탁계약은 지방자치단체와 사인간의 사법상 계약에 불과하다.
② (X) 국가가 아닌 지방지치단체를 당사자로 하는 계약이다.
③ (X) 사법상 계약의 체결에 관한 다툼은 공법상 당사자소송이 아니라 민사소송에 의한다.
④ (X) 사법상 계약과 공법상 계약 등 행정계약은「행정절차법」의 적용대상이 아니다.
⑤ (X) 사법상 계약의 해지 통보에 관한 다툼 역시 행정소송인 항고소송이 아니라 민사소송에 의한다.

정답 ①

이상헌 경찰행정법

PART 04

행정구제

CHAPTER 01 손실보상
CHAPTER 02 손해배상(국가배상)
CHAPTER 03 행정심판
CHAPTER 04 행정소송

CHAPTER 01 손실보상

01 다음 중 손실보상에 대한 설명으로 가장 옳지 않은 것은? (다툼이 있는 경우 판례에 의함)

22 해경승진

① 「공익사업을 위한 토지 등의 취득 및 보상에 관한 법률」 제85조 제2항에 의하면 동법 제1항에 따라 제기하려는 행정소송이 보상금의 증감에 관한 소송인 경우 그 소송을 제기하는 자가 토지소유자 또는 관계인일 때에는 사업시행자를, 사업시행자일 때에는 토지소유자 또는 관계인을 각각 피고로 한다.
② 공공용물에 관하여 적법한 개발행위 등이 이루어져 일정범위의 사람들의 일반사용이 종전에 비하여 제한받게 되었다 하더라도 특별한 사정이 없는 한 이는 특별한 손실에 해당한다고 할 수 없다.
③ 「헌법」 제23조 제3항에서 규정한 '정당한 보상'이란 원칙적으로 피수용재산의 객관적인 재산가치를 완전하게 보상하여야 한다는 완전보상을 뜻하는 것이지만 공익사업의 시행으로 인한 개발이익은 완전보상의 범위에 포함되는 피수용토지의 객관적 가치 내지 피수용자의 손실이라고는 볼 수 없다.
④ 손실보상에 관한 일반법으로 「손실보상법」이 있다.

행정상 손실보상에 관해서는 손해배상과는 달리 일반법이 없고, 각 개별법(공익사업을 위한 토지 등의 취득 및 보상에 관한 법률, 도로법, 하천법, 국토의 계획 및 이용에 관한 법률 등)에 근거를 두고 있다.

정답 ④

02. 행정상 손실보상제도에 관한 설명으로 옳지 않은 것은? (다툼이 있는 경우 판례에 의함)

23 소방공채

① 구 「소하천정비법」에 따라 소하천구역으로 편입된 토지의 소유자가 사용·수익에 대한 권리행사에 제한을 받아 손해를 입고 있는 경우, 손실보상을 청구할 수 있을 뿐만 아니라, 관리청의 제방부지에 대한 점유를 권원 없는 점유와 같이 보아 관리청을 상대로 손해배상이나 부당이득의 반환을 청구할 수 있다.
② 구 「전염병예방법」에 의한 피해보상제도가 수익적 행정처분의 형식을 취하고는 있지만, 구 「전염병예방법」의 취지와 입법 경위 등을 고려하면 그 실질은 피해자의 특별한 희생에 대한 보상에 가까우므로 그 인정 여부는 객관적으로 합리적인 재량권의 범위 내에서 타당하게 결정하여야 한다.
③ 제방부지 및 제외지가 유수지와 더불어 하천구역이 되어 국유로 되는 이상 그로 인하여 소유자가 입은 손실은 특별한 희생에 해당하고, 보상방법을 유수지에 대한 것과 달리할 아무런 합리적인 이유가 없으므로 소유자에게 손실을 보상하여야 한다.
④ 「국토의 계획 및 이용에 관한 법률」에서 규정하는 도시계획시설사업은 도로·철도·항만·공항·주차장 등 교통시설, 수도·전기·가스공급설비 등 공급시설과 같은 도시계획시설을 설치·정비 또는 개량하여 공공복리를 증진시키고 국민의 삶의 질을 향상시키는 것을 목적으로 하고 있으므로, 그 자체로 공공필요성의 요건이 충족된다.

토지가 구 「소하천정비법」에 의하여 소하천구역으로 적법하게 편입된 경우 그로 인하여 그 토지의 소유자가 사용·수익에 관한 권리행사에 제한을 받아 손해를 입고 있다고 하더라도 구 「소하천정비법」 제24조에서 정한 절차에 따라 손실보상을 청구할 수 있음은 별론으로 하고, 관리청의 제방부지에 대한 점유를 권원 없는 점유와 같이 보아 손해배상이나 부당이득의 반환을 청구할 수 없다. (대판2018다284608)

정답 ①

03. 다음 중 행정상 손실보상에 대한 설명으로 가장 옳은 것은? (다툼이 있는 경우 판례에 의함)

23 해경승진

① 「헌법」 제23조 제3항을 국민에 대한 직접적인 효력이 있는 규정으로 보는 견해는 동 조항의 재산권의 수용·사용·제한 규정과 보상 규정을 불가분조항으로 본다.
② 헌법재판소는 「헌법」 제23조 제3항의 '공공필요'는 '국민의 재산권을 그 의사에 반하여 강제적으로라도 취득해야 할 공익적 필요성'을 의미하고, 이 요건 중 공익성은 기본권 일반의 제한사유인 '공공복리'보다 좁은 것으로 보고 있다.
③ 헌법재판소는 공용침해로 인한 특별한 손해에 대한 보상규정이 없는 경우에 관련 보상규정을 유추적용하여 보상하려는 경향이 있다.
④ 개발제한구역 지정으로 인한 지가의 하락은 원칙적으로 토지소유자가 감수해야 하는 사회적 제약의 범주에 속하나, 지가의 하락이 20% 이상으로 과도한 경우에는 특별한 희생에 해당한다.

- ② (O) 헌재2011헌바172
- ① (×) 「헌법」 제23조 제3항을 국민에 대한 직접적인 효력이 있는 규정으로 보는 견해는 동 조항의 재산권의 수용·사용·제한 규정과 보상 규정을 불가분조항으로 볼 실익이 없다.
- ③ (×) 헌법재판소가 아니라 대법원이 공용침해로 인한 특별한 손해에 대한 보상규정이 없는 경우에 관련 보상규정을 유추적용하여 보상하려는 경향이 있다.
- ④ (×) 개발제한구역 지정으로 인한 지가의 하락은 원칙적으로 토지소유자가 감수해야 하는 사회적 제약의 범주에 속하나, 지가의 하락이 20% 이상으로 과도한 경우라고 하여 손실보상의 대상인 특별한 희생에 해당하는 것은 아니다.

정답 ②

04 손실보상에 대한 설명으로 옳은 것은?   23 국가직 9급

① 「공익사업을 위한 토지 등의 취득 및 보상에 관한 법률」상 사업시행자와 토지소유자 사이의 협의취득에 대한 분쟁은 민사소송으로 다투어야 한다.
② 「공익사업을 위한 토지 등의 취득 및 보상에 관한 법률」에 따라 사업인정고시가 된 후 토지의 사용으로 인하여 토지의 형질이 변경되는 경우에 토지소유자는 중앙토지수용위원회에 그 토지의 매수청구권을 행사할 수 있다.
③ 헌법재판소는 「개발제한구역의 지정 및 관리에 관한 특별조치법」 제11조 제1항 등에 대한 위헌소원사건에서 토지의 효용이 감소한 토지소유자에게 토지매수청구권을 인정하는 등 보상규정을 두었지만 적절한 손실보상에 해당하지 않는다고 위헌결정을 하였다.
④ 사업시행자는 동일한 사업지역에 보상시기를 달리하는 동일인 소유의 토지등이 여러 개가 있는 경우 토지등의 소유자가 일괄보상을 요구하더라도 「공익사업을 위한 토지 등의 취득 및 보상에 관한 법률」에 따라 단계적으로 보상금을 지급하여야 한다.

- ① (O) 구 「공공용지의 취득 및 손실보상에 관한 특례법」에 따른 토지 등의 협의취득은 공공사업에 필요한 토지 등을 그 소유자와의 협의에 의하여 취득하는 것으로서 공공기관이 사경제주체로서 행하는 사법상 매매 내지 사법상 계약의 실질을 가지는 것이지 행정청이 공권력의 주체로서 상대방의 의사 여하에 불구하고 일방적으로 행하는 행정처분이라 볼 수 없는 것이고, 위 협의취득에 기한 손실보상금의 환수통보 역시 사법상의 이행청구에 해당하는 것으로서 이를 항고소송의 대상이 되는 행정처분이라고 할 수 없다. (대판2010두14367)
- ② (×) 토지소유자는 사업시행자에게 그 토지의 매수청구권을 행사할 수 있다. ※ 관할 토지수용위원회에게는 수용청구권을 행사할 수 있다. 「공익사업을 위한 토지 등의 취득 및 보상에 관한 법률」 제72조 제2호.
- ③ (×) 헌법재판소는 「개발제한구역의 지정 및 관리에 관한 특별조치법」 제11조 제1항 등에 대한 위헌소원사건에서 토지의 효용이 감소한 토지소유자에게 토지매수청구권을 인정하는 등 보상규정을 두고 있는 것이 토지소유자의 재산권을 침해하지 않는 적절한 손실보상에 해당한다고 보아 합헌결정을 하였다.
- ④ (×) 사업시행자는 동일한 사업지역에 보상시기를 달리하는 동일인 소유의 토지등이 여러 개 있는 경우 토지소유자나 관계인이 요구할 때에는 한꺼번에 보상금을 지급하도록 하여야 한다. 「공익사업을 위한 토지 등의 취득 및 보상에 관한 법률」 제65조 [일괄보상 원칙]

정답 ①

05 손실보상에 대한 판례의 내용으로 옳지 않은 것은?
　　　　　　　　　　　　　　　　　　　　　　　　21 군무원 7급

① 보상가액 산정시 공익사업으로 인한 개발이익은 토지의 객관적 가치에 포함된다.
② 개별공시지가가 아닌 표준지공시지가를 기준으로 보상액을 산정하는 것은 「헌법」 제23조 제3항에 위반되지 않는다.
③ 민간기업도 토지수용의 주체가 될 수 있다.
④ 공유수면매립으로 인하여 위탁판매수수료 수입을 상실한 수산업협동조합에 대해서는 법률의 보상규정이 없더라도 손실보상의 대상이 된다.

공익사업의 시행으로 지가가 상승하여 발생하는 개발이익은 사업시행자의 투자에 의한 것으로서 피수용자인 토지소유자의 노력이나 자본에 의하여 발생하는 것이 아니어서 피수용토지가 수용 당시 갖는 객관적 가치에 포함된다고 볼 수 없고, 따라서 그 성질상 완전보상의 범위에 포함되는 피수용자의 손실이라고 볼 수 없으므로, 이 사건 개발이익배제조항이 이러한 개발이익을 배제하고 손실보상액을 산정한다 하여 헌법이 규정한 정당보상의 원칙에 어긋나는 것이라고 할 수 없다. (헌재2008헌바57)

정답 ①

06 다음 중 「공익사업을 위한 토지 등의 취득 및 보상에 관한 법률」에 의할 때 보상금 지급의 원칙으로 가장 옳지 않은 것은?
　　　　　　　　　　　　　　　　　　　　　　　　21 해경승진

① 개인별 보상의 원칙　　　② 사전보상의 원칙
③ 현물보상의 원칙　　　　④ 사업시행자 보상의 원칙

제63조(현금보상 등) 제1항. 손실보상은 다른 법률에 특별한 규정이 있는 경우를 제외하고는 현금으로 지급하여야 한다.

정답 ③

07
「공익사업을 위한 토지 등의 취득 및 보상에 관한 법률」상 사업인정에 관한 설명 중 가장 적절하지 않은 것은? (다툼이 있는 경우 판례에 의함)　21 경찰행정

① 사업인정은 공익사업의 시행자에게 그 후 일정한 절차를 거칠 것을 조건으로 일정한 내용의 수용권을 설정하여 주는 형성행위이다.
② 사업인정이 있는 것으로 의제되는 공익사업의 허가 인가 승인권자 등은 사업인정이 의제되는 지구지정 사업계획승인 등을 하려는 경우, 관할 지방토지수용위원회와 협의하여야 하고, 사업인정에 이해관계가 있는 자의 의견을 들어야 한다.
③ 사업인정은 고시한 날부터 그 효력이 발생한다.
④ 사업인정 단계에서 하자를 다투지 아니하여 이미 쟁송기간이 도과한 수용재결 단계에서는 사업인정이 당연무효라고 볼만한 사정이 없다면 사업인정의 위법을 이유로 수용재결의 취소를 구할 수 없다.

「공익사업을 위한 토지 등의 취득 및 보상에 관한 법률」 제21조 제2항. 별표에 규정된 법률에 따라 사업인정이 있는 것으로 의제되는 공익사업의 허가·인가 승인권자 등은 사업인정이 의제되는 지구지정·사업계획승인 등을 하려는 경우 제1항에 따라 제49조에 따른 중앙토지수용위원회와 협의하여야 하며, 대통령령으로 정하는 바에 따라 사업인정에 이해관계가 있는 자의 의견을 들어야 한다.

정답 ②

08
재산권 보장과 손실보상에 대한 설명으로 옳은 것은? (다툼이 있는 경우 판례에 의함)　21 국가직 7급

① 공용수용은 공공필요에 부합하여야 하므로, 수용 등의 주체를 국가 등의 공적 기관에 한정하여야 한다.
② 공익사업시행으로 인한 개발이익은 완전보상의 범위에 포함되는 피수용토지의 객관적 가치 내지 피수용자의 손실에 해당한다.
③ 구 「공유수면매립법」상 간척사업의 시행으로 인하여 관행어업권이 상실된 경우, 실질적이고 현실적인 피해가 발생한 경우에만 공유수면매립법 에서 정하는 손실보상청구권이 발생한다.
④ 「공익사업을 위한 토지 등의 취득 및 보상에 관한 법률」에 따른 보상은 토지소유자나 관계인 개인별로 하는 것이 아니라 수용 또는 사용의 대상이 되는 물건별로 행해지는 것이다.

> **해설**
>
> ③ (O) 공유수면 매립면허의 고시가 있다고 하여 반드시 그 사업이 시행되고 그로 인하여 손실이 발생한다고 할 수 없으므로, 매립면허 고시 이후 매립공사가 실행되어 관행어업권자에게 실질적이고 현실적인 피해가 발생한 경우에만 공유수면매립법에서 정하는 손실보상청구권이 발생하였다고 할 것이다. (대판2007두6571)
> ① (X) 「헌법」 제23조 제3항은 정당한 보상을 전제로 하여 재산권의 수용 등에 관한 가능성을 규정하고 있지만, 재산권 수용의 주체를 한정하지 않고 있다. 위 헌법조항의 핵심은 당해 수용이 공공필요에 부합하는가, 정당한 보상이 지급되고 있는가 여부 등에 있는 것이지, 그 수용의 주체가 국가인지 민간기업인지 여부에 달려 있다고 볼 수 없다. 따라서 위 수용 등의 주체를 국가 등의 공적 기관에 한정하여 해석할 이유가 없다. (헌재2007헌바114)
> ② (X) 「헌법」 제23조 제3항에서 규정한 "정당한 보상"이란 원칙적으로 피수용재산의 객관적인 재산가치를 완전하게 보상하여야 한다는 완전보상을 뜻하는 것이지만, 공익사업의 시행으로 인한 개발이익은 완전보상의 범위에 포함되는 피수용토지의 객관적 가치 내지 피수용자의 손실이라고는 볼 수 없다. (헌재90헌바17 등)
> ④ (X) 「공익사업을 위한 토지 등의 취득 및 보상에 관한 법률」 제64조. 물건별로 하는 것이 아니라 개인별로 행해진다.
>
> **정답** ③

09 행정상 손실보상에 대한 설명으로 옳지 않은 것은? (다툼이 있는 경우 판례에 의함)

21 국가직 7급

① 「하천법」 제50조에 따른 하천수 사용권은 공익사업을 위한 토지 등의 취득 및 보상에 관한 법률 이 손실보상의 대상으로 규정하고 있는 '물의 사용에 관한 권리'에 해당한다.
② 국가지정문화재에 대하여 관리단체로 지정된 지방자치단체의 장은 「문화재보호법」 및 「공익사업을 위한 토지 등의 취득 및 보상에 관한 법률」에 따라 국가지정문화재나 그 보호구역에 있는 토지 등을 수용할 수 있다.
③ 「공익사업을 위한 토지 등의 취득 및 보상에 관한 법률」상 보상 대상이 되는 '기타 토지에 정착한 물건에 대한 소유권 그 밖의 권리를 가진 관계인'에는 수거·철거권 등 실질적 처분권을 가진 자도 포함된다.
④ 「공익사업을 위한 토지 등의 취득 및 보상에 관한 법률」상 보상금증액소송은 처분청인 토지수용위원회를 피고로 한다.

> **해설**
>
> 제85조(행정소송의 제기) 제2항. 제1항에 따라 제기하려는 행정소송이 보상금의 증감(增減)에 관한 소송인 경우 그 소송을 제기하는 자가 토지소유자 또는 관계인일 때에는 사업시행자를, 사업시행자일 때에는 토지소유자 또는 관계인을 각각 피고로 한다.
>
> **정답** ④

10 행정상 손실보상에 대한 설명으로 옳지 않은 것은? (다툼이 있는 경우 판례에 의함)

`22 소방공채`

① 손실보상과 손해배상은 근거규정 및 요건·효과를 달리하지만 손실보상청구권에 '손해전보'라는 요소가 포함되어 있어 실질적으로 같은 내용의 손해에 관하여 양자의 청구권이 동시에 성립한다면 청구권자는 어느 하나만을 선택적으로 행사할 수 있을 뿐이다.
② 공공사업시행지구 밖에서 발생한 간접손실에 관하여 그 피해자와 사업시행자 사이에 협의가 이루어지지 아니하고, 그 보상에 관한 명문의 근거 법령이 없는 경우라고 하더라도 공공사업의 시행으로 인하여 그러한 손실이 발생하리라는 것을 쉽게 예견할 수 있고, 그 손실의 범위도 구체적으로 특정할 수 있다면 그 손실보상에 관하여 관련 규정 등을 유추적용할 수 있다.
③ 수용재결에 불복하여 취소소송을 제기하는 때에는 이의신청을 거친 경우에도 이의신청에 대한 재결 자체에 고유한 위법이 없는 한 수용재결을 한 중앙토지수용위원회 또는 지방토지수용위원회를 피고로 하여 수용재결의 취소를 구하여야 한다.
④ 어떤 보상항목이 「공익사업을 위한 토지 등의 취득 및 보상에 관한 법령」상 손실보상대상에 해당함에도 관할 토지수용위원회가 법리를 오해함으로써 손실보상대상에 해당하지 않는다고 잘못된 내용의 재결을 한 경우에는, 피보상자는 관할 토지수용위원회를 상대로 그 재결에 대한 취소소송을 제기하여야 한다.

> **해설**
>
> 어떤 보상항목이 「공익사업을 위한 토지 등의 취득 및 보상에 관한 법령」상 손실보상대상에 해당함에도 관할 토지수용위원회가 사실을 오인하거나 법리를 오해함으로써 손실보상대상에 해당하지 않는다고 잘못된 내용의 재결을 한 경우에는, 피보상자는 관할 토지수용위원회를 상대로 그 재결에 대한 취소소송을 제기할 것이 아니라, 사업시행자를 상대로 구 「공익사업을 위한 토지 등의 취득 및 보상에 관한 법률」 제85조 제2항에 따른 보상금증감소송을 제기하여야 한다. (대판2015두4044)
>
> 정답 ④

11 다음 사례에 대한 설명으로 옳은 것을 고르시오. (다툼이 있는 경우 판례에 의함)

`22 국가직 9급`

> 건설회사 A는 택지개발사업을 위해 관련 법령에 따른 절차를 거쳐 甲 소유의 토지 등을 취득하고자 甲과 보상에 관한 협의를 하였으나 협의가 성립되지 않았다. 이에 관할 지방토지수용위원회에 재결을 신청하여 토지의 수용 및 보상금에 대한 수용재결을 받았다.

① 甲이 수용재결에 대하여 이의신청을 제기하면 사업의 진행 및 토지의 수용 또는 사용을 정지시키는 효력이 있다.
② 甲이 수용 자체를 다투는 경우 관할 지방토지수용위원회를 상대로 수용재결에 대하여 취소소송을 제기할 수 있다.
③ 甲은 보상금 증액을 위해 A를 상대로 손실보상을 구하는 민사소송을 제기할 수 있다.
④ 甲이 계속 거주하고 있는 건물과 토지의 인도를 거부할 경우 행정대집행의 대상이 될 수 있다.

② (O)「공익사업을 위한 토지 등의 취득 및 보상에 관한 법률」제85조 제1항. 토지수용위원회의 수용재결은 강학상 대리로서 항고소송의 대상인 처분에 해당한다. 따라서 甲이 수용 여부 등 수용재결 자체를 다투는 경우 관할 지방토지수용위원회를 상대로 수용재결에 대하여 취소소송을 제기할 수 있다.
① (X)「공익사업을 위한 토지 등의 취득 및 보상에 관한 법률」제88조. 甲이 수용재결에 대하여 이의신청을 제기하였더라도 사업의 진행 및 토지의 수용 또는 사용을 정지시키지 아니한다. .
③ (X)「공익사업을 위한 토지 등의 취득 및 보상에 관한 법률」제85조 제2항. 甲은 보상금 증액을 위해 A를 상대로 손실보상을 구하는 민사소송을 제기할 수 없고 당사자소송을 제기할 수 있다.
④ (X) 甲이 계속 거주하고 있는 건물과 토지의 인도를 거부할 경우 이는 비대체적 의무의 불이행이므로 행정대집행의 대상이 될 수 없다. 이러한 퇴거의무의 실현은 통상 직접강제인 강제퇴거에 의한다.

정답 ②

12 다음 사례에 대한 설명으로 옳은 것은? (다툼이 있는 경우 판례에 의함) 22 국가직 7급

경기도 A 군수는 개발촉진지구에서 시행되는 지역개발사업의 시행자로 B를 지정·고시하고 실시계획을 승인·고시하였다. B는 개발사업구역에 편입된 甲 소유 토지에 관하여「공익사업을 위한 토지 등의 취득 및 보상에 관한 법률」에 따라 甲과 협의를 하였으나 협의가 이루어지지 아니하자 경기도 지방토지수용위원회에 위 토지에 대한 수용재결 신청을 하여 수용재결서 정본을 송달받았다.

① 甲은 수용재결에 불복할 때에는 그 재결서를 받은 날부터 60일 이내에, 이의신청을 거쳤을 때에는 이의신청에 대한 재결서를 받은 날부터 30일 이내에 각각 행정소송을 제기하여야 한다.
② 甲이 수용재결에 이의가 있을 경우 경기도 지방토지수용위원회를 거쳐 중앙토지수용위원회에 이의를 신청할 수 있다.
③ 甲이 수용재결에 대하여 중앙토지수용위원회의 이의재결을 거친 후 취소소송을 제기할 경우, 이의재결에 고유한 위법이 없는 경우에도 중앙토지수용위원회를 피고로 하여 수용재결의 취소를 구하여야 한다.
④ 甲이 보상금의 증액청구를 하고자 하는 경우에는 경기도 지방토지수용위원회를 피고로 하여 당사자소송을 제기하여야 한다.

② (O) 「공익사업을 위한 토지 등의 취득 및 보상에 관한 법률」 제83조(이의의 신청) 제2항. 지방토지수용위원회의 제34조(재결)에 따른 재결에 이의가 있는 자는 해당 지방토지수용위원회를 거쳐 중앙토지수용위원회에 이의를 신청할 수 있다.

① (×) 「공익사업을 위한 토지 등의 취득 및 보상에 관한 법률」 제85조(행정소송의 제기) 제1항. 사업시행자, 토지소유자 또는 관계인은 제34조(재결)에 따른 재결에 불복할 때에는 재결서를 받은 날부터 90일 이내에, 이의신청을 거쳤을 때에는 이의신청에 대한 재결서를 받은 날부터 60일 이내에 각각 행정소송을 제기할 수 있다. 이 경우 사업시행자는 행정소송을 제기하기 전에 제84조에 따라 늘어난 보상금을 공탁하여야 하며, 보상금을 받을 자는 공탁된 보상금을 소송이 종결될 때까지 수령할 수 없다.

③ (×) 수용재결에 불복하여 취소소송을 제기하는 때에는 이의신청을 거친 경우에도 수용재결을 한 중앙토지수용위원회 또는 지방토지수용위원회를 피고로 하여 수용재결의 취소를 구하여야 하고, 다만 이의신청에 대한 재결 자체에 고유한 위법이 있음을 이유로 하는 경우에는 그 이의재결을 한 중앙토지수용위원회를 피고로 하여 이의재결의 취소를 구할 수 있다고 보아야 한다. (대판2008두1504)

④ (×) 토지수용위원회는 보상금증감청구소송의 피고가 아니다. 「공익사업을 위한 토지 등의 취득 및 보상에 관한 법률」 제85조(행정소송의 제기) 제2항. 제1항에 따라 제기하려는 행정소송이 보상금의 증감(增減)에 관한 소송인 경우 그 소송을 제기하는 자가 토지소유자 또는 관계인일 때에는 사업시행자를, 사업시행자일 때에는 토지소유자 또는 관계인을 각각 피고로 한다.

정답 ②

13 다음 중 행정상 손실보상에 대한 설명으로 가장 옳지 않은 것은? (단, 다툼이 있는 경우 판례에 의함)
22 군무원 9급

① 「공익사업을 위한 토지 등의 취득 및 보상에 관한 법률」 시행령에서 이주대책의 대상자에서 세입자를 제외하고 있는 것이 세입자의 재산권을 침해하는 것이라 볼 수 없다.

② 공익사업으로 인하여 영업을 폐지하거나 휴업하는 자가 구 「공익사업을 위한 토지 등의 취득 및 보상에 관한 법률」에 규정된 재결절차를 거치지 않은 채 곧바로 사업시행자를 상대로 영업손실보상을 청구할 수 없다.

③ 사업시행자 스스로 공익사업의 원활한 시행을 위하여 생활대책을 수립·실시할 수 있도록 하는 내부규정을 두고 이에 따라 생활대책대상자 선정기준을 마련하여 생활대책을 수립·실시하는 경우, 생활대책대상자 선정기준에 해당하는 자기 자신을 생활대책대상자에서 제외하거나 선정을 거부한 사업시행자를 상대로 항고소송을 제기할 수 있다.

④ 보상청구권이 성립하기 위해서는 재산권에 대한 법적인 행위로서 공행정작용에 의한 침해를 말하고 사실행위는 포함되지 않는다.

손실보상청구권이 성립하려면 재산권에 대한 '공행정작용'에 의한 침해가 있어야 한다. 여기서의 공행정작용에는 토지수용과 같은 법적 행위뿐만 아니라 도로공사와 같은 행정상 사실행위를 포함한다. ※ 단, 행정주체의 사법(私法)상 행위는 포함되지 않는다.

정답 ④

14

「공익사업을 위한 토지 등의 취득 및 보상에 관한 법령」상 손실보상에 관한 설명으로 옳지 않은 것은? (다툼이 있으면 판례에 따름)   22 행정사

① 토지수용재결시 대상토지의 평가는 재결에서 정한 수용시기가 아닌 수용재결일을 기준으로 한다.
② 관할 토지수용위원회에 잔여지수용청구를 하려는 토지소유자는 사업완료일까지 그 수용청구를 하여야 한다.
③ 이주대책대상자는 사업시행자가 이주대책에 대한 구체적인 계획을 수립하여 공고한 때에 수분양권을 취득한다.
④ 공익사업시행지구 밖의 영업손실에 대해서도 일정한 요건 하에 보상을 받을 수 있다.
⑤ 재결에서 정한 보상금액이 일부 보상항목은 과소하고 다른 보상항목은 과다할 경우 법원은 보상항목 상호간의 유용을 허용하여 보상금을 결정할 수 있다.

이주대책대상자는 사업시행자가 이주대책에 대한 구체적인 계획을 수립하여 공고한 때가 아니라 이주자가 사업시행자에게 수립된 이주대책에 따라 이주대책대상자 선정신청을 하고 사업시행자가 이를 받아들여 이주대책 대상자로 확인 · 결정하여야만 비로소 구체적인 수분양권이 발생한다. 따라서 사업시행자의 이주대책대상자 확인 · 결정은 항고소송의 대상이 되는 행정처분이다. (대판92다35783 전합)

정답 ③

15

「공익사업을 위한 토지 등의 취득 및 보상에 관한 법률」에 관한 설명으로 옳지 않은 것은? (다툼이 있으면 판례에 따름)   21 행정사

① 사업인정처분이 당연무효이면 그것이 유효함을 전제로 이루어진 수용재결도 무효이다.
② 수용재결에 대한 이의신청은 행정소송을 하기 위한 필수적인 전심절차이다.
③ 수용재결에 대한 취소소송의 제기는 사업의 진행 및 토지의 수용 또는 사용을 정지시키지 아니한다.
④ 토지소유자가 보상금 증액청구소송을 제기할 경우 사업시행자를 피고로 하여야 한다.
⑤ 보상금증감청구소송의 제기기간은 이의신청을 거친 경우 이의신청에 대한 재결서를 받은 날부터 60일 이내이다.

「공익사업을 위한 토지 등의 취득 및 보상에 관한 법률」 제83조 제1항 및 제2항. 수용재결에 대한 이의신청은 임의적 불복절차이므로 행정소송을 하기 위한 필수적인 전심절차에 해당하지 않는다.

정답 ②

16 다음 중 「공익사업을 위한 토지 등의 취득 및 보상에 관한 법률」상 손실보상제도에 관한 설명으로 가장 옳은 것은? (단, 다툼이 있는 경우 판례에 의함) 22 군무원 7급

① 사업시행자가 광업권·어업권·양식업권 또는 물의 사용에 관한 권리를 취득하거나 사용하는 경우에는 동법이 적용되지 않는다.
② 토지수용위원회의 수용재결이 있은 후라고 하더라도 토지소유자 등과 사업시행자가 다시 협의하여 토지 등의 취득이나 사용 및 그에 대한 보상에 관하여 임의로 계약을 체결할 수 있다.
③ 사업시행자가 수용 또는 사용의 개시일까지 관할 토지수용위원회가 재결한 보상금을 지급하거나 공탁하지 아니하였을 때에는 해당 토지수용위원회의 재결의 효력은 확정되어 더 이상 다툴 수 없다.
④ 사업시행자가 동일한 토지소유자에 속하는 일단의 토지 일부를 취득함으로 잔여지를 종래의 목적에 사용하는 것이 불가능하거나 현저히 곤란한 경우이어야만 잔여지 손실보상청구를 할 수 있다.

② (O) 「공익사업을 위한 토지 등의 취득 및 보상에 관한 법률」상 토지수용위원회의 수용재결이 있은 후라고 하더라도 토지소유자 등과 사업시행자가 다시 협의하여 토지 등의 취득이나 사용 및 그에 대한 보상에 관하여 임의로 계약을 체결할 수 있다고 보아야 한다. (대판 2016두 64241).
① (×) 「공익사업을 위한 토지 등의 취득 및 보상에 관한 법률」 제3조 제3호. 광업권·어업권·양식업권 또는 물의 사용에 관한 권리를 취득하거나 사용하는 경우에도 적용된다.
③ (×) 「공익사업을 위한 토지 등의 취득 및 보상에 관한 법률」 제42조 제1항. 사업시행자가 수용 또는 사용의 개시일까지 관할 토지수용위원회가 재결한 보상금을 지급하거나 공탁하지 아니하였을 때에는 재결의 효력이 확정되는 것이 아니라, 재결은 효력을 상실한다.
④ (×) 「공익사업을 위한 토지 등의 취득 및 보상에 관한 법률」 제73조 제1항. 잔여지를 종래의 목적에 사용하는 것이 불가능하거나 현저히 곤란한 경우이어야만 잔여지 손실보상청구를 할 수 있는 것은 아니다. 잔여지의 가격이 감소하거나 그 밖의 손실이 있을 때 또는 잔여지에 통로·도랑·담장 등의 신설이나 그 밖의 공사가 필요할 때에도 잔여지 손실보상청구를 할 수 있다. ※ 동법 제74조 제1항. 잔여지를 종래의 목적에 사용하는 것이 현저히 곤란할 때에는 해당 토지소유자는 사업시행자에게 잔여지 매수를 청구할 수 있다.

정답 ②

17 「공익사업을 위한 토지 등의 취득 및 보상에 관한 법률」에 대한 설명으로 옳지 않은 것은?

23 지방직 9급

① 구 「하천법」에 의한 하천수 사용권은 「공익사업을 위한 토지 등의 취득 및 보상에 관한 법률」이 손실보상의 대상으로 규정하고 있는 '물의 사용에 관한 권리'에 해당한다.
② 토지수용위원회의 재결에 대한 토지소유자의 행정소송 제기는 사업의 진행 및 토지의 수용 또는 사용을 정지시키지 아니한다.
③ 사업인정은 공익사업의 시행자에게 그 후 일정한 절차를 거칠 것을 조건으로 일정한 내용의 수용권을 설정하여 주는 형성행위이다.
④ 어떤 보상항목이 공익사업을 위한 토지 등의 취득 및 보상에 관한 법령상 손실보상대상에 해당함에도 관할 토지수용위원회가 사실을 오인하거나 법리를 오해함으로써 손실보상대상에 해당하지 않는다고 잘못된 내용의 재결을 한 경우에는, 피보상자는 관할 토지수용위원회를 상대로 재결취소소송을 제기하여야 한다.

해설

④ (×) 어떤 보상항목이 공익사업을 위한 토지 등의 취득 및 보상에 관한 법령상 손실보상대상에 해당함에도 관할 토지수용위원회가 사실을 오인하거나 법리를 오해함으로써 손실보상대상에 해당하지 않는다고 잘못된 내용의 재결을 한 경우에는, 피보상자는 관할 토지수용위원회를 상대로 그 재결에 대한 취소소송을 제기할 것이 아니라, 사업시행자를 상대로 구 공익사업을 위한 토지 등의 취득 및 보상에 관한 법률 제85조 제2항에 따른 보상금증감소송을 제기하여야 한다. (대판2015두4044)

① (○) 「하천법」제50조에 의한 하천수 사용권은 「하천법」제33조에 의한 하천의 점용허가에 따라 해당 하천을 점용할 수 있는 권리와 마찬가지로 특허에 의한 공물사용권의 일종으로서, 양도가 가능하고 이에 대한 「민사집행법」상의 집행 역시 가능한 독립된 재산적 가치가 있는 구체적인 권리라고 보아야 한다. 따라서 「하천법」제50조에 의한 하천수 사용권은 「공익사업을 위한 토지 등의 취득 및 보상에 관한 법률」제76조 제1항이 손실보상의 대상으로 규정하고 있는 '물의 사용에 관한 권리'에 해당한다. (대판2014두11601).

② (○) 제88조(처분효력의 부정지) 제83조에 따른 이의의 신청이나 제85조에 따른 행정소송의 제기는 사업의 진행 및 토지의 수용 또는 사용을 정지시키지 아니한다.

③ (○) 사업인정은 공익사업의 토지 등을 수용 또는 사용할 사업으로 결정하는 것으로서 단순한 확인행위가 아니라 일정한 수용권을 설정해 주는 형성행위이다. (대판2004두14670)

정답 ④

18 「공익사업을 위한 토지 등의 취득 및 보상에 관한 법령」상 재결에 대한 설명으로 옳은 것은? (다툼이 있는 경우 판례에 의함) `22 지방직 7급`

① 관할 토지수용위원회가 사실을 오인하여 어떤 보상항목이 손실보상대상에 해당하지 않는다고 잘못된 내용의 재결을 한 경우, 피보상자가 이를 다투려면 그 재결에 대한 항고소송을 제기하여야 한다.
② 사업시행자가 토지소유자 등의 재결신청의 청구를 거부하는 경우, 토지소유자 등은 민사소송의 방법으로 그 절차 이행을 구할 수 있다.
③ 토지수용위원회의 수용재결이 있은 후에는 토지소유자 등과 사업시행자가 다시 협의하여 토지 등의 취득이나 사용 및 그에 대한 보상에 관하여 임의로 계약을 체결할 수 없다.
④ 토지소유자 등이 손실보상대상에 해당한다고 주장하며 보상을 요구하는데도 사업시행자가 손실보상대상에 해당하지 아니한다며 보상대상에서 이를 제외한 채 협의를 하지 않아 결국 협의가 성립하지 않은 경우, 토지소유자 등에게는 재결신청청구권이 인정된다.

해설

④ (○) 「공익사업을 위한 토지 등의 취득 및 보상에 관한 법률(이하 '공익사업법'이라 한다)」 제30조 제1항은 재결신청을 청구할 수 있는 경우를 사업시행자와 토지소유자 및 관계인 사이에 '협의가 성립하지 아니한 때'로 정하고 있을 뿐 손실보상대상에 관한 이견으로 협의가 성립하지 아니한 경우를 제외하는 등 그 사유를 제한하고 있지 않은 점 등에 비추어 볼 때 '협의가 성립되지 아니한 때'에는 사업시행자가 토지소유자 등과 「공익사업법」 제26조에서 정한 협의절차를 거쳤으나 보상액 등에 관하여 협의가 성립하지 아니한 경우는 물론 토지소유자 등이 손실보상대상에 해당한다고 주장하며 보상을 요구하는데도 사업시행자가 손실보상대상에 해당하지 아니한다며 보상대상에서 이를 제외한 채 협의를 하지 않아 결국 협의가 성립하지 않은 경우도 포함된다고 보아야 한다. (대판2011두2309)
① (×) 어떤 보상항목이 공익사업을 위한 토지 등의 취득 및 보상에 관한 법령상 손실보상대상에 해당함에도 관할 토지수용위원회가 사실을 오인하거나 법리를 오해함으로써 손실보상대상에 해당하지 않는다고 잘못된 내용의 재결을 한 경우에는, 피보상자는 관할 토지수용위원회를 상대로 그 재결에 대한 취소소송을 제기할 것이 아니라, 사업시행자를 상대로 구 「공익사업을 위한 토지 등의 취득 및 보상에 관한 법률」 제85조 제2항에 따른 보상금증감소송을 제기하여야 한다. (대판2015두4044)
② (×) 「공익사업을 위한 토지 등의 취득 및 보상에 관한 법률」 제28조, 제30조에 따르면, 편입토지 보상, 지장물 보상, 영업·농업 보상에 관해서는 사업시행자만이 재결을 신청할 수 있고 토지소유자와 관계인은 사업시행자에게 재결신청을 청구하도록 규정하고 있으므로, 토지소유자나 관계인의 재결신청 청구에도 사업시행자가 재결신청을 하지 않을 때 토지소유자나 관계인은 사업시행자를 상대로 거부처분 취소소송 또는 부작위위법확인소송의 방법으로 다투어야 한다. (대판2018두57865)
③ (×) 수용재결이 있은 후에 사법상 계약의 실질을 가지는 협의취득 절차를 금지해야 할 별다른 필요성을 찾기 어려운 점 등을 종합해 보면, 토지수용위원회의 수용재결이 있은 후라고 하더라도 토지소유자 등과 사업시행자가 다시 협의하여 토지 등의 취득이나 사용 및 그에 대한 보상에 관하여 임의로 계약을 체결할 수 있다고 보아야 한다. (대판2016두64241)

정답 ④

19 「공익사업을 위한 토지 등의 취득 및 보상에 관한 법률」상의 환매권에 대한 설명으로 옳지 않은 것은? (단, 다툼이 있는 경우 판례에 의함)　　21 군무원 9급

① 토지의 협의취득일 또는 수용의 개시일부터 10년 이내에 해당 사업의 폐지·변경 또는 그 밖의 사유로 취득한 토지의 전부 또는 일부가 필요 없게 된 경우 취득일 당시의 토지소유자 또는 그 포괄승계인은 환매권을 행사할 수 있다.

② 환매권의 발생기간을 제한한 것은 사업시행자의 지위나 이해관계인들의 토지이용에 관한 법률 관계 안정, 토지의 사회경제적 이용 효율 제고, 사회일반에 돌아가야 할 개발이익이 원소유자에게 귀속되는 불합리 방지 등을 위한 것이라 하더라도, 그 입법목적은 정당하다고 할 수 없다.

③ 환매권 발생기간 '10년'을 예외 없이 유지하게 되면 토지수용 등의 원인이 된 공익사업의 폐지 등으로 공공필요가 소멸하였음에도 단지 10년이 경과하였다는 사정만으로 환매권이 배제되는 결과가 초래될 수 있다.

④ 법률조항 제91조의 위헌성은 환매권의 발생 기간을 제한한 것 자체에 있다기보다는 그 기간을 10년 이내로 제한한 것에 있다. 이 사건 법률조항의 위헌성을 제거하는 다양한 방안이 있을 수 있고 이는 입법재량 영역에 속한다.

② (✗) 환매권의 발생기간을 제한하는 것은 공익사업을 수행하는 사업시행자의 지위나 토지를 둘러싼 이해관계인들의 토지이용 등에 관한 법률관계 안정, 토지의 사회경제적 이용의 효율성 제고, 사회일반의 이익이 되어야 할 개발이익이 원소유자 개인에게 귀속되는 불합리 방지 등을 위한 것으로 그 입법목적은 정당하고, 이를 위하여 토지취득일로부터 일정 기간이 지나면 환매권 자체가 발생하지 않도록 기간을 제한하는 것은 입법목적을 달성하기에 유효적절한 방법이라 할 수 있다. (헌재2019헌바131)

① (○) 제91조(환매권) 제1항. 토지의 협의취득일 또는 수용의 개시일(이하 이 조에서 "취득일"이라 한다)부터 10년 이내에 해당 사업의 폐지·변경 또는 그 밖의 사유로 취득한 토지의 전부 또는 일부가 필요 없게 된 경우 취득일 당시의 토지소유자 또는 그 포괄승계인(이하 "환매권자"라 한다)은 그 토지의 전부 또는 일부가 필요 없게 된 때부터 1년 또는 그 취득일부터 10년 이내에 그 토지에 대하여 받은 보상금에 상당하는 금액을 사업시행자에게 지급하고 그 토지를 환매할 수 있다.

③ (○) 2000년대 이후 다양한 공익사업이 출현하면서 인근 주민들의 반대 등에 직면하여 공익사업이 지연되다가 폐지되는 사례가 다수 발생하고 있다. 이와 같은 상황에서 이 사건 법률조항의 환매권 발생기간 '10년'을 예외 없이 유지하게 되면 토지수용 등의 원인이 된 공익사업의 폐지 등으로 공공필요가 소멸하였음에도 단지 10년이 경과하였다는 사정만으로 환매권이 배제되는 결과가 초래될 수 있다. 이 사건 법률조항은 침해의 최소성 원칙에 어긋난다. (헌재2019헌바131)

④ (○) 이 사건 법률조항의 위헌성은 환매권의 발생기간을 제한한 것 자체에 있다기보다는 그 기간을 10년 이내로 제한한 것에 있다. 이 사건 법률조항의 위헌성을 제거하는 다양한 방안이 있을 수 있고 이는 입법재량 영역에 속한다. 이 사건 법률조항의 적용을 중지하더라도 환매권 행사기간 등 제한이 있기 때문에 법적 혼란을 야기할 뚜렷한 사정이 있다고 보이지는 않는다. 이 사건 법률조항 적용을 중지하는 헌법불합치결정을 하고, 입법자는 가능한 한 빠른 시일 내에 이와 같은 결정 취지에 맞게 개선입법을 하여야 한다. (헌재2019헌바131)

정답 ②

20 「공익사업을 위한 토지 등의 취득 및 보상에 관한 법률」상 손실보상에 대한 설명으로 가장 옳지 않은 것은?   22 서울시 7급

① 공익사업에 필요한 토지등의 취득 또는 사용으로 인하여 토지소유자나 관계인이 입은 손실은 사업시행자가 보상하여야 한다.
② 사업시행자는 해당 공익사업을 위한 공사에 착수하기 이전에 토지소유자와 관계인에게 보상액 전액을 지급하여야 한다. 다만, 제38조에 따른 천재지변 시의 토지 사용과 제39조에 따른 시급한 토지 사용의 경우 또는 토지소유자 및 관계인의 승낙이 있는 경우에는 그러하지 아니하다.
③ 사업시행자는 동일한 사업지역에 보상시기를 달리하는 동일인 소유의 토지등이 여러 개 있는 경우 토지소유자나 관계인이 요구할 때에는 한꺼번에 보상금을 지급하도록 하여야 한다.
④ 사업시행자는 동일한 소유자에게 속하는 일단의 토지의 일부를 취득하거나 사용하는 경우 해당 공익사업의 시행으로 인하여 잔여지의 가격이 증가하거나 그 밖의 이익이 발생한 경우 그 이익을 그 취득 또는 사용으로 인한 손실과 상계할 수 있다.

「공익사업을 위한 토지 등의 취득 및 보상에 관한 법률」 제66조. 사업시행 이익과의 상계금지 원칙에 따라 사업시행자는 동일한 소유자에게 속하는 일단의 토지의 일부를 취득하거나 사용하는 경우 해당 공익사업의 시행으로 인하여 잔여지의 가격이 증가하거나 그 밖의 이익이 발생한 경우 그 이익을 그 취득 또는 사용으로 인한 손실과 상계할 수 없다.

정답 ④

21 다음 중 「공익사업을 위한 토지 등의 취득 및 보상에 관한 법률」에 대한 설명으로 가장 옳지 않은 것은?   22 군무원 7급

① 사업시행자가 수용 또는 사용의 개시일까지 관할 토지수용위원회가 재결한 보상금을 지급하거나 공탁하지 아니하였을 때에는 해당 토지수용위원회의 재결은 효력을 상실하고, 이 경우 사업시행자는 재결의 효력이 상실됨으로 인하여 토지소유자 또는 관계인이 입은 손실을 보상하여야 한다.
② 사업시행자는 보상금을 받을 자가 그 수령을 거부하거나 보상금을 수령할 수 없을 때에는 수용 또는 사용의 개시일까지 수용하거나 사용하려는 토지 등의 소재지의 공탁소에 보상금을 공탁(供託)할 수 있다.
③ 공익사업에 필요한 토지 등의 취득 또는 사용으로 인하여 토지소유자나 관계인이 입은 손실은 국가 또는 지방자치단체가 보상하여야 한다.
④ 토지수용위원회의 재결이 있은 후 수용하거나 사용할 토지나 물건이 토지소유자 또는 관계인의 고의나 과실 없이 멸실되거나 훼손된 경우 그로 인한 손실은 사업시행자가 부담한다.

「공익사업을 위한 토지 등의 취득 및 보상에 관한 법률」 제61조. 공익사업에 필요한 토지등의 취득 또는 사용으로 인하여 토지소유자나 관계인이 입은 손실은 사업시행자가 보상하여야 한다.

정답 ③

CHAPTER 02 | 손해배상(국가배상)

01 「국가배상법」상 손해배상에 관한 설명으로 가장 적절한 것은? 24 경찰채용

① 군인·군무원·경찰공무원 또는 예비군대원이 전투·훈련 등 직무집행과 관련하여 전사·순직하거나 공상을 입은 경우에 본인이나 그 유족이 다른 법령에 따라 재해보상금·유족연금·상이연금 등의 보상을 지급받을 수 있을 때에도 「국가배상법」및 「행정기본법」에 따른 손해배상을 청구할 수 있다.

② 생명·신체에 대한 침해와 물건의 멸실·훼손으로 인한 손해 외의 손해는 불법행위와 상당한 인과관계가 있는 범위에서 배상한다.

③ 국가나 지방자치단체에 대한 배상신청사건을 심의하기 위하여 행정안전부에 본부심의회를 둔다. 다만, 군인이나 군무원이 타인에게 입힌 손해에 대한 배상신청사건을 심의하기 위하여 국방부에 특별심의회를 둔다.

④ 결정서의 송달에 관하여는 「행정소송법」의 송달에 관한 규정을 준용한다.

① (✗) 제2조 제1항. 국가나 지방자치단체는 공무원 또는 공무를 위탁받은 사인이 직무를 집행하면서 고의 또는 과실로 법령을 위반하여 타인에게 손해를 입히거나, 「자동차손해배상 보장법」에 따라 손해배상의 책임이 있을 때에는 이 법에 따라 그 손해를 배상하여야 한다. 다만, 군인·군무원·경찰공무원 또는 예비군대원이 전투·훈련 등 직무 집행과 관련하여 전사·순직하거나 공상을 입은 경우에 본인이나 그 유족이 다른 법령에 따라 재해보상금·유족연금·상이연금 등의 보상을 지급받을 수 있을 때에는 이 법 및 「민법」에 따른 손해배상을 청구할 수 없다.

③ (✗) 제10조 제1항. 국가나 지방자치단체에 대한 배상신청사건을 심의하기 위하여 법무부에 본부심의회를 둔다. 다만, 군인이나 군무원이 타인에게 입힌 손해에 대한 배상신청사건을 심의하기 위하여 국방부에 특별심의회를 둔다.

④ (✗) 제14조 제1항. 심의회는 배상결정을 하면 그 결정을 한 날부터 1주일 이내에 그 결정정본을 신청인에게 송달하여야 한다. 제2항. 제1항의 송달에 관하여는 「민사소송법」의 송달에 관한 규정을 준용한다.

정답 ②

02 「국가배상법 및 국가배상법 시행령」상 배상심의회에 대한 설명으로 가장 적절하지 않은 것은?

20 경찰행정

① 국가나 지방자치단체에 대한 배상신청사건을 심의하기 위하여 법무부에 본부심의회를 둔다. 다만, 군인이나 군무원이 타인에게 입힌 손해에 대한 배상신청사건을 심의하기 위하여 국방부에 특별심의회를 둔다.
② 본부심의회와 특별심의회에는 적어도 소속공무원·법관·변호사·의사(군의관을 포함한다.) 각 1인을 위원으로 두어야 한다.
③ 배상신청이 신청인의 주소지관할 지구심의회를 포함하여 2중으로 접수된 사건은 신청인의 주소지관할 지구심의회에서 처리한다.
④ 지구심의회에서 배상신청이 기각(일부기각 된 경우를 포함한다) 또는 각하된 신청인은 결정정본이 송달된 날부터 1주일 이내에 그 심의회를 거쳐 본부심의회나 특별심의회에 재심을 신청할 수 있다.

「국가배상법」 제15조2(재심신청) 제1항. 지구심의회에서 배상신청이 기각(일부기각 된 경우를 포함한다) 또는 각하된 신청인은 결정정본이 송달된 날부터 2주일 이내에 그 심의회를 거쳐 본부심의회나 특별심의회에 재심(재심)을 신청할 수 있다.

정답 ④

03 「국가배상법」상 경찰공무원의 배상책임에 대한 설명으로 가장 적절하지 않은 것은? (다툼이 있는 경우 판례에 의함)

23 경찰간부

① 경찰공무원이 공무를 수행하는 과정에서 위법행위로 타인에게 손해를 가한 경우에 국가 등이 손해배상책임을 지는 것 외에 그 개인은 고의 또는 중과실이 있는 경우에는 손해배상책임을 진다.
② 경찰공무원의 중과실이란 공무원에게 통상 요구되는 정도의 상당한 주의를 하지 않더라도 약간의 주의를 한다면 손쉽게 위법·위해한 결과를 예견할 수 있는 경우임에도 만연히 이를 간과한 경우와 같이, 거의 고의에 가까운 현저한 주의를 결여한 상태를 의미한다.
③ 경찰공무원이 직무를 수행함에 있어 경과실로 타인에게 손해를 입힌 경우에는 그로 인하여 발생한 손해에 대하여 경찰공무원 개인에게 배상책임을 부담시키지 아니하는 것은 공무원의 공무집행의 안정성을 확보하려는 데 있다.
④ 국민의 생명·신체·재산 등을 보호하는 것을 본래의 사명으로 하는 국가는 형식적 의미의 법령에 근거가 없다면 경찰공무원에 대하여 위험을 배제할 작위의무를 인정할 수 없으므로, 경찰공무원의 부작위를 이유로 국가배상책임을 인정할 수 없다.

> **해설**
>
> 공무원의 부작위를 이유로 국가배상책임을 인정하기 위해서는 공무원의 작위로 국가배상책임을 인정하는 경우와 마찬가지로 '공무원이 직무를 집행하면서 고의 또는 과실로 법령을 위반하여 타인에게 손해를 입힌 때'라는 「국가배상법」제2조 제1항의 요건이 충족되어야 한다. 여기서 '법령위반'이란 엄격하게 형식적 의미의 법령에 명시적으로 공무원의 작위의무가 규정되어 있는데도 이를 위반하는 경우만을 의미하는 것은 아니고, 인권존중·권력남용금지·신의성실과 같이 공무원으로서 마땅히 지켜야 할 준칙이나 규범을 지키지 않고 위반한 경우를 포함하여 널리 객관적인 정당성이 없는 행위를 한 경우를 포함한다. 따라서 국민의 생명·신체·재산 등에 관하여 절박하고 중대한 위험상태가 발생하였거나 발생할 우려가 있어서 국민의 생명·신체·재산 등을 보호하는 것을 본래적 사명으로 하는 국가가 초법규적, 일차적으로 그 위험 배제에 나서지 않으면 국민의 생명·신체·재산 등을 보호할 수 없는 경우에는 형식적 의미의 법령에 근거가 없더라도 국가나 관련 공무원에 대하여 그러한 위험을 배제할 작위의무를 인정할 수 있다. 공무원의 부작위를 이유로 국가배상책임을 인정할 것인지가 문제 되는 경우에 관련 공무원에 대하여 작위의무를 명하는 법령 규정이 없다면 공무원의 부작위로 침해된 국민의 법익 또는 국민에게 발생한 손해가 어느 정도 심각하고 절박한 것인지, 관련 공무원이 그와 같은 결과를 예견하여 결과를 회피하기 위한 조치를 취할 가능성이 있는지 등을 종합적으로 고려하여 판단하여야 한다. (대판2017다290538)
>
> **정답** ④

04 국가배상에 관한 설명으로 가장 적절하지 않은 것은? (다툼이 있는 경우 판례에 의함)

`23 경찰채용`

① 경찰관의 부작위를 이유로 한 국가배상책임을 인정하기 위한 요건으로서의 '법령 위반'이란 형식적 의미의 법령에 명시적으로 공무원의 작위의무가 규정되어 있는데도 이를 위반한 경우를 의미하며, 인권존중·권력남용금지·신의성실과 같이 공무원으로서 마땅히 지켜야 할 준칙이나 규범을 지키지 않고 위반한 경우는 포함하지 않는다.
② 경찰관의 직무집행이 법령이 정한 요건과 절차에 따라 이루어진 것이라면 특별한 사정이 없는 한 이는 법령에 적합한 것이고 그 과정에서 개인의 권리가 침해되었다고 하여 그 법령적합성이 곧바로 부정되는 것은 아니다.
③ 공무원에게 부과된 직무상 의무의 내용이 전적으로 또는 부수적으로 사회구성원 개인의 구체적 안전과 이익을 보호하기 위하여 설정된 것이라면, 공무원이 그와 같은 직무상 의무를 위반함으로써 개인이 입게 될 손해는 상당인과관계가 인정되는 범위 안에서 국가가 그에 대한 배상책임을 부담하여야 한다.
④ 시위진압이 불필요하거나 또는 불법시위의 태양 및 시위 장소의 상황 등에서 예측되는 피해 발생의 구체적 위험성의 내용에 비추어 시위진압의 계속 수행 내지 그 방법 등이 현저히 합리성을 결하였다면 경찰관의 직무집행이 법령에 위반한 것이라고 할 수 있다.

> **해설**
>
> 「국가배상법」상의 '법령에 위반한 행위'란 협의설(성문법과 불문법을 포함한 모든 법규) + 조리상의 일반원칙인 인권존중, 권리남용금지, 공서양속 등을 포함하여 당해 직무행위가 객관적으로 정당성을 상실한 경우까지를 의미한다는 광의설이 통설과 판례의 입장이다.
>
> **정답** ①

05 다음 중 행정상 「국가배상법」에 대한 설명으로 가장 옳은 것은? (다툼이 있는 경우 판례에 의함)

21 해경승진

① 국가배상은 공행정작용을 대상으로 하므로 국가배상청구소송은 당사자소송이다.
② 헌법재판소 재판관의 위법한 직무집행의 결과 잘못된 각하결정을 함으로써 청구인으로 하여금 본안판단을 받을 기회를 상실하게 한 경우, 만약 본안판단을 하였더라도 어차피 청구가 기각되었을 것이라는 사정이 있다면 국가배상책임이 인정되지 아니한다.
③ 국가에게 일정한 사항에 관하여 헌법에 의하여 부과되는 구체적인 입법의무 자체가 인정되지 아니하는 경우에는 애당초 입법부작위로 인한 불법행위가 성립할 여지가 없다.
④ 「국가배상법」은 국가배상책임의 주체를 국가 또는 공공단체로 규정하고 있다.

③ (O) 국회의원의 입법행위는 그 입법 내용이 헌법의 문언에 명백히 위배됨에도 불구하고 국회가 굳이 당해 입법을 한 것과 같은 특수한 경우가 아닌 한 국가배상법 제2조 제1항 소정의 위법행위에 해당한다고 볼 수 없고, 같은 맥락에서 〈국가가 일정한 사항에 관하여 헌법에 의하여 부과되는 구체적인 입법의무를 부담하고 있음에도 불구하고 그 입법에 필요한 상당한 기간이 경과하도록 고의 또는 과실로 이러한 입법의무를 이행하지 아니하는 등 극히 예외적인 사정이 인정되는 사안〉에 한정하여 국가배상법 소정의 배상책임이 인정될 수 있으며, 위와 같은 구체적인 입법의무 자체가 인정되지 않는 경우에는 애당초 부작위로 인한 불법행위가 성립할 여지가 없다. (대판2004다33469)
① (×) 판례는 국가배상청구권의 법적 성질에 대하여 사권설을 취하여 재판실무에서 국가배상소송을 민사소송으로 처리하고 있다.
② (×) 헌법소원심판을 청구한 자로서는 헌법재판소 재판관이 일자 계산을 정확하게 하여 본안판단을 할 것으로 기대하는 것이 당연하고, 따라서 헌법재판소 재판관의 위법한 직무집행의 결과 잘못된 각하결정을 함으로써 청구인으로 하여금 본안판단을 받을 기회를 상실하게 한 이상, 설령 본안판단을 하였더라도 어차피 청구가 기각되었을 것이라는 사정이 있다고 하더라도 잘못된 판단으로 인하여 헌법소원심판 청구인의 위와 같은 합리적인 기대를 침해한 것이고 이러한 기대는 인격적 이익으로서 보호할 가치가 있다고 할 것이므로 그 침해로 인한 정신상 고통에 대하여는 위자료를 지급할 의무가 있다. (대판99다24218)
④ (×) 「국가배상법」은 국가배상책임의 주체를 국가 또는 지방자치단체로 규정하고 있다.
※ 「헌법」상 국가배상책임의 주체가 국가 또는 공공단체로 규정되어 있다.

정답 ③

06 「국가배상법」상 공무원의 위법한 직무행위로 인한 손해배상에 대한 설명으로 옳은 것은? (다툼이 있는 경우 판례에 의함)　　21 국가직 9급

① 일반적으로 공무원이 필요한 지식을 갖추지 못하고 법규의 해석을 그르쳐 행정처분을 하였다면 그가 법률전문가가 아닌 행정직공무원이라고 하여 과실이 없다고는 할 수 없다.
② 국가배상의 요건인 '공무원의 직무'에는 국가나 지방자치단체의 비권력적 작용과 사경제주체로서 하는 작용이 포함된다.
③ 손해배상책임을 묻기 위해서는 가해 공무원을 특정하여야 한다.
④ 국가가 가해 공무원에 대하여 구상권을 행사하는 경우 국가가 배상한 배상액 전액에 대하여 구상권을 행사하여야 한다.

① (○) 일반적으로 공무원이 관계법규를 알지 못하거나 필요한 지식을 갖추지 못하고 법규의 해석을 그르쳐 행정처분을 하였다면 그가 법률전문가 아닌 행정직 공무원이라도 과실이 있다. (대판80다1598)
② (×) 판례는「국가배상법」이 정한 손해배상청구의 요건인 '공무원의 직무'에는 국가나 지방자치단체의 권력적 작용뿐만 아니라 비권력적 작용도 포함되지만 단순한 사경제의 주체로서 하는 작용은 포함되지 않는다. 고 하여 물자조달행위 등과 같은 사경제작용은 직무행위에서 제외한다. 따라서 위법한 사경제작용으로 인한 손해에 대해서는 국가 또는 지방자치단체는「민법」에 의한 손배상책임을 질 뿐 국가배상책임을 지지 않는다. ※ 시영버스 운행, 철도운행사업, 토지매매계약(협의취득). [※관련판례.「국가배상법」이 정한 배상청구의 요건인 공무원의 직무에는 권력적 작용만이 아니라 행정지도와 같은 비권력적 작용도 포함되며, 단지 행정주체가 사경제주체로서 하는 활동만이 제외된다. (대판96다38971)]
③ (×) 공무원의 과실을 입증함에 있어서 가해공무원의 특정은 필수적인 것이 아니다. 판례 역시 "집회 중 사망한 사건에서 가해공무원인 전투경찰공무원을 특정하지 않더라도 국가배상책임을 인정한다." (대판95다23897)
④ (×) 국가 또는 지방자치단체의 산하 공무원이 그 직무를 집행함에 당하여 중대한 과실로 인하여 법령에 위반하여 타인에게 손해를 가함으로써 국가 또는 지방자치단체가 손해배상책임을 부담하고, 그 결과로 손해를 입게 된 경우에는 국가 등은 당해 공무원의 직무내용, 당해 불법행위의 상황, 손해발생에 대한 당해 공무원의 기여정도, 당해 공무원의 평소 근무태도, 불법행위의 예방이나 손실분산에 관한 국가 또는 지방자치단체의 배려의 정도 등 제반사정을 참작하여 손해의 공평한 분담이라는 견지에서 신의칙상 상당하다고 인정되는 한도 내에서만 당해 공무원에 대하여 구상권을 행사할 수 있다고 봄이 상당하다. (대판91다6764) 따라서 국가가 가해 공무원에 대하여 구상권을 행사하는 경우 국가가 배상한 배상액 전액에 대하여 구상권을 행사하여야 하는 것이 아니라, 신의칙상 상당하다고 인정되는 한도 내에서만 당해 공무원에 대하여 구상권을 행사할 수 있다.

정답 ①

07 국가배상에 대한 설명으로 가장 옳지 않은 것은?

22 해경승진

① 국가배상청구의 요건인 공무원의 직무에는 비권력적 작용도 포함되며 행정주체가 사경제주체로서 하는 활동도 포함된다.
② 어떠한 행정처분이 후에 항고소송에서 취소되었다고 할지라도 당해 행정처분이 곧바로 공무원의 고의 또는 과실로 인한 것으로서 불법행위를 구성한다고 단정할 수는 없다.
③ 공무원의 직무집행이 법령이 정한 요건과 절차에 따라 이루어진 것이라면 특별한 사정이 없는 한 이는 법령에 적합한 것이고, 그 과정에서 개인의 권리가 침해되는 일이 생긴다고 하여 그 법령적합성이 곧바로 부정되는 것은 아니다.
④ 국가배상청구권은 피해자나 그 법정대리인이 그 손해 및 가해자를 안 날로부터 3년간 이를 행사하지 아니하면 시효로 인하여 소멸한다.

① (×)「국가배상법」이 정한 손해배상청구의 요건인 '공무원의 직무'에는 국가나 지방자치단체의 권력적 작용뿐만 아니라 비권력적 작용도 포함되지만, 단순한 사경제의 주체로서 하는 작용은 포함되지 아니한다. (대판98다47245)
② (O) 어떠한 행정처분이 후에 항고소송에서 취소되었다고 할지라도 그 기판력에 의하여 당해 행정처분이 곧바로 공무원의 고의 또는 과실로 인한 것으로서 불법행위를 구성한다고 단정할 수는 없는 것이고, 그 행정처분의 담당공무원이 보통 일반의 공무원을 표준으로 하여 볼 때 객관적 주의의무를 결하여 그 행정처분이 객관적 정당성을 상실하였다고 인정될 정도에 이른 경우에 비로소 국가배상법 제2조 소정의 국가배상책임의 요건을 충족하였다고 봄이 상당할 것이며, 이 때에 객관적 정당성을 상실하였는지 여부는 피침해이익의 종류 및 성질, 침해행위가 되는 행정처분의 태양 및 그 원인, 행정처분의 발동에 대한 피해자측의 관여의 유무, 정도 및 손해의 정도 등 제반 사정을 종합하여 손해의 전보책임을 국가 또는 지방자치단체에게 부담시켜야 할 실질적인 이유가 있는지 여부에 의하여 판단하여야 한다. (대판2001다33789)
③ (O) (시위자들의 화염병으로 인한 약국화재에 대한 국가배상책임이 문제된 사건에서) 국가배상책임은 공무원의 직무집행이 법령에 위반한 것임을 요건으로 하는 것으로서, 공무원의 직무집행이 법령이 정한 요건과 절차에 따라 이루어진 것이라면 특별한 사정이 없는 한 법령에 적합한 것이고 그 과정에서 개인의 권리가 침해되는 일이 생긴다고 하여 그 법령적합성이 곧바로 부정되는 것은 아니다. (대판2000다26807)
④ (O)「국가배상법」제2조 제1항 본문 전단 규정에 따른 배상책임을 묻는 사건에 대하여는 동법 제8조의 규정에 의하여 민법 제766조 소정의 단기소멸시효제도가 적용되는 것인바, 여기서 가해자를 안다는 것은 피해자가 가해공무원과 국가 또는 지방자치단체 사이에 공법상 근무관계가 있다는 사실을 알고 또한 일반인이 당해 공무원의 불법행위가 국가 또는 지방자치단체의 직무를 집행함에 있어서 행해진 것이라고 판단하기에 족한 사실까지도 인식하는 것을 의미한다. (대판88다카32500)[※관련판례. 민법 제766조(손해배상청구권의 소멸시효) 제1항. 불법행위로 인한 손해배상의 청구권은 피해자나 그 법정대리인이 그 손해 및 가해자를 안 날로부터 3년간 이를 행사하지 아니하면 시효로 인하여 소멸한다.
제2항. 불법행위를 한 날로부터 10년을 경과한 때에도 전항과 같다.]

정답 ①

08 「국가배상법」에 대한 설명으로 옳지 않은 것은? (다툼이 있는 경우 판례에 의함) 21 국가직 7급

① 공무원들의 공무원증 발급 업무를 하는 공무원이 다른 공무원의 공무원증을 위조하는 행위는 「국가배상법」상의 직무집행에 해당하지 않는다.
② 국가의 철도운행사업과 관련하여 발생한 사고로 인한 손해배상청구의 경우 그 사고에 공무원이 간여하였다고 하더라도 「국가배상법」이 아니라 「민법」이 적용되어야 하지만, 철도시설물의 설치 또는 관리의 하자로 인한 손해배상청구의 경우에는 「국가배상법」이 적용된다.
③ 재판작용에 대한 국가배상의 경우, 재판에 대하여 불복절차 내지 시정절차 자체가 없는 경우에는 부당한 재판으로 인하여 불이익 내지 손해를 입은 사람은 국가배상책임의 요건이 충족된다면 국가배상을 청구할 수 있다.
④ 영업허가취소처분이 나중에 행정심판에 의하여 재량권을 일탈한 위법한 처분이 되었더라도 그 처분이 당시 시행되던 「공중위생법 시행규칙」에 정하여진 행정처분의 기준에 따른 것이라면 그 영업허가취소처분을 한 공무원에게 그와 같은 위법한 처분을 한 데 있어 어떤 직무집행상의 과실이 있다고 할 수 없다.

울산세관의 통관지원과에서 인사업무를 담당하면서 울산세관 공무원들의 공무원증 및 재직증명서 발급업무를 하는 공무원인 김영선이 울산세관의 다른 공무원의 공무원증 등을 위조하는 행위는 비록 그것이 실질적으로는 직무행위에 속하지 아니한다 할지라도 적어도 외관상으로는 공무원증과 재직증명서를 발급하는 행위로서 직무집행으로 보여지므로 결국 소외인의 공무원증 등 위조행위는 「국가배상법」 제2조 제1항 소정의 공무원이 직무를 집행함에 당하여 한 행위로 인정된다. (대판 2004다26805)

정답 ①

09 행정상 손해배상에 관한 설명으로 옳지 않은 것은? (다툼이 있으면 판례에 따름) 22 소방승진

① 대한변호사협회장은 '변호사등록에 관한 사무'를 수행하는 경우라고 할지라도 「국가배상법」 제2조에서 정한 공무원에 해당하지 않는다.
② 「국가배상법」 제2조가 적용되는 직무행위에는 권력작용과 비권력적 공행정작용을 포함하는 모든 공행정작용 및 입법작용과 사법작용을 포함한다.
③ 인사업무담당 공무원이 다른 공무원의 공무원증을 위조한 행위는 외관상으로 「국가배상법」 제2조 제1항의 직무집행과 관련이 있다.
④ 행정청이 그 권한을 행사하지 아니한 것이 현저하게 합리성을 잃어 사회적 타당성이 없는 경우에는 직무상 의무를 위반한 것이 되어 위법하다.

대한변호사협회장은 '변호사등록에 관한 사무'를 수행하는 경우 공무수탁사인으로서 「국가배상법」 제2조에서 정한 공무원에 해당한다. (대판 2019다260197)

정답 ①

10 「국가배상법」에 의한 국가배상책임에 대한 설명으로 가장 옳지 않은 것은? 22 서울시 7급

① 「국가배상법」 제2조 소정의 '공무원'이라 함은 「국가공무원법」이나 「지방공무원법」에 의하여 공무원으로서의 신분을 가진 자에 국한하지 않고 널리 공무를 위탁받아 실질적으로 공무에 종사하고 있는 일체의 자를 가리키는 것으로서, 공무의 위탁이 일시적이고 한정적인 사항에 관한 활동을 위한 것이어도 달리 볼 것은 아니다.
② 국가배상청구의 요건인 공무원의 직무에는 권력적 작용만이 아니라 행정주체로서의 활동으로 이루어지는 일체의 비권력적 작용도 포함된다.
③ 「국가배상법」 제2조 제1항 소정의 직무 집행 행위 여부를 판단함에 있어서는 행위 자체의 외관을 객관적으로 관찰하여 공무원의 직무행위로 보여질 때에는 비록 그것이 실질적으로 직무행위에 속하지 않는다 하더라도 그 행위는 공무원이 직무를 집행함에 당하여 한 것으로 보아야 한다.
④ 공무원의 중과실이란 공무원에게 통상 요구되는 정도의 상당한 주의를 하지 않더라도 약간의 주의를 한다면 손쉽게 위법·유해한 결과를 예견할 수 있는 경우임에도 만연히 이를 간과한 경우와 같이 거의 고의에 가까운 현저한 주의를 결여한 상태를 의미한다.

 해설

국가배상법이 정한 배상청구의 요건인 공무원의 직무에는 권력적 작용만이 아니라 행정지도와 같은 비권력적 작용도 포함되며, 단지 행정주체가 사경제주체로서 하는 활동만이 제외된다. (대판96다38971) 따라서 일체의 비권력적 작용을 포함한다. 라고 하면 행정주체가 행하는 모든 임의적인 활동이 국가배상법상 직무에 해당하게 된다. 이러한 경우 비권력적 행정작용 이외에 사경제 주체로서의 활동 역시 비권력적이므로 「국가배상법」상 공무원의 직무에 해당하게 되는 바, 판례의 태도에 반하여 타당하지 못하다. ※ 판례는 '행정지도와 같은' 비권력적 작용을 말하고 있지 일체의 비권력적 작용을 말하고 있는 것이 아니다.

정답 ②

11

「국가배상법」 제2조의 국가배상책임이 인정되기 위한 요건에 대한 설명으로 옳지 않은 것은? (다툼이 있는 경우 판례에 의함) 22 지방직7급

① 공무원의 부작위가 공무원으로서 마땅히 지켜야 할 준칙이나 규범을 위반한 경우를 포함하여 널리 객관적인 정당성이 없는 경우, 그 부작위는 '법령을 위반'하는 경우에 해당한다.
② 상급행정기관이 소속 공무원이나 하급행정기관에 대하여 업무처리지침이나 법령의 해석·적용 기준을 정해 주는 행정규칙을 위반한 공무원의 조치가 있다고 해서 그러한 사정만으로 곧바로 그 조치의 위법성이 인정되는 것은 아니다.
③ '공무원'에는 공무를 위탁받아 실질적으로 공무에 종사하고 있는 자가 포함되나, 공무의 위탁이 일시적이고 한정적인 사항에 관한 활동을 위한 것인 경우 그러한 활동을 하는 자는 포함되지 않는다.
④ 공무원에게 부과된 직무상 의무의 내용이 전적으로 또는 부수적으로라도 사회구성원 개인의 안전과 이익을 보호하기 위하여 설정된 것이어야 직무상 의무위반과 피해자가 입은 손해 사이에 상당인과관계가 인정될 수 있다.

③ (X) 「국가배상법」 제2조 소정의 '공무원'이라 함은 「국가공무원법」이나 「지방공무원법」에 의하여 공무원으로서의 신분을 가진 자에 국한하지 않고, 널리 공무를 위탁받아 실질적으로 공무에 종사하고 있는 일체의 자를 가리키는 것으로서, 공무의 위탁이 일시적이고 한정적인 사항에 관한 활동을 위한 것이어도 달리 볼 것은 아니다. (대판98다39060)

① (O) 공무원의 부작위로 인한 국가배상책임을 인정하기 위해서는 공무원의 작위로 인한 국가배상책임을 인정하는 경우와 마찬가지로 '공무원이 직무를 집행하면서 고의 또는 과실로 법령을 위반하여 타인에게 손해를 입힌 때'라는 국가배상법 제2조 제1항의 요건이 충족되어야 한다. 여기서 '법령 위반'이란 엄격하게 형식적 의미의 법령에 명시적으로 공무원의 작위의무가 규정되어 있는데도 이를 위반하는 경우만을 의미하는 것은 아니고, 인권존중·권력남용금지·신의성실과 같이 공무원으로서 마땅히 지켜야 할 준칙이나 규범을 지키지 않고 위반한 경우를 포함하여 널리 객관적인 정당성이 없는 행위를 한 경우를 포함한다. (대판2017다211559)

② (O) 상급행정기관이 소속 공무원이나 하급행정기관에 대하여 업무처리지침이나 법령의 해석·적용 기준을 정해 주는 '행정규칙'은 일반적으로 행정조직 내부에서만 효력을 가질 뿐 대외적으로 국민이나 법원을 구속하는 효력이 없다. 공무원의 조치가 행정규칙을 위반하였다고 해서 그러한 사정만으로 곧바로 위법하게 되는 것은 아니고, 공무원의 조치가 행정규칙을 따른 것이라고 해서 적법성이 보장되는 것도 아니다. 공무원의 조치가 적법한지는 행정규칙에 적합한지 여부가 아니라 상위법령의 규정과 입법 목적 등에 적합한지 여부에 따라 판단해야 한다. (대판2017다211559)

④ (O) 공무원이 고의 또는 과실로 그에게 부과된 직무상 의무를 위반하였을 경우라고 하더라도 국가는 그러한 직무상의 의무 위반과 피해자가 입은 손해 사이에 상당인과관계가 인정되는 범위 내에서만 배상책임을 지는 것이고, 이 경우 상당인과관계가 인정되기 위하여는 공무원에게 부과된 직무상 의무의 내용이 단순히 공공 일반의 이익을 위한 것이거나 행정기관 내부의 질서를 규율하기 위한 것이 아니고 전적으로 또는 부수적으로 사회구성원 개인의 안전과 이익을 보호하기 위하여 설정된 것이어야 한다. (대판2011다34521)

정답 ③

12 국가배상책임의 요건에 관한 설명으로 옳지 않은 것은? (다툼이 있는 경우 판례에 의함)

23 소방공채

① 「국가배상법」이 정한 손해배상청구의 요건인 '공무원의 직무'에는 국가나 지방자치단체의 권력적 작용뿐만 아니라 비권력적 작용도 포함되지만 단순한 사경제의 주체로서 하는 작용은 포함되지 않는다.
② 공무원에게 부과된 직무상 의무의 내용이 전적으로 또는 부수적으로 사회구성원 개인의 안전과 이익을 보호하기 위하여 설정된 것이라면, 그와 같은 의무를 위반함으로 인하여 피해자가 입은 손해에 대하여는 상당인과관계가 인정되는 범위 내에서 배상책임이 성립한다.
③ 항고소송에서 위법한 것으로서 취소된 행정처분이 객관적 정당성을 상실하였다고 인정될 정도에 이른 것이 아닌 경우, 당해 행정처분은 공무원의 고의 또는 과실에 의한 불법행위를 구성하게 된다.
④ 공무원 개인이 지는 손해배상책임에서 중과실이란 공무원에게 통상 요구되는 정도의 상당한 주의를 하지 않더라도 약간의 주의를 한다면 손쉽게 위법·유해한 결과를 예견할 수 있는 경우임에도 만연히 이를 간과한 경우와 같이, 거의 고의에 가까운 현저한 주의를 결여한 상태를 의미한다.

항고소송에서 행정처분이 위법한 것으로서 취소되더라도 곧바로 당해 행정처분이 공무원의 고의 또는 과실에 의한 불법행위를 구성하는 것은 아니다. ※ 객관적 주의의무를 결여하여 그 처분이 객관적 정당성을 상실한 정도가 되어야 공무원의 과실이 별도로 인정될 수 있다는 것이 판례의 취지이다. [※관련판례. 어떠한 행정처분이 후에 항고소송에서 취소되었다고 할지라도 그 기판력에 의하여 당해 행정처분이 곧바로 공무원의 고의 또는 과실로 인한 것으로서 불법행위를 구성한다고 단정할 수는 없는 것이고, 그 행정처분의 담당공무원이 보통 일반의 공무원을 표준으로 하여 볼 때 객관적 주의의무를 결여하여 그 행정처분이 객관적 정당성을 상실하였다고 인정될 정도에 이른 경우에 비로소 「국가배상법」 제2조 소정의 국가배상책임의 요건을 충족하였다고 봄이 상당할 것이다. (대판2001다33789)]

정답 ③

13 국가배상에 관한 설명으로 옳지 않은 것은? (다툼이 있으면 판례에 따름) 22 소방승진

① 「국가배상법」 제2조의 공무원의 직무행위는 객관적으로 직무행위로서의 외형을 갖추고 있으면 되고 주관적으로 공무집행의 의사는 없어도 된다.
② 공무원이 고의 또는 중과실로 불법행위를 하여 손해를 입힌 경우 피해자는 공무원 개인에 대해 손해배상을 청구할 수 있다.
③ 어떠한 행정처분이 항고소송에서 취소되었다면 그 기판력으로 인해 곧바로 국가배상책임이 인정될 수 있다.
④ 국가나 지방자치단체가 공익사업을 시행하는 과정에서 주민들이 일시적으로 행정절차에 참여할 권리를 침해받았다는 사정만으로 곧바로 국가나 지방자치단체가 주민들에게 정신적 손해에 대한 배상의무를 부담한다고 단정할 수 없다.

> 어떠한 행정처분이 후에 항고소송에서 취소되었다고 할지라도 그 기판력에 의하여 당해 행정처분이 곧바로 공무원의 고의 또는 과실로 인한 것으로서 불법행위를 구성한다고 단정할 수는 없는 것이고, 그 행정처분의 담당공무원이 보통 일반의 공무원을 표준으로 하여 볼 때 객관적 주의의무를 결하여 그 행정처분이 객관적 정당성을 상실하였다고 인정될 정도에 이른 경우에 비로소 「국가배상법」 제2조 소정의 국가배상책임의 요건을 충족하였다고 봄이 상당할 것이다. (대판 2001다33789) 따라서 어떠한 행정처분이 항고소송에서 취소된 경우 그 기판력으로 인해 공무원의 고의·과실까지 당연히 인정되는 것은 아니므로 곧바로 국가배상책임이 인정되는 것은 아니다.

정답 ③

14 행정상 손해배상에 대한 설명으로 옳은 것은? (다툼이 있는 경우 판례에 의함) 22 소방공채

① 국회의원은 원칙적으로 정치적 책임을 질 뿐이므로 「헌법」에 따른 구체적 입법의무를 부담하고 있음에도 그 입법에 필요한 상당한 기간이 경과하도록 고의 또는 과실로 그 입법의무를 이행하지 아니하는 경우 그 배상책임이 인정되기 어렵다.
② 주무 부처인 중앙행정기관이 입법 예고를 통해 법령안의 내용을 국민에게 예고한 적이 있다면, 그것이 법령으로 확정되지 아니하였다고 하더라도 국가는 위 법령안에 관련된 사항에 대해 이해관계자들에게 어떠한 신뢰를 부여한 것으로 볼 수 있다.
③ 공무원에게 부과된 직무상 의무의 내용이 전적으로 또는 부수적으로 사회구성원 개인의 안전과 이익을 보호하기 위하여 설정된 것이라면, 공무원이 그와 같은 직무상 의무를 위반함으로써 피해자가 입은 손해에 대해서는 상당인과관계가 인정되는 범위에서 국가가 배상책임을 진다.
④ 「금융위원회의 설치 등에 관한 법률」의 입법 취지에 비추어 볼 때, 금융감독원에 금융기관에 대한 검사·감독의무를 부과한 법령의 목적이 금융상품에 투자한 투자자 개인의 이익을 직접 보호하기 위한 것이라고 할 수 있으므로, 피고 금융감독원 및 그 직원들의 위법한 직무집행과 해당 저축은행의 후순위사채에 투자한 원고들이 입은 손해 사이에 상당인과관계가 인정된다.

해설

③ (○) 공무원이 고의 또는 과실로 그에게 부과된 직무상 의무를 위반하였을 경우라고 하더라도 국가는 그러한 직무상의 의무 위반과 피해자가 입은 손해 사이에 상당인과관계가 인정되는 범위 내에서만 배상책임을 지는 것이고, 이 경우 상당인과관계가 인정되기 위하여는 공무원에게 부과된 직무상 의무의 내용이 단순히 공공일반의 이익을 위한 것이거나 행정기관 내부의 질서를 규율하기 위한 것이 아니고 전적으로 또는 부수적으로 사회구성원 개개인의 안전과 이익을 보호하기 위해 설정한 것이어야 한다. (대판 2003다41746)

① (×) 우리 「헌법」이 채택하고 있는 의회민주주의하에서 국회는 다원적 의견이나 각가지 이익을 반영시킨 토론과정을 거쳐 다수결의 원리에 따라 통일적인 국가의사를 형성하는 역할을 담당하는 국가기관으로서 그 과정에 참여한 국회의원은 입법에 관하여 원칙적으로 국민 전체에 대한 관계에서 정치적 책임을 질 뿐 국민 개개인의 권리에 대응하여 법적 의무를 지는 것은 아니므로, 국회의원의 입법행위는 그 입법 내용이 헌법의 문언에 명백히 위배됨에도 불구하고 국회가 굳이 당해 입법을 한 것과 같은 특수한 경우가 아닌 한 「국가배상법」 제2조 제1항 소정의 위법행위에 해당한다고 볼 수 없고, 같은 맥락에서 국가가 일정한 사항에 관하여 「헌법」에 의하여 부과되는 구체적인 입법의무를 부담하고 있음에도 불구하고 그 입법에 필요한 상당한 기간이 경과하도록 고의 또는 과실로 이러한 입법의무를 이행하지 아니하는 등 극히 예외적인 사정이 인정되는 사안에 한정하여 「국가배상법」 소정의 배상책임이 인정될 수 있으며, 위와 같은 구체적인 입법의무 자체가 인정되지 않는 경우에는 애당초 부작위로 인한 불법행위가 성립할 여지가 없다. (대판 2004다33469)

② (×) 정책의 주무 부처인 중앙행정기관이 그 소관 사항에 대하여 입안한 법령안은 법제처 심사 등의 절차를 거쳐 공포함으로써 확정되므로, 법령이 확정되기 이전에는 법적 효과가 발생할 수 없다. 따라서 입법 예고를 통해 법령안의 내용을 국민에게 예고한 적이 있다고 하더라도 그것이 법령으로 확정되지 아니한 이상 국가가 이해관계자들에게 위 법령안에 관련된 사항을 약속하였다고 볼 수 없으며, 이러한 사정만으로 어떠한 신뢰를 부여하였다고 볼 수도 없다. (대판 2004다33469, 2017다249769)

④ (×) 금융감독원에게 '금융기관에 대한 검사·감독의무'를 부과한 「금융위원회의 설치 등에 관한 법률」의 목적은 공공 일반의 이익을 위한 것이지 투자자 개인의 이익을 보호하는데 있지 않다. 따라서 금융기관을 감독하는 금융감독원의 직무는 사익보호성이 인정되지 않아 상당인과관계가 부정된다는 것이 판례의 입장이다. [※관련판례. 원심은, 금융위원회의 설치 등에 관한 법률의 입법취지 등에 비추어 볼 때, 피고 금융감독원에 금융기관에 대한 검사·감독의무를 부과한 법령의 목적이 금융상품에 투자한 투자자 개인의 이익을 직접 보호하기 위한 것이라고 할 수 없으므로, 피고 금융감독원 및 그 직원들의 위법한 직무집행과 부산2저축은행의 후순위사채에 투자한 원고들이 입은 손해 사이에 상당인과관계가 있다고 보기 어렵다고 판단하였다. 앞서 본 법리와 기록에 비추어 살펴보면, 원심의 위와 같은 판단은 정당하고, 거기에 상고이유 주장과 같이 국가배상책임에서 상당인과관계에 관한 법리를 오해한 위법이 없다. (대판2015다210194)]

정답 ③

15 「국가배상법」 제2조 제1항 단서의 이중배상금지에 관한 설명으로 옳지 않은 것은? (다툼이 있으면 판례에 따름)   `21 행정사`

① 피해자가 군인·군무원·경찰공무원 또는 예비군대원이어야 한다.
② 「병역법」상 공익근무요원은 군인에 해당하여 이중배상이 금지되는 자에 속한다.
③ 전투·훈련 또는 이에 준하는 직무집행 뿐만 아니라 일반 직무집행에 관하여도 적용된다.
④ 전투·훈련 중 민간인이 군인과 공동불법행위를 한 경우 민간인은 자신의 부담 부분만을 피해 군인에게 배상하면 된다는 것이 대법원판례의 입장이다.
⑤ 전투·훈련 등 직무집행과 관련하여 전사·순직하거나 공상을 입은 손해에 한한다.

이중배상이 배제되는 자는 군인·군무원·경찰공무원 또는 예비군대원이다. 판례는 「전투경찰대설치법」에 따른 전투경찰순경은 이중배상금지가 적용되는 경찰공무원에 해당하지만(헌재 전원재판부 94헌마118·95헌바39(병합)), 공익근무요원이나 경비교도는 이중배상이 배제되는 군인에 속하지 않는다고 한다.

정답 ②

16 「국가배상법」상 이중배상금지에 대한 판례의 입장으로 옳지 않은 것은?   `23 국가직 9급`

① 「국가배상법」 제2조 제1항 단서에서 정한 '다른 법령의 규정'에 따른 보상금청구권이 모두 시효로 소멸된 경우라고 하더라도 「국가배상법」 제2조 제1항 단서 규정이 적용된다.
② 경찰공무원인 피해자가 「공무원연금법」에 따라 공무상 요양비를 지급받는 것은 「국가배상법」 제2조 제1항 단서에서 정한 '다른 법령의 규정'에 따라 보상을 지급받는 것에 해당하지 않는다.
③ 훈련으로 공상을 입은 군인이 「국가배상법」에 따라 손해배상금을 지급받은 다음 「보훈보상대상자 지원에 관한 법률」이 정한 보훈급여금의 지급을 청구하는 경우, 국가는 「국가배상법」 제2조 제1항 단서에 따라 그 지급을 거부할 수 있다.
④ 군인이 교육훈련으로 공상을 입은 경우라도 「군인연금법」 또는 「국가유공자예우등에 관한 법률」에 의하여 재해보상금·유족연금·상이연금 등 별도의 보상을 받을 수 없는 경우에는 「국가배상법」 제2조 제1항 단서의 적용 대상에서 제외하여야 한다.

③ (X) 직무집행과 관련하여 공상을 입은 군인 등이 먼저「국가배상법」에 따라 손해배상금을 지급받은 다음「보훈보상대상자 지원에 관한 법률」이 정한 보상금 등 보훈급여금의 지급을 청구하는 경우,「국가배상법」에 따라 손해배상을 받았다는 이유로 그 지급을 거부할 수 없다. (대판2015두60075)

① (O)「국가배상법」제2조 제1항 단서 규정은 다른 법령에 보상제도가 규정되어 있고, 그 법령에 규정된 상이등급 또는 장애등급 등의 요건에 해당되어 그 권리가 발생한 이상, 실제로 그 권리를 행사하였는지 또는 그 권리를 행사하고 있는지 여부에 관계없이 적용된다고 보아야 하고, 그 각 법률에 의한 보상금청구권이 시효로 소멸되었다 하여 적용되지 않는다고 할 수는 없다. (대판2000다39735)

② (O) 경찰공무원인 피해자가 구「공무원연금법」의 규정에 따라 공무상 요양비를 지급받는 것은「국가배상법」제2조 제1항 단서에서 정한 '다른 법령의 규정'에 따라 보상을 지급받는 것에 해당하지 않는다. (대판2017다16174). ※「공무원연금법」에 따른 공무상 요양비는 이중배상금지가 적용되는 보상금에 해당하지 않으므로, 이를 지급받아도 배상청구가 제한되지 않는다는 판례.

④ (O) 군인, 군무원 등「국가배상법」제2조 제1항 단서에 열거된 자가 전투·훈련 기타 직무집행과 관련하는 등으로 공상을 입은 경우라고 하더라도「군인연금법」또는「국가유공자예우등에 관한 법률」에 의하여 재해보상금, 유족연금, 상이연금 등 별도의 보상을 받을 수 없는 경우에는「국가배상법」제2조 제1항 단서의 적용 대상에서 제외된다. (대판96다42178)

정답 ③

17 「국가배상법」에 대한 설명으로 옳지 않은 것은? (다툼이 있는 경우 판례에 의함) 21 소방공채

① 판례는「자동차손해배상 보장법」은 배상책임의 성립요건에 관하여는「국가배상법」에 우선하여 적용된다고 판시하였다.

② 헌법재판소는「국가배상법」제2조 제1항 단서 이중배상금지규정에 대하여 헌법에 위반되지 아니한다고 판시하였다.

③ 생명·신체의 침해로 인한 국가배상을 받을 권리는 양도는 가능하지만, 압류는 하지 못한다.

④ 판례는「국가배상법」제5조의 영조물의 설치·관리상의 하자로 인한 손해가 발생한 경우, 피해자의 위자료 청구권이 배제되지 아니한다고 판시하였다.

> **해설**

③ (✕) 「국가배상법」 제4조. 생명·신체의 침해로 인한 국가배상을 받을 권리는 양도하거나 압류하지 못한다.
① (○) 「국가배상법」은 "국가나 지방자치단체는 … 「자동차손해배상보장법」에 따라 손해배상의 책임이 있을 때에는 이 법에 따라 그 손해를 배상하여야 한다(국배법 제2조 제1항 본문 후단)"고 규정하고 있고, 자동차손해배상보장법(자배법)은 "자기를 위하여 자동차를 운행하는 자는 그 운행으로 인하여 다른 사람을 사망하게 하거나 부상하게 한 때에는 그 손해를 배상할 책임을 진다(동법 제3조)"고 규정하고 있다. 즉, 공무원의 차량사고로 인한 국가배상과 관련하여서는 「자동차손해배상보장법」을 우선 적용하여 국가 등이 자동차손해배상보장법상의 책임성립 요건을 갖추면, 손해배상책임의 범위와 절차는 「국가배상법」이 정한 바에 의하여 배상책임을 진다.
② (○) 군인·향토예비군 대원의 국가 등에 대한 손해배상청구권을 제한하고 있는 국가배상법 제2조 제1항 단서는 헌법에 위반되지 않는다. (헌재 전원재판부2000헌바38)
④ (○) 「국가배상법」 제5조상 영조물의 설치·관리의 하자로 인한 배상책임의 경우에도, 타인·손해·인과관계의 개념은 국가배상법 제2조 제1항과 같다. 즉 재산권 침해로 인한 배상을 받았다고 하여 정신상 손해, 즉 위자료청구를 배제하는 것은 아니므로, 재산권 침해로 인한 위자료청구권도 가능하다.

> **정답** ③

18 국가배상에 관한 설명으로 옳지 않은 것은? (다툼이 있으면 판례에 따름)   22 행정사

① 공무를 위탁받은 사인의 직무집행행위에 대해서도 국가배상책임이 성립할 수 있다.
② 가해행위인 처분에 대해 취소판결이 확정된 경우에는 기판력에 의해 국가배상소송에서도 국가배상책임이 인정된다.
③ 생명·신체의 침해로 인한 국가배상을 받을 권리는 압류하지 못한다.
④ 피해자나 그 법정대리인이 손해 및 가해자를 알지 못한 경우 국가배상청구권의 소멸시효 기간은 5년이다.
⑤ 외국인이 피해자인 경우에는 해당 국가와 상호 보증이 있을 때에만 「국가배상법」이 적용된다.

> **해설**

어떠한 행정처분이 후에 항고소송에서 취소되었다고 할지라도 그 기판력에 의하여 당해 행정처분이 곧바로 공무원의 고의 또는 과실로 인한 것으로서 불법행위를 구성한다고 단정할 수는 없는 것이고, 그 행정처분의 담당공무원이 보통 일반의 공무원을 표준으로 하여 볼 때 객관적 주의의무를 결하여 그 행정처분이 객관적 정당성을 상실하였다고 인정될 정도에 이른 경우에 비로소 「국가배상법」 제2조 소정의 국가배상책임의 요건을 충족하였다고 봄이 상당할 것이다. (대판2001다33789)

> **정답** ②

19. 국가배상에 대한 설명으로 옳지 않은 것은? (다툼이 있는 경우 판례에 의함) [21 지방직 7급]

① 공무원이 고의 또는 과실로 그에게 부과된 직무상 의무를 위반하였을 경우라고 하더라도 국가는 그러한 직무상의 의무 위반과 피해자가 입은 손해 사이에 상당인과관계가 인정되는 범위 내에서만 배상책임을 진다.
② 공무원의 부작위로 인한 국가배상책임을 인정할 것인지 여부가 문제되는 경우에 관련 공무원에 대하여 작위의무를 명하는 형식적 법률의 규정이 없는 경우에는 국가배상책임이 인정되지 않는다.
③ 「국가배상법」 제5조 소정의 공공의 영조물이란 공유나 사유임을 불문하고 행정주체에 의하여 특정 공공의 목적에 공여된 유체물 또는 물적 설비를 의미한다.
④ 설치 공사 중인 옹벽은 아직 완성되지 아니하여 일반 공중의 이용에 제공되지 않고 있었던 이상 공공의 영조물에 해당한다고 할 수 없다.

공무원의 부작위로 인한 국가배상책임을 인정할 것인지 여부가 문제되는 경우에 관련 공무원에 대하여 작위의무를 명하는 법령의 규정이 없는 때라면 공무원의 부작위로 인하여 침해되는 국민의 법익 또는 국민에게 발생하는 손해가 어느 정도 심각하고 절박한 것인지, 관련 공무원이 그와 같은 결과를 예견하여 그 결과를 회피하기 위한 조치를 취할 수 있는 가능성이 있는지 등을 종합적으로 고려하여 판단하여야 한다. (대판2010다95666)

정답 ②

20. 국가배상에 관한 설명으로 옳지 않은 것은? (다툼이 있으면 판례에 따름) [23 행정사]

① 인사업무담당 공무원이 다른 공무원의 공무원증을 위조한 행위는 직무집행행위에 해당한다.
② 행정처분이 후에 항고소송에서 취소되면 그 기판력에 의하여 당해 행정처분은 공무원의 고의·과실 여부와 관계없이 곧바로 불법행위를 구성한다.
③ 생명·신체의 침해로 인한 국가배상을 받을 권리는 양도하지 못한다.
④ 경찰관이 범죄수사를 함에 있어 법규상 또는 조리상의 한계를 위반하였다면 이는 법령을 위반한 경우에 해당한다.
⑤ 영조물 설치·관리상의 하자는 공공의 목적에 공여된 영조물이 그 용도에 따라 통상 갖추어야 할 안전성을 갖추지 못한 상태에 있음을 말한다.

해설

② (×) 취소판결의 기판력에 의하여 당해 행정처분이 곧바로 공무원의 고의 또는 과실로 인한 것으로서 불법행위를 구성한다고 단정할 수는 없다. (대판 99다70600)
① (O) 은행으로부터 대출을 받기 위해 인사업무담당 공무원이 다른 공무원의 공무원증 등을 위조한 행위는 외관상「국가배상법」제2조 제1항의 직무집행 관련성이 인정된다. (대판 2004다26805).
③ (O) 「국가배상법」제4조. 생명·신체의 침해로 인한 국가배상을 받을 권리는 양도하거나 압류하지 못한다.
④ (O) 판례는 행정권의 재량에 속하는 사항이라도 법규상 또는 조리상 한계를 위반하게 되면 「국가배상법」상 '법령위반'의 위법성을 인정한다.
⑤ (O) 「국가배상법」제5조 제1항 소정의 '영조물 설치·관리상의 하자'라 함은 공공의 목적에 공여된 영조물이 그 용도에 따라 통상 갖추어야 할 안전성을 갖추지 못한 상태에 있음을 말하고, 영조물의 설치 및 관리에 있어서 항상 완전무결한 상태를 유지할 정도의 고도의 안전성을 갖추지 아니하였다고 하여 영조물의 설치 또는 관리에 하자가 있는 것으로는 할 수 없는 것이다. (대판 99다54998)

정답 ②

21 국가배상에 대한 설명으로 옳지 않은 것은? (다툼이 있는 경우 판례에 의함) 21 지방직 9급

① 국가나 지방자치단체가 손해를 배상할 책임이 있는 경우에 공무원의 선임·감독 또는 영조물의 설치·관리를 맡은 자와 공무원의 봉급·급여, 그 밖의 비용 또는 영조물의 설치·관리 비용을 부담하는 자가 동일하지 아니하면 그 비용을 부담하는 자도 손해를 배상하여야 한다.
② 국가배상책임에 있어서 국가는 직무상의 의무 위반과 피해자가 입은 손해 사이에 상당인과관계가 인정되는 범위 내에서만 배상책임을 지는 것이고, 이 경우 상당인과관계가 인정되기 위해서는 공무원에게 부과된 직무상 의무의 내용이 전적으로 또는 부수적으로 사회구성원 개인의 안전과 이익을 보호하기 위하여 설정된 것이어야 한다.
③ 「국가배상법」상 '공공의 영조물'은 지방자치단체가 소유권, 임차권 그 밖의 권한에 기하여 관리하고 있는 경우는 포함하지만, 사실상의 관리를 하고 있는 경우는 포함하지 않는다.
④ 공무원 개인이 고의 또는 중과실이 있는 경우에는 불법행위로 인한 손해배상책임을 진다고 할 것이지만, 공무원의 위법행위가 경과실에 기한 경우에는 공무원은 손해배상책임을 부담하지 않는다.

해설

「국가배상법」제5조 제1항. 소정의 '공공의 영조물'이라 함은 국가 또는 지방자치단체에 의하여 특정 공공의 목적에 공여된 유체물 내지 물적 설비를 말하며, 강학상 공물을 의미한다. 그리고 자연공물·인공공물을 가리지 않으며, 국가의 소유물에 한정하지 않고 국가나 지방자치단체가 소유권·임차권 그 밖의 권한에 기하여 관리하고 있는 경우뿐만 아니라 사실상 관리하는 경우도 포함한다. (대판 98다17381)

정답 ③

22. 다음 중 「국가배상법」상 공무원의 책임에 대한 설명으로 가장 옳지 않은 것은? (다툼이 있는 경우 판례에 의함)
[23 해경승진]

① 공무원이 직무수행 중 불법행위로 타인에게 손해를 입힌 경우에 국가 등이 국가배상책임을 부담하는 외에 공무원 개인도 고의 또는 중과실이 있는 경우에는 불법행위로 인한 손해배상 책임을 진다.
② 공무원책임에 대한 규정인 「헌법」 제29조 제1항 단서는 그 조항 자체로 공무원 개인의 구체적인 손해배상책임의 범위까지 규정한 것으로 보기는 어렵다.
③ 피해자에게 손해를 직접 배상한 경과실이 있는 공무원이 국가에 대하여 국가의 손해배상책임의 범위 내에서 자신이 변제한 금액에 관하여 구상권을 행사하는 것은 권리남용으로 허용되지 아니한다.
④ 특별한 사정이 없는 한 일반적으로 공무원이 관계법규를 알지 못하거나 필요한 지식을 갖추지 못하고 법규의 해석을 그르쳐 행정처분을 하였다면 그가 법률전문가가 아닌 행정직 공무원이라도 과실이 있다.

피해자에게 손해를 직접 배상한 경과실이 있는 공무원은 특별한 사정이 없는 한 국가에 대하여 국가의 피해자에 대한 손해배상책임의 범위 내에서 공무원이 변제한 금액에 관하여 구상권을 취득한다. (대판2012다54478)

정답 ③

23. 국가배상에 대한 설명으로 옳지 않은 것은?
[23 지방직 9급]

① 시·도경찰청장 또는 경찰서장이 지방자치단체의 장으로부터 권한을 위탁받아 설치·관리하는 신호기의 하자로 인해 손해가 발생한 경우 「국가배상법」 제5조 소정의 배상책임의 귀속 주체는 국가뿐이다.
② 헌법재판소 재판관이 청구기간 내에 제기된 헌법소원심판청구 사건에서 청구기간을 오인하여 각하결정을 한 경우, 이에 대한 불복절차 내지 시정절차가 없는 때에는 배상책임의 요건이 충족되는 한 국가배상책임을 인정할 수 있다.
③ 영조물의 설치·관리자와 비용부담자가 다른 경우 피해자에게 손해를 배상한 자는 내부관계에서 그 손해를 배상할 책임이 있는 자에게 구상할 수 있다.
④ 군 복무 중 사망한 군인 등의 유족이 「국가배상법」에 따른 손해배상금을 지급받은 경우 그 손해배상금 상당 금액에 대해서는 「군인연금법」에서 정한 사망보상금을 지급받을 수 없다.

① (×) 지방자치단체장이 교통신호기를 설치하여 그 관리권한이 「도로교통법」 제71조의2 제1항의 규정에 의하여 관할 지방경찰청장에게 위임되어 지방자치단체 소속 공무원과 지방경찰청 소속 공무원이 합동 근무하는 교통종합관제센터에서 그 관리업무를 담당하던 중 위 신호기가 고장난 채 방치되어 교통사고가 발생한 경우, 「국가배상법」 제2조 또는 제5조에 의한 배상책임을 부담하는 것은 지방경찰청장이 소속된 국가가 아니라, 그 권한을 위임한 지방자치단체 장이 소속된 지방자치단체라고 할 것이다. (대판99다11120)

② (O) 법소원심판을 청구한 자로서는 헌법재판소 재판관이 일자 계산을 정확하게 하여 본안판단을 할 것으로 기대하는 것이 당연하고, 따라서 헌법재판소 재판관의 위법한 직무집행의 결과 잘못된 각하결정을 함으로써 청구인으로 하여금 본안판단을 받을 기회를 상실하게 한 이상, 설령 본안판단을 하였더라도 어차피 청구가 기각되었을 것이라는 사정이 있다고 하더라도 잘못된 판단으로 인하여 헌법소원심판 청구인의 위와 같은 합리적인 기대를 침해한 것이고 이러한 기대는 인격적 이익으로서 보호할 가치가 있다고 할 것이므로 그 침해로 인한 정신상 고통에 대하여는 위자료를 지급할 의무가 있다. (대판99다24218)

③ (O) 지방자치단체장이 신호기를 설치하고 그 설치·관리에 관한 권한을 대한민국 산하 안산경찰서장에게 위임한 후 교통신호기 고장으로 사고가 발생한 경우 손해배상의 궁극적인 책임은 지방자치단체에 있다. (사무귀속설의 입장으로 평가되는 판례)(대판2001다41865)

④ (O) 다른 법령에 따라 지급받은 급여와의 조정에 관한 조항을 두고 있지 아니한 「보훈보상대상자 지원에 관한 법률」과 달리 「군인연금법」 제41조 제1항은 "다른 법령에 따라 국가나 지방자치단체의 부담으로 이 법에 따른 급여와 같은 종류의 급여를 받은 사람에게는 그 급여금에 상당하는 금액에 대하여는 이 법에 따른 급여를 지급하지 아니한다."라고 명시적으로 규정하고 있다. 나아가 「군인연금법」이 정하고 있는 급여 중 사망보상금(군인연금법 제31조)은 일실손해의 보전을 위한 것으로 불법행위로 인한 소극적 손해배상과 같은 종류의 급여라고 봄이 타당하다. 따라서 피고에게 「군인연금법」 제41조 제1항에 따라 원고가 받은 손해배상금 상당 금액에 대하여는 사망보상금을 지급할 의무가 존재하지 아니한다. (대판2018두366691)

정답 ①

24 국가배상책임에 관한 설명으로 옳지 않은 것은? (다툼이 있는 경우 판례에 의함) 21 소방공채

① 「국가배상법」에서는 공무원 개인의 피해자에 대한 배상책임을 인정하는 명시적인 규정을 두고 있지 않다.

② 공무원증 발급업무를 담당하는 공무원이 대출을 받을 목적으로 다른 공무원의 공무원증을 위조하는 행위는 「국가배상법」 제2조 제1항의 직무집행관련성이 인정되지 않는다.

③ 군교도소 수용자들이 탈주하여 일반 국민에게 손해를 입혔다면 국가는 그로 인하여 피해자들이 입은 손해를 배상할 책임이 있다.

④ 「국가배상법」 제2조 제1항 단서에 의해 군인 등의 국가배상청구권이 제한되는 경우, 공동불법행위자인 민간인은 피해를 입은 군인 등에게 그 손해 전부에 대하여 배상하여야 하는 것은 아니며 자신의 부담 부분에 한하여 손해배상의무를 부담한다.

② (×) 외형설(객관설)에 의해 국가배상책임의 성립요건인 '직무집행 관련성'이 인정된 판례로서, 은행으로부터 대출을 받기 위해 인사업무담당 공무원이 다른 공무원의 공무원증 등을 위조한 행위는 직무관련성이 인정된다. (대판2004다26805)
① (O) 「헌법」 제29조 제1항은 공무원 개인이 면책되지 않는다고만 하고 구체적인 책임 여부는 규정하고 있지 않다. 그리고 「국가배상법」 제2조 제2항 역시 공무원 개인이 고의 또는 중과실인 경우에 한하여 구상책임만 규정하고 있을 뿐 피해자에 대한 배상책임은 명문의 규정이 없는 바, 학설과 판례의 태도를 살펴본다.
③ (O) 헌병대 영창에서 탈주한 군인들이 민가에 침입하여 저지른 범죄행위에 대해 상당인과관계가 있다. (대판2002다62678)
④ (O) 민간인과 직무집행 중인 군인 등의 공동불법행위로 인하여 직무집행 중인 다른 군인 등이 피해를 입은 경우, 민간인은 자신의 부담부분에 한하여 손해를 배상하고, 만약 민간인이 피해 군인 등에게 자신의 귀책부분을 넘어서 배상한 경우 국가 등에게 구상권을 행사할 수 없다. (대판96다42420)

정답 ②

25 「국가배상법」의 내용에 대한 설명으로 옳지 않은 것은? (단, 다툼이 있는 경우 판례에 의함)
21 군무원 9급

① 국가나 지방자치단체는 공무를 위탁받은 사인이 직무를 집행하면서 고의 또는 과실로 법령을 위반하여 타인에게 손해를 입힌 때에는 「국가배상법」에 따라 그 손해를 배상하여야 한다.
② 도로·하천, 그 밖의 공공의 영조물(營造物)의 설치나 관리에 하자(瑕疵)가 있기 때문에 타인에게 손해를 발생하게 하였을 때에는 국가나 지방자치단체는 그 손해를 배상하여야 한다. 이 경우 군인·군무원의 2중배상금지에 관한 규정은 적용되지 않는다.
③ 직무를 집행하는 공무원에게 고의 또는 중대한 과실이 있으면 국가나 지방자치단체는 그 공무원에게 구상(求償)할 수 있다.
④ 군인·군무원이 전투·훈련 등 직무 집행과 관련하여 전사(戰死)·순직(殉職)하거나 공상(公傷)을 입은 경우에 본인이나 그 유족이 다른 법령에 따라 재해보상금·유족연금·상이연금 등의 보상을 지급받을 수 있을 때에는 「국가배상법」 및 「민법」에 따른 손해배상을 청구할 수 없다.

「국가배상법」 제5조 후단. 도로·하천, 그 밖의 공공의 영조물(營造物)의 설치나 관리에 하자(瑕疵)가 있기 때문에 타인에게 손해를 발생하게 하였을 때에는 국가나 지방자치단체는 그 손해를 배상하여야 하는 「국가배상법」 제5조 영조물책임의 경우에도 군인·군무원의 2중배상금지에 관한 규정(「국가배상법」 제2조 제1항 단서)이 적용된다.

정답 ②

26. 국가배상제도에 대한 설명으로 옳은 것은? (다툼이 있는 경우 판례에 의함) 〔22 지방직 9급〕

① 공무원에게 부과된 직무상 의무가 단순히 공공일반의 이익만을 위한 경우라면 그러한 직무상 의무 위반에 대해서는 국가배상책임이 인정되지 않는다.
② 국가의 비권력적 작용은 국가배상청구의 요건인 직무에 포함되지 않는다.
③ 경과실로 불법행위를 한 공무원이 피해자에게 손해를 배상하였다면 이는 타인의 채무를 변제한 경우에 해당하므로 피해자는 공무원에게 이를 반환할 의무가 있다.
④ 지방자치단체가 권원 없이 사실상 관리하고 있는 도로는 국가배상책임의 대상이 되는 영조물에 해당하지 않는다.

① (○) 공무원이 고의 또는 과실로 그에게 부과된 직무상 의무를 위반하였을 경우라고 하더라도 국가는 그러한 직무상의 의무 위반과 피해자가 입은 손해 사이에 상당인과관계가 인정되는 범위 내에서만 배상책임을 지는 것이고, 이 경우 상당인과관계가 인정되기 위하여는 공무원에게 부과된 직무상 의무의 내용이 단순히 공공일반의 이익을 위한 것이거나 행정기관 내부의 질서를 규율하기 위한 것이 아니고 전적으로 또는 부수적으로 사회구성원 개개인의 안전과 이익을 보호하기 위해 설정한 것이어야 한다. (대판2003다41746)

② (×) 「국가배상법」이 정한 배상청구의 요건인 공무원의 직무에는 권력적 작용만이 아니라 행정지도와 같은 비권력적 작용도 포함되며, 단지 행정주체가 사경제주체로서 하는 활동만이 제외된다. (대판96다38971)

③ (×) 공무원이 직무수행 중 불법행위로 타인에게 손해를 입힌 경우에 국가 등이 국가배상책임을 부담하는 외에 공무원 개인도 고의 또는 중과실이 있는 경우에는 불법행위로 인한 손해배상책임을 지고, 공무원에게 경과실이 있을 뿐인 경우에는 공무원 개인은 손해배상책임을 부담하지 아니한다. 이처럼 〈경과실이 있는 공무원이 피해자에 대하여 손해배상책임을 부담하지 아니함에도 피해자에게 손해를 배상하였다면〉 그것은 채무자 아닌 사람이 타인의 채무를 변제한 경우에 해당하고, 이는 「민법」 제469조의 '제3자의 변제' 또는 「민법」 제744조의 '도의관념에 적합한 비채변제'에 해당하여 피해자는 공무원에 대하여 이를 반환할 의무가 없고, 그에 따라 피해자의 국가에 대한 손해배상청구권이 소멸하여 국가는 자신의 출연 없이 채무를 면하게 되므로, 피해자에게 손해를 직접 배상한 경과실이 있는 공무원은 특별한 사정이 없는 한 국가에 대하여 국가의 피해자에 대한 손해배상책임의 범위 내에서 공무원이 변제한 금액에 관하여 구상권을 취득한다. (대판2012다54478)

④ (×) 「국가배상법」 제5조 제1항. 소정의 '공공의 영조물'이라 함은 국가 또는 지방자치단체에 의하여 특정 공공의 목적에 공여된 유체물 내지 물적 설비를 말하며, 강학상 공물을 의미한다. 그리고 자연공물·인공공물을 가리지 않으며, 국가의 소유물에 한정하지 않고 국가나 지방자치단체가 소유권·임차권 그 밖의 권한에 기하여 관리하고 있는 경우뿐만 아니라 사실상 관리하는 경우도 포함한다. (대판98다17381)

정답 ①

27 국가배상에 대한 판례의 입장으로 옳은 것은?

22 국가직 7급

① 공익근무요원은 「국가배상법」 제2조 제1항 단서규정에 의하여 손해배상청구가 제한된다.
② 외국인이 피해자인 경우에는 해당 국가와 상호보증이 있을 때에만 「국가배상법」이 적용되며, 상호보증은 해당 국가와 조약이 체결되어 있어야 한다.
③ 공무원에 대한 전보인사가 인사권을 다소 부적절하게 행사한 것으로 볼 여지가 있다 하더라도 그러한 사유만으로 그 전보인사가 당연히 불법행위를 구성한다고 볼 수는 없다.
④ 직무집행과 관련하여 공상을 입은 군인이 먼저 「국가배상법」에 따라 손해배상금을 지급받았다면 「국가유공자 등 예우 및 지원에 관한 법률」이 정한 보상금 등 보훈급여금의 지급을 청구하는 것은 이중배상금지원칙에 따라 인정되지 아니한다.

해설

③ (O) 공무원에 대한 전보인사가 법령이 정한 기준과 원칙에 위배되거나 인사권을 다소 부적절하게 행사한 것으로 볼 여지가 있다하더라도 그러한 사유만으로 그 전보인사가 당연히 불법행위를 구성한다고 볼 수는 없고, 인사권자가 당해 공무원에 대한 보복감정 등 다른 의도를 가지고 인사재량권을 일탈·남용하여 객관적 정당성을 상실하였음이 명백한 경우 등 전보인사가 우리의 건전한 사회통념이나 사회상규상 도저히 용인될 수 없음이 분명한 경우에, 그 전보인사는 위법하게 상대방에게 정신적 고통을 가하는 것이 되어 당해 공무원에 대한 관계에서 불법행위를 구성한다. (대판2006다16215)
① (X) 공익근무요원은 소집되어 군에 복무하지 않는 한 군인이라고 말할 수 없으므로, 비록 「병역법」 제75조 제2항이 공익근무요원으로 복무 중 순직한 사람의 유족에 대하여 「국가유공자등예우및지원에관한법률」에 따른 보상을 하도록 규정하고 있다고 하여도, 공익근무요원이 국가배상법 제2조 제1항 단서의 규정에 의하여 「국가배상법」손해배상청구가 제한되는 군인·군무원·경찰공무원 또는 향토예비군대원에 해당한다고 할 수 없다. (대판97다4036)
② (X) 상호보증은 외국의 법령, 판례 및 관례 등에 의하여 승인요건을 비교하여 인정되면 충분하고 반드시 당사국과 조약이 체결되어 있을 필요는 없으며, 해당 외국에서 구체적으로 우리나라의 같은 종의 판결을 승인한 사례가 없다고 하더라도 실제로 승인할 것이라고 기대할 수 있을 정도이면 충분하다. (대판2012다23832)
④ (X) 전투·훈련 등 직무집행과 관련하여 공상을 입은 군인·군무원·경찰공무원 또는 향토예비군대원이 먼저 「국가배상법」에 따라 손해배상금을 지급받은 다음 보훈보상대상자 지원에 관한 법률이 정한 보상금 등 보훈급여금의 지급을 청구하는 경우, 「국가배상법」 제2조 제1항 단서가 「보훈보상자법」등에 의한 보상을 받을 수 있는 경우 「국가배상법」에 따른 손해배상청구를 하지 못한다는 것을 넘어 「국가배상법」손해배상금을 받은 경우 「보훈보상자법」상 보상금 등 보훈급여금의 지급을 금지하는 것으로 해석하기는 어려운 점 등에 비추어, 국가보훈처장은 「국가배상법」에 따라 손해배상을 받았다는 사정을 들어 보상금 등 보훈급여금의 지급을 거부할 수 없다. (대판2015두60075)

정답 ③

28 행정상 손해배상에 대한 설명으로 옳지 않은 것은? (다툼이 있는 경우 판례에 의함)

22 국가직 9급

① 국가배상청구권의 소멸시효 기간은 지났으나 국가가 소멸시효 완성을 주장하는 것이 신의성실의 원칙에 반하는 권리남용으로 허용될 수 없어 배상책임을 이행한 경우, 국가는 원칙적으로 해당 공무원에 대해 구상권을 행사할 수 있다.
② 공무원이 관계 법령의 해석이 확립되기 전에 어느 한 설을 취하여 업무를 처리한 것이 결과적으로 위법하더라도 처분 당시 그 이상의 업무처리를 성실한 평균적 공무원에게 기대하기 어려웠던 경우라면 원칙적으로 공무원의 과실을 인정할 수 없다.
③ 공무원이 직무를 수행하면서 그 근거가 되는 법령의 규정에 따라 구체적으로 의무를 부여받았어도 그것이 국민의 이익과 관계없이 순전히 행정기관 내부의 질서를 유지하기 위한 것이라면 그 의무에 위반하여 국민에게 손해를 가하여도 국가 등은 배상책임을 부담하지 않는다.
④ 행정처분이 후에 항고소송에서 취소되었다고 할지라도 그 기판력에 의하여 당해 행정처분이 곧바로 공무원의 고의 또는 과실로 인한 것으로서 불법행위를 구성한다고 단정할 수는 없다.

공무원의 불법행위로 손해를 입은 피해자의 국가배상청구권의 소멸시효 기간이 지났으나 국가가 소멸시효 완성을 주장하는 것이 신의성실의 원칙에 반하는 권리남용으로 허용될 수 없어 배상책임을 이행한 경우에는, 〈소멸시효 완성 주장이 권리남용에 해당하게 된 원인행위와 관련하여 공무원이 원인이 되는 행위를 적극적으로 주도하였다는 등의 특별한 사정〉이 없는 한, 국가가 공무원에게 구상권을 행사하는 것은 신의칙상 허용되지 않는다. (대판2015다217843)

정답 ①

29 국가배상에 대한 설명으로 옳은 것만을 모두 고르면? (다툼이 있는 경우 판례에 의함)

> 19 지방직 9급

㉠ 헌법재판소 재판관이 청구기간 내에 제기된 헌법소원 심판청구 사건에서 청구기간을 오인하여 각하결정을 한 경우, 이에 대한 불복절차 내지 시정절차가 없는 때에는 국가배상책임을 인정할 수 있다.
㉡ 형벌에 관한 법령이 헌법재판소의 위헌결정으로 소급하여 효력을 상실한 경우, 위헌 선언 전 그 법령에 기초하여 수사가 개시되어 공소가 제기되고 유죄판결이 선고되었더라도, 그러한 사정만으로 국가의 손해배상 책임이 발생한다고 볼 수 없다.
㉢ 법령의 위탁에 의해 지방자치단체로부터 대집행을 수권받은 구 한국토지공사는 지방자치단체의 기관으로서「국가배상법」제2조 소정의 공무원에 해당한다.
㉣ 취소판결의 기판력은 국가배상청구소송에도 미치므로, 행정처분이 후에 항고소송에서 위법을 이유로 취소된 경우에는 그 기판력에 의하여 당해 행정처분이 곧바로 공무원의 고의 또는 과실에 의한 불법행위를 구성한다고 보아야 한다.

① ㉠, ㉡
② ㉠, ㉣
③ ㉡, ㉢
④ ㉢, ㉣

㉠ (O) 대판 99다24218
㉡ (O) 형벌에 관한 법령이 위헌결정으로 인하여 소급하여 효력을 상실한 경우라도, 그러한 사정만으로 손해배상책임이 발생하는 것은 아니다.
㉢ (X) 한국토지공사는 구 한국토지공사법(2007. 4. 6. 법률 제8340호로 개정되기 전의 것) 제2조, 제4조에 의하여 정부가 자본금의 전액을 출자하여 설립한 법인이고, 같은 법 제9조 제4호에 규정된 한국토지공사의 사업에 관하여는 공익사업을 위한 토지 등의 취득 및 보상에 관한 법률 제89조 제1항, 위 한국토지공사법 제22조 제6호 및 같은 법 시행령 제40조의3 제1항의 규정에 의하여 본래 시·도지사나 시장·군수 또는 구청장의 업무에 속하는 대집행권한을 한국토지공사에게 위탁하도록 되어 있는바, 한국토지공사는 이러한 법령의 위탁에 의하여 대집행을 수권받은 자로서 공무인 대집행을 실시함에 따르는 권리·의무 및 책임이 귀속되는 행정주체의 지위에 있다고 볼 것이지 지방자치단체 등의 기관으로서 국가배상법 제2조 소정의 공무원에 해당한다고 볼 것은 아니다. (대판 2007다82950,82967)
㉣ (X) 어떠한 행정처분이 후에 항고소송에서 취소되었다고 할지라도 그 기판력에 의하여 당해 행정처분이 곧바로 공무원의 고의 또는 과실로 인한 것으로서 불법행위를 구성한다고 단정할 수는 없는 것이고, 그 행정처분의 담당공무원이 보통 일반의 공무원을 표준으로 하여 볼 때 객관적 주의의무를 결하여 그 행정처분이 객관적 정당성을 상실하였다고 인정될 정도에 이른 경우에 국가배상법 제2조 소정의 국가배상책임의 요건을 충족하였다고 봄이 상당할 것이며, 이때에 객관적 정당성을 상실하였는지 여부는 피침해이익의 종류 및 성질, 침해행위가 되는 행정처분의 태양 및 그 원인, 행정처분의 발동에 대한 피해자측의 관여의 유무, 정도 및 손해의 정도 등 제반 사정을 종합하여 손해의 전보책임을 국가 또는 지방자치단체에게 부담시켜야 할 실질적인 이유가 있는지 여부에 의하여 판단하여야 한다. (대판99다70600)

정답 ①

30. 국가배상제도에 대한 설명으로 옳지 않은 것은? (다툼이 있는 경우 판례에 의함) 17 국가직 9급

① 「국가배상법」은 외국인이 피해자인 경우에는 해당 국가와 상호 보증이 있는 때에만 「국가배상법」이 적용된다고 규정하고 있다.
② 국가나 지방자치단체가 공무원의 위법한 직무집행으로 발생한 손해를 배상한 경우에 공무원에게 고의 또는 중과실이 있으면 국가나 지방자치단체는 그 공무원에게 구상권을 행사할 수 있다.
③ 국가나 지방자치단체가 배상책임을 지는 외에 공무원 개인도 고의 또는 중과실이 있는 경우에는 피해자에 대하여 불법행위로 인한 손해배상책임을 진다.
④ 공무원이 직무를 집행하면서 고의 또는 과실로 위법하게 타인에게 손해를 가하였어도 국가나 지방자치단체가 그 공무원의 선임 및 감독에 상당한 주의를 하였다면 국가나 지방자치단체는 국가배상책임을 면한다.

> **해설**
> 공무원의 고의 또는 과실로 인한 불법행위가 있다면 국가의 선임이나 감독상에 주의유무를 따지지 않고 국가 등은 배상책임이 인정된다.
>
> 정답 ④

31. 「국가배상법」 제2조의 '공무원'에 대한 판례의 내용이다. 다음 중 적절하지 않은 것은? (다툼이 있는 경우 판례에 의함) 16 경찰행정

① 지방자치단체가 '교통할아버지 봉사활동 계획'을 수립한 후 관할동장으로 하여금 '교통할아버지'를 선정하게 하여 어린이 보호, 교통안내, 거리질서 확립 등의 공무를 위탁하여 집행하게 하던 중 '교통할아버지'로 선정된 노인이 위탁받은 업무 범위를 넘어 교차로 중앙에서 교통정리를 하다가 교통사고를 발생시킨 경우, 지방자치단체가 「국가배상법」 제2조 소정의 배상책임을 부담한다.
② 국가 소속 전투경찰들이 시위진압을 함에 있어서 합리적이고 상당하다고 인정되는 정도로 가능한 한 최루탄의 사용을 억제하고 또한 최대한 안전하고 평화로운 방법으로 시위진압을 하여 그 시위진압 과정에서 타인의 생명과 신체에 위해를 가하는 사태가 발생하지 아니하도록 하여야 하는데도, 이를 게을리한 채 합리적이고 상당하다고 인정되는 정도를 넘어 지나치게 과도한 방법으로 시위진압을 한 잘못으로 시위 참가자로 하여금 사망에 이르게 하였다는 이유로 국가 손해배상 책임을 인정한 바 있다.
③ 향토예비군도 그 동원기간 중에는 「국가배상법」 제2조 소정의 공무원 중에 포함된다.
④ 구 「소방법」 제63조의 규정에 의하여 시, 읍, 면이 소방서장의 소방업무를 보조하게 하기 위하여 설치한 의용소방대는 국가기관이라고 할 수 있다.

의용소방대는 국가기관이라 할 수 없음은 물론이고, 군에 예속된 기관이라고 할 수도 없으니 의용소방대원이 소방호수를 교환받기 위하여 소방대장의 승인을 받고 위 의용소방대가 보관 사용하는 차량을 운전하고 가다가 운전사고가 발생하였다면 이를 군의 사무집행에 즈음한 행위라고 볼 수 없다. (대판 73다1896)

정답 ④

32 공무원의 직무행위로 인한 손해배상에 대한 설명으로 가장 적절하지 않은 것은? (다툼이 있는 경우 판례에 의함) 18 경찰행정

① 공무원이 통상의 근무지로 자기 소유 차량을 운전하여 출근하던 중 교통사고를 일으킨 경우, 특별한 사정이 없는 한 「국가배상법」 제2조 제2항에 따른 직무집행 관련성이 부정된다.
② 「국가배상법」이 정한 배상청구의 요건인 공무원의 직무에는 권력적 작용만이 아니라 행정지도와 같은 비권력적 작용도 포함된다.
③ 형사상 범죄행위를 구성하지 않는 침해행위라 하더라도 그것이 민사상 불법행위를 구성하는지 여부는 형사책임과 별개의 관점에서 검토하여야 한다.
④ 공무원이 재량준칙에 따라 행정처분을 하였는데 결과적으로 그 처분이 재량을 일탈·남용하여 위법하게 된 때에는 그에게 직무집행상의 과실이 인정된다.

어떤 처분이 항고소송에서 위법으로 취소되었다 할지라도 곧바로 공무원의 고의 또는 과실로 인한 것으로서 불법행위를 구성한다고 단정할 수는 없다. (대판99다70600)

정답 ④

33
「국가배상법」제2조의 '군인·군무원·경찰공무원 또는 예비군 대원이 전투·훈련 등 직무집행과 관련하여 전사·순직하거나 공상을 입은 경우'에 대한 설명으로 가장 적절하지 않은 것은? (다툼이 있는 경우 판례에 의함)   19 경찰행정

① 현역병으로 입영하여 소정의 군사교육을 마치고 전임되어 법무부장관에 의하여 경비교도로 임용된 자는「국가배상법」제2조 제1항 단서에 따라 손해배상청구가 제한되는 군인·군무원·경찰공무원 또는 향토예비군대원에 해당한다고 할 수 없다.
② 전투경찰순경(의무경찰순경)「국가배상법」제2조 제1항의 단서에 따라 손해배상 청구가 제한되는 군인·군무원·경찰공무원 또는 향토예비군 대원에 해당한다고 보아야 한다.
③ 전투·훈련 등 직무집행과 관련하여 공상을 입은 군인이「국가배상법」에 따라 손해배상금을 지급받은 다음에「국가유공자 등 예우 및 지원에 관한 법률」이 정한 보훈급여금의 지급을 청구하는 경우, 국가는「국가배상법」에 따라 손해배상을 받았다는 사정을 들어 보훈급여금의 지급을 거부할 수 있다.
④ 경찰공무원이 전투·훈련 등 직무집행과 관련하여 순직을 한 경우에는 전투·훈련 또는 이에 준하는 직무집행뿐만 아니라 일반 직무집행에 관하여도 국가나 지방자치단체의 배상책임이 제한된다.

해설

전투·훈련 등 직무집행과 관련하여 공상을 입은 군인·군무원·경찰공무원 또는 향토예비군대원이 먼저 국가배상법에 따라 손해배상금을 지급받은 다음 보훈보상대상자 지원에 관한 법률(이하 '보훈보상자법'이라 한다)이 정한 보상금 등 보훈급여금의 지급을 청구하는 경우, 국가배상법 제2조 제1항 단서가 명시적으로 '다른 법령에 따라 보상을 지급받을 수 있을 때에는「국가배상법」등에 따른 손해배상을 청구할 수 없다'고 규정하고 있는 것과 달리「보훈보상자법」은「국가배상법」에 따른 손해배상금을 지급받은 자를 보상금 등 보훈급여금의 지급대상에서 제외하는 규정을 두고 있지 않은 점,「국가배상법」제2조 제1항 단서의 입법 취지 및「보훈보상자법」이 정한 보상과「국가배상법」이 정한 손해배상의 목적과 산정방식의 차이 등을 고려하면「국가배상법」제2조 제1항 단서가「보훈보상자법」등에 의한 보상을 받을 수 있는 경우「국가배상법」에 따른 손해배상청구를 하지 못한다는 것을 넘어「국가배상법」상 손해배상금을 받은 경우「보훈보상자법」상 보상금 등 보훈급여금의 지급을 금지하는 것으로 해석하기는 어려운 점 등에 비추어, 국가보훈처장은「국가배상법」에 따라 손해배상을 받았다는 사정을 들어 보상금 등 보훈급여금의 지급을 거부할 수 없다. (대판 2015두60075)

정답 ③

34
「국가배상법」상 국가배상에 대한 설명으로 옳은 것(○)과 옳지 않은 것(×)을 바르게 연결한 것은? (다툼이 있는 경우 판례에 의함) 　19 국가직 9급

> ㄱ. 재판에 대하여 불복절차 내지 시정절차 자체가 없는 경우, 부당한 재판으로 인하여 불이익 내지 손해를 입은 사람에게는 배상책임의 요건이 충족되는 한 국가배상책임이 인정될 수 있다.
> ㄴ. 국가가 일정한 사항에 관하여 헌법에 의하여 부과되는 구체적인 입법의무를 부담하고 있음에도 불구하고 그 입법에 필요한 상당한 기간이 경과하도록 고의·과실로 입법의무를 이행하지 아니하는 경우, 국가배상책임이 인정될 수 있다.
> ㄷ. 직무집행과 관련하여 공상을 입은 군인이 먼저 국가배상법 상 손해배상을 받은 다음 구 국가유공자 등 예우 및 지원에 관한 법률 상 보훈급여금을 지급청구하는 경우, 국가배상을 받았다는 이유로 그 지급을 거부할 수 없다.
> ㄹ. 피해자에게 손해를 직접 배상한 경과실이 있는 공무원은 특별한 사정이 없는 한, 국가의 피해자에 대한 손해배상책임의 범위 내에서 자신이 변제한 금액에 관하여 국가에 대한 구상권을 취득한다.

① ㄱ(○) ㄴ(○) ㄷ(×) ㄹ(○)
② ㄱ(×) ㄴ(○) ㄷ(○) ㄹ(×)
③ ㄱ(○) ㄴ(×) ㄷ(×) ㄹ(×)
④ ㄱ(○) ㄴ(○) ㄷ(○) ㄹ(○)

 해설
ㄱ 대판 99다24218 ㄴ 대판 2006다3561 ㄷ 대판 2015두60075 ㄹ 대판 2012다54478

정답 ④

35
국토교통부장관이 관리하는 국가하천(이하 A)의 유지·보수 사무가 지방자치단체(이하 B)의 장에게 위임되고, B가 A의 유지·보수에 필요한 비용을 부담하며 이에 관한 국가의 보조금을 받아오던 중에, A의 관리상 하자로 인하여 그 이용자가 사망하는 사고가 발생하였다. 이에 관한 설명 중 가장 적절하지 않은 것은? (다툼이 있는 경우 판례에 의함) 　21 경찰행정

① 국가는 A의 설치·관리 사무의 귀속주체로서 배상책임을 진다.
② 국가는 A의 설치·관리 비용을 부담하는 자로서 배상책임을 진다.
③ B는 A의 설치·관리 사무의 귀속주체로서 배상책임을 진다.
④ B는 A의 설치·관리 비용을 부담하는 자로서 배상책임을 진다.

 해설
국가는 A의 설치 관리 사무의 귀속주체이자 동시에 국가가 보조금을 지급하였으므로 설치·관리 비용을 부담하는 자로서 배상책임을 진다. 반면 B는 단지 설치·관리 비용을 부담하는 자로서 배상책임을 질 수는 있지만, 사무귀속주체는 될 수 없다.

정답 ③

36 다음 중 「국가배상법」상 영조물 설치·관리의 하자로 인한 손해배상책임에 대한 설명으로 가장 옳지 않은 것은? (다툼이 있는 경우 판례에 의함)

21 해경승진

① 사실상 군민(郡民)의 통행에 제공되고 있던 도로라고 하여도 군(郡)에 의하여 노선인정 기타 공용 개시가 없었던 이상 이 도로를 '공공의 영조물'이라고 할 수 없다.
② 하천의 제방이 계획홍수위를 넘고 있더라도, 하천이 그 후 새로운 하천시설을 설치할 때 '하천시설기준'으로 정한 여유고(餘裕高)를 확보하지 못하고 있다면 그 사정만으로 안전성이 결여된 하자가 있다고 보아야 한다.
③ 영조물의 설치, 관리의 하자란, '영조물이 그 용도에 따라 통상 갖추어야 할 안전성을 갖추지 못한 상태에 있음'을 말한다.
④ 광역시와 국가 모두가 도로의 점유자 및 관리자, 비용부담자로서의 책임을 중첩적으로 지는 경우 광역시와 국가 모두가 「국가배상법」에 따라 궁극적으로 손해를 배상할 책임이 있는 자가 된다.

② (×) [1] 하천의 관리청이 관계 규정에 따라 설정한 계획홍수위를 변경시켜야 할 사정이 생기는 등 특별한 사정이 없는 한, 이미 존재하는 하천의 제방이 계획홍수위를 넘고 있다면 그 하천은 용도에 따라 통상 갖추어야 할 안전성을 갖추고 있다고 보아야 하고, 그와 같은 하천이 그 후 새로운 하천시설을 설치할 때 기준으로 삼기 위하여 제정한 '하천시설기준'이 정한 여유고를 확보하지 못하고 있다는 사정만으로 바로 안전성이 결여된 하자가 있다고 볼 수는 없다. [2] '하천제방'이 100년 발생빈도의 적정 강우량을 기준으로 책정된 '계획홍수위'를 넘고 있다면 수해로 손해가 발생했다 하더라도 국가배상책임을 인정할 수 없다. (대판2001다48057)
① (○) 「국가배상법」 제5조. 소정의 공공의 영조물이란 공유나 사유임을 불문하고 행정주체에 의하여 특정 공공의 목적에 공여된 유체물 또는 물적 설비를 의미하므로 사실상 군민의 통행에 제공되고 있던 도로 옆의 암벽으로부터 떨어진 낙석에 맞아 소외인이 사망하는 사고가 발생하였다고 하여도 동 사고지점 도로가 피고 군에 의하여 노선인정 기타 공용개시가 없었으면 이를 영조물이라 할 수 없다. (대판80다2478)
③ (○) 「국가배상법」 제5조 제1항. 소정의 '영조물 설치·관리상의 하자'라 함은 공공의 목적에 공여된 영조물이 그 용도에 따라 통상 갖추어야 할 안전성을 갖추지 못한 상태에 있음을 말하고, 영조물의 설치 및 관리에 있어서 항상 완전무결한 상태를 유지할 정도의 고도의 안전성을 갖추지 아니하였다고 하여 영조물의 설치 또는 관리에 하자가 있는 것으로는 할 수 없는 것이다. (대판99다54998)
④ (○) 광역시와 국가 모두가 도로의 점유자 및 관리자, 비용부담자로서의 책임을 중첩적으로 지는 경우에는, 광역시와 국가 모두가 「국가배상법」 제6조 제2항 소정의 궁극적으로 손해를 배상할 책임이 있는 자라고 할 것이고, 결국 광역시와 국가의 내부적인 부담 부분은, 그 도로의 인계·인수 경위, 사고의 발생 경위, 광역시와 국가의 그 도로에 관한 분담비용 등 제반 사정을 종합하여 결정함이 상당하다(기여도설을 취하고 있는 것으로 보이는 판례). (대판96다42819)

정답 ②

37. 「국가배상법」 제5조에 따른 국가배상책임에 관한 설명으로 가장 옳지 않은 것은?

`21 서울시 7급`

① 소음 등의 공해로 인한 피해 사실이 널리 알려진 이후 그 위험지역으로 이주하였다면, 위험에 접근한 후 실제로 입은 피해 정도가 위험에 접근할 당시에 인식하고 있었던 위험의 정도를 초과하였거나 그 위험에 접근한 후에 그 위험이 증대하였다고 하더라도 가해자의 면책을 인정하여야 한다.

② 국가가 소유권, 임차권 등의 권한에 기하여 관리하고 있는 경우가 아니라 사실상의 관리를 하고 있는 경우도 영조물로 볼 수 있다.

③ 아직 완성되지 않아 일반 공중의 이용에 제공되고 있지 않은 경우에는 영조물에 해당하지 않는다.

④ 객관적으로 보아 도로의 안전상의 결함이 시간적·장소적으로 그 점유·관리자의 관리행위가 미칠 수 없는 상황 아래 있는 경우에는 관리상의 하자를 인정할 수 없다.

① (✗) 면책 여부에 관한 판단 기준·소음 등을 포함한 공해 등의 위험지역으로 이주하여 들어가서 거주하는 경우와 같이 위험의 존재를 인식하면서 그로 인한 피해를 용인하며 접근한 것으로 볼 수 있는 경우에 그 피해가 직접 생명이나 신체에 관련된 것이 아니라 정신적 고통이나 생활방해의 정도에 그치고 그 침해행위에 고도의 공공성이 인정되는 때에는 〈위험에 접근한 후 실제로 입은 피해 정도가 위험에 접근할 당시에 인식하고 있었던 위험의 정도를 초과하는 것이거나 위험에 접근한 후에 그 위험이 특별히 증대하였다는 등의 특별한 사정〉이 없는 한 가해자의 면책을 인정하여야 하는 경우도 있다. 특히 소음 등의 공해로 인한 법적 쟁송이 제기되거나 그 피해에 대한 보상이 실시되는 등 피해지역이 구체적으로 드러나고 또한 이러한 사실이 그 지역에 널리 알려진 이후에 이주하여 오는 경우에는 위와 같은 위험에의 접근에 따른 가해자의 면책 여부를 보다 적극적으로 인정할 여지가 있다. (대판2007다74560) [※관련판례.「국가배상법」제5조 제1항에 정하여진 '영조물의 설치 또는 관리의 하자'라 함은 공공의 목적에 공여된 영조물이 그 용도에 따라 갖추어야 할 안전성을 갖추지 못한 상태에 있음을 말하고, 여기서 안전성을 갖추지 못한 상태, 즉 타인에게 위해를 끼칠 위험성이 있는 상태라 함은 당해 영조물을 구성하는 물적 시설 그 자체에 있는 물리적·외형적 흠결이나 불비로 인하여 그 이용자에게 위해를 끼칠 위험성이 있는 경우뿐만 아니라, 그 영조물이 공공의 목적에 이용됨에 있어 그 이용 상태 및 정도가 일정한 한도를 초과하여 제3자에게 사회통념상 수인할 것이 기대되는 한도를 넘는 피해를 입히는 경우까지 포함된다고 보아야 한다. 그리고 수인한도의 기준을 결정함에 있어서는 일반적으로 침해되는 권리나 이익의 성질과 침해의 정도뿐만 아니라 침해행위가 갖는 공공성의 내용과 정도, 그 지역 환경의 특수성, 공법적인 규제에 의하여 확보하려는 환경기준, 침해를 방지 또는 경감시키거나 손해를 회피할 방안의 유무 및 그 난이 정도 등 여러 사정을 종합적으로 고려하여 구체적 사건에 따라 개별적으로 결정하여야 한다. (대판 2007다74560). ※ 대구비행장 주변 지역의 항공기소음으로 인한 피해의 내용 및 정도, 그 비행장 및 군용항공기의 운항이 가지는 공공성과 아울러 그 비행장이 개설 당시와 달리 점차 주거지 및 도시화되어 인구가 밀집되는 등으로 비도시지역에 위치한 국내의 다른 비행장과 확연히 구별되는 지역적, 환경적 특성을 갖는 점 등 여러 사정을 종합적으로 고려하여, 대구비행장 주변 지역의 소음 피해가 소음도 85WECPNL 이상인 경우 사회생활상 통상의 수인한도를 넘어 위법하다고 본 원심의 판단이 정당하다고 한 사례]

② (O) 「국가배상법」 제5조 제1항 소정의 공공의 영조물이라 함은 국가 또는 지방자치단체에 의하여 특정 공공의 목적에 공여된 유체물 내지 물적 설비를 말하며, 국가 또는 지방자치단체가 소유권, 임차권 그 밖의 권한에 기하여 관리하고 있는 경우뿐만 아니라 사실상의 관리를 하고 있는 경우도 포함된다. (대판98다17381)
③ (O) 사고 당시 옹벽은 소외 회사가 공사를 도급받아 공사 중에 있었을 뿐만 아니라 아직 완성도 되지 아니하여 일반 공중의 이용에 제공되지 않고 있었던 이상 국가배상법 제5조 제1항 소정의 영조물에 해당한다고 할 수 없다. (대판98다17381)
④ (O) 객관적으로 보아 시간적·장소적으로 영조물의 기능상 결함으로 인한 손해발생의 예견가능성과 회피가능성이 없는 경우, 즉 그 영조물의 결함이 영조물의 설치·관리자의 관리행위가 미칠 수 없는 상황 아래에 있는 경우에는 영조물의 설치·관리상의 하자를 인정할 수 없다. (대판2005다65678)

정답 ①

38 다음 중 영조물의 설치·관리상 하자책임에 대한 설명으로 가장 옳지 않은 것은? (다툼이 있는 경우 판례에 의함)

`22 해경승진`

① 일반 공중이 사용하는 공공용물 외에 행정주체가 직접 사용하는 공용물이나 하천과 같은 자연공물도 「국가배상법」 제5조의 '공공의 영조물'에 포함된다.
② 고속도로의 관리상 하자가 인정되더라도 고속도로의 관리상 하자를 판단할 때 고속도로의 점유관리자가 손해의 방지에 필요한 주의의무를 해태하였다는 주장·입증책임은 피해자에게 있다.
③ 영조물의 하자 유무는 객관적 견지에서 본 안전성의 문제이며 국가의 예산 부족으로 인해 영조물의 설치·관리에 하자가 생긴 경우에도 국가는 면책될 수 없다.
④ 소음 등의 공해로 인한 법적 쟁송이 제기되거나 그 피해에 대한 보상이 실시되는 등 피해지역임이 구체적으로 드러나고 이러한 사실이 그 지역에 널리 알려진 이후에 이주하여 오는 경우에는 위와 같은 위험에의 접근에 따른 가해자의 면책 여부를 보다 적극적으로 인정할 여지가 있다.

해설

② (✕) 고속도로의 관리상 하자가 인정되는 이상 고속도로의 점유관리자는 그 하자가 불가항력에 의한 것이거나 손해의 방지에 필요한 주의를 해태하지 아니하였다는 점을 주장·입증하여야 비로소 그 책임을 면할 수 있다. (대판2007다29287)
① (O) 「국가배상법」상 영조물은 민법의 공작물보다 넓은 개념으로 공공용물뿐만 아니라 공용물 그리고 인공공물 외에 자연공물도 모두 포함한다. 단, 일반재산은 이에 해당되지 않는다.
③ (O) 영조물 설치의 하자라 함은 영조물의 축조에 불완전한 점이 있어 이 때문에 영조물 자체가 통상 갖추어야 할 안전성을 갖추지 못한 상태에 있음을 말한다고 할 것인바, 그 하자 유무는 객관적 견지에서 본 안전성의 문제이고 그 설치자의 재정사정이나 영조물의 사용목적에 의한 사정은 안전성을 요구하는 데 대한 정도문제로서 참작사유에는 해당할지언정 안전성을 결정지을 절대적 요건에는 해당하지 아니한다 할 것이다. (대판66다1723).

④ (O) 소음 등을 포함한 공해 등의 위험지역으로 이주하여 들어가서 거주하는 경우와 같이 위험의 존재를 인식하면서 그로 인한 피해를 용인하며 접근한 것으로 볼 수 있는 경우에, 그 피해가 직접 생명이나 신체에 관련된 것이 아니라 정신적 고통이나 생활방해의 정도에 그치고 그 침해행위에 고도의 공공성이 인정되는 때에는, 위험에 접근한 후 실제로 입은 피해 정도가 위험에 접근할 당시에 인식하고 있었던 위험의 정도를 초과하는 것이거나 위험에 접근한 후에 그 위험이 특별히 중대하였다는 등의 특별한 사정이 없는 한 가해자의 면책을 인정하여야 하는 경우도 있을 수 있다. 특히 소음 등의 공해로 인한 법적 쟁송이 제기되거나 그 피해에 대한 보상이 실시되는 등 피해지역임이 구체적으로 드러나고 또한 이러한 사실이 그 지역에 널리 알려진 이후에 이주하여 오는 경우에는 위와 같은 위험에의 접근에 따른 가해자의 면책 여부를 보다 적극적으로 인정할 여지가 있을 것이다. 다만 일반인이 공해 등의 위험지역으로 이주하여 거주하는 경우라고 하더라도 위험에 접근할 당시에 그러한 위험이 존재하는 사실을 정확하게 알 수 없는 경우가 많고, 그 밖에 위험에 접근하게 된 경위와 동기 등의 여러 가지 사정을 종합하여 그와 같은 위험의 존재를 인식하면서도 위험으로 인한 피해를 용인하면서 접근하였다고 볼 수 없는 경우에는 손해배상액의 산정에 있어 형평의 원칙상 과실상계에 준하여 감액사유로 고려하는 것이 상당하다. (대판2012다13569)

정답 ②

39 다음 설명 중 옳지 않은 것은? (다툼이 있는 경우 판례에 의함) 21 소방공채

① 지방자치단체가 옹벽시설공사를 업체에게 주어 공사를 시행하다가 사고가 일어난 경우, 옹벽이 공사 중이고 아직 완성되지 아니하여 일반 공중의 이용에 제공되지 않았다면 「국가배상법」 제5조 소정의 영조물에 해당한다고 할 수 없다.
② 김포공항을 설치·관리함에 있어 항공법령에 따른 항공기 소음기준 및 소음대책을 준수하려는 노력을 하였더라도, 공항이 항공기 운항이라는 공공의 목적에 이용됨에 있어 그와 관련하여 배출하는 소음 등의 침해가 인근 주민들에게 통상의 수인한도를 넘는 피해를 발생하게 하였다면 공항의 설치·관리상에 하자가 있다고 보아야 한다.
③ 가변차로에 설치된 두 개의 신호기에서 서로 모순되는 신호가 들어오는 고장으로 인하여 사고가 발생한 경우, 그 고장이 현재의 기술 수준상 부득이한 것으로 예방할 방법이 없는 것이라면 손해발생의 예견가능성이나 회피가능성이 없어 영조물의 하자를 인정할 수 없다.
④ 영조물 설치자의 재정사정이나 영조물의 사용목적에 의한 사정은, 안전성을 요구하는 데 대한 참작사유는 될지언정 안전성을 결정지을 절대적 요건은 아니다.

③ (×) 가변차로에 설치된 두 개의 신호등에서 서로 모순되는 신호가 들어오는 오작동이 발생하였고 그 고장이 현재의 기술수준 상 부득이한 것이라고 가정하더라도 그와 같은 사정만으로 손해발생의 예견가능성이나 회피가능성이 없어 영조물의 하자를 인정할 수 없는 경우라고 단정할 수 없다. (대판2000다56822)
① (○) 위 사고 당시 설치하고 있던 옹벽은 소외 회사가 공사를 도급받아 공사 중에 있었을 뿐만 아니라 아직 완성도 되지 아니하여 일반 공중의 이용에 제공되지 않고 있었던 이상 「국가배상법」 제5조 제1항 소정의 영조물에 해당한다고 할 수 없다. (대판98다17381)
② (○) (김포공항에서 발생하는 소음 등으로 인근주민들이 입은 피해는 사회통념상 수인한도를 넘는 것으로서 김포공항의 설치·관리에 하자가 있다고 판시하면서) 「국가배상법」 제5조상의 하자란 이용 상태 및 정도가 제3자에게 사회통념상 수인한도를 넘는 피해를 입히는 경우까지 포함한다. (대판2003다49566)
④ (○) 영조물 설치의 하자라 함은 영조물의 축조에 불완전한 점이 있어 이 때문에 영조물 자체가 통상 갖추어야 할 안전성을 갖추지 못한 상태에 있음을 말한다고 할 것인바, 그 하자 유무는 객관적 견지에서 본 안전성의 문제이고 그 설치자의 재정사정이나 영조물의 사용목적에 의한 사정은 안전성을 요구하는 데 대한 정도문제로서 참작사유에는 해당할지언정 안전성을 결정지을 절대적 요건에는 해당하지 아니한다 할 것이다. (대판66다1723)

정답 ③

40 「국가배상법」 제5조에 관한 설명 중 가장 적절하지 않은 것은? (다툼이 있는 경우 판례에 의함)
21 경찰행정

① 도로의 설치 및 관리에 있어 완전무결한 상태를 유지할 정도의 고도의 안전성을 갖추지 아니하였다고 해서 하자가 있다고 단정할 수는 없다.
② 하천정비기본계획 등에서 정한 계획홍수량 및 계획홍수위를 충족하여 하천이 관리되고 있다면 특별한 사정이 없는 한, 그 하천은 용도에 따라 통상 갖추어야 할 안전성을 갖추고 있다고 볼 수 있다.
③ 영조물의 물적 시설 자체의 물리적 흠결 등으로 이용자에게 위해를 끼칠 위험성이 있는 경우뿐만 아니라 영조물이 공공의 목적에 이용됨에 있어 그 이용 상태 및 정도가 일정한 한도를 초과하여 이용자에게 사회통념상 수인할 것이 기대되는 한도를 넘는 피해를 입히는 경우도 영조물의 설치 또는 관리의 하자에 포함된다.
④ 위험의 존재를 인식하면서 그로 인한 피해를 용인하며 접근한 것으로 볼 수 있고 나아가 그 피해가 정신적 고통이나 생활방해의 정도에 그치며 그 침해행위에 고도의 공공성이 인정되는 때에는 위험에 접근한 후에 그 위험이 특별히 증대하였다는 등의 특별한 사정이 없는 이상 가해자의 면책을 인정하여야 하는 경우가 있다.

「국가배상법」 제5조 제1항에 정하여진 '영조물의 설치 또는 관리의 하자'라 함은 공공의 목적에 공여된 영조물이 그 용도에 따라 갖추어야 할 안전성을 갖추지 못한 상태에 있음을 말하고, 안전성을 갖추지 못한 상태, 즉 타인에게 위해를 끼칠 위험성이 있는 상태라 함은 당해 영조물을 구성하는 물적 시설 그 자체에 있는 물리적·외형적 흠결이나 불비로 인하여 그 이용자에게 위해를 끼칠 위험성이 있는 경우뿐만 아니라, 그 영조물이 공공의 목적에 이용됨에 있어 그 이용상태 및 정도가 일정한 한도를 초과하여 제3자에게 사회통념상 수인할 것이 기대되는 한도를 넘는 피해를 입히는 경우까지 포함된다고 보아야 한다. (대판2013다23914)

정답 ③

41 다음 중 영조물의 설치·관리상 하자로 인한 손해배상에 대한 설명으로 가장 옳지 않은 것은?

22 군무원 9급

① 공공의 영조물은 사물(私物)이 아닌 공물(公物)이어야 하지만, 공유나 사유임을 불문하고 행정주체에 의하여 특정 공공의 목적에 공여된 유체물이면 족하다.
② 도로의 설치 및 관리에 있어 완전무결한 상태를 유지할 정도의 고도의 안전성을 갖추지 아니하였다고 하여 하자가 있다고 단정할 수는 없고, 그것을 이용하는 자의 상식적이고 질서있는 이용 방법을 기대한 상대적인 안전성을 갖추는 것으로 족하다.
③ 하천의 홍수위가 「하천법」상 관련규정이나 하천정비계획 등에서 정한 홍수위를 충족하고 있다고 해도 하천이 범람하거나 유량을 지탱하지 못해 제방이 무너지는 경우는 안전성을 결여한 것으로 하자가 있다고 본다.
④ 공군에 속한 군인이나 군무원의 경우 일반인에 비하여 공군비행장 주변의 항공기 소음 피해에 관하여 잘 인식하거나 인식할 수 있는 지위에 있다는 이유만으로 가해자가 면책되거나 손해배상액이 감액되지는 않는다.

[1] 하천의 관리청이 관계 규정에 따라 설정한 계획홍수위를 변경시켜야 할 사정이 생기는 등 특별한 사정이 없는 한, 이미 존재하는 하천의 제방이 계획홍수위를 넘고 있다면 그 하천은 용도에 따라 통상 갖추어야 할 안전성을 갖추고 있다고 보아야 하고, 그와 같은 하천이 그 후 새로운 하천시설을 설치할 때 기준으로 삼기 위하여 제정한 '하천시설기준'이 정한 여유고를 확보하지 못하고 있다는 사정만으로 바로 안전성이 결여된 하자가 있다고 볼 수는 없다. [2] '하천제방'이 100년 발생빈도의 적정 강우량을 기준으로 책정된 '계획홍수위'를 넘고 있다면 수해로 손해가 발생했다 하더라도 국가배상책임을 인정할 수 없다. (대판2001다48057)

정답 ③

42 다음 중 공공의 영조물의 설치·관리의 하자로 인한 「국가배상법」상 배상책임에 대한 설명으로 가장 옳지 않은 것은? (다툼이 있는 경우 판례에 의함) `23 해경승진`

① 영조물의 설치·관리의 하자에는 영조물이 공공의 목적에 이용됨에 있어 그 이용상태 및 정도가 일정한 한도를 초과하여 제3자에게 사회통념상 참을 수 없는 피해를 입히는 경우도 포함된다.
② 영조물의 설치·관리상의 하자로 인한 배상책임은 무과실책임이고, 국가는 영조물의 설치·관리 상의 하자로 인하여 타인에게 손해를 가한 경우에 그 손해방지에 필요한 주의를 해태하지 아니하였다 하여 면책을 주장할 수 없다.
③ 영조물의 설치·관리에 있어 항상 완전무결한 상태를 유지할 정도의 고도의 안전성을 갖추지 아니하였다 하여 영조물의 설치 또는 관리에 하자가 있다고 할 수 없다.
④ 광역시와 국가 모두가 도로의 점유자 및 관리자, 비용부담자로서의 책임을 중첩적으로 지는 경우 국가만이 「국가배상법」에 따라 궁극적으로 손해를 배상할 책임이 있는 자가 된다.

(기여도설을 취하고 있는 것으로 보이는 판례) 광역시와 국가 모두가 도로의 점유자 및 관리자, 비용부담자로서의 책임을 중첩적으로 지는 경우에는, 광역시와 국가 모두가 「국가배상법」 제6조 제2항 소정의 궁극적으로 손해를 배상할 책임이 있는 자라고 할 것이고, 결국 광역시와 국가의 내부적인 부담 부분은, 그 도로의 인계·인수 경위, 사고의 발생 경위, 광역시와 국가의 그 도로에 관한 분담비용 등 제반 사정을 종합하여 결정함이 상당하다. (대판96다42819)

정답 ④

43 다음 중 대법원 판례의 내용과 다른 것은? (다툼이 있는 경우 판례에 의함) `20 군무원`

① 방사능에 오염된 고철을 타인에게 매도하는 등으로 유통시킴으로써 거래 상대방이나 전전취득한 자가 방사능 오염으로 피해를 입게 되었더라도 그 원인자는 방사능오염 사실을 모르고 유통시켰을 경우에는 「환경정책기본법」 제44조 제1항에 따라 피해자에게 피해를 배상할 의무는 없다.
② 토양은 폐기물 기타 오염물질에 의하여 오염될 수 있는 대상일 뿐 오염토양이라 하여 동산으로서 '물질'인 폐기물에 해당한다고 할 수 없고, 나아가 오염토양은 법령상 절차에 따른 정화대상이 될 뿐 법령상 금지되거나 그와 배치되는 개념인 투기나 폐기 대상이 된다고 할 수 없다.
③ 행정청이 폐기물처리사업계획서 부적합 통보를 하면서 처분서에 불확정개념으로 규정된 법령상의 허가기준 등을 충족하지 못하였다는 취지만을 간략히 기재하였다면, 부적합 통보에 대한 취소소송절차에서 행정청은 그 처분을 하게 된 판단 근거나 자료 등을 제시하여 구체적 불허가사유를 분명히 하여야 한다.
④ 불법행위로 영업을 중단한 자가 영업 중단에 따른 손해배상을 구하는 경우 영업을 중단하지 않았으면 얻었을 순이익과 이와 별도로 영업중단과 상관없이 불가피하게 지출해야 하는 비용도 특별한 사정이 없는 한 손해배상의 범위에 포함될 수 있다.

「환경정책기본법」은 오염원인자 책임원칙과 환경오염의 피해에 대한 무과실책임을 정하고 있다. 「환경정책기본법」 제7조는 '오염원인자 책임원칙'이라는 제목으로 "자기의 행위 또는 사업활동으로 환경오염 또는 환경훼손의 원인을 발생시킨 자는 그 오염·훼손을 방지하고 오염·훼손된 환경을 회복·복원할 책임을 지며, 환경오염 또는 환경훼손으로 인한 피해의 구제에 드는 비용을 부담함을 원칙으로 한다."라고 정하고 있다. 「환경정책기본법」 제44조 제1항은 '환경오염의 피해에 대한 무과실책임'이라는 제목으로 "환경오염 또는 환경훼손으로 피해가 발생한 경우에는 해당 환경오염 또는 환경훼손의 원인자가 그 피해를 배상하여야 한다."라고 정하고 있다. 이 법에서 말하는 환경은 자연환경과 생활환경을 말하고(「환경정책기본법」 제3조 제1호), 그중 생활환경은 사람의 일상생활과 관계되는 환경을 가리키는 것으로 폐기물도 포함된다(「환경정책기본법」 제3조 제3호). 환경오염은 사업활동과 그 밖의 사람의 활동에 의하여 발생하는 대기오염, 수질오염, 토양오염, 해양오염, 방사능오염, 소음·진동, 악취, 일조 방해 등으로서 사람의 건강이나 환경에 피해를 주는 상태를 말한다(「환경정책기본법」 제3조 제4호). 「환경정책기본법」 제44조 제1항은 민법의 불법행위 규정에 대한 특별 규정으로서, 환경오염 또는 환경훼손의 피해자가 그 원인을 발생시킨 자(이하 '원인자'라 한다)에게 손해배상을 청구할 수 있는 근거규정이다. 위에서 본 규정 내용과 체계에 비추어 보면, 환경오염 또는 환경훼손으로 인한 책임이 인정되는 경우는 사업장에서 발생되는 것에 한정되지 않고, 원인자는 사업자인지와 관계없이 그로 인한 피해에 대하여 「환경정책기본법」 제44조 제1항에 따라 귀책사유를 묻지 않고 배상할 의무가 있다. (대판 2016다35802)

정답 ①

44 다음 행정상 손해배상과 관련된 사례에 대한 설명으로 옳은 것은? (다툼이 있는 경우 판례에 의함)
`18 지방직 9급`

> ㉠ 甲은 자동차로 좌로 굽은 내리막 국도 편도 1차로를 달리던 중 커브 길에서 앞선 차량을 무리하게 추월하기 위하여 중앙선을 침범하여 반대편 도로를 벗어나 도로 옆 계곡으로 떨어져 중상해를 입었다.
> ㉡ 乙은 자동차로 겨울철 눈이 내린 직후에 산간지역에 위치한 국도를 달리던 중 도로에 생긴 빙판길에 미끄러져 상해를 입었다.

① ㉠과 ㉡의 사례에서 국가가 甲과 乙에게 손해배상책임을 부담할 것인지 여부는 위 도로들이 모든 가능한 경우를 예상하여 고도의 안전성을 갖추었는지 여부에 따라 결정될 것이다.
② ㉠의 사례에서 만약 반대편 갓길에 차량용 방호울타리가 설치되었다면 甲이 상해를 입지 않았거나 경미한 상해를 입었을 것이므로 그 방호울타리 미설치만으로도 손해배상을 받기에 충분한 요건을 갖추었다고 볼 수 있다.
③ ㉡의 사례에서 乙은 산악지역의 특성상 빙판길 위험 경고나 위험 표지판이 설치되었다면 주의를 기울여 운행하여 상해를 입지 않았을 것이므로 그 미설치만으로도 국가에 대한 손해배상책임을 묻기에 충분하다.
④ ㉠과 ㉡의 사례에서 만약 도로의 관리상 하자가 인정된다면 비록 그 사고의 원인에 제3자의 행위가 개입되었더라도 甲과 乙은 국가에 대하여 손해배상책임을 물을 수 있다.

해설

① (×)「국가배상법」제5조 제1항에 규정된 '영조물 설치·관리상의 하자'는 공공의 목적에 공여된 영조물이 그 용도에 따라 통상 갖추어야 할 안전성을 갖추지 못한 상태에 있음을 말한다. 그리고 위와 같은 안전성의 구비 여부는 영조물의 설치자 또는 관리자가 그 영조물의 위험성에 비례하여 사회통념상 일반적으로 요구되는 정도의 방호조치의무를 다하였는지를 기준으로 판단하여야 하고, 아울러 그 설치자 또는 관리자의 재정적·인적·물적 제약 등도 고려하여야 한다. 따라서 영조물인 도로의 경우도 그 설치 및 관리에 있어 완전무결한 상태를 유지할 정도의 고도의 안전성을 갖추지 아니하였다고 하여 하자가 있다고 단정할 수는 없고, 그것을 이용하는 자의 상식적이고 질서 있는 이용 방법을 기대한 상대적인 안전성을 갖추는 것으로 족하다. (대판 2013다208074)
② (×) 배상책임을 부정한 사례이다.
③ (×) 강설의 특성, 기상적 요인과 지리적 요인, 이에 따른 도로의 상대적 안전성을 고려하면 겨울철 산간지역에 위치한 도로에 강설로 생긴 빙판을 그대로 방치하고 도로상황에 대한 경고나 위험표지판을 설치하지 않았다는 사정만으로 도로관리상의 하자가 있다고 볼 수 없다. (대판 99다54998)

정답 ④

45 甲은 A지방자치단체가 관리하는 도로를 운행하던 중 도로에 방치된 낙하물로 인하여 손해를 입었고, 이를 이유로 국가배상법상 손해배상을 청구하려고 한다. 이에 대한 설명으로 옳지 않은 것은?(다툼이 있는 경우 판례에 의함)　　20 국가직 9급

① A 지방자치단체가 위 도로를 권원 없이 사실상 관리하고 있는 경우에는 A 지방자치단체의 배상책임은 인정될 수 없다.
② 위 도로의 설치·관리상의 하자가 있는지 여부는 위 도로가 그 용도에 따라 통상 갖추어야 할 안전성을 갖추었는지 여부에 따라 결정된다.
③ 위 도로가 국도이며 그 관리권이 A 지방자치단체의 장에게 위임되었다면, A 지방자치단체가 도로의 관리에 필요한 일체의 경비를 대외적으로 지출하는 자에 불과하더라도 甲은 A 지방자치단체에 대해 국가배상을 청구할 수 있다.
④ 甲이 배상을 받기 위하여 소송을 제기하는 경우에는 민사소송을 제기하여야 한다.

해설

「국가배상법」제5조 제1항 소정의 "공공의 영조물"이라 함은 국가 또는 지방자치단체에 의하여 특정 공공의 목적에 공여된 유체물 내지 물적 설비를 지칭하며, 특정 공공의 목적에 공여된 물이라 함은 일반공중의 자유로운 사용에 직접적으로 제공되는 공공용물에 한하지 아니하고, 행정주체 자신의 사용에 제공되는 공용물도 포함하며 국가 또는 지방자치단체가 소유권, 임차권 그밖의 권한에 기하여 관리하고 있는 경우뿐만 아니라 사실상의 관리를 하고 있는 경우도 포함한다. (대판 94다45302)

정답 ①

46 국가배상제도에 대한 설명으로 옳지 않은 것은? (다툼이 있는 경우 판례에 의함) 17 국가직 9급

① 「국가배상법」은 외국인이 피해자인 경우에는 해당 국가와 상호 보증이 있는 때에만 「국가배상법」이 적용된다고 규정하고 있다.
② 국가나 지방자치단체가 공무원의 위법한 직무집행으로 발생한 손해를 배상한 경우에 공무원에게 고의 또는 중과실이 있으면 국가나 지방자치단체는 그 공무원에게 구상권을 행사할 수 있다.
③ 국가나 지방자치단체가 배상책임을 지는 외에 공무원 개인도 고의 또는 중과실이 있는 경우에는 피해자에 대하여 불법행위로 인한 손해배상책임을 진다.
④ 공무원이 직무를 집행하면서 고의 또는 과실로 위법하게 타인에게 손해를 가하였어도 국가나 지방자치단체가 그 공무원의 선임 및 감독에 상당한 주의를 하였다면 국가나 지방자치단체는 국가배상책임을 면한다.

공무원의 고의 또는 과실로 인한 불법행위가 있다면 국가의 선임이나 감독상에 주의유무를 따지지 않고 국가 등은 배상책임이 인정된다.

정답 ①

47 국가가 적법한 보상절차를 밟지 않고 사인의 토지를 「도로법」상 도로를 구성하는 부지로 점유하고 있는 경우에 관한 설명 중 가장 적절하지 않은 것은? (다툼이 있는 경우 판례에 의함)
21 경찰행정

① 도로법의 적용을 받는 도로의 경우에는 적어도 도로법에 의한 도로 노선의 지정·고시 및 도로구역의 결정이 된 때부터 도로관리청인 국가의 점유를 인정할 수 있다.
② 토지의 소유자는 부당이득반환을 청구할 수 있다.
③ 토지의 소유자는 결과제거청구권의 행사로서 그 토지의 인도를 청구할 수 있다.
④ 토지의 소유자가 그 토지를 일반 공중을 위한 용도로 제공한 경우에 그 토지에 대한 독점적·배타적인 사용·수익권을 포기한 것으로 볼 수 있다면 특별한 사정이 없는 한 부당이득반환이나 그 토지의 인도를 청구할 수 없다.

도로를 구성하는 부지에 대하여는 사권을 행사할 수 없으므로 그 부지의 소유자는 불법행위를 원인으로 하여 손해배상을 청구함은 별론으로 하고 그 부지에 관하여 그 소유권을 행사하여 인도를 청구할 수 없다. (대판 68다1317)

정답 ③

CHAPTER 03 행정심판

01 「행정심판법」상 행정심판에 관한 설명으로 옳은 것은? 　　18 교육행정 9급

① 시·도행정심판위원회와 중앙행정심판위원회는 모두 행정심판의 심리권한과 재결권한을 가진다.
② 중앙행정심판위원회의 위원장은 법제처장이 되고 유고시에는 법제처 차장이 그 직무를 대행한다.
③ 행정심판위원회는 필요하다고 판단되는 경우에는 심판청구의 대상이 되는 처분보다 청구인에게 불리한 재결을 할 수 있다.
④ 예외적으로 당해 지방자치단체의 조례에서 시·도 행정심판위원회의 위원장을 공무원이 아닌 위원으로 정한 경우에 그는 상임으로 직무를 수행한다.

① (○) 시·도행정심판위원회와 중앙행정심판위원회를 불문한 행정심판위원회는 그 심판청구에 대하여 심리할 권한뿐만 아니라 재결할 권한도 가진다.
② (×) 중앙행정심판위원회의 위원장은 법제처장이 아니라 국민권익위원회 부위원장이 된다.
③ (×) 불이익변경금지원칙에 따라 원처분보다 불리한 재결을 할 수 없다.
④ (×) 비상임으로 한다. (행정심판법 제7조 제3항)

정답 ①

02 「행정심판법」상 행정심판에 대한 설명으로 옳지 않은 것은? (다툼이 있는 경우 판례에 의함) 　　19 국가직 9급

① 대통령의 처분 또는 부작위에 대하여는 다른 법률에서 행정심판을 청구할 수 있도록 정한 경우 외에는 행정심판을 청구할 수 없다.
② 당사자의 신청에 대한 행정청의 부당한 거부처분에 대하여 일정한 처분을 하도록 하는 행정심판의 청구는 현행법상 허용되고 있다.
③ 행정심판법에 따른 서류의 송달에 관하여는 행정절차법 중 송달에 관한 규정을 준용한다.
④ 행정심판 청구인이 경제적 능력으로 인해 대리인을 선임할 수 없는 경우에는 행정심판위원회에 국선대리인을 선임하여 줄 것을 신청할 수 있다.

제57조(서류의 송달) 이 법에 따른 서류의 송달에 관하여는 「민사소송법」 중 송달에 관한 규정을 준용한다.

정답 ③

03 「행정심판법」상 행정심판에 대한 설명으로 옳지 않은 것은? (다툼이 있는 경우 판례에 의함)

21 지방직 9급

① 심판청구기간의 기산점인 '처분이 있음을 안 날'이라 함은 당사자가 통지·공고 기타의 방법에 의하여 당해 처분이 있었다는 사실을 현실적으로 안 날을 의미한다.
② 행정청의 부작위에 대한 의무이행심판은 심판청구기간 규정의 적용을 받지 않고, 사정재결이 인정되지 아니한다.
③ 심판청구에 대한 재결이 있으면 그 재결 및 같은 처분 또는 부작위에 대하여 다시 행정심판을 청구할 수 없다.
④ 재결이 확정된 경우에도 처분의 기초가 된 사실관계나 법률적 판단이 확정되고 당사자들이나 법원이 이에 기속되어 모순되는 주장이나 판단을 할 수 없게 되는 것은 아니다.

의무이행심판에도 사정재결이 인정된다.

정답 ②

04 「행정심판법」상 재결에 관한 설명으로 가장 적절하지 않은 것은? (다툼이 있는 경우 판례에 의함)

23 경찰채용

① 재결은 서면으로 한다.
② 위원회는 심판청구가 이유가 없다고 인정하면 그 심판청구를 기각(棄却)한다.
③ 위원회는 지체 없이 당사자에게 재결서의 등본을 송달하여야 하며, 재결서가 청구인에게 발송되었을 때에 그 효력이 생긴다.
④ 재결의 기속력은 재결의 주문 및 그 전제가 된 요건사실의 인정과 판단, 즉 처분 등의 구체적 위법사유에 관한 판단에만 미친다고 할 것이고, 종전 처분이 재결에 의하여 취소되었다 하더라도 종전 처분시와는 다른 사유를 들어서 처분을 하는 것은 기속력에 저촉되지 않는다.

제48조(재결의 송달과 효력 발생) 위원회는 지체 없이 당사자에게 재결서의 정본을 송달하여야 한다. 이 경우 중앙행정심판위원회는 재결 결과를 소관 중앙행정기관의 장에게도 알려야 하며, 재결은 청구인에게 송달되었을 때에 그 효력이 생긴다.

정답 ③

05

「행정심판법」에 대한 설명이다. 아래 ㉠부터 ㉤까지의 설명 중 옳고 그름의 표시 (O, X)가 바르게 된 것은?

17 경찰행정

㉠ 행정청의 처분 또는 부작위에 대하여는 다른 법률에 특별한 규정이 있는 경우 외에는 이 법에 따라 행정심판을 청구할 수 있다.
㉡ 대통령의 처분 또는 부작위에 대하여는 다른 법률에서 행정심판을 청구할 수 있도록 정한 경우 외에는 행정심판을 청구할 수 없다.
㉢ 사안(事案)의 전문성과 특수성을 살리기 위하여 특히 필요한 경우 외에는 이 법에 따른 행정심판을 갈음하는 특별한 행정불복절차(이하 '특별행정심판'이라 한다)나 이 법에 따른 행정심판 절차에 대한 특례를 다른 법률로 정할 수 있다.
㉣ 다른 법률에서 특별행정심판이나 이 법에 따른 행정심판 절차에 대한 특례를 정한 경우에도 그 법률에서 규정하지 아니한 사항에 관하여는 이 법에서 정하는 바에 따른다.
㉤ 관계 행정기관의 장이 특별행정심판 또는 이 법에 따른 행정심판 절차에 대한 특례를 신설하거나 변경하는 법령을 제정·개정할 때에는 미리 중앙행정심판위원회의 동의를 구하여야 한다.

① ㉠(O) ㉡(O) ㉢(O) ㉣(O) ㉤(X)
② ㉠(O) ㉡(O) ㉢(X) ㉣(O) ㉤(X)
③ ㉠(O) ㉡(O) ㉢(X) ㉣(O) ㉤(O)
④ ㉠(X) ㉡(X) ㉢(O) ㉣(O) ㉤(O)

㉢ (X) 동법 제4조. 사안(事案)의 전문성과 특수성을 살리기 위하여 특히 필요한 경우 외에는 이 법에 따른 행정심판을 갈음하는 특별한 행정불복절차(이하 "특별행정심판"이라 한다)나 이 법에 따른 행정심판 절차에 대한 특례를 다른 법률로 정할 수 없다.
㉤ (X) 동법 제4조. 관계 행정기관의 장이 특별행정심판 또는 이 법에 따른 행정심판 절차에 대한 특례를 신설하거나 변경하는 법령을 제정·개정할 때에는 미리 중앙행정심판위원회와 협의하여야 한다.

정답 ②

06 「행정심판법」에 관한 설명으로 가장 적절한 것은? 23 경찰채용

① 대통령의 처분 또는 부작위에 대하여는 다른 법률에서 행정심판을 청구할 수 있도록 정한 경우 외에는 행정심판을 청구할 수 없다.
② 취소심판은 당사자의 신청에 대한 행정청의 위법 또는 부당한 거부처분이나 부작위에 대하여 일정한 처분을 하도록 하는 행정심판이다.
③ 처분 또는 부작위에 대한 행정심판은 청구서를 제출하거나 말로써 청구할 수 있다.
④ 행정심판위원회는 심판청구가 이유가 있다고 인정하는 경우에도 이를 인용(認容)하는 것이 공공복리에 크게 위배된다고 인정하면 그 심판청구를 기각하는 재결을 하여야 한다.

② (×) 제5조(행정심판의 종류) 취소심판 : 행정청의 위법 또는 부당한 처분을 취소하거나 변경하는 행정심판 (무효등확인심판 : 행정청의 처분의 효력 유무 또는 존재 여부를 확인하는 행정심판, 의무이행심판 : 당사자의 신청에 대한 행정청의 위법 또는 부당한 거부처분이나 부작위에 대하여 일정한 처분을 하도록 하는 행정심판)
③ (×) 제23조(심판청구서의 제출) 행정심판을 청구하려는 자는 제28조에 따라 심판청구서를 작성하여 피청구인이나 위원회에 제출하여야 한다.
④ (×) 제44조(사정재결) 위원회는 심판청구가 이유가 있다고 인정하는 경우에도 이를 인용(認容)하는 것이 공공복리에 크게 위배된다고 인정하면 그 심판청구를 기각하는 재결을 할 수 있다.

정답 ①

07 「행정심판법」상 행정심판에 관한 설명으로 가장 적절하지 않은 것은? 24 경찰채용

① 심판청구는 서면으로 하여야 하며, 심판청구서를 작성하여 피청구인 또는 행정심판위원회에 제출하여야 한다.
② 시·도경찰청장의 처분 또는 부작위에 대한 행정심판의 청구에 대해서는 경찰청에 두는 행정심판위원회에서 심리·재결한다.
③ 행정심판위원회는 처분, 처분의 집행 또는 절차의 속행 때문에 중대한 손해가 생기는 것을 예방할 필요성이 긴급하다고 인정할 때에는 직권으로 또는 당사자의 신청에 의하여 처분의 효력, 처분의 집행 또는 절차의 속행의 전부 또는 일부의 정지를 결정할 수 있다.
④ 행정심판위원회는 심판청구가 이유가 있다고 인정하는 경우에도 이를 인용하는 것이 공공복리에 크게 위배된다고 인정하면 심판청구를 기각하는 재결을 할 수 있다.

「행정심판법」 제6조 제2항. 시·도경찰청장의 처분 또는 부작위에 대한 행정심판의 청구에 대해서는 국민권익위원회에 두는 중앙행정심판위원회에서 심리·재결한다.

정답 ②

08 「행정심판법」상 제27조 (행정심판청구의 기간)에 대한 설명으로 가장 적절하지 않은 것은? (다툼이 있는 경우 판례에 의함)　　　19 경찰행정

① 행정심판은 처분이 있음을 알게 된 날부터 90일 이내에 청구하여야 한다. 다만, 청구인이 불가항력으로 인하여 심판청구를 할 수 없었을 때에는 그 사유가 소멸한 날부터 14일 이내에 행정심판을 청구할 수 있다.
② 행정심판은 처분이 있었던 날부터 180일이 지나면 청구하지 못한다. 다만, 정당한 사유가 있는 경우에는 그러하지 아니하다.
③ 행정청이 심판청구 기간을 알리지 아니한 경우에는 처분이 있었던 날부터 180일 이내에 행정심판을 청구할 수 있다.
④ 취소심판의 경우와 달리 무효등확인심판과 의무이행심판의 경우에는 심판청구의 기간에 제한이 없다.

무효등확인심판은 심판청구의 기간에 제한이 없으나, 의무이행심판은 거부처분을 대상으로 하는 경우 기간제한을 두고 있다.

정답 ④

09 「행정심판법」상의 내용이다. (　)안에 들어갈 말을 순서대로 나열한 것은?　　　15 경찰행정

행정심판은 (㉠)부터 (㉡)일 이내에 청구하여야 한다. 청구인이 천재지변, 전쟁, 사변, 그 밖의 불가항력으로 인하여 앞에서 정한 기간에 심판청구를 할 수 없었을 때에는 그 사유가 소멸한 날부터 (㉢)일 이내에 행정심판을 청구할 수 있다. 행정심판은 (㉣)부터 (㉤)일이 지나면 청구하지 못한다. 다만, 정당한 사유가 있는 경우에는 그러하지 아니하다.

① 처분이 있음을 알게 된 날, 90, 14, 처분이 있었던 날, 180
② 처분이 있었던 날, 60, 30, 처분이 있음을 알게 된 날, 120
③ 처분이 있었던 날, 60, 14, 처분이 있음을 알게 된 날, 120
④ 처분이 있음을 알게 된 날, 90, 30, 처분이 있었던 날, 180

동법 제27조

정답 ①

10 「행정심판법」상 행정심판에 관한 내용이다. ( )안에 들어갈 숫자를 모두 더한 값은?   `16 경찰행정`

> ㉠ 행정심판은 처분이 있음을 알게 된 날부터 ( )일 이내에 청구하여야 한다.
> ㉡ 청구인이 천재지변, 전쟁, 사변(事變), 그 밖의 불가항력으로 인하여 ㉠의 기간에 심판청구를 할 수 없었을 때에는 그 사유가 소멸한 날부터 ( )일 이내에 행정심판을 청구할 수 있다. 다만, 국외에서 행정심판을 청구하는 경우에는 그 기간을 ( )일로 한다.
> ㉢ 재결은 「행정심판법」 제23조에 따라 피청구인 또는 위원회가 심판청구서를 받은 날부터 ( )일 이내에 하여야 한다. 다만, 부득이한 사정이 있는 경우에는 위원장이 직권으로 ( )일을 연장할 수 있다.

① 134
② 164
③ 224
④ 254

㉠ 90 ㉡ 14, 30 ㉢ 60, 30

정답 ③

11 다음 중 「행정심판법」상 행정심판에 대한 설명으로 가장 옳지 않은 것은?   `23 해경승진`

① 대통령의 처분 또는 부작위에 대하여는 다른 법률에서 행정심판을 청구할 수 있도록 정한 경우 외에는 행정심판을 청구할 수 없다.
② 행정심판위원회는 무효확인심판의 청구가 이유가 있더라도 이를 인용하는 것이 공공복리에 크게 위배된다고 인정하면 그 청구를 기각하는 재결을 할 수 있다.
③ 행정심판 결과에 이해관계가 있는 제3자나 행정청은 심판참가를 할 수 있으며, 행정심판위원회는 필요하다고 인정하면 그 행정심판 결과에 이해관계가 있는 제3자나 행정청에 그 사건 심판에 참가할 것을 요구할 수 있다.
④ 특별행정심판 또는 「행정심판법」에에 따른 행정심판 절차에 대한 특례를 신설하거나 변경하는 법령을 제정·개정할 때에는 미리 중앙행정심판위원회와 협의하여야 한다.

제44조(사정재결) 제3항. 무효등확인심판에는 적용하지 아니한다.

정답 ②

12 「행정심판법」상 위원회에 대한 설명으로 옳지 않은 것은?   21 소방공채

① 중앙행정심판위원회의 비상임위원은 일정한 요건을 갖춘 사람 중에서 중앙행정심판위원회 위원장의 제청으로 국무총리가 성별을 고려하여 위촉한다.
② 중앙행정심판위원회의 회의는 위원장, 상임위원 및 위원장이 회의마다 지정하는 비상임위원을 포함하여 총 15명으로 구성한다.
③ 「행정심판법」 제10조에 의하면, 위원장은 제척신청이나 기피신청을 받으면 제척 또는 기피 여부에 대한 결정을 한다.
④ 중앙행정심판위원회는 위원장 1명을 포함하여 70명 이내의 위원으로 구성한다.

제8조(중앙행정심판위원회의 구성) 제5항. 중앙행정심판위원회의 회의(제6항에 따른 소위원회 회의는 제외한다)는 위원장, 상임위원 및 위원장이 회의마다 지정하는 비상임위원을 포함하여 총 9명으로 구성한다.

정답 ②

13 「행정심판법」의 내용에 관한 설명으로 옳지 않은 것은?   23 행정사

① 부작위란 행정청이 당사자의 신청에 대하여 상당한 기간 내에 일정한 처분을 하여야 할 법률상 의무가 있는데도 처분을 하지 아니하는 것을 말한다.
② 행정심판은 처분이 있음을 알게 된 날부터 180일 이내에 청구하여야 한다.
③ 청구인이 경제적 능력으로 인해 대리인을 선임할 수 없는 경우에는 행정심판위원회에 국선대리인을 선임하여 줄 것을 신청할 수 있다.
④ 여러 명의 청구인이 공동으로 심판청구를 할 때에는 청구인들 중에서 3명 이하의 선정대표자를 선정할 수 있다.
⑤ 의무이행심판은 처분을 신청한 자로서 행정청의 거부처분 또는 부작위에 대하여 일정한 처분을 구할 법률상 이익이 있는 자가 청구할 수 있다.

제27조(심판청구의 기간) 제1항. 행정심판은 처분이 있음을 알게 된 날부터 90일 이내에 청구하여야 한다. 제3항 행정심판은 처분이 있었던 날부터 180일이 지나면 청구하지 못한다. 다만, 정당한 사유가 있는 경우에는 그러하지 아니하다.

정답 ②

14 다음 중 행정심판에 대한 설명으로 가장 옳지 않은 것은? (다툼이 있는 경우 판례에 의함)

`23 해경승진`

① 시·도행정심판위원회와 중앙행정심판위원회는 모두 행정심판의 심리권한과 재결권한을 가진다.
② 행정심판 청구 후 피청구인인 행정청이 새로운 처분을 하거나 대상인 처분을 변경한 때에는 청구인은 새로운 처분이나 변경된 처분에 맞추어 청구의 취지 또는 이유를 변경할 수 있다.
③ 행정심판위원회는 심판청구의 대상이 되는 처분보다 청구인에게 불리한 재결을 하지 못한다.
④ 행정청이 행정심판청구기간 등을 고지하지 아니하였다 하여도 처분의 상대방이 처분이 있었다는 사실을 알았을 경우에는 처분이 있은 날로부터 90일 이내에 심판청구를 하여야 한다.

제27조(심판청구의 기간) 제1항. 행정심판은 처분이 있음을 알게 된 날부터 90일 이내에 청구하여야 한다. 제3항. 행정심판은 처분이 있었던 날부터 180일이 지나면 청구하지 못한다. 다만, 정당한 사유가 있는 경우에는 그러하지 아니하다. 제6항. 행정청이 심판청구 기간을 알리지 아니한 경우에는 제3항에 규정된 기간에 심판청구를 할 수 있다.

`정답` ④

15 「행정심판법」상 가구제에 대한 설명으로 가장 옳지 않은 것은?

`21 서울시 7급`

① 행정심판청구는 처분의 효력이나 그 집행 또는 절차의 속행(續行)에 영향을 주지 아니한다.
② 위원회는 집행정지를 결정한 후에 집행정지가 공공복리에 중대한 영향을 미치거나 그 정지사유가 없어진 경우에는 직권으로 또는 당사자의 신청에 의하여 집행정지 결정을 취소할 수 있다.
③ 위원회는 처분 또는 부작위가 위법·부당하다고 상당히 의심되는 경우로서 처분 또는 부작위로 생길 회복하기 어려운 손해를 예방하기 위하여 긴급한 필요가 있다고 인정할 때에는 직권으로 또는 당사자의 신청에 의하여 임시처분을 결정할 수 있다.
④ 집행정지는 공공복리에 중대한 영향을 미칠 우려가 있을 때에는 허용되지 아니한다.

제31조(임시처분) 제1항. 위원회는 처분 또는 부작위가 위법·부당하다고 상당히 의심되는 경우로서 처분 또는 부작위 때문에 당사자가 받을 우려가 있는 중대한 불이익이나 당사자에게 생길 급박한 위험을 막기 위하여 임시지위를 정하여야 할 필요가 있는 경우에는 직권으로 또는 당사자의 신청에 의하여 임시처분을 결정할 수 있다.

`정답` ③

16 「행정심판법」의 규정에 관한 내용으로 옳지 않은 것은? `22 소방승진`

① 행정심판이 청구된 후에 피청구인이 새로운 처분을 하거나 심판청구의 대상인 처분을 변경한 경우에는 청구인은 새로운 처분이나 변경된 처분에 맞추어 청구의 취지나 이유를 변경할 수 있다.
② 행정심판위원회는 처분, 처분의 집행 또는 절차의 속행 때문에 중대한 손해가 생기는 것을 예방할 필요성이 긴급하다고 인정할 때에는 직권으로 또는 당사자의 신청에 의하여 처분의 효력, 처분의 집행 또는 절차의 속행의 전부 또는 일부의 정지를 결정할 수 있다.
③ 행정심판위원회는 처분 또는 부작위가 위법·부당하다고 상당히 의심되는 경우로서 처분 또는 부작위 때문에 당사자가 받을 우려가 있는 중대한 불이익이나 당사자에게 생길 급박한 위험을 막기 위하여 임시지위를 정하여야 할 필요가 있는 경우에는 당사자의 신청이 있는 경우에 한하여 임시처분을 결정할 수 있다.
④ 청구인이 경제적 능력으로 인해 대리인을 선임할 수 없는 경우에는 행정심판위원회에 국선대리인을 선임하여 줄 것을 신청할 수 있다.

> **해설**
> 제31조(임시처분) 제1항. 위원회는 처분 또는 부작위가 위법·부당하다고 상당히 의심되는 경우로서 처분 또는 부작위 때문에 당사자가 받을 우려가 있는 중대한 불이익이나 당사자에게 생길 급박한 위험을 막기 위하여 임시지위를 정하여야 할 필요가 있는 경우에는 직권으로 또는 당사자의 신청에 의하여 임시처분을 결정할 수 있다.
>
> **정답** ③

17 「행정심판법」에 관한 설명으로 옳은 것은? `21 행정사`

① 행정심판위원회는 당사자의 동의가 없더라도 심판청구의 신속하고 공정한 해결을 위하여 조정을 할 수 있다.
② 행정심판위원회는 사정재결시 그 재결의 주문에서 그 처분 또는 부작위가 위법하거나 부당하다는 것을 구체적으로 밝혀야 한다.
③ 집행정지로 목적을 달성할 수 있는 경우에도 임시처분이 허용된다.
④ 처분청이 심판청구기간을 법정기간보다 긴 기간으로 잘못 고지한 경우, 심판청구기간은 당해 처분이 있은 날부터 180일이 된다.
⑤ 행정심판위원회는 심판청구의 대상이 되는 처분보다 청구인에게 불리한 재결을 할 수 있다.

② (○) 제44조(사정재결) 제1항. 위원회는 심판청구가 이유가 있다고 인정하는 경우에도 이를 인용(認容)하는 것이 공공복리에 크게 위배된다고 인정하면 그 심판청구를 기각하는 재결을 할 수 있다. 이 경우 위원회는 재결의 주문(主文)에서 그 처분 또는 부작위가 위법하거나 부당하다는 것을 구체적으로 밝혀야 한다.
① (✕) 제43조의2(조정) 제1항. 위원회는 당사자의 권리 및 권한의 범위에서 당사자의 동의를 받아 심판청구의 신속하고 공정한 해결을 위하여 조정을 할 수 있다. 다만, 그 조정이 공공복리에 적합하지 아니하거나 해당 처분의 성질에 반하는 경우에는 그러하지 아니하다.
③ (✕) 제31조(임시처분) 제3항. 제1항에 따른 임시처분은 제30조 제2항에 따른 집행정지로 목적을 달성할 수 있는 경우에는 허용되지 아니한다.
④ (✕) 제27조 제5항. 행정청이 심판청구 기간을 제1항에 규정된 기간보다 긴 기간으로 잘못 알린 경우 그 잘못 알린 긴 기간 내에 심판청구가 있으면 그 행정심판은 제1항에 규정된 기간에 청구된 것으로 본다. ※ 제27조 제6항. ⓐ 만약 짧게 잘못 알린 경우라면 법정기간인 처분이 있음을 안 날부터 90일 내에 심판청구를 하면 된다. ⓑ 행정청이 심판청구 기간을 알리지 아니한 경우에는 제3항(처분이 있었던 날로부터 180일. 다만, 정당한 사유가 있는 경우에는 그러하지 아니함)에 규정된 기간에 심판청구를 할 수 있다.
⑤ (✕) 제47조(재결의 범위) 제1항. 위원회는 심판청구의 대상이 되는 처분 또는 부작위 외의 사항에 대하여는 재결하지 못한다. 제2항. 위원회는 심판청구의 대상이 되는 처분보다 청구인에게 불리한 재결을 하지 못한다.

정답 ②

18 「행정심판법」의 내용에 대한 설명으로 옳지 않은 것은? 　22 해경승진

① 행정심판위원회는 필요하면 당사자가 주장하지 아니한 사실에 대하여도 심리할 수 있다.
② 행정심판위원회는 임시처분을 결정한 후에 임시처분이 공공복리에 중대한 영향을 미치는 경우에는 직권으로 또는 당사자의 신청에 의하여 이 결정을 취소할 수 있다.
③ 청구인은 행정심판위원회의 간접강제 결정에 불복하는 경우 그 결정에 대하여 행정소송을 제기할 수 있다.
④ 당사자의 신청을 거부하는 처분에 대한 취소심판에서 인용재결이 내려진 경우, 의무이행심판과 달리 행정청은 재처분의무를 지지 않는다.

제49조(재결의 기속력 등) 제1항. 심판청구를 인용하는 재결은 피청구인과 그 밖의 관계 행정청을 기속(羈束)한다. 제2항. 재결에 의하여 취소되거나 무효 또는 부존재로 확인되는 처분이 당사자의 신청을 거부하는 것을 내용으로 하는 경우에는 그 처분을 한 행정청은 재결의 취지에 따라 다시 이전의 신청에 대한 처분을 하여야 한다. 제3항. 당사자의 신청을 거부하거나 부작위로 방치한 처분의 이행을 명하는 재결이 있으면 행정청은 지체 없이 이전의 신청에 대하여 재결의 취지에 따라 처분을 하여야 한다.

정답 ④

19. 행정심판에 관한 설명으로 옳은 것은? (다툼이 있으면 판례에 따름)

① 의무이행심판에서 청구가 이유 있으면 신청에 따른 처분을 하거나 처분을 할 것을 피청구인에게 명하는 재결을 한다.
② 심판청구기간을 법상 규정된 기간보다 긴 기간으로 잘못 고지한 경우에도 규정된 행정심판기간 내에 심판청구를 하여야 한다.
③ 시·도지사의 처분에 대한 심판청구는 시·도지사 소속으로 두는 행정심판위원회에서 심리·재결한다.
④ 심리는 구술심리나 서면심리로 하고, 당사자가 구술심리를 신청한 경우에는 서면심리는 할 수 없다.
⑤ 항고소송에서의 처분사유의 추가·변경의 법리는 행정심판에 적용되지 않는다.

해설

① (○)
② (×) 제27조(심판청구의 기간) 제1항. 행정심판은 처분이 있음을 알게 된 날부터 90일 이내에 청구하여야 한다. 제5항. 행정청이 심판청구 기간을 제1항에 규정된 기간보다 긴 기간으로 잘못 알린 경우 그 잘못 알린 기간에 심판청구가 있으면 그 행정심판은 제1항에 규정된 기간에 청구된 것으로 본다.
③ (×) 제6조(행정심판위원회의 설치) 제2항. 다음 각 호의 행정청의 처분 또는 부작위에 대한 심판청구에 대하여는 「부패방지 및 국민권익위원회의 설치와 운영에 관한 법률」에 따른 국민권익위원회(이하 "국민권익위원회"라 한다)에 두는 중앙행정심판위원회에서 심리·재결한다.
1. 제1항에 따른 행정청 외의 국가행정기관의 장 또는 그 소속 행정청
2. 특별시장·광역시장·특별자치시장·도지사·특별자치도지사(특별시·광역시·특별자치시·도 또는 특별자치도의 교육감을 포함한다. 이하 "시·도지사"라 한다) 또는 특별시·광역시·특별자치시·도·특별자치도(이하 "시·도"라 한다)의 의회(의장, 위원회의 위원장, 사무처장 등 의회 소속 모든 행정청을 포함한다)
3. 「지방자치법」에 따른 지방자치단체조합 등 관계 법률에 따라 국가·지방자치단체·공공법인 등이 공동으로 설립한 행정청. 다만, 제3항 제3호에 해당하는 행정청은 제외한다.
④ (×) 제40조(심리의 방식) 제1항. 행정심판의 심리는 구술심리나 서면심리로 한다. 다만, 당사자가 구술심리를 신청한 경우에는 서면심리만으로 결정할 수 있다고 인정되는 경우 외에는 구술심리를 하여야 한다.
⑤ (×) 행정처분의 취소를 구하는 항고소송에서 처분청은 당초 처분의 근거로 삼은 사유와 기본적 사실관계가 동일성이 있다고 인정되는 한도 내에서만 다른 사유를 추가 또는 변경할 수 있고, 이러한 기본적 사실관계의 동일성 유무는 처분사유를 법률적으로 평가하기 이전의 구체적 사실에 착안하여 그 기초인 사회적 사실관계가 기본적인 점에서 동일한지에 따라 결정되므로, 추가 또는 변경된 사유가 처분 당시에 이미 존재하고 있었다거나 당사자가 그 사실을 알고 있었다고 하여 당초의 처분사유와 동일성이 있다고 할 수 없다. 그리고 이러한 법리는 행정심판 단계에서도 그대로 적용된다. (대판2013두26118)

정답 ①

20

행정심판에 대한 설명으로 옳지 않은 것은? (다툼이 있는 경우 판례에 의함) `21 국가직 7급`

① 취소심판의 인용재결로서 취소재결, 변경재결, 변경명령재결을 할 수 있다.
② 당사자의 신청을 받아들이지 않은 거부처분이 재결에서 취소된 경우에 행정청은 재결 후에 발생한 새로운 사유를 내세워 다시 거부처분을 할 수 있다.
③ 정보공개명령재결은 행정심판위원회에 의한 직접처분의 대상이 된다.
④ 인용재결의 기속력은 피청구인과 그 밖의 관계 행정청에 미치고, 행정심판위원회의 간접강제 결정의 효력은 피청구인인 행정청이 소속된 국가·지방자치단체 또는 공공단체에 미친다.

위원회는 공개청구대상정보를 보유·관리하지 않는 것이 일반적이므로, 정보공개거부처분(비공개결정)에 대한 의무이행심판의 이행재결인 정보공개명령재결의 경우 정보공개처분의 성질상 위원회가 직접처분을 할 수 없다. ※「행정심판법」에 간접강제제도가 신설된 것도 이러한 것과 관련이 있다.

정답 ③

21

「행정심판법」에 대한 설명으로 옳지 않은 것은? `22 소방공채`

① 청구인이 피청구인을 잘못 지정한 경우에는 위원회는 직권으로 또는 당사자의 신청에 의하여 결정으로써 피청구인을 경정할 수 있다.
② 행정심판위원회는 심판청구의 대상이 되는 처분보다 청구인에게 불리한 재결을 할 수 있다.
③ 중앙행정심판위원회는 위법 또는 불합리한 명령 등의 시정조치를 관계 행정기관에 요청할 수 있다.
④ 법령의 규정에 따라 공고하거나 고시한 처분이 재결로써 취소되거나 변경되면 처분을 한 행정청은 지체 없이 그 처분이 취소 또는 변경되었다는 것을 공고하거나 고시하여야 한다.

제47조(재결의 범위) 제1항. 위원회는 심판청구의 대상이 되는 처분 또는 부작위 외의 사항에 대하여는 재결하지 못한다. 제2항. 위원회는 심판청구의 대상이 되는 처분보다 청구인에게 불리한 재결을 하지 못한다.

정답 ②

22. 다음 중 행정심판에 대한 설명으로 가장 옳지 않은 것은? [22 군무원 9급]

① 처분청이 처분을 통지할 때 행정심판을 제기할 수 있다는 사실과 기타 청구절차 및 청구기간 등에 대한 고지를 하지 않았다고 하여 처분에 하자가 있다고 할 수 없다.
② 행정심판청구서가 피청구인에게 접수된 경우, 피청구인은 심판청구가 이유 있다고 인정하면 직권으로 처분을 취소할 수 있다.
③ 수익적 처분의 거부처분이나 부작위에 대해 임시적 지위를 인정할 필요가 있어서 인정한 제도는 임시처분이다.
④ 의무이행심판에서 이행을 명하는 재결이 있음에도 불구하고 처분청이 이를 이행하지 아니할 때 위원회가 직접 처분을 할 수 있는데, 행정심판의 재결은 처분청을 기속하므로 지방자치단체는 직접 처분에 대해 행정심판위원회가 속한 국가기관을 상대로 권한쟁의심판을 청구할 수 없다.

피청구인이 행한 두 차례의 인용재결에서 재결의 주문에 포함된 것은 골프연습장에 관한 것뿐으로서, 이 사건 진입도로에 관한 판단은 포함되어 있지 아니함이 명백하고, 재결의 기속력의 객관적 범위는 그 재결의 주문에 포함된 법률적 판단에 한정되는 것이다. 청구인은 인용재결내용에 포함되지 아니한 이 사건 진입도로에 대한 도시계획사업시행자지정처분을 할 의무는 없으므로, 피청구인이 이 사건 진입도로에 대하여 까지 청구인의 불이행을 이유로 「행정심판법」 제37조 제2항에 의하여 도시계획사업시행자지정처분을 한 것은 인용재결의 범위를 넘어 청구인의 권한을 침해한 것으로서, 그 처분에 중대하고도 명백한 흠이 있어 무효라고 할 것이다. (헌재98헌라4), 따라서 의무이행심판에서 이행을 명하는 재결이 있음에도 불구하고 처분청이 이를 이행하지 아니할 때 위원회가 직접 처분을 할 수 있는데, 행정심판의 재결은 처분청을 기속하므로 지방자치단체는 직접 처분에 대해 행정심판위원회가 속한 국가기관을 상대로 권한쟁의심판을 청구할 수 있다.

정답 ④

23. 「행정심판법」상 행정심판에 대한 설명으로 옳지 않은 것은? (다툼이 있는 경우 판례에 의함) [21 지방직 9급]

① 심판청구기간의 기산점인 '처분이 있음을 안 날'이라 함은 당사자가 통지·공고 기타의 방법에 의하여 당해 처분이 있었다는 사실을 현실적으로 안 날을 의미한다.
② 행정청의 부작위에 대한 의무이행심판은 심판청구기간 규정의 적용을 받지 않고, 사정재결이 인정되지 아니한다.
③ 심판청구에 대한 재결이 있으면 그 재결 및 같은 처분 또는 부작위에 대하여 다시 행정심판을 청구할 수 없다.
④ 재결이 확정된 경우에도 처분의 기초가 된 사실관계나 법률적 판단이 확정되고 당사자들이나 법원이 이에 기속되어 모순되는 주장이나 판단을 할 수 없게 되는 것은 아니다.

② (✕) 부작위에 대한 의무이행심판은 심판청구기간의 제한이 없으나, 사정재결은 인정된다.
① (O) 심판청구기간의 기산점인 「행정심판법」 제18조(현 제27조) 제1항. 소정의 '처분이 있음을 안 날'이라 함은 당사자가 통지·공고 기타의 방법에 의하여 당해 처분이 있었다는 사실을 현실적으로 안 날을 의미하고, 추상적으로 알 수 있었던 날을 의미하는 것은 아니다. (대판2002두3850)
③ (O) 제51조(행정심판 재청구의 금지) 심판청구에 대한 재결이 있으면 그 재결 및 같은 처분 또는 부작위에 대하여 다시 행정심판을 청구할 수 없다.
④ (O) 일반적으로 행정심판 재결이 불복기간의 경과로 확정될 경우에, 처분의 기초가 되는 사실관계나 법률적 판단이 확정되고 당사자들이나 법원이 이에 기속되어 모순되는 주장이나 판단을 할 수 없는 것은 아니다. (대판2013다6759)

정답 ②

24

「행정심판법」상 행정심판위원회가 취소심판의 청구가 이유가 있다고 인정하는 경우에 행할 수 있는 재결에 해당하지 않는 것은?   21 국가직 9급

① 처분을 취소하는 재결
② 처분을 할 것을 명하는 재결
③ 처분을 다른 처분으로 변경하는 재결
④ 처분을 다른 처분으로 변경할 것을 명하는 재결

② (✕) 취소심판청구가 이유 있다고 인정되면, 재결청은 처분청에 대하여 당해 처분의 변경을 명할 수도 있고(명령재결), 재결청이 스스로 당해 처분을 취소하거나 변경할 수도 있다(형성재결). 단 처분을 할 것을 명하는 재결은 의무이행심판에서 가능하고 취소심판에서는 허용되지 않는다. 청구인이 처분의 이행을 청구한 적은 없는 바, 이를 취소심판에서 허용한다면 불고불리의 원칙에 위반되기 때문이다.
①, ③, ④ (O) 「행정심판법」 제43조 제3항. 취소심판의 인용재결은 취소재결, 변경재결, 변경명령재결이 인정된다. 취소명령재결은 현행법상 부정된다.

정답 ②

25 「행정심판법」상 재결에 관한 설명으로 옳지 않은 것은?

23 행정사

① 재결은 서면으로 한다.
② 행정심판위원회는 사정재결을 할 수 없다.
③ 재결은 청구인에게 재결서의 정본이 송달되었을 때에 그 효력이 생긴다.
④ 행정심판위원회는 심판청구의 대상이 되는 처분보다 청구인에게 불리한 재결을 하지 못한다.
⑤ 행정심판위원회는 심판청구가 적법하지 아니하면 그 심판청구를 각하한다.

제44조(사정재결) 제1항. 위원회는 심판청구가 이유가 있다고 인정하는 경우에도 이를 인용(認容)하는 것이 공공복리에 크게 위배된다고 인정하면 그 심판청구를 기각하는 재결을 할 수 있다. 이 경우 위원회는 재결의 주문(主文)에서 그 처분 또는 부작위가 위법하거나 부당하다는 것을 구체적으로 밝혀야 한다.

정답 ②

26 다음 중 「행정심판법」상 재결에 대한 설명으로 가장 옳지 않은 것은? (다툼이 있는 경우 판례에 의함)

21 해경승진

① 위원회는 의무이행심판의 청구가 이유가 있다고 인정하면 지체없이 신청에 따른 처분을 하거나 처분을 할 것을 피청구인에게 명한다.
② 재결의 기속력은 재결의 주문 및 그 전제가 된 요건사실의 인정과 판단에 대하여만 미친다.
③ 재결은 서면으로 하며 재결서에 적은 이유에는 주문 내용이 정당하다는 것을 인정할 수 있는 정도의 판단을 표시하여야 한다.
④ 당사자의 신청을 받아들이지 않은 거부처분이 재결에서 취소된 경우, 그 재결의 취지에 따라 이전의 신청에 대하여 다시 어떠한 처분을 하여야 할지는 처분을 할 때의 법령과 사실을 기준으로 판단하지만 행정청은 종전 거부처분 또는 재결 후에 발생한 새로운 사유를 내세워 다시 거부처분 할 수 없다.

당사자의 신청을 받아들이지 않은 거부처분이 재결에서 취소된 경우에 행정청은 종전 거부처분 또는 재결 후에 발생한 새로운 사유를 내세워 다시 거부처분을 할 수 있다. 그 재결의 취지에 따라 이전의 신청에 대하여 다시 어떠한 처분을 하여야 할지는 처분을 할 때의 법령과 사실을 기준으로 판단하여야 하기 때문이다. 또한 행정청이 재결에 따라 이전의 신청을 받아들이는 후속처분을 하였더라도 후속처분이 위법한 경우에는 재결에 대한 취소소송을 제기하지 않고도 곧바로 후속처분에 대한 항고소송을 제기하여 다툴 수 있다. (대판2015두45045)

정답 ④

27 행정심판의 재결에 대한 설명으로 옳은 것은? (단, 다툼이 있는 경우 판례에 의함)

21 군무원 7급

① 행정심판을 거친 후에 원처분에 대하여 취소소송을 제기할 경우 재결서의 정본을 송달받은 날부터 60일 이내에 제기하여야 한다.
② 의무이행심판의 청구가 이유 있다고 인정되는 경우에는 행정심판위원회는 직접 신청에 따른 처분을 할 수 없고, 피청구인에게 처분을 할 것을 명하는 재결을 할 수 있을 뿐이다.
③ 사정재결은 취소심판의 경우에만 인정되고, 의무이행심판과 무효확인심판의 경우에는 인정되지 않는다.
④ 취소심판의 심리 후 행정심판위원회는 영업허가취소처분을 영업정지 처분으로 적극적으로 변경하는 변경재결 또는 변경명령재결을 할 수 있다.

④ (O) 제43조(재결의 구분) 제3항. 위원회는 취소심판의 청구가 이유가 있다고 인정하면 처분을 취소 또는 다른 처분으로 변경하거나 처분을 다른 처분으로 변경할 것을 피청구인에게 명한다.
① (X) 제20조(제소기간) 제1항. 취소소송은 처분등이 있음을 안 날부터 90일 이내에 제기하여야 한다. 다만, 제18조(행정심판과의 관계)제1항 단서에 규정한 경우와 그 밖에 행정심판청구를 할 수 있는 경우 또는 행정청이 행정심판청구를 할 수 있다고 잘못 알린 경우에 행정심판청구가 있은 때의 기간은 재결서의 정본을 송달받은 날부터 기산한다.
② (X) 제43조(재결의 구분) 제5항. 위원회는 의무이행심판의 청구가 이유가 있다고 인정하면 지체 없이 신청에 따른 처분을 하거나 처분을 할 것을 피청구인에게 명한다.
③ (X) 제44조(사정재결) 제3항. 제1항과 제2항은 무효등확인심판에는 적용하지 아니한다.

정답 ④

28 행정심판의 재결에 대한 설명으로 옳지 않은 것은?

21 군무원 9급

① 기각재결이 있은 후에도 원처분청은 원처분을 직권으로 취소 또는 변경할 수 있다.
② 재결의 기속력에는 반복금지효와 원상회복의무가 포함된다.
③ 행정심판에는 불고불리의 원칙과 불이익변경금지의 원칙이 인정되며, 처분청은 행정심판의 재결에 대해 불복할 수 없다.
④ 행정심판의 재결기간은 강행규정이다.

행정심판법 제45조(재결 기간) 제1항. 재결은 제23조에 따라 피청구인 또는 위원회가 심판청구서를 받은 날부터 60일 이내에 하여야 한다. 다만, 부득이한 사정이 있는 경우에는 위원장이 직권으로 30일을 연장할 수 있다.

정답 ④

29 재결의 기속력에 대한 설명으로 옳은 것만을 모두 고르면? (다툼이 있는 경우 판례에 의함)

21 지방직 9급

㉠ 재결에 의하여 취소되거나 무효 또는 부존재로 확인되는 처분이 당사자의 신청을 거부하는 것을 내용으로 하는 경우에는 그 처분을 한 행정청은 재결의 취지에 따라 다시 이전의 신청에 대한 처분을 하여야 한다.
㉡ 재결의 기속력은 인용재결의 경우에만 인정되고, 기각재결에서는 인정되지 않는다.
㉢ 기속력은 재결의 주문에만 미치고, 처분 등의 구체적 위법사유에 관한 판단에는 미치지 않는다.
㉣ 행정심판 인용재결에 따른 행정청의 재처분 의무에도 불구하고 행정청이 인용재결에 따른 처분을 하지 아니하는 경우에, 행정심판위원회는 청구인의 신청이 없어도 결정으로 일정한 배상을 하도록 명할 수 있다.

① ㉠, ㉡
② ㉠, ㉡, ㉣
③ ㉠, ㉢, ㉣
④ ㉡, ㉢, ㉣

해설

㉠ (O) 제49조(재결의 기속력 등) 제2항. 재결에 의하여 취소되거나 무효 또는 부존재로 확인되는 처분이 당사자의 신청을 거부하는 것을 내용으로 하는 경우에는 그 처분을 한 행정청은 재결의 취지에 따라 다시 이전의 신청에 대한 처분을 하여야 한다.
㉡ (O) 제49조(재결의 기속력 등) 제1항. 심판청구를 인용하는 재결은 피청구인과 그 밖의 관계 행정청을 기속(羈束)한다.
㉢ (×) 재결의 기속력은 재결의 주문 및 그 전제가 된 요건사실의 인정과 판단, 즉 처분 등의 구체적 위법사유에 관한 판단에만 미친다. (대판2003두7705)
㉣ (×) 제50조의2(위원회의 간접강제) 제1항. 위원회는 피청구인이 제49조 제2항(제49조 제4항에서 준용하는 경우를 포함한다) 또는 제3항에 따른 처분을 하지 아니하면 청구인의 신청에 의하여 결정으로 상당한 기간을 정하고 피청구인이 그 기간 내에 이행하지 아니하는 경우에는 그 지연기간에 따라 일정한 배상을 하도록 명하거나 즉시 배상을 할 것을 명할 수 있다.

정답 ①

30 다음 중 행정심판의 재결에 대한 설명으로 가장 옳지 않은 것은? (단, 다툼이 있는 경우 판례에 의함)
`22 군무원 9급`

① 조세부과처분이 국세청장에 대한 불복심사청구에 의하여 그 불복사유가 이유있다고 인정되어 취소되었음에도 처분청이 동일한 사실에 관하여 부과처분을 되풀이 한 것이라면 설령 그 부과처분이 감사원의 시정요구에 의한 것이라 하더라도 위법하다.
② 행정심판위원회는 의무이행재결이 있는 경우에 피청구인이 처분을 하지 아니한 경우에는 당사자의 신청 또는 직권으로 기간을 정하여 시정을 명하고 그 기간에 이행하지 아니하면 직접 처분을 할 수 있다.
③ 행정심판의 재결이 확정된 경우에도 처분의 기초가 된 사실관계나 법률적 판단이 확정되고 당사자들이나 법원이 이에 기속되어 모순되는 주장이나 판단을 할 수 없게 되는 것은 아니다.
④ 처분 취소재결이 있는 경우 당해 처분청은 재결의 취지에 반하지 아니하는 한 그 재결에 적시된 위법사유를 시정·보완하여 새로운 처분을 할 수 있는 것이고, 이러한 새로운 부과처분은 재결의 기속력에 저촉되지 아니한다.

「행정심판법」제50조 제1항. 「행정심판법」상 의무이행심판에서의 인용재결인 처분명령재결의 실효성 확보수단인 직접처분은 당사자의 신청으로만 가능하고, 행정심판위원회의 직권으로는 허용되지 않는다. 이는 간접강제 역시 당사지의 신청으로만 가능하다.

정답 ②

31 「행정심판법」상 재결에 관한 설명 중 가장 적절한 것은? (다툼이 있는 경우 판례에 의함)
`21 경찰행정`

① 피청구인이 거부처분을 취소하는 재결의 취지에 따라 다시 이전의 신청에 대한 처분을 하지 아니하는 경우에 행정심판위원회는 직접 처분을 할 수 있다.
② 피청구인이 당사자의 신청을 거부한 처분의 이행을 명하는 재결에도 불구하고 이전의 신청에 대하여 재결의 취지에 따라 처분을 하지 아니하는 경우에 행정심판위원회는 간접강제를 할 수 있다.
③ 재결이 확정되면 기판력이 인정되므로 처분의 기초가 된 사실관계나 법률적 판단이 확정되고 당사자들이나 법원은 이에 기속되어 모순되는 주장이나 판단을 할 수 없다.
④ 당사자가 합의한 사항을 조정서에 기재한 후 당사자가 서명 또는 날인하고 행정심판위원회가 이를 확인함으로써 성립하는 조정에 대하여는 제51조(행정심판 재청구의 금지)의 규정이 준용되지 않는다.

② (○) 제50조의2(위원회의 간접강제) 제1항. 위원회는 피청구인이 제49조 제2항(제49조 제4항에서 준용하는 경우를 포함한다) 또는 제3항에 따른 처분을 하지 아니하면 청구인의 신청에 의하여 결정으로 상당한 기간을 정하고 피청구인이 그 기간 내에 이행하지 아니하는 경우에는 그 지연기간에 따라 일정한 배상을 하도록 명하거나 즉시 배상을 할 것을 명할 수 있다.

① (×) 거부처분 취소심판 또는 무효확인심판에서는 의무이행심판과 달리 위원회의 직접처분이 인정되지 않는다.

③ (×) 재결에 판결에서와 같은 기판력이 인정되는 것은 아니어서 재결이 확정된 경우에도 〈처분의 기초가 된 사실관계나 법률적 판단이 확정되고 당사자들이나 법원이 이에 기속되어 모순되는 주장이나 판단을 할 수 없게 되는 것〉은 아니다. (대판2013다6759) 즉, 재결은 판결과 달리 기판력이 부정된다.

④ (×) 조정에 대하여는 제48조부터 제50조까지 〈재결의 송달과 효력 발생, 재결의 기속력 등. 위원회의 직접 처분〉, 제50조의2(위원회의 간접강제), 제51조(행정심판 재청구의 금지)의 규정을 준용한다. 행정심판법 제43조의2 제4항 및 제51조

정답 ②

32 「행정심판법」에 의해 행정청이 행정심판위원회의 재결의 취지에 따라 재처분을 할 의무가 있음에도 그 의무를 이행하지 않은 경우에 행정심판위원회가 직접 처분을 할 수 있는 재결은?

21 해경승진, 20 국가직 9급

① 당사자의 신청에 따른 처분을 절차가 부당함을 이유로 취소하는 재결
② 당사자의 신청을 거부한 처분의 이행을 명하는 재결
③ 당사자의 신청을 거부하는 처분을 취소하는 재결
④ 당사자의 신청을 거부하는 처분을 부존재로 확인하는 재결

제50조(위원회의 직접 처분) 제1항. 위원회는 피청구인이 제49조 제3항에도 불구하고 처분을 하지 아니하는 경우에는 당사자가 신청하면 기간을 정하여 서면으로 시정을 명하고 그 기간에 이행하지 아니하면 직접 처분을 할 수 있다. 다만, 그 처분의 성질이나 그 밖의 불가피한 사유로 위원회가 직접 처분을 할 수 없는 경우에는 그러하지 아니하다.

정답 ②

33 다음 중 「행정심판법」상 행정심판에 대한 설명으로 가장 옳지 않은 것은? (다툼이 있는 경우 판례에 의함) `21 해경승진`

① 대통령의 처분 또는 부작위에 대하여는 다른 법률에서 행정심판을 청구할 수 있도록 정한 경우 외에는 행정심판을 청구할 수 없다.
② 처분청이 재조사결정의 주문 및 그 전제가 된 요건사실의 인정과 판단, 즉 처분의 구체적 위법 사유에 관한 판단에 반하여 당초 처분을 그대로 유지하는 것은 재조사 결정의 기속력에 저촉되지 않는다.
③ 행정심판을 청구하려는 자는 심판청구서를 작성하여 피청구인이나 위원회에 제출하여야 한다.
④ 행정심판에서 행정심판 위원회에 의한 형성적 재결이 있는 경우에는 그 대상이 된 행정처분은 재결 자체에 의하여 당연히 취소되어 소멸된다.

> 심판청구 등에 대한 결정의 한 유형으로 실무상 행해지고 있는 재조사 결정은 재결청의 결정에서 지적된 사항에 관하여 처분청의 재조사결과를 기다려 그에 따른 후속 처분의 내용을 심판청구 등에 대한 결정의 일부분으로 삼겠다는 의사가 내포된 변형결정에 해당하므로, 처분청은 재조사 결정의 취지에 따라 재조사를 한 후 그 내용을 보완하는 후속 처분만을 할 수 있다. 따라서 처분청이 재조사 결정의 주문 및 그 전제가 된 요건사실의 인정과 판단, 즉 처분의 구체적 위법사유에 관한 판단에 반하여 당초 처분을 그대로 유지하는 것은 재조사 결정의 기속력에 저촉된다. (대판2015두37549)
>
> **정답** ②

34 A 행정청이 甲에게 한 처분에 대하여 甲은 B 행정심판위원회에 행정심판을 청구하였다. 이에 대한 설명으로 옳은 것은? (다툼이 있는 경우 판례에 의함) `22 지방직 9급`

① B 행정심판위원회의 기각재결이 있은 후에는 A 행정청은 원처분을 직권으로 취소할 수 없다.
② 甲이 취소심판을 제기한 경우, B 행정심판위원회는 심판청구가 이유가 있다고 인정하면 처분변경명령재결을 할 수 있다.
③ 甲이 무효확인심판을 제기한 경우, B 행정심판위원회는 심판청구가 이유있다고 인정하면서도 이를 인용하는 것이 공공복리에 크게 위배된다고 인정하면 甲의 심판청구를 기각할 수 있다.
④ B 행정심판위원회의 재결에 고유한 위법이 있는 경우에는 甲은 다시 행정심판을 청구할 수 있다.

② (○) 제43조(재결의 구분) 제3항. 위원회는 취소심판의 청구가 이유가 있다고 인정하면 처분을 취소 또는 다른 처분으로 변경하거나 처분을 다른 처분으로 변경할 것을 피청구인에게 명한다.
① (×) B 행정심판위원회의 기각재결이 있은 후에도 A 행정청은 원처분을 직권으로 취소할 수 있다. 기각재결은 기속력이 발생하지 않기 때문이다.
③ (×) 제44조(사정재결) 제1항. 위원회는 심판청구가 이유가 있다고 인정하는 경우에도 이를 인용(認容)하는 것이 공공복리에 크게 위배된다고 인정하면 그 심판청구를 기각하는 재결을 할 수 있다. 이 경우 위원회는 재결의 주문(主文)에서 그 처분 또는 부작위가 위법하거나 부당하다는 것을 구체적으로 밝혀야 한다. 제2항. 위원회는 제1항에 따른 재결을 할 때에는 청구인에 대하여 상당한 구제방법을 취하거나 상당한 구제방법을 취할 것을 피청구인에게 명할 수 있다. 제3항. 제1항과 제2항은 무효등확인심판에는 적용하지 아니한다.
④ (×) 제51조(행정심판 재청구의 금지) 심판청구에 대한 재결이 있으면 그 재결 및 같은 처분 또는 부작위에 대하여 다시 행정심판을 청구할 수 없다.

정답 ②

35
자신이 소유한 모텔에서 성인 乙과 청소년 丙을 투숙시켜 이성 혼숙하도록 한 사실이 적발되어 A도 관할 B군 군수 丁으로부터 「공중위생관리법」에 따라 영업정지 3개월의 처분을 받은 甲이 처분의 취소를 구하는 행정심판을 청구하려는 경우, 이에 관한 설명으로 옳지 않은 것은?

23 소방공채

① 본 사안은 이른바 행정심판전치주의가 적용되지 않으므로, 甲은 행정심판을 거치지 아니하고도 곧바로 취소소송을 제기할 수 있다.
② 본 사안에서 丁의 영업정지처분에 대한 불복은 A도행정심판위원회가 심리·재결한다.
③ 행정심판위원회가 甲의 청구를 기각하는 재결을 한 경우, 甲은 재결서의 정본을 송달받은 날부터 90일 이내에 행정소송을 제기할 수 있다.
④ 행정심판위원회가 甲의 청구를 인용하는 재결을 한 경우, 丁이 인용재결의 취소를 구하는 행정소송을 제기할 수 있다.

행정심판위원회가 甲의 청구를 인용하는 재결을 한 경우, 피청구인 행정청 丁은 인용재결의 기속력에 의해 인용재결의 취소를 구하는 행정소송을 제기할 수 없다.

정답 ④

36 다음 사례에 대한 설명으로 옳은 것은?　　23 지방직 9급

> 식품접객업을 하는 甲은 청소년의 연령을 확인하지 않고 주류를 판매한 사실이 적발되어 관할 행정청 乙로부터 「식품위생법」위반을 이유로 영업정지 2개월을 부과받자 관할 행정심판위원회 丙에 행정심판을 청구하였다.

① 丙은 영업정지 2개월에 갈음하여 「식품위생법」소정의 과징금으로 변경할 수 없다.
② 甲이 丙의 기각재결을 받은 후 재결 자체에 고유한 하자가 있음을 주장하며 그 기각재결에 대하여 취소소송을 제기한 경우, 수소법원은 심리 결과 재결 자체에 고유한 위법이 없다면 각하판결을 하여야 한다.
③ 丙이 영업정지처분을 취소하는 재결을 할 경우, 乙은 이 인용재결의 취소를 구하는 행정소송을 제기할 수 없다.
④ 丙은 행정심판의 심리과정에서 甲의 「식품위생법」상의 또 다른 위반 사실을 인지한 경우, 乙의 2개월 영업정지와는 별도로 1개월 영업정지를 추가하여 부과하는 재결을 할 수 있다.

③ (○) 제49조(재결의 기속력 등) 제1항. 심판청구를 인용하는 재결은 피청구인과 그 밖의 관계 행정청을 기속(羈束)한다.
① (×) 제43조(재결의 구분) 제3항. 위원회는 취소심판의 청구가 이유가 있다고 인정하면 처분을 취소 또는 다른 처분으로 변경하거나 처분을 다른 처분으로 변경할 것을 피청구인에게 명한다.
② (×) 「행정소송법」제19조는 취소소송은 행정청의 원처분을 대상으로 하되(원처분주의), 다만 "재결 자체에 고유한 위법이 있음을 이유로 하는 경우"에 한하여 행정심판의 재결도 취소소송의 대상으로 삼을 수 있도록 규정하고 있으므로 재결취소소송의 경우 재결 자체에 고유한 위법이 있는지 여부를 심리할 것이고, 재결 자체에 고유한 위법이 없는 경우에는 원처분의 당부와는 상관없이 당해 재결취소소송은 이를 기각하여야 한다. (대판93누16901)
④ (×) 제47조(재결의 범위) 제1항. 위원회는 심판청구의 대상이 되는 처분 또는 부작위 외의 사항에 대하여는 재결하지 못한다. 제2항. 위원회는 심판청구의 대상이 되는 처분보다 청구인에게 불리한 재결을 하지 못한다.

정답 ③

37 공익신고자 丙은 甲이 「국민기초생활 보장법」상의 복지급여를 부정수급하고 있다고 관할 乙행정청에 신고하였다. 이에 대하여 甲은 乙에게 부정수급 신고를 한 자와 그 내용에 대해 정보공개청구를 하였다. 이후 甲은 乙의 비공개결정통지를 받았고(2022. 8. 26.)이에 대해 국민권익위원회에 고충민원을 제기하였으나(2022. 9. 16.), 국민권익위원회로부터 乙의 결정은 문제가 없다는 안내를 받았다(2022. 10. 26.). 그리고 甲은 乙의 비공개결정의 취소를 구하는 행정심판을 제기하게 되었다(2022. 12. 27.). 이에 대한 설명으로 옳은 것만을 모두 고르면?

23 국가직 9급

- ㉠ 「개인정보 보호법」상 정보주체에게 열람청구권이 보장되어 있더라도, 甲은 이에 근거하여 乙에게 신고자에 대한 정보공개를 요구하여 그 정보를 받을 수 없다.
- ㉡ 甲의 행정심판청구는 행정심판 제기기간 내에 이루어졌으므로 적법하다.
- ㉢ 甲의 국민권익위원회에 대한 고충민원 제기는 이의신청에 해당하므로, 고충민원에 대한 답변을 받은 날이 행정심판 제기기간의 기산점이 된다.
- ㉣ 학술·연구를 위하여 일시적으로 체류하는 외국인 丙은 「국민기초생활 보장법」상의 복지급여 지급기준에 대해 정보공개를 청구할 권리가 인정된다.

① ㉠, ㉡
② ㉠, ㉣
③ ㉡, ㉢
④ ㉠, ㉢, ㉣

해설

- ㉠ (O) 갑(甲)이 미성년자인 자녀 을(乙) 등이 작성한 국민기초생활 보장법 급여 분할 청구 민원서류에 대하여 정보공개 청구를 하였는데, 관할 행정청이 「공공기관의 정보공개에 관한 법률」 제9조 제1항 제6호 및 「개인정보 보호법」 제18조 제1항에 근거하여 정보비공개결정을 하자 처분의 취소를 구한 사안에서, 민원서류는 행정관청이 작성한 것이 아니라 을 등이 직접 작성한 것으로서 개인적인 민원 청구 내용 및 작성자들의 휴대전화번호 등 신상정보를 포함하고 있는 점, 을(乙) 등은 연령 등에 비추어 자유로운 의사결정 능력이 있는데 민원서류의 공개에 부동의하고 있는 점 등에 비추어 보면, 위 정보는 을(乙) 등 개인에 관한 사항으로서 공개될 경우 사생활의 비밀 또는 자유를 침해할 우려가 있다고 인정되는 비공개 대상 정보에 해당한다. (서울행법2015구합79673)
- ㉣ (O) 학술·연구를 위하여 일시적으로 체류하는 외국인은 정보공개청구권이 인정된다. 「공공기관의 정보공개에 관한 법률」 제5조 및 동법 시행령 제3조 제1호
- ㉡ (X) 갑이 행정심판을 청구한 2022. 12. 27.은 심판청구의 대상인 비공개결정통보를 받은 2022. 8. 26. 로부터 90일이 경과하였으므로 행정심판 제기기간을 경과한 부적법한 심판제기로서 각하재결의 대상이다.
- ㉢ (X) 甲의 국민권익위원회에 대한 고충민원 제기는 행정심판의 대상이 되는 처분성이 없으므로 행정기본법상 이의신청에 해당하는 것이 아니다. 따라서 고충민원에 대한 답변을 받은 날이 행정심판 제기기간의 기산점이 될 수 없다. ※ 고충민원이 아니라 법정민원에 대한 거부처분이 「행정심판법」상 행정심판의 대상이 되는 처분이므로 이의신청 대상이 되어 그 답변을 받은 날이 행정심판 제기기간의 기산점이 될 수 있다(「행정기본법」 제36조 제4항 적용).

정답 ②

38 행정심판으로 적법하게 청구된 것을 모두 고른 것은? 22 행정사

㉠ 국세부과처분에 대해 국세청장에 심사청구
㉡ 국가공무원 면직처분에 대해 징계위원회에 재심사청구
㉢ 지방토지수용위원회의 수용재결에 대해 중앙토지수용위원회에 이의신청
㉣ 지방노동위원회의 구제명령 불이행에 대한 이행강제금부과처분에 대해 중앙노동위원회에 재심신청

① ㉠, ㉡
② ㉠, ㉢
③ ㉡, ㉢
④ ㉡, ㉣
⑤ ㉢, ㉣

해설

㉠, ㉢은 적법한 심판청구이다. ㉡, ㉣은 부적법한 청구로서 각하재결의 대상이다.
㉠ (○) 국세부과처분에 대한 필수적 전심절차로서 (국무총리 소속 조세심판원에 대한) 심판청구 또는 (국세청장 또는 감사원에 대한) 심사청구가 있다. [특별행정심판]
㉢ (○) 지방토지수용위원회의 수용재결에 대해 임의적 전심절차로서 중앙토지수용위원회에 이의신청을 할 수 있다. [특별행정심판]
㉡ (×) 국가공무원 면직처분에 대해 징계위원회가 아니라 소청심사위원회에 심판을 청구하여야 한다. [특별행정심판]
㉣ (×) 지방노동위원회의 '구제명령' 자체에 대해 중앙노동위원회에 재심신청을 한다. [재결주의]
※ 근로기준법상 이행강제금부과처분은 특별한 불복절차를 예정하고 있지 않으므로 이에 불복할 경우 행정심판위원회에 심판을 청구하거나 항고소송을 제기하면 되고, 중앙노동위원회의 재심신청은 할 수 없다.

정답 ②

39 「행정심판법」에 따른 행정심판기관이 아닌 특별행정심판기관에 의하여 처리되는 특별행정심판에 해당하는 것만을 모두 고르면? (다툼이 있는 경우 판례에 의함) 22 국가직 7급

㉠ 「국세기본법」상 조세심판
㉡ 「도로교통법」상 행정심판
㉢ 「국가공무원법」상 소청심사
㉣ 「공익사업을 위한 토지 등의 취득 및 보상에 관한 법률」상 토지수용재결에 대한 이의신청

① ㉠, ㉡
② ㉠, ㉢, ㉣
③ ㉡, ㉢, ㉣
④ ㉠, ㉡, ㉢, ㉣

> **해설**
> ㉠, ㉢, ㉣은 「행정심판법」에 따른 행정심판기관이 아니라 특별행정심판기관에 의하여 처리되는 특별행정심판에 해당한다. ㉡은 「도로교통법」상 행정심판은 중앙행정심판위원회의 심판사항이므로 「행정심판법」에 따른 행정심판기관에 의하여 처리된다.
>
> **정답** ②

40 다음 중 「행정심판법」에 따른 행정심판을 제기할 수 없는 경우만을 모두 고르면? (다툼이 있는 경우 판례에 의함) 22 국가직 9급

> ㉠ 「공공기관의 정보공개에 관한 법률」상 정보공개와 관련한 공공기관의 비공개결정에 대하여 이의신청을 한 경우
> ㉡ 「공익사업을 위한 토지 등의 취득 및 보상에 관한 법률」상 토지수용위원회의 수용재결에 이의가 있어 중앙토지수용위원회에 이의를 신청한 경우
> ㉢ 「난민법」상 난민불인정결정에 대해 법무부장관에게 이의신청을 한 경우
> ㉣ 「민원 처리에 관한 법률」상 법정민원에 대한 행정기관의 장의 거부처분에 대해 그 행정기관의 장에게 이의신청을 한 경우

① ㉠, ㉡
② ㉠, ㉣
③ ㉡, ㉢
④ ㉢, ㉣

> **해설**
> ㉡, ㉢은 개별법에 따른 특별행정심판의 사안으로서, 「행정심판법」에 따른 행정심판을 제기할 수 없는 경우에 해당한다. ㉠, ㉣의 경우 「행정심판법」에 따른 행정심판을 제기할 수 있다.
>
> **정답** ③

CHAPTER 04 | 행정소송

01 「행정소송법」에서 규정하고 있는 항고소송이 아닌 것은? `20 지방직 9급`

① 기관소송
② 무효등 확인소송
③ 부작위위법확인소송
④ 취소소송

행정소송법에서 규정하고 있는 항고소송은 취소소송·무효등확인소송·부작위위법확인소송이며, 기관소송은 항고소송에 해당하지 아니한다.

정답 ①

02 경찰작용에 있어서 행정소송에 대한 설명으로 가장 적절한 것은 모두 몇 개인가? (다툼이 있는 경우 판례에 의함) `23 경찰간부`

㉠ 관할 시·도경찰청장은 운전면허와 관련된 처분권한을 각 경찰서장에게 위임하였고, 이에 따라 A경찰서장은 자신의 명의로 甲에게 운전면허정지처분을 하였다면, 甲의 운전면허정지 처분 취소소송의 피고적격자는 A경찰서장이 아니라 관할 시도경찰청장이다.
㉡ 혈중알콜농도 0.13%의 주취상태에서 차량을 운전하다가 적발된 乙에게 관할 경찰청장이 「도로교통법」에 의거 운전 면허취소처분을 하였을 경우, 乙은 행정심판을 거치지 않고 바로 행정소송을 제기할 수 있다.
㉢ 도로 외의 곳에서의 음주운전·음주측정거부 등에 대해서는 형사처벌도 가능하고 운전면허취소처분도 부과할 수 있다.
㉣ 경찰청장을 피고로 하여 취소소송을 제기하는 경우, 대법원 소재지를 관할하는 행정법원이 제1심 관할 법원으로 될 수 있다.

① 1개
② 2개
③ 3개
④ 4개

> **해설**
>
> ㉣ (O) 행정소송법 제9조
> ㉠ (×) 관할 시·도경찰청장은 운전면허와 관련된 처분권한을 각 경찰서장에게 위임하였고, 이에 따라 A경찰서장은 자신의 명의로 甲에게 운전면허정지처분을 하였다면, 甲의 운전면허정지처분 취소소송의 피고적격자는 A경찰서장이다.
> ㉡ (×) 「도로교통법」 제142조(행정소송과의 관계) 이 법에 따른 처분으로서 해당 처분에 대한 행정소송은 행정심판의 재결(裁決)을 거치지 아니하면 제기할 수 없다. (혈중알콜농도 0.13%의 주취상태에서 차량을 운전하다가 적발된 乙에게 관할 경찰청장이 「도로교통법」에 의거 운전면허취소처분을 하였을 경우, 乙은 행정심판을 거치지 않고 바로 행정소송을 제기할 수 없다.)
> ㉢ (×) 도로 외의 곳에서의 음주운전·음주측정거부 등에 대해서는 형사처벌도 가능하나 운전면허취소처분은 부과할 수 없다.
>
> **정답** ①

03 다음 빈칸에 들어갈 말로 가장 적절한 것은? (다툼이 있는 경우 판례에 의함) 23 경찰채용

> 명예퇴직한 법관이 미지급 명예퇴직수당액에 대하여 가지는 권리는 명예퇴직수당 지급대상자 결정 절차를 거쳐 명예퇴직수당규칙에 의하여 확정된 공법상 법률관계에 관한 권리로서, 그 지급을 구하는 소송은 「행정소송법」의 (   )에 해당하며, 그 법률관계의 당사자인 국가를 상대로 제기하여야 한다.

① 취소소송
② 부작위위법확인소송
③ 기관소송
④ 당사자소송

> **해설**
>
> 명예퇴직수당 지급대상자의 결정과 수당액 산정 등에 관한 구 국가공무원법(2012. 10. 22. 법률 제11489호로 개정되기 전의 것) 제74조의2 제1항, 제4항, 구 법관 및 법원공무원 명예퇴직수당 등 지급규칙(2011. 1. 31. 대법원규칙 제2320호로 개정되기 전의 것, 이하 '명예퇴직수당규칙'이라 한다) 제3조 제1항, 제2항, 제7조, 제4조 [별표 1]의 내용과 취지 등에 비추어 보면, 명예퇴직수당은 명예퇴직수당 지급신청자 중에서 일정한 심사를 거쳐 피고가 명예퇴직수당 지급대상자로 결정한 경우에 비로소 지급될 수 있지만, 명예퇴직수당 지급대상자로 결정된 법관에 대하여 지급할 수당액은 명예퇴직수당규칙 제4조 [별표 1]에 산정 기준이 정해져 있으므로, 위 법관은 위 규정에서 정한 정당한 산정 기준에 따라 산정된 명예퇴직수당액을 수령할 구체적인 권리를 가진다. 따라서 위 법관이 이미 수령한 수당액이 위 규정에서 정한 정당한 명예퇴직수당액에 미치지 못한다고 주장하며 차액의 지급을 신청함에 대하여 법원행정처장이 거부하는 의사를 표시했더라도, 그 의사표시는 명예퇴직수당액을 형성·확정하는 행정처분이 아니라 공법상의 법률관계의 한쪽 당사자로서 지급 의무의 존부 및 범위에 관하여 자신의 의견을 밝힌 것에 불과하므로 행정처분으로 볼 수 없다. 결국 명예퇴직한 법관이 미지급 명예퇴직수당액에 대하여 가지는 권리는 명예퇴직수당 지급대상자 결정 절차를 거쳐 명예퇴직수당규칙에 의하여 확정된 공법상 법률관계에 관한 권리로서, 그 지급을 구하는 소송은 「행정소송법」의 당사자소송에 해당하며, 그 법률관계의 당사자인 국가를 상대로 제기하여야 한다. (대판2013두14863)
>
> **정답** ④

04 「행정소송법」상 행정입법부작위에 대한 설명으로 옳지 않은 것은? `21 군무원 9급`

① 행정권의 시행명령 제정의무는 헌법적 의무이다.
② 시행명령을 제정해야 함에도 불구하고 제정을 거부하는 것은 법치행정의 원칙에 반하는 것이 된다.
③ 시행명령을 제정 또는 개정하였지만 그것이 불충분 또는 불완전하게 된 경우에는 행정입법부작위가 아니다.
④ 행정입법부작위는 부작위위법확인소송의 대상이 된다.

④ (X) 행정소송은 구체적 사건에 대한 법률상 분쟁을 법에 의하여 해결함으로써 법적 안정을 기하자는 것이므로 부작위위법확인소송의 대상이 될 수 있는 것은 구체적 권리의무에 관한 분쟁이어야 하고 추상적인 법령에 관하여 제정의 여부 등은 그 자체로서 국민의 구체적인 권리의무에 직접적 변동을 초래하는 것이 아니어서 그 소송의 대상이 될 수 없다. (대판91누11261)
①, ②(O). 대판2006다3561
③ (O) 입법부작위에는 전혀 입법을 하지 않은 진정입법부작위와 입법행위에 결함이 있는 부진정입법부작위가 있는데, 시행명령을 제정 또는 개정하였지만 그것이 불충분 또는 불완전하게 된 경우는 부진정입법부작위로서 (진정)행정입법부작위가 아니다. [※관련판례. 입법부작위에는 입법자가 헌법상 입법의무가 있는 어떤 사항에 관하여 전혀 입법을 하지 아니함으로써 입법행위의 흠결이 있는 진정입법부작위와 입법자가 어떤 사항에 관하여 입법은 하였으나 그 입법의 내용·범위·절차 등의 당해 사항을 불완전·불충분 또는 불공정하게 규율함으로써 입법행위에 결함이 있는 부진정입법부작위로 나눌 수 있다. 전자인 진정입법부작위는 입법부작위로서 헌법소원의 대상이 될 수 있지만, 후자인 부진정입법부작위의 경우에는 그 불완전한 법규정 자체를 대상으로 하여 그것이 헌법위반이라는 적극적인 헌법소원을 청구할 수 있을 뿐 이를 입법부작위라 하여 헌법소원을 제기할 수 없다. (헌재2014헌마737)]

정답 ④

05 다음 중 행정소송의 종류에 관한 설명으로 가장 옳지 않은 것은? `21 해경승진`

① 항고소송은 행정청의 처분 등이나 부작위를 직접 불복의 대상으로 제기하는 소송으로 취소소송, 부작위위법확인소송, 기관소송이 있다
② 취소소송은 행정청의 위법한 처분 등을 취소 또는 변경하는 소송이다.
③ 민중소송은 국가 또는 공공단체의 기관이 법률에 위반되는 행위를 한 때에 직접 자기의 법률상 이익과 관계없이 그 시정을 구하기 위하여 제기하는 소송이다.
④ 당사자소송이란 행정청의 처분 등을 원인으로 하는 법률관계에 관한 소송 그 밖에 공법상의 법률관계에 관한 소송으로서 그 법률관계의 한쪽 당사자를 피고로 하는 소송이다.

항고소송은 행정청의 처분 등이나 부작위를 직접 불복의 대상으로 제기하는 소송으로 취소소송, 부작위위법확인소송, 무효등확인소송이 있다.

정답 ①

06 「행정소송법」에 대한 설명으로 옳은 것은? (다툼이 있는 경우 판례에 의함) [21 소방공채]

① 민중소송 및 기관소송은 법률이 정한 자에 한하여 제기할 수 있다.
② 판례는 「행정소송법」상 행정청의 부작위에 대하여 부작위위법확인소송과 작위의무이행소송을 인정하고 있다.
③ 「행정소송법」상 항고소송은 취소소송·무효등 확인소송·부작위위법확인소송·당사자소송으로 구분한다.
④ 국가 또는 공공단체의 기관이 법률에 위반되는 행위를 한 때에 직접 자기의 법률상 이익과 관계없이 그 시정을 구하기 위하여 제기하는 소송을 기관소송이라 한다.

해설

① (O) 민중소송과 기관소송은 모두 성질상 객관소송으로 그 행정소송사항은 법이 정하는 바에 한하여 인정된다.
② (X) 「행정소송법」상 행정청의 부작위에 대하여 부작위위법확인소송이 인정되며, 판례는 (작위)의무이행소송을 부정하고 있다.
③ (X) 「행정소송법」상 항고소송은 취소소송·무효등 확인소송·부작위위법확인소송으로 구분된다. 당사자소송은 항고소송의 하나가 아니라, 항고소송과 함께 행정소송의 한 유형이다.
④ (X) 국가 또는 공공단체의 기관이 법률에 위반되는 행위를 한 때에 직접 자기의 법률상 이익과 관계없이 그 시정을 구하기 위하여 제기하는 소송을 민중소송이라 한다. (※ 기관소송은 국가 또는 공공단체의 기관상호간에 있어서의 권한의 존부 또는 그 행사에 관한 다툼이 있을 때에 이에 대하여 제기하는 소송을 말한다.)

정답 ①

07 「행정소송법」상 행정소송의 종류에 대한 설명이다. 아래 ㉠부터 ㉣까지의 설명 중 옳고 그름의 표시(O, X)가 바르게 된 것은? [17 경찰행정]

㉠ 항고소송이란 행정청의 처분등이나 부작위에 대하여 제기하는 소송이다.
㉡ 당사자소송이란 행정청의 처분등을 원인으로 하는 법률관계에 관한 소송 그 밖에 공법상의 법률관계에 관한 소송으로서 그 법률관계의 한쪽 당사자를 피고로 하는 소송이다.
㉢ 민중소송이란 국가 또는 공공단체의 기관이 법률에 위반되는 행위를 한 때에 직접 자기의 법률상 이익과 관계없이 그 시정을 구하기 위하여 제기하는 소송이다.
㉣ 기관소송이란 국가 또는 공공단체의 기관상호 간에 있어서의 권한의 존부 또는 그 행사에 관한 다툼이 있을 때에 이에 대하여 제기하는 소송이다. 다만, 헌법재판소법 제2조의 규정에 의하여 헌법재판소의 관장사항으로 되는 소송은 제외한다.

① ㉠(O) ㉡(O) ㉢(O) ㉣(O)
② ㉠(O) ㉡(O) ㉢(X) ㉣(O)
③ ㉠(O) ㉡(O) ㉢(X) ㉣(X)
④ ㉠(X) ㉡(X) ㉢(O) ㉣(X)

> **해설**
>
> 「행정소송법」 제3조(행정소송의 종류)
>
> **정답** ①

08 판례에 의할 때 항고소송의 대상인 것을 모두 고른 것은?

21 행정사

> ㉠ 어업권 면허에 선행하는 우선순위결정
> ㉡ 「농지법」상 이행강제금 부과처분
> ㉢ 구 「청소년보호법」상 청소년유해매체물 결정 및 고시처분
> ㉣ 두밀분교를 폐교하는 경기도의 조례

① ㉠, ㉡
② ㉠, ㉢
③ ㉡, ㉢
④ ㉡, ㉣
⑤ ㉢, ㉣

> **해설**
>
> ㉢ (처분성 인정) 「청소년보호법」에 따른 청소년유해매체물 결정 및 고시 처분은 당해 유해매체물의 소유자 등 특정인만을 대상으로 한 행정처분이 아니라 일반 불특정 다수인을 상대방으로 하여 일률적으로 표시의무, 포장의무, 청소년에 대한 판매·대여 등의 금지의무 등 각종 의무를 발생시키는 행정처분이다. (대판2004두619)
> ㉣ (처분성 인정) 두밀분교폐지조례는 조례가 집행행위의 개입 없이도 그 자체로서 직접 국민의 구체적인 권리의무나 법적 이익에 영향을 미치므로 항고소송의 대상이 되는 행정처분에 해당한다. (대판95누8003)
> ㉠ (처분성 부정) 어업권면허에 선행하는 우선순위결정은 행정청이 우선권자로 결정된 자의 신청이 있으면 어업권면허처분을 하겠다는 것을 약속하는 행위로서 강학상 확약에 불과하고 행정처분은 아니므로, 우선순위결정에 공정력이나 불가쟁력과 같은 효력은 인정되지 아니하며, 따라서 우선순위결정이 잘못되었다는 이유로 종전의 어업권면허처분이 취소되면 행정청은 종전의 우선순위결정을 무시하고 다시 우선순위를 결정한 다음 새로운 우선순위결정에 기하여 새로운 어업권면허를 할 수 있다. (대판94누6529)
> ㉡ (처분성 부정) 이행강제금에 이의를 제기할 경우 비송사건절차법에 의하여 결정하도록 규정한 경우(농지법 제62조), 이와 같은 이행강제금부과처분에 대해서는 비송사건절차법에 의한 특별 불복절차가 마련되어 있으므로 항고소송의 대상인 처분에 해당하지 않는다. (대판2000두5722)
>
> **정답** ⑤

09 판례상 취소소송의 대상이 되는 행정작용에 해당하는 경우만을 모두 고르면? `21 지방직 7급`

㉠ 한국마사회의 조교사·기수 면허취소처분
㉡ 임용기간이 만료된 국립대학 조교수에 대하여 재임용을 거부하는 취지로 한 임용기간만료의 통지
㉢ 「국가공무원법」상 당연퇴직의 인사발령
㉣ 어업권면허에 선행하는 확약인 우선순위결정
㉤ 과세관청의 소득처분에 따른 소득금액변동통지

① ㉠, ㉢
② ㉡, ㉤
③ ㉠, ㉡, ㉣
④ ㉢, ㉣, ㉤

해설

㉡ (처분성 인정) 기간제로 임용되어 임용기간이 만료된 국·공립대학의 조교수는 교원으로서의 능력과 자질에 관하여 합리적인 기준에 의한 공정한 심사를 받아 위 기준에 부합되면 특별한 사정이 없는 한 재임용되리라는 기대를 가지고 재임용 여부에 관하여 합리적인 기준에 의한 공정한 심사를 요구할 법규상 또는 조리상 신청권을 가진다고 할 것이니, 임용권자가 임용기간이 만료된 조교수에 대하여 재임용을 거부하는 취지로 한 임용기간만료의 통지는 위와 같은 대학교원의 법률관계에 영향을 주는 것으로서 행정소송의 대상이 되는 처분에 해당한다. (대판 2000두7735)

㉤ (처분성 인정) 과세관청의 소득처분과 그에 따른 소득금액변동통지가 있는 경우 원천징수의무자인 법인은 소득금액변동통지서를 받은 날에 그 통지서에 기재된 소득의 귀속자에게 당해 소득금액을 지급한 것으로 의제되어 그 때 원천징수하는 소득세의 납세의무가 성립함과 동시에 확정되고, 원천징수의무자인 법인으로서는 소득금액변동통지서에 기재된 소득처분의 내용에 따라 원천징수세액을 그 다음달 10일까지 관할 세무서장 등에게 납부하여야 할 의무를 부담하며, 만일 이를 이행하지 아니하는 경우에는 가산세의 제재를 받게 됨은 물론이고 형사처벌까지 받도록 규정되어 있는 점에 비추어 보면, 소득금액변동통지는 원천징수의무자인 법인의 납세의무에 직접 영향을 미치는 과세관청의 행위로서, 항고소송의 대상이 되는 조세행정처분이라고 봄이 상당하다. (대판2002두1878)

㉠ (처분성 부정) 한국마사회가 조교사 또는 기수의 면허를 부여하거나 취소하는 것은 경마를 독점적으로 개최할 수 있는 지위에서 우수한 능력을 갖추었다고 인정되는 사람에게 경마에서의 일정한 기능과 역할을 수행할 수 있는 자격을 부여하거나 이를 박탈하는 것에 지나지 아니하므로, 이는 국가 기타 행정기관으로부터 위탁받은 행정권한의 행사가 아니라 일반 사법상의 법률관계에서 이루어지는 단체 내부에서의 징계 내지 제재처분이다. (대판2005두8269)

㉢ (처분성 부정) 「국가공무원법」상 당연퇴직은 결격사유가 있을 때 법률상 당연히 퇴직하는 것이지 공무원관계를 소멸시키기 위한 별도의 행정처분을 요하는 것이 아니며, 당연퇴직의 인사발령은 법률상 당연히 발생하는 퇴직사유를 공적으로 확인하여 알려주는 이른바 관념의 통지에 불과하고 공무원의 신분을 상실시키는 새로운 형성적 행위가 아니므로 행정소송의 대상이 되는 독립한 행정처분이라고 할 수 없다. (대판95누2036)

㉣ (처분성 부정) 어업권면허에 선행하는 우선순위결정은 행정청이 우선권자로 결정된 자의 신청이 있으면 어업권면허처분을 하겠다는 것을 약속하는 행위로서 강학상 확약에 불과하고 행정처분은 아니므로, 우선순위결정에 공정력이나 불가쟁력과 같은 효력은 인정되지 아니하며, 따라서 우선순위결정이 잘못되었다는 이유로 종전의 어업권면허처분이 취소되면 행정청은 종전의 우선순위결정을 무시하고 다시 우선순위를 결정한 다음 새로운 우선순위결정에 기하여 새로운 어업권면허를 할 수 있다. (대판94누6529)

정답 ②

10 판례에 의할 때 항고소송의 대상이 되는 행정처분에 해당하는 것을 모두 고른 것은?

23 행정사

> ㉠ 지목변경신청 반려행위
> ㉡ 건축물 용도변경신청 거부행위
> ㉢ 건축물대장 작성신청 반려행위
> ㉣ 토지대장 직권말소행위
> ㉤ 토지대장상의 소유자명의변경신청 거부행위

① ㉠
② ㉡, ㉤
③ ㉢, ㉣, ㉤
④ ㉠, ㉡, ㉢, ㉣
⑤ ㉠, ㉡, ㉢, ㉣, ㉤

해설

㉠ (처분성 인정) 지목은 토지소유권을 제대로 행사하기 위한 전제요건으로서 토지소유자의 실체적 권리관계에 밀접하게 관련되어 있으므로 지적공부 소관청의 지목변경신청 반려행위는 국민의 권리관계에 영향을 미치는 것으로서 항고소송의 대상이 되는 행정처분에 해당한다. (대판 2003두9015)

㉡ (처분성 인정) 건축물대장의 용도는 건축물의 소유권을 제대로 행사하기 위한 전제요건으로서 건축물 소유자의 실체적 권리관계에 밀접하게 관련되어 있으므로, 건축물대장 소관청의 용도변경신청 거부행위는 국민의 권리관계에 영향을 미치는 것으로서 항고소송의 대상이 되는 행정처분에 해당한다. (대판2007두7277)

㉢ (처분성 인정) 건축물대장의 작성은 건축물의 소유권을 제대로 행사하기 위한 전제요건으로서 건축물 소유자의 실체적 권리관계에 밀접하게 관련되어 있으므로 행정청이 건축물대장의 작성신청을 거부한 행위는 항고소송의 대상이 되는 행정처분에 해당한다. (대판2007두17359)

㉣ (처분성 인정) 토지대장은 토지에 대한 공법상의 규제, 개발부담금의 부과대상, 지방세의 과세대상, 공시지가의 산정, 손실보상가액의 산정 등 토지행정의 기초자료로서 공법상의 법률관계에 영향을 미칠 뿐만 아니라, 토지에 관한 소유권보존등기 또는 소유권이전등기를 신청하려면 이를 등기소에 제출해야 하는 점 등을 종합해 보면, 토지대장은 토지의 소유권을 제대로 행사하기 위한 전제요건으로서 토지 소유자의 실체적 권리관계에 밀접하게 관련되어 있으므로, 이러한 토지대장을 직권으로 말소한 행위는 국민의 권리관계에 영향을 미치는 것으로서 항고소송의 대상이 되는 행정처분에 해당한다. (대판2011두13286)

㉤ (처분성 부정) 토지대장에 기재된 일정한 사항을 변경하는 행위는, 〈그것이 지목의 변경이나 정정 등과 같이 토지소유권 행사의 전제요건으로서 토지소유자의 실체적 권리관계에 영향을 미치는 사항에 관한 것이 아닌 한〉 행정사무집행의 편의와 사실증명의 자료로 삼기 위한 것일 뿐이어서, 그 소유자 명의가 변경된다고 하여도 이로 인하여 당해 토지에 대한 실체상의 권리관계에 변동을 가져올 수 없고 토지 소유권이 지적공부의 기재만에 의하여 증명되는 것도 아니다. 따라서 소관청이 토지대장상의 소유자명의변경신청을 거부한 행위는 이를 항고소송의 대상이 되는 행정처분이라고 할 수 없다. (대판2010두12354)

정답 ④

11 다음 중 판례상 항고소송의 대상으로 인정되는 것은 모두 몇 개인가? (다툼이 있는 경우 판례에 의함)

21 해경승진

> ㉠ 행정청이 토지대장상의 소유자명의 변경신청을 거부한 행위
> ㉡ 지방경찰청장의 횡단보도 설치행위
> ㉢ 국가인권위원회의 각하 및 기각결정
> ㉣ 공정거래위원회의 표준약관 사용권장행위
> ㉤ 「국가균형발전특별법」에 따른 시·도지사의 혁신도시최종입지 선정행위

① 2개 ② 3개
③ 4개 ④ 5개

해설

㉡ (처분성 인정) 지방경찰청장이 횡단보도를 설치하여 보행자의 통행방법 등을 규제하는 것은, 행정청이 특정사항에 대하여 의무의 부담을 명하는 행위이고 이는 국민의 권리·의무에 직접 관계가 있는 행위로서 행정처분이라고 보아야 할 것이다. (대판98두8964)

㉢ (처분성 인정) 국가인권위원회가 진정을 각하 및 기각결정을 할 경우 피해자인 진정인으로서는 자신의 인격권 등을 침해하는 인권침해 또는 차별행위 등이 시정되고 그에 따른 구제조치를 받을 권리를 박탈당하게 되므로, 진정에 대한 국가인권위원회의 각하 및 기각결정은 피해자인 진정인의 권리행사에 중대한 지장을 초래하는 것으로서 항고소송의 대상이 되는 행정처분에 해당하므로, 그에 대한 다툼은 우선 행정심판이나 행정소송에 의하여야 할 것이다. (헌재2013헌마214 등)

㉣ (처분성 인정) 공정거래위원회의 '표준약관 사용권장행위'는 사업자 등의 권리·의무에 직접 영향을 미치는 행정처분으로서 항고소송의 대상이 된다. (대판2008두23184)

㉠ (처분성 부정) 등기부상 소유자가 토지대상의 소유자 기재가 잘못되었다는 이유로 토지대장상의 소유자명의 변경신청을 한 것에 대하여 행정청이 등기부 기재가 착오로 잘못 기재된 것으로 보인다는 이유로 이를 거부한 것은 행정처분으로 볼 수 없다. (대판2010두12354)

㉤ (처분성 부정) 도지사가 도내 특정시를 공공기관이 이전할 혁신도시 최종입지로 선정한 행위는 상대방 또는 기타 관계자들의 법률상 지위에 직접적인 영향을 미치지 않는 행위이므로 항고소송의 대상이 되는 행정처분이 아니다. (대판2007두10198)

정답 ②

12. 다음 중 취소소송의 대상이 되는 처분에 해당하는 것으로 옳은 것은 모두 몇 개인가?

`22 군무원 9급`

㉠ 한국마사회의 조교사나 기수에 대한 면허취소·정지
㉡ 법규성 있는 고시가 집행행위 매개 없이 그 자체로서 이해당사자의 법률관계를 직접 규율하는 경우
㉢ 행정계획 변경신청의 거부가 장차 일정한 처분에 대한 신청을 구할 법률상 이익이 있는 자의 처분 자체를 실질적으로 거부하는 경우
㉣ 「국가공무원법」상 당연퇴직의 인사발령

① 0개
② 1개
③ 2개
④ 3개

해설

㉡ (처분성 인정) 고시가 다른 집행행위의 매개 없이 그 자체로서 직접 국민의 구체적인 권리·의무나 법률관계를 규율하는 성격을 가질 때에는 행정처분에 해당한다. (대판2005두2506)

㉢ (처분성 인정) 폐기물처리사업계획의 적정통보를 받은 원고가 폐기물처리업허가를 받기 위하여는 문제된 부동산에 대한 용도지역을 '농림지역 또는 준농림지역'에서 '준도시지역(시설용지지구)'으로 변경하는 국토이용계획변경이 선행되어야 하는데 피고가 용도지역 변경, 즉 국토이용계획변경을 거부하자 이를 다툰 사건에서 조리상 계획변경신청권이 인정되므로 당해 행정계획 변경신청에 대한 거부가 항고소송의 대상이 된다. [※관련판례. 일정한 행정처분을 구하는 신청을 할 수 있는 법률상 지위에 있는 자의 국토이용계획변경신청을 거부하는 것이 실질적으로 당해 행정처분 자체를 거부하는 결과가 되는 경우에는 예외적으로 그 신청인에게 국토이용계획변경을 신청할 권리가 인정된다. (대판2001두10936)]

㉠ (처분성 부정) 한국마사회가 조교사 또는 기수의 면허를 부여하거나 취소하는 것은 경마를 독점적으로 개최할 수 있는 지위에서 우수한 능력을 갖추었다고 인정되는 사람에게 경마에서의 일정한 기능과 역할을 수행할 수 있는 자격을 부여하거나 이를 박탈하는 것에 지나지 아니하므로, 이는 국가 기타 행정기관으로부터 위탁받은 행정권한의 행사가 아니라 일반 사법상의 법률관계에서 이루어지는 단체 내부에서의 징계 내지 제재처분이다. (대판2005두82)

㉣ (처분성 부정) 당연퇴직의 인사발령은 법률상 당연히 발생하는 퇴직사유를 공적으로 확인하여 알려주는 이른바 관념의 통지에 불과하고 공무원의 신분을 상실시키는 새로운 형성적 행위가 아니므로 행정소송의 대상이 되는 독립한 행정처분이라고 할 수 없다. (대판95누2036)

정답 ③

13 판례에서 항고소송의 대상으로 인정된 것만을 있는 대로 고른 것은?

> ㉠ 운전면허 행정처분처리대장상의 벌점의 배점
> ㉡ 병역기피자의 인적사항 등의 공개 결정
> ㉢ 국가인권위원회의 성희롱결정 및 시정조치권고
> ㉣ 「국가공무원법」상 결격사유에 근거한 당연퇴직의 인사발령통보

① ㉠
② ㉡, ㉢
③ ㉢, ㉣
④ ㉠, ㉡, ㉢, ㉣

해설

㉡ (처분성 인정) 관할 지방병무청장이 병역의무 기피를 이유로 그 인적사항 등을 공개할 대상자를 1차로 결정하고 그에 이어 병무청장의 최종 공개결정이 있는 경우, 지방병무청장의 1차 공개결정은 병무청장의 최종 공개결정과는 별도로 항고소송의 대상이 되지 않는다. 그러나 병무청장이 병역법 제81조의2 제1항에 따라 병역의무 기피자의 인적사항 등을 인터넷 홈페이지에 게시하는 등의 방법으로 공개한 경우, 병무청장의 공개결정은 항고소송의 대상이 되는 행정처분에 해당한다. (대판2018두49130)

㉢ (처분성 인정) 구 「남녀차별금지 및 구제에 관한 법률」상 국가인권위원회의 성희롱결정 및 시정조치권고는 행정소송의 대상이 되는 행정처분에 해당한다. (대판2005두487)

㉠ (처분성 부정) 운전면허 행정처분처리대장상 벌점의 배점은 자동차운전면허의 취소, 정지처분의 기초자료로 제공하기 위한 것이고 그 배점 자체만으로는 아직 국민에 대하여 구체적으로 어떤 권리를 제한하거나 의무를 명하는 등 법률적 규제를 하는 효과를 발생하는 요건을 갖춘 것이 아니어서 그 무효확인 또는 취소를 구하는 소송의 대상이 되는 행정처분이라고 할 수 없다. (대판94누2190)

㉣ (처분성 부정) 당연퇴직의 인사발령은 법률상 당연히 발생하는 퇴직사유를 공적으로 확인하여 알려주는 이른바 관념의 통지에 불과하고 공무원의 신분을 상실시키는 새로운 형성적 행위가 아니므로 행정소송의 대상이 되는 독립한 행정처분이라고 할 수 없다. (대판95누2036)

정답 ②

14 다음 〈보기〉 중 항고소송의 대상이 되는 행정처분에 해당하지 않는 것을 모두 고르면? (다툼이 있는 경우 판례에 의함)

23 해경승진

> ㉠ 지방계약직 공무원에 대한 보수삭감 조치
> ㉡ 지목변경신청반려행위
> ㉢ 건축계획심의신청에 대한 반려처분
> ㉣ 「하수도법」상 하수도정비기본계획
> ㉤ 국세환급금결정신청에 대한 환급거부결정
> ㉥ 공정거래위원회의 표준약관 사용권장행위
> ㉦ 과세관청의 「부가가치세법」상 사업자등록의 직권말소행위

① ㉠, ㉡, ㉥
② ㉢, ㉣, ㉤
③ ㉣, ㉤, ㉦
④ ㉣, ㉥, ㉦

해설

㉣ (처분성 부정) 구 「하수도법」 제5조의2에 의하여 기존의 하수도정비기본계획을 변경하여 광역하수종말처리시설을 설치하는 등의 내용으로 수립한 하수도정비기본계획은 항고소송의 대상이 되는 행정처분에 해당하지 아니한다. (대판2001두10578)

㉤ (처분성 부정) 「국세기본법」 제51조 및 제52조의 국세환급금 및 국세가산금결정에 관한 규정에 의한 국세환급금(가산금 포함) 결정에 의하여 비로소 환급청구권이 확정되는 것은 아니므로, 위 국세환급금결정이나 이 결정을 구하는 신청에 대한 환급거부결정 등은 납세의무자가 갖는 환급청구권의 존부나 범위에 구체적이고 직접적인 영향을 미치는 처분이 아니어서 항고소송의 대상이 되는 처분으로 볼 수 없다. (대판2007두18284)

㉦ (처분성 부정) 「부가가치세법」상 과세관청의 사업자등록 직권말소행위도 폐업사실의 기재일 뿐 그에 의하여 사업자로서의 지위에 변동을 가져오는 것이 아니라는 점에서 항고소송의 대상이 되는 행정처분으로 볼 수 없다. 이러한 점에 비추어 볼 때, 과세관청이 사업자등록을 관리하는 과정에서 위장사업자의 사업자명의를 직권으로 실사업자의 명의로 정정하는 행위 또한 당해 사업사실 중 주체에 관한 정정기재일 뿐 그에 의하여 사업자로서의 지위에 변동을 가져오는 것이 아니므로 항고소송의 대상이 되는 행정처분으로 볼 수 없다. (대판2008두2200)

㉠ (처분성 인정) 지방계약직공무원에 대하여 특별한 약정이 없는 한 지방공무원법 등에 정한 징계절차에 의하지 않고 보수를 삭감할 수 없다. 따라서 서울시가 지방계약직공무원에 대해 근무실적평가결과에 따라 보수를 삭감한 조치는 채용계약이나 법령상의 근거가 없는 경우로서 위법하다. (대판2006두16328)

㉡ (처분성 인정) 지적공부 소관청의 지목변경신청반려행위는 항고소송의 대상이 되는 행정처분이다. (대판2003두9015)

㉢ (처분성 인정) 건축계획심의신청에 대한 반려처분은 항고소송의 대상이 되는 행정처분에 해당한다. (대판2007두1316)

정답 ③

15. 항고소송의 대상에 대한 설명으로 옳지 않은 것은? (다툼이 있는 경우 판례에 의함)

22 소방공채

① 병무청장의 요청에 따른 법무부장관의 입국금지결정은 법무부장관의 의사가 공식적인 방법으로 외부에 표시되어 입국 자체를 금지하는 것으로서 그 입국금지결정은 항고소송의 대상이 될 수 있는 처분에 해당한다.
② 병무청장이 「병역법」에 따라 병역의무 기피자의 인적사항 등을 인터넷 홈페이지에 게시하는 등의 방법으로 공개한 경우 병무청장의 공개결정을 항고소송의 대상이 되는 행정처분으로 보아야 한다.
③ 시장이 감사원으로부터 「감사원법」에 따라 징계의 종류를 정직으로 정한 징계 요구를 받게 되자 감사원에 징계 요구에 대한 재심의를 청구하였고, 감사원이 재심의청구를 기각한 경우, 감사원의 징계 요구와 재심의결정은 항고소송의 대상이 되는 행정처분이라고 할 수 없다.
④ 「국방전력발전업무훈령」에 따른 연구개발확인서 발급은 개발업체가 전력지원체계 연구개발사업을 성공적으로 수행하여 군사용 적합판정을 받고 경우에 따라 사업관리기관이 개발업체에게 수의계약의 방식으로 국방조달계약을 체결할 수 있는 지위가 있음을 인정해 주는 확인적 행정행위로서 처분에 해당한다.

해설

① (✕) 병무청장이 법무부장관에게 '가수 갑이 공연을 위하여 국외여행허가를 받고 출국한 후 미국 시민권을 취득함으로써 사실상 병역의무를 면탈하였으므로 재외동포 자격으로 재입국하고자 하는 경우 국내에서 취업, 가수활동 등 영리활동을 할 수 없도록 하고, 불가능할 경우 입국 자체를 금지해 달라'고 요청함에 따라 법무부장관이 갑의 입국을 금지하는 결정을 하고, 그 정보를 내부전산망인 '출입국관리정보시스템'에 입력하였으나, 갑에게는 통보하지 않은 사안에서, 위 입국금지결정은 항고소송의 대상이 되는 '처분'에 해당하지 않는다. (대판2017두38874)
② (○) 대판2018두49130
③ (○) 대판2014두5637
④ (○) 방전력발전업무훈령 제113조의5 제1항에 의한 연구개발확인서 발급은 개발업체가 '업체투자연구개발' 방식 또는 '정부·업체공동투자연구개발' 방식으로 전력지원체계 연구개발사업을 성공적으로 수행하여 군사용 적합판정을 받고 국방규격이 제·개정된 경우에 사업관리기관이 개발업체에게 해당 품목의 양산과 관련하여 경쟁입찰에 부치지 않고 수의계약의 방식으로 국방조달계약을 체결할 수 있는 지위(경쟁입찰의 예외사유)가 있음을 인정해 주는 '확인적 행정행위'로서 공권력의 행사인 '처분'에 해당하고, 연구개발확인서 발급 거부는 신청에 따른 처분 발급을 거부하는 '거부처분'에 해당한다. (대판2019다264700)

정답 ①

16 항고소송에 대한 판례의 입장으로 옳은 것만을 모두 고르면?

22 국가직 7급

㉠ 건축물대장 소관청의 용도변경신청 거부행위는 국민의 권리관계에 영향을 미치는 것으로서 항고소송의 대상이 되는 행정처분에 해당한다.
㉡ 자동차운전면허대장에 일정한 사항을 등재하는 행위와 운전경력증명서상의 기재행위는 행정소송의 대상이 되는 독립한 행정처분으로 볼 수 없다.
㉢ 「병역법」에 따라 관할 지방병무청장이 1차로 병역의무기피자 인적사항 공개 대상자 결정을 하고 그에 따라 병무청장이 같은 내용으로 최종적 공개결정을 하였더라도, 해당 공개 대상자는 관할 지방병무청장의 공개 대상자 결정을 다툴 수 있다.
㉣ 한국마사회가 조교사 또는 기수의 면허를 취소하는 것은 국가 기타 행정기관으로부터 위탁받은 행정권한의 행사가 아니라 일반 사법상의 법률관계에서 이루어지는 단체 내부에서의 징계 내지 제재처분이다.

① ㉠, ㉡, ㉢
② ㉠, ㉡, ㉣
③ ㉠, ㉢, ㉣
④ ㉡, ㉢, ㉣

해설

㉢ (✕) 관할 지방병무청장이 1차로 공개 대상자 결정을 하고, 그에 따라 병무청장이 같은 내용으로 최종적 공개결정을 하였다면, 공개 대상자는 병무청장의 최종적 공개결정만을 다투는 것으로 충분하고, 관할 지방병무청장의 공개 대상자 결정을 별도로 다툴 소의 이익은 없어진다. (대판2018두49130)
㉠ (O) 대판2007두7277
㉡ (O) 대판91누1400
㉣ (O) 대판2005두8269

정답 ②

17 「행정소송법」상 취소소송에 대한 설명으로 옳지 않은 것은? (다툼이 있는 경우 판례에 의함)

22 지방직 7급

① 상대방의 권리를 제한하는 행위라 하더라도 행정청 또는 그 소속기관이나 권한을 위임받은 공공단체 등의 행위가 아닌 한 이를 행정처분이라고 할 수 없다.
② 국가가 국토이용계획과 관련한 지방자치단체의 장의 기관위임사무의 처리에 관하여 지방자치단체의 장을 상대로 취소소송을 제기하는 것은 허용되지 않는다.
③ 「건축법」상 지방자치단체를 상대방으로 하는 건축협의의 취소는 행정처분에 해당한다고 볼 수 없으므로 지방자치단체가 건축물 소재지 관할 건축허가권자를 상대로 항고소송을 통해 건축협의 취소의 취소를 구할 수 없다.
④ 어떠한 처분의 근거가 행정규칙에 규정되어 있는 경우에도, 그 처분이 상대방의 권리의무에 직접 영향을 미치는 행위라면 취소소송의 대상이 되는 행정처분에 해당한다.

③ (✗) 건축협의 취소는 상대방이 다른 지방자치단체 등 행정주체라 하더라도 '행정청이 행하는 구체적 사실에 관한 법집행으로서의 공권력 행사'(행정소송법 제2조 제1항 제1호)로서 처분에 해당한다고 볼 수 있고, 지방자치단체인 원고가 이를 다툴 실효적 해결 수단이 없는 이상, 원고는 건축물 소재지 관할 허가권자인 지방자치단체의 장을 상대로 항고소송을 통해 건축협의 취소의 취소를 구할 수 있다. (대판2012두22980)
① (○) 대판2005두8269
② (○) 대판2005두6935
④ (○) 대판2001두3532

정답 ③

18 항고소송의 대상이 되는 처분에 관한 설명으로 옳지 않은 것은? (다툼이 있는 경우 판례에 의함)

23 소방공채

① 과태료의 부과 여부 및 그 당부는 최종적으로 「질서위반행위규제법」의 절차에 의하여 판단되어야 한다고 할 것이므로, 그 과태료 부과처분은 행정청을 피고로 하는 항고소송의 대상이 되는 처분이라고 볼 수 없다.
② 행정청의 행위가 항고소송의 대상이 되는 처분에 해당하는지가 불분명한 경우에는 그에 대한 불복방법 선택에 중대한 이해관계를 가지는 상대방의 인식가능성과 예측가능성을 중요하게 고려해서 규범적으로 판단해야 한다.
③ 어떠한 처분의 근거나 법적인 효과가 행정규칙에 규정되어 있다고 하더라도, 그 처분이 행정규칙의 내부적 구속력에 의하여 상대방에게 권리의 설정 또는 의무의 부담을 명하거나 기타 법적인 효과를 발생하게 하는 등으로 그 상대방의 권리 의무에 직접 영향을 미치는 행위라면, 이 경우에도 항고소송의 대상이 되는 처분에 해당한다고 보아야 한다.
④ 「총포·도검·화약류 등의 안전관리에 관한 법률」에 따른 총포·화약안전기술협회가 회비납부의무자에 대하여 한 회비납부통지는 항고소송의 대상이 되는 처분에 해당하지 않는다.

④ (✗) 총포·화약안전기술협회의 '회비납부통지'가 항고소송의 대상이 되는 '처분'에 해당한다. (대판2018다241458). ※ 총포·화약안전기술협회는 총포화약류의 안전관리와 기술지원 등에 관한 국가사무를 수행하기 위하여 법률에 따라 설립된 '공법상 재단법인'이라고 보아야 한다. (대판2018다241458)
① (○) 대판2011두19369
② (○) 대판2020두50324
③ (○) 대판2001두3532

정답 ④

19 항고소송의 대상에 대한 설명으로 옳지 않은 것은?   23 국가직 9급

① 어떠한 처분에 법령상 근거가 있는지, 「행정절차법」에서 정한 처분 절차를 준수하였는지는 소송요건 심사단계에서 고려하여야 한다.
② 병무청장이 「병역법」에 따라 병역의무 기피자의 인적사항 등을 인터넷 홈페이지에 게시하는 등의 방법으로 공개한 경우 병무청장의 공개결정은 항고소송의 대상이 되는 행정처분이다.
③ 국민건강보험공단이 행한 '직장가입자 자격상실 및 자격변동 안내'통보는 가입자 자격의 변동 여부 및 시기를 확인하는 의미에서 한 사실상 통지행위에 불과할 뿐, 항고소송의 대상이 되는 행정처분에 해당하지 않는다.
④ 행정청의 행위가 '처분'에 해당하는지가 불분명한 경우에는 그에 대한 불복방법 선택에 중대한 이해관계를 가지는 상대방의 인식가능성과 예측가능성을 중요하게 고려하여 규범적으로 판단하여야 한다.

① (✗) 항고소송의 대상인 '처분'이란 "행정청이 행하는 구체적 사실에 관한 법집행으로서의 공권력의 행사 또는 그 거부와 그 밖에 이에 준하는 행정작용"(행정소송법 제2조 제1항 제1호)을 말한다. 행정청의 행위가 항고소송의 대상이 될 수 있는지는 추상적·일반적으로 결정할 수 없고, 구체적인 경우에 관련 법령의 내용과 취지, 그 행위의 주체·내용·형식·절차, 그 행위와 상대방 등 이해관계인이 입는 불이익 사이의 실질적 견련성, 법치행정의 원리와 그 행위에 관련된 행정청이나 이해관계인의 태도 등을 고려하여 개별적으로 결정하여야 한다. 또한 어떠한 처분에 법령상 근거가 있는지, 「행정절차법」에서 정한 처분절차를 준수하였는지는 본안에서 당해 처분이 적법한가를 판단하는 단계에서 고려할 요소이지, 소송요건 심사단계에서 고려할 요소가 아니다. (대판2019다264700)
② (○) 대판2018두49130
③ (○) 대판2016두41729
④ (○) 대판2020두50324

정답 ①

20 취소소송의 대상인 '처분 등'에 대한 설명으로 가장 옳지 않은 것은?   21 서울시 7급

① 행정소송에서 쟁송의 대상이 되는 행정처분의 존부는 소송요건으로서 직권조사 사항이고, 자백의 대상이 될 수 없다.
② 수익적 행정행위 신청에 대한 거부처분이 있은 후 당사자가 다시 신청을 한 경우에는 신청의 제목 여하에 불구하고 그 내용이 새로운 신청을 하는 취지라면 관할 행정청이 이를 다시 거절하는 것은 새로운 거부처분이 된다.
③ 어떠한 고시가 다른 집행행위의 매개 없이 그 자체로서 직접 국민의 구체적인 권리의무나 법률관계를 규율하는 성격을 가질 때에는 항고소송의 대상이 되는 행정처분에 해당한다.
④ 행정청이 과징금 부과처분을 한 후 부과처분의 하자를 이유로 감액처분을 한 경우, 감액처분은 당초 부과처분과 별개 독립의 처분으로서 독립적인 취소소송의 대상이 된다.

- ④ (×) 과징금 부과처분에서 행정청이 납부의무자에 대하여 부과처분을 한 후 그 부과처분의 하자를 이유로 과징금의 액수를 감액하는 경우에 항고소송의 대상은 처음의 부과처분 중 감액처분에 의하여 취소되지 않고 남은 부분이고 감액처분이 항고소송의 대상이 되는 것은 아니다. (대판2006두3957)
- ① (O) 대판2003두15195
- ② (O) 대판2017두52764
- ③ (O) 대판2005두2506

정답 ④

21. 신청에 대한 거부처분에 관한 설명으로 옳은 것은? (다툼이 있으면 판례에 따름) 〔21 행정사〕

① 거부처분은 당사자의 권익을 제한하는 처분에 해당하므로 원칙적으로 행정절차법상 사전통지의 대상이 된다.
② 거부처분에 대하여는 행정소송법상 집행정지를 구할 이익이 있어 집행정지가 허용된다.
③ 거부처분의 취소판결의 취지에 따라 행정청이 처분을 하지 않는 경우, 당사자는 수소법원에 직접강제를 신청할 수 있다.
④ 거부처분이 성립되려면 신청인에게 그 행위발동을 요구할 법규상 또는 조리상 신청권이 있어야 한다.
⑤ 거부처분에 대하여는 행정소송법상 명문의 규정으로 의무이행소송이 허용된다.

- ④ (O) 행정청이 국민의 신청에 대하여 한 거부행위가 항고소송의 대상이 되는 행정처분으로 되려면, 행정청의 행위를 요구할 법규상 또는 조리상의 신청권이 국민에게 있어야 하고, 이러한 신청권의 근거 없이 한 국민의 신청을 행정청이 받아들이지 아니한 경우에는 거부로 인하여 신청인의 권리나 법적 이익에 어떤 영향을 주는 것이 아니므로 이를 항고소송의 대상이 되는 행정처분이라 할 수 없다. (대판2012두22966)
- ① (×) 거부처분은 행정절차법상 권익을 제한하는 처분에 해당하지 않으므로 원칙적으로 행정절차법상 사전통지의 대상이 아니다. (대판2003두674)
- ② (×) 신청에 대한 거부처분의 효력을 정지하더라도 거부처분이 없었던 것과 같은 상태, 즉 거부처분이 있기 전의 신청상태로 되돌아가는데 불과하고 행정청에게 신청에 따른 처분을 하여야 할 의무가 생기는 것이 아니므로, 거부처분의 효력정지는 그 거부처분으로 인하여 신청인에게 생길 손해를 방지하는 데 아무런 보탬이 되지 아니하여 그 효력정지를 구할 이익이 없다. (대결95두26)
- ③ (×) 「행정소송법」 제34조(거부처분취소판결의 간접강제) 제1항. 행정청이 제30조 제2항의 규정에 의한 처분을 하지 아니하는 때에는 제1심 수소법원은 당사자의 신청에 의하여 결정으로써 상당한 기간을 정하고 행정청이 그 기간내에 이행하지 아니하는 때에는 그 지연기간에 따라 일정한 배상을 할 것을 명하거나 즉시 손해배상을 할 것을 명할 수 있다.
- ⑤ (×) 「행정소송법」상 의무이행소송은 명문의 규정이 없어 허용되지 아니한다.

정답 ④

22. 항고소송의 대상인 재결에 대한 설명으로 옳지 않은 것은? (다툼이 있는 경우 판례에 의함)
21 국가직 7급

① 행정심판청구가 부적법하지 않음에도 각하한 재결은 심판 청구인의 실체심리를 받을 권리를 박탈한 것으로서 원처분에 없는 고유한 하자가 있는 경우에 해당하고, 따라서 위 재결은 취소소송의 대상이 된다.
② 제3자효를 수반하는 행정행위에 대한 행정심판청구에 있어서 그 청구를 인용하는 내용의 재결로 인하여 비로소 권리이익을 침해받게 되는 자는 그 인용재결에 대하여 다툴 필요가 있고, 그 인용재결은 원처분과 내용을 달리하는 것이므로 그 인용재결의 취소를 구하는 것은 원처분에는 없는 재결에 고유한 하자를 주장하는 셈이어서 당연히 항고소송의 대상이 된다.
③ 토지수용에 관한 행정소송에 있어서 토지소유자는 중앙토지수용위원회의 이의재결에 대하여 불복이 있을 때 제기할 수 있고 수용재결은 행정소송의 대상이 될 수 없다.
④ 제3자효 행정행위에 대하여 재결청이 직접 당해 사업계획승인처분을 취소하는 형성적 재결을 한 경우에는 그 재결 외에 그에 따른 행정청의 별도의 처분이 있지 않기 때문에 재결 자체를 쟁송의 대상으로 할 수 있다.

수용재결에 불복하여 취소소송을 제기하는 때에는 이의신청을 거친 경우에도 수용재결을 한 중앙토지수용위원회 또는 지방토지수용위원회를 피고로 하여 수용재결의 취소를 구하여야 하고, 다만 이의신청에 대한 재결 자체에 고유한 위법이 있음을 이유로 하는 경우에는 그 이의재결을 한 중앙토지수용위원회를 피고로 하여 이의재결의 취소를 구할 수 있다고 보아야 한다. (대판2008두1504)

정답 ③

23. 행정심판재결이 취소소송의 대상이 되는 경우에 해당하지 않는 것은?
21 서울시 7급

① 인근 주민이 체육시설 사업계획승인처분의 취소를 구하는 행정심판을 제기하였는데 인용재결이 내려지자, 그 승인처분의 상대방이 취소소송을 제기하는 경우
② 자기완결적 신고의 수리에 해당하는 골프장 사업시설 착공계획서 수리에 대하여 인근 주민이 취소심판을 제기하였는데 인용재결이 내려지자, 해당 착공계획서를 제출한 사업자가 취소소송을 제기하는 경우
③ 적법한 행정심판을 청구하였는데 각하재결이 내려지자, 해당 행정심판청구인이 취소소송을 제기하는 경우
④ 3개월 영업정지처분을 받은 영업자가 해당 처분의 취소를 구하는 행정심판을 제기하여 3개월의 영업정지처분을 2개월의 영업정지처분에 갈음하는 과징금부과처분으로 변경하라는 일부기각(일부인용)의 이행재결이 내려지자, 그 영업자가 취소소송을 제기하는 경우

④ (X) 행정청이 식품위생법령에 따라 영업자에게 행정제재처분을 한 후 그 처분을 영업자에게 유리하게 변경하는 처분을 한 경우, 변경처분에 의하여 당초 처분은 소멸하는 것이 아니고 당초부터 유리하게 변경된 내용의 처분으로 존재하는 것이므로 변경처분에 의하여 유리하게 변경된 내용의 행정제재가 위법하다 하여 그 취소를 구하는 경우 그 취소소송의 대상은 변경된 내용의 당초 처분이지 변경처분은 아니고, 제소기간의 준수 여부도 변경처분이 아닌 변경된 내용의 당초 처분을 기준으로 판단하여야 한다. (대판2004두9302)

① (O) 이른바 복효적 행정행위, 특히 제3자효를 수반하는 행정행위에 대한 행정심판청구에 있어서 그 청구를 인용하는 내용의 재결로 인하여 비로소 권리이익을 침해받게 되는 자는 그 인용재결에 대하여 다툴 필요가 있고, 그 인용재결은 원처분과 내용을 달리하는 것이므로 그 인용재결의 취소를 구하는 것은 원처분에는 없는 '재결에 고유한 하자를 주장하는 셈이어서 당연히 항고소송의 대상이 된다. (대판99두10292)

② (O) 행정청이 골프장 사업계획승인을 얻은 자의 사업시설 착공계획서를 수리한 것에 대하여 인근 주민들이 그 수리처분의 취소를 구하는 행정심판을 청구하자 재결청이 그 청구를 인용하여 수리처분을 취소하는 형성적 재결을 한 경우, 그 수리처분 취소 심판청구는 행정심판의 대상이 되지 아니하여 부적법 각하하여야 함에도 위 재결은 그 청구를 인용하여 수리처분을 취소하였으므로 재결 자체에 고유한 하자가 있다. (대판99두10292)

③ (O) 「행정소송법」 제19조에 의하면 행정심판에 대한 재결에 대하여도 그 재결 자체에 고유한 위법이 있음을 이유로 하는 경우에는 항고소송을 제기하여 그 취소를 구할 수 있고 여기에서 말하는 재결 자체에 고유한 위법이란 그 재결 자체에 주체, 절차 형식 또는 내용상의 위법이 있는 경우를 의미하는데, 행정심판청구가 부적법하지 않음에도 각하한 재결은 심판청구인의 실체심리를 받을 권리를 박탈한 것으로서 원처분에 없는 고유한 하자가 있는 경우에 해당하고, 따라서 위 재결은 취소소송의 대상이 된다. (대판99두2970)

정답 ④

24 다음 중 판례가 취소소송의 원고적격을 부정한 것은 모두 몇 개인가? (다툼이 있는 경우 판례에 의함)

21 해경승진

㉠ 목욕탕 영업허가에 대하여 기존 목욕탕업자
㉡ 교도소장의 접견허가거부처분에 대하여 그 접견신청의 대상자였던 미결수
㉢ 보건복지부 고시인 「약제급여, 비급여목록 및 급여상한금액표」의 취소를 구하는 제약회사
㉣ 전공이 다른 교수의 임용으로 인해 학습권을 침해당하였다는 이유를 들어 교수 임용처분의 취소를 구하는 학과에 재학중인 대학생들

① 1개 ② 2개
③ 3개 ④ 4개

㉠ (원고적격 부정) 공중목욕장업경영허가는 경찰금지의 해제로 인한 영업자유의 회복이라고 볼 것이므로, 이 영업의 자유는 법률이 직접 공중목욕장업 피허가자의 이익을 보호함을 목적으로 한 경우에 해당되는 것이 아니고, 원고가 이 사건 허가처분에 의하여 목욕장업에 의한 이익이 사실상 감소된다하여도 이 불이익은 본 건 허가처분의 단순한 사실상의 반사적 결과에 불과하고 이로 말미암아 원고의 권리를 침해하는 것이라고는 할 수 없으므로, 원고는 목욕장영업허가처분에 대하여 그 취소를 구할 법률상 이익이 없다. (대판63누101)

㉣ (원고적격 부정) 원고들은 서울시립대학교 세무학과에 재학중인 학생들로서 조세정책과목을 수강하고 있는데 피고가 경제학적으로 접근하여야 하는 조세정책과목의 담당교수를 행정학을 전공한 소외 원윤희로 임용함으로써 원고들의 학습권을 침해하였다는 것이나 설령 피고의 이 사건 임용처분으로 말미암아 원고들이 그 주장과 같은 불이익을 받게 되더라도 그 불이익은 간접적이거나 사실적인 불이익에 지나지 아니하여 그것만으로는 원고들에게 이 사건 임용처분의 취소를 구할 소의 이익이 있다고 할 수 없다. (대판93누8139)

㉡ (원고적격 인정) 구속된 피고인은 「형사소송법」 제89조의 규정에 따라 타인과 접견할 권리를 가지며 「행형법」 제62조, 제18조 제1항의 규정에 의하면 교도소에 미결수용된 자는 소장의 허가를 받아 타인과 접견할 수 있으므로(이와 같은 접견권은 「헌법」상 기본권의 범주에 속하는 것이다) 구속된 피고인이 사전에 접견신청한 자와의 접견을 원하지 않는다는 의사표시를 하였다는 등의 특별한 사정이 없는 한 구속된 피고인은 교도소장의 접견허가거부처분으로 인하여 자신의 접견권이 침해되었음을 주장하여 위 거부처분의 취소를 구할 원고적격을 가진다. (대판91누7552)

㉢ (원고적격 인정) 제약회사는 보건복지부 고시인 약제급여·비급여목록 및 급여상한금액표의 취소를 구할 원고적격이 있다. (대판2005두2506) [※유사판례. 약제를 제조·공급하는 제약회사는 자신이 제조·공급하는 이 사건 약제에 대하여 국민건강보험법령 등 약제상한금액고시의 근거 법령에 의하여 보호되는 직접적이고 구체적인 이익을 향유한다고 할 것이고, 원고는 이 사건 고시로 인하여 이 사건 약제의 상한금액이 인하됨에 따라 위와 같이 근거 법령에 의하여 보호되는 법률상 이익을 침해당하였다고 할 것이므로, 이 사건 고시 중 이 사건 약제의 상한금액 인하 부분에 대하여 그 취소를 구할 원고적격이 있다. (대판2005두16161)]

정답 ②

25 판례상 항고소송의 원고적격이 인정되는 경우만을 모두 고르면? 21 국가직 9급

㉠ 중국 국적자인 외국인이 사증발급 거부처분의 취소를 구하는 경우
㉡ 소방청장이 처분성이 인정되는 국민권익위원회의 조치요구에 불복하여 조치요구의 취소를 구하는 경우
㉢ 지방법무사회가 법무사의 사무원 채용승인 신청을 거부하여 사무원이 될 수 없게 된 자가 지방법무사회를 상대로 거부처분의 취소를 구하는 경우
㉣ 개발제한구역 중 일부 취락을 개발제한구역에서 해제하는 내용의 도시관리계획변경결정에 대하여 개발제한구역 해제대상에서 누락된 토지의 소유자가 위 결정의 취소를 구하는 경우

① ㉠, ㉡
② ㉡, ㉢
③ ㉢, ㉣
④ ㉠, ㉢, ㉣

ⓛ (원고적격 인정) 처분성이 인정되는 국민권익위원회의 조치요구에 불복하고자 하는 소방청장으로서는 조치요구의 취소를 구하는 항고소송을 제기하는 것이 유효·적절한 수단으로 볼 수 있으므로 소방청장은 예외적으로 당사자능력과 원고적격을 가진다. (대판2014두35379)

ⓒ (원고적격 인정) 지방법무사회의 사무원 채용승인 거부처분 또는 채용승인 취소처분에 대해서는 처분 상대방인 법무사뿐만 아니라 그 때문에 사무원이 될 수 없게 된 사람도 이를 다툴 원고적격이 인정되어야 한다. (대판2015다34444)

ⓙ (원고적격 부정) 사증발급 거부처분을 다투는 외국인은, ⓐ 아직 대한민국에 입국하지 않은 상태에서 대한민국에 입국하게 해달라고 주장하는 것으로, 대한민국과의 실질적 관련성 내지 대한민국에서 법적으로 보호가치 있는 이해관계를 형성한 경우는 아니어서, 해당 사증발급 거부처분의 취소를 구할 법률상 이익이 인정되지 않는다. 반면, ⓑ 「국적법」상 귀화불허가처분이나 출입국관리법상 체류자격변경 불허가처분, 강제퇴거명령 등을 다투는 외국인은 대한민국에 적법하게 입국하여 상당한 기간을 체류한 사람이므로, 이미 대한민국과의 실질적 관련성 내지 대한민국에서 법적으로 보호가치 있는 이해관계를 형성한 경우이어서, 해당 처분의 취소를 구할 법률상 이익이 인정된다고 보아야 한다. (대판2014두42506)

ⓛ (원고적격 부정) 개발제한구역 중 일부취락을 개발제한구역에서 해제하는 내용의 도시관리계획변경결정에 대하여, 개발제한구역 해제대상에서 누락된 토지의 소유자는 위 결정의 취소를 구할 법률상 이익이 없다. (대판2007두10242)

정답 ②

26 항고소송의 원고적격에 대한 판례의 입장으로 옳지 않은 것은?

22 해경승진

① 기존의 고속형 시외버스운송사업자 A는 경업관계에 있는 직행형 시외버스운송사업자에 대한 사업계획변경인가처분의 취소를 구할 법률상 이익이 있다.

② 학교법인에 의하여 임원으로 선임된 B는 자신에 대한 관할청의 임원취임승인신청 반려처분 취소소송의 원고적격이 있다.

③ 예탁금회원제 골프장에 가입되어 있는 기존 회원 C는 그 골프장 운영자가 당초 승인을 받을 때 정한 예정인원을 초과하여 회원을 모집하는 내용의 회원모집계획서에 대한 시·도지사의 검토결과통보의 취소를 구할 법률상 이익이 있다.

④ 재단법인인 수녀원 D는 소속된 수녀 등이 쾌적한 환경에서 생활할 수 있는 환경상 이익을 침해받는다면 매립목적을 택지조성에서 조선시설용지로 변경하는 내용의 공유수면매립목적 변경 승인처분의 무효확인을 구할 원고적격이 있다.

법인은 자연인이 아니므로, 환경상 이익의 침해를 이유로는 원고적격을 가질 수 없다. 따라서 본 소송에 있어서 재단법인 ○○수녀원이, 매립목적을 택지조성에서 조선시설용지로 변경하는 내용의 공유수면매립목적변경 승인처분으로 인하여 법률상 보호되는 환경상 이익을 침해받았다면서 행정청을 상대로 처분의 무효확인을 구하는 소송을 제기한 사안에서, 甲수녀원에는 처분의 무효확인을 구할 원고적격이 없다. (대판2010두2005)

정답 ④

27. 취소소송에 관한 설명으로 옳은 것은? (다툼이 있으면 판례에 따름)

① 제약회사는 보건복지부 고시인 '약제급여·비급여 목록 및 급여 상한금액표'중 그 제약회사가 제조·공급하는 약제의 상한금액 인하 부분의 취소를 구할 원고적격이 있다.
② 처분의 효과가 소멸된 뒤에는 그 처분의 취소로 인하여 회복되는 법률상 이익이 있어도 그 처분에 대한 취소소송을 제기할 수 없다.
③ 지방법무사회가 법무사의 사무원 채용승인 신청을 거부한 경우 채용승인을 신청한 법무사가 아닌 자는 취소소송을 제기하지 못한다.
④ 기존의 시외버스운송사업자인 甲회사는 동일노선을 운행하는 乙회사에 대한 시외버스운송사업계획변경인가 처분으로 인하여 甲회사의 수익감소가 예상되는 경우라도 그 처분의 취소를 구할 법률상의 이익이 없다.
⑤ 「주택법」상 입주자는 건축물의 하자를 이유로 그 건축물에 대한 사용검사처분의 취소를 구할 법률상 이익이 있다.

해설

① (○) 대판2005두2506
② (×) 「행정소송법」제12조(원고적격) 취소소송은 처분등의 취소를 구할 법률상 이익이 있는 자가 제기할 수 있다. 처분등의 효과가 기간의 경과, 처분등의 집행 그 밖의 사유로 인하여 소멸된 뒤에도 그 처분등의 취소로 인하여 회복되는 법률상 이익이 있는 자의 경우에는 또한 같다.
③ (×) 지방법무사회의 사무원 채용승인 거부처분 또는 채용승인 취소처분에 대해서는 처분 상대방인 법무사뿐만 아니라 그 때문에 사무원이 될 수 없게 된 사람도 이를 다툴 원고적격이 인정되어야 한다. (대판2015다34444)
④ (×) 구「여객자동차운수사업법」에 따른 시외버스운송사업계획변경인가처분으로 인하여 기존의 시내버스운송사업자의 노선 및 운행계통과 시외버스운송사업자들의 그것들이 일부 중복되게 되고 기존업자의 수익감소가 예상된다면, 기존의 시내버스운송사업자와 시외버스운송사업자들은 경업관계에 있는 것으로 봄이 상당하다 할 것이어서 기존의 시내버스운송사업자에게 시외버스운송사업계획변경인가처분의 취소를 구할 법률상 이익이 있다. (대판2001두4450)
⑤ (×) 입주자나 입주예정자들은 사용검사처분의 무효확인을 받거나 그 처분을 취소하지 않고도 민사소송 등을 통하여 분양계약에 따른 법률관계 및 하자 등을 주장·증명함으로써 사업주체 등으로부터 하자의 제거·보완 등에 관한 권리구제를 받을 수 있으므로, 입주자나 입주예정자는 사용검사처분의 무효확인 또는 취소를 구할 법률상 이익이 없다. (대판2013두24976)

정답 ①

28 행정소송의 원고적격에 대한 설명으로 옳지 않은 것은? (단, 다툼이 있는 경우 판례에 의함)

21 군무원 9급

① 면허나 인·허가 등의 수익적 행정처분의 근거가 되는 법률이 해당 업자들 사이의 과당경쟁으로 인한 경영의 불합리를 방지하는 것도 그 목적으로 하고 있는 경우, 다른 업자에 대한 면허나 인·허가 등의 수익적 행정처분에 대하여 미리 같은 종류의 면허나 인·허가 등의 처분을 받아 영업을 하고 있는 기존의 업자는 당해 행정처분의 취소를 구할 원고적격이 인정될 수 있다.
② 광업권설정허가처분과 그에 따른 광산 개발로 인하여 재산상·환경상 이익의 침해를 받거나 받을 우려가 있는 토지나 건축물의 소유자와 점유자 또는 이해관계인 및 주민들은 그 처분 전과 비교하여 수인한도를 넘는 재산상·환경상 이익의 침해를 받거나 받을 우려가 있다는 것을 증명하더라도 원고적격을 인정받을 수 없다.
③ 행정처분의 직접 상대방이 아닌 제3자라 하더라도 당해 행정처분으로 인하여 법률상 보호되는 이익을 침해당한 경우에는 취소소송을 제기하여 그 당부의 판단을 받을 자격이 있다.
④ 법인의 주주가 그 처분으로 인하여 궁극적으로 주식이 소각되거나 주주의 법인에 대한 권리가 소멸하는 등 주주의 지위에 중대한 영향을 초래하게 되는데도 그 처분의 성질상 당해 법인이 이를 다툴 것을 기대할 수 없고 달리 주주의 지위를 보전할 구제방법이 없는 경우에는 주주도 그 처분에 관하여 직접적이고 구체적인 법률상 이해관계를 가진다고 보이므로 그 취소를 구할 원고적격이 있다.

② (X) 광업권설정허가처분의 근거 법규 또는 관련 법규의 취지는 광업권설정허가처분 등으로 인하여 직접적이고 중대한 재산상·환경상 피해가 예상되는 토지나 건축물의 소유자나 점유자 또는 이해관계인 및 주민들이 쾌적하게 생활할 수 있는 개별적 이익까지도 보호하려는 데 있으므로, 광업권설정허가처분과 그에 따른 광산 개발로 인하여 재산상·환경상 이익의 침해를 받거나 받을 우려가 있는 토지나 건축물의 소유자와 점유자 또는 이해관계인 및 주민들은 그 처분 전과 비교하여 수인한도를 넘는 재산상·환경상 이익의 침해를 받거나 받을 우려가 있다는 것을 증명함으로써 그 처분의 취소를 구할 원고적격을 인정받을 수 있다. (대판2006두7577)
① (O) 대판2004두6716
③ (O) 대판2004두7924
④ (O) 대판2000두2648

정답 ②

29 「행정소송법」상 항고소송의 원고적격에 대한 설명으로 가장 옳지 않은 것은? `22 서울시 7급`

① 제약회사가 보건복지부 고시인 약제급여·비급여목록 및 급여상한금액표로 인하여 자신이 제조·공급하는 약제의 상한금액이 인하됨에 따라 약제에 관한 법률상 이익이 침해당할 경우, 제약회사는 위 고시의 취소를 구할 원고적격이 있다.

② 일반적으로 인·허가 등의 수익적 행정처분의 근거가 되는 법률이 해당 업자들 사이의 과당경쟁으로 인한 경영의 불합리를 방지하는 것도 그 목적으로 하고 있는 경우. 기존의 업자는 경업자에 대하여 이루어진 인·허가 등 행정처분의 상대방이 아니라 하더라도 당해 행정처분의 취소를 구할 당사자적격이 있다.

③ 환경영향평가 대상지역 밖의 주민이라 할지라도 공유수면매립면허처분 등으로 인하여 그 처분 전과 비교하여 수인한도를 넘는 환경피해를 받거나 받을 우려가 있는 경우에는, 「헌법」 제35조 제1항에서 정하고 있는 환경권에 관한 규정에 근거하여 그 처분 등의 무효확인을 구할 원고적격을 인정받을 수 있다.

④ 환경영향평가 대상지역 안의 주민들에 대하여는 특단의 사정이 없는 한 환경상의 이익에 대한 침해 또는 침해 우려가 있는 것으로 사실상 추정되어 공유수면매립면허처분 등의 무효확인을 구할 원고적격이 인정된다.

환경영향평가 대상지역 밖에 거주하는 주민에게 헌법상의 환경권 또는 「환경정책기본법」에 근거하여 공유수면매립면허처분과 농지 개량사업 시행인가처분의 무효확인을 구할 원고적격이 없다. (대판 2006두330 전합)

> **비교판례**
> [1] 행정처분의 근거 법규 또는 관련 법규에 그 처분으로써 이루어지는 행위 등 사업으로 인하여 환경상 침해를 받으리라고 예상되는 영향권의 범위가 구체적으로 규정되어 있는 경우에는, 그 영향권 내의 주민들은 특단의 사정이 없는 한 환경상 이익에 대한 침해 또는 침해 우려가 있는 것으로 사실상 추정되어 원고적격이 인정된다.
> [2] 영향권 밖의 주민들은 당해 처분으로 인하여 그 처분 전과 비교하여 수인한도를 넘는 환경피해를 받거나 받을 우려가 있다는 자신의 환경상 이익에 대한 침해 또는 침해 우려가 있음을 입증하여야만 법률상 보호되는 이익으로 인정되어 원고적격이 인정된다. (대판 2009두2825)

정답 ③

30

다음 중 원고에게 법률상 이익이 인정되는 사안으로만 묶은 것은? (단, 다툼이 있는 경우에 판례에 따름)

22 군무원 7급

㉠ 주거지역 내에 법령상 제한면적을 초과한 연탄공장 건축허가처분에 대한 주거지역 외에 거주하는 거주자의 취소소송

㉡ 지방자치단체장이 공장시설을 신축하는 회사에 대하여 사업승인 당시 부가하였던 조건을 이행할 때까지 신축공사를 중지하라는 명령을 발하였고, 회사는 중지명령의 원인사유가 해소되지 않았음에도 공사중지명령의 해제를 요구하였고, 이에 대한 지방자치단체장의 해제요구의 거부에 대한 회사의 취소소송

㉢ 관련법령상 인가·허가 등 수익적 행정처분을 신청한 여러 사람이 서로 경원관계에 있어서 한 사람에 대한 허가 등 처분이 다른 사람에 대한 불허가 등으로 귀결될 수밖에 없는 경우에, 허가 등 처분을 받지 못한 자가 자신에 대한 거부에 대하여 제기하는 취소소송

㉣ 이른바 예탁금회원제 골프장에 있어서, 체육시설업자가 회원모집계획서를 제출하면서 사업계획의 승인을 받을 때 정한 예정인원을 초과하여 회원을 모집하는 내용의 회원모집계획서를 제출하여 그에 대한 시·도지사 등의 검토결과 통보를 받은 경우, 기존회원이 회원모집계획서에 대한 시·도지사의 검토결과통보에 대한 취소소송

① ㉠, ㉢
② ㉢, ㉣
③ ㉡, ㉣
④ ㉠, ㉡

해설

㉢ (원고적격 인정) 인가·허가 등 수익적 행정처분을 신청한 여러 사람이 서로 경원 관계에 있어서 한 사람에 대한 허가 등 처분이 다른 사람에 대한 불허가 등으로 귀결될 수밖에 없을 때 허가 등 처분을 받지 못한 사람은 신청에 대한 거부처분의 직접 상대방으로서 원칙적으로 자신에 대한 거부 처분의 취소를 구할 원고적격이 있고, 특별한 사정이 없는 한 경원관계에서 허가 등 처분을 받지 못한 사람은 자신에 대한 거부처분의 취소를 구할 소의 이익이 있다. (대판2013두27517)

㉣ (원고적격 인정) 체육시설의 회원을 모집하고자 하는 자의 회원모집계획서 제출은 수리를 요하는 신고이며 이에 대한 시·도지사 등의 검토결 통보는 수리행위로서 행정처분에 해당한다. (대판2006두16243)

㉠ (원고적격 부정) 주거지역 내에 거주하는 인근 주민과 달리 주거지역 외에 거주하는 거주자는 연탄공장건축허가의 취소를 구할 법률상 이익이 인정되지 않는다.

㉡ (원고적격 부정) 공사중지명령의 원인사유가 해소된 경우 조리상 공사중지명령 철회신청권이 인정되었다. 이와 달리 공사중지명령의 원인사유가 해소되지 않은 경우 조리상 신청권이 인정될 수 없으므로 공사중지명령의 해제요구가 거부되더라도 이를 다툴 법률상 이익은 부정된다.

정답 ②

31 「행정소송법」 제12조의 '법률상 이익'에 관한 설명으로 옳지 않은 것은? (다툼이 있으면 판례에 따름)

`22 소방승진`

① 아파트관리사무소 소장으로 근무하면서 관리사무소를 위하여 종합소득세의 신고·납부, 경정청구 등의 업무를 처리하였다는 사실만으로도, 위 소장에게 경정청구를 거부한 과세관청의 처분에 대해 취소를 구할 법률상의 이익이 있다고 보아야 한다.
② 지방법무사회의 사무원 채용승인 거부처분 또는 채용승인 취소처분에 대해서는 처분 상대방인 법무사뿐만 아니라 그 때문에 사무원이 될 수 없게 된 사람도 이를 다툴 원고적격이 인정되어야 한다.
③ 「신문 등의 진흥에 관한 법률」상 신문의 등록은 단순히 명칭 등을 공적 장부에 등재하여 일반에 공시(公示)하는 것에 그치는 것이 아니라 신문사업자에게 등록한 특정 명칭으로 신문을 발행할 수 있도록 하는 것이고, 이처럼 신문법상 등록에 따라 인정되는 신문사업자의 지위는 사법상 권리인 '특정 명칭의 사용권' 자체와는 구별된다.
④ 경업자에 대한 행정처분이 경업자에게 불리한 내용이라면 그와 경쟁관계에 있는 기존의 업자에게는 특별한 사정이 없는 한 유리할 것이므로 기존의 업자가 그 행정처분의 무효확인 또는 취소를 구할 이익은 없다고 보아야 한다.

>
>
> 행정소송은 행정청의 당해 처분이 취소됨으로 인하여 법률상 직접적이고 구체적인 이익을 얻게 되는 사람만이 제기할 이익이 있고 사실상이나 간접적인 관계만을 가지는 데 지나지 않는 사람은 이를 제기할 이익이 없다. 따라서 아파트관리사무소 소장으로 근무하면서 관리사무소를 위하여 종합소득세의 신고·납부, 경정청구 등의 업무를 처리하였다는 것만으로는, 위 소장에게 경정청구를 거부한 과세관청의 처분에 대해 취소를 구할 법률상의 이익이 있다고 보기 어렵다. (대판2002두1267)
>
> 정답 ①

32. 행정소송상 협의의 소익에 대한 설명으로 옳은 것만을 모두 고르면? (다툼이 있는 경우 판례에 의함)

21 지방직 9급

> ㉠ 월정수당을 받는 지방의회 의원에 대한 제명의결 취소소송 계속중 의원의 임기가 만료된 경우 지방의회 의원은 그 제명의결의 취소를 구할 법률상 이익이 있다.
> ㉡ 파면처분 취소소송의 사실심 변론종결 전에 금고 이상의 형을 선고받아 당연퇴직된 경우에도 해당 공무원은 파면처분의 취소를 구할 이익이 있다.
> ㉢ 공익근무요원 소집해제신청을 거부한 후에 원고가 계속하여 공익근무요원으로 복무함에 따라 복무기간 만료를 이유로 소집해제처분을 한 경우, 원고는 거부처분의 취소를 구할 소의 이익이 있다.

① ㉠
② ㉡
③ ㉠, ㉡
④ ㉡, ㉢

해설

㉠ (O) 지방의회 의원에 대한 제명의결 취소소송 계속중 의원의 임기가 만료된 사안에서, 제명의결의 취소로 의원의 지위를 회복할 수는 없다 하더라도 제명의결시부터 임기만료일까지의 기간에 대한 월정수당의 지급을 구할 수 있는 등 여전히 그 제명의결의 취소를 구할 법률상 이익이 있다. (대판2007두13487)

㉡ (O) 파면처분취소소송의 사실심변론종결전에 동원고가 허위공문서등작성 죄로 징역 8월에 2년간 집행유예의 형을 선고받아 확정되었다면 원고는 「지방공무원법」 제61조의 규정에 따라 위 판결이 확정된 날 당연퇴직되어 그 공무원의 신문을 상실하고, 당연퇴직이나 파면이 퇴직급여에 관한 불이익의 점에 있어 동일하다 하더라도 최소한도 이 사건 파면처분이 있은 때부터 위 법규정에 의한 당연퇴직일자까지의 기간에 있어서는 파면처분의 취소를 구하여 그로 인해 박탈당한 이익의 회복을 구할 소의 이익이 있다 할 것이다. (대판85누39)

㉢ (X) 공익근무요원 소집해제신청을 거부한 후에 원고가 계속하여 공익근무요원으로 복무함에 따라 복무기간 만료를 이유로 소집해제처분을 한 경우, 원고가 입게 되는 권리와 이익의 침해는 소집해제처분으로 해소되었으므로 위 거부처분의 취소를 구할 소의 이익이 없다. (대판 2004두4369)

정답 ③

33 판례상 행정소송에서의 법률상 이익을 인정한 경우는?　　21 군무원 7급

① 환지처분의 일부에 대한 취소소송
② 가중처벌에 관한 제재적 처분기준이 행정규칙의 형식으로 되어 있는 경우, 실효된 제재처분의 취소를 구하는 소송
③ 위법한 건축물에 대한 취소소송 중 건축공사가 완료된 경우
④ 교원소청심사위원회의 파면처분 취소결정에 대한 취소소송 계속 중 학교법인이 교원에 대한 징계처분을 해임으로 변경한 경우

② (○) 제재적 행정처분의 가중사유나 전제요건에 관한 규정이 법령이 아니라 규칙의 형식으로 되어 있다고 하더라도, 그러한 규칙이 법령에 근거를 두고 있는 이상 그 법적 성질이 대외적·일반적 구속력을 갖는 법규명령인지 여부와는 상관없이, 관할 행정청이나 담당공무원은 이를 준수할 의무가 있으므로 이들이 그 규칙에 정해진 바에 따라 행정작용을 할 것이 당연히 예견되고, 그 결과 행정작용의 상대방인 국민으로서는 그 규칙의 영향을 받을 수밖에 없다. 그러한 규칙이 정한 바에 따라 선행처분을 가중사유 또는 전제요건으로 하는 후행처분을 받을 우려가 현실적으로 존재하는 경우에는, 선행처분을 받은 상대방은 비록 그 처분에서 정한 제재기간이 경과하였다 하더라도 그 처분의 취소소송을 통하여 그러한 불이익을 제거할 권리보호의 필요성이 충분히 인정된다고 할 것이므로, 선행처분의 취소를 구할 법률상 이익이 있다고 보아야 한다. (대판2003두1684)

① (×) 「토지구획정리사업법」에 의한 토지구획정리는 환지처분을 기본적 요소로 하는 것으로서 환지예정지지정처분은 사업시행자가 사업지구내의 종전 토지소유자로 하여금 환지계획에서 환지로 정하여진 토지를 환지처분이 있을 때까지 사이에 사용수익할 수 있게 하는 처분에 불과하고 한편 환지처분은 사업시행자가 환지계획구역의 전부에 대하여 공사를 완료한 후 환지계획에 따라 환지교부 등을 하는 처분으로서 일단 공고되어 효력을 발생하게 된 이후에는 환지 전체의 절차를 처음부터 다시 밟지 않는 한 그 일부만을 따로 떼어 환지처분을 변경할 길이 없으며 다만 그 환지처분에 위법이 있다면 그 위법을 이유로 하여 민사상의 절차에 따라 권리관계의 존부를 확정하거나 손해의 배상을 구하는 등의 길이 있을 뿐이므로 그 환지확정처분의 일부에 대하여 취소를 구할 법률상 이익은 없다고 할 것이다. (대판88누2557)

③ (×) 건축허가가 「건축법」소정의 이격거리를 두지 아니하고 건축물을 건축하도록 되어 있어 위법하다 하더라도 그 건축허가에 기하여 건축공사가 완료되었다면 그 건축허가를 받은 대지와 접한 대지의 소유자인 원고가 위 건축허가처분의 취소를 받아 이격거리를 확보할 단계는 지났으며 민사소송으로 위 건축물 등의 철거를 구하는 데 있어서도 위 처분의 취소가 필요한 것이 아니므로 원고로서는 위 처분의 취소를 구할 법률상의 이익이 없다. (대판91누11131)

④ (×) 교원소청심사위원회의 파면처분 취소결정에 대한 취소소송 계속 중 학교법인이 교원에 대한 징계처분을 파면에서 해임으로 변경한 경우, 종전의 파면처분은 소급하여 실효되고 해임만 효력을 발생하므로, 소급하여 효력을 잃은 파면처분을 취소한다는 내용의 교원소청심사결정의 취소를 구하는 것은 법률상 이익이 없다. (대판2008두20765)

정답 ②

34 항고소송에서의 소의 이익에 대한 설명으로 가장 옳지 않은 것은? `22 서울시 7급`

① 처분청의 직권취소에도 완전한 원상회복이 이루어지지 않아 무효확인 또는 취소로써 회복할 수 있는 다른 권리나 이익이 남아 있는 경우, 예외적으로 그 처분의 취소를 구할 소의 이익이 있다.

② 건축허가취소처분을 받은 건축물 소유자는 그 건축물이 완공된 후에도 여전히 취소처분의 취소를 구할 법률상 이익을 가진다.

③ 「행정소송법」제12조의 '법률상의 이익'이란 당해 처분의 근거법률에 의하여 직접 보호되는 구체적인 이익을 말하고, 이는 제3자가 간접적인 이해관계를 가지는 경우에도 인정된다.

④ 거부처분이 재결에서 취소된 경우 재결에 따른 후속처분이 아니라 그 재결의 취소를 구하는 것은 실효적이고 직접적인 권리구제수단이 될 수 없어 분쟁해결의 유효적절한 수단이라고 할 수 없으므로 법률상 이익이 없다.

행정처분에 대한 취소소송에서 원고적격이 있는지 여부는, 당해 처분의 상대방인지 여부에 따라 결정되는 것이 아니라 그 취소를 구할 법률상 이익이 있는지 여부에 따라 결정되는 것이다. 여기서 법률상 이익이란 당해 처분의 근거 법률에 의하여 보호되는 직접적이고 구체적인 이익이 있는 경우를 말하며, 간접적이거나 사실적·경제적 이해관계를 가지는 데 불과한 경우는 포함되지 아니한다. (대판99두8565)

정답 ③

35. 항고소송의 소의 이익에 대한 판례로서 가장 옳지 않은 것은?

① 처분청이 당초의 운전면허 취소처분을 철회하고 정지처분을 하였다면, 당초의 처분인 운전면허 취소처분은 철회로 인하여 그 효력이 상실되어 더 이상 존재하지 않는 것이고 그 후의 운전면허 정지처분만이 남아 있는 것이라 할 것이며, 존재하지 않는 행정처분을 대상으로 한 취소소송은 소의 이익이 없어 부적법하다.

② 주택건설사업계획 사전결정반려처분 취소청구소송의 계속 중 구 「주택건설촉진법」의 개정으로 주택건설사업계획 사전결정제도가 폐지된 경우 소의 이익이 없다.

③ 지방의회 의원에 대한 제명의결 취소소송 계속 중 의원의 임기가 만료된 사안에서, 제명의결의 취소로 의원의 지위를 회복할 수는 없다 하더라도 제명의결 시부터 임기만료일까지의 기간에 대한 월정수당의 지급을 구할 수 있는 등 여전히 그 제명의결의 취소를 구할 법률상 이익이 있다.

④ 건축허가처분의 취소를 구하는 소를 제기하기 전에 건축공사가 완료된 경우에는 소의 이익이 없으나, 소를 제기한 후 사실심 변론종결일 전에 건축공사가 완료된 경우에는 소의 이익이 있다.

해설

위법한 행정처분의 취소를 구하는 소는 위법한 처분에 의하여 발생한 위법상태를 배제하여 원상으로 회복시키고 그 처분으로 침해되거나 방해받은 권리와 이익을 보호·구제하고자 하는 소송이므로 비록 그 위법한 처분을 취소한다 하더라도 원상회복이 불가능한 경우에는 그 취소를 구할 이익이 없다 할 것인바, 건축허가에 기하여 이미 건축공사를 완료하였다면 그 건축허가처분의 취소를 구할 이익이 없다 할 것이고, 이와 같이 건축허가처분의 취소를 구할 이익이 없게 되는 것은 건축허가처분의 취소를 구하는 소를 제기하기 전에 건축공사가 완료된 경우 뿐 아니라 소를 제기한 후 사실심 변론종결일 전에 건축공사가 완료된 경우에도 마찬가지이다. (대판2006두18409)

정답 ④

36 다음 중 취소소송에 대한 설명으로 가장 옳지 않은 것은? (단, 다툼이 있는 경우 판례에 의함)

22 군무원 9급

① 제재적 행정처분의 효력이 제재기간 경과로 소멸하였더라도 관련 법규에서 제재적 행정처분을 받은 사실을 가중사유나 전제요건으로 삼아 장래의 제재적 행정처분을 하도록 정하고 있다면, 선행처분의 취소를 구할 법률상 이익이 있다.
② 행정처분의 취소소송 계속 중 처분청이 다툼의 대상이 되는 행정처분을 직권으로 취소하면 그 처분은 효력을 상실하여 더 이상 존재하지 않는 것이므로 존재하지 않는 처분을 대상으로 한 항고소송은 원칙적으로 소의 이익이 소멸하여 부적법하다.
③ 고등학교 졸업이 대학 입학 자격이나 학력인정으로서의 의미밖에 없다고 할 수 없으므로 고등학교졸업학력검정고시에 합격하였다 하여 고등학교 학생으로서의 신분과 명예가 회복될 수 없는 것이니 퇴학처분을 받은 자로서는 퇴학처분의 위법을 주장하여 그 취소를 구할 소송상의 이익이 있다.
④ 소송계속 중 해당 처분이 기간의 경과로 그 효과가 소멸하더라도 예외적으로 그 처분의 취소를 구할 소의 이익을 인정할 수 있는 '행정처분과 동일한 사유로 위법한 처분이 반복될 위험성이 있는 경우'란 해당 사건의 동일한 소송 당사자 사이에서 반복될 위험이 있는 경우만을 의미한다.

해설

행정처분의 무효 확인 또는 취소를 구하는 소가 제소 당시에는 소의 이익이 있어 적법하였는데, 소송계속 중 해당 행정처분이 기간의 경과 등으로 그 효과가 소멸한 때에 처분이 취소되어도 원상회복이 불가능하다고 보이는 경우라도, 무효 확인 또는 취소로써 회복할 수 있는 다른 권리나 이익이 남아 있거나 또는 그 행정처분과 동일한 사유로 위법한 처분이 반복될 위험성이 있어 행정처분의 위법성 확인 내지 불분명한 법률문제에 대한 해명이 필요한 경우에는 행정의 적법성 확보와 그에 대한 사법통제, 국민의 권리구제 확대 등의 측면에서 예외적으로 그 처분의 취소를 구할 소의 이익을 인정할 수 있다. 여기에서 '그 행정처분과 동일한 사유로 위법한 처분이 반복될 위험성이 있는 경우'란 불분명한 법률문제에 대한 해명이 필요한 상황에 대한 대표적인 예시일 뿐이며, 반드시 '해당 사건의 동일한 소송 당사자 사이에서' 반복될 위험이 있는 경우만을 의미하는 것은 아니다. (대판2020두30450)

정답 ④

37 「행정소송법」에 따른 법률상 이익에 관한 설명으로 옳지 않은 것은? (다툼이 있는 경우 판례에 의함)   23 소방공채

① 행정처분의 무효확인 또는 취소를 구하는 소에서, 비록 행정처분의 위법을 이유로 무효확인 또는 취소 판결을 받더라도 그 처분에 의하여 발생한 위법상태를 원상으로 회복시키는 것이 불가능한 경우에는 원칙적으로 그 무효확인 또는 취소를 구할 법률상 이익이 없다.
② 행정청이 한 처분등의 취소를 구하는 것보다 실효적이고 직접적인 구제수단이 있음에도 처분등의 취소를 구하는 것은 특별한 사정이 없는 한 분쟁해결의 유효적절한 수단이라고 할 수 없어 법률상 이익이 없다.
③ 지방의회 의원에 대한 제명의결 취소소송 계속 중 의원의 임기가 만료되었다면, 제명의결시부터 임기만료일까지의 기간에 대한 월정수당의 지급을 구할 수 있다고 하더라도 그 제명의결의 취소를 구할 법률상 이익이 없다.
④ 행정처분이 취소되면 그 처분은 취소로 인하여 그 효력이 상실되어 더 이상 존재하지 않는 것이고, 그 처분을 대상으로 한 취소소송의 경우 법률상 이익이 없다.

지방의회 의원에 대한 제명의결 취소소송 계속 중 의원의 임기가 만료된 사안에서, 제명의결의 취소로 의원의 지위를 회복할 수는 없다 하더라도 제명의결시부터 임기만료일까지의 기간에 대한 월정수당의 지급을 구할 수 있는 등 여전히 그 제명의결의 취소를 구할 법률상 이익이 있다. (대판 2007두13487)

정답 ③

38 취소소송의 원고적격 및 협의의 소의 이익에 관한 설명으로 옳지 않은 것은? (다툼이 있으면 판례에 따름)   22 소방승진

① 甲이 현역병 입영대상으로 병역처분을 받고 그 취소소송 중 모병에 응하여 현역병으로 자진입대한 경우, 甲은 현역병 입영처분의 취소를 구할 소의 이익은 없다.
② 운전기사 乙의 합승행위를 이유로 乙이 소속된 운수회사에 대하여 과징금부과처분이 있은 경우, 乙은 그 과징금부과처분의 취소를 구할 이익이 없다.
③ 행정청이 공무원 丙에 대하여 새로운 직위해제사유에 기한 직위해제처분을 한 경우에도 그 이전 직위해제처분은 여전히 존재하므로 丙은 이전 직위해제처분의 취소를 구할 소의 이익이 있다.
④ 丁은 고등학교에서 퇴학처분을 당한 후 고등학교졸업학력검정고시에 합격한 경우, 丁은 퇴학처분의 취소를 구할 소의 이익이 있다.

행정청이 공무원에 대하여 새로운 직위해제사유에 기한 직위해제처분을 한 경우 그 이전에 한 직위해제처분은 이를 묵시적으로 철회하였다고 봄이 상당하므로, 그 이전 처분의 취소를 구하는 부분은 존재하지 않는 행정처분을 대상으로 한 것으로서 그 소의 이익이 없어 부적법하다. (대판 2003두5945)

정답 ③

39 다음 중 행정소송의 피고적격에 대한 설명으로 가장 옳지 않은 것은?

21 해경승진

① 국회의장이 행한 처분의 경우 국회사무총장이 피고가 된다.
② 대통령이 행한 처분의 경우 국무총리가 피고가 된다.
③ 처분 등이 있은 뒤에 그 처분 등에 관계되는 권한이 다른 행정청에 승계된 때에는 이를 승계한 행정청이 피고가 된다.
④ 당사자소송은 국가·공공단체 그 밖의 권리 주체가 피고가 된다.

「행정소송법」 제16조(행정소송과의 관계) 제1항. 제75조에 따른 처분, 그 밖에 본인의 의사에 반한 불리한 처분이나 부작위(不作爲)에 관한 행정소송은 소청심사위원회의 심사·결정을 거치지 아니하면 제기할 수 없다. 제2항. 제1항에 따른 행정소송을 제기할 때에는 대통령의 처분 또는 부작위의 경우에는 소속 장관(대통령령으로 정하는 기관의 장을 포함한다. 이하 같다)을, 중앙선거관리위원회위원장의 처분 또는 부작위의 경우에는 중앙선거관리위원회사무총장을 각각 피고로 한다.

정답 ②

40 항고소송의 피고에 관한 설명으로 옳지 않은 것은? (다툼이 있는 경우 판례에 의함)

23 소방공채

① 항고소송은 원칙적으로 소송의 대상인 처분등을 외부적으로 그의 명의로 행한 행정청을 피고로 하여야 하는 것이다.
②「행정소송법」 제14조에 의한 피고경정은 사실심 변론종결에 이르기까지 허용된다.
③ 처분등이 있은 뒤에 그 처분등에 관계되는 권한이 다른 행정청에 승계된 때에는 그 처분 등에 대한 사무가 귀속되는 국가 또는 지방자치단체를 피고로 한다.
④ 대리기관이 대리관계를 표시하고 피대리 행정청을 대리하여 행정처분을 한 때에는 피대리 행정청이 피고가 되어야 한다.

③ (✕)「행정소송법」 제13조(피고적격) 제1항. 취소소송은 다른 법률에 특별한 규정이 없는 한 그 처분등을 행한 행정청을 피고로 한다. 다만, 처분등이 있은 뒤에 그 처분등에 관계되는 권한이 다른 행정청에 승계된 때에는 이를 승계한 행정청을 피고로 한다. 제2항. 제1항의 규정에 의한 행정청이 없게 된 때에는 그 처분등에 관한 사무가 귀속되는 국가 또는 공공단체를 피고로 한다.
① (〇) 행정처분의 취소 또는 무효확인을 구하는 행정소송은 다른 법률에 특별한 규정이 없는 한 소송의 대상인 행정처분 등을 외부적으로 그의 명의로 행한 행정청을 피고로 하여야 하는 것으로서 그 행정처분을 하게 된 연유가 상급행정청이나 타행정청의 지시나 통보에 따른 것이라 하여 다르지 않다. (대판95누14688)
② (〇) 피고경정은 사실심 변론종결시까지만 가능하다. 따라서 법률심인 상고심에서는 피고경정이 허용되지 아니한다.
④ (〇) 항고소송은 다른 법률에 특별한 규정이 없는 한 원칙적으로 소송의 대상인 행정처분을 외부적으로 행한 행정청을 피고로 하여야 하는 것이고, 다만 대리기관이 대리관계를 표시하고 피대리행정청을 대리하여 행정처분을 한 때에는 피대리 행정청이 피고로 되어야 할 것이다. 따라서 대리권을 수여받은 데 불과하여 그 자신의 명의로는 행정처분을 할 권한이 없는 행정청의 경우 대리관계를 밝힘이 없이 그 자신의 명의로 행정처분을 하였다면 그에 대하여는 처분명의자인 당해 행정청이 항고소송의 피고가 되어야 하는 것이 원칙이다. (대판2005부4)

정답 ③

41. 다음 중 「행정소송법」 피고 및 피고의 경정에 대한 설명으로 가장 옳은 것은? (다툼이 있는 경우 판례에 의함)

23 해경승진

① 소의 종류의 변경에 따른 피고의 변경은 교환적 변경에 한한다고 봄이 상당하므로 예비적 청구만이 있는 피고의 추가경정신청은 예외적 규정이 있는 경우를 제외하고는 원칙적으로 허용되지 않는다.
② 상급행정청의 지시에 의해 하급행정청이 자신의 명의로 처분을 하였다면, 당해 처분에 대한 취소소송에서는 지시를 내린 상급행정청이 피고가 된다.
③ 취소소송에서 피고가 될 수 있는 행정청에는 대외적으로 의사를 표시할 수 있는 기관이 아니더라도 국가나 공공단체의 의사를 실질적으로 결정하는 기관이 포함된다.
④ 취소소송에서 원고가 처분청 아닌 행정관청을 피고로 잘못 지정한 경우, 법원은 석명권 없이 소송요건의 불비를 이유로 소를 각하할 수 있다.

해설

① (O) 소위 주관적, 예비적 병합은 「행정소송법」 제28조 제3항과 같은 예외적 규정이 있는 경우를 제외하고는 원칙적으로 허용되지 않는 것이고, 또 「행정소송법」상 소의 종류의 변경에 따른 당사자(피고)의 변경은 교환적 변경에 한 한다고 봄이 상당하므로 예비적 청구만이 있는 피고의 추가경정신청은 허용되지 않는다. (대판 자89두1)
② (×) 하급행정청이 자신의 명의로 처분을 하였다면, 당해 처분에 대한 취소소송에서는 자신의 명의로 처분을 행한 하급행정청이 피고가 된다.
③ (×) 취소소송에서 피고가 될 수 있는 행정청에는 대외적으로 의사를 표시할 수 있는 기관을 의미하고, 대외적으로 의사를 표시할 수 있는 기관이 아니라면 국가나 공공단체의 의사를 실질적으로 결정하는 기관일지라도 포함되지 않는다.
④ (×) 취소소송에서 원고가 처분청 아닌 행정관청을 피고로 잘못 지정한 경우, 법원은 석명권을 행사하여야 하고, 석명권 행사 없이 소송요건의 불비를 이유로 소를 각하할 수 없다.

정답 ①

42. 행정청의 권한에 대한 설명으로 옳은 것만을 모두 고르면? (다툼이 있는 경우 판례에 의함)

22 지방직 7급

㉠ 행정관청 내부의 사무처리규정에 불과한 전결규정에 위반하여 원래의 전결권자 아닌 보조기관 등이 처분권자인 행정관청의 이름으로 행정처분을 하였다고 하더라도 그 처분이 권한 없는 자에 의하여 행하여진 무효의 처분이라고는 할 수 없다.
㉡ 내부위임을 받은 데 불과하여 자신의 명의로 처분을 할 권한이 없는 행정청이 권한 없이 자신의 명의로 한 처분은 무효이다.
㉢ 시·도지사는 국가사무로서 그에게 위임된 기관위임사무를 위임기관의 장의 승인을 얻은 후 당해 시·도의 규칙에 의하여 시장·군수 및 자치구의 구청장에게 재위임할 수 있다.
㉣ 대리권을 수여받은 행정기관이 대리관계를 명시적으로 밝히지 않고 자신의 명의로 처분을 하였다면, 비록 처분명의자가 피대리 행정청 산하의 행정기관으로서 실제로 피대리 행정청으로부터 대리권한을 수여받아 피대리 행정청을 대리한다는 의사로 행정처분을 하였고 처분명의자는 물론 그 상대방도 그 행정처분이 피대리 행정청을 대리하여 한 것임을 알고서 이를 받아들였다 하더라도 그 처분의 취소소송에서의 피고는 처분명의자인 대리 행정기관이 되어야 한다.

① ㉠, ㉡
② ㉠, ㉡, ㉢
③ ㉠, ㉢, ㉣
④ ㉡, ㉢, ㉣

㉠ (O) 대판97누1105
㉡ (O) 체납취득세에 대한 압류처분권한은 도지사로부터 시장에게 권한위임된 것이고 시장으로부터 압류처분권한을 내부위임 받은 데 불과한 구청장으로서는 시장 명의로 압류처분을 대행처리 할 수 있을 뿐이고 자신의 명의로 이를 할 수 없다 할 것이므로 구청장이 자신의 명의로 한 압류처분은 권한 없는 자에 의하여 행하여진 위법무효의 처분이다. (대판93누6621). 따라서 내부위임을 받은 자가 자신의 이름으로 처분을 한 경우 당해 처분은 위법하다. 판례는 내부위임을 받은 기관이 대외적으로 처분권을 갖고 있지 못하므로 무권한의 행위로 보고 무효인 행위가 된다고 한다.
㉢ (O) 「도시재개발법」에 의한 사업시행변경인가, 관리처분계획인가 및 각 고시에 관한 사무는 국가사무로서 지방자치단체의 장에게 위임된 이른바 기관위임사무에 해당하므로, 시·도지사가 지방자치단체의 조례에 의하여 이를 구청장 등에게 재위임할 수는 없고, 「정부조직법」 제5조 제1항 및 이에 기한 「행정권한의 위임 및 위탁에 관한 규정」 제4조에 의하여 위임기관의 장의 승인을 얻은 후 지방자치단체의 장이 제정한 규칙이 정하는 바에 따라 재위임하는 것만이 가능하다. (대판94누13572). 따라서 기관위임사무를 지방자치단체의 조례에 의하여 재위임할 수는 없고, 수임자는 위임기관의 승인을 얻어서 지방자치단체의 장이 제정한 규칙으로 재위임을 할 수 있다.

㉣ (×) 대리권을 수여받은 데 불과하여 그 자신의 명의로는 행정처분을 할 권한이 없는 행정청의 경우 대리관계를 밝힘이 없이 그 자신의 명의로 행정처분을 하였다면 그에 대하여는 처분명의자인 당해 행정청이 항고소송의 피고가 되어야 하는 것이 원칙이지만, 비록 대리관계를 명시적으로 밝히지는 아니하였다 하더라도 처분명의자가 피대리행정청 산하의 행정기관으로서 실제로 피대리행정청으로부터 대리권한을 수여받아 피대리행정청을 대리한다는 의사로 행정처분을 하였고 처분명의자는 물론 그 상대방도 그 행정처분이 피대리행정청을 대리하여 한 것임을 알고서 이를 받아들인 예외적인 경우에는 피대리행정청이 피고가 되어야 한다. (대판2005부4)

정답 ②

43 다음 중 취소소송 제기기간에 관한 설명으로 가장 옳은 것은? (다툼이 있는 경우 판례에 의함)

21 해경승진

① 행정심판을 거쳐야 하는 경우에는 재결이 있은 날부터 90일 이내에 소송을 제기하여야 한다.
② 처분이 있음을 안 날이란 처분을 받은 자가 위법 여부에 대한 판단 한 날을 의미한다는 것이 판례의 입장이다.
③ 처분이 있음을 안 날부터 90일이 경과하였더라도 처분이 있은 날부터 1년이 경과하지 않았다면 소제기가 가능하다.
④ 통상 고시에 의한 행정처분의 경우 판례는 고시가 효력을 발생하는 날에 처분이 있음을 알았다고 본다.

해설

④ (○) 통상 고시 또는 공고에 의하여 행정처분을 하는 경우에는 그 처분의 상대방이 불특정 다수인이고 그 처분의 효력이 불특정 다수인에게 일률적으로 적용되는 것이므로, 그 행정처분에 이해관계를 갖는 자가 고시 또는 공고가 있었다는 사실을 현실적으로 알았는지 여부에 관계없이 고시가 효력을 발생하는 날 행정처분이 있음을 알았다고 보아야 한다. (대판 2004두619)
① (×) 행정심판을 거쳐야 하는 경우에는 처분을 안 날부터 90일 이내에 소송을 제기하여야 한다.
② (×) 「행정소송법」 제20조 제2항. 소정의 제소기간 기산점인 "처분이 있음을 안 날"이란 통지, 공고 기타의 방법에 의하여 당해 처분이 있었다는 사실을 현실적으로 안 날을 의미하고 구체적으로 그 행정처분의 위법 여부를 판단한 날을 가리키는 것은 아니다(대판 90누6521).
③ (×) '처분이 있음을 안 경우'와 '알지 못한 경우' 중 어느 하나의 제소기간이 도과하면 취소소송을 제기할 수 없다.

정답 ④

44. 다음 중 「행정소송법」상 제소기간에 대한 설명으로 가장 옳은 것은? (다툼이 있는 경우 판례에 의함)

23 해경승진

① 처분의 불가쟁력이 발생하였고 그 이후에 행정청이 당해 처분에 대해 행정심판 청구를 할 수 있다고 잘못 알렸다면, 그 처분의 취소소송의 제소기간은 행정심판의 재결서를 받은 날부터 기산한다.
② 납세자의 이의신청에 의한 재조사결정에 따른 행정소송의 제소기간은 이의신청인 등이 재결청으로부터 재조사결정의 통지를 받은 날부터 기산한다.
③ 「산업재해보상법」상 보험급여의 부당이득징수결정의 하자를 이유로 징수금을 감액하는 경우 감액처분으로도 아직 취소되지 않고 남아 있는 부분이 위법하다 하여 이를 다툴 때에는, 제소기간의 준수여부는 감액처분을 기준으로 하여야 한다.
④ 청구취지를 변경하여 종전의 소가 취하되고 새로운 소가 제기된 것으로 변경되었다면 새로운 소에 대한 제소기간 준수 여부는 원칙적으로 소의 변경이 있은 때를 기준으로 한다.

해설

④ (O) 청구취지를 변경하여 종전의 소가 취하되고 새로운 소가 제기된 것으로 변경되었을 때에 새로운 소에 대한 제소기간의 준수 등은 원칙적으로 소의 변경이 있은 때를 기준으로 하여야 한다. (대판2004두7023)

① (×) 이미 제소기간이 지남으로써 불가쟁력이 발생하여 불복청구를 할 수 없었던 경우라면 그 이후에 행정청이 행정심판청구를 할 수 있다고 잘못 알렸다고 하더라도 그 때문에 처분 상대방이 적법한 제소기간 내에 취소소송을 제기할 수 있는 기회를 상실하게 될 것은 아니므로 이러한 경우에 잘못된 안내에 따라 청구된 행정심판 재결서 정본을 송달받은 날부터 다시 취소소송의 제소기간이 기산되는 것은 아니다. (대판2011두27247)

② (×) 조세에 대한 이의신청 등에 대한 결정의 한 유형으로 실무상 행해지고 있는 재조사결정에 따른 심사청구기간이나 심판청구기간 또는 행정소송의 제소기간은 재조사결정의 통지가 아니라 이의신청인 등이 후속 처분의 통지를 받은 날부터 기산된다고 봄이 타당하다. (대판2007두12514 전합)

③ (×) 행정청이 「산업재해보상보험법」에 의한 보험급여 수급자에 대하여 부당이득 징수결정을 한 후 징수결정의 하자를 이유로 징수금 액수를 감액하는 경우에 감액처분을 항고소송의 대상으로 할 수는 없고, 당초 징수결정 중 감액처분에 의하여 취소되지 않고 남은 부분을 항고소송의 대상으로 할 수 있을 뿐이며, 그 결과 제소기간의 준수 여부도 감액처분이 아닌 당초 처분을 기준으로 판단해야 한다. (대판2011두27247)

정답 ④

45 「행정소송법」상 제소기간에 관한 설명 중 가장 적절하지 않은 것은? (다툼이 있는 경우 판례에 의함)

21 경찰행정

① 동일한 행정처분에 대하여 무효확인소송을 제기하였다가 그 후 그 처분의 취소를 구하는 소송을 추가적으로 병합한 경우에 주된 청구인 무효확인소송이 적법한 제소기간 내에 제기되었다면 추가로 병합된 취소소송도 적법하게 제기된 것으로 보아야 한다.
② 「국세기본법」상 심판청구에 대한 재조사 결정에 따른 처분청의 처분에 대해서 심판청구를 거쳐서 그 결정의 통지를 받은 경우에 그 통지를 받은 날부터 90일 이내에 행정소송을 제기 하여야 한다.
③ 행정청이 불가쟁력이 발생한 당초 처분에 대해 양적 일부취소로서의 감액처분을 하면서 행정심판을 청구할 수 있다고 잘못 알린 경우에는 그에 따라 청구된 행정심판재결서 정본을 송달받은 날부터 90일 이내에 당초 처분 중 감액처분에 의하여 취소되지 않고 남은 부분의 취소를 구하는 소송을 제기하여야 한다.
④ 부작위위법확인소송도 행정심판 등 전심절차를 거친 경우에는 제20조(제소기간)의 규정이 적용된다.

제소기간이 지남으로써 불가쟁력이 발생하여 불복청구를 할 수 없었던 경우라면 이후에 행정청이 행정심판청구를 할 수 있다고 잘못 알렸다고 하더라도 그 때문에 처분 상대방이 적법한 제소기간 내에 취소소송을 제기할 수 있는 기회를 상실하게 된 것은 아니므로 이러한 경우에 잘못된 안내에 따라 청구된 행정심판 재결서 정본을 송달받은 날부터 다시 취소소송의 제소기간이 기산되는 것은 아니다. (대판2011두27247) 따라서 이미 불가쟁력이 발생한 처분에 대해 잘못 알려 행정심판을 제기한 경우 재결서 정본을 송달받은 날부터 90일 이내라고 하더라도 당해 취소소송 제기는 허용되지 않는다.

정답 ③

46. 취소소송의 제소기간에 대한 설명으로 옳은 것(○)과 옳지 않은 것(×)을 바르게 연결한 것은? (다툼이 있는 경우 판례에 의함)

21 국가직 9급

㉠ 행정청이 행정심판청구를 할 수 있다고 잘못 알려 행정심판을 청구한 경우에는 재결서 정본을 송달받은 날이 아닌 처분이 있음을 안 날로부터 제소기간이 기산된다.

㉡ 행정심판을 청구하였으나 심판청구기간을 도과하여 각하된 후 제기하는 취소소송은 재결서를 송달받은 날부터 90일 이내에 제기하면 된다.

㉢ '처분이 있음을 안 날'은 처분이 있었다는 사실을 현실적으로 안 날을 의미하므로, 처분서를 송달받기 전 정보공개청구를 통하여 처분을 하는 내용의 일체의 서류를 교부받았다면 그 서류를 교부받은 날부터 제소기간이 기산된다.

㉣ 동일한 처분에 대하여 무효확인의 소를 제기하였다가 그 처분의 취소를 구하는 소를 추가적으로 병합한 경우, 주된 청구인 무효확인의 소가 적법한 제소기간 내에 제기되었다면 추가로 병합된 취소청구의 소도 적법하게 제기된 것으로 볼 수 있다.

① ㉠(×) ㉡(×) ㉢(○) ㉣(×)
② ㉠(○) ㉡(○) ㉢(×) ㉣(○)
③ ㉠(○) ㉡(×) ㉢(○) ㉣(×)
④ ㉠(×) ㉡(×) ㉢(×) ㉣(○)

해설

㉣ (○) 대판2005두3554

㉠ (×) 제20조(제소기간) 제1항. 취소소송은 처분등이 있음을 안 날부터 90일 이내에 제기하여야 한다. 다만, 제18조 제1항 단서에 규정한 경우와 그 밖에 행정심판청구를 할 수 있는 경우 또는 행정청이 행정심판청구를 할 수 있다고 잘못 알린 경우에 행정심판청구가 있은 때의 기간은 재결서의 정본을 송달받은 날부터 기산한다.

㉡ (×) 처분이 있음을 안 날부터 90일 이내에 행정심판을 청구하지도 않고 취소소송을 제기하지도 않은 경우에는 그 후 제기된 취소소송은 제소기간을 경과한 것으로서 부적법하고, 처분이 있음을 안 날부터 90일을 넘겨 청구한 부적법한 행정심판청구에 대한 재결이 있은 후 재결서를 송달받은 날부터 90일 이내에 원래의 처분에 대하여 취소소송을 제기하였다고 하여 취소소송이 다시 제소기간을 준수한 것으로 되는 것은 아니다. (대판2011두18786). 따라서 행정처분이 있음을 안 날부터 90일을 넘겨 행정심판을 청구하였다가 부적법하다는 이유로 각하재결을 받은 후 재결서를 송달받은 날부터 90일 내에 원래의 처분에 대하여 취소소송을 제기한 경우, 취소소송의 제소기간을 준수한 것으로 볼 수 없다.

㉢ (×) 처분이 갑에게 고지되어 처분이 있다는 사실을 현실적으로 알았을 때 행정소송법 제20조 제1항에서 정한 제소기간이 진행한다고 보아야 함에도, 갑이 통보서를 송달받기 전에 자신의 의무기록에 관한 정보공개를 청구하여 위 처분을 하는 내용의 통보서를 비롯한 일체의 서류를 교부받은 날부터 제소기간을 기산하여 위 소는 90일이 지난 후 제기한 것으로서 부적법하다고 본 원심판결에 법리를 오해한 위법이 있다. (대판2014두8254)

정답 ④

47 다음 중 「행정소송법」 제18조 제3항에서 규정하고 있는 '행정심판을 거칠 필요가 없는 경우'로 가장 옳지 않은 것은? `21 해경승진`

① 동종사건에 관하여 이미 행정심판의 기각재결이 있은 때
② 서로 내용상 관련되는 처분 또는 같은 목적을 위하여 단계적으로 진행되는 처분 중 어느 하나가 이미 행정심판의 재결을 거친 때
③ 행정청이 사실심의 변론종결 후 소송의 대상인 처분을 변경하여 당해 변경된 처분에 관하여 소를 제기하는 때
④ 법령의 규정에 의한 행정심판기관이 의결 또는 재결을 하지 못할 사유가 있는 때

제18조(행정심판과의 관계)
제1항. 취소소송은 법령의 규정에 의하여 당해 처분에 대한 행정심판을 제기할 수 있는 경우에도 이를 거치지 아니하고 제기할 수 있다. 다만, 다른 법률에 당해 처분에 대한 행정심판의 재결을 거치지 아니하면 취소소송을 제기할 수 없다는 규정이 있는 때에는 그러하지 아니하다.
제2항. 제1항 단서의 경우에도 다음 각호의 1에 해당하는 사유가 있는 때에는 행정심판의 재결을 거치지 아니하고 취소소송을 제기할 수 있다.
  1. 행정심판청구가 있은 날로부터 60일이 지나도 재결이 없는 때
  2. 처분의 집행 또는 절차의 속행으로 생길 중대한 손해를 예방하여야 할 긴급한 필요가 있는 때
  3. 법령의 규정에 의한 행정심판기관이 의결 또는 재결을 하지 못할 사유가 있는 때
  4. 그 밖의 정당한 사유가 있는 때
제3항. 제1항 단서의 경우에 다음 각호의 1에 해당하는 사유가 있는 때에는 행정심판을 제기함이 없이 취소소송을 제기할 수 있다.
  1. 동종사건에 관하여 이미 행정심판의 기각재결이 있은 때
  2. 서로 내용상 관련되는 처분 또는 같은 목적을 위하여 단계적으로 진행되는 처분중 어느 하나가 이미 행정심판의 재결을 거친 때
  3. 행정청이 사실심의 변론종결후 소송의 대상인 처분을 변경하여 당해 변경된 처분에 관하여 소를 제기하는 때
  4. 처분을 행한 행정청이 행정심판을 거칠 필요가 없다고 잘못 알린 때
제4항. 제2항 및 제3항의 규정에 의한 사유는 이를 소명하여야 한다.

정답 ④

48 「행정소송법」 제18조에서 규정하는 '다른 법률에 당해 처분에 대한 행정심판의 재결을 거치지 아니하면 취소소송을 제기할 수 없다는 규정이 있는 때'에 해당하지 않는 것은? (다툼이 있는 경우 판례에 의함)

`21 경찰행정`

① 「국민건강보험법」상 보험료 부과처분에 불복하는 심판청구에 대한 건강보험분쟁조정위원회의 결정
② 「지방세기본법」상 지방세 부과처분에 불복하는 심판청구에 대한 조세심판원의 결정(단, 심판청구에 대한 재조사 결정에 따른 처분청의 처분에 대한 행정소송의 경우는 제외)
③ 「도로교통법」상 운전면허 취소처분에 불복하는 심판청구에 대한 중앙행정심판위원회의 재결
④ 「특허법」상 특허거절결정에 불복하는 심판청구에 대한 특허심판원의 심결

① (○) 「국민건강보험법」상 보험료 부과처분에 불복하는 심판청구에 대한 건강보험분쟁조정위원회의 결정은 〈취소소송을 제기하기 위하여 행정심판을 필수로 거쳐야 하는 경우〉가 아니라 임의적인 행정심판 절차에 불과하다.
② (×) 필수적 행정심판 전치 / 특별행정심판 / 원처분주의
③ (×) 「도로교통법」에 따른 운전면허 정지 취소 등 해당 처분에 대한 행정소송은 행정심판의 재결을 거치지 아니하면 제기할 수 없다. (도로교통법 제142조)
④ (×) 재결주의에 의해서 특허출원에 대한 심사관의 거절사정 처분 특허출원에 대한 심사관의 거절사정에 대해서는 특허심판원의 심판청구를 거쳐야만 심사관의 거절사정이 아닌 특허심판원의 심판청구 결정에 대하여 행정소송 제기가 가능하다.

정답 ①

49 「행정소송법」과 관련된 설명으로 옳지 않은 것은? (다툼이 있는 경우 판례에 의함)

`15 서울시 7급`

① 토지의 수용 기타 부동산 또는 특정의 장소에 관계되는 처분 등에 대한 취소소송은 그 부동산 또는 장소의 소재지를 관할하는 행정법원에 이를 제기할 수 있다.
② 국가의 사무를 위임 또는 위탁 받은 공공단체 또는 그 장에 대하여 취소소송을 제기하는 경우에는 대법원소재지를 관할하는 행정법원에 제기할 수 있다.
③ 중앙행정기관의 부속기관과 합의제행정기관 또는 그 장에 대하여 취소소송을 제기하는 경우에는 대법원소재지를 관할하는 행정법원에 제기할 수 있다.
④ 취소소송의 제1심 관할법원은 원고의 소재지를 관할하는 행정법원으로 한다.

제9조(재판관할) 제1항. 취소소송의 제1심관할법원은 피고의 소재지를 관할하는 행정법원으로 한다.

정답 ④

50 다음 〈보기〉 중 취소소송의 소송요건을 충족하지 않은 경우에 해당하는 것만을 모두 고르면? (다툼이 있는 경우 판례에 의함)

22 해경승진

> ㉠ 처분이 있음을 안 날부터 90일이 경과하였으나, 아직 처분이 있은 날부터 1년이 경과되지 않은 시점에서 제기된 취소소송
> ㉡ 기간제로 임용된 국·공립대학의 조교수에 대해 임용기간 만료로 한 재임용거부에 대하여 제기된 거부처분 취소소송
> ㉢ 사실심 변론종결시에는 원고적격이 있었으나, 상고심에서 원고적격이 흠결된 취소소송

① ㉠
② ㉡
③ ㉠, ㉢
④ ㉠, ㉡, ㉢

㉡ (O) 기간제로 임용되어 임용기간이 만료된 국·공립대학의 조교수는 교원으로서의 능력과 자질에 관하여 합리적인 기준에 의한 공정한 심사를 받아 위 기준에 부합되면 특별한 사정이 없는 한 재임용되리라는 기대를 가지고 재임용 여부에 관하여 합리적인 기준에 의한 공정한 심사를 요구할 법규상 또는 조리상 신청권을 가진다고 할 것이니, 임용권자가 임용기간이 만료된 조교수에 대하여 재임용을 거부하는 취지로 한 임용기간만료의 통지는 위와 같은 대학교 원의 법률관계에 영향을 주는 것으로서 행정소송의 대상이 되는 처분에 해당한다. (대판2000두7735)
㉠ (×) 두 기간 중 어느 한 기간이라도 먼저 경과하면 취소소송을 제기할 수 없고, 제소기간이 경과한 소제기는 부적법하여 각하된다.
㉢ (×) 소송요건의 구비 여부는 법원에 의한 직권조사사항으로 당사자의 주장에 구속되지 않으며, 사실심변론종결시는 물론 상고심에서도 존속하여야 하고 이를 흠결하면 부적법한 소가 된다.

정답 ③

51 「행정소송법」상 취소소송에 대한 설명으로 옳지 않은 것은? (다툼이 있는 경우 판례에 의함)

22 국가직 9급

① 대한민국에서 출생하여 오랜 기간 대한민국 국적을 보유하면서 거주한 재외동포는 사증발급 거부처분의 취소를 구할 법률상 이익이 있다.
② 국민권익위원회가 소방청장에게 일정한 의무를 부과하는 내용의 조치요구를 한 경우 소방청장은 조치요구의 취소를 구할 당사자능력 및 원고적격이 인정되지 않는다.
③ 임용지원자가 특별채용 대상자로서 자격을 갖추고 있고 유사한 지위에 있는 자에 대하여 정규교사로 특별채용한 전례가 있다 하더라도, 교사로의 특별채용을 요구할 법규상 또는 조리상 권리가 있다고 할 수 없다.
④ 피해자의 의사와 무관하게 주민등록번호가 유출된 경우, 조리상 주민등록번호의 변경을 요구할 신청권을 인정함이 타당하다.

② (×) 처분성이 인정되는 국민권익위원회의 조치요구에 불복하고자 하는 소방청장으로서는 조치요구의 취소를 구하는 항고소송을 제기하는 것이 유효·적절한 수단으로 볼 수 있으므로 소방청장은 예외적으로 당사자능력과 원고적격을 가진다. (대판2014두35379)

① (○) 원고는 대한민국에서 출생해 오랜 기간 대한민국 국적을 보유하면서 거주한 사람이므로 이미 대한민국과 실질적 관련성이 있거나 대한민국에서 법적으로 보호가치 있는 이해관계를 형성했다. 또한 재외동포의 대한민국 출입국과 대한민국 안에서의 법적 지위를 보장함을 목적으로 「재외동포의 출입국과 법적 지위에 관한 법률」이 특별히 제정되어 시행 중이다. 따라서 원고는 이 사건 사증발급 거부처분의 취소를 구할 법률상 이익이 인정된다. (대판 2017두38874)

③ (○) 초등학교 병설유치원에 임시강사로 채용되어 3년 이상 근무해 왔고 특별채용 대상자 자격을 갖췄으며 유사한 지위에 있는 전임강사를 정규교사로 특별채용 한 전례가 있더라도 임용지원자에 불과한 원고에게 교사로의 특별채용을 요구할 법규상 또는 조리상 권리는 인정되지 않는다. (2004두11626) 따라서 교사 임용지원자를 특별채용하는 경우, 임용지원자가 임용권자에게 자신의 임용을 요구할 법규상 또는 조리상 신청권은 원칙적으로 인정되지 않으므로 특별채용 신청거부는 항고소송의 대상인 처분에 해당하지 않는다.

④ (○) 피해자 의사와 무관하게 주민등록번호가 유출된 경우 조리상 주민등록번호 변경을 요구할 신청권이 예외적으로 인정된다. 따라서 구청장의 주민등록번호 변경신청 거부는 항고소송의 대상인 처분에 해당한다. (대판2013두2945)

정답 ②

52 다음 중 취소소송에 대한 설명으로 가장 옳지 않은 것은? (다툼이 있는 경우 판례에 의함)
23 해경승진

① 특허출원에 대한 심사관의 거절사정에 대하여 행정소송을 제기할 수 없고, 특허심판원에 심판청구를 한 후 그 심결을 소송대상으로 하여 특허법원에 심결취소를 요구하는 소를 제기하여야 한다.
② 행정처분이 취소되면 그 처분은 효력을 상실하여 더 이상 존재하지 않는 것이고, 존재하지 않는 행정처분을 대상으로 한 취소소송은 소의 이익이 없어 부적법하다.
③ 감사원의 변상판정처분에 대해서는 행정소송을 제기할 수 없고, 재결에 해당하는 재심의판정에 대해서만 감사원을 피고로 하여 행정소송을 제기할 수 있다.
④ 행정소송에서 쟁송의 대상이 되는 행정처분의 존부는 자백의 대상이므로 그 존재를 당사자들이 다투지 아니하는 경우, 의심이 있어도 그 존부에 대해 법원이 직권으로 조사할 권한이 없다.

행정소송에서 쟁송의 대상이 되는 행정처분의 존부는 소송요건으로서 직권조사사항이고, 자백의 대상이 될 수 없는 것이므로, 설사 그 존재를 당사자들이 다투지 아니한다 하더라도 그 존부에 관하여 의심이 있는 경우에는 이를 직권으로 밝혀보아야 한다. (대판98두892)

정답 ④

53
취소소송의 제소기간에 대한 설명으로 옳은 것(○)과 옳지 않은 것(×)을 바르게 연결한 것은? (다툼이 있는 경우 판례에 의함)　　　21 국가직 9급

> ㉠ 행정청이 행정심판청구를 할 수 있다고 잘못 알려 행정심판을 청구한 경우에는 재결서 정본을 송달받은 날이 아닌 처분이 있음을 안 날로부터 제소기간이 기산된다.
> ㉡ 행정심판을 청구하였으나 심판청구기간을 도과하여 각하된 후 제기하는 취소소송은 재결서를 송달받은 날부터 90일 이내에 제기하면 된다.
> ㉢ '처분이 있음을 안 날'은 처분이 있었다는 사실을 현실적으로 안 날을 의미하므로, 처분서를 송달받기 전 정보공개청구를 통하여 처분을 하는 내용의 일체의 서류를 교부받았다면 그 서류를 교부받은 날부터 제소기간이 기산된다.
> ㉣ 동일한 처분에 대하여 무효확인의 소를 제기하였다가 그 처분의 취소를 구하는 소를 추가적으로 병합한 경우, 주된 청구인 무효확인의 소가 적법한 제소기간 내에 제기되었다면 추가로 병합된 취소청구의 소도 적법하게 제기된 것으로 볼 수 있다.

① ㉠(×) ㉡(×) ㉢(○) ㉣(×)
② ㉠(○) ㉡(○) ㉢(×) ㉣(○)
③ ㉠(○) ㉡(×) ㉢(○) ㉣(×)
④ ㉠(×) ㉡(×) ㉢(×) ㉣(○)

> ㉠ (×) 잘못 알렸다 할지라도 행정심판을 청구하였으므로, 재결서 정본을 송달받은 날이 기준이 된다.
> ㉡ (×) 행정심판을 청구한 시점이 불가쟁력이 발생한 이후이므로, 행정소송을 제기할 수 없다.
> ㉢ (×) 처분서를 송달받기 전 정보공개청구제도를 통하여 일체의 서류를 교부받았더라도 처분이 있음을 안 날로 볼 수 없다.

정답 ④

54
항고소송에서 수소법원의 판결에 대한 설명으로 옳지 않은 것은? (다툼이 있는 경우 판례에 의함)　　　22 국가직 9급

① 행정처분의 취소를 구하는 소에서, 비록 행정처분의 위법을 이유로 취소판결을 받더라도 처분에 의하여 발생한 위법상태를 원상회복시키는 것이 불가능한 경우에는 원칙적으로 취소를 구할 법률상 이익이 없으므로, 수소법원은 소를 각하하여야 한다.
② 해임처분 취소소송 계속 중 임기가 만료되어 해임처분의 취소로 지위를 회복할 수는 없다고 할지라도, 그 취소로 해임처분일부터 임기만료일까지 기간에 대한 보수 지급을 구할 수 있는 경우에는 해임처분의 취소를 구할 법률상 이익이 있으므로, 수소법원은 본안에 대하여 판단하여야 한다.
③ 관할청이 「농지법」상의 이행강제금 부과처분을 하면서 재결청에 행정심판을 청구하거나 관할 행정법원에 행정소송을 할 수 있다고 잘못 안내한 경우 행정법원의 항고소송 재판관할이 생긴다.
④ 「행정소송법」 제19조에서 말하는 '재결 자체에 고유한 위법'이란 원처분에는 없고 재결에만 있는 재결청의 권한 또는 구성의 위법, 재결의 절차나 형식의 위법, 내용의 위법 등을 뜻한다.

> ③ (×) 「농지법」 제62조 제1항, 제6항, 제7항은 농지 처분명령에 대한 이행강제금 부과처분에 불복하는 자가 그 처분을 고지받은 날부터 30일 이내에 부과권자에게 이의를 제기할 수 있고, 이의를 받은 부과권자는 지체 없이 관할 법원에 그 사실을 통보하여야 하며, 그 통보를 받은 관할 법원은 비송사건절차법에 따른 과태료 재판에 준하여 재판을 하도록 정하고 있다. 따라서 「농지법」 제62조 제1항에 따른 이행강제금 부과처분에 불복하는 경우에는 비송사건절차법에 따른 재판절차가 적용되어야 하고, 행정소송상 항고소송의 대상은 될 수 없다. 「농지법」 제62조 제6항, 제7항이 위와 같이 이행강제금 부과처분에 대한 불복절차를 분명하게 규정하고 있으므로, 이와 다른 불복절차를 허용할 수는 없다. 설령 관할청이 이행강제금 부과처분을 하면서 재결청에 행정심판을 청구하거나 관할 행정법원에 행정소송을 할 수 있다고 잘못 안내하거나 관할 행정심판위원회가 각하재결이 아닌 기각재결을 하면서 관할 법원에 행정소송을 할 수 있다고 잘못 안내하였다고 하더라도, 그러한 잘못된 안내로 행정법원의 항고소송 재판관할이 생긴다고 볼 수도 없다. (대판2018두42955)
> ① (O) 행정처분의 무효확인 또는 취소를 구하는 소에서, 비록 행정처분의 위법을 이유로 무효확인 또는 취소 판결을 받더라도 그 처분으로 발생한 위법상태를 원상으로 회복시킬 수 없는 경우에는 원칙적으로 무효확인 또는 취소를 구할 법률상 이익이 없다. 다만 원상회복이 불가능하더라도 무효확인 또는 취소로써 회복할 수 있는 다른 권리나 이익이 남아 있거나, 동일한 소송 당사자 사이에서 동일한 사유로 위법한 처분이 반복될 위험이 있어 행정처분의 위법성 확인 또는 불분명한 법률문제에 대한 해명이 필요하다고 판단되는 경우 등에는 행정의 적법성 확보와 그에 대한 사법통제, 국민의 권리구제 확대 등의 측면에서 예외적으로 처분의 취소를 구할 소의 이익을 인정할 수 있다. (대판2018두67152)
> ② (O) 해임처분 무효확인 또는 취소소송 계속 중 임기가 만료되어 해임처분의 무효확인 또는 취소로 지위를 회복할 수는 없다고 할지라도, 그 무효확인 또는 취소로 해임처분일부터 임기만료일까지 기간에 대한 보수 지급을 구할 수 있는 경우에는 해임처분의 무효확인 또는 취소를 구할 법률상 이익이 있다. 해임권자와 보수지급의무자가 다른 경우에도 마찬가지이다. (대판2011두5001)
> ④ (O) 「행정소송법」 제19조에서 말하는 '재결 자체에 고유한 위법'이란 원처분에는 없고 재결에만 있는 재결청의 권한 또는 구성의 위법, 재결의 절차나 형식의 위법, 내용의 위법 등을 뜻하고, 그 중 내용의 위법에는 위법·부당하게 인용재결을 한 경우가 해당한다. (대판96누14661)

정답 ③

55 「행정소송법」상 집행정지에 대한 설명으로 옳지 않은 것은? (단, 다툼이 있는 경우 판례에 의함) 21 군무원 7급

① 공공복리에 중대한 영향을 미칠 우려가 있어 집행정지를 불허할 경우의 입증책임은 행정청에게 있다.
② 집행정지결정 후 본안소송이 취하되면 집행정지결정의 효력도 상실한다.
③ 무효확인소송에서는 집행정지가 인정되지 않는다.
④ 집행정지의 결정을 신청함에 있어서는 그 이유에 대한 소명이 있어야 한다.

> **해설**
>
> 「행정소송법」 제23조 제2항은 '취소소송이 제기된 경우에 처분 등이나 그 집행 또는 절차의 속행으로 인하여 생길 회복하기 어려운 손해를 예방하기 위하여 긴급한 필요가 있다고 인정할 때에는 본안이 계속되고 있는 법원은 당사자의 신청 또는 직권에 의하여 처분 등의 효력이나 그 집행 또는 절차의 속행의 전부 또는 일부의 정지를 결정할 수 있다'고 규정하고 있고, 이는 같은 법 제38조 제1항의 무효등확인소송의 경우에 준용되고 있으므로, 행정처분에 대한 집행정지는 취소소송 또는 무효확인소송 등 본안소송이 제기되어 계속 중에 있음을 그 요건으로 한다고 할 것이다. (대판 2006무89)
>
> **정답** ③

56 「행정소송법」에 따른 집행정지에 대한 설명으로 옳지 않은 것은? (다툼이 있는 경우 판례에 의함)

`21 지방직 9급`

① 처분의 효력정지결정을 하려면 그 효력정지를 구하는 당해 행정처분에 대한 본안소송이 법원에 제기되어 계속중임을 요건으로 한다.

② 거부처분의 효력정지는 그 거부처분으로 인하여 신청인에게 생길 손해를 방지하는 데 필요하므로 신청인에게는 그 효력정지를 구할 이익이 있다.

③ 처분의 효력정지는 처분의 집행 또는 절차의 속행을 정지함으로써 목적을 달성할 수 있는 경우에는 허용되지 아니한다.

④ 신청인의 본안청구의 이유 없음이 명백할 때는 집행정지가 인정되지 않는다.

> **해설**
>
> ② (✗) 거부처분에 대한 집행정지는 실익이 없어 부정하는 것이 통설과 판례의 입장이다.
>
> ① (O) 행정처분의 효력정지는 소위 행정처분집행부정지의 원칙에 대한 예외로서 인정되는 일시적인 응급처분이므로 그러한 신청은 행정소송법 제23조에 의한 효력정지결정을 구하는 방법에 의해야 하고 위의 방법에 의한 행정처분효력정지결정을 하려면 그 효력정지를 구하는 당해 행정처분에 대한 본안소송이 법원에 제기되어 계속중임을 요건으로 한다(대결 1988. 6. 14. 88두6).
>
> ③ (O) 제23조(집행정지) 제2항. 취소소송이 제기된 경우에 처분등이나 그 집행 또는 절차의 속행으로 인하여 생길 회복하기 어려운 손해를 예방하기 위하여 긴급한 필요가 있다고 인정할 때에는 본안이 계속되고 있는 법원은 당사자의 신청 또는 직권에 의하여 처분등의 효력이나 그 집행 또는 절차의 속행의 전부 또는 일부의 정지(이하 "집행정지"라 한다)를 결정할 수 있다. 다만, 처분의 효력정지는 처분등의 집행 또는 절차의 속행을 정지함으로써 목적을 달성할 수 있는 경우에는 허용되지 아니한다.
>
> ④ (O) 본안소송에서의 처분의 취소가능성이 없음에도 처분의 효력이나 집행의 정지를 인정한다는 것은 제도의 취지에 반하므로 집행정지 사건 자체에 의하여도 신청인의 본안청구가 이유 없음이 명백하지 않아야 한다는 것이 집행정지의 요건에 포함된다. (대판95두75)
>
> **정답** ②

57 다음 중 「행정소송법」상 집행정지에 대한 설명으로 가장 옳지 않은 것은? (다툼이 있는 경우 판례에 의함) `23 해경승진`

① 집행정지의 결정에 의하여 효력이 정지되는 처분이 당사자의 신청을 거부하는 것을 내용으로 하는 경우에는 그 처분을 행한 행정청은 집행정지의 결정 취지에 따라 이전의 신청에 대한 처분을 하여야 한다.
② 적법한 본안소송이 법원에 계속되어 있을 것을 요하지만, 본안소송의 제기와 집행정지 신청이 동시에 행하여지는 경우도 허용된다.
③ 집행정지의 결정에 대하여는 즉시항고 할 수 있으며, 이 경우 집행정지의 결정에 대한 즉시항고에는 결정의 집행을 정지하는 효력이 없다.
④ 집행정지의 결정이 확정된 후 집행정지가 공공복리에 중대한 영향을 미치거나 그 정지사유가 없어진 때에는 당사자의 신청 또는 직권에 의하여 결정으로써 집행정지의 결정을 취소할 수 있다.

집행정지결정에 인용판결의 기속력의 원칙적인 내용인 반복금지의무가 준용되는 것이지, 재처분의무는 준용되지 않는다. 거부처분 또는 부작위는 집행정지의 대상이 아니기 때문이다. 따라서 행정청이 집행정지결정의 취지에 따라 다시 이전의 신청에 대한 처분을 하여야 하는 것은 아니다.

정답 ①

58 다음 중 「행정소송법」상 집행정지결정에 대한 설명으로 가장 옳지 않은 것은? (단, 다툼이 있는 경우 판례에 의함) `22 군무원 9급`

① 법원은 당사자의 신청 또는 직권에 의하여 처분 등의 효력이나 그 집행 또는 절차의 속행의 전부 또는 일부의 정지를 결정하거나, 또는 집행정지의 취소를 결정할 수 있다.
② 집행정지결정은 속행정지, 집행정지, 효력정지로 구분되고 이 중 속행정지는 처분의 집행이나 효력을 정지함으로써 목적을 달성할 수 있는 경우에는 허용되지 아니한다.
③ 과징금납부명령의 처분이 사업자의 자금사정이나 경영전반에 미치는 파급효과가 매우 중대하다는 이유로 인한 손해는 효력정지 내지 집행정지의 적극적 요건인 '회복하기 어려운 손해'에 해당한다.
④ 효력기간이 정해져 있는 제재적 행정처분에 대한 취소소송에서 법원이 본안소송의 판결 선고 시까지 집행정지결정을 하면, 처분에서 정해 둔 효력기간은 판결 선고 시까지 진행하지 않다가 판결이 선고되면 그때 집행정지결정의 효력이 소멸함과 동시에 처분의 효력이 당연히 부활하여 처분에서 정한 효력기간이 다시 진행한다.

> **해설**
> ② (×) 처분의 효력정지, 집행정지, 속행정지를 일컬어 행정소송법상 가구제인 집행정지라고 하는데, 이 중 (후속 절차의) 속행정지가 아니라 처분(자체)의 효력정지가 보충성이 있다. 따라서 당해 처분의 효력정지가 처분의 집행이나 속행을 정지함으로써 목적을 달성할 수 있는 경우에는 허용되지 아니한다.
> ① (○) 「행정소송법」 제23조 제2항 본문.
> ③ (○) 사업여건의 악화 및 막대한 부채비율로 인하여 외부자금의 신규차입이 사실상 중단된 상황에서 285억원 규모의 과징금을 납부하기 위하여 무리하게 외부자금을 신규차입하게 되면 주거래은행과의 재무구조개선약정을 지키지 못하게 되어 사업자가 사업자체를 계속할 수 없거나 중대한 경영상의 위기를 맞게 될 것으로 보이는 경우, 과징금납부명령의 처분으로 인한 손해는 효력정지 내지 집행정지의 적극적 요건인 '회복하기 어려운 손해'에 해당한다. (대판2001무29)
> ④ (○) 집행정지결정의 효력은 결정 주문에서 정한 기간까지 존속하다가 그 기간이 만료되면 장래에 향하여 소멸한다. 집행정지결정은 처분의 집행으로 회복하기 어려운 손해를 예방하기 위하여 긴급한 필요가 있고 달리 공공복리에 중대한 영향을 미치지 않을 것을 요건으로 하여 본안판결이 있을 때까지 해당 처분의 집행을 잠정적으로 정지함으로써 위와 같은 손해를 예방하는 데 취지가 있으므로, 항고소송을 제기한 원고가 본안소송에서 패소확정판결을 받았더라도 집행정지결정의 효력이 소급하여 소멸하지 않는다. (대판2020두34070)
>
> **정답** ②

59 다음 중 행정소송의 심리에 대한 설명으로 가장 옳은 것은? (다툼이 있는 경우 판례에 의함)

`21 해경승진`

① '법원은 필요하다고 인정할 때에는 직권으로 증거조사를 할 수 있고, 당사자가 주장하지 아니한 사실에 대하여도 판단할 수 있다.'라고 규정하고 있는 「행정소송법」 제26조는 당사자소송에도 준용된다.
② 취소소송의 직권심리주의를 규정하고 있는 「행정소송법」 제26조의 규정을 고려할 때 행정소송에 있어서 법원은 원고의 청구범위를 초월하여 그 이상의 청구를 인용할 수 있다.
③ 사실심에서 변론종결시까지 당사자가 주장하지 않던 직권조사사항에 해당하는 사항을 상고심에서 비로소 주장하는 경우 그 직권조사사항에 해당하는 사항은 상고심의 심판범위에 해당하지 않는다.
④ 행정소송에서 기록상 자료가 나타나 있다 하더라도 당사자가 주장하지 않았다면 행정소송의 특수성에 비추어 법원은 이를 판단할 수 없다.

① (O) 제26조(직권심리) 법원은 필요하다고 인정할 때에는 직권으로 증거조사를 할 수 있고, 당사자가 주장하지 아니한 사실에 대하여도 판단할 수 있다.
② (×) 「행정소송법」 제26조에서 직권심리주의를 채용하고 있으나, 이는 행정소송에 있어서 원고의 청구범위를 초월하여 그 이상의 청구를 인용할 수 있다는 의미가 아니라 원고의 청구범위를 유지하면서 그 범위 내에서 필요에 따라 주장 외의 사실에 관하여도 판단할 수 있다는 뜻이다. 이는 한편으로 행정소송에서 기록상 자료가 나타나 있다면 당사자가 주장하지 않더라도 판단할 수 있음을 의미한다. (대판2010두20980)
③ (×) 행정처분의 존부는 직권조사사항으로서, 사실심 변론종결시까지 당사자가 주장하지 않던 직권조사사항에 해당하는 사항을 상고심에서 비로소 주장하는 경우, 그 사항은 상고심의 심판범위에 해당한다. (대판2003두15195)
④ (×) 행정소송에서 기록상 자료가 나타나 있다면 당사자가 주장하지 않더라도 판단할 수 있다. (대판2010두20980)

정답 ①

60 행정소송의 심리에 대한 설명으로 옳지 않은 것은?   23 지방직 9급

① 「행정소송법」에 따르면 법원은 필요하다고 인정할 때에는 직권으로 증거조사를 할 수 있으나, 당사자가 주장하지 아니한 사실에 대하여는 판단할 수 없다.
② 법원은 행정처분 당시 행정청이 알고 있었던 자료뿐만 아니라 사실심 변론종결 당시까지 제출된 모든 자료를 종합하여 처분 당시 존재하였던 객관적 사실을 확정하고 그 사실에 기초하여 처분의 위법 여부를 판단할 수 있다.
③ 「행정소송법」에 따르면 법원은 당사자의 신청이 있는 때에는 결정으로써 재결을 행한 행정청에 대하여 행정심판에 관한 기록의 제출을 명할 수 있고, 제출명령을 받은 행정청은 지체없이 당해 행정심판에 관한 기록을 법원에 제출하여야 한다.
④ 결혼이민[F-6 (다)목] 체류자격을 신청한 외국인에 대하여 행정청이 그 요건을 충족하지 못하였다는 이유로 거부처분을 하는 경우 '그 요건을 갖추지 못하였다는 판단', 즉 '혼인파탄의 주된 귀책사유가 국민인 배우자에게 있지 않다는 판단' 자체가 처분사유가 되는바, 결혼이민[F-6 (다)목] 체류자격 거부처분 취소소송에서 그 처분사유에 관한 증명책임은 피고 행정청에 있다.

제26조(직권심리) 법원은 필요하다고 인정할 때에는 직권으로 증거조사를 할 수 있고, 당사자가 주장하지 아니한 사실에 대하여도 판단할 수 있다.

정답 ①

61 행정소송제도에 대한 설명으로 옳지 않은 것은? `21 군무원 9급`

① 개별 법령에 합의제 행정청의 장을 피고로 한다는 명문규정이 없는 한 합의제 행정청 명의로 한 행정처분의 취소소송의 피고적격자는 당해 합의제 행정청이 아닌 합의제 행정청의 장이다.
② 원고가 피고를 잘못 지정한 경우 피고경정은 취소소송과 당사자소송 모두에서 사실심 변론 종결에 이르기까지 허용된다.
③ 법원은 당사자소송을 취소소송으로 변경하는 것이 상당하다고 인정할 때에는 청구의 기초에 변경이 없는 한 사실심의 변론 종결시까지 원고의 신청에 의하여 결정으로써 소의 변경을 허가할 수 있다.
④ 당사자소송의 원고가 피고를 잘못 지정하여 피고경정신청을 한 경우 법원은 결정으로써 피고의 경정을 허가할 수 있다.

① (X) 합의제 행정청이 처분명의자인 경우 당해 처분청인 합의제 행정청이 피고적격을 가진다.
(※ 노동위원회법에 의하여 중앙노동위원회의 재심판정에 대한 피고를 중앙노동위원회위원장으로 규정하고 있는 것은 예외적인 경우이다.)
② (O) 「행정소송법」 제14조에 의한 피고경정의 종기(=사실심변론종결시) 행정소송법 제14조에 의한 피고경정은 사실심변론종결에 이르기까지 허용되는 것으로 해석하여야 할 것이고, 굳이 제1심 단계에서만 허용되는 것으로 해석할 근거는 없다. (대판2005부4)
③ (O) 「행정소송법」 제21조 및 제42조
④ (O) 「행정소송법」 제14조 및 제44조

정답 ①

62 「행정소송법」의 규정 내용으로 가장 옳지 않은 것은? `22 군무원 9급`

① 법원은 소송의 결과에 따라 권리 또는 이익의 침해를 받을 제3자가 있는 경우에는 당사자 또는 제3자의 신청 또는 직권에 의하여 결정으로써 그 제3자를 소송에 참가시킬 수 있다.
② 법원은 다른 행정청을 소송에 참가시킬 필요있다고 인정할 때에는 당사자 또는 당해 행정청의 신청 또는 직권에 의하여 결정으로써 그 행정청을 소송에 참가시킬 수 있다.
③ 법원이 제3자의 소송참가와 행정청의 소송참가에 관한 결정을 하는 경우에는 각각 당사자 및 제3자의 의견, 당사자와 및 당해 행정청의 의견을 들어야 한다.
④ 법원은 취소소송을 당해 처분 등에 관계되는 사무가 귀속하는 국가 또는 공공단체에 대한 당사자소송 또는 취소소송 외의 항고소송으로 변경하는 것이 상당하다고 인정할 때에는 청구의 기초에 변경이 없는 한 사실심의 변론종결시까지 원고의 신청 또는 직권에 의하여 결정으로써 소의 변경을 허가할 수 있다.

「행정소송법」 제21조에 따른 소의 변경은 원고의 신청에 의해서만 가능하고 법원의 직권으로는 할 수 없다. ※ 원고가 피고를 잘못 지정한 경우의 피고경정, 소의 변경, 처분변경으로 인한 소의 변경, 행정심판기록의 제출명령, 간접강제는 원고의 신청으로만 가능하다.

정답 ④

63 다음 중 행정소송에 있어 처분사유의 추가·변경에 대한 설명으로 가장 옳지 않은 것은? (다툼이 있는 경우 판례에 의함) 　23 해경승진

① 당초의 처분사유인 중기취득세의 체납과 그 후 추가된 처분사유인 자동차세의 체납은 기본적 사실관계의 동일성이 부정된다.
② 추가 또는 변경된 사유가 당초의 처분시 그 사유를 명기하지 않았을 뿐 처분시에 이미 존재하고 있었고 당사자도 그 사실을 알고 있었다 하여 당초의 처분사유와 동일성이 있는 것이라 할 수 없다.
③ 처분사유의 변경으로 소송물이 변경되는 경우, 반드시 청구가 변경되는 것은 아니므로 처분사유의 추가·변경은 허용될 수 있다.
④ 처분사유의 추가·변경이 인정되기 위한 요건으로서의 기본적 사실관계의 동일성 유무는 처분사유를 법률적으로 평가하기 이전의 구체적인 사실에 착안하여 그 기초적인 사회적 사실관계가 기본적인 점에서 동일한지 여부에 따라 결정된다.

과세표준과 세액이 동일한 원천징수 갑종근로소득세의 세목 아래에서 의제소득을 현실소득의 귀속으로 달리 주장하는 것은 동일한 소송물의 범위 내로서 처분사유의 변경이 허용된다 할 것이므로, 구 「법인세법시행령」 제94조의2에 근거하여 소득금액을 지급한 것으로 의제하는 소득처분과는 별도로, 과세관청으로서는 사실심변론종결시까지는 당초 처분에서 인정한 과세표준 또는 세액의 정당성을 뒷받침할 수 있는 새로운 자료로서 대표이사에게 소득이 현실적으로 귀속된 사실 및 그 소득의 종류를 주장·입증할 수 있다. (대판97누4456)

정답 ③

64 판례에 따르면, 처분사유의 추가·변경시 기본적 사실관계 동일성을 긍정한 사례로 가장 적절한 것은? 22 군무원 9급

① 석유판매업허가신청에 대하여, 주유소 건축예정 토지에 관하여 도시계획법령에 의거하여 행위제한을 추진하고 있다는 당초의 불허가 처분 사유와, 항고소송에서 주장한 위 신청이 토지형질변경허가의 요건 불비 및 도심의 환경보전의 공익상 필요라는 사유
② 석유판매업허가신청에 대하여, 관할 군부대장의 동의를 얻지 못하였다는 당초의 불허가 사유와, 토지가 탄약창에 근접한 지점에 있어 공익적인 측면에서 보아 허가신청을 불허한 것은 적법하다는 사유
③ 온천으로서의 이용가치, 기존의 도시계획 및 공공사업에의 지장 여부 등을 고려하여 온천발견신고수리를 거부한 것은 적법하다는 사유와, 규정온도가 미달되어 온천에 해당하지 않는다는 사유
④ 이주대책신청기간이나 소정의 이주대책실시(시행)기간을 모두 도과하여 이주대책을 신청할 권리가 없고, 사업시행자가 이를 받아들여 택지나 아파트공급을 해 줄 법률상 의무를 부담한다고 볼 수 없다는 사유와, 사업지구 내 가옥 소유자가 아니라는 사유

① (긍정). 석유판매업허가신청에 대하여 "주유소 건축 예정 토지에 관하여「도시계획법」제4조 및 구 토지의 형질변경 등 행위허가기준등에 관한 규칙에 의거하여 행위제한을 추진하고 있다."는 당초의 불허가처분사유와 항고소송에서 주장한 위 신청이 토지형질변경허가의 요건을 갖추지 못하였다는 사유 및 도심의 환경보전의 공익상 필요라는 사유는 기본적 사실관계의 동일성이 있다고 한 사례이다. (대판97누14378)
② (부정). 석유판매업허가신청 불허가의 당초 사유인 '당초 사업장소인 토지가 군사보호시설구역 내에 위치하고 있는 관할 군부대장의 동의를 얻지 못하였다는 이유'와 '탄약창에 근접한 지점에 위치하고 있어 공공의 안전과 군사시설의 보호라는 공익적인 측면'의 처분사유는 기본적 사실관계의 동일성이 부정된다. (대판91누70)
③ (부정). 원심이 온천으로서의 이용가치, 기존의 도시계획 및 공공사업에의 지장 여부 등을 고려하여 온천발견신고수리를 거부한 것은 적법하다는 취지의 피고의 주장에 대하여 아무런 판단도 하지 아니한 것은 소론이 지적하는 바와 같으나 기록에 의하면 그와 같은 사유는 피고가 당초에 이 사건 거부처분의 사유로 삼은 바가 없을 뿐만 아니라 규정온도가 미달되어 온천에 해당하지 않는다는 당초의 이 사건 처분사유와는 기본적 사실관계를 달리하여 원심으로서도 이를 거부처분의 사유로 추가할 수는 없다 할 것이므로 원심이 이 부분에 대하여 판단을 하지 아니하였다 하여도 이는 판결에 영향이 없다고 할 것이다. (대판92누3052)
④ (부정). 행정청은 기본적 사실관계의 동일성이 있다고 인정되는 한도 내에서만 다른 처분사유를 추가, 변경할 수 있다고 할 것이나 이는 사실심변론종결시까지만 허용된다. 원고가 이주대책신청기간이나 소정의 이주대책실시(시행)기간을 모두 도과하여 실기한 이주대책신청을 하였으므로 원고에게는 이주대책을 신청할 권리가 없고, 사업시행자가 이를 받아들여 택지나 아파트공급을 해 줄 법률상 의무를 부담한다고 볼 수 없다는 피고의 상고이유의 주장은 원심에서는 하지 아니한 새로운 주장일뿐만 아니라 사업지구 내 가옥 소유자가 아니라는 이 사건 처분사유와 기본적 사실관계의 동일성도 없으므로 적법한 상고이유가 될 수 없다. (대판98두17043)

정답 ①

65 판례상 일부취소가 가능한 경우를 모두 고른 것은?

㉠ 조세부과처분과 같은 금전부과처분이 기속행위인 경우로서 당사자가 제출한 자료에 의해 정당한 부과금액을 산정할 수 있는 경우
㉡ 재량행위인 자동차운수사업면허조건 등을 위반한 사업자에 대한 과징금부과처분이 법정 최고한도액을 초과하여 위법한 경우
㉢ 개발부담금부과처분 취소소송에서 제출한 자료에 의하여 적법하게 부과될 부과금액이 산출될 수 없는 경우
㉣ 제1종 보통, 대형 및 특수면허를 가지고 있는 자가 레이카크레인을 음주운전한 행위에 대해서 위 3종의 면허를 모두 취소한 경우

① ㉢
② ㉠, ㉣
③ ㉡, ㉢
④ ㉠, ㉡, ㉣
⑤ ㉠, ㉡, ㉢, ㉣

해설

㉠ (O) 과세처분취소소송에 있어 처분의 적법 여부는 정당한 세액을 초과하느냐의 여부에 따라 판단되는 것으로서, 당사자는 사실심 변론종결시까지 객관적인 조세채무액을 뒷받침하는 주장과 자료를 제출할 수 있고, 이러한 자료에 의하여 적법하게 부과될 정당한 세액이 산출되는 때에는 그 정당한 세액을 초과하는 부분만 취소하여야 할 것이고 그 전부를 취소할 것이 아니다. (대판99두8930).

㉣ (O) 제1종 보통, 대형 및 특수 면허를 가지고 있는 자가 레이카크레인을 음주운전한 행위는 제1종 특수면허의 취소사유에 해당될 뿐 제1종 보통 및 대형 면허의 취소사유는 아니므로, 3종의 면허를 모두 취소한 처분 중 제1종 보통 및 대형 면허에 대한 부분은 이를 이유로 취소하면 될 것이다. (대판95누8850 전합)

㉡ (X) 자동차운수사업면허조건 등을 위반한 사업자에 대하여 행정청이 행정제재수단으로 사업정지를 명할 것인지, 과징금을 부과할 것인지, 과징금을 부과키로 한다면 그 금액은 얼마로 할 것인지에 관하여 재량권이 부여되었다 할 것이므로 과징금부과처분이 법이 정한 한도액을 초과하여 위법할 경우 법원으로서는 그 전부를 취소할 수밖에 없고, 그 한도액을 초과한 부분이나 법원이 적정하다고 인정되는 부분을 초과한 부분만을 취소할 수 없다. (대판98두2270)

㉢ (X) 개발부담금 부과처분 취소소송에 있어 당사자가 제출한 자료에 의하여 적법하게 부과될 정당한 부과금액을 산출할 수 없을 경우에는 부과처분 전부를 취소할 수밖에 없으나, 그렇지 않은 경우에는 그 정당한 금액을 초과하는 부분만 취소하여야 한다. (대판2002두11233)

정답 ②

66. 다음 중 「행정소송법」상 사정판결에 대한 내용으로 가장 옳지 않은 것은? `22 군무원 7급`

> 제28조(사정판결)
> ① 원고의 청구가 (㉠)고 인정하는 경우에도 처분등을 취소하는 것이 현저히 (㉡)에 적합하지 아니하다고 인정하는 때에는 법원은 원고의 청구를 (㉢)할 수 있다. 이 경우 법원은 그 판결의 (㉣)에서 그 처분 등이 (㉤)을 명시하여야 한다.
> ② 법원이 제1항의 규정에 의한 판결을 함에 있어서는 미리 원고가 그로 인하여 입게 될 (㉥)의 정도와 배상방법 그 밖의 사정을 조사하여야 한다.
> ③ 원고는 피고인 행정청이 속하는 국가 또는 공공단체를 상대로 (㉦), (㉧) 그 밖에 적당한 구제방법의 청구를 당해 취소소송등이 계속된 법원에 병합하여 제기할 수 있다.

① ㉠ : 이유있다 ㉧ : 제해시설의 설치
② ㉡ : 공공복리 ㉦ : 손해배상
③ ㉢ : 기각 ㉥ : 손해
④ ㉣ : 이유 ㉤ : 위법함

해설

제28조(사정판결) 제1항. 원고의 청구가 (㉠ 이유있다)고 인정하는 경우에도 처분등을 취소하는 것이 현저히 (㉡ 공공복리)에 적합하지 아니하다고 인정하는 때에는 법원은 원고의 청구를 (㉢ 기각)할 수 있다. 이 경우 법원은 그 판결의 (㉣ 주문)에서 그 처분등이 (㉤ 위법함)을 명시하여야 한다.
제2항. 법원이 제1항의 규정에 의한 판결을 함에 있어서는 미리 원고가 그로 인하여 입게 될 (㉥ 손해)의 정도와 배상방법 그 밖의 사정을 조사하여야 한다.
제3항. 원고는 피고인 행정청이 속하는 국가 또는 공공단체를 상대로 (㉦ 손해배상), (㉧ 제해시설의 설치) 그 밖에 적당한 구제방법의 청구를 당해 취소소송등이 계속된 법원에 병합하여 제기할 수 있다.

정답 ④

67. 사정판결에 대한 설명으로 옳지 않은 것은? (다툼이 있는 경우 판례에 의함) `21 지방직 9급`

① 사정판결은 본안심리 결과 원고의 청구가 이유 있다고 인정됨에도 불구하고 처분을 취소하는 것이 현저히 공공복리에 적합하지 아니하다고 인정하는 때 원고의 청구를 기각하는 판결을 말한다.
② 사정판결은 항고소송 중 취소소송 및 무효등확인소송에서 인정되는 판결의 종류이다.
③ 법원이 사정판결을 함에 있어서는 미리 원고가 그로 인하여 입게 될 손해의 정도와 배상방법 그 밖의 사정을 조사하여야 한다.
④ 원고는 피고인 행정청이 속하는 국가 또는 공공단체를 상대로 손해배상, 제해시설의 설치 그 밖에 적당한 구제방법의 청구를 당해 취소소송등이 계속된 법원에 병합하여 제기할 수 있다.

해설

② (✕) 사정판결은 취소소송에서만 인정되고, 기타 행정소송 및 민사소송에서 인정되지 않으므로 무효등확인소송에서 사정판결이 인정된다는 표현은 옳지 못하다. 행정소송법 제28조 및 제38조(준용규정) 참조.
① (O) 행정소송법 제28조 제1항.
③ (O) 행정소송법 제28조 제2항.
④ (O) 행정소송법 제28조 제3항.

정답 ②

68 「행정소송법」상 사정판결에 대한 설명으로 가장 옳지 않은 것은? 22 서울시 7급

① 사정판결의 필요성 판단 기준 시는 판결 시점인 변론종결 시이며, 법원은 원고의 청구를 기각하면서 그 판결의 주문에서 그 처분이 위법함을 명시하여야 한다.
② 취소소송은 물론 당연무효의 행정처분을 소송목적물로 하는 행정소송에서도 사정판결을 할 수 있다.
③ 사정판결은 극히 예외적인 제도이므로 위법한 행정처분을 취소하여야 할 필요와 그 취소로 발생할 수 있는 공공복리에 반하는 사태 등을 비교·교량하여 엄격하게 판단하여야 한다.
④ 법원이 사정판결을 함에 있어서 미리 원고가 그로 인하여 입게 될 손해의 정도와 배상방법 그 밖의 사정을 조사하여야 한다.

해설

② (✕) 사정판결은 취소소송에서만 인정된다. 따라서 당연무효의 행정처분을 소송목적물로 하는 행정소송, 즉 무효등확인소송에서는 사정판결을 할 수 없다.

정답 ②

69 「행정소송법」상 행정소송의 효력에 대한 설명으로 가장 옳지 않은 것은? `21 서울시 7급`

① 처분등을 취소하는 확정판결은 그 사건에 관하여 당사자인 행정청과 그 밖의 관계행정청을 기속한다.
② 취소 확정판결의 기속력은 소송물인 행정처분의 위법성 존부에 관한 판단 그 자체에만 미치는 것이므로 전소와 후소가 그 소송물을 달리하는 경우에는 전소 확정판결의 기속력이 후소에 미치지 아니한다.
③ 판결에 의하여 취소되는 처분이 당사자의 신청을 거부하는 것을 내용으로 하는 경우에는 그 처분을 행한 행정청은 판결의 취지에 따라 다시 이전의 신청에 대한 처분을 하여야 한다.
④ 취소 확정판결의 기속력은 판결의 주문 및 전제가 되는 처분 등의 구체적 위법사유에 관한 판단에도 미치나, 종전 처분이 판결에 의하여 취소되었더라도 종전 처분과 다른 사유를 들어서 새로이 처분을 하는 것은 기속력에 저촉되지 않는다.

② (✗) 취소소송에서 처분 등을 취소하는 확정판결의 기속력은 주로 판결의 실효성 확보를 위하여 인정되는 효력으로서 판결의 주문뿐만 아니라 그 전제가 되는 처분 등의 구체적 위법사유에 관한 이유 중의 판단에 대하여도 인정된다(대판 99두5238).
① (O) 제30조(취소판결등의 기속력) 제1항. 처분등을 취소하는 확정판결은 그 사건에 관하여 당사자인 행정청과 그 밖의 관계행정청을 기속한다.
③ (O) 제30조(취소판결등의 기속력) 제2항. 판결에 의하여 취소되는 처분이 당사자의 신청을 거부하는 것을 내용으로 하는 경우에는 그 처분을 행한 행정청은 판결의 취지에 따라 다시 이전의 신청에 대한 처분을 하여야 한다.
④ (O) 취소 확정판결의 기속력은 판결의 주문 및 전제가 되는 처분 등의 구체적 위법사유에 관한 판단에도 미치나 종전 처분이 판결에 의하여 취소되었더라도 종전 처분과 다른 사유를 들어서 새로이 처분을 하는 것은 기속력에 저촉되지 않는다(대판 2016. 3. 24, 2015두48235).

정답 ②

70. 취소판결의 기속력에 대한 설명으로 옳은 것(○)과 옳지 않은 것(×)을 바르게 연결한 것은? (다툼이 있는 경우 판례에 의함)

21 국가직 7급

> ㉠ 취소 확정판결의 기속력은 판결의 주문(主文)에 대해서만 발생하며, 처분의 구체적 위법사유에 대해서는 발생하지 않는다.
> ㉡ 처분청이 재처분을 하였는데 종전 거부처분에 대한 취소 확정판결의 기속력에 반하는 경우에는 간접강제의 대상이 될 수 있다.
> ㉢ 취소 확정판결의 기속력에 대한 규정은 무효확인판결에도 준용되므로, 무효확인판결의 취지에 따른 처분을 하지 아니할 때에는 1심 수소법원은 간접강제결정을 할 수 있다.
> ㉣ 특별한 사정이 없는 한 간접강제결정에서 정한 의무이행기한이 경과한 후에라도 확정판결의 취지에 따른 재처분의 이행이 있으면 더 이상 배상금의 추심은 허용되지 않는다.

① ㉠(○) ㉡(×) ㉢(○) ㉣(○)
② ㉠(×) ㉡(○) ㉢(×) ㉣(○)
③ ㉠(×) ㉡(○) ㉢(×) ㉣(×)
④ ㉠(×) ㉡(×) ㉢(○) ㉣(○)

해설

㉠ (×) 「행정소송법」 제30조 제1항에 의하여 인정되는 취소소송에서 처분 등을 취소하는 확정판결의 기속력은 주로 판결의 실효성 확보를 위하여 인정되는 효력으로서 판결의 주문뿐만 아니라 그 전제가 되는 처분 등의 구체적 위법사유에 관한 이유 중의 판단에 대하여도 인정된다. (대판99두5238)

㉡ (○) 거부처분에 대한 취소의 확정판결이 있음에도 행정청이 아무런 재처분을 하지 아니하거나, 재처분을 하였다 하더라도 그것이 종전 거부처분에 대한 취소의 확정판결의 기속력에 반하는 등으로 당연무효라면 이는 아무런 재처분을 하지 아니한 때와 마찬가지라 할 것이므로 이러한 경우에는 행정소송법 제30조 제2항, 제34조 제1항 등에 의한 간접강제신청에 필요한 요건을 갖춘 것으로 보아야 한다. (대VKS2002무22)

㉢ (×) 「행정소송법」 제38조 제1항이 무효확인 판결에 관하여 취소판결에 관한 규정을 준용함에 있어서 같은 법 제30조 제2항을 준용한다고 규정하면서도 같은 법 제34조는 이를 준용한다는 규정을 두지 않고 있으므로, 행정처분에 대하여 무효확인 판결이 내려진 경우에는 그 행정처분이 거부처분인 경우에도 행정청에 판결의 취지에 따른 재처분의무가 인정될 뿐 그에 대하여 간접강제까지 허용되는 것은 아니라고 할 것이다. (대판98무37)

㉣ (○) 「행정소송법」 제34조 소정의 간접강제결정에 기한 배상금은 확정판결의 취지에 따른 재처분의 지연에 대한 제재나 손해배상이 아니고 재처분의 이행에 관한 심리적 강제수단에 불과한 것으로 보아야 하므로, 특별한 사정이 없는 한 간접강제결정에서 정한 의무이행기한이 경과한 후에라도 확정판결의 취지에 따른 재처분의 이행이 있으면 배상금을 추심함으로써 심리적 강제를 꾀할 목적이 상실되어 처분상대방이 더 이상 배상금을 추심하는 것은 허용되지 않는다. (대판2002두2444)

정답 ②

71. 행정소송의 판결에 대한 설명으로 옳지 않은 것은?

23 지방직 9급

① 처분등을 취소하는 확정판결은 제3자에 대하여도 효력이 있다.
② 취소 확정판결의 기속력은 판결의 주문 및 전제가 되는 처분등의 구체적 위법사유에 관한 판단에도 미치므로, 종전 처분이 판결에 의하여 취소되었다면 종전 처분의 처분사유와 기본적 사실관계에서 동일하지 않은 다른 사유를 들어서 새로이 동일한 내용을 처분하는 것 또한 확정판결의 기속력에 저촉된다.
③ 법원은 원고의 청구가 이유 있다고 인정하는 경우에도 처분등을 취소하는 것이 현저히 공공복리에 적합하지 아니하다고 인정하는 때에는 원고의 청구를 기각할 수 있다.
④ 과세의 절차 내지 형식에 위법이 있어 과세처분을 취소하는 판결이 확정되었을 경우 과세관청은 그 위법사유를 보완하여 다시 새로운 과세처분을 할 수 있고, 그 새로운 과세처분은 확정판결에 의하여 취소된 종전의 과세처분과는 별개의 처분이다.

② (✕) 행정처분의 위법 여부는 행정처분이 행하여진 때의 법령과 사실을 기준으로 판단하므로, 확정판결의 당사자인 처분 행정청은 종전 처분 후에 발생한 새로운 사유를 내세워 다시 처분을 할 수 있고, 새로운 처분의 처분사유가 종전 처분의 처분사유와 기본적 사실관계에서 동일하지 않은 다른 사유에 해당하는 이상, 처분사유가 종전 처분 당시 이미 존재하고 있었고 당사자가 이를 알고 있었더라도 이를 내세워 새로이 처분을 하는 것은 확정판결의 기속력에 저촉되지 않는다. (대판 2016. 3. 24, 2015두48235)
① (○) 제29조(취소판결등의 효력) 제1항. 처분등을 취소하는 확정판결은 제3자에 대하여도 효력이 있다.
③ (○) 제28조(사정판결) 제1항. 원고의 청구가 이유있다고 인정하는 경우에도 처분등을 취소하는 것이 현저히 공공복리에 적합하지 아니하다고 인정하는 때에는 법원은 원고의 청구를 기각할 수 있다. 이 경우 법원은 그 판결의 주문에서 그 처분등이 위법함을 명시하여야 한다.
④ (○) 판결의 취지에 따른 처분의 취소사유가 행정처분의 절차 내지 형식(방법)의 위법으로 인한 것이라면 그 처분 행정청은 그 확정판결의 취지에 따라 그 위법사유를 보완하여 다시 종전의 신청에 대해 동일한 내용의 처분을 할 수 있다. (대판2003두13045)

정답 ②

72. 「행정소송법」상 취소판결의 기속력에 관한 설명 중 가장 적절하지 않은 것은? (다툼이 있는 경우 판례에 의함)

`21 경찰행정`

① 거부처분을 취소하는 판결이 확정된 경우에 행정청은 사실심 변론종결 이후 발생한 새로운 사유를 내세워 다시 이전의 신청에 대한 거부처분을 할 수 있지만, 재처분을 부당하게 지연하면서 확정판결의 기속력을 잠탈하기 위하여 인위적으로 새 거부처분 사유를 만들어 낸 것이라면 유효한 재처분이 아니다.

② 새로운 처분의 처분사유가 종전 처분의 처분사유와 기본적 사실 관계에서 동일하지 않은 다른 사유에 해당하는 이상, 처분사유가 종전 처분 당시 이미 존재하고 있었고 당사자가 이를 알고 있었더라도 이를 내세워 새로이 처분을 하는 것은 확정판결의 기속력에 저촉되지 않는다.

③ 어떤 행정처분을 위법하다고 판단하여 취소하는 판결이 확정되면 행정청은 취소판결의 기속력에 따라 그 판결에서 확인된 위법 사유를 배제한 상태에서 다시 처분을 하거나 그 밖에 위법한 결과를 제거하는 조치를 할 의무가 있다.

④ 수익적 행정처분을 신청한 여러 사람이 서로 경원관계에 있어서 한 사람에 대한 허가처분이 다른 사람에 대한 불허가로 귀결될 수밖에 없을 때 허가처분을 받지 못한 사람의 신청에 대한 거부처분의 취소판결이 확정되는 경우 행정청은 취소판결의 기속력에 따라 경원자에 대한 수익적 처분을 취소하여야 할 의무가 있다.

경원관계의 소송에서 거부처분의 취소판결이 확정되는 경우에도 행정청이 경원자에 대한 수익적 처분을 반드시 취소해야 하는 것은 아니고, 판결의 취지에 따라 다시 심사해야 할 의무가 있을 뿐이다. [※관련판례. [1] 허가 등 수익적 행정처분을 신청한 여러 사람이 서로 경원관계에 있어서 한 사람에 대한 허가 등 처분이 다른 사람에 대한 불허가 등으로 귀결될 수밖에 없을 때 허가 등 처분을 받지 못한 사람은 신청에 대한 거부처분의 직접 상대방으로서 원칙적으로 자신에 대한 거부처분의 취소를 구할 원고적격이 있다.

[2] 취소판결이 확정되는 경우 판결의 직접적인 효과로 경원자에 대한 허가 등 처분이 취소되거나 효력이 소멸되는 것은 아니더라도 행정청은 취소판결의 기속력에 따라 판결에서 확인된 위법사유를 배제한 상태에서 취소판결의 원고와 경원자의 각 신청에 관하여 처분요건의 구비 여부와 우열을 다시 심사하여야 할 의무가 있으며, 재심사 결과 경원자에 대한 수익적 처분이 직권취소되고 취소판결의 원고에게 수익적 처분이 이루어질 가능성을 완전히 배제할 수는 없으므로, 특별한 사정이 없는 한 경원관계에서 허가 등 처분을 받지 못한 사람은 자신에 대한 거부처분의 취소를 구할 소의 이익이 있다. (대판2013두27517)]

정답 ④

73 다음 중 판결의 효력에 대한 설명으로 가장 옳지 않은 것은? 〔22 군무원 9급〕

① 취소판결 자체의 효력으로써 그 행정처분을 기초로 하여 새로 형성된 제3자의 권리까지 당연히 그 행정처분 전의 상태로 환원되는 것이라고는 할 수 없다.
② 처분의 취소를 구하는 청구에 대한 기각판결은 기판력이 발생하지 않는다.
③ 취소판결이 확정된 경우 행정청은 종전 처분과 다른 사유로 다시 처분할 수 있고, 이 경우 그 다른 사유가 종전 처분 당시 이미 존재하고 있었고 당사자가 이를 알고 있었다 하더라도 확정판결의 기속력에 저촉되지 않는다.
④ 거부처분에 대한 취소판결이 확정된 후 법령이 개정된 경우 개정된 법령에 따라 다시 거부처분을 하여도 기속력에 반하지 아니하다.

처분의 취소를 구하는 청구, 즉 취소소송 확정판결의 기판력은 인용판결과 기각판결 모두에 발생한다. ※ 형성력과 기속력은 인용판결에 인정되는 효력이다.

정답 ②

74 취소소송의 판결에 대한 설명으로 옳은 것은? (다툼이 있는 경우 판례에 의함) 〔22 지방직 9급〕

① 원고의 청구가 이유있다고 인정하는 경우에도 이를 인용하는 것이 현저히 공공복리에 적합하지 않다고 판단되면 법원은 피고 행정청의 주장이나 신청이 없더라도 사정판결을 할 수 있다.
② 영업정지처분에 대한 취소소송에서 취소판결이 확정되면 처분청은 영업정지처분의 효력을 소멸시키기 위하여 영업정지처분을 취소하는 처분을 하여야 할 의무를 진다.
③ 공사중지명령의 상대방이 제기한 공사중지명령취소소송에서 기각판결이 확정된 경우 특별한 사정변경이 없더라도 그 후 상대방이 제기한 공사중지명령해제신청 거부처분취소소송에서는 그 공사중지명령의 적법성을 다시 다툴 수 있다.
④ 행정청은 취소판결에서 위법하다고 판단된 처분사유와 기본적 사실관계의 동일성이 없는 사유이더라도 처분시에 존재한 사유를 들어 종전의 처분과 같은 처분을 다시 할 수 없다.

> 해설

① (O) 사정판결을 할 사정에 관한 주장·입증책임은 피고(처분청)에게 있다고 할 것이지만, 당사자의 명백한 주장이 없더라도 변론에 나타난 사실을 기초로 하여 사정판결을 할 필요가 있다고 인정하는 때에는 당사자의 명백한 주장이 없는 경우에도 일건 기록에 나타난 사실을 기초로 하여 법원이 직권으로 사정판결을 할 수 있다. (대판95누4629).

② (×) 영업정지처분에 대한 취소소송에서 취소판결이 확정되면 처분청의 직권취소 없이도 인용판결의 형성력에 의해 영업정지처분은 소급하여 소멸한다. 따라서 처분청은 영업정지처분의 효력을 소멸시키기 위하여 영업정지처분을 취소하는 처분을 하여야 하는 것은 아니다. [※관련판례. 행정처분을 취소한다는 확정판결이 있으면 당해 처분은 행정청이 다시 취소하거나 취소통지 등의 별도의 절차를 요하지 아니하고 당연히 효력을 상실하는데, 이를 형성력이라 한다. (대판90누5443)]

③ (×) 공사중지명령의 상대방이 제기한 공사중지명령취소소송에서 기각판결이 확정된 경우 공사중지명령의 적법성에 관하여 기판력이 발생한다. 따라서 특별한 사정변경이 없는 경우 그 후 상대방이 제기한 공사중지명령해제신청 거부처분취소소송에서는 그 공사중지명령의 적법성을 다시 다툴 수 없다. [※관련판례. 행정청이 관련 법령에 근거하여 행한 공사중지명령의 상대방이 명령의 취소를 구하는 소송에서 패소함으로써 그 명령이 적법한 것으로 이미 확정되었다면, 이후 이러한 공사중지명령의 상대방은 그 명령의 해제신청을 거부한 처분의 취소를 구하는 소송에서 그 명령의 적법성을 다툴 수 없다. (대판2014두37665)]

④ (×) 행정청은 취소판결에서 위법하다고 판단된 처분사유와 기본적 사실관계의 동일성이 없는 사유는 전혀 별개의 사유로서 인용판결의 기속력에 저촉되는 것이 아니다. 따라서 처분시에 존재한 (기본적 사실관계의 동일성이 없는) 사유를 들어 종전의 처분과 같은 처분을 다시 할 수 있다. [※관련판례. [1] 취소 확정판결의 기속력은 판결의 주문 및 전제가 되는 처분 등의 구체적 위법사유에 관한 판단에도 미치나, 종전 처분이 판결에 의하여 취소되었더라도 종전 처분과 다른 사유를 들어서 새로이 처분을 하는 것은 기속력에 저촉되지 않는다.
[2] 여기에서 동일 사유인지 다른 사유인지는 확정판결에서 위법한 것으로 판단된 종전 처분사유와 기본적 사실관계에서 동일성이 인정되는지 여부에 따라 판단되어야 하고, 기본적 사실관계의 동일성 유무는 처분사유를 법률적으로 평가하기 이전의 구체적인 사실에 착안하여 그 기초인 사회적 사실관계가 기본적인 점에서 동일한지에 따라 결정된다.
[3] 또한 행정처분의 위법 여부는 행정처분이 행하여진 때의 법령과 사실을 기준으로 판단하므로, 확정판결의 당사자인 처분 행정청은 종전 처분 후에 발생한 새로운 사유를 내세워 다시 처분을 할 수 있고, 새로운 처분의 처분사유가 종전 처분의 처분사유와 기본적 사실관계에서 동일하지 않은 다른 사유에 해당하는 이상, 처분사유가 종전 처분 당시 이미 존재하고 있었고 당사자가 이를 알고 있었더라도 이를 내세워 새로이 처분을 하는 것은 확정판결의 기속력에 저촉되지 않는다. (대판2015두48235)]

정답 ①

75 확정된 취소판결과 무효확인판결의 효력에 대한 설명으로 옳지 않은 것은? (단, 다툼이 있는 경우 판례에 의함)

`21 군무원 7급`

① 당사자가 확정된 취소판결의 존재를 사실심 변론종결시까지 주장하지 아니하였다고 하더라도 상고심에서 새로이 이를 주장·입증할 수 있다.
② 취소판결이 확정된 과세처분을 과세관청이 경정하는 처분을 하였다면 당연무효의 처분이라고 할 수 없고 단순위법인 취소사유를 가진 처분이 될 뿐이다.
③ 행정처분의 무효확인 판결은 확인판결이라고 하여도 행정처분의 취소판결과 같이 소송당사자는 물론 제3자에게도 미치는 것이다.
④ 행정처분의 취소판결이 확정되면 그 판결에서 확인된 위법사유를 배제한 상태에서 다시 처분을 하거나 그 밖에 위법한 결과를 제거하는 조치를 할 의무가 있다.

과세처분을 취소하는 판결이 확정되면 그 과세처분은 처분시에 소급하여 소멸하므로 그 뒤에 과세관청에서 그 과세처분을 경정하는 경정처분을 하였다면 이는 존재하지 않는 과세처분을 경정한 것으로서 그 하자가 중대하고 명백한 당연무효의 처분이다. (대판88다카16096)

정답 ②

76 다음 중 「행정소송법」상 취소소송에 대한 사항으로 무효등확인소송의 경우에 준용되는 것은?

`21 해경승진`

① 행정심판전치주의의 적용　② 취소소송의 대상
③ 제소기간　　　　　　　　④ 사정판결

무효등확인소송에는 취소소송에서와 달리 행정심판전치주의, 제소기간의 제한, 사정판결 규정이 적용되지 않는다. ※ 취소소송의 대상인 처분성 인정여부는 취소소송과 동일하다.

정답 ②

77 다음 중 취소소송과 무효확인소송의 관계에 대한 설명으로 가장 옳지 않은 것은?

22 군무원 9급

① 행정처분에 대한 취소소송과 무효확인소송은 단순 병합이나 선택적 병합의 방식으로 제기할 수 있다.
② 무효선언을 구하는 취소소송이라도 형식이 취소소송이므로 제소요건을 갖추어야 한다.
③ 무효확인을 구하는 소에는 당사자가 명시적으로 취소를 구하지 않는다고 밝히지 않는 한 취소를 구하는 취지가 포함되었다고 보아서 취소소송의 요건을 갖추었다면 취소판결을 할 수 있다.
④ 취소소송의 기각판결의 기판력은 무효확인소송에 미친다.

행정처분에 대한 무효확인과 취소청구는 서로 양립할 수 없는 청구로서 주위적 · 예비적 청구로서만 병합이 가능하고 선택적 청구로서의 병합이나 단순병합은 허용되지 아니한다. (대판97누6889)

정답 ①

78 부작위위법확인소송에 대한 설명으로 옳지 않은 것은? (다툼이 있는 경우 판례에 의함)

22 국가직 7급

① 부작위위법확인소송은 처분의 신청을 한 자로서 부작위의 위법의 확인을 구할 법률상의 이익이 있는 자만이 제기할 수 있다.
② 당사자가 행정청에 대하여 어떠한 행정처분을 하여 줄 것을 요청할 수 있는 법규상 또는 조리상의 권리를 갖고 있지 아니한 경우에 제기한 부작위위법확인의 소는 부적법하다.
③ 부작위위법확인소송의 경우 사실심의 구두변론종결시점의 법적 · 사실적 상황을 근거로 행정청의 부작위의 위법성을 판단하여야 한다.
④ 부작위위법확인소송은 행정심판 등 전심절차를 거친 경우라 하더라도 「행정소송법」 제20조가 정한 제소기간 내에 제기해야 하는 것은 아니다.

④ (×) 「행정소송법」상 취소소송의 제소기간에 관한 규정(행정소송법 제20조)은 부작위위법확인소송에 준용된다. 부작위위법확인소송은 원칙적으로 제소기간의 제한을 받지 않지만, 행정심판을 거친 경우에는 재결처분이 존재하는바 행정소송법 제20조가 정한 제소기간 내에 부작위위법확인의 소를 제기하여야 한다.
① (○) 「행정소송법」 제36조
제36조(부작위위법확인소송의 원고적격) 부작위위법확인소송은 처분의 신청을 한 자로서 부작위의 위법의 확인을 구할 법률상 이익이 있는 자만이 제기할 수 있다.

② (O) 부작위위법확인의 소에 있어 당사자가 행정청에 대하여 어떠한 행정행위를 하여 줄 것을 요구할 수 있는 법규상 또는 조리상 권리를 갖고 있지 아니한 경우에는 원고적격이 없거나 항고소송의 대상인 위법한 부작위가 있다고 볼 수 없어 그 부작위위법확인의 소는 부적법하다. (대판97누17568)

③ (O) 취소소송이나 무효확인소송과는 달리 부작위위법확인소송의 경우에는 위법성판단의 기준시점을 사실심 변론종결시로 보아야 한다. 부작위위법확인소송은 이미 이루어진 처분을 다투는 것이 아니고 다투는 시기에 행정청에 법상의 의무가 있음을 다투는 것이기 때문이다.

정답 ④

79 다음 중 부작위위법확인소송에 대한 설명으로 가장 옳지 않은 것은? (다툼이 있는 경우 판례에 의함)

21 해경승진

① 부작위위법확인소는 부작위상태가 계속되는 한 그 위법의 확인을 구할 이익이 있다고 보아야 하므로 원칙적으로 제소기간의 제한을 받지 않으나 행정심판 등 전심절차를 거친 경우에는 「행정소송법」 제20조가 정한 제소기간 내에 소를 제기해야 한다.

② 소제기의 전후를 통하여 판결시까지 행정청이 그 신청에 대하여 적극 또는 소극의 처분을 함으로써 부작위상태가 해소된 때에는 소의 이익을 상실 하게 되어 당해 소는 각하를 면할 수가 없다.

③ 법원은 단순히 행정청의 방치행위의 적부에 관한 절차적 심리만 하는게 아니라 신청의 실체적 내용이 이유있는지도 심리하며 그에 대한 적정한 처리방향에 관한 법률적 판단을 해야한다.

④ 집행정지결정은 부작위위법확인소송에 준용되지 않는다.

③ (×) 부작위위법확인소송의 심리권이 신청의 실체적 내용에까지 미칠 수 있는지에 대하여 견해의 대립이 있다. 판례는 "특정처분을 해야 할 의무가 있었는지는 심리할 수 없고 어떠한 응답이든 해야 할 의무가 있었지만 심리한다."고 판시하여, 소극설(절차적 심리설)의 입장이다. (대판89누4758). 따라서 판례에 의하면 법원은 신청의 실체적 내용이 이유있는지는 심리할 수 없으며, 그에 대한 적정한 처리방향에 관한 법률적 판단을 해야 하는 것은 아니라고 할 것이다.

① (O) 부작위위법확인의 소는 부작위상태가 계속되는 한 그 위법의 확인을 구할 이익이 있다고 보아야 하므로 원칙적으로 제소기간의 제한을 받지 않는다. 그러나 「행정소송법」 제38조 제2항이 제소기간을 규정한 같은 법 제20조를 부작위위법확인소송에 준용하고 있는 점에 비추어 보면, 행정심판 등 전심절차를 거친 경우에는 「행정소송법」 제20조가 정한 제소기간 내에 부작위위법확인의 소를 제기하여야 한다. (대판2008두10560)

② (O) 소제기의 전후를 통하여 판결시까지 행정청이 그 신청에 대하여 적극 또는 소극의 처분을 함으로써 부작위상태가 해소된 때에는 소의 이익을 상실하게 되어 당해 부작위위법확인의 소는 각하를 면할 수가 없는 것이다. (대판89누4758)

④ (O) 「행정소송법」 제23조(집행정지)는 부작위위법확인소송에 준용되지 않는다.

정답 ③

80 다음 중 부작위위법확인소송에 대한 설명으로 가장 옳지 않은 것은? (다툼이 있는 경우 판례에 의함) `23 해경승진`

① 법원은 단순히 행정청의 방치행위의 적부에 관한 절차적 심리만 하는 게 아니라, 신청의 실체적 내용이 이유 있는지도 심리하며 그에 대한 적정한 처리방향에 관한 법률적 판단을 해야 한다.
② 소제기의 전후를 통하여 판결시까지 행정청이 그 신청에 대하여 적극 또는 소극의 처분을 함으로써 부작위 상태가 해소된 때에는 소의 이익을 상실하게 되어 당해 소는 각하를 면할 수가 없다.
③ 행정청에 대하여 어떠한 행정처분을 하여줄 것을 요청할 수 있는 법규상 또는 조리상의 권리를 갖는 자만이 제기할 수 있다.
④ 부작위위법확인소송에는 취소판결의 사정판결 규정은 준용되지 않지만, 제3자효, 기속력, 간접강제에 관한 규정은 준용된다.

>
> 부작위위법확인소송의 수소법원은 단순히 행정청의 방치행위의 적부에 관한 절차적 심리에 그친다고 보는 것이 일반적이다.
>
> 정답 ①

81 당사자소송에 대한 설명으로 옳지 않은 것은? (다툼이 있는 경우 판례에 의함) `21 국가직 7급`

① 당사자소송에는 항고소송에서의 집행정지규정은 적용되지 않고 「민사집행법」상의 가처분규정은 준용된다.
② 지방자치단체가 보조금 지급결정을 하면서 일정 기한 내에 보조금을 반환하도록 교부 조건을 부가한 경우, 보조사업자에 대한 지방자치단체의 보조금반환청구는 당사자소송의 대상이 된다.
③ 국가에 대한 납세의무자의 부가가치세 환급세액 지급청구는 당사자소송이 아니라 민사소송의 절차에 따라야 한다.
④ 조세부과처분의 당연무효를 전제로 하여 이미 납부한 세금의 반환을 청구하는 것은 민사상 부당이득반환청구로서 당사자소송이 아니라 민사소송절차에 따른다.

납세의무자에 대한 국가의 부가가치세 환급세액 지급의무는 그 납세의무자로부터 어느 과세기간에 과다하게 거래징수 된 세액 상당을 국가가 실제로 납부받았는지와 관계없이 부가가치세법령의 규정에 의하여 직접 발생하는 것으로서, 그 법적 성질은 정의와 공평의 관념에서 수익자와 손실자 사이의 재산상태 조정을 위해 인정되는 부당이득 반환의무가 아니라 부가가치세법령에 의하여 그 존부나 범위가 구체적으로 확정되고 조세 정책적 관점에서 특별히 인정되는 공법상 의무라고 봄이 타당하다. 그렇다면 납세의무자에 대한 국가의 부가가치세 환급세액 지급의무에 대응하는 국가에 대한 납세의무자의 부가가치세 환급세액 지급청구는 민사소송이 아니라 행정소송법 제3조 제2호에 규정된 당사자소송의 절차에 따라야 한다. (대판2011다95564)

정답 ③

82 「행정소송법」상 당사자소송에 대한 설명으로 옳지 않은 것은? 21 군무원 9급

① 공법상 당사자소송이란 행정청의 처분 등을 원인으로 하는 법률관계에 관한 소송 그 밖에 공법상의 법률관계에 관한 소송으로서 그 법률관계의 한쪽 당사자를 피고로 하는 소송을 말한다.
② 공법상 계약의 한쪽 당사자가 다른 당사자를 상대로 효력을 다투거나 이행을 청구하는 소송은 공법상의 법률관계에 관한 분쟁이므로 분쟁의 실질이 공법상 권리·의무의 존부·범위에 관한 다툼에 관해서는 공법상 당사자소송으로 제기하여야 한다.
③ 원고가 고의 또는 중대한 과실 없이 행정소송으로 제기하여야 할 사건을 민사소송으로 잘못 제기한 경우, 수소법원으로서는 만약 그 행정소송에 대한 관할도 동시에 가지고 있다면 이를 행정소송으로 심리·판단하여야 하고, 그 행정소송에 대한 관할을 가지고 있지 아니하다면 관할법원에 이송하여야 한다.
④ 당사자소송의 경우 법원은 필요하다고 인정할 때에는 직권으로 증거조사를 할 수 있으나, 당사자가 주장하지 아니한 사실에 대하여는 판단하여서는 안 된다.

④ (X) 취소소송에서 직권심리 규정은 당사자소송의 경우에도 준용된다. 「행정소송법」제제26조(직권심리) 법원은 필요하다고 인정할 때에는 직권으로 증거조사를 할 수 있고, 당사자가 주장하지 아니한 사실에 대하여도 판단할 수 있다.
① (O) 「행정소송법」제3조 제2호.
② (O) 대판2019다277133.
③ (O) 원고가 고의 또는 중대한 과실 없이 행정소송으로 제기하여야 할 사건을 민사소송으로 잘못 제기한 경우, 수소법원으로서는 만약 그 행정소송에 대한 관할도 동시에 가지고 있다면 이를 행정소송으로 심리·판단하여야 하고, 그 행정소송에 대한 관할을 가지고 있지 아니하다면 관할법원에 이송하여야 한다. (대판2019다277133)

정답 ④

83 판례에 따르면 공법상 당사자소송과 가장 옳지 않은 것은? 22 군무원 9급

① 조세부과처분의 당연무효를 전제로 하여 이미 납부한 세금의 반환청구
② 재개발조합을 상대로 조합원자격 유무에 관한 확인을 구하는 소송
③ 사업주가 당연가입자가 되는 고용보험 및 산재보험에서 보험료 납부의무 부존재확인소송
④ 한국전력공사가 한국방송공사로부터 수신료의 징수업무를 위탁받아 자신의 고유업무와 관련된 고지행위와 결합하여 수신료를 징수할 권한이 있는지 여부를 다투는 쟁송

조세부과처분의 당연무효임를 전제로 하여 이미 납부한 세금의 반환을 청구하는 것은 민사상의 부당이득반환청구로서 민사소송절차에 따라야 한다. (대판94다55019)

정답 ①

84 행정법관계에 대한 설명으로 옳지 않은 것은? (다툼이 있는 경우 판례에 의함) 22 국가직 9급

① 「군인연금법령」상 급여를 받으려고 하는 사람이 국방부장관에게 급여지급을 청구하였으나 거부된 경우, 곧바로 국가를 상대로 한 당사자소송으로 급여의 지급을 청구할 수 있다.
② 법무사가 사무원을 채용할 때 소속 지방법무사회로부터 승인을 받아야 할 의무는 공법상 의무이다.
③ 사무처리의 긴급성으로 인하여 해양경찰의 직접적인 지휘를 받아 보조로 방제작업을 한 경우, 사인은 그 사무를 처리하며 지출한 필요비 내지 유익비의 상환을 국가에 대하여 민사소송으로 청구할 수 있다.
④ 「공익사업을 위한 토지 등의 취득 및 보상에 관한 법률」상 환매권의 존부에 관한 확인을 구하는 소송 및 환매금액의 증감을 구하는 소송은 민사소송이다.

① (×) 구 「군인연금법」(2019. 12. 10. 법률 제16760호로 전부 개정되기 전의 것, 이하 같다)에 의한 사망보상금 등의 급여를 받을 권리는 법령의 규정에 따라 직접 발생하는 것이 아니라 급여를 받으려고 하는 사람이 소속하였던 군의 참모총장의 확인을 얻어 청구함에 따라 국방부장관 등이 지급결정을 함으로써 구체적인 권리가 발생한다. 국방부장관 등이 하는 급여지급결정은 단순히 급여수급 대상자를 확인·결정하는 것에 그치는 것이 아니라 구체적인 급여수급액을 확인·결정하는 것까지 포함한다. 구 군인연금법령상 급여를 받으려고 하는 사람은 우선 관계 법령에 따라 국방부장관 등에게 급여지급을 청구하여 국방부장관 등이 이를 거부하거나 일부 금액만 인정하는 급여지급결정을 하는 경우 그 결정을 대상으로 항고소송을 제기하는 등으로 구체적 권리를 인정받은 다음 비로소 당사자소송으로 그 급여의 지급을 구해야 한다. 이러한 구체적인 권리가 발생하지 않은 상태에서 곧바로 국가를 상대로 한 당사자소송으로 급여의 지급을 소구하는 것은 허용되지 않는다(대판 2019두45944).

② (O) 법무사의 사무원 채용승인 신청에 대하여 소속 지방법무사회가 '채용승인을 거부'하는 조치 또는 일단 채용승인을 하였으나 법무사규칙 제37조 제6항을 근거로 '채용승인을 취소'하는 조치는 공법인인 지방법무사회가 행하는 구체적 사실에 관한 법집행으로서 공권력의 행사 또는 그 거부에 해당하므로 항고소송의 대상인 '처분'이라고 보아야 한다. 법무사 사무원 채용승인은 본래 법무사에 대한 감독권한을 가지는 소관 지방법원장에 의한 국가사무였다가 지방법무사회로 이관되었으나, 이후에도 소관 지방법원장은 지방법무사회로부터 채용승인 사실의 보고를 받고 이의신청을 직접 처리하는 등 지방법무사회의 업무수행 적정성에 대한 감독을 하고 있다. 또한 법무사가 사무원 채용에 관하여 법무사법이나 법무사규칙을 위반하는 경우에는 소관 지방법원장으로부터 징계를 받을 수 있으므로, 법무사에 대하여 지방법무사회로부터 채용승인을 얻어 사무원을 채용할 의무는 법무사법에 의하여 강제되는 공법적 의무이다. 지방법무사회의 법무사 사무원 채용승인은 단순히 지방법무사회와 소속 법무사 사이의 내부 법률문제라거나 지방법무사회의 고유사무라고 볼 수 없고, 법무사 감독이라는 국가사무를 위임받아 수행하는 것이라고 보아야 한다. 따라서 지방법무사회는 법무사 감독 사무를 수행하기 위하여 법률에 의하여 설립과 법무사의 회원 가입이 강제된 공법인으로서 법무사 사무원 채용승인에 관한 한 공권력 행사의 주체라고 보아야 한다. (대판2015다34444)

③ (O) 피고는 위와 같은 관계 법령상의 의무 외에 국민의 생명, 건강, 재산을 보호하고 영토가 심각하게 훼손되는 사고가 발생할 경우 이를 회복하기 위한 조치를 취해야 할 법적 의무가 있다. 나아가 아래에서 보는 바와 같이 이 사건 유출사고의 실질적인 방제작업은 피고가 해경을 통해 전체적으로 지휘, 통제했다고 보아야 하고, 원고가 해경 함정을 따라다니면서 방제작업을 하면서 해경의 지시, 통제를 받았던 점에 비추어 원고는 피고의 사무를 처리한다는 의사로 방제작업을 한 것으로 봄이 상당하다. 따라서 원고는 피고의 사무인 방제작업을 보조함으로써 의무 없이 피고의 사무를 관리하였다고 할 것이므로 피고는 원고에게 원고가 피고를 위하여 지출한 필요비 또는 유익비를 상환할 의무가 있다(서울고등법원2009나99916). ※ 따라서 원고는 사무처리비용(필요비 내지 유익비)의 상환을 국가에 대하여 민사소송으로 청구할 수 있다.

④ (O) 구 「공익사업을 위한 토지 등의 취득 및 보상에 관한 법률」(2010. 4. 5. 법률 제10239호로 일부 개정되기 전의 것, 이하 '구 공익사업법'이라 한다) 제91조에 규정된 환매권은 상대방에 대한 의사표시를 요하는 형성권의 일종으로서 재판상이든 재판 외이든 위 규정에 따른 기간 내에 행사하면 매매의 효력이 생기는 바, 이러한 환매권의 존부에 관한 확인을 구하는 소송 및 구 공익사업법 제91조 제4항에 따라 환매금액의 증감을 구하는 소송 역시 민사소송에 해당한다. (대판2010두22368)

정답 ①

85 〈보기〉에서 항고소송과 당사자소송으로 다투어야 하는 사례를 옳게 짝지은 것은?

22 서울시 7급

㉠ 사업주가 당연가입자가 되는 고용보험 및 산재보험에서 보험료 납부의무 부존재확인의 소
㉡ 재단법인 한국연구재단이 과학기술기본법령에 따라 체결한 연구개발비 지원사업 협약의 해지 통보에 대한 불복
㉢ 중소기업기술정보진흥원장이 갑(甲) 주식회사와 중소기업 정보화지원사업 지원대상인 사업의 지원에 관한 협약을 체결하였는데, 협약이 갑(甲) 회사에 책임이 있는 사업실패로 해지되었다는 이유로 협약에서 정한 대로 지급받은 정부지원금을 반환할 것을 통보한 경우, 이에 대한 갑(甲) 주식회사의 불복

	항고소송	당사자소송		항고소송	당사자소송
①	㉠	㉡, ㉢	②	㉡	㉠, ㉢
③	㉢	㉠, ㉡	④	㉡, ㉢	㉠

해설

㉠ (당사자소송). 「고용보험 및 산업재해보상보험의 보험료징수 등에 관한 법률」 제4조, 제16조의2, 제17조, 제19조, 제23조의 각 규정에 의하면, 사업주가 당연가입자가 되는 고용보험 및 산재보험에서 보험료 납부의무 부존재확인의 소는 공법상의 법률관계 자체를 다투는 소송으로서 공법상 당사자소송이다. (대판2016다221658)

㉢ (당사자소송). 중소기업 정보화지원사업에 따른 지원금 출연을 위하여 중소기업청장이 체결하는 협약은 공법상 대등한 당사자 사이의 의사표시의 합치로 성립하는 공법상 계약에 해당하는 점, 달리 지원금 환수에 관한 구체적인 법령상 근거가 없는 점 등을 종합하면, 협약의 해지 및 그에 따른 환수통보는 공법상 계약에 따라 행정청이 대등한 당사자의 지위에서 하는 의사표시로 보아야 하고, 이를 행정청이 우월한 지위에서 행하는 공권력의 행사로서 행정처분에 해당한다고 볼 수는 없다. (대판2015두41449)

㉡ (항고소송). 재단법인 한국연구재단의 과학기술기본법령상 두뇌한국(BK)21 사업 협약의 해지 통보는 단순히 대등 당사자의 지위에서 형성된 공법상 계약을 계약당사자의 지위에서 종료시키는 의사표시에 불과한 것이 아니라 행정청이 우월적 지위에서 연구개발비의 회수 및 관련자에 대한 국가연구개발사업 참여제한 등의 법률상 효과를 발생시키는 행정처분에 해당한다. (대판2012두28704)

 정답 ②

86 「행정소송법」상 당사자소송에 대한 설명으로 옳지 않은 것은?

23 지방직 9급

① 당사자소송이란 행정청의 처분등을 원인으로 하는 법률관계에 관한 소송, 그 밖에 공법상의 법률관계에 관한 소송으로서 그 법률관계의 한쪽 당사자를 피고로 하는 소송을 의미한다.

② 공법상 계약의 한쪽 당사자가 다른 당사자를 상대로 효력을 다투거나 이행을 청구하는 소송은 공법상의 법률관계에 관한 분쟁이므로 분쟁의 실질이 공법상 권리·의무의 존부·범위에 관한 다툼이 아니라 손해배상액의 구체적인 산정방법·금액에 국한되는 등의 특별한 사정이 없는 한 당사자소송으로 제기하여야 한다.

③ 명예퇴직한 법관이 미지급 명예퇴직수당액에 대하여 가지는 권리는 명예퇴직수당 지급대상자 결정 절차를 거쳐 명예퇴직수당규칙에 의하여 확정된 공법상 법률관계에 관한 권리로서, 그 지급을 구하는 소송은 당사자소송에 해당하며, 그 법률관계의 당사자인 국가를 상대로 제기하여야 한다.

④ 당사자소송은 공법상 법률관계에 관한 소송이므로 이를 본안으로 하는 가처분에 대하여는 「민사집행법」상 가처분에 관한 규정이 준용되지 않는다.

> **해설**
>
> ④ (✗) 당사자소송은 공법상 법률관계에 관한 소송이므로 이를 본안으로 하는 가처분에 대하여는 항고소송과 달리 「민사집행법」상 가처분에 관한 규정이 준용된다.
> ① (○) 「행정소송법」 제3조 제2호
> ② (○) 대판2019다277133
> ③ (○) 대판2013두14863
>
> 정답 ④

87 다음 중 「행정소송법」상 행정소송의 유형으로 나머지와 가장 다른 것을 고르면? (다툼이 있는 경우 판례에 의함) `21 해경승진`

① 구 「광주민주화 운동 관련자 보상등에 관한 법률」에 따른 보상금지급청구소송
② 광주광역시 문화예술회관장의 시립합창단원 재위촉 거부에 대한 소송
③ 공무원연금관리공단에 대한 미지급 퇴직연금의 지급을 구하는 소송
④ 지방자치단체의 장이 지방의회를 상대로 제기하는 소송

④ (×) 지방자치단체의 장이 지방의회를 상대로 재의결의 무효확인을 구하는 소송 등은 지방자치법상 기관소송으로 성질상 객관소송에 해당한다.
① (O) 「광주민주화운동관련자 보상 등에 관한 법률」상 5. 18. 광주민주화운동 보상심의위원회의 결정을 거치는 것은 보상금 지급에 관한 소송을 제기하기 위한 전치요건에 불과하다 할 것이므로 보상심의위원회의 결정은 항고소송의 대상이 되는 행정처분이라 볼 수 없고, 위 보상금 지급에 관한 권리는 동법이 특별히 인정하고 있는 공법상의 권리라 할 것이므로 그에 관한 소송은 당사자소송에 의하여야 할 것이다. (대판92누3335)
② (O) 광주광역시립합창단원으로서 위촉기간이 만료되는 자들의 재위촉 신청에 대하여 광주광역시문화예술회관장이 실기와 근무성적에 대한 평정을 실시하여 재위촉을 하지 아니한 것을 항고소송의 대상이 되는 불합격처분이라고 할 수는 없고 공법상 당사자소송을 제기하여야 한다. (대판2001두7794)
③ (O) 공무원연금관리공단의 인정에 의하여 퇴직연금을 지급받아 오던 중 공무원연금법령의 개정 등으로 퇴직연금 중 일부 금액의 지급이 정지된 경우 공무원연금관리공단이 퇴직연금 중 일부 금액에 대하여 지급거부의 의사표시를 하였다고 하더라도 이를 행정처분이라고 볼 수는 없고, 그리고 이러한 미지급 퇴직연금에 대한 지급청구권은 공법상 권리로서 그 지급을 구하는 소송은 공법상의 법률관계에 관한 소송인 공법상 당사자소송에 해당한다. (대판2003두15195)

정답 ④

88 행정소송법상 취소소송에 관한 설명으로 옳은 것은? (다툼이 있으면 판례에 따름) `22 행정사`

① 무효인 처분에 대하여는 무효확인청구소송을 제기하여야 하고 취소소송을 제기할 수는 없다.
② 신청에 대한 거부행위는 취소소송의 대상이 될 수 없다.
③ 처분등을 할 정당한 권한을 가진 행정청만이 피고적격을 갖는다.
④ 처분이 위법한 것으로 인정되는 경우에도 공공복리를 위하여 원고의 청구가 기각될 수 있다.
⑤ 과세처분취소소송에서 적법하게 부과될 정당한 세액이 산출되더라도 법원은 정당한 세액을 초과하는 부분만 취소할 수는 없고 전부를 취소하여야 한다.

> **해설**
>
> ④ (O) 제28조(사정판결) 제1항. 원고의 청구가 이유있다고 인정하는 경우에도 처분등을 취소하는 것이 현저히 공공복리에 적합하지 아니하다고 인정하는 때에는 법원은 원고의 청구를 기각할 수 있다. 이 경우 법원은 그 판결의 주문에서 그 처분등이 위법함을 명시하여야 한다.
> ① (X) 무효인 처분에 대하여 〈취소소송의 제소요건을 준수하는 한〉, 취소소송을 제기할 수 있다.
> ② (X) 신청에 대한 거부행위는 〈법규상 또는 조리상 신청권이 인정되면〉 취소소송의 대상이 될 수 있다.
> ③ (X) 무권한의 처분을 자기 명의로 행한 당해 행정청이 피고적격을 갖는 등 취소소송의 대상이 된 처분을 자신의 명의로 행한 행정청이면 피고적격을 가지고, 반드시 처분등을 할 정당한 권한을 가진 행정청에 국한되는 것은 아니다. [※ 관련판례. 취소소송은 다른 법률에 특별한 규정이 없는 한 그 처분 등을 행한 행정청을 피고로 한다(행정소송법 제13조 제1항). 여기서 '행정청'이라 함은 국가 또는 공공단체의 기관으로서 국가나 공공단체의 의견을 결정하여 외부에 표시할 수 있는 권한, 즉 처분권한을 가진 기관을 말하고, 대외적으로 의사를 표시할 수 있는 기관이 아닌 내부기관은 실질적인 의사가 그 기관에 의하여 결정되더라도 피고적격을 갖지 못한다. (대판2014두274)]
> ⑤ (X) 과세처분취소소송에 있어 처분의 적법 여부는 정당한 세액을 초과하느냐의 여부에 따라 판단되는 것으로서, 당사자는 사실심 변론종결시까지 객관적인 조세채무액을 뒷받침하는 주장과 자료를 제출할 수 있고, 이러한 자료에 의하여 적법하게 부과될 정당한 세액이 산출되는 때에는 그 정당한 세액을 초과하는 부분만 취소하여야 할 것이고 그 전부를 취소할 것이 아니다. (대판99두8930)
>
> **정답** ④

89. 「행정소송법」의 내용에 관한 설명으로 옳지 않은 것은? 〔23 행정사〕

① 처분등을 취소하는 확정판결은 당사자에 대해서만 효력이 있다.
② 처분등이라 함은 행정청이 행하는 구체적 사실에 관한 법집행으로서의 공권력의 행사 또는 그 거부와 그 밖에 이에 준하는 행정작용 및 행정심판에 대한 재결을 말한다.
③ 행정소송의 종류로는 항고소송, 당사자소송, 민중소송, 기관소송이 규정되어 있다.
④ 무효등 확인소송은 처분등의 효력 유무 또는 존재 여부의 확인을 구할 법률상 이익이 있는 자가 제기할 수 있다.
⑤ 행정청의 재량에 속하는 처분이라도 재량권의 한계를 넘거나 그 남용이 있는 때에는 법원은 이를 취소할 수 있다.

① (×) 제29조(취소판결등의 효력) 제1항 처분등을 취소하는 확정판결은 제3자에 대하여도 효력이 있다. 제2항 제1항의 규정은 제23조의 규정에 의한 집행정지의 결정 또는 제24조의 규정에 의한 그 집행정지결정의 취소결정에 준용한다.
② (O) 제2조(정의) 제1항. 이 법에서 사용하는 용어의 정의는 다음과 같다.
   1. "처분등"이라 함은 행정청이 행하는 구체적 사실에 관한 법집행으로서의 공권력의 행사 또는 그 거부와 그 밖에 이에 준하는 행정작용(이하 "처분"이라 한다) 및 행정심판에 대한 재결을 말한다.
③ (O) 행정소송법 제3조.
④ (O) 제35조(무효등 확인소송의 원고적격) 무효등 확인소송은 처분등의 효력 유무 또는 존재 여부의 확인을 구할 법률상 이익이 있는 자가 제기할 수 있다.
⑤ (O) 제27조(재량처분의 취소) 행정청의 재량에 속하는 처분이라도 재량권의 한계를 넘거나 그 남용이 있는 때에는 법원은 이를 취소할 수 있다.

정답 ①

90 「행정소송법」상 행정소송에 대한 설명으로 옳은 것은? (다툼이 있는 경우 판례에 의함)

22 지방직 7급

① 「도시 및 주거환경정비법」상 주택재건축정비사업조합을 상대로 관리처분계획안에 대한 조합 총회결의의 효력을 다투는 소송은 당사자소송에 해당하므로 당해 소송에서 「민사집행법」상 가처분에 관한 규정이 준용되지 않는다.
② 원고가 고의 또는 중대한 과실 없이 행정소송으로 제기하여야 할 사건을 민사소송으로 잘못 제기한 경우, 행정소송에 대한 관할을 가지고 있지 아니한 수소법원은 당해 소송이 행정소송으로서의 제소기간을 도과한 것이 명백하더라도 관할법원에 이송하여야 한다.
③ 「도시 및 주거환경정비법」상 주택재건축사업조합이 새로이 조합설립인가처분을 받은 것과 동일한 요건과 절차를 거쳐 조합설립변경인가처분을 받은 경우, 당초의 조합설립인가처분이 유효한 것을 전제로 당해 주택재건축사업조합이 시공사 선정 등의 후속행위를 하였다 하더라도 특별한 사정이 없는 한 당초의 조합설립인가처분의 무효확인을 구할 소의 이익은 없다.
④ 처분에 대한 취소소송에 당해 처분의 취소를 선결문제로 하는 부당이득반환청구가 병합된 경우, 부당이득반환청구가 인용되기 위해서는 당해 처분이 그 소송절차에서 판결에 의해 취소되면 충분하고 당해 처분의 취소가 확정되어야 하는 것은 아니다.

> 해설

④ (○)「행정소송법」제10조는 처분의 취소를 구하는 취소소송에 당해 처분과 관련되는 부당이득반환소송을 관련 청구로 병합할 수 있다고 규정하고 있는바, 이 조항을 둔 취지에 비추어 보면, 취소소송에 병합할 수 있는 당해 처분과 관련되는 부당이득반환소송에는 당해 처분의 취소를 선결문제로 하는 부당이득반환청구가 포함되고, 이러한 부당이득반환청구가 인용되기 위해서는 그 소송절차에서 판결에 의해 당해 처분이 취소되면 충분하고 그 처분의 취소가 확정되어야 하는 것은 아니라고 보아야 한다. (대판2008두23153)

① (×)「도시 및 주거환경정비법」상 행정주체인 주택재건축정비사업조합을 상대로 관리처분계획안에 대한 조합 총회결의의 효력을 다투는 소송은 행정처분에 이르는 절차적 요건의 존부나 효력 유무에 관한 소송으로서 소송결과에 따라 행정처분의 위법 여부에 직접 영향을 미치는 공법상 법률관계에 관한 것이므로, 이는 행정소송법상 당사자소송에 해당한다. 그리고 이러한 당사자소송에 대하여는 행정소송법 제23조 제2항의 집행정지에 관한 규정이 준용되지 아니하므로, 이를 본안으로 하는 가처분에 대하여는 행정소송법 제8조 제2항에 따라 민사집행법상 가처분에 관한 규정이 준용되어야 한다. (대판2015무26)

② (×) 당해 소송이 행정소송으로서 제소기간을 도과한 것이 명백한 경우에는 관할 이송을 굳이 할 필요 없이 부적법각하판결을 한다. [※관련판례. 원고가 고의 또는 중대한 과실 없이 행정소송으로 제기하여야 할 사건을 민사소송으로 잘못 제기한 경우, 수소법원으로서는 만약 행정소송에 대한 관할도 동시에 가지고 있다면 이를 행정소송으로 심리·판단하여야 하고, 행정소송에 대한 관할을 가지고 있지 아니하다면 〈당해 소송이 이미 행정소송으로서의 전심절차 및 제소기간을 도과하였거나 행정소송의 대상이 되는 처분 등이 존재하지도 아니한 상태에 있는 등 행정소송으로서의 소송요건을 결하고 있음이 명백하여 행정소송으로 제기되었더라도 어차피 부적법하게 되는 경우가 아닌 이상〉 이를 부적법한 소라고 하여 각하할 것이 아니라 관할법원에 이송하여야 한다. (대판2015다215526)]

③ (×) 설령 참가인 조합이 이 사건 조합설립인가 처분 후 새로이 조합설립인가 처분을 받는 것과 동일한 요건과 절차를 거쳐 이 사건 변경인가 처분을 받았더라도, 이 사건 조합설립인가 처분의 유효를 전제로 참가인 조합이 시공사 선정 등의 후속행위를 한 이상, 원고들에게는 이 사건 조합설립인가 처분의 무효확인을 구할 소의 이익이 있다고 보아야 한다. (대판2011두27094)

정답 ④

91 「행정소송법」상 행정소송에 대한 설명으로 옳지 않은 것은? (다툼이 있는 경우 판례에 의함)

22 지방직 7급

① 교도소장이 수형자를 '접견내용 녹음·녹화 및 접견 시 교도관 참여대상자'로 지정한 행위는 수형자의 구체적 권리의무에 직접적 변동을 가져오는 행정청의 공법상 행위로서 항고소송의 대상이 되는 처분에 해당한다.

② 어느 하나의 처분의 취소를 구하는 소에 당해 처분과 관련되는 처분의 취소를 구하는 청구를 추가적으로 병합한 경우, 추가적으로 병합된 소의 소제기 기간의 준수 여부는 그 청구취지의 추가신청이 있은 때를 기준으로 한다.

③ 일정한 납부기한을 정한 과징금부과처분에 대하여 집행정지결정이 내려졌다면 과징금부과처분에서 정한 과징금의 납부기간은 더 이상 진행되지 아니하고 집행정지결정의 주문에 표시된 종기의 도래로 인하여 집행정지가 실효된 때부터 다시 진행된다.

④ 법원이 어느 하나의 사유에 의한 과징금부과처분에 대하여 그 사유와 기본적 사실관계의 동일성이 인정되지 아니하는 다른 처분사유가 존재한다는 이유로 적법하다고 판단하는 것은 특별한 사정이 없는 한 직권심사주의의 한계를 넘는 것이 아니다.

---

④ (✗) 이와 같이 명의신탁등기 과징금과 장기미등기 과징금은 위반행위의 태양, 부과 요건, 근거 조항을 달리하므로, 각 과징금 부과처분의 사유는 상호 간에 기본적 사실관계의 동일성이 있다고 할 수 없다. 그러므로 그 중 어느 하나의 처분사유에 의한 과징금 부과처분에 대하여 당해 처분사유가 아닌 다른 처분사유가 존재한다는 이유로 적법하다고 판단하는 것은 특별한 사정이 없는 한 「행정소송법」상 직권심사주의의 한계를 넘는 것으로서 허용될 수 없다. (대판 2016두53050)

① (O) 대판2013두20899

② (O) 소의 추가적 병합의 경우 추가적으로 병합된 소의 제소기간은 원칙상 추가병합신청이 있은 때를 기준으로 한다. [※관련판례. 이 사건 공익근무요원복무중단처분, 현역병입영대상편입처분 및 현역병입영통지처분은 보충역편입처분취소처분을 전제로 한 것이기는 하나 각각 단계적으로 별개의 법률효과를 발생시키는 독립된 행정처분으로서 하나의 소송물로 평가할 수 없고, 보충역편입처분취소처분의 효력을 다투는 소에 공익근무요원복무중단처분, 현역병입영대상편입처분 및 현역병입영통지처분을 다투는 소도 포함되어 있다고 볼 수는 없다고 할 것이므로, 공익근무요원복무중단처분, 현역병입영대상편입처분 및 현역병입영통지처분의 취소를 구하는 소의 제소기간의 준수 여부는 각 그 청구취지의 추가·변경신청이 있은 때를 기준으로 개별적으로 살펴야 할 것이지, 최초에 보충역편입처분취소처분의 취소를 구하는 소가 제기된 때를 기준으로 할 것은 아니라고 할 것이다. (대판2003두12257)]

③ (O) 일정한 납부기한을 정한 과징금부과처분에 대하여 '회복하기 어려운 손해'를 예방하기 위하여 긴급한 필요가 있고 달리 공공복리에 중대한 영향을 미치지 아니한다는 이유로 집행정지결정이 내려졌다면 그 집행정지기간 동안은 과징금부과처분에서 정한 과징금의 납부기간은 더 이상 진행되지 아니하고 집행정지결정이 당해 결정의 주문에 표시된 시기의 도래로 인하여 실효되면 그 때부터 당초의 과징금부과처분에서 정한 기간(집행정지결정 당시 이미 일부 진행되었다면 그 나머지 기간)이 다시 진행하는 것으로 보아야 한다. (대판2002다48023)

정답 ④

92 행정소송에 대한 설명으로 옳지 않은 것은?

23 국가직 9급

① 건축물의 하자를 다투는 입주예정자들은 건물의 사용검사처분에 대해 제3자효 행정행위의 차원에서 행정소송을 통해 다툴 수 있다.
② 당사자소송으로 서울행정법원에 제기할 것을 민사소송으로 지방법원에 제기하여 판결이 내려진 경우, 그 판결은 관할위반에 해당한다.
③ 민사소송인 소가 서울행정법원에 제기되었는데도 피고가 제1심법원에서 관할위반이라고 항변하지 않고 본안에서 변론을 한 경우에는 제1심법원에 변론관할이 생긴다.
④ 환경부장관이 생태·자연도 1등급으로 지정되었던 지역을 2등급으로 변경하는 내용의 생태·자연도 수정·보완을 고시하는 경우, 1등급지역에 거주하던 인근 주민은 생태·자연도 등급변경처분의 무효 확인을 구할 원고적격이 없다.

① (×) 입주자나 입주예정자들은 사용검사처분의 무효확인을 받거나 그 처분을 취소하지 않고도 민사소송 등을 통하여 분양계약에 따른 법률관계 및 하자 등을 주장·증명함으로써 사업주체 등으로부터 하자의 제거·보완 등에 관한 권리구제를 받을 수 있으므로, 입주자나 입주예정자는 사용검사처분의 무효확인 또는 취소를 구할 법률상 이익이 없다. (대판2013두24976) 따라서 건축물의 하자를 다투는 입주자나 입주예정자들은 건물의 사용검사처분을 취소시키더라도 건축물의 하자가 원상회복되는 것이 아니므로 취소를 구할 법률상 이익이 부정된다. 따라서 입주예정자들은 제3자의 지위에서 건물사용검사처분의 취소를 행정소송을 통해 다툴 수 없다.
② (O) 이 사건 소(당사자소송을 민사소송으로 제기한 소)는 제1심 관할법원인 서울행정법원에 제기되었어야 할 것인데도 서울북부지방법원에 제기되어 심리되었으므로 확인의 이익 유무에 앞서 전속관할을 위반한 위법이 있다. (대판2008다60568)
③ (O) 민사소송인 이 사건 소(환매권의 존부확인 및 환매금증감청구)가 서울행정법원에 제기되었는데도 피고는 제1심법원에서 관할위반이라고 항변하지 아니하고 본안에 대하여 변론을 한 사실을 알 수 있는바 「행정소송법」 제8조 제2항, 「민사소송법」 제30조에 의하여 제1심법원에 변론관할이 생겼다고 봄이 상당하다. (대판2010두22368)
④ (O) 환경부장관이 생태·자연도 1등급으로 지정되었던 지역을 2등급 또는 3등급으로 변경하는 내용의 생태·자연도 수정·보완을 고시하자, 인근 주민 甲이 생태·자연도 등급변경처분의 무효 확인을 청구한 사안에서 생태·자연도는 토지이용 및 개발계획의 수립이나 시행에 활용하여 자연환경을 체계적으로 보전·관리하기 위한 것일 뿐 1등급 권역의 인근주민들이 가지는 이익은 환경보호라는 공공의 이익이 달성됨에 따라 반사적으로 얻게 되는 이익에 불과하므로, 인근 주민에 불과한 甲은 원고적격이 없다. (대판2011두29052)

정답 ①

93. 다음 사례에 대한 설명으로 옳은 것은? [23 국가직 9급]

> A구 의회 의원인 甲은 공무원을 폭행하는 등 의원으로서 품위를 손상시키는 행위를 하였다. 이러한 사유를 들어 A구 의회는 甲을 의원직에서 제명하는 의결을 하였다. 이에 甲은 위 제명의결을 행정소송의 방법으로 다투고자 한다.

① 甲이 제명의결을 행정소송으로 다투는 경우 소송의 유형은 무효확인소송으로 하여야 하며 취소소송으로는 할 수 없다.
② A구 의회는 입법기관으로서 행정청의 지위를 가지지 못하므로 甲에 대한 제명의결을 다투는 행정소송에서는 A구 의회 사무총장이 피고가 되어야 한다.
③ 「행정소송법」 제12조의 '법률상 이익' 개념에 관하여 법률상 이익구제설에 따르는 판례에 의하면 甲은 제명의결을 다툴 원고적격을 갖지 못한다.
④ 법원이 甲이 제기한 행정소송을 받아들여 소송의 계속 중에 甲의 임기가 만료되었더라도 수소법원은 소의 이익을 인정할 수 있다.

해설

④ (○) 지방의회 의원에 대한 제명의결 취소소송 계속 중 의원의 임기가 만료된 사안에서, 제명의결의 취소로 의원의 지위를 회복할 수는 없다 하더라도 제명의결시부터 임기만료일까지의 기간에 대한 월정수당의 지급을 구할 수 있는 등 여전히 그 제명의결의 취소를 구할 법률상 이익이 있다. (대판2007두13487)
① (×) 지방의회의원에 대한 제명의결은 항고소송의 대상인 행정처분이므로, 甲이 제명의결을 행정소송으로 다투는 경우 소송의 유형은 무효확인소송 또는 취소소송으로 할 수 있다.
② (×) A구 의회는 법령에 따라 제명의결처분을 할 수 있는 권한을 보유하고 있으므로 「행정소송법」상 행정청의 지위를 가진다. 따라서 甲에 대한 제명의결을 다투는 행정소송에서는 제명의결처분을 자신의 명의로 표시한 A구 의회가 피고가 되어야 한다.
③ (×) 「행정소송법」 제12조의 '법률상 이익' 개념에 관하여 법률상 이익구제설에 따르는 판례에 의하면 甲은 침해된 자신의 법률상 이익의 구제를 위해 제명의결을 다툴 원고적격을 갖는다.

정답 ④

94. 판례의 입장으로 옳지 않은 것은? [23 국가직 9급]

① 거부처분에 대한 집행정지는 그 거부처분으로 인하여 신청인에게 생길 손해를 방지하는 데 아무런 보탬이 되지 아니하므로 허용되지 않는다.
② 사정판결의 요건인 처분의 위법성은 변론 종결시를 기준으로 판단하고, 공공복리를 위한 사정판결의 필요성은 처분시를 기준으로 판단하여야 한다.
③ 집행정지의 요건으로 규정하고 있는 '공공복리에 중대한 영향을 미칠 우려'가 없을 것이라고 할 때의 '공공복리'는 그 처분의 집행과 관련된 구체적이고도 개별적인 공익을 말하는 것으로서 이러한 집행정지의 소극적 요건에 대한 주장·소명책임은 행정청에게 있다.
④ 「도시 및 주거환경정비법」에 근거한 조합설립인가처분은 행정주체로서의 지위를 부여하는 설권적 처분이고, 조합설립결의는 조합설립인가처분의 요건이므로, 조합설립결의에 하자가 있다면 그 하자를 이유로 직접 항고소송의 방법으로 조합설립인가처분의 취소 또는 무효확인을 구하여야 한다.

>
>
> ② (✕) 처분 등의 위법 여부는 일반원칙에 따라 처분시를 기준으로 판단하지만, 공공복리를 위한 사정판결의 필요성 여부는 판결시를 기준으로 판단하여야 한다. (대판69누29)
> ① (○) 신청에 대한 거부처분의 효력을 정지하더라도 거부처분이 없었던 것과 같은 상태, 즉 거부처분이 있기 전의 신청 시의 상태로 되돌아가는 데에 불과하고 행정청에게 신청에 따른 처분을 하여야 할 의무가 생기는 것이 아니므로, 거부처분의 효력정지는 그 거부처분으로 인하여 신청인에게 생길 손해를 방지하는 데 아무런 보탬이 되지 아니하여 그 효력정지를 구할 이익이 없다. (대판95두26)
> ③ (○) 「행정소송법」 제23조(집행정지) 제3항. 집행정지는 공공복리에 중대한 영향을 미칠 우려가 있을 때에는 허용되지 아니한다.
> ④ (○) 조합설립인가처분은 도시 및 주거환경정비법상 주택재건축사업을 시행할 수 있는 권한을 갖는 행정주체(공법인)로서의 지위를 부여하는 일종의 설권적 처분의 성격을 갖는다고 보아야 한다. 그리고 그와 같이 보는 이상 조합설립결의는 조합설립인가처분이라는 행정처분을 하는 데 필요한 요건 중 하나에 불과한 것이어서, 조합설립결의에 하자가 있다면 그 하자를 이유로 직접 항고소송의 방법으로 조합설립인가처분의 취소 또는 무효확인을 구하여야 한다. (대판 2008다60568)
>
> 정답 ②

95. 다음 사례에 대한 설명으로 옳지 않은 것은? (다툼이 있는 경우 판례에 의함) `22 국가직 7급`

> 甲은 구 「주택건설촉진법」상 아파트를 건설하기 위해 관할 행정청인 A 시장으로부터 주택건설사업계획승인을 받았는데, 그 후 乙에게 위 주택건설사업에 관한 일체의 권리를 양도하였다. 乙은 A 시장에 대하여 사업주체가 변경되었음을 이유로 사업계획변경승인신청서를 제출하였는데, A 시장은 사업계획승인을 받은 날로부터 4년여 간 공사에 착수하지 않았다는 이유로 주택건설사업계획승인을 취소한다고 甲과 乙에게 통지하고, 乙의 사업계획변경승인신청을 반려하였다.

① A 시장의 주택건설사업계획승인의 취소는 취소하여야 할 공익상의 필요와 그 취소로 인하여 당사자가 입게 될 기득권의 침해·신뢰보호 등을 비교·교량하였을 때 공익상의 필요가 당사자가 입을 불이익을 정당화할 만큼 강하지 않다면 적법성을 인정받을 수 없다.
② 사실상 내지 사법상으로 주택건설사업 등이 양도·양수되었을지라도 아직 변경승인을 받기 이전에는 그 사업계획의 피승인자는 여전히 종전의 사업주체인 甲이다.
③ 주택건설사업계획승인취소처분이 甲과 乙에게 같이 통지되었다 하더라도 아직 乙이 사업계획변경승인을 받지 못한 이상 乙로서는 자신에 대한 것이든 甲에 대한 것이든 사업계획승인취소를 다툴 원고적격이 인정되지 않는다.
④ A 시장이 乙에 대하여 한 주택건설사업계획승인취소의 통지는 항고소송의 대상이 되는 행정처분이 아니다.

> 해설

③ (×) 위 변경승인은 실질적으로 양수인에 대하여 종전에 승인된 사업계획과 동일한 사업계획을 새로이 승인해 주는 행위라 할 것이므로, 사업주체의 변경승인신청이 된 이후에 행정청이 양도인에 대하여 그 사업계획변경승인의 전제로 되는 사업계획승인을 취소하는 처분을 하였다면 양수인은 그 처분 이전에 양도인으로부터 토지와 사업승인권을 사실상 양수받아 사업주체의 변경승인신청을 한 자로서 그 취소를 구할 법률상의 이익을 가진다. (대판99두646)
① (○) 행정처분을 한 처분청은 그 처분에 하자가 있는 경우에는 별도의 법적근거가 없더라도 스스로 이를 취소할 수 있고, 다만 수익적 행정처분을 취소할 때에는 이를 취소하여야 할 공익상의 필요와 그 취소로 인하여 당사자가 입게 될 기득권과 신뢰보호 및 법률생활 안정의 침해 등 불이익을 비교, 교량한 후 공익상의 필요가 당사자가 입을 불이익을 정당화할 만큼 강한 경우에 한하여 취소할 수 있다. (대판90누7760)
② (○) 주택건설사업계획에 있어서 사업주체변경의 승인은 그로 인하여 사업주체의 변경이라는 공법상의 효과가 발생하는 것이므로, 사실상 내지 사법상으로 주택건설사업 등이 양도·양수되었을지라도 아직 변경승인을 받기 이전에는 그 사업계획의 피승인자는 여전히 종전의 사업주체인 양도인이고 양수인이 아니라 할 것이어서, 사업계획승인취소처분 등의 사유가 있는지의 여부와 취소사유가 있다고 하여 행하는 취소처분은 피승인자인 양도인을 기준으로 판단하여 그 양도인에 대하여 행하여져야 할 것이다. (대판99두646)
④ (○) 사업계획승인취소처분 등의 사유가 있는지의 여부와 취소사유가 있다고 하여 행하는 취소처분은 피승인자인 양도인을 기준으로 판단하여 그 양도인에 대하여 행하여져야 할 것이므로 행정청이 주택건설사업의 양수인에 대하여 양도인에 대한 사업계획승인을 취소하였다는 사실을 통지한 것만으로는 양수인의 법률상 지위에 어떠한 변동을 일으키는 것은 아니므로 위 통지는 항고소송의 대상이 되는 행정처분이라고 할 수 없다. (대판99두646).

정답 ③

96 행정소송에 대한 설명으로 가장 옳지 않은 것은? 〔21 서울시 7급〕

① 사실심에서 변론종결시까지 당사자가 주장하지 않던 직권조사사항에 해당하는 사항을 상고심에서 비로소 주장하는 경우, 그 직권조사 사항에 해당하는 사항은 상고심의 심판범위에 해당하지 않는다.
② 상대방의 권리를 제한하는 행위라 하더라도 행정청 또는 그 소속기관이나 권한을 위임받은 공공기관의 행위가 아닌 한 이를 행정소송의 대상이 되는 행정처분이라고 할 수 없다.
③ 건축불허가처분을 하면서 건축불허가 사유뿐만 아니라 구「소방법」에 따른 소방서장의 건축부동의 사유를 들고 있는 경우, 그 건축불허가처분에 관한 쟁송에서 건축법상의 건축불허가 사유뿐만 아니라 소방서장의 부동의 사유에 관하여도 다툴 수 있다.
④ 과세관청이 사업자등록을 관리하는 과정에서 위장사업자의 사업자명의를 직권으로 실사업자의 명의로 정정하는 행위는 항고소송의 대상이 되는 행정처분으로 볼 수 없다.

> **해설**
>
> ① (X) 행정소송에서 쟁송의 대상이 되는 행정처분의 존부는 소송요건으로서 직권조사사항이고 사실심에서 변론종결시까지 당사자가 주장하지 않던 직권조사사항에 해당하는 사항을 상고심에서 비로소 주장하는 경우 그 직권조사사항은 상고심의 심판범위에 해당한다. (대판2003두15195)
> ② (O) 행정소송의 대상이 되는 행정처분은 행정청 또는 그 소속기관이나 법령에 의하여 행정권한의 위임 또는 위탁을 받은 공공기관이 국민의 권리의무에 관계되는 사항에 관하여 공권력을 발동하여 행하는 공법상의 행위를 말하며, 상대방의 권리를 제한하는 행위라 하더라도 행정청 또는 그 소속기관이나 권한을 위임받은 공공기관의 행위가 아닌 한 이를 행정처분이라고 할 수 없다. (대판2010무137)
> ③ (O) 건축허가권자가 건축허가처분을 하면서 그 처분사유로 건축허가 사유뿐만 아니라 구 소방법에 따른 소방서장의 건축부동의 사유를 들고 있다고 하여 그 건축불허가처분 외에 별개로 건축부동의처분이 존재하는 것이 아니므로 그 건축불허가처분을 받은 사람은 그 건축불허가처분에 관한 쟁송에서 건축법상의 건축불허가 사유뿐만 아니라 소방서장의 부동의사유에 관하여도 다툴 수 있다. (대판2003두6573)
> ④ (O) 과세관청이 사업자등록을 관리하는 과정에서 위장사업자의 사업자 명의를 직권으로 실사업자의 명의로 정정하는 행위 또한 당해 사업사실 중 주체에 관한 정정기재일 뿐 그에 의하여 사업자로서의 지위에 변동을 가져오는 것이 아니므로 항고소송의 대상이 되는 행정처분으로 볼 수 없다. (대판2008두2200)
>
> **정답** ①

97 현행 우리나라 「행정심판법」과 「행정소송법」에 관한 설명으로 가장 적절하지 않은 것은?

`23 경찰행정`

① 「행정소송법」은 행정소송을 항고소송, 당사자소송, 민중소송, 기관소송으로 구분하고 있다.
② 「행정심판법」은 행정심판의 종류로 취소심판, 무효등확인심판, 의무이행심판을 규정하고 있다.
③ 「행정심판법」상 중앙행정심판위원회는 위원장 1명을 포함하여 70명 이내의 위원으로 구성하되, 위원 중 상임위원은 4명 이내로 한다.
④ 「행정심판법」상 중앙행정심판위원회 상임위원의 임기는 2년으로 하며, 연임할 수 없다.

> **해설**
>
> 「행정심판법」 제9조(위원의 임기 및 신분보장 등) 임명된 중앙행정심판위원회 상임위원의 임기는 3년으로 하며, 1차에 한하여 연임할 수 있다.
>
> **정답** ④

98 다음은 「행정심판법」과 「행정소송법」의 내용이다. (   ) 안에 들어갈 내용으로 가장 옳은 것은?

`21 해경 승진`

> ㉠ 행정심판은 처분이 있었던 날부터 (㉮)이 지나면 청구하지 못한다. 다만, 정당한 사유가 있는 경우에는 그러하지 아니하다.
> ㉡ 취소소송은 처분 등이 있은 날부터 (㉯)을 경과하면 이를 제기하지 못한다. 다만 정당한 사유가 있는 때에는 그러하지 아니하다.
> ㉢ 행정소송에 관하여 「행정소송법」에 특별한 규정이 없는 사항에 대하여는 「법원조직법」과 「민사소송법」 및 (㉰)의 규정을 준용한다.

① ㉮ 90일 ㉯ 180일 ㉰ 민사집행법
② ㉮ 90일 ㉯ 180일 ㉰ 형사소송법
③ ㉮ 180일 ㉯ 1년 ㉰ 민사집행법
④ ㉮ 180일 ㉯ 1년 ㉰ 형사소송법

㉮ 「행정심판법」 제27조(심판청구의 기간) 제1항. 행정심판은 처분이 있음을 알게 된 날부터 90일 이내에 청구하여야 한다. 제2항. 청구인이 천재지변, 전쟁, 사변(事變), 그 밖의 불가항력으로 인하여 제1항에서 정한 기간에 심판청구를 할 수 없었을 때에는 그 사유가 소멸한 날부터 14일 이내에 행정심판을 청구할 수 있다. 다만, 국외에서 행정심판을 청구하는 경우에는 그 기간을 30일로 한다. 제3항. 행정심판은 처분이 있었던 날부터 180일이 지나면 청구하지 못한다. 다만, 정당한 사유가 있는 경우에는 그러하지 아니하다. 제4항 제1항과 제2항의 기간은 불변기간(不變期間)으로 한다.

㉯ 「행정소송법」 제20조(제소기간) 제1항. 취소소송은 처분등이 있음을 안 날부터 90일 이내에 제기하여야 한다. 다만, 제18조 제1항 단서에 규정한 경우와 그 밖에 행정심판청구를 할 수 있는 경우 또는 행정청이 행정심판청구를 할 수 있다고 잘못 알린 경우에 행정심판청구가 있은 때의 기간은 재결서의 정본을 송달받은 날부터 기산한다. 제2항. 취소소송은 처분등이 있은 날부터 1년(제1항 단서의 경우는 재결이 있은 날부터 1年)을 경과하면 이를 제기하지 못한다. 다만, 정당한 사유가 있는 때에는 그러하지 아니하다. 제3항. 제1항의 규정에 의한 기간은 불변기간으로 한다.

㉰ 「행정소송법」 제8조(법적용예) 제1항. 행정소송에 대하여는 다른 법률에 특별한 규정이 있는 경우를 제외하고는 이 법이 정하는 바에 의한다. 제2항 행정소송에 관하여 이 법에 특별한 규정이 없는 사항에 대하여는 「법원조직법」과 「민사소송법」 및 「민사집행법」의 규정을 준용한다.

[정답] ③

99 「행정쟁송법」상 가구제에 대한 설명으로 가장 옳지 않은 것은?

`22 서울시 7급`

① 「행정심판법」상 집행정지에서 손해의 요건으로 중대성을 요구하지만, 행정소송법은 회복하기 어려운 손해를 그 요건으로 한다.
② 「행정소송법」과 「행정심판법」은 처분 또는 부작위에 대하여 임시의 지위를 정하는 임시처분제도를 두고 있다.
③ 「행정소송법」상 집행정지가 인용될 경우 그 효력으로는 처분등의 효력정지 처분등의 집행정지, 절차속행 전부 또는 일부의 정지가 있다.
④ 「행정소송법」상 집행정지가 거부처분에 대해서도 가능한지에 대해 긍정설과 부정설이 대립하지만 판례의 입장은 부정설을 취하고 있다.

「행정심판법」은 처분 또는 부작위에 대하여 임시의 지위를 정하는 임시처분제도를 두고 있으나, 「행정소송법」은 임시처분 제도를 두고 있지 않고, 「민사집행법」상 가처분은 항고소송에서 인정되지 않는다.

정답 ②

100 행정쟁송에 대한 설명으로 옳은 것은? (다툼이 있는 경우 판례에 의함) `22 지방직 9급`

① 행정심판의 재결에도 판결에서와 같은 기판력이 인정되는 것이어서 재결이 확정되면 처분의 기초가 된 사실관계나 법률적 판단이 확정되는 것이므로 당사자는 이와 모순되는 주장을 할 수 없게 된다.
② 무효인 처분에 대해 무효선언을 구하는 취소소송을 제기하는 경우에는 제소기간의 제한이 없다.
③ 거부행위가 항고소송의 대상인 처분이 되기 위해서는 그 거부행위가 신청인의 실체상의 권리관계에 직접적인 변동을 일으키는 것이어야 하며, 신청인이 실체상의 권리자로서 권리를 행사함에 중대한 지장을 초래하는 것만으로는 부족하다.
④ 처분시에 행정청으로부터 행정심판 제기기간에 관하여 법정 심판청구기간보다 긴 기간으로 잘못 통지받은 경우에 보호할 신뢰 이익은 그 통지받은 기간 내에 행정소송을 제기한 경우에까지 확대되지 않는다.

④ (O) 「행정심판법」상 청구기간의 오고지 [1] 행정청이 법정 심판청구기간보다 긴 기간으로 잘못 알린 경우에 그 잘못 알린 기간 내에 심판청구가 있으면 그 심판청구는 법정 심판청구기간 내에 제기된 것으로 본다는 취지의 「행정심판법」 제18조 제5항의 규정은 행정심판 제기에 관하여 적용되는 규정이지, 행정소송 제기에도 당연히 적용되는 규정이라고 할 수는 없다. [2] 당사자가 행정처분시나 그 이후 행정청으로부터 행정심판 제기기간에 관하여 법정 심판청구기간보다 긴 기간으로 잘못 통지받아 「행정소송법」상 법정 제소기간을 도과하였다고 하더라도, 그것이 당사자가 책임질 수 없는 사유로 인한 것이라고 할 수는 없다. (대판2000두6916)
① (×) 일반적으로 행정심판 재결이 불복기간의 경과로 확정될 경우에, 처분의 기초가 되는 사실관계나 법률적 판단이 확정되고 당사자들이나 법원이 이에 기속되어 모순되는 주장이나 판단을 할 수 없는 것은 아니다. (대판2013다6759)
② (×) 무효인 처분에 대해 무효선언을 구하는 취소소송을 제기하는 경우 제소기간의 제한이 있다. ※ 처분의 무효를 구하는 무효확인소송을 제기하는 경우 제소기간의 제한이 없다.
③ (×) 법규상 또는 조리상의 신청권이 국민의 적극적 행위 신청에 대하여 행정청이 그 신청에 따른 행위를 하지 않겠다고 거부한 행위가 항고소송의 대상이 되는 행정처분에 해당하는 것이라고 하려면, 그 신청한 행위가 공권력의 행사 또는 이에 준하는 행정작용이어야 하고, 그 거부행위가 신청인의 법률관계에 어떤 변동을 일으키는 것이어야 하며, 그 국민에게 그 행위발동을 요구할 법규상 또는 조리상의 신청권이 있어야 하는바, 여기에서 '신청인의 법률관계에 어떤 변동을 일으키는 것'이라는 의미는 신청인의 실체상의 권리관계에 직접적인 변동을 일으키는 것은 물론, 그렇지 않다 하더라도 신청인이 실체상의 권리자로서 권리를 행사함에 중대한 지장을 초래하는 것도 포함한다. (대판2007두1316) 따라서 거부행위가 항고소송의 대상인 처분이 되기 위해서는 그 거부행위가 신청인의 실체상의 권리관계에 직접적인 변동을 일으키는 것이어야 하며, 신청인이 실체상의 권리자로서 권리를 행사함에 중대한 지장을 초래하는 것 역시 포함된다.

정답 ④

101 다음 각 사례에 대한 설명으로 옳은 것은? (다툼이 있는 경우 판례에 의함)　22 지방직 9급

- A 시장으로부터 3월의 영업정지처분을 받은 숙박업자 甲은 이에 불복하여 행정쟁송을 제기하고자 한다.
- B 시장으로부터 건축허가거부처분을 받은 乙은 이에 불복하여 행정쟁송을 제기하고자 한다.

① 甲이 취소소송을 제기하면서 집행정지신청을 한 경우 법원이 집행정지결정을 하는 데 있어 甲의 본안청구의 적법 여부는 집행정지의 요건에 포함되지 않는다.
② 甲이 2022. 1. 5. 영업정지처분을 통지받았고, 행정심판을 제기하여 2022. 3. 29. 1월의 영업정지처분으로 변경하는 재결이 있었고 그 재결서 정본을 2022. 4. 2. 송달받은 경우 취소소송의 기산점은 2022. 1. 5. 이다.
③ 乙이 의무이행심판을 제기하여 처분명령재결이 있었음에도 B 시장이 허가를 하지 않는 경우 행정심판위원회는 직권으로 시정을 명하고 이를 이행하지 아니하면 직접 건축허가처분을 할 수 있다.
④ 乙이 건축허가거부처분에 대해 제기한 취소소송에서 인용판결이 확정되었으나 B 시장이 기속력에 위반하여 다시 거부처분을 한 경우 乙은 간접강제신청을 할 수 있다.

해설

④ (○) 기속력에 위반되는 재처분은 당연무효이므로, 재처분의무를 이행하지 않은 것과 동일하게 간접강제의 대상이 된다. (대판2002무22) ※ 단, 판결의 취지에 따른 재처분은 간접강제의 대상이 아니다.
① (×) 「행정소송법」상 집행정지는 적법한 소송계속을 요건으로 하는 바, 甲의 취소소송 제기 즉 본안청구가 각하가 아닌 적법한 청구여야 함은 집행정지의 당연한 요건이다. 따라서 甲이 취소소송을 제기하면서 집행정지신청을 한 경우 법원이 집행정지결정을 하는 데 있어 甲의 본안청구의 적법 여부는 집행정지의 요건에 포함된다.
② (×) 적법한 행정심판을 거친 경우 취소소송의 제소기간은 재결서 정본을 송달받은 날부터 90일 이내이다. 따라서 甲이 그 재결서 정본을 송달받은 2022. 4. 2. 이 취소소송의 기산점이다.
③ (×) 의무이행심판 인용재결의 실효성을 확보하는 직접처분은 청구인의 신청에 의해서만 가능하고 행정심판위원회의 직권으로는 불가하다. 따라서 乙이 의무이행심판을 제기하여 처분명령재결이 있었음에도 B 시장이 허가를 하지 않는 경우 행정심판위원회는 직권으로 시정을 명하고 이를 이행하지 아니하면 직접 건축허가처분을 할 수 없다.

정답 ④

저자약력

서울동국대학교 경찰학 석사 졸업

현) 국립군산대학교 해양경찰학부 외래교수
    한국경찰학회 정회원
    대전 중앙경찰학원 경찰학 전임
    마산 남부경찰학원 경찰학 전임
    경남 진주경찰학원 경찰학 전임

전) 동양대학교 북서울캠퍼스 경찰학 외래교수
    평택 사회복지대학교 행정법 외래교수
    노량진 아모르이그잼 경찰학원 경찰학 대표교수
    노량진 에듀윌 경찰학원 경찰학 대표교수

저서) 이상헌 경찰학 기본서
      이상헌 경찰학 기본서 V3.0
      이상헌 경찰학 기본서 V3.5
      이상헌 경찰학 기본서 V4.0
      이상헌 경찰학 기출 840제
      이상헌 경찰학 기출 1000제 V1.0
      이상헌 경찰학 기출 1300제 V2.0
      이상헌 경찰학 기출 1500제 V3.0
      이상헌 경찰학 핵심강의노트 V1.0
      이상헌 경찰학 핵심강의노트 V2.0
      이상헌 경찰학 핵심강의노트 V3.0

이상헌 경찰행정법 기출 700제[판례 포함] V2.0

발행일 : 2024년 10월 1일
저　자 : 이상헌
발행인 : 김진연
발행처 : (주)도서출판 참다움
등　록 : 제2019-000035호
주　소 : 서울특별시 동작구 만양로 84, (노량진 삼익프라자) 1층 129호, 130호
T E L : 02) 6953-7038
F A X : 02) 6953-7039

저자와의 협의하에 인지생략

※ 본서의 무단 전재·복제행위는 저작권법 제136조에 의거 5년 이하의 징역 또는 5,000만원 이하의 벌금에 처하거나 이를 병과할 수 있습니다.
※ 파본은 구입처에서 교환하시기 바랍니다.

정가 28,000원

MEMO

MEMO